Science and Pseudoscience in Clinical Psychology

Edited by
SCOTT O. LILIENFELD
STEVEN JAY LYNN
JEFFREY M. LOHR

Copyright © 2003 The Guilford Press A Division of Guilford Publications, Inc.
Japanese translation published by arrangement with Guilford Press through The English Agency (Japan) Ltd.

編者について

スコット・リリエンフェルド（Scott O. Lilienfeld, Ph.D.）はアトランタにあるエモリー大学の准教授である。彼はパーソナリティ障害の評価や原因，不安障害と人格特性の関係，精神医学的分類と診断の概念的問題，投映検査，多重人格障害，そして臨床心理学における疑似科学の問題などのトピックに関して，100を超える論文や専門書の章を単独もしくは複数で著わしている。彼は『精神保健実践の科学的評論誌』という新しい雑誌の創設者であり，また編集者でもある。リリエンフェルド博士は，『異常心理学雑誌』『心理学的査定』『臨床心理学：科学と実践』『臨床心理学評論』『臨床心理学雑誌』『懐疑探求』『代替治療科学評論』などの主要な論文の編集委員をも務めている。彼は臨床心理学の科学学会のかつての会長であり，1989年に，アメリカ心理学会第12部（臨床心理学部会）から臨床心理学への初期の専門的貢献によってデビッド・シャコー賞を授与されている。

スティーブン・リン（Steven J. Lynn, Ph.D., ABPP.（臨床，裁判））は，資格を有する臨床心理学者でニューヨーク州立大学ビンガムトン校の教授である。アメリカ心理学会第30部会（心理学的催眠）の前の部長であり，科学的催眠への卓越した貢献により，部の賞を受賞している。リン博士は，多くの専門組織の評議員や多くの専門雑誌の顧問編集委員を務め，そのなかには『異常心理学雑誌』も含まれている。博士はまた，11冊の本，また催眠，記憶，空想，被害者，心理療法に関する200以上の論文や章を執筆している。

ジェフェリー・ロー（Jeffrey M. Lohr, Ph.D.）はアーカンサス大学ファイエットビー校の心理学教授である。博士は1976年以来，非常勤での独立した実践を有する，アーカンサス州の免許を持つ臨床心理学者である。研究の興味は不安障害，家庭内暴力，心理社会的治療の有効性などである。教育方面での興味は，異常心理学，行動修正と療法，研究法，精神健康実践における職業上の諸問題にある。

◆緒　言◆
科学者－実践家のギャップの広がり
架け橋からの視点

キャロル・ターヴィス（Carol Tavris）

　私は法廷に座って，「臨床心理学における科学と疑似科学」という本書のタイトルを見つめている。臨床心理学の博士号を一流の大学から取得した小児心理学者の女性が，被告人は「代理の母親によるミュンヒハウゼン」であり，被告人の10歳代の息子は実際には免疫性の障害を持つ病気ではなく，症候を演じてその騒ぎをつくった母親と共謀しているとの彼女の確かな診断の理由について証言しているところであった。

　母親たちのなかには，子どもたちに身体的症候を引き起こさせ，入院を繰り返させるという者がいることについて誰も異論を差し挟まないであろう。そのようなケースが病院のビデオカメラによって捉えられてきてもいる。この残酷な行動には名前があり，子どもの虐待と呼ばれている。そして虐待を犯す親の手にかかって死ぬ場合にもまた，名前がある。それは殺人と呼ばれる。しかし多くの臨床家は症候の病的愛好癖を患っている。彼ら臨床家は精神障害としてラベル付けできない行動に出会ったことはないのである。症例が1つなら風変わりで，2つ症例があれば一致であり，3つもあればもう立派に多発しているとの認識になる。

　1度でも症候が命名されると，準備がなされ，それを進んで同定し，処置し，その兆候を見張るように他者を訓練する専門家を産み落とす。どのような新しい異常であっても，これらの専門家にとっては「稀」なことではなく，何かに「間違えられたり」「うまく診察されなかった」ということになる。代理の母親によるミュンヒハウゼン（MBP; DSM-Ⅳの補遺では，代理による不自然な異常）というのは，臨床的な注意やメディアの注意をひくための最近のトレンドである（Mart, 1999; 第4章も参照）。全国の専門家たちは，看護師，医者，臨床家を，ミュンヒハウゼンの母親を求めて目を配るように訓練しているし，この法廷にいる女性の臨床心理学者―X博士と呼ぶことにしよう―もそのうちの1人である。私は本書が深く考察するように，臨床的実践において共通する疑似科学的仮説，方法，思考方法を体現する者として，この人物を観察した。

● X博士は母親が心理学的問題を持つとの決定をするのに投映法テストに頼った。

これらのテストの信頼性や妥当性の問題はまったく別にして（第3章を参照），実際のMBPの母親が特徴的な心的障害を持つかどうか誰にもわからないのは，子どもを虐待する父親が特徴的な心的傷害を持つかどうかわからないのと同様である。さらに本被告における「精神障害」の証拠は，いずれにせよ彼女がMBPであったということを信頼にたる程度に示すことはないのである。

● X博士は実証的に臨床的仮説を検証する重要性について，もちろん概念の操作的定義は言うまでもなく，何も知らないのである。「共謀」とはいったい，何を意味するのか。MBPの母親の行動は慢性の病気の子どもを持つ母親の行動と，さらにいえば子どもを愛している母親の行動と，どのような点において異なるのだろうか。

● X博士は確証バイアス（第2章を参照）や反証可能性について，またそれらがどのように臨床的診断に影響するのかについても何も知らない。博士が，この母親が「古典的なミュンヒ」であると決定すると，白紙のノートに書かれていたように，ミュンヒはミュンヒなのである。母親のなすことを語っても何も博士の心を変えはしない。博士の証言するところによれば，ミュンヒハウゼンの母親はそれほどまでに，詐欺的なほど魅力的で，教育を受け，説得力があるからである。また子どもの語ることも博士の心を変えることができない。これも博士の語るところによれば，母親の虐待にもかかわらず，子どもは母親とともにいたいと望むためである。子どもが実際，免疫の障害を持っているという免疫学者の証言も，博士の心を変えることができない。これも，博士の説明によれば，ミュンヒハウゼンの母親が医者に，「ボーダーライン的」な医学的条件を介入の必要な問題として解釈することで，彼女の子どもたちに関する処置を強制しているためであるという。

● X博士は診断の社会心理学について何も知らない。たとえば，「乖離的なアイデンティティ障害」（第5章を参照）や「代理によるミュンヒハウゼン」症候のような稀な問題が，臨床家があらゆる場所でそれを探し始め，見出し，名声や賞賛，報酬が得られたときに，どのように過大報告されるのかを知らないのである（Acocella, 1999）。

● X博士は誤り率の問題についてもなんら理解をしていない（Mart, 1999）。フォルス・ネガティブ（子どもたちに危害を加えているという母親を同定する誤り）を避けたいという熱望で，臨床家はフォルス・ポジティブ（誤ってMBP症候を持つとして母親にラベルを貼り付けてしまう）の割合を有意に押し上げるかもしれないのである。「この障害は家族を破壊する」と博士は言ったが，誤った診断が同じ結果を招くと考えることすらしないのである。

要するに，この臨床心理学者は，批判的で科学的な思考の基本的原理の核心的理

解を持つこともなく，博士の学位（Ph.D.）を授与されたのである。莫大な種類の事実や知識を消化することを期待されているものの，それらについて思考する方法をめったに学ばない学部生の科学的教育の悲惨な欠落を多くの教員が嘆いている。しかしこの問題はまた，基本的な認識論的仮説や彼らの職業の方法について考えることなくPh.D.やMDの学位を取得できる，大学院の臨床心理学プログラムや精神科医の専門医学実習生などにおいても広がっているのである（第16章も参照）。診断についての強い結論を導く前に，どのような種類の証拠が必要とされるのであろうか。自分が考えていなかった代替の仮説というものがあるのだろうか。精神病の多くの診断は，なぜ経験的な証拠に基づくよりも集団の一致に基づくのだろうか，そしてこのプロセスは診断における信頼性や妥当性の問題について何を教えているのであろうか。精神科医の訓練に関する民族学誌的研究は，精神科の実習生が診断方法や薬の処方の方法は速く学習するものの，その数は減少してはいるが，心理力動的なトークセラピーも行なうが，しかし，懐疑的であったり，疑問を投げかけたり，研究を分析したり，代替の説明や処置について考慮したりということをほとんど学ばないことを明らかにした（Luhrmann, 2000）。

私は大学に身を置く者でもなければ臨床家でもないが，訓練によって社会心理学者として，職業としての作家として，社会への心理学理論の影響（そして心理学理論への社会的出来事による影響）に長い間興味を抱いてきた。心理療法家はどのような種類であれ公的な注意を払われる人たちであり，助言のコラムを執筆したり，通俗的な心理の本を著したり，トークショーや法廷でのケースで専門家として証言することのある人々である。そして大衆のほとんどは，臨床的問題や他の心理学的トピックについて，科学を志向する心理学者が行なう研究をたいてい知らないのである。以上のように，私は特に心理科学と臨床的実際の間の多くの分裂や，それが個人やより大きな文化に対して持つ意味に興味を持ってきた[注1]。

ではここで分裂とは何だろうか。私は広く持たれている信念のリストを作ってきているが，それらは経験的な証拠によっては疑念が持たれているものの，多くの臨床家や心理療法家によって奨励されてきたものである。以下がそのサンプルである。

- 虐待を受けた子どものほとんどが虐待する親になる。
- アルコール依存症の子どもはアルコール依存症になる。
- 子どもは性的虐待についてけっしてうそをつかない。
- 児童期のトラウマは成人になっても相変わらず情動的な症候を生み出す。

注1

もちろん科学者でもある臨床心理学者も多くいる。また同等の技能で臨床の仕事と研究の仕事を全うしている者も多くいる。本書への貢献をしている執筆者はその例である。しかしながら，本書の存在理由は，科学的な精神を持った臨床家がその専門領域のなかで，急速にやせ細る少数派になりつつあるということにある。

- 記憶はテープレコーダのようにはたらいて，誕生の時を記録する。
- 催眠は信頼をもって，埋もれた記憶をあらわにできる。
- トラウマ的な経験はふだんは抑圧される。
- 催眠は正確な記憶をたしかに暴露する。
- 閾下のメッセージは行動に強く影響する。
- 自慰をする子どもやお医者さんごっこをする子どもたちはたいてい性的に虐待されてきた。
- 表出されないままでいても，怒りはティーポットの蒸気のように，それが爆発するまで蓄積される。
- ロールシャッハテストのような投映法は，性格異常，精神病的な多くの形式，性的虐待を正当に診断する。

　これらの誤りのすべてが人々の生活に破壊的な結果をもたらすし，もたらしてきた。今，同じ法廷で私は，ソシアルワーカーが，母親の保護から子どもを引き離す決定をした理由の説明を聞いた。母親は子どもの時に性的虐待を受けており，このことが母親の子どもに対する虐待への主要な危険因子であることを「すべての者が知っている」というのである。明らかに，誰もこのソシアルワーカーに反証されるようなケースについて教えてこなかったのである。事実，縦断的研究は，子どもの時に虐待を受けると虐待を犯す親になるリスクは増加するが，虐待を受けた子どもたちの大部分—約 2/3 —は，虐待を犯す親になってはいないことを明らかにしている（Kaufman & Zigler, 1987）。

　もちろん心理学的科学と臨床的な実践の間には常にギャップはつきものである。多くの点で，それは何らかの分野—医学，工学，教育学，精神医学，物理学など—で，一方で研究を行ない，他方では応用領域で仕事をしている場合における，研究者と実践家の間に存在する緊張感と変わるものではない。両者の目標や訓練はもともとまったく異なったものである。心理療法の目標は，たとえば，まさにそこに座って悩んでいる個人を援助することにあるし，心理学的研究の目標は一般的な人々の行動を説明し，予測することにある。そのことが，多くの療法家が現実の人間のほんの小さな，縮んだイメージをつかまえる方法や発見を維持する理由なのである（Edelson, 1994）。療法は，彼らがいわく，科学や心理学が開発されるはるか以前から人々を助けてきた。それゆえ専門教育も，科学を研究する方法ではなく療法を行なう方法を学生に教えるべきである，と。

　心理学においてはこの目標と訓練の広がりが，その概念化において存在したのである。経験的心理学と精神分析は 19 世紀末に異なった父親から生まれ，うまくいくことはなかったのである。20 世紀のはじめから終わりまで，両者は科学と真実の意味

についての基本的仮定について絶え間なく反目し合った。何が正しいかを私たちはどのように知るのであろうか。仮説を支持するために，どのような証拠が要求されるのであろうか。初期の精神分析家にとって，「科学」は統制された実験，面接，統計とは無縁のものであった（Hornstein, 1992）。「心の科学」と彼らが考えるものを構築するために，精神分析家は療法中に見たケースについての彼ら自身の解釈，神話や文学の解釈，人々の行動の解釈にのみ信頼をおいてきた。経験に心を配る心理学者にとっては，科学的方法の主要な規則——追試可能な発見，検証可能なデータ，証拠の客観的な確証，偏見や他の何らかのバイアスの起源を統制する計画された努力——を放り出しておく一方で，科学を行なっていると主張する分析家のアイデアは，警告に値すると思われた。1920年代に米国で精神分析が最初に受け入れられたとき，多くの科学的心理学者は，読心術や骨相学のような大衆からの受けがよい熱狂的流行だとみなし，そのうち吹き飛ばされてしまうものとみなした。ジョン・ワトソン（Watson, J.）は精神分析をブードゥー教と呼んだ。「精神分析は科学のユニフォームをまとって忍び寄ろうとした」と他の批評家も書いていた。「そして内側から科学を圧殺した」（引用はHornstein, 1992）。精神分析というコトバを眼球運動脱感作および再処理（EMDR）もしくは思考領域セラピー（TFT）と置き換えれば，その態度は心理科学者の間にも今日，広くいきわたっている。

　1960年代および70年代までには精神分析の人気が色褪せ，新しい療法が興ってきた。それらがどれほど疑似科学的であるかを示すのはたやすいことであった。治療に5年間が必要だと伝えるフロイト派の療法家と異なって，これらの新しい療法家は5日，5分，5つの絶頂感で治療をすることを約束する奇跡の療法を提供してきた。

　カウンターカルチャー革命の全盛期には，これらの療法家はウサギのようにその数を増やしていった。マーティン・グロス（Gross, M.）の『心理学的社会』（1978）には，マラソン療法，エンカウンター療法，ヌード療法，クライシス療法，プライマルスクリーム療法，電気睡眠療法，身体イメージ療法，遮断療法，期待療法，アルファ波療法，「生活技術療法」「愛情技術療法」「今やる療法」などが含まれていた。1980年代にはこれらポップ療法はハイテクの方向に進んだ。電気的な小道具が，そのピークにはあなたの脳の両半分を把握することすら約束した（Chance, 1989）。グラハム・ポテンシャライザー，トランキライト，フロータリウム，経皮電気神経刺激装置，ブレインスーパーチャージャー，全脳波形成同期活性装置などがそうであった。

　最初，ほとんどの心理科学者は，かつて精神分析に対してそうであったように，ポストフロイト派の通俗療法やテクノロジーの激増にほとんど注意を払わなかった。これらの療法は，ふだんは心理学の風景の染みの1つであったが，しかし温和な邪魔者であった。そして悪くても，せいぜい消費者が金銭や威厳を失うかもしれない程度のものであった。

しかし1980年代半ばの北アメリカは3つの社会的汚染の真只中にあった。それをヒステリックな伝染病とか，道徳上のパニックと呼ぶ者もある（Jenkins, 1998; Showalter, 1997)。それらは，回復された記憶療法（第8章を参照），デイケアの性的虐待スキャンダル，そして多重人格障害（今ではDSM-Ⅳでは公式的には解離性同一性障害と呼ばれている；第5章を参照）であった。これらのすべての現象は，主観的で信用のおけない方法に基づき，療法家の誤りに満ちた，科学的に妥当しない主張によって扇動されたのである。さらに，これらの主張をなす人々の多くが精神科医や臨床心理学者であり，またその人らとともに週末に子どもの虐待に関するコースを受講した程度のソシアルワーカーや素人の「心理療法家」もいた。そういう人たちは心理学101（心理学の基礎科目）を受講したことがあるのだろうか。そういう人たちに統制群，記憶，子どもの発達，催眠の限界などについて教えた者がいるのだろうか。

明らかに答えは「いいえ」である。プールら（Poole et al., 1995）は，合衆国およびイギリスに登録されている心理療法家のほとんどの少数派が，子どもの時期の性的虐待の抑圧された記憶を「回復」するために，虐待の状況に関連した，催眠，夢分析，イメージ誘導のような主観的で高度に影響的な技法を使用していたことを見出した。合衆国およびカナダにおいてこの研究を反復したところ，近年においてもその割合は評価できるほどには落ち込んでいないことが認められた（Katz, 2001; Nunez et al., 2003; Polusny & Follette, 1996; 第8章も参照）。

またヤプコ（Yapko, 1994）が結婚・家庭療法家協会の1,000名に近いメンバーに調査を行なったところ，半数を超える者が「催眠は誕生にまでさかのぼって記憶を回復するために使用できる」と信じていることがわかった。また1/3は，「心はコンピュータのように実際に起こった出来事を正確に記録する」という意見に賛意を表明し，恐ろしいことにもそのうちの1/4は，「記憶について確信の感情を持っている場合には，その記憶が正しいと信じられることを意味する」との賛意を示した。これらのいずれの説明も正しいものではなく，反対にそれらは記憶の作話やゆがみ，誤りの正常なプロセスに関する多くの研究によって，誤りであることが示されている（Brainerd et al., 1995; Garry et al., 1996; Loftus & Ketcham, 1994; Schacter, 1996）。修士号取得者と博士号取得者の間には，これらの項目の支持に関して差は認められなかった。

回復された記憶についての運動は，反目する光を放ちながら，経験的心理学と臨床心理学がどれほど離れて成長してきたのかを示した。第2次世界大戦以降，2つの立場（側）は結びつきを作り出そうと試みてきた。「科学者-実践家」モデルが臨床心理学者の訓練を支配し，クライエントの診断と処置において，研究を目的とした心理学と最も関連する発見を活用しようとしていた。この調和のとれた理想は合衆国やカナダの大学の多くの臨床心理学の学習計画を依然として支配していて，学生はそこで研究方法，精神障害や精神病理学に関すると同様に認知の諸過程の経験的発見，療法

的方法や療法的結果の評価に関するデータなどについて学ぶのである。しかしモーゼの十戒のように，科学者－実践家モデルはお説教向きではあっても，従わせることは難しい代物であった。2つの立場の間では固有の緊張が助長され，1990年代の初期までには研究者と臨床家は，「科学者－実践家」のギャップを誰にはばかることなく口にするようになった。(Persons, 1991)

しかしながら，今日それをギャップと呼ぶことは，あたかも中東におけるイスラエルとアラブの間に「ギャップ」があると言っていることに似ている。それは戦争であり，深く所有された信念，政治的情熱，人間や知識の性質についての見解─そしてすべての戦争が究極に伴う金，テリトリー，生計─を伴っている。性的虐待の回復された記憶の正確さについて議論してきた者や多くの一般的ではあるけれど妥当しない療法（たとえば，EDMR，促進コミュニケーション（facilitated communication; FC），重要出来事ストレスデブリーフィング（critical incident stress debriefing; CISD），「誕生時再体験療法」）や投映法テスト（たとえばロールシャッハテスト）に対して公然と疑問を呈する者は，それによって受けるかもしれない批判や罵りの扇動的性質を知っている。1993年に私は，ニューヨークタイムズ・ブックレビューに，『The Courage to Heal』や『Secret Survivors』といった，回復された近親相姦の記憶に関する一般的な書物を特徴づける記憶やトラウマについて，それらが科学的に認められておらず，多くの場合荒唐無稽な主張であることを指摘するエッセイを書いた。私はそのなかで心理学101を学んでいないというようなことはいっさい書かなかったが，それでもその書評によって精神医学者，ソシアルワーカー，臨床心理学者から多くの怒りを表明する手紙を受け取った。1人のフェミニストの精神科医は，悪意に満ちた長談義として私を非難し，また他の臨床家は手紙の書き手の合意を代表して，エッセイが私を「直接的に危害を加える者，強姦魔，小児愛症者，女性不信者」に位置づけたといっていた。

心理学的科学者と臨床家の間の現在の争いは，何十年にもわたって続いてきた研究者と実践家の間の正常な口論とは反対に，いくつかの経済的および文化的な支配力に由来する。1つは，あらゆる種類の心理臨床家の急速な蔓延であった。その多くの者が総合大学の心理学科との連結のない「独立した（freestanding）」学校を卒業している。そこでは典型的にはただ療法を行なうことだけを学ぶ─そして時にはそこで心理力学的な療法だけを学ぶのである。また他方では催眠療法とか多様なカウンセリングプログラムの短い認証コースを受講し，その後にみずからをある特定の方法の専門家として宣伝し，売り込むのである。今や，数え切れないほどの種類の療法が治療法の市場で競合しているために，またマネージ・ケアによって課された経済的な要求によって，これらの専門性が多くの療法家に対する重要な収入源になってきた。そのためロールシャッハのワークショップの主催，TFTの訓練，危機介入プログラムの設定，

投映法テストの実施，性的虐待の診断などによって生計を立てている人は，彼らの方法や仮定の妥当性を疑問視する証拠に対して受容的ではなくなってきている。

　北アメリカでは今日，産業全体が疑似科学の旗印のもとに航海しており，経済的理由と同様に，それら御旗の人気に対する文化的理由も存在する。交差文化的心理学者は，確実性とかあいまいさに対する耐性への要求が文化によってどれほど異なっているのか，たとえば，生活に固有の不確実性とともに生活することを試みるのか，それともそのような不確実性を減少・消失させるように試みる法案を可決するのかどうかを研究してきた (Cvetkovich & Earle, 1994; Hofstede & Bond, 1988)。合衆国は不確実性に対して低い耐性しか持たない文化である。したがって，薬物使用の根絶を空しくも試みる「０耐性」政策への魅力や，10歳代のセックスを根絶しようとの空しい試みではあるが，「禁止だけ」の性教育プログラムの「０耐性」政策という魅力が存在する。

　そのような文化では，疑似科学は特に魅力的である。というのは，疑似科学はその定義によって確実性を約束するが，然るに科学は確率と疑いとを私たちに与えるからである。疑似科学に人気があるのは，それが私たちが信じているところを真実だと認めてくれるからであり，科学は私たちが信じているものに疑問を差し挟むために，人気がないのである。よい科学は，よい芸術と同様に，世界を了解するための確立した方法をしばしばひっくり返してしまう。リンドらは，驚くべきことに，子どもの性的虐待が（注意深く定義された虐待の場合であるが），必ずしも成人期の重篤な精神病を生み出さないことを示唆するメタ分析を公表したときに，そのことを知った (Rind et al., 1998)。一般の人々は，多くの人々がひどい経験を生き延びるというこの科学的「安心」のために，そのことを称える者の１人として，立ち上がったのであろうか。そうではない。むしろ，連邦会議が彼らの研究を非難して決議をし，宗教的な保守主義者の半端な協会や回復した記憶の心理療法家たちが，研究者たちの動機，方法，発見への攻撃を組織したのである (Rind et al., 2000)。

　困難な緒問題に対する確実性を希求して，大衆はその問題の答えを提供する心理学者の顔色をうかがう。どの親が拘留されるべきなのか。この強姦犯は治るのか。この子どもの恐ろしい告発は正確なのか。どんな療法が私をはやくよくしてくれるのか。科学者は確率を用いた苛立たしいコトバで発言する。「……というようなことがありえる」と。逆に，確信を持って言葉を発する準備をしている臨床家の回答は，非常に魅力的である。「この母親はパラノイドですね，彼女の旦那さんが彼女を捕まえるために出かけていると信じているからね」。「この強姦犯は完全に治りますね」。「子どもたちは性的虐待について嘘を言いません」。「思考領域セラピー（TFT）ならあなたを５分間で治せます」。

　疑似科学的なプログラム，飲み物，療法などは，密造酒や清教主義とともに常にア

メリカ文化における固定化された一部であり続けた。実用主義の文化的混合，すべてが変えられるし改善されるという楽観的信念，時間がかかるすべてに対するもどかしさが，即時解決という昔からの市場を作り出してきたのである。すべての賢き起業家は，歴史的に保証された成功への公式を適用する。(早い修繕＋疑似科学的な目標)×すぐに信じてしまう一般人＝高収入，である。このことが，TFT，FC，神経言語学的プログラム，そして誕生時再体験心理療法などが電気睡眠療法や経皮性（皮膚を通しての）電気－神経刺激装置のルートをたどってきたときに，異なったアクロニムを持つ新しい奇跡の療法がしかるべき位置を占めるようになる理由である。まさにアメリカンウェイなのである。

　疑似科学的療法は常に私たちとともにあるだろう。疑似科学的な療法を奨励する，あまりにも多くの経済的かつ文化的興味が存在するためである。しかしそれらの療法が個人や社会に危害を加える潜在力も高まっている。そのことが，今まで以上に心理学的科学者が彼らの主張や危険の認識を提示することが重要になる理由なのである。リチャード・マクナリー（McNally, R.）が述べているように，疑似科学と戦うための最善の方法は健全な科学を行なうことである。実際に，健全な心理科学は，覆すまでにはいたらないものの，おびただしい害悪をなした最近に起こったヒステリーがかった流行ぶりを抑制する助けとなった。心理科学は，記憶，「多重人格」のような医原性の障害を創り出す療法の影響や暗示性の過程，子どもとのよい面接法や子どもの説明や記憶のよりよい理解を提供してきている（Poole & Lamb, 1998）。健全な心理科学は，特定の問題に対して，臨床家が最も効果的な介入法を開発するのを助けてきた。研究はただ効果がない療法的技法から有害な技法を区分してきた。ここでの有害な技法とは，たとえば，誕生時再体験療法のように，コロラド州の療法家たちが10歳の少女を，おそらくは彼女の再生を援助するつもりで，死にいたらしめたものや（第7章を参照），CISDプログラムのように，災害やトラウマからの犠牲者の回復を遅らせてしまうものである（本書の第9章を参照）。

　依然として，科学的心理学と心理療法の間にある本質的な違いは常に残るであろう。「療法における企みは満足させるために物語ることであり，科学における企みは予測のために物語ることである」とマイケル・ナッシュ（Nash, M.）は言っている（私信）。「満足させるための物語は，私たちの生活を意味あるものにする，抗しがたい影響力を持つ物語であり，何らかの客観的意味での真実である必要はない。であるから研究は，個人が苦悩を生きるのを学習したり，道徳的ジレンマを解決したり，人生に意味をもたらすのを援助できないと療法家が話すことは正しい。しかし療法家は，クライエントの物語が文字通りに正しいという誤解を解き，またその物語を形づくるのになんら関与していないという誤解を解かなくてはならない」

　したがって，科学者と実践家の間のギャップは，クライエントが満足のいく知恵や

物語を発見するのを援助するような主観的で測定不可能なプロセスにおいては，大きな問題にはならないかもしれない。しかし役にも立たず，高圧的で，有害な療法の実践では問題になる。しかも健全な心理科学が助けることができる場合に，検証不可能な臨床的意見が人生を破壊するような領域での専門性や確実性を主張して，療法家が限界を超えてしまうような場合は特に問題となるのである。

序文

　本書は多くの読者を怒らせてしまうかもしれない。読者のなかには，自身の大事に育んだ臨床的技法や心理療法のブランドが批判的な検証の標的になっているという理由のために，本書の諸部分に異議を唱える人もいるかもしれないし，そういう人にとって，本書は苦い薬になるだろう。また臨床心理学において問題視される技法や妥当でない技法の蔓延によって深く悩み，また憤りを覚える者もいるであろう。そういう者にとって本書は長く待たれたものであろう。私たちが読者を，少なくとも幾分とも苦悩を伴いながら，いずれかの陣営に残すように仕組めたならば，そういう人たちの注意を得たという意味で，私たちは成功したのである。

　この本で私たちが目的としたことは，臨床心理学の多様な療法的，評価的，診断的技法を，鋭いけれども公平な科学的精査にさらすことにある。そのために，現在影響力があってしかも広く使用されている，議論の多い，問題視すらされている技法に焦点を合わせることを選んだ。現在の科学的知識の限界で臨床的技法の思慮深い評価を提供することで，精神健康の実践において，読者が疑似科学から科学を区分するという決定的な目標を援助することを私たちは目論んでいる。

　本書を通して明らかになることであるが，非科学的であったり，問題のある技法が，臨床心理学や関連領域の景観をますます支配するようになってきている。調査データによれば，気分障害や不安障害を含む多くの心理学的条件に対して，患者は科学的に支持された介入以上に，支持されていない介入を求め，またそれらを受けているという。そのような状況にもかかわらず，今までのところ，臨床心理学の領域内で効果がなく，立証されてもいず，有害ですらあるような技法から，科学的証拠にしっかりと基礎をおいた技法を区分するのを手伝ってくれるような本は存在していない。

　本書は，現代の臨床心理学において，科学的に支持された技法と科学的に支持されていない技法とをもっぱら区別するために捧げられた，最初で本格的なものである。多くの読者がこの事実に驚くかもしれない。それにもかかわらず，後に指摘するように（第16章），臨床心理学の領域は伝統的に新奇で議論の多い方法に対して注意深い科学的評価をすることに不承不承であった。この不承不承が主要な溝を残してきたが，その溝を実質的な程度まで，本書が埋めることになる。

　各章の著者たちには極力客観的かつ公平に努めるようにお願いしてきた。加えて，必要なときにはただ適切に批判するだけではなく，建設的であるようにも促した。この目的のために，各章は，どの臨床的技法が効果がなく，妥当性が欠如し，立証されていないのかの議論とともに，どの技法が経験的に支持され，見込みのあるものなのかの議論も述べている。私たちの任務には，ただ暴く―もちろんあるケースでは暴く

ことが科学における必要な活動ではあるが——ことだけではなく，啓発することも含まれている。新奇で表面的には信じがたいすべての方法が必ずしも価値がなかったり，効果がないわけではない。新しくしかも検証されていない技法を反動的に棄却してしまうことは，盲目的な受容と同様に有害な忠告である。著者がこれらの両者の誤りを避けることを保障するように編者は努めた。

　本書は特に以下のような読者の興味をひくはずである。①臨床心理学，精神医学，ソーシャル・ワーク，カウンセリング，精神医学看護などを含む，精神保健を専門とする実践的臨床家たち，②精神病理学，精神病理学的診断や処置に焦点を当てている研究者，③精神保健処置技法の現在の消費者および将来の消費者，④精神病に関心のある教育を受けた素人，⑤臨床心理学における科学と疑似科学について学習したいと望んでいる大学院生および大学の専門課程の学部上級生。この最後のグループに関しては，臨床心理学，心理療法，評価のコースにおける大学院生および大学の専門課程の学部上級生の基本的テキストもしくは補助教材として適している。加えて，本書は，法律家，教育者，外科医，看護師，および臨床心理学や関連する他の領域で仕事をしている人にも興味深いものとなっているはずである。

　章の多くは概念的にも方法論的にも挑戦的な論点とかかわっているが，専門用語は最小限度にとどめる努力を払った。さらに主要な章のそれぞれには，読者には不慣れな内容の領域の理解に役立つようにと，鍵となる概念や用語の語彙集を用意している。

　本書が形になるのを援助してくれた多くの方々に謝意を表わしたい。特にギルフォード出版のジム・ナゴット（Jim Nageotte）とキティー・ムーア（Kitty Moore）に感謝したい。彼らのアドバイス，支援，精神的支えなどは本プロジェクトを通して本当に得がたいものであった。私たちはまた本書が形になるまでにアイデアを提供してくれた，リチャード・マクナリー（Richard McNally），デビッド・トリン（David Tolin），ジェームズ・ハーバート（James Herbert），ジェリー・デビソン（Jerry Davison），ジェリー・ローゼン（Jerry Rosen），リチャード・ギスト（Richard Gist），グラント・ダビリー（Grant Davilly），ロバート・モンゴメリー（Robert Montgomery），ジョン・W・ブッシュ（John W. Bush），リズ・ローマー（Liz Roemer），ロン・クラインネッチ（Ron Kleinknecht），キャロル・タービス（Carol Tavris）や他の同僚や友人にも感謝したい。最後に私たちの連れ合いである，ローリ（Lori），ファーン（Fern），メアリー・ベス（Mary Beth）に感謝したい。そして本書を彼らに捧げたい。

スコット・O・リリエンフェルド（Scott O. Lilienfeld）
スティーブン・ジェイ・リン（Steven Jay Lynn）
ジェフェリー・M・ロー（Jeffrey M. Lohr）

目　次

緒言　科学者−実践家のギャップの広がり：架け橋からの視点
序文

第1章　臨床心理学における科学と疑似科学：思考の出発点，展開，改善策 …………… 1
　科学者−実践家の溝とその源　2
　過度の開明派と過度の懐疑派の間での妥協案　3
　なぜ疑似科学的な技法が害を与える可能性を持つのか　4
　科学と疑似科学の差異：入門　5
　問題を処理する建設的な努力　10
　本書の到達点　11

第Ⅰ部　評価と診断における論争 ……………………………………………………………… 13

第2章　臨床家が疑似科学的手法を用いる理由：臨床的な判断に関する研究からの知見 …… 15
　臨床経験や訓練の真価　16
　経験から学ぶことの障壁　22
　まとめと議論　28

第3章　論争の的になる疑わしい査定技法 ……………………………………………………… 32
　心理検査　33
　検査構成と精神測定原理　33
　査定技法の妥当な使用と妥当でない使用の特徴：あるいは，検査が検査でないとき　35
　問題があり疑わしい評価技法：いくつかの例　36
　ロールシャッハテスト　37
　主題統覚検査　43
　投映描画法　46
　解剖腑分け人形　49
　マイヤーズ・ブリッグズのタイプ指標　54
　結論と提案　57

第4章　専門家証言の科学と疑似科学 ……………………………………………………… 60
　法廷における科学的証拠の許容性　61

xiii

専門家証言の一般的領域　69
　　異論のある症候群と診断　77
　　現存する基準のもとでの適切および不適切な専門家証言の同定　85

第5章　解離性同一性障害：多重人格と複雑な論争　88
　　解離性同一性障害：歴史の概略　89
　　解離性同一性障害：記述的特徴と関連　91
　　病因：競合する2つのモデル　94
　　解離性同一性障害の社会的認知モデルを支持する証拠　100
　　病因：幼児虐待論争　107
　　結論　113

第II部　心理療法における一般的な論争　119

第6章　科学的心理療法研究：現況と評価　121
　　定義と専門用語　122
　　効力と効果　124
　　心理療法の効果と効力研究の参入　126
　　否定的結果　129
　　研究を意味あるものにする方法：メタ分析　130
　　プラセボ統制と共通因子　132
　　疑似専門家の治療と経験的支持のある治療　134
　　影響力を発揮する心理療法家とそうでない心理療法家　137
　　効果研究　140
　　科学的な心理療法研究のすすめ　142
　　結論：心理療法の科学は可能か？　144

第7章　ニューエイジ療法　148
　　ニューエイジ療法評価の基盤としての説明責任　148
　　「第3の革命」　150
　　ニューエイジ療法の歴史的な文脈　152
　　「どこに行っても，あなた自身がいる」―ヨギ・ベラ　154
　　ニューエイジ療法の魅力　156
　　ニューエイジ療法の説明責任とクオリティに関する問題　160
　　ニューエイジ療法に関する法的なケース　166

結論　172

第8章　過去の出来事の想起：心理療法における問題となる記憶回復技法……… 175
　　　臨床的技法　177
　　　個人差　195
　　　文献批判　196
　　　誤った記憶創造の仮説的道筋　199
　　　心理療法家は記憶回復に携わるべきか　199
　　　結論　201

第Ⅲ部　成人の特定の障害への治癒論争 …………………………………… 205

第9章　心的外傷後ストレス障害の新奇で論争となっている治療法 …………… 207
　　　外傷とその影響　207
　　　PTSDの認知行動理論　208
　　　認知行動理論に基づくPTSDのための治療　209
　　　不安と外傷のための新奇な治療　212
　　　結論　225

第10章　アルコール依存症の治療法に関する論争 ……………………………… 229
　　　アルコール症者自主更生会：本当に効果があるのか？　231
　　　ジョンソン介入法　235
　　　ジスルフィラム薬物療法　236
　　　節酒の訓練と統制された飲酒　238
　　　プロジェクトDARE　240
　　　アルコール症の効果的な治療：科学の地位　241
　　　社会的学習理論：認知／社会技能訓練　242
　　　再発の防止　244
　　　オペラント条件づけ：コミュニティ強化アプローチ　245
　　　動機づけ強化療法　247
　　　夫婦・家族療法　249
　　　短期介入　250
　　　結論　251

第11章　ハーブ治療と抗うつ薬治療：類似データ，拡散的結論……………………………255

　　抗うつ薬治療　256
　　精神疾患のハーブ治療　260
　　抗うつ薬治療とハーブ療法の類似点　272

第Ⅳ部　特定の子どもの障害の治療における論争……………………………275

第12章　注意欠陥／多動性障害の子どものための実証済みの治療法，有望な治療法，および実証されていない治療法……………………………………………277

　　実証済みの治療法　278
　　有望な治療法　283
　　支持されていない治療法　287
　　支持されていない治療法に関する挑戦と問題　294
　　結論　296

第13章　異論のある多くの自閉症治療法：効果に対する決定的評価…………………299

　　自閉症の特徴　299
　　一般的な治療方法の再検討　301
　　自閉症に対する効果的な治療法　321

第Ⅴ部　自助とメディアに関する論争………………………………325

第14章　自助療法：科学と心理学をばらまく商売……………………………………327

　　1970年代における自助への心理学の貢献　329
　　自助の限界　330
　　出版ラッシュ　331
　　1980年代および1990年代の心理学と自助　333
　　いくつかの成果　335
　　アメリカ心理学会と自助　338
　　自助の将来　341
　　心理学者と消費者のためのガイドライン　343

第15章　精神保健問題の商業化：娯楽，広告，心理学の助言……………………347

　　現代の助言産業　348
　　市場価値　356

広告　　364
　　市場価値の妨害　　371
　　広告と専門的な心理学　　375
　　結論　　378

第16章　臨床心理学における科学と疑似科学：結論的考察と構成的改善策……………… 380

引用文献　　385
事項索引　　448
人名索引　　453
監訳者あとがき　　459

第1章 臨床心理学における科学と疑似科学
思考の出発点，展開，改善策

スコット・O・リリエンフェルド（Scott O. Lilienfeld）
スティーブン・ジェイ・リン（Steven Jay Lynn）
ジェフリー・M・ロー（Jeffrey M. Lohr）

　ボブ・ディランが書いているように，「時代は変化する」。過去数十年以上にわたって，臨床心理学に関連した学問分野（たとえば精神医学，ソーシャル・ワーク，カウンセリング）では，科学と実践の間の関係が実質的に著しく変化した。もともと少数派であった臨床家の数は増大し，それら少数派は研究成果よりもむしろ臨床的経験と直感を，治療，アセスメントの実践の基本にしている。結果として，「科学者－実践家の溝」という用語が，繰り返し使用され，強調された（Carol Tavrisによる本書の序論参照；Fox, 1996）。そして多方面で臨床心理学の科学的基礎が着実に失われてきたと繰り返し述べられてきた（Dawes, 1994; Kalal, 1999; McFall, 1991）。こうしたことがあって本書の編集が企図された。本書では，著名な専門家によって，臨床心理学の広範な領域にまたがった各章が執筆されている。本書は，臨床心理学の劇的に変化してきた様相を理解するために時期にかなった出版物として重要なものとなろう。

　臨床心理学領域では，実証されていない治療法の問題は新しいものではなく，始まりからついてまわってきたと主張されるかもしれない。このことはある程度正しいだろう。しかし一般の心理学書やインターネットを含んだ有用な情報源が増え（あるものは間違った情報源であったが），精神健康の訓練プログラムの数は劇的に増加したが，それらは科学的訓練を強調していない（Beyerstein, 2001）。心理療法を生み出し，増大してきた訓練産業は，よりいっそう科学者と実践家の溝を拡大させ，重大な問題を生じさせている。

科学者－実践家の溝とその源

　科学者－実践家の溝が広がった第1の理由はなんだろうか？　多くの著者が述べているように（考察のために Lilienfeld, 1998, 2001 を参照），臨床心理学に関連した精神健康領域の実践家のなかには，実証されていないばかりでなく疑問視されている治療法とアセスメント法を好んで使用する者がいる。さらにほとんど毎週のように，妥当性が確認されていない，あるいは疑わしい心理療法が作り出されている。心理療法のなかできわめて今日的なものをいくつかひろってみると（Eisner, 2000; Singer & Lalich, 1996 も参照），神経言語学的プログラミング，眼球運動脱感作とリプロセッシング，思考場理論，情動自由法，激怒還元法，一時的絶叫療法，感情療法，仏教療法，過去生活療法，未来生活療法，エイリアン誘拐療法，天使療法，再誕生療法，セドナ法，シルバ法，実存非所有療法，植物療法，たなごころ療法などがある（第7章も参照）。

　ここで示したような治療法は，非常に多くの学問的な関心をよび，一般に知られるようになったが，批判的評価はきわめて不十分であった。たとえば，最近編集された著書（Shannon, 2002）では，音楽療法，同毒療法，呼吸法，治療的タッチ，アロマ療法，医学的直感，鍼治療，身体中心療法といったほとんどが実証されていない心理学的技法で，23章が構成されていた。紹介されたこれらの技法には，科学的検討が最低限に加えられたにすぎなかった（同様な例として，Corsini, 2001 を参照）。

　臨床心理学と関連領域の科学的基礎についての脅威は，急成長してきた自助産業からのものもある。この産業は，毎年，数百の新刊書，マニュアル，オーディオテープを生産し（第14章を参照），複雑な生活上の問題を迅速に，あるいは直接解決することを約束している。それらの自助の素材は，効果があるかもしれないが，ほとんどが実証的な検討を受けてこなかった。加えて，一群の自助の「精神的な指導者」がテレビやラジオのトークショウに出演し，科学的に妥当性が疑われるようなものを，困難を抱えた傷つきやすい人たちに，受け入れてよいと日常的に助言している（第15章を参照）。

　同様に，心理学アセスメントと診断の領域にも疑問視されるべき実践が見出される。広範囲の判断と予測を必要とする課題において，臨床的判断に比べ統計的（数理的）公式のほうがすぐれているという事実が繰り返し示されているにもかかわらず（Grove et al., 2000），ほとんどの臨床家は，避けるべきとされる場合にも，臨床的判断に頼っている。また実際，ケースの公式化の過程において，多くの実践家が自身の判定と予測を過度に信頼し，基本的な推論の誤りを犯す傾向にある（たとえば，確認バイアス，相関関係の錯覚）（第2章）。さらに多くの実践家はアセスメント用具に基づいた解釈を行なう（たとえば人物描画テスト，ロールシャッハテスト，メイヤー・

ブリッグス型指標，解剖腑分け人形）が，それらは科学的な観点からみると多くの矛盾を含んでいるか，あるいは疑問視される（第3章を参照）。

また解離性同一性障害（以前は多重人格障害として知られていた）のような精神病理診断を信頼できるものと考えている臨床家がいる。しかしその妥当性については疑問が残る（第5章を参照，しかし Gleaves et al., 2001 も，異なる観点からの展望のために参照）。疑問視されている診断ラベルの問題は，特に裁判場面では深刻であり，そこでは妥当性が知られていないか，あるいは疑わしい精神医学ラベル（たとえばロードレイジ症候群，性的嗜癖，月経前ディスフォリック障害）が，しばしば免責条項として利用される（第4章を参照）。

過度の開明派と過度の懐疑派の間での妥協案

検証されてこなかった心理療法，アセスメント，診断法のいくつかが本書で展望され，少なくとも最終的には効果があり，妥当性があると判明する可能性があることを，強調するのは重要である。検証されていない技法を，厳密に精査するまでは，手にすべきでない仮説的なものとして捨て去ってしまうのは大きな誤りである。時には，そのような閉鎖的な心が，新規な心理療法の効果に関しての討論において，認められてきた（Beutler & Harwood, 2001）。しかし，科学の基本的な傾向は，証拠の秤が，批判する側にではなく，常に正直な原告側に傾く（Shermer, 1997 を参照）。つまり，支持者にそれらの技法にききめがあるということを示す努力が必要なのであり，逆を示そうとする批判者の努力が必要なわけではない。

セーガン（Sagan, 1995b）が能弁に語っているように，科学的研究には開放的な心と洞察的な懐疑が独特に混合している（Shermer, 2001 を参照）。検討されていない新規な主張が，たとえ最初は赤面するような，皮相的で，信じがたいものであったとしても，それらに対して開かれていることが求められる。同時に，それらの主張を鋭利な方法で精査し，厳密な科学的検討の試練にもよく耐えることを確認しなければならない。宇宙科学者ジェームス・オーベルグが述べているように，開放的な心を保ち続けることが美徳だとしても，その心が頭脳を外へ落としてしまうほど広くなることはない（Sagan, 1995a; 第9章も参照）。決定的な精査にいたるまで，すべての主張を，高度のレベルに保ち続けることはあらゆる科学領域に当てはめられるべきであり，そのような精査は臨床心理学のような応用領域では特に重要となる。というのも，誤った主張，あるいは効果のない実践は害をなす可能性があるためである。

なぜ疑似科学的な技法が害を与える可能性を持つのか

　本書で論評している多くの技法は検証されていないか，効果がないとしてもほとんどのものが有効か，もしくは無害であることが証明されそうだと主張されるかもしれない。このような見解は，そのような技法が危険であるとする強調点をすり替えてしまう。というのも研究されていない精神健康の実践が最悪でも無害とみなしてしまうからである。

　この反論はいくつかの重要な点を見落としている。実証されていない精神健康の技法は少なくとも3つの意味で問題である（Lilienfeld, 2002; Beyerstein, 2001も参照）。第1に，それらの技法が害を与えるかもしれないということである。コロラドに住む10歳の少女，キャンデース・ニューメイカーの悲劇的なケースがある。彼女は，2000年に，再誕生療法の変法の施行によって窒息死した（第7章を参照）。このことは，検証されていない治療技法を施すことの危険性を示している（Mercer, 2002を参照）。また子ども時代の抑圧された記憶を掘り起こすような指示的技法（たとえば催眠，導入イマージャリー）は，意図せずに過去の誤った記憶を植え付け，精神病理を悪化させてしまうか，精神病理を新たに生み出してしまう可能性を示す証拠が増えている（第7章と第8章を参照）。幼児自閉症とのコミュニケーションを促進することでさえ（第13章を参照），家族の成員を誤って児童虐待で告訴してしまうことが起こった。さらに広く使われている治療技法，たとえば危機的な事故後のストレスデブリーフィング（第9章を参照），行為障害の青年に対するピアグループによる介入（Dishion et al., 1999），ある種の自助プログラム（Rosen, 1987；第14章を参照）は有害であるといった事実が増えている。「何かをすることは何もしないことよりはよいことだ」という仮説は，心理療法の領域では間違いを起こしやすい。心理学者リチャード・ギスト（Gist, R.）が私たちに思い出させてくれていることは，何かをするということは，何かをすることを認可されていることにはならない，ということである。

　第2に，自分自身では悪気がない心理療法家も，驚くほどの時間，財源，あるいはそれら両者を奪うことによって，間接的に害を与える。経済学者はこの副作用を「機会費用」と呼んでいる。効果が証明されている治療法を探し出すために時間と財源が豊かであったかもしれないが，機会費用の結果，いずれも残り少なくなってしまう。それゆえ効果が証明されている治療法を受けることができなくなる。

　第3に，検証されていない技法を使用すると，臨床心理学の専門性の科学的基礎が徐々に破壊される（Lilienfeld, 1998; McFall, 1991）。著者の1人（Lilienfeld, 2002）が最近述べたように。

高い科学的標準を維持したうえで治療を施す責任をひとたび放棄すると，科学的信頼と科学的影響は大きく損なわれる。疑問のある精神健康の技法が持つ切迫した危険を無視し続けてきたことは，科学的事実に基づいた訓練にこだわることは重要ではないとか，非科学の可能性がある訓練を取り除こうとしなかったという暗黙のメッセージを送っていることになる。学生は，私たちの歩みに従い，科学者と実践家の間，および研究成果と臨床実践の間の広がりつつある溝を無視し続けるようになろう。(p. 9)

加えて，妥当性に疑問のある治療技法とアセスメント技法が普及すると，臨床心理学の専門性が疑われ，また臨床の研究者と実践家の主張が信頼されなくなる。

科学と疑似科学の差異：入門

　本書の主要目標の1つは，臨床心理学における科学的な主張と疑似科学的な主張を区別することである。しかしこの目標を達成するために，まず科学的研究プログラムと疑似科学的研究プログラムの間の基本的な差異を述べておかなければならない。別のところで述べたように（Lilienfeld, 1998)，科学は疑似科学と質的にというよりは量的に異なっている。科学と疑似科学は高度な技術を身につけたもの（Rosch, 1973)，あるいは開放（Meehl & Golden, 1982; Pap, 1953) 概念のように考えられる。なぜならそれらの概念は本質的にあいまいな境界を持っており，またその支持するものは無限定に拡張可能なリストを持つからである。そのような境界のあいまいさは，科学と疑似科学の差異が虚構のもの，あるいは完全に恣意的なものであるということを意味しない。精神物理学者のS. S. スティーヴンスが述べているのは，昼と夜の間の正確な境界は決めがたいという事実は，昼と夜を意味があるように判別できないということを意味しないということである（Leahey & Leahey, 1983 を参照)。この視点から，疑似科学は誤りやすい，しかしそれであっても有用な指示リスト，あるいは「警告サイン」を持つものとして概念化される。ある原理が指し示す警告サインが多くなればそれだけ疑似科学から科学を分かつ境界線を多く横切ることになるだろう（Herbert et al., 2000 も参照)。多くの科学哲学者（たとえばBunge, 1984) と心理学者（たとえばRuscio, 2001) は，最もよく認められる疑似科学の特徴を概説した。それらの特徴は次のようなものである（さらなる議論のためには，Herbert et al., 2000; Hines, 1988; Lilienfeld, 1998 を参照)。

1. 反証からの主張に対して免疫をつくるためにデザインされた一時的な仮説の濫

用。ポッパリアンあるいは新ポッパリアンの観点（Popper, 1959を参照）からすれば，間違いをおかすことがないという主張は，原理的に，非科学的である（しかしポッパリアンの批判として，McNally, 2003を参照）。否定的結果をごまかすために，その場限りの仮説を繰り返し考え出すことは，疑似科学的主張の支持者が共通して行なっている方略である。さらに最高の疑似科学では，疑問視された理論上の欠点を埋めるためにその場限りの仮説を，ただ単に張りつける。極端なものでは，その場限りの仮説は，論破できない障壁となる。たとえば，眼球運動脱感作とリプロセッシング（EMDR）の支持者たちは，EMDRについての否定的な結果は，ほとんどが忠実に治療手続きに従っていないことに原因があると述べてきた（第9章を参照）。しかし治療忠実度の概念のあてはめには一貫性が欠ける（Rosen, 1999）。

　否定的な事実に直面し，その場限りの仮説を設定することが，時には科学における合理的な方略であることは強調されるべきである。しかし，科学的な研究プログラムにおいてそのような仮説は，理論の内容，予測力，あるいは両者を高める傾向にある。

2. **自己訂正の欠如**。科学的研究プログラムは，その主張の本当らしさにおいて，必ずしも疑似科学的研究プログラムと区別できない。なぜなら両プログラムの支持者たちはしばしば間違った提案を提出するからである。長期的にみると，最も科学的なプログラムは間違った提案を取り除く傾向にある。一方，最も疑似科学的なプログラムはそうではない。要するに，疑似科学的プログラムを最もよく証明する証拠は，知的な面での停滞が起こることにある（Ruscio, 2001）。たとえば，占星学は過去2500年の間に著しい変化はほとんど起こらなかった（Hines, 1988）。

3. **再調査の回避**。上記に関連し，多くの疑似科学の支持者は，再調査によって問題点が発見されるおそれがあるようなプロセスを避ける（Ruscio, 2001；例証としてGardner, 1957も参照）。再調査プロセスが，よく構成されたパラダイムと矛盾するような主張や結果がでるようにバイアスをかけているという根拠で，回避されるかもしれない（たとえば，思考場理論に関連した例証としてCallahan, 2001aを参照；第9章も参照）。標準の科学的方法ではとうてい適切に評価できないということを理由に，再調査を避けるかもしれない。再調査は完璧からは程遠い（代表的な例としてPeters & Ceci, 1982を参照）。そうだとしても，科学における自己訂正の最高のメカニズムとして，また推論，方法論，分析における誤りを特定し，研究者を援助する最高のメカニズムとしてあり続けている。再調査プロセスから大きく隔絶されたままでいることによって，疑似科学の支持者は，調整的なフィードバックを得る貴重な機会を失う。

4. **論破よりは確証の強調**。明敏な科学者フェイマン（Feynman, 1985）は，科学の本質は一生懸命になって自分自身の間違いを証明しようとするものだと述べている。バートレイ（Bartley, 1962）も同様に最高の科学は最大の構成的批評主義を含んでいると述べている。理想的な科学者は，論駁の危険を葬りさるために，育ててきた問題を研究テーマにする（Meehl, 1978; Ruscio, 2001 も参照）。逆に，疑似科学者は自分自身の主張に合う事実だけを探そうとする。強固な支持者は，主張に合致する事実を必ず見つけ出すことができる（Popper, 1959）。そのため確証するための仮説−検証方略は，信念に凝り固まっているときには誤りを根絶する効果的な手段とはならない。

さらに，バンジ（Bunge, 1967）が述べているように，ほとんどの疑似科学者は，彼らの主張の確証として否定的な，あるいは異例な結果を都合のよいように再解釈する（Herbert et al., 2000 も参照）。たとえば，超感覚知覚（ESP）の支持者は，超心理学の課題（"psi missing" として知られる）におけるチャンスレベルの成績よりもさらに悪い個別的なケースを解釈してきた（Gilovich, 1991; Hines, 1988）。

5. **逆転された証明の重み**。先に述べたように，科学における証明の重みは，常に，主張にかかっているのであり，批判にあるのではない。疑似科学の支持者はこの原理をしばしば無視し，その代わりに主張が間違っているということを無心論者が論理の限界を越えて言い張ろうとするようなことを行なう（たとえばある新しい治療技法の効果に関する言及）。この誤りは，論理学者の無知による誤りに似ている（たとえば，無知による論争）。それに反対する事実が存在しないというためだけで，単純に主張は正しいと思い込んでしまう仮説の誤りに似ている（Shermer, 1997）。たとえば，未確認飛行物体（UFO）の支持者は，空にある変則的な出来事のなかには説明できないものがあるという懐疑論者の主張に対して，すべてが説明できると主張した（Hines, 1988; Sagan, 1995a）。しかし，基本的には，例外なく否定的なものすべてに当てはまりうるような証明は不可能なので，この戦略では主張者よりもむしろ懐疑論者に過度に証明を求めるという誤りをおかす。

6. **関連性の欠如**。最も科学的な研究プログラムに対して，疑似的研究プログラムは他の科学的原理との「連結性」を欠く（Bunge, 1983; Stanovich, 2001）。言い換えれば，疑似科学は，現存のパラダイムを建て増すのではなく，むしろすべてを脱ぎ捨てた完全に新しいパラダイムを作り上げると主張する。そうするためによく作り上げられた科学的原理，あるいは強固な科学的知識を往々にして無視する。たとえばESPの多くの支持者は，報告されたESPのケースがほとんどあらゆる主要な物理学的シグナルの法則に反していても（たとえば，ESPは，その

称するところでは，数フィートの距離からと同様に数千マイルのかなたからも同じほどの強さで作用する)，それは本物の(これまで検出されなかったのであるが)知覚の物理的プロセスであると主張する。科学者は，完全に新しいパラダイムが先に存在したすべてのパラダイムをくつがえすのに成功することがあるということは常に心にとめておくべきなのだが，そのように結論する前には標準的な事実に基づいた主張をしなければならない。

7. **逸話的な事実への過信**。逸話的な事実は科学的研究の初期段階では非常に有益でありうる。すなわち，証明の文脈においてよりも (すなわち，仮説検証；Reichenbach, 1938)，典型的な発見の文脈においてである (すなわち，仮説生成)。疑似科学的主張の支持者は，主張に合った事実を涵養するために，しばしば選ばれたケースからの報告を頼りにする (たとえば，「パーソン X はこの治療を受けて著しく改善したので，この治療は明らかにパーソン X に効いた」)。たとえば，自閉性障害 (第13章を参照) に対するある治療法 (たとえばセクレチン) では，支持的事実として統制のとれていない改善ケース報告が強調された。

　しかし，ギロヴィッチ (Gilovich, 1991) が述べたように，ケース報告は，主張に必要な事実を提供しているが，その主張にとって十分な事実を提供することができない。たとえば，新しい心理療法の効果があるならば，少なくとも改善したケース報告を複数期待すべきであろう。しかしそのようなケース報告は，改善が心理療法に依存しているという適切な事実を示すことをしない。この改善は多くの他の原因によって引き起こされたかもしれない (たとえば，偽薬効果，平均への回帰，自発的な改善，成熟；Cook & Campbell, 1979 を参照)。

8. **反啓蒙主義の言語使用**。多くの疑似科学の支持者は，科学を表面的に装った学問分野を供給しようとし，高度に専門的なわけのわからない大げさな言葉を印象深く使用する (疑似科学の「偽装方略」の考察のために van Rillaer, 1991 を参照)。そのような言語は，問題になっている主張の科学的な土台になじみのない人々に説得力を持つ。そのためそれらの主張に，認可状が与えられ，科学的合法性が認められてしまうかもしれない。

　たとえば EMDR の開発者は，この治療法の効果を次のように説明した (第9章も参照)。

受容神経ネットワークの神経受容体 (シナプスの電位) の力価は，種々の情報の高原状態と適応的情報レベルを別々に保存するが，AからZまでの文字によって表象される。高力価を持つターゲット・ネットワーク (Z) はより適応的な情報と結合できない。より適応的な情報はより低い力価のネットワークに貯蔵される。すなわち，シナプス力価はさまざまな神経ネットワークに貯蔵される感情の各レベルとは異なっている。……この理論は，

処理システムが EMDR に触媒されているときに，受容体の力価は下方向にシフトされるので，前進的により低い力価を持つ神経ネットワークの受容体と連結できるということである。(Shapiro, 1995, pp.317-318)

9. **境界条件の欠如**。最もよく支持された科学的理論は境界条件，すなわち予測された現象が起こるとか起こらないということに関してよく分節化された範囲を有している。逆に，多くの，あるいはほとんどの疑似科学現象は過度に広範囲の条件に作用すると称される。ハインズ（Hines, 1988, 2001）が述べているように，心理療法周辺のよくみられる特徴は，病因が何であるかにかかわらず，表面上はほとんどすべての障害に効果的である。たとえば，ある思考場理論の支持者（第9章を参照）は，この治療法はほとんどすべての精神障害に有効であると主張する。さらにこの治療法の開発者は，人間ばかりでなく，「馬，犬，猫，幼児，とても小さな子ども」（Callahan, 2001b, p. 1255）にも効果があると主張する。

10. **全体論のマントラ**。特に器質医学と精神健康における疑似科学の主張の支持者は，しばしば「全体論のマントラ」（Ruscio, 2001）に頼る。このマントラに頼るときには，科学的主張がより広範囲の主張の文脈内でだけ評価されうる。それゆえ個々では批判されないと主張するのが典型的なやり方である。たとえばロールシャッハテストの支持者は，臨床家はロールシャッハの結果を孤立させては実際上解釈できないと述べることで，この技法に対する批判者たちに反応し続けてきた。代わりに，実際には，訓練された臨床家はたくさんの情報の断片，要するにロールシャッハ・プロトコルを考慮する。この推論の流れには大きな困難が2つある。第1に，臨床家は多様な情報源からのたくさんの複雑な心理測定にかかわる情報を頭のなかでうまく結びつけて使用すると述べる。これは臨床的判断における研究の流れからは疑わしい主張である（第2章を参照）。第2に，全体論のマントラに頼ることによって，ロールシャッハおよび他の技法への支持者は，常に反証される危険を回避する。言い換えれば，研究結果が特定のロールシャッハ指標の妥当性を強めるならば，ロールシャッハの支持者たちはそれらの結果が事実を支持していると主張するが，それらの結果が否定的なものであるならば，「いずれにしても臨床家はこの指標を独立には使用しない」と釈明する（例としてMerlo & Barnett, 2001 を参照）。この「頭は勝つ，尻尾は負ける」式の推論は，これら支持者の主張を科学の範囲を大きく越えたところにおくことになる。

本書で提示する主張を評価するときに，先に読者に提示した疑似科学指標のリスト（他の役に立つ指標は，Ruscio, 2001 を参照）を覚えていてほしい。同時に，それらの指標は疑似科学的研究プログラムに確率的に結びついているにすぎないことも忘れ

ないでほしい。よく訓練された科学者ですら，そのような実践に免疫があるわけではない。しかし科学的研究プログラムでは，そのような実践はゆっくりとだが確実な自己訂正の過程を経て結果的に取り除かれる。誤った主張が，自然淘汰と似た過程によって徐々に狩り出されていく科学（たとえば Campbell, 1974 の進化論的認識論の考察を参照）とは逆に，疑似科学は矛盾した証拠があるにもかかわらず停滞した状態にとどまる。

問題を処理する建設的な努力

　ごく最近まで臨床心理学の領域では，疑似科学あるいは問題視される実践法によって起こってくる脅威を語ることにほとんど関心が持たれなかった。ミール（Meehl, 1993）は，20世紀の後半における先端的な臨床心理学者の1人であるが，次のように述べている。

> 学位をとればサンプリング，知覚，記銘，保持，再生，推論の誤りを犯すことからいくらか免れると主張することは誤りであり，そう主張することは尊大であると同様にばかげている。心を持っている限り，誤りを犯さないことはない。以前には，心理学の初級コースで，証言心理学の古典的研究をいくつか講義するのが常であった。そして心理学者の1つの特徴は，厳しく民間信仰を疑うことであった。厳しい批判的な思考のこの基本的特徴を持ったのはほんのわずかな臨床心理学者のみだった。ミネソタ（大学）の私の先生は，バートランド・ラッセルが真実の科学者の支配的な情熱と呼んだものを持っていた――この情熱はばかにされるべきものでも他者をばかにするものでもない……彼ら全員が，実証主義者の2つの探索的問いかけを行なう。すなわち「何を意味しているのか？」「どのように知るのか？」である。もし臨床家がこの情熱を失い，それらの問いかけを忘れるならば，博士号を名乗る実入りのよい占い師以下になってしまう。このようなことが起こっているという不安をかき立てるような兆候がある。もし臨床的活動を実証的に行なわず，学生に科学的思考の役割モデルを与えないならば，部外者が私たちに代わってそれを行なうようになるだろう。(pp.728-729)

　とはいうものの過去10年間に，臨床心理学における疑似科学的方法が疑われ，そしてその可能性のあるものによってもたらされた問題を処理する多くの建設的努力が行なわれてきた。それらの努力の2つはアメリカ心理学会（APA）内で始まった。かつてある委員会は臨床心理学のなかにわだかまっていた疑似科学の問題に目を閉ざしたままだったと厳しく非難された（Lilienfeld, 1998）。そのため第1に，APAの12

部門は成人と子どもの障害のために経験的に支持できる治療法（EST）の基準を提出してきた。それらの基準を満足する治療技法の暫定的なリストも一緒に提示された（思慮に富んだ展望として，Chambless & Ollendick, 2001 を参照）。現在の EST のリストと EST を同定するために設定された基準の両者をめぐって精力的で建設的な討論が行なわれた（Herbert, 2000; EST の現在の地位については批判として第6章も参照）。EST の方向への要求が高まっていることは，科学的に支持できる介入からほとんど支持できない介入を区別することへの関心が高まっていることの反映である。第2に，APA の委員が実証されていない心理療法によってもたらされた恐れに対応する方向へ動き始めたという出来事がある。たとえば，数年前，APA の継続的教育（CE）委員会は，CE クレジットのために行なうワークショップに思考場療法を入れることを却下した。というのもこの治療法の科学的事実は実践家にその効果を保証するのに十分なもの（支持的ですらなく）ではないからである（Lilienfeld & Lohr, 2000; 第7章と第9章も参照）。

加えて，超自然の主張に関する科学調査委員会は最近新しい下位委員会を設立した。この委員会は疑問のある，あるいは検証されていない精神健康の主張の妥当性を評価することに専念している。最後に，最近，プロメテウス書店が「精神健康の実践のための科学的展望」という交差文化的な雑誌を刊行したことをあげよう。この雑誌は，臨床心理学，精神医学，ソーシャル・ワーク，関連領域において科学的に支持されない主張から支持できる主張を区別することに専念している。そこで認められる論議（Lilienfeld, 2002 を参照）では，長期にわたって，疑似科学的実践の疑いのあるものから事実による強い支持がある実践を区別することに，注意が払われてきた。本書が，この方向を向いた意義ある一歩とみなされることを望んでいる。

本書の到達点

本書の第1の到達点は，—臨床の研究者，実践をしている心理学者，精神科医，ソーシャル・ワーカー，カウンセラー，精神科の看護師，臨床心理学の大学院生，関連分野（たとえばソーシャル・ワーク，カウンセリング），医学部の学生，法律家，教育者，教育を受けた一般人を含め—臨床心理学において科学的に支持された，あるいは将来有望な技法から，科学的に支持されていない，あるいは検証されていないものを区別するという重要な課題について，援助することである。この課題で援助するために，各章の著者に，技法や主張の経験的な支持を中心にするばかりでなく，経験的に支持されているか，あるいは将来有望であるかについても言及するように求めてき

た。このように，強固な科学的事実に基づいているか基づいていないかという精神健康技法間の差異についての理解と評価を高めることを期待している。加えて，先に述べたように，疑似科学の多くの特徴を体現している臨床心理学の研究プログラムを同定する課題も援助することを意図している。そして科学的認識論の中核的特徴（たとえば自己訂正）を例示する研究プログラムから疑似科学的なものを区別するのを助けることも意図している。

　本書は主要な5つの部から構成されている。第1部は，心理学的アセスメントと診断の領域の問題のある，あるいは検証されていない訓練と仮説についての吟味から始める。第2部では，いくつかの心理障害に広く当てはめられる心理療法の一般的な矛盾点を吟味する。第3部は，外傷後ストレス障害，アルコール障害，気分障害を含んだ種々の成人の心理状態に対するほとんど検証されていないか，あるいはまったく実証されていない治療技法（心理療法的および精神薬理学的な両者の）に注目する。第4部では，注意欠陥／多動性障害と幼児自閉症に特に焦点を当て，子どもで検証されていない，そして実証されていない治療についても同様に調べる。第5部では，現在さまざまに実践されている自助活動について検討する。本書の結論として，科学者と実践家の間の溝を狭めるための短い構成的な改善策を述べる。

　比較的楽観的な言及によって本書を結論づけ，現在の臨床心理学における疑似科学の問題は深刻で，広範な，恐るべきものであるとしても，手に負えないものではないといった印象を残したい。もしこの楽観的なアセスメントが正しいならば，臨床心理学者の次の世代は，本書を，臨床的実践がしばしば実証されていなかった，そして日常的に最上の使用可能な科学的事実に基づいていなかった過去の遺産，単なる歴史的な好奇心としてみるかもしれない。そうなれば，これにまさる喜びはない。

第 I 部
評価と診断における論争

第2章 臨床家が疑似科学的手法を用いる理由
臨床的な判断に関する研究からの知見

ハワード・N・ガーブ（Howard N. Garb）
パトリシア・A・ボイル（Patricia A. Boyle）

　しばしば，疑似科学的な手法について堂々たる主張が繰り広げられ，臨床家の多くはこの疑似科学的な手法がクライエントにとって有益であると心から信じている。そこに疑問がわいてくる。「もし疑似科学的手法に妥当性がないとしたら，なぜこのような手法について堂々たる主張が行なわれるのだろうか。さらに，なぜ臨床家はこのような手法に妥当性があると考えるのだろうか」。そこにはさまざまな理由があり，それらの理由のすべてが，あらゆる臨床家に当てはまるわけではない。ただ明らかなことは，誰かが新しいアセスメント法や治療介入法を開発すれば，その手法の有用性を信じて誇大に表現しようとする，個人的，経済的理由が存在するということである。いったん堂々たる主張がなされると，臨床家は試しにそのアセスメント法や治療介入法を用いるかもしれない。そして最終的に，そのアセスメント法や治療介入法が非常にすぐれたものであると確認されれば，以後それらの手法を用いないことは無責任なことになるだろう。しかしクライエントにいったん疑似科学的な手法を用いてしまうと，それらの手法に妥当性も効果もないことに，臨床家はなぜ気がつかないのだろうか。

　この章の目的は，臨床経験から学ぶことがなぜ難しいのかということを明らかにすることにある。そのために，臨床の経験や訓練の有用性に関する研究を，認知プロセスの研究に沿って概観する。そして臨床家が，臨床場面で受け取るフィードバックの性質についての見解を述べ，最後に臨床実践の改善へ向けた進言を行なう。

臨床経験や訓練の真価

　臨床の教えには，心理学者や精神保健の専門家は「実践から学ぶ」もしくは「経験から学ぶ」ということが暗に含まれている。経験豊富な臨床家とは，経験の劣る臨床家よりも性格や精神病理において正確かつ妥当な評価を行ない，専門家とは，一般の臨床家よりも心理学的介入についての優秀な提供者であることが想定されている。そして心理学の訓練プログラムはこれらの想定に忠実に作成されており，スーパーバイザーの訓練では，臨床的な能力の育成には経験が重要であるということが，ごくあたりまえのように強調されている。また精神健康トレーニングの受講者に対する長年にわたる教訓とは，さまざまな患者や症状にふれる機会が多くなるにつれて臨床的な能力は高まるものであり，そのためには多くの時間を要するというものである。

　臨床的な能力と経験が関連しているという一般的な通念は，広く知れわたった教えであるにもかかわらず，多くの研究によって明確に否定されている。つまり，研究では，精神保健の従事者が経験から学ぶというのは困難であることが示されているのである。臨床的判断に関する多くの研究では，経験の劣る臨床家と経験豊富な臨床家に同じ情報が与えられたときでは，両者の判断の正確さには違いがないことが示されている（Dawes, 1994; Garb, 1989, 1998; Garb & Schramke, 1996; Goldberg, 1968; Wiggins, 1973; Meehl, 1997 も参照）。さらに，与えられた情報がいかなる種類であっても，経験と判断の妥当性とは関連しないことも明らかにされている。性格や精神病理に関するアセスメントの正確さと経験が関連しないことを示した研究は，不安をかきたてる。なぜなら，アセスメントとは，精神保健の専門家のみならず，それ以外の心理学者にとっても重要な課題だからである。そこで，これらの研究結果に重要な意味があるという前提に立ち，個々の研究について説明することにしよう。

　本章では，①経験の豊富な臨床家と経験の劣る臨床家，②臨床家と大学院生，③大学院生の縦断的な変化，④臨床家や大学院生の判断と素人の判断，⑤経験のある特別な訓練を受けた臨床家，の5つの視点から判断の妥当性について述べていく。その結果，①訓練と妥当性，②経験と妥当性，の2つの関連について記述する。

経験の豊富な臨床家と経験の劣る臨床家

　性格検査の結果の解釈に関して，専門家と称される人々が一般の臨床家よりも正確なわけでも，経験豊富な臨床家が経験の劣る臨床家よりも正確なわけでもない（Graham, 1967; Levenberg, 1975; Silverman, 1959; Turner, 1966; Walters et al., 1988; Wanderer, 1969; Watson, 1967）。たとえば，グラハム（Graham, 1967）は，ミネソタ式多面的人格目録（Minnesota Multiphasic Personality Inventory; MMPI）に関し

て経験レベルが異なる2つの心理学者のグループに，MMPIの検査結果のプロトコルを与えた。この2つのグループのうち，1つのグループは臨床場面でおおよそ5年間の実務経験があり，日常的にMMPIを使用している博士レベルの心理学者であり，もう1つのグループは臨床場面で5年以上の実務経験がありMMPIをより頻繁に使用し，さらにMMPIに関する研究についての広い知識も持っている博士レベルの心理学者であった。患者の性格特性について，この2つのグループに行なわせたQ分類*と，患者や家族に対する面接に基づいて作成された規準となるQ分類とを比較した。その結果，判断の妥当性について全体的には.29～.37の範囲の中程度の関連が認められたものの，MMPIに関する経験と判断の妥当性との関連は認められなかった。つまり，MMPIについての経験と知識の豊富な臨床家のMMPIの結果の解釈は，経験と知識の劣る臨床家よりも正確というわけではないのである。

　経験の豊富さと判断の妥当性との関連について，精神科医を対象とした研究も行なわれている。ケンデル（Kendell, 1973）は，精神科での実務経験（最低4年の経験があった）が異なる精神科医を対象として，経験の豊富さと診断の正確さとの関連について検討を行なった。精神科の患者に対する臨床的な初期面接の一部を見せ，この面接データに基づいて診断させた。そしてこの診断結果と，患者本人と患者の親類縁者に対して行なったすべての面接のデータ，以前の入院時のケースノート，患者が病院にいる間に収められた付加情報など，より多くの情報に基づいた診断結果とを比較した。その結果，実務経験の長さと診断の妥当性は関連しないことが示された。また統合失調症患者の陽性症状・陰性症状のアセスメントに関して行なわれた別の研究においても同様に，アセスメントの正確さについて経験豊富な精神科医と経験の劣る臨床家との間に違いがないことが示されている（Muller & Davids, 1999）。

　精神科医を対象とした最後の研究として，ハーマンらの研究（Hermann et al., 1999）では，臨床的な経験年数の長さと妥当性との間に負の相関が認められた。ハーマンらは，「電気痙攣療法（electroconvulsive therapy; ECT）の開発初期に訓練を受けた精神科医は，証拠に基づく規準から逸脱した症状に対して電気痙攣療法を用いる傾向が高い」（p.1059）と報告している。この研究においては，年輩の精神科医の判断は若い精神科医の判断よりも妥当性が低いことになる。このような結果となった原因として，電気痙攣療法の適用範囲に関する教育が近年になって改善されたことがある。これが事実であれば，臨床経験の長さは，最新の訓練を受けていないことの代替にはならないことになる。

　同様の結果が，神経心理学の領域でも報告されている。アメリカ職業心理専門家管理局（the American Board of Professional Psychology; ABPP）の認定資格を持つ神経心理学者の判断の正確さは，経験の少ない博士レベルの神経心理学者の判断の正確さと違いがないのである（Faust et al., 1988; Gaudette, 1992; Heaton et al., 1978;

Wedding, 1983)。最もよく知られている研究の1つに，フォウストら（Faust et al., 1988）の研究がある。彼らは，155名の神経心理学者を対象に判断の妥当性について検討した。神経心理学者に，一般的に利用されている神経心理学的なテストバッテリー（the Halstead-Reitan Batteryを含む）の結果を評価させ，神経学的障害の有無や，神経学的な損傷が疑われる部位や処理，原因について回答させた。加えて，訓練や経験など彼らの臨床レベルについても調査した。訓練に関する指標とは，神経心理学に関する累積の実習経験や神経心理学のスーパーバイザーの指導を受けた累積時間，神経心理学に関連するコースワーク，神経心理学の専門的なインターン訓練，神経心理学に関するポスドク訓練である。経験に関する指標とは，神経心理学者としての実務年数と神経心理学に関連する問題にかかわった総勤務時間である。また専門的な能力の指標とは，アメリカ職業心理専門家管理局の資格である。この研究の結果では，訓練，経験，専門的な能力のいずれの指標における違いも，判断の妥当性とは関連しなかった。

　経験の豊かさが判断の妥当性と関連するという結果を示す研究が1つだけある。ブラマー（Brammer, 2002）は，心理学者に模擬面接での情報を要求するように指示した場合には，訓練のレベルが同程度であっても，経験豊富な実務者ほどより正確な診断を下すと報告している。このように，どのような情報を集めるべきかという知識に関しては，経験豊富な臨床家はすぐれているのかもしれない。

　結論として，同一の情報が与えられれば，経験豊富な臨床家と経験の劣る臨床家の判断の正確さには違いがない。ただし，情報を集めることを求められたり，判断すべきことを決定するように求められたりする場合には，実務経験は判断の妥当性と関連するのかもしれない。

臨床家と大学院生

　臨床心理学者やカウンセリング心理学者の判断は，心理学を専攻する大学院生の判断よりも正確であると考えるかもしれない。しかしほぼ例外なく，両者の判断の正確さには違いが認められてはいない。実証的な研究では，与えられる情報の種類に関係なく，臨床家の判断が大学院生よりも正確であることは稀なことである。面接（Anthony, 1968; Grigg, 1958; Schinka & Sines, 1974），生活史（Oskamp, 1965; Soskin, 1954），行動観察（Garner & Smith, 1976; Walker & Lewine, 1990），治療セッション（Brenner & Howard, 1976），MMPIプロトコル（Chandler, 1970; Danet, 1965; Goldberg, 1965, 1968; Graham, 1967, 1971; Oskamp, 1962; Walters et al., 1988; Whitehead, 1985），描画テストのプロトコル（Levenberg, 1975; Schaeffer, 1964; Stricker, 1967），ロールシャッハテストのプロトコル（Gadol, 1969; Turner, 1966; Whitehead, 1985; 第3章も参照），神経学的障害を検出するスクリーニングツール

(Goldberg, 1959; Leli & Filskov, 1981, 1984; Robiner, 1978)。臨床心理学者やカウンセリング心理学者が臨床現場で一般的に利用しているすべてのデータ（Johnston & McNeal, 1967）などの情報に基づいて判断する場合には，経験豊富な臨床家と大学院生の判断の正確さに違いがないことが研究によって明らかにされている。

臨床家が大学院生よりもすぐれていることを示した研究が2つある。しかしこの2つの研究では，いずれも訓練を受け始めたばかりの大学院生が対象となっていた。1つめの研究（Grebstein, 1963; Hammond et al., 1964で再分析されている）の課題は，投映法検査（ロールシャッハテスト，第3章を参照）のデータに基づいて知能を推定するというものであった。この研究の結果では，臨床心理学者は大学院生よりも知能を正確に推定できることが示された。しかし大学院生を実習経験の有無によって2つのグループに分けてデータを再分析すると，臨床心理学者と実習訓練を受けた大学院生の正確さには違いが認められなかった。2つめの研究（Falvey & Hebert, 1992）の課題は，病歴を読み治療計画を作成することであった。この研究における規準は，不安障害や気分障害の治療に関する特別な専門資格を持つ複数の臨床家が病歴を読んだうえで作成した治療計画であった。彼らの規準に基づいたそれぞれの評定を平均した値が，評価得点であった。このように臨床家の集団に評定させ，それらの評定を平均する方法は，評定の信頼性や妥当性を高めるための1つの方法である（たとえばHorowitz et al., 1979）。この研究の結果，公認の資格を持つ精神健康のカウンセラーの治療計画は，修士課程の大学院生の治療計画よりも妥当性が高いことが示された。しかしながら，この研究の実験参加者となった大学院生の約半数は，診断と治療計画に関する授業の単位をまだ1つも取得していない大学院生であった。

臨床家の判断は，入学して間もない大学院生と比べると正確なことがあるとはいえ，これも常に成り立つとは限らない。ある研究（Whitehead, 1985）では，心理学者，臨床心理学専攻の大学院の新入生および同専攻の上級生に対して，ロールシャッハテストもしくはMMPIの結果に基づいて，精神疾患の患者と腰痛の患者を区別するように求めた。この研究における新入生とは，MMPIの訓練は受けているものの，ロールシャッハの訓練は受けていない学生であった。そのため，新入生に与えられたロールシャッハテストのデータは，ロールシャッハテストのセッションを文字に起こしたものであった。対照的に，心理学者と大学院の上級生に与えられたロールシャッハテストのデータには，ロールシャッハのセッションを文字に起こしたものに加え，反応領域シートやロールシャッハスコア（Exner, 1974）も含まれていた。この研究の結果，ロールシャッハテストのデータを与えられた場合とMMPIのデータを与えられた場合のいずれにおいても，心理学者と大学院の上級生の判断の正確さと新入生の判断の正確さに違いがなかったのである。

大学院生の縦断的変化

　訓練と妥当性の関連や経験と妥当性の関連について検討するうえで，縦断的研究は有効である。アロンソンとアカマツ（Aronson & Akamatsu, 1981）は，大学院生12名が行なった3回の判断を比較検討した。この3回の判断とは，①大学院の1年め終了時，②MMPIの解釈に関するコースの終了時，③1年間にわたる治療実習やアセスメントの終了時である。患者の性格に関して大学院生が行なった3回の評定を，患者と家族に対する面接結果に基づく規準評定と比較した。その結果，判断の妥当性係数は，1回め（大学院の1年め終了時）では .20，2回め（MMPIのコース終了時）では .42，3回め（治療実習終了後）では .44 という値を示した。このように，クライエントのプロフィールに関する大学院生の判断の正確さは，専門的な講義中心の訓練を受けることによって増加するものの，付加的な実習科目での経験によって増加することはない（関連する結果として，Whitehead, 1985）。

臨床家や大学院生の判断と素人の判断

　数量的ではない心理データを与えられた場合の素人の判断と臨床家や大学院生の判断とを比較すると，素人や実験参加者（たとえば，患者）の特徴により，臨床家や大学院生の判断のほうが素人の判断よりも正確な場合がある。たとえば，面接データに基づいて精神病理の説明を求められると，学部学生や学部卒の人々と比べて，臨床家や大学院生の判断はすぐれている（Brammer, 2002; Grigg, 1958; Waxer, 1976）。しかし臨床家や大学院生が自然科学者よりもすぐれているわけではない（Luft, 1950）。この課題における正確さの相違には，グループ間の知的能力や成熟の違いが関連しているのかもしれない（自然科学者は学部学生よりも知的で成熟していると考えられる）。また生活史データに基づいて同じような判断を求められると，精神病患者のアセスメントに関する臨床家の判断は素人の判断よりもすぐれている（Horowitz, 1962; Lambert & Wertheimer, 1988; Stelmachers & McHugh, 1964; Holmes & Howard, 1980 も参照）。しかし健常者のアセスメントに関しては，臨床家の判断と素人の判断に違いは認められない（Griswold & Dana, 1970; Oskamp, 1965; Weiss, 1963）。もちろん，治療を求めていない人々や治療に参加する必要のない段階の人々を臨床家がアセスメントすることは稀である。それゆえ，臨床家は健常者のアセスメントに不慣れであるために，結果的に健常者を過剰に患者として判断してしまう可能性がある。

　数量的な心理データを与えられる場合には，与えられるデータの種類や判断課題の科学性により，臨床家や大学院生の判断は素人（たとえば，学部学生や秘書など）の判断よりも正確な場合がある。ただし，ロールシャッハテストや人物描画テストのような投映法の検査結果を与えられたときには（Cressen, 1975; Gadol, 1969; Hiler & Nesvig, 1965; Levenberg, 1975; Schaeffer, 1964; Schmidt & McGowan, 1959;

Todd, 1954 は Hammond, 1955 より引用；Walker & Linden, 1967）。臨床家と素人の判断の正確さに違いはない。また課題として神経学的障害を検出するためにスクリーニングツール（たとえば，ベンダー－ゲシュタルトテスト）を用いた場合でも，心理学者と素人の判断の正確さには違いがない（Goldberg, 1959; Leli & Filskov, 1981, 1984; Nadler et al., 1959; Robiner, 1978）。たとえば，これらの研究の1つ（Goldberg, 1959）では，臨床心理学者の判断は，なんと，自分の秘書の判断と違わなかったのである。最後に，MMPIのプロトコルを与えられたときには，心理学者と大学院生の判断は素人の判断よりも正確であった（Aronson & Akamatsu, 1981; Goldberg & Rorer, 1965 と Rorer & Slovic, 1966 は Goldberg, 1968 より引用；Karson & Freud, 1956; Oskamp, 1962）。たとえば，アロンソンとアカマツ（1981）は，学部学生と大学院生にMMPIプロトコルに基づいて精神症状を伴う患者の性格的特徴を記述するようにQ分類を行なわせて比較検討を行なった。彼らが受けた訓練のレベルは異なっており，大学院生はMMPIについての科目をすでに終了しMMPIの実施の経験と結果の解釈の経験（もしくは実施経験のみ）があったが，学部学生はMMPIに関する2つの講義を受けただけというレベルであった。そして彼らが行なったQ分類の結果を家族と患者に対する面接結果に基づいた規準評点と比較した結果，判断に関する相関は，大学院生では .44 であり，学部学生では .24 であった。つまり，大学院生は学部学生よりも有意に正確な判断を行なっていたのである。

経験のある特別な訓練を受けた臨床家

精神保健の専門家は，ある課題について素人よりも正確に判断することができるというだけでなく，特殊な訓練を受ければ，一般的な精神保健の専門家よりも正確に判断することができる。たとえば，神経心理学者は臨床心理学者よりも神経学的障害を正確に見つけだし（たとえば，Goldstein et al., 1973），法心理学者は他の心理学者よりもうそを的確に見抜き（Ekman et al., 1999），精神科医は他の医者よりも抗うつ薬の処方についてすぐれた仕事をこなせるのである（たとえば，患者の治療のための服薬の確認；Fairman et al., 1998）。

まとめと議論

疑似科学的な手法を使用する臨床家は，しばしば，これらの手法の危うさに気がつかない。なぜなら，臨床経験から学ぶことが困難だからである。系統的に行なわれた研究は，心理学や他の精神保健の領域における訓練の有効性を支持しているが，臨床経験の有効性については異議を唱えている。全員に同じ情報が与えられる場合には，経験豊富な臨床家の判断や意思決定は，経験の劣る臨床家のそれらと大差がない。同様に，経験豊富な臨床家の判断は，概して大学院の上級生のそれと違いがない。一方で，

臨床家と大学院生の判断は素人の判断よりすぐれていることが多く，特殊な訓練を積んだ専門家や資格を有する精神保健の専門家は他の精神保健の専門家よりも判断がすぐれていることもある。大学院生の判断の正確さは講義中心の訓練によって高まるが，現場での実習訓練によって高まることはないという縦断研究での結果は，訓練は有益であるが，臨床経験から学ぶことは難しいということを如実に表わしている。さらに，臨床家が疑似科学的な手法を利用し続ける理由について理解を深めるためには，臨床経験から学ぶことが難しい理由を理解することが重要である。

経験から学ぶことの障壁

　精神健康の専門家が経験から学ぶことが困難な理由は，数多く存在する。心理学者や精神健康の実務者は，正確な診断を行なうために，大量のデータを扱い解釈するというあいまいかつ複雑な意思決定に常にさらされている。このような状況では，判断を誤らせたり経験から学ぶことを阻害したりする数多くの認知的要因や環境的要因から影響を受けやすいことが示されている（Arkes, 1981; Brehmer, 1980; Dawes, 1994; Dawes et al., 1989; Einhorn, 1988; Garb, 1998）。

　ここでいう認知的要因とはバイアスやヒューリスティック*や記憶プロセスのことであり，環境要因とは十分かつ適切なフィードバックが得られない状況のことである。これらの認知的要因や環境的要因は，臨床業務に重大でネガティブな影響を及ぼす可能性がある。誤った認知プロセスや粗悪なフィードバック機構が，仮説検証や意思決定の際に一段レベルの低い方略を頻繁に使用させてしまう。そして粗悪な意思決定方略を利用することで，精神保健の実務者は正確な判断を下す可能性と経験から学ぶ可能性を低下させてしまうのである。

判断における認知プロセスと認知的誤り

　バイアスやヒューリスティックや記憶プロセスによって，最適な意思決定方略を使用する可能性が低下することがある。バイアスとは，利用可能なデータに対する臨床家の解釈に悪影響を与える信念もしくは先入観のことである。またヒューリスティックとは，臨床家の判断や治療の決断もしくはその両方で用いられる単純かつ簡単な方法のことである。ヒューリスティックに頼るということは，効率的である一方で誤りやすく，臨床家が経験から学び損ねる可能性を高める。

　バイアスには，確証バイアス*，過信，後知恵バイアス，人種バイアス*，ジェンダーバイアス*，精神症状を読み取る際のバイアスなどがある（これですべてではな

い)。確証バイアスとは，臨床家が患者の情報を検討する際に，意図的であれ無意図的であれ，はじめに立てた仮説に対して一致する情報や矛盾しない情報を求めているときや，これらの情報に特に注目しているようなときに起きているバイアスである。たとえば，ある研究（Haverkamp, 1993）では，心理学専攻の大学院生に，カウンセリングの初期セッションのビデオを見せ，クライエントにたずねたい質問を列挙させた。その結果，仮説検証のために彼らが行なった質問の64%がそのクライエントに対して自分の持った印象を確認する確証的な質問（この質問では誤りを証明できない）であり，中立的な質問は21%で，確証的ではない質問はわずか15%にすぎなかった。

別の研究で明らかにされているように，確証的な情報を求める方略は，診断に関する意思決定過程の初期段階で発生し，最終的に臨床家が正確に判断する可能性を著しく低下させている。ゴウロンとディッキンソン（Gauron & Dickinson, 1969）は，精神科医に面接のビデオを見せ，その患者を診断するように求めた。多くの診断は面接の初めの30秒〜60秒間に下され，その後，たとえその診断を覆すような事実が示されていたとしても，ほとんどの精神科医は一度も診断を変えることがなかった。おそらく，臨床家は確証につながらない事実を積極的に探すこともなければ関心を払うこともないため，はじめに下した診断を修正することがないのだろう。また否定的な事実が精神科医に示されていたとしても，彼らはそれを無視してしまうかもしれないし，さらに起こる可能性が高いのは，その否定的な事実をはじめに下した診断に一致するように解釈し直してしまうことである。

確証バイアスは過信へとつながることがあり，さらに過信が翻って確証バイアスへの信頼性を増加させることもある。オスカンプ（Oskamp, 1965）は，過信と確証方略の複合的な影響に焦点を当てた研究を行なった。オスカンプは，集積データの増加と性格判断の妥当性と判断の正確さに対する確信度の関係について検討した。興味深いことに，臨床家の性格判断に対する確信度は，病歴についての情報が追加されていくに従って高まった。しかし確信度が高まっても，妥当性は概ね同レベルのままであった。つまり，オスカンプの結果は，臨床家が過信により当初の仮説に確証的な情報を重要視し，その仮説と一致しない情報については無視したり再解釈したりするということを示している。おそらく，確証的な仮説検証方略と過信の結びつきは，臨床家が患者の有益な情報に注意を払うことを妨げ，不正確な診断が下される一因となっているのだろう。

確証バイアスが過信を生み出す可能性があることは確かであるが，臨床的な判断に対する確信度の適切さについてはほとんど研究が行なわれてないことを述べておくことも重要である（Garb, 1986）。たとえば，過信に関する研究は，数えるほどしかないのが実情である。臨床家の過信が認められる研究もあれば（たとえば，Oskamp, 1965），確信度は低いと評価している研究もある（Wedding, 1983）。一般的には，ア

セスメント情報の妥当性が高ければ高いほど，判断に対する確信度と妥当性の関連は強くなる。一例として，臨床家にロールシャッハやTATのプロトコルを与えた場合に，確信度と妥当性との間に正の相関はこれまで示されてはいない（Albert et al., 1980; Gadol, 1969; Holsopple & Phelan, 1954; 第3章も参照のこと）。

確証バイアスと過信は，臨床家がいったん仮説を立ててしまうと誤りやすくなることを説明してくれるが，その仮説がどのようにして立てられるのかということについて説明してはくれない。診断という作業を考えてみよう。臨床家はクライエントが少なくともいくつかの診断規準を満たしているとわかった場合に仮説を立てるのであろうが，実はここにも危険が潜んでいる。人種，社会的階層，ジェンダー，年齢，ラベリング，過剰に精神障害者を生み出す傾向など，数多くのバイアスの影響を臨床家は受けてしまう可能性がある（Garb, 1998）。そのため，アフリカ系アメリカ人のクライエントを面接すると，躁うつ病を疑う前にまず統合失調症を疑う可能性が高くなる。臨床家が，確証的な仮説検証にとらわれていたり，過信に陥っている場合に，仮説を立てる際に生じるバイアスを克服できている可能性は低いだろう。

臨床家の最初の仮説の立て方を理解するうえで，誤った関連づけ*に関する研究は有益である。この分野の研究においても，臨床家は臨床経験から学ぶことが難しく，いったん仮説を立てると，その仮説を反証する事実が示されているにもかかわらず，臨床家はその仮説を固持し続けることが示されている（Garb, 1998, pp. 23-25）。誤った関連づけとは，臨床家が，実際は関連がない事象間やわずかな関連しかない事象間，もしくは予測とは反対の関連を示す事象間に関連があると思い込んでしまうようなときに起きている現象である。

チャップマンとチャップマン（Chapman & Chapman, 1967）の研究は，人物描画テストにおける描画の特徴（たとえば，風変わりな目や強調された目）が性格（たとえば，疑い深さ）とまったく関連しないことが多くの研究で示されているにもかかわらず，臨床家がこのテストを使用し続ける理由を明らかにしようと試みられた先駆的な研究である（第3章も参照のこと）。チャップマンとチャップマンは，研究を2つに分割して実施した。まずはじめに，彼らは臨床家に描画のどのような特徴が特定の症状や性格と関連しているのかたずねた。その後，大学生に人物画を手渡した。大学生はそれらの描画を吟味した後に，その絵を描いた患者の症状や特性として描画の裏面に書かれている記述文を読んだ。ただし，学生は，描画とその裏面の記述文がランダムに組み合わされていることを知らされていない。刺激材料の間にはまったく関連がなかったにもかかわらず，驚くべきことに，大学生は臨床家が報告した関連と同じ関連に気がついたと報告した。これらの結果は，臨床家が言語的な連合（たとえば，「目」と「注意深い」「疑い深い」との連合）に反応していることを意味している。たいていの場合，彼らは，描画の特徴と精神症状が実際に共起していることに反応している

わけではないのである（たとえ，臨床家が描画の特徴は精神症状と関連すると思っていたとしても，多くの場合，両者は無関連である；Groth-Marnat & Roberts, 1998; Kahill, 1984; Motta et al., 1993; Swensen, 1957; Thomas & Jolley, 1998）。

　後知恵バイアス*とは，すでに起こった出来事に対する説明を創り出しているときに起きている心理プロセスである。たとえば，自殺してしまったクライエントがいたとする。自殺する以前のこのクライエントに関する情報を臨床家に与えて，彼が自殺する可能性について評価させた場合，もしこのクライエントが自殺したという事実をその臨床家が事前に知っていたとすると，おそらく自殺の可能性を高く見積もってしまう。このように，結果に対する知識がその結果が起こる確率の判断に影響を与えてしまうことに，ほとんどの臨床家は気がついていない（Fischhoff, 1975）。別の言い方をすれば，ある出来事が起きてしまった後では，その出来事が起こることは必然であったと考えがちなのである。同様の知見は，神経学的障害の診断（Arkes et al., 1988）や2000年問題（Y2K）で障害が発生するか否か（Garb, M. B., 2000）など，多くの判断課題を通じて広く認められている（Hawkins & Hastie, 1990）。この後知恵バイアスは，臨床家がなぜ臨床経験から学ぶことが難しいのかを理解するために，たいへん重要な現象である。なぜなら，臨床家が確率論的でなく決定論的に考えていることを示唆しているからである。現実的に考えてみれば，すべてのアセスメント情報には誤りを含んでいる可能性があり，高い確実性をもって予測できる機会はそれほど多くない。しかし臨床家はこのようには考えないため，症状や行動の特定の組み合わせが特定の結果とほぼ例外なく関連しているという誤った信念へと陥りがちなのである。

　ヒューリスティックを利用することによって，判断に別の誤りが生じることもある。すでに述べたように，ヒューリスティックとは人々がどのように判断していくかという判断方法のなかの単純な方法であり（Kahneman et al., 1982），この方法により人々は最小の時間と労力で判断することができる。このヒューリスティックとは，判断を正確な方向へ導くことも多いが，ある特定の状況下では判断を誤った方向へと導くこともある。

　ヒューリスティックのなかで，臨床家が経験から学ぶことを困難にしている原因に最も関連が深いものは，利用可能性ヒューリスティック*である。利用可能性ヒューリスティックは判断の誤りにおける記憶の役割を説明してくれる。臨床家が情報を思い出したり誤って思い出したりするために，臨床家が経験から学ぶうえで問題が発生することがある。ケースやクライエントについてすべて詳細に記憶しておくことが困難であったり，不可能ですらあるとすれば，臨床家は，しばしばそれぞれのケースについて選別された情報だけを思い出すことになる。しかしながら，そのようにして思い出された情報は，そのケースを適切に説明するものではないかもしれないし，また

そのケースの主要な特徴とは無関係のものかもしれない。

　利用可能性ヒューリスティックによれば，臨床家の判断は特定のケースの思い出しやすさによって影響されることになる。そして情報の思い出しやすさは，さまざまな要因（たとえば，情報の新鮮さや事象間の言語的な結合の強さなど）と関連している。たとえば，臨床家には，ある種，衝撃的で特殊なケースを思い出しやすい傾向がある。また言語的な結びつきの強さにより，検査における指標と症状や行動にともに表われている症例を臨床家は思い出しやすくなる可能性もある。結局のところ，臨床家とは，検査には表われず症状にだけ表われていた症例や検査にも症状にも表われない症例よりも，検査にも症状にも表われた症例を思い出しやすい（Arkes, 1981; Kayne & Alloy, 1988）。ある臨床家が，2つの事象がどの程度共変しているか正確に見極めるためには，症状や行動に表われた症例だけでなく，症状や行動に表われなかった症例も思い出さなければならない。もちろん，臨床家が2つの事象がどの程度共変しているのか正確に見定めることができない場合には，誤った関連づけが生じていることになる。

　記憶の本来の誤りやすい性質に加え，アークスとハークネス（Arkes & Harkness, 1980）は，診断という行為自体がクライエントの症状の思い出しやすさに影響すると指摘している。つまり，臨床家の記憶とは，診断という行為自体によって変化する可能性があるのである。心理学者は，あるクライエントがたとえ疾患の典型的な症状を表わしていないときであっても，その疾患の典型的な症状を表わす患者のことを思い出すだろう。同じように，心理学者は，下した診断に典型的な症状ではないならば，あるクライエントが独特な症状を表わしていたことは忘れてしまうだろう。このように，症例の細部について誤って記憶してしまう状況では，臨床家は経験から学べそうにはない。

臨床実践でのフィードバックの性質

　一般的に精神保健の専門家は，自分の判断や意思決定の妥当性についてフィードバックを受けない。判断や決定の正確さを確認するためには，多くの場合，縦断的データや最終結果のデータを集積しなければならないだろう。このような作業は実証研究では行なわれているものの，あまりにも多くの時間と経費を要するため，臨床家の多くは臨床現場で行なうことはできないと考えている。

　このような作業の状況は，医学のほとんどの領域と対比することができる。医者は，しばしば，実験室や放射線科医，時には解剖などの結果から正確なフィードバックを受ける。これらの結果の測度は，精神保健の介入に利用される測度（たとえば，機能改善についてのクライエントの報告）と比較すると，きわめて客観的である。心理学や精神医学における適切な測度の欠如が，精神保健業務の規準となる情報獲得の難し

さと最終的な評価技法に関する訓練不足を招いている。

　精神保健にかかわる臨床家がフィードバックを受ける場合には，フィードバック自体が誤っている可能性もある。たとえば，臨床家は，検査の結果が正確であるのか，治療が苦悩を軽減したのかなどを確認するために，クライエントにフィードバックを求めるかもしれない。しかしこのようにしてフィードバックを受けることは，いくつかの理由によって問題となる可能性がある。第1に，クライエントにはセラピストの仮説について議論することを避けたいと思うかもしれないからである。これは，受動性や被暗示性，権威に対する恐れ，社会的望ましさによって引き起こされる問題であろう。第2に，クライエントには自分自身の特性について気づいていないことや表現できないこともあるからである。また，改善に関するクライエントの報告は，質問された時の感じ方から強い影響を受けるだろう。第3に，心理検査はたいていの場合，人々に一般的に共通する特徴を説明するものであり，ある特定のクライエントに特有の特徴を説明するものではないからである（たとえば，「あなたは他の人々の欲求に影響されやすいですね」「あなたは，未知の潜在能力を持っています」「あなたは時々，意思決定が困難になりますね」など）。そのため，クライエントは表面的な価値で評価し，検査結果を妥当なものとして受け入れてしまう可能性もある。

　このような現象は，サーカスの興行師バーナム（Barnum, P. T.）にちなんで，バーナム効果といわれている（Meehl, 1956）。彼は，かつて「私はすべての人々を引き付けるちょっとしたものを示すように努めている」と言ったといわれる人物である。このようにして，たとえ検査結果がクライエントに関する情報を何も提供していないとしても，クライエントは検査結果が正しいと感じてしまう。つまり，検査結果がバーナムのような内容（ポリアンナ原理に関連している）であったとしても，検査結果が正しいと信じてしまいがちなのである。そして「私に当てはまっています」とクライエントが述べることによって，この症例の概念化や検査結果またその両方に関して妥当性を確認しようとする臨床家は，誤った方向へ導かれてしまうことになるだろう。

　このようなバーナム効果は，ローグら（Logue et al., 1992）の研究でも示されている。彼らは，224名の大学生に性格検査を実施した。この224名のうち半数の112名は，子どものころに親がアルコール依存症のアダルトチルドレンであった。実験参加者には，この研究の目的は質問紙法による新しい性格検査の妥当性を検討することであると伝えていた。質問紙への回答終了後，参加者へ性格に関するプロフィールを与え，これらのプロフィールは性格検査の回答に基づくものであると伝え，自分自身のプロフィールの正確さを評価させた。実際に参加者に与えられたプロフィールは，各参加者の回答とは無関係に作成された2つのプロフィールのどちらか一方がランダムに割り当てられたものであった。その2つのプロフィールの1つは，多くの人に当てはまる一般的なプロフィール（バーナムプロフィール）であり，もう1つは，アダルトチ

ルドレンの一般的な特徴として想定されているプロフィールである。バーナムプロフィールの記述の例は，「あなたは，批判を受け入れることができるときもある」といったものであり，アダルトチルドレンプロフィールの記述の例は，「重要な局面では，他人を気遣いがちである」といったものである。

この研究では，いずれのプロフィールも両参加者に広く受け入れられた。アダルトチルドレンの参加者の79％，アダルトチルドレンでない参加者の70％が，バーナムプロフィールを自分に「当てはまる」もしくは「よく当てはまる」と評価した。またアダルトチルドレンの参加者の71％，アダルトチルドレンでない参加者の63％が，アダルトチルドレンのプロフィールを「当てはまる」もしくは「よく当てはまる」と評価した。つまり，参加者は，与えられたプロフィールがランダムに割り当てられ，プロフィールが自身の性格特性を示すようには計画されていないことに明らかに気がつかなかったのである。

臨床家が誤った解釈をしているにもかかわらず，クライエントに解釈は正しいと納得させるときにも，誤ったフィードバックを受けてしまう。たとえば，臨床家のなかには，たとえクライエントが虐待の記憶を持っていないときであっても，虐待を受けたと思い込ませるようにクライエントに話す者もいる。過去の虐待の記憶を「思い出す」手助けとして，セラピストはクライエントが虐待を受けたと話すかもしれないし，虐待のことを思い出すように繰り返し求めるかもしれない。同じように，臨床家は，夢を解釈したり，クライエントに催眠をかけたり，近親相姦の被害者グループを紹介したり，まったく起きていないかもしれない虐待のエピソードを「思い出す」手助けをしたりすることに全力を傾ける。その結果，非常に多くのクライエントが虐待の記憶を誤って思い出してしまうようになる（Loftus, 1993; Ofshe & Watters, 1994; 第8章も参照のこと）。

まとめと議論

疑似科学的なアセスメント法や治療介入法を用いる臨床家のなかには，これらの手法を使用し続ける者がいる。なぜなら，1つには，それらの手法が有効ではないことを臨床経験からは学べないからである。疑似科学的な手法の妥当性と有効性に関する問題は，実証研究から指摘されるものの，臨床経験から指摘されることはほとんどない。認知プロセスやフィードバックの性質や経験から学ぶことが困難な理由について，非常に多くの研究が行なわれている。しかしながら，実証研究とは疑似科学的な手法を用いる臨床家に焦点を当てたものではない。つまり，疑似科学的な手法を用いる臨

床家がなぜ経験から学ぶことが難しいのかということを理解するための研究ではないのである。言い方を変えれば，疑似科学的な手法を用いる臨床家の認知プロセスや性格特性や信念の構造（認知スキーマ）を調べた研究でもなく，疑似科学的な手法を用いるように臨床家を導く社会的要因を検討したものでもないのである。

　疑似科学的な手法に魅せられる臨床家には個人差が存在すると思われるかもしれない。たとえば，ある疑似科学的な手法に魅せられる臨床家は，別の疑似科学的な手法にも魅せられるのだろうか。またその臨床家が魅せられない疑似科学的な手法もあるのだろうか。仮に，そこに個人差が存在するのであれば，この違いを明らかにするための研究や理論構築が必要である。同じように，疑似科学的な手法を用いる臨床家がこのような手法を否定する訓練プログラムを終了すれば，そのことを理解できるようになるのかということもたいへん興味深いに違いない。

　臨床経験から学ぶということは，臨床家にとってきわめて困難な作業である。これは，けっして臨床経験にはまったく価値がないと述べているわけではない。たとえば，経験は，臨床家が判断課題を構造化することには役立つように思われる（Brammer, 2002）。つまり，臨床家がどのような判断や決定をする必要があるのかを考えるうえで，経験は役に立っているということである。同じように，経験が豊かになれば，面接のなかでどのような情報を収集するべきかということについてもよく理解しているようである。しかしながら，アセスメント法の妥当性に関する臨床家の評価について，経験が役立っているようには思えない。また構造化された課題（たとえば，同じ情報を与えられたときのように）であれば，臨床家の判断の妥当性を高めることにも経験は役立っていないようである。

　臨床経験から学ぶことは困難な作業であるので，精神保健の専門家は単に臨床実践において有効であると感じるという理由だけで，アセスメント法や治療介入法を用いるべきではない。その代わりに，アセスメント法や治療介入法が実証研究によって支持されているかを知るために，臨床家はそのような研究に関する文献に精通しておくべきである。

　また精神健康の専門家は，臨床的な判断に関する研究にも精通しておく必要がある。精神健康の専門家の判断の妥当性に関する研究は，無数にある。これらの研究結果に精通することにより，臨床家は非常に困難な課題や正確な判断ができそうにない事態を避けられるようになる。ほんの1例をあげるとすれば，精神力動的な分類についての評定者間の信頼性は全般的に低いのである（Garb, 1998, pp. 90-92）。疑似科学的なアセスメント法，理論，治療介入法の利用に関する論争にもっとかかわりを持ち，なぜ，どのようにして臨床経験が不確実で誤った方向へ誘導するのかを理解すれば，科学的に考えるようになるであろう。

　さらによい方向へ変化していくためには，大学院の入学者選抜方針の見直しが必要

だろう。スナイダー（Snyder, 1995）はこの問題について以下のように述べている。

> 大学院で訓練を受けようとしている学生に対して，事前に臨床心理学の科学的アプローチに目を向けさせるようなことが行なわれているのであろうか。……臨床現場で募集する学生の種類や臨床的な実務者となる学生を取り巻く環境に変化が起きない限り，訓練プログラム，認可，継続的な教育などのすべての活動で，援助過程の根底にある科学的な原理が今まで以上に重要視されることはないだろうというのが私の印象である。（p. 423）

このように大学院生を選ぶときに，知性や性格（たとえば，やさしさ，思いやり，共感性）などの要因だけでなく，科学的な志向性も選抜基準にするべきである。カリスマ的な著名人が賞賛する方法という理由や経験的に有効であると感じるという理由ではなく，研究によって繰り返し支持されたという理由で，アセスメント法や治療介入法を用いる学生が選ばれるべきなのである。

実証的に支持されたアセスメント法や治療介入法が広く普及するためには，さらなる変化も必要だろう。たとえば，訓練プログラムにおける変化に加え資格試験でも厳しく査定されるべきだろう。特に，資格試験では実証的に支持されたアセスメント法や治療介入法に関する志願者の知識が評価されるべきである。そういった変化が起きた場合のみ，臨床家は疑似科学的な手法を利用しなくなるだろう。

結論として，臨床的な教えには，心理学者はやりながら学ぶもしくは経験から学ぶということが暗に含まれている。しかしながら，実証研究によって，経験から学ぶことは難しいということが明らかにされている。今後いっそう正確な判断が行なわれるようになるために，なぜ経験から学ぶことが難しいのかを心理学者は理解する必要があり，科学的な知見をもっと重視する必要がある。

用語解説

後知恵バイアス（hindsight bias） ある出来事の結論についての知識が，出来事の見込みの判断に影響し，出来事の発生に関する説明を誤った方向へ導くこと。

誤った関連づけ（illusory correlation） 事象間に実際には関連がないか，ごくわずかな関連しかない場合や，臨床家が想定していた方向とは反対向きの関連があるような場合であるのに，2つの事象間に関連があると思う信念。

確証バイアス（confirmatory bias） 信念や先入観を支持したり，信念や先入観に反さない情報を求めたり，注意を向けたり，思い出したりする傾向。

Q分類（Q-sort） 項目をクライエントに最も当てはまらない特徴から最も当てはまる特徴ま

での範囲で分類させることによって，クライエントを記述するように臨床家に教示する課題。項目は，一般的に，パーソナリティ特性や精神症状もしくはその両方である。

ジェンダーバイアス（gender bias）　このバイアスは，ある特定の課題について，一方のジェンダーよりも他方のジェンダーのほうにより妥当性が高いと判断するようなバイアス。

人種バイアス（race bias）　このバイアスは，ある特定の課題について，ある人種よりも別の人種のほうにより妥当性が高いと判断するようなバイアス。

バイアス（biases）　手元にあるデータに対する臨床家の解釈に影響を与える信念もしくは先入観。過信や同調バイアスのような認知バイアスの生起に関連する認知プロセス。

ヒューリスティック（heuristics）　臨床家を含む個人が判断や意思決定するための単純で簡単な方法。

利用可能性ヒューリスティック（availability heuristic）　個人にとって思い出しやすい特定のケースに影響される個人的な判断傾向で，誤った判断を導くことがある。どの情報を思い出しやすいかは，いくつかの要因によって決定される（たとえば，出来事間の言語的な結合の強さは，それらの出来事が同時に生じると「思い起こす」程度に影響するだろう）。

第3章 論争の的になる疑わしい査定技法

ジョン・ハンスリー（John Hunsley）
キャサリン・M・リー（Catherine M. Lee）
ジェームズ・M・ウッド（James M. Wood）

　科学的アプローチの中心には，反証の原理と方法論的懐疑主義の原理がある（たとえば，Alcock, 1991; Bunge, 1991; Popper, 1959）。心理査定に対する科学的アプローチも例外ではない。それらの主義は，少なくとも，仮説，測定，理論の科学的利点と妥当性*についての主張が，次のような枠に当てはまることを要求する。すなわち，それらは，①実証的調査の対象になり（たとえば，逸話的な事実あるいは特殊な知識や権威に依拠するのでなく，データに基づいた調査による），②実証的調査によって反論や反証がなされ，そして③主張を支持する者と批判する者の双方により，それぞれ独立に調査される（理想的にいえば，追試される），ということである。さらに，そのような主張の妥当性を評価し，提示する証明責任を，主張者本人が負うというのが，科学的アプローチにおける前提である（Lett, 1990）。したがって，信頼性と妥当性の実証的証拠を示すこと，および関連集団に対する基準を与えることは，査定方略を提唱する者の義務である。

　この章では，特定の査定方法と技法に焦点を当てる。それらは，広く使われてはいるが，科学的原理を支持する多くの心理学者によって疑わしいものとみなされている。ここで論じられる査定技法は，心理学現象の指標として限界があるかもしれないが，科学的実証に基づく適切さや正当性の範囲を超えて，臨床の現場で一般的に使われている。

心理検査

　心理査定は，心理検査（Matarazzo, 1986 と比較）と同意語ではない。心理検査*は一般的には査定プロセスの主要部分をなしている。ここでは，特定の疑わしい心理検査に焦点を当てる。数千に及ぶ心理検査があり，それらは複雑さと科学的な利点で非常に異なっている。定義上，心理検査は標準化された状況で得られる行動のサンプルの測定で，このサンプルを得点化し，解釈する規則が設定されている（Anastasi, 1988）。

　心理検査とその適切な専門的使用のための標準は，十分に開発されており，また広く知られている（*Standards for Educational and Psychological Testing*, 1985, 1999）。これら標準は，心理検査を評価する基準*を設定している。標準はまた，検査開発者と検査使用者が同じ定められた目標にいたることができるようにしたものである。定められた目標とは，検査の適切な科学的使用に関して，専門家と一般人が期待するものでもある。論争の的になる疑わしい検査の支持者は，たびたび科学的な印象を与える測度に結びつけて妥当性を主張する。しかしその一方で彼らは，「本当の意味での」検査ではなくただ単に情報を集めるための方法にすぎないと述べる。そしてしばしばこの理由のために，彼らの検査が，心理検査に期待される高度な標準に当てはまらなければならないということを拒否する。

検査構成と精神測定原理

　次に，精神測定学的に根拠があり，かつ臨床上有用である検査に要求される諸要素に焦点を当てよう。あらゆる心理検査に求められる要素は，（刺激，施行，採点の）標準化および信頼性，妥当性，基準である。

　得られた結果が他の査定者によっても反復可能であることを確実にするための第一歩として，標準化*がある。これは心理検査に不可欠なものである。標準化がなされているにもかかわらず，結果は，特異な検査状況に大きく左右される。標準化においては，検査状況と査定者による影響を最小にする必要がある。検査開発者は詳細な手引きを用意するのが通例である。それには，刺激の性質，施行の手続き，（必要であれば）時間制限，そして口頭での確認法と受検者の質問に対する許容される返答に関するものが含まれる。手引きではまた検査の採点法も規定されていなければならない。検査結果を得るために必要なのは単に反応の累計だけという場合もある。しかし

このような場合でさえ，結果の妥当性を損なう測定誤差がしばしば起こる（たとえば Allard et al., 1995）。多くの検査にとって，複雑な採点方法の規則があるということは，検査者が正しく採点するようになるのに，訓練が必要ということである。

　標準化に続いて，信頼性は，科学的根拠のある検査の発展に向けて取り組まなくてはならない条件である。信頼性によって扱われる基本的な問題は，①検査のすべての側面が，得られるデータに有意義な方法で貢献するかどうか（内的一貫性），②検査が他の評定者によって実施または採点される場合，類似の結果が得られるかどうか（評定者間信頼性），③最初の検査の後に再検査された場合，類似の結果が得られるかどうか（再検査信頼性または検査安定性），の問いに答えることで得られる。つまり，刺激，施行，採点の標準化は必要だが，それだけでは信頼性が十分確立したことにはならない。信頼性のある結果は，査定の直接的な文脈を超えて，結果とその心理学的示唆を生み出すために欠かせないものである。とはいえ，完全な検査の標準化でさえ，信頼性を保証するものではない。たとえば，検査はあまりにも多くの構成要素から成り立っているので，受検者の一時的な特徴や検査の文脈上の特徴によって影響されてしまう。検査の文脈的特徴は，検査の目的や受検者の行動に連合した要求特性を含んでいる。また検査の採点基準があまりにも複雑であるか，詳細さが不十分であるために，査定者が異なると結果が違ってしまうかもしれない。

　妥当性は，検査が測定する目的のものを測定するかどうかという問題を扱う。標準化され信頼性のある検査は，必ずしも妥当性のあるデータをもたらすわけではない。妥当性とは，検査がその目的に関連のある行動のタイプを抽出すること（内容妥当性），査定する現象に関係する理論的仮説に一致するデータを提供すること（併存妥当性と予測妥当性），他の心理学的現象による影響の混交をほとんど受けない現象の測定を提供すること（判別妥当性）を保証する。応用的状況では，加算的形式の妥当性が考慮されるべきである。すなわちそれは増分妥当性であり，検査からのデータが他のデータから収集される情報以上に私たちの知識を増やす程度のことである（Sechrest, 1963）。検査が妥当であるか否かということを云々するのは通常であるが，実際の妥当性ははるかに複雑である。多くの心理検査は大きな構成体をなし，個々の側面を判定するための下位尺度から構成されている。このような状況では，下位尺度のそれぞれの妥当性が確立されなければならないのであり，検査自体の妥当性が云々されるのは，誤りである。さらに，検査は特定のグループのなかで特定の目的のために妥当するように（たとえば，特定の年齢や性別）つくられており，妥当性は常にある変数内で設定されるので，検査や下位尺度の全体的な妥当性は存在しない。最後に，検査は多面的な目的で使われるであろうが，それぞれの目的に関する妥当性は，経験的に確立されなければならない。たとえば，心理的苦悩に関する自己記述式検査が診断確定の妥当な指標であるとしても，それが同時に法廷で，意思決定能力や児童保護権の申立

てを審査する目的で、使われることを支持するわけではない。

　臨床的に有効な検査であるためには、標準化、信頼性、妥当性の基準に合致しなければならない。しかしながら、一個人から得られた結果を有意義に解釈するためには、基準、特定の基準関連カットオフ値、もしくはその両方が必要である（*Standards for Educational and Psychological Testing*, 1999）。そのような基準枠なしで、検査結果の意味を割り出すことはできない。結果は、意味を持つ標準と比べられなければならない。つまり、検査において得点が高いか低いかを知ること（たとえば、可能な得点範囲との関連）だけでは、意味ある情報は得られない。検査にあらかじめ備わっている基準（たとえば、検査において示された仕事の良好な業績に必要な正確性の程度）か、集団基準と比較されなければならない。基準確立のために目標集団を選び、実際に基準をつくり上げていくことは、やりがいのある課題である。たとえば、その基準は、一般的な集団、もしくは一般的な集団の特定の群（たとえば、一方の性に特定した標準）において得られる特定の得点を比べるために使われるのか、または特定のカテゴリー（たとえば、悩みを持たない集団 対 心理的障害がある集団）におけるメンバーの可能性を確定するために使われるのか、といったことである。妥当性を考えてみると、査定される集団と査定の意図に基づいて、多面的な基準がつくられるべきである。

査定技法の妥当な使用と妥当でない使用の特徴：あるいは、検査が検査でないとき

　上記のような考えに基づけば、精神測定学上正しい検査を適切に行なうためには、施行と採点の手引きに従い、関連した妥当性データと集団基準が、得られたデータの解釈に使われることが必要となる。その検査が当座の査定目的と査定される人にとって妥当であることを、注意深く、確認する必要がある。

　広く受け入れられている心理検査の定義を使えば、ある査定技術が検査といえるかどうかを決定することができる。特に、ある情報収集活動を心理検査として定義するためには、2つの必要条件がある。すなわち、1つには、行動のサンプルは、ある人物、その人物の経験、もしくは人物の心理的機能についての陳述を一般化するために集められること、2つには、これら陳述の正確さや妥当性は、検査者の専門性、権威、特別な技能ではなく、サンプルが集められた方法（たとえば、行動のサンプルを生み出した刺激や技法や過程の性質）に由来するということである。この2つの条件が存在してはじめて、行動サンプルを収集し解釈するのに用いられたその過程を心理検査と考える。これは、最近改訂された心理検査の標準に一致する。その改訂版は、心理学的測定の概念や技法に依拠し、それらを用いる査定法こそが、検査であると強調す

る（*Standards for Educational and Psychological Testing*, 1999）。この定義の明確さにもかかわらず，疑わしい評価技法の支持者は，漫然と「心理検査」という言葉を使用する。異口同音に，彼らが支持する技法は，科学的で専門的な標準，期待，責任には当てはまらないという。それでいてその一方ではまた，科学的根拠によって支持された妥当な方法である，と主張する。しかし特定の形式のデータ収集法を検査と呼ぶかどうかということは，実は問題にするに足りない。

　ロールシャッハテストは，数十年もの間，臨床心理士によって使われてきた。ロールシャッハテストの支持者は，ロールシャッハはけっして心理検査ではなく，臨床的査定の実践に関連するデータをもたらす面接法と主張する（たとえば Aronow et al., 1995; Weiner, 1994）。このアプローチにおいて，ロールシャッハを検査としてみなす（認められている採点法システムを使うことによって）ために，そのうえ，個別の検査結果や，被検者のテスト反応のある選択的な側面に由来する推測を「充実」させるために，わずかな変更を加える（たとえば Acklin, 1995; Fischer, 1994）。このようなことがあるので，ロールシャッハ査定者は，科学的な証拠があってロールシャッハを使用していると主張する。その一方では，施行，基準，信頼性や妥当性の問題に縛られることなく，検査者がデータを自由に使うことをも認容している。検査が検査として認められないという問題に関連した例が，子どもの親権を管理する最近のガイドに載せられている（Ackerman, 1995）。そこでの著者は，専門的な標準を満たしているエクスナー（Exner, 1993）の包括システム（次節で示すように，限定つきの科学的利点を持つ採点法システム）でロールシャッハプロトコルを採点することを勧めていた。しかしながら，エクスナーは，この立場に反対し，経験豊かな臨床家は，ロールシャッハ上に現われる不安，抑うつ，そして思考障害を厳格な正式の採点法を行なわなくとも査定できるので，必ずしもロールシャッハプロトコルを採点する必要はないと述べた（p.116）。この手の矛盾した理由づけは，疑わしい検査の使用者の間ではよくあることである。

問題があり疑わしい評価技法：いくつかの例

　現時点での査定実践の調査によれば，問題のある査定技法は数多くあり，それらを多くの臨床心理士が使用している。もちろん，科学的でないと思われる心理査定技法の例は多いとしても（たとえば，筆跡法についての徹底批判として，Beyerstein & Beyerstein, 1992 を参照），ここでは，心理学者が日常的に使用し続けている5つの問題ある査定技法に焦点を当てる。それらは，ロールシャッハテスト，主題統覚検査

(TAT),投映描画法,解剖腑分け人形(anatomically detailed dolls:(ADD)メイヤーズ・ブリッグスのタイプ指標(Myers-Briggs Type Indicator: MBTI)である。

パーソナリティ査定の領域において,心理学者は,長らく,投映法検査と自己記述式質問票とを区別してきた(Anastasi, 1988)。ロールシャッハやTATのような投映法検査は,一般にあいまいな刺激(インクのしみや,説明文のない絵のようなもの)を受検者に示し,刺激に対する非制限的な反応を求める(たとえば,「これは何でしょう」や「この絵には,何が起こっていると思いますか」)。反対に,自己記述式質問票では,一般に受検者に陳述文を呈示し(たとえば,「私はよく泣きたくなる」),自分の経験を正しく反映するように2つ以上の陳述の範囲のなかから1つを選ぶよう求める。

本章で述べられる問題のある技法の大半は,投映法*の定義に適っている。そして以下に示すように,標準化の問題は,投映法の間にあふれている。しかし問題ある技法は,投映法に限らない。この点を明らかにするために,自己記述式の測定であるMBTIを展望する。この検査の標準化には問題ないが,信頼性と妥当性に関していうならば,臨床心理士は科学的に確固たる支持のある検査を選んだほうがよい。

ロールシャッハテスト

ロールシャッハテストには,10枚のカードがあり,それぞれのカードには左右対称のインクのしみが描かれ,色がつけられているものと黒と白で描かれているものがある。受検者は,それらのあいまいな刺激が何に見えるかたずねられる。ロールシャッハの支持者によれば,カードに見られたもの,反応に使用されたカードの側面,検査中に示される反応の継起,インクのしみへの非言語的な反応についての本質を考えるならば,心理機能に関する重要な事実が得られるという。20世紀の大半,ロールシャッハの施行と採点法にはいくつかの異なるアプローチが存在したが,多くの臨床家は,異なったシステムを使い,彼ら自身の経験に基づいて「独自に」ロールシャッハを採点し解釈する傾向にあった(Exner & Exner, 1972)。しかしながら,エクスナーの包括システム(Exner, 1974, 1993)が,ロールシャッハの教育や研究の優勢なアプローチになった(Hilsenroth & Handler, 1995; Shontz & Green, 1992)。実際,包括システムは,ロールシャッハの科学的な地位の評価においてまず何をおいても考慮されるべき採点システムである(Weiner, 2001)。エクスナーのアプローチは,ロールシャッハ反応(たとえば,反応に含まれるインクのしみの特異な特徴)の構造的な要素に焦点を当て,検査の解釈において,適切な科学的データを使う必要を強調する。

多くのロールシャッハ支持者（たとえば，Weiner, 1994）とは対照的に，エクスナーは，常に，ロールシャッハは検査に期待される標準に合致しなければならない心理検査である，と主張してきた（たとえば，Exner, 1997）。

最も一般的に研究され，使用されている投映法測度として（Butcher & Rouse, 1996; Watkins et al., 1995）のロールシャッハは，過去50年以上にわたって，科学的な注目をあびてきている。ロールシャッハ支持者でさえ，最も初期の研究（すなわち，1970年以前の）は，検査の妥当性に関する事実があまりにも不十分であることを受け入れている（Exner, 1986）。包括システムが優勢となったので，このシステムの採点法は，ロールシャッハの支持者と批判者の双方によって，科学的な精査を行なうための主題となった。これからこの実証についてみていくことにする。

標準化

ロールシャッハは，施行し，採点し，解釈するために必要な最頻時間が3時間という複雑な測度である（Ball et al., 1994）。包括システムは，検査結果の解釈に役立つように広範囲な表とコンピュータソフトウェアを用意し，施行と採点法について非常に明確な情報を提供している。査定者には，使用される座席の配置，施行するカードの順序，検査者が受検者に与える教示，検査者の導入の仕方と受検者からの質問に対する回答の許容範囲などについての指示が与えられる。また包括システムでは，検査者が被検者の反応に影響を及ぼしたカードの要素（「決定因」として知られている）を反応ごとに受検者にたずねる前に，すべてのカードからの反応が得られることを求めている。

ロールシャッハの臨床的使用に関する調査において臨床心理士の大半はロールシャッハを使用していると報告されているが，どの程度の検査者が包括システムの施行と採点法に従っているかについて，少なくともしばしば，データが示されないということは驚くべきである。多くのロールシャッハを扱う大学院のコースでは，多様な採点法システムを採用し，しかも大学院コースの約3分の1は包括システムを教えてさえいない（Hilsenroth & Handler, 1995）。そのため，異なる採点法システムからスコアを「借り」，採点法を個人的なものにしているといったロールシャッハ使用者の伝統的な傾向はなくなっていない。このことは臨床実践におけるロールシャッハの科学的な基礎を評価するうえで鍵となる論点である。というのも，ロールシャッハのデータが，包括システムの要請に一致するという確証がないので，受検者の反応を解釈するために，包括システムに由来する研究を有効に利用できないからである。綿密に包括システム施行要件に従っていても，検査室の配置や査定者の容姿といった，ロールシャッハの施行に比較的無害な文脈要因が，受検者の反応に影響を及ぼすというよく知られた事実がある（Masling, 1992）。ロールシャッハの日常的な臨床使用において，

最低限包括システムの標準に従って施行されているということも，検査データが外的影響に汚染されていないということも，いずれも確かではない。

基　準

　包括的システムが開発されてから，エクスナーは，異なった年齢群に対する多数の基準*を公表してきた（たとえば Exner, 1993）。これらの基準は，包括システムの科学的基礎の土台になるものであった。1993年基準のために，階層ごとに代表サンプルが得られるように，多数の参加者プールのなかから，非患者成人700人が選ばれた。あるマイノリティ集団の成員は，この選ばれたサンプルのなかに含まれていた。しかしどのマイノリティ集団にとっても，それぞれに独自の基準や解釈のガイドラインは存在しない。このことは，マイノリティ集団の成員に対するロールシャッハの臨床実践において，由々しき問題となる（Garb et al., 2001; Gray-Little & Kaplan, 1998 と比較）。研究によれば，マイノリティ集団がロールシャッハで異なって採点されることがしばしば報告される。しかし人種について妥当性を検討する体系的な調査はほとんど行なわれていない。そのため，マイノリティ集団の人たちに包括システム基準を用いるのが適切かどうかは明らかではない（しかし Meyer, 2002 を参照）。

　包括システムの基準の臨床的な価値と正確さに関する2つの主要な問題が提起されてきた。ヴィンセントとハーマン（Vincent & Harman, 1991）は，統合失調症やうつ病やパーソナリティ障害のある患者の比較サンプルと，エックスナー（1985, 1989）によって報告されたデータによる1989年基準とを比較した。20以上の包括システム鍵変数における集団間の違いを調べた結果，変数の5分の4以上は非患者群と患者群とを弁別しなかった。これらの結果によって，ヴィンセントとハーマンは，変数のほとんどはロールシャッハの日常的な臨床使用において意味がないと主張した。包括システム基準でもう1つ大いに議論されている問題は，非患者の基準を使うと，正常人を過度に病理化するということである。このことは子どもと大人のサンプル両者に認められた（たとえば Meyer, 1991; Wideman, 1998）。臨床的正確さの程度についての問題は，シェーファーら（Shaffer et al., 1999）による最近の研究においても浮き彫りにされた。彼らは，アメリカの人口の代表として選ばれた123人の非患者成人のサンプルに，包括システムロールシャッハ，ミネソタ多面人格目録第2版（MMPI-2），ウェクスラー成人知能検査（WAIS-R）を実施した。このサンプルからのデータは，MMPI-2 と WAIS-R においては基準データとの一致が十分であった。しかし包括システムについてみると，多くの変数のサンプル平均は，包括システムの基準から大幅に外れており，基準からの大きな外れ値は，サンプルの多くに不適応が顕在していることを示していた。

　ウッドら（Wood et al., 2001）は，32の非患者成人研究において，14の包括シス

テム変数を再調査した。これら 32 の研究からの結果は，シェーファー (Shaffer, T. W.) たちの研究結果にきわめて類似していた。非患者成人では，14 のすべての変数は，包括システム基準から統計的にも臨床的にも有意に外れていた。全般的に，非患者成人は，包括システムの基準と比べると，著しく精神病理が現われていた。これらの結果をふまえて，ウッドらは，臨床または法廷の場で包括システムを使用しないほうがよいと推奨した。

信頼性

　ロールシャッハの内的一貫性に関して，ロールシャッハ研究者たちの間で長く続いている論議がある（Reznikoff et al., 1982）。しかし通常は，信頼性*の評価として評定者間信頼性と再検査信頼性に焦点が当てられる。包括システムロールシャッハの評定者間信頼性の評価における難問の 1 つは，どのようなデータ単位が信頼性のために評価されるべきか（個々の反応か，あるいは反応間で集積された主要スコアか）と，信頼性を測るのにどのような方法が使われるべきか（比率の一致か，コーエンのカッパ係数か，級内相関係数か；Meyer, 1997a, 1997b; Wood et al., 1996a, 1996b, 1997 を参照）に関する合意を欠いていることである。これらの懸念はとりあえず脇に置いておくとしても，最も信頼できる事実に基づいたとき，包括システムは評定者間でどれほどの信頼性を示すだろうか。近年アックリンら（Acklin et al., 2000）は，健常サンプルと臨床サンプルの双方における，包括システムの多くのスコアの級内相関係数を報告した。信頼性の中央値は，わずかに .80 を超え（およそ .20 から 1.0 の範囲で），包括システムの多くのスコアは，評定者間信頼性の良好な指標であると通常みなされるレベルを下回っていた。反対に，WAIS-Ⅲの下位検査における級内相関係数は常に .90 を上回っていた（Psychological Corporation, 1997）。さらに，包括システムの採点の複雑さのために，フィールド信頼性のデータ（たとえば，開業臨床家の間での評定者間信頼性）が緊急に必要とされる。というのは，よく訓練され，しかもスーパービジョンを受けた採点者が，採点に高い信頼性を与えるとしても，通常のロールシャッハ査定者がそれら熟練者と同等の信頼性を示すとは限らないからである。

　次に，包括システムロールシャッハの再検査信頼性を考えるとき，ロールシャッハ支持者でさえ，値は特に記憶効果によって膨らみやすいので，そのような値ではロールシャッハの信頼性を過大評価しがちであると述べていたことに留意すべきである（Aronow et al., 1995）。ガーブら（Garb et al., 2001; Wood & Lilienfeld, 1999 も参照）は，近年，包括システムにおける再検査信頼性評価を展望した。125 の包括的システム変数のおよそ 40％に対して再検査信頼性評価の値をつきとめることができた。したがって，包括システム手引きのいくつかの改訂の過程で，エクスナーは，包括システム変数のおよそ 60％について信頼性のデータを公表していなかったことになる。

統合失調症指標，うつ病指標，警戒心過剰指標のような包括システムの鍵変数に関する再検査信頼性は，公式には何も報告されていない。

妥当性

　ロールシャッハの妥当性に関する文献は，あまりにも膨大でこの章の紙数内で十分に展望することは不可能である。興味のある読者は，支持的な文献と批判的な文献の双方についての最近の展望を参照されたい（Garb, 1999; Garb et al., 2001; Hunsley & Bailey, 1999, 2001; Viglione, 1999; Weiner, 1996, 1997; Wood & Lilienfeld, 1999; Wood et al., 1999, 2000)。

　ロールシャッハについての多くのメタ分析が，過去20年以上にわたって行なわれてきた。メタ分析技法を使用した最も古いもの（Atkinson, 1986; Parker, 1983）は，現在では不適切とみなされている。後のメタ分析（Hiller et al., 1999; Parker et al., 1988）は，ロールシャッハの妥当性にわずかな証拠を提供したが，多くの方法論的，統計的な見地から再び批判された（Garb et al., 1998, 2001; Hunsley & Bailey, 1999）。結局のところ，これらの研究は，包括システムの少数の変数について，妥当性があるという少なくともいくつかの事実を提供している。しかし現在ではロールシャッハの批判者と支持者双方が同意に達しているように，ロールシャッハの妥当性はあらゆる尺度で確立されなければならない（Hunsley & Bailey, 1999, 2001; Weiner, 2001; Wood et al., 1996a）。

　ロールシャッハはパーソナリティと心理機能の検査とみなされているので，同じものを測定する他の測度との間に有意な相関がみられるべきである。しかし興味深いことに，このことは当てはまらない。メタ分析データでは，他の投映法の測度との間に実質的に何の関係もない（重みづけ平均 r は.03；Hiller et al., 1999）。ありとあらゆる心理機能の自己記述式の測定を考慮するならば，いくらかよい結果が出るであろう（重みづけ平均 r は.28）。同じ構成概念を査定すると称されるロールシャッハスコアと自己記述式指標の間に弱い相関しかないことを指摘する何百という研究がある。ロールシャッハ支持者のなかには，そのような関係性を期待すべきだということを否定するものがいる（たとえば Ganellen, 1996; Viglione, 1996, 1999）。

　加えて，多くの調査者がロールシャッハ反応と診断測定のつながりを検証している。ウッドら（2000）は，統合失調症，うつ病，心的外傷後ストレス障害，解離性同一性障害，依存性パーソナリティ障害，自己愛性パーソナリティ障害，境界性パーソナリティ障害，反社会性パーソナリティ障害，精神病質のような診断を調べる150以上のロールシャッハ研究を調査した。多くの臨床家によってロールシャッハは卓越したものだと認められているが，ウッドらの結論は反省を迫るものであった。彼らは，逸脱言語反応と不作法（たとえば，インクのしみの本質にそぐわない応答をする）は統合

失調症，そしておそらく双極性障害と統合失調症型パーソナリティ障害にも関連することを見出した。同様に，境界性パーソナリティ障害の人には，この障害を持たない人よりも，逸脱言語反応がより多く産出された。まとまりがなく，奇妙で，圧迫された話し方は，これらの障害の多くの診断基準に含まれているため，ロールシャッハ反応でこれらの異常が証明されることは，けっして驚くことではない。ウッドらは，ロールシャッハが，うつ病，心的外傷後ストレス障害，反社会性パーソナリティ障害，あるいは他のいかなる精神医学的診断であっても，一貫して検出できるという事実を発見できなかった。この結論は，ヒラーら（Hiller et al., 1999）のメタ分析の結果とも一致する。精神医学的診断として，ロールシャッハ妥当性研究における基準を使うとき，重みづけ平均 r は.18であった。ロールシャッハが精神障害の主要な測定道具として何十年間もすぐれたものであると推奨されてきたので（たとえば Exner, 1993; Rapaport et al., 1946; Weiner, 1966），ロールシャッハ支持者は，ロールシャッハはけっして診断検査ではないと論じることによって（たとえば Weiner, 1999），この否定的な事実を退けようとした。しかしそれは一貫した否定的な結果に対する後づけの合理化にすぎない。

　ロールシャッハの支持者は，しばしば，ロールシャッハの妥当性を評価する最適な方法は，増分妥当性を調査することであると示唆してきた（たとえば Widiger & Schilling, 1980）。しかしガーブ（1984）は，人口統計や自己記述式パーソナリティデータにロールシャッハデータを追加することは，必ずしもパーソナリティ査定の正確さを高めるものでないと結論づけた。これら研究のいずれも包括システムを使った展望には含まれていないことに注目すべきである。ロールシャッハと自己記述式測定との間の収束的妥当性についての限定的な事実が与えられたので，MMPIのような測定から得られる以上にロールシャッハが重要な臨床データを加える機会を提供すると論じるロールシャッハ支持者もいる（たとえば Weiner, 1993）。しかしこれまでの事実はこの主張を支持していない。アーチャーとゴードン（Archer & Gordon, 1988）は，うつ病と統合失調症の包括システム指標が，MMPIデータに加えられたとき，診断効果をより高める役を果たさなかったことを見出した。同じように，アーチャーとクリシュナマーシー（Archer & Krishnamurthy, 1997）は，うつ病と行為障害の診断において，ロールシャッハ指標がMMPI-A指標の正確性をさらに高めることはなかったと報告した。

結　論

　本章で展望した検査のなかで，ロールシャッハは経験的研究の最も長い歴史を有している。包括システムはこの分野に秩序をもたらし，ロールシャッハに対するより科学的なアプローチを招来した。残念なことに，包括システムが査定者によって適切に

使用されていることを保証するデータはない。多くのロールシャッハ支持者は，ロールシャッハの科学的利点を主張し続けているが，包括システムの基準，信頼性，妥当性に重大な問題がある。他の投映検査，パーソナリティや心理機能の自己記述式測定，診断カテゴリーと比較してデータを検討しても，ロールシャッハが適切な収束的妥当性を持つという事実はほとんどない。何十年もの研究にもかかわらず，日常の臨床実践でのロールシャッハの使用を支持する確証データは蓄積されることはなかった。結果として，ロールシャッハの現代における批判は，臨床状況において検査の継続的な使用を正当化する科学的な立証は不十分だということである（Garb, 1999; Hunsley & Bailey, 1999, 2001）。

主題統覚検査

　主題統覚検査（TAT; Murray, 1943）は，カードに描かれた絵について物語をつくるよう受検者に求める投映法検査である。開発者によれば，絵についての話をつくることで,受検者は彼らのパーソナリティを支配している動因,情動,葛藤を露わにする。そしてそのある部分は受検者が意図的に接近することができないものである。TATには 31 枚のカードがあり，そのうちの何枚かは男性受検者用，何枚かは女性受検者用である。ただし，受検者の性別や性役割は，性別に合致するカード，合致しないカードでつくられる物語と関係してこないので，性別に特異なカードセットの臨床的有用性*は支持されない（Katz et al., 1993）。TAT は，初めて開発された主要な「物語」検査だが，他にもそのような検査が多数あり，子どもや高齢者やマイノリティ集団が使えるように作られているものもある（Bellak & Abrams, 1997; Constantino et al., 1988; Kroon et al., 1998）。TAT やそれに類似した検査は，通常，臨床心理士によって使われ，その使用者の割合は過去何十年にもわたって比較的安定している（Watkins et al., 1995）。実践家の調査によれば，TAT の施行，採点，解釈に要する最頻時間は約 1 時間半である（Ball et al., 1994）。

標準化と基準
　マレー（Murray, 1943）によって開発された TAT のオリジナルの教示に実践家がどれほど従い，どれほど修正を加えるかに関する情報はほとんどない。何枚のカードが選ばれ，どのカードが施行され，どんな順序で示されるのかについてほとんど一貫性がない（Groth-Marnat, 1997）。ヴェイン（Vane, 1981）は，施行におけるそうした可変性のために，研究文献の比較は事実上不可能であり，信頼性と妥当性について討

論することも無意味であると結論した。ほぼ10年後，ケイサーとプラザー（Keiser & Prather, 1990）は，TAT研究を概観し，カード選択にほとんど一貫性がないこと，そしてTAT刺激を構成するカードがマレーによって開発された原版であるかどうかでさえもほとんど合意が得られていないことを明らかにした。

　TATの採点と解釈に関して，マレー（1943）が提案したもののほか，異なる多くのシステムが過去50年もの間発展した。しかしロールシャッハと異なり，妥当な結果を約束すると恒常的に認められた採点システムは存在しない。科学的にしっかりとした検査としてTATを確立する最初の取り組みは，エロン（Eron, 1950, 1953）とマーステイン（Murstein, 1965, 1972）によって行なわれた。彼らは各カードにおいて得られる典型的なテーマのリストと基準データとを開発した。TATカードにその他の絵刺激を加えて使用することによって，マクレランドらは，達成，権力，親和の欲求について，一連のプログラムに従った研究を行なった（展望としてMcClelland et al., 1989; Spangler, 1992を参照）。これら刺激とそれに連合した採点システムは，臨床実践の日常に取り入れられてはこなかった。最近の数十年でおそらく最も一貫して使われた採点・解釈システムを，ベラックが開発した（たとえばBellak & Abrams, 1997）。このシステムではカードの組み合わせや順序が規定され，サマリー・スコアから多くのコード化カテゴリーが得られる（たとえば，受検者の無意識構造と動因，他者との関係，主として用いられる防衛）。特に，理論的に開発された基準が，被検者の自我機能評価のために使われる。採点が終わると，データは，記述的，解釈的，診断的なレベルで解釈される。

　たいていの臨床家は，TATの熱心な支持者であっても，これらの採点と解釈システムを使わない。すなわち，これらのシステムは検証のための精神測定的アプローチを放棄している（Dana, 1985; Rossini & Moretti, 1997）。たとえば，ピンカーマンら（Pinkerman et al., 1993）は，少年院や家庭裁判所で働いている100人の心理学者の調査で，TATを正式に採点しているのはそのうちの3%しかないことを見出した。したがって，TATは現在，検査としては以下のように特徴づけられるだろう。①科学的，専門的な標準を無視して教えられ，使用されている。②臨床家の直観的な解釈技術を強調している（Rossini & Moretti, 1997; Telgasi, 1993）。このような立場に伴う問題は明らかであり，しかもこの問題はTATを批判する者と同様にTAT支持者によっても繰り返し論じられている（たとえばGarb, 1998; Holt, 1999）。

信頼性と妥当性

　TATの臨床文献において，臨床心理士によってよく使われている検査として，信頼性と妥当性を展望しようとする試みはほとんど見あたらない。ここではその代わりに，近年行なわれたTATの活性化の取り組み，すなわち，信頼性と妥当性を示そう

とコード化システムを導入したマクレランドの欲求に基づく採点法に焦点を当ててみよう。

スパングラー（Spangler, 1992）は，TAT に基づく達成欲求の測定研究のメタ分析展望を実施した。彼は，達成欲求について，TAT と自己記述式測定との間に関連性をほとんど見出さなかった（.09 の平均相関）。2 つのタイプの測定は，学業成績のようなレスポンデント行動を予測する可能性について同等であった（TAT 測定では平均相関が .19 で，自己記述式測定では .15）。しかしながら，TAT による測定は，収入や仕事上の成功のような長期のオペラントな結果を予測するうえで，自己記述式測定よりもすぐれていた（平均相関がそれぞれ，.22 と .13）。このようなパターンの結果は，一般的には，マクレランドの理論的定式化と一致している。マクレランドの理論的定式化は，①潜在的な動機（すなわち，欲求）と顕在的な自己認識とを区別する重要性と，②未来の行動の予測におけるそれらの特徴の相対的価値，についてのものであった。

ここ 10 年間で，クラマー（Cramer, P.）は TAT の物語から防衛機制を査定するための採点システムを開発した。他の標準化されたシステムのように，カード選択，施行，採点において明確な教示が用意されている。クラマーらによる多くの研究で報告されたように，否認，投影，同一化の測定における評定者間信頼性は，通常は許容範囲にある。しかし内的一貫性と代替形式法信頼性と再検査信頼性の値は，非常に低い（Cramer, 1991）。クラマー（1991）は近年，子ども，青年，非患者成人，精神病状態にある成人を含む集団内で，この採点システムが妥当性を示しているとする 1 ダース以上の研究を展望した。しかしこれらの結果のよりきめ細かい検討では，防衛機制スコアが適応と苦悩の測定に，正確には，どのように関係しているのかということに関して，研究間にほとんど一貫性がないことが明らかとなった。

ウェスタン（Westen, D.）は，TAT 反応に対する心理力動的オリエンテーションを持った採点システムを開発した。彼のシステムは，対象関係の評価に焦点を当てている（特に，人間表象の複雑さ，関係図式における感情のトーン，人間関係における情動の投入能力，社会的因果関係の理解）。社会的認知と対象関係尺度に関するいくつかの研究において，詳細に記述された採点マニュアルと 5 枚から 7 枚の TAT カードのデータを用い，高い評定者間信頼性を得ている（たとえば Westen et al., 1990）。非患者群のサンプルと患者群のサンプルからのデータは，自己記述，面接，投影測定との間で収束的妥当性を示している（Westen, 1991 を参照）。最近の研究では，このシステムが，身体的虐待を受けたことのある子どもとそうでない子どもを含む臨床サンプルと非臨床サンプル（Freedenfeld et al., 1995）とパーソナリティ障害を持つ個人間（Ackerman et al., 1999）で鑑別力を持つことがわかってきている。

TAT の採点システムはまた，心理力動的理論を志向しないところからも発達して

いる。たとえば，ピーターソンとウルレイ（Peterson & Ulrey, 1994）は，帰属スタイルを評価するためのコード化図式を開発した。否定的な内容として選ばれた4枚のTATカードに対する反応記述を用いて，安定性と全体性の帰属次元が評価され，全体性指標は帰属スタイルの自己記述測定との間できわめて高い相関があることを見出した。ロナンら（Ronan et al., 1993, 1995）は，個人の問題解決方略を引き出すための採点システムを開発した。彼らのシステムでは，3枚のTATカードが使われる。これらの研究は，このシステムにおける信頼性と妥当性の双方（問題解決についての自己記述式測定との収束関係）を確証している。無作為対照研究において，意思決定と問題解決技能の訓練を受けた参加者は，これらの技能に最小限ふれただけの参加者よりも，TAT指標でより高い数値を示した。

結論

一連の研究は，TATや類似した刺激に対する反応は，心理機能のある焦点づけられた側面に関して妥当な情報をもたらすことができると提唱してきた。しかしこのような評価は，TATの臨床的使用にはほとんど完全に無関係である。多くの臨床家は，全体的な測定として検査を使うので，経験的に支持される有効な標準化採点システムを使用できない。TAT支持者が，マクレランド（McClelland et al., 1989; Spangler, 1992）によって行なわれたような調査結果を，不適切に過度に一般化することが，今のところほとんどお決まりのパターンとなっている。結果として，TATと他の投映法検査は妥当であり，自己記述式測定より長期の行動パターンを予測するのにすぐれているとする論述が文献のなかで膨大な数となる（たとえばMasling, 1997）。そのような主張は，根拠がなく，大きく誤った方向に導くものである。文献を注意深く調べると，TATが臨床実践で典型的に使われているので，潜在的に有用な測度だとみなされているにすぎず，実際には専門的で科学的な検査の標準から悲しくなるほど遠い。

投映描画法

さまざまな投映描画技法は，受検者が人間の姿（Draw-A-Person [DAP]; Harris, 1963; Human Figure Drawing [HFD]; Koppitz, 1968），家・木・人（House-Tree-Person [HTP]; Buck, 1948）や何か一緒に活動している家族（Kinetic Family Drawing [KFD]; Burns & Kaufman, 1970）を描くことなどを求める。各種投映描画法の支持者は，自分の支持する技法が，他の投映描画技法を行なった場合よりも，受検者の心理機能をより豊かに査定すると提唱している。たとえば，ハンドラーとハベニクト

(Handler & Habenicht, 1994) は，描画に運動を導入することが受検者の経験を劇的に変化させることを強調した。

このように差異が主張されているにもかかわらず，心理学者の多様な査定用具についての使用調査では，描画技法をひとまとめにしている。投映描画法は，臨床心理士によって使われる最も一般的な査定技法のベスト10に位置づけられてきた (Watkins et al., 1995)。ワトキンスら (Watkins et al., 1995) は，現在でも，心理査定は，30年前に実践の中核をなしたものと大差ない用具に依拠していると結論した。

描画は，成人や子どもに対する知的機能または情動的機能の査定のために使われる。最近の調査で，アッカーマンとアッカーマン (Ackerman & Ackerman, 1997) は，投映描画法は親権争いにおいて，大人と子どもの両者を評価するのに使われる技法のトップ10に入る査定技法であることを見出した。投映描画法は，さまざまな専門分野の精神保健実践家によって用いられている。伝統的に，科学原理を重んじ，尊重する程度に違いはあるが，芸術療法家，スクールカウンセラー，精神科医師，心理学者のような人たちである。また支持者は，描画を，コミュニケーションができないか，さもなければするつもりがない人の無意識の素材に接近できるものとみなしている (Handler, 1985)。投映描画法は特に，話すことに警戒心を高め，また言語を操作する能力が不足する人の査定に有効と考えられている。支持者は，描画が心理療法の進み具合を査定することと同様に話し合いの端緒として使えると考えている。

多くの文献では，描画における異なった特徴の重要性を論述している。それらの特徴は，大きさ，種々の特徴の有無，描線の筆圧，人物間の相対的距離，そして描画の複雑さというようなものである。マッコーバー (Machover, 1949) は，描画の特徴とさまざまな心理学的特徴のつながりについて提案した。たとえば，大きな目はパラノイア，濃い影は攻撃衝動，そして繰り返し消すことは不安を反映すると考えた。コピッツ (Koppitz, 1968) は，病理学上の単一指標の解釈というよりもむしろ描画全体に基づく解釈を最初に推奨した。このコピッツの統合原理を応用して，ナグリエリとファイファー (Naglieri & Pfeiffer, 1992) は，非臨床群サンプルから臨床群サンプルを鑑別するのに役立つ情緒障害用人物画検査スクリーニング手順 (DAP-SPED) を開発した。

さまざまな採点システムがあるなかで，それらを適用する実践者数に関するデータは存在しない。したがって，ここで再び，実際の臨床実践における妥当性研究の適切性を判断するジレンマに直面する。子どもの描いた絵を使って，性的虐待の兆候を査定することを主張する学術誌の論文には，懸念を禁じ得ない（たとえば Riordan & Verdel, 1991）。投映描画法の支持者は，明らかに解釈を重視しすぎており，描画解釈において非常に鋭敏な洞察力を持つと判断される臨床家に特別な力を帰属させている。

標準化と基準

　投映描画法を行なうにあたって受検者に与えられる教示にはさまざまバリエーションがある。典型的には，受検者は白紙，鉛筆，消しゴムを提供される。紙のサイズを特定する教示もあるが，教示はプロトコルによって異なる。DAPでは，受検者は人の絵を描くことを教示される（Handler, 1985）。HTPでは，できるだけじょうずに家，木，人を描くように求められる（Hammer,1985）。KFDでは，子どもに自分の家族が何かをしているところを描くように求められる。教示は最小限にとどめられる。しかしある教示では，棒状の人や漫画のキャラクターでないような人間を描くようにはっきりと伝える。いくつかのアプローチでは，受検者は描画についての話を作るように求められたり，描かれた人物は幸せなのか悲しいのかというような，絵から連想するものについてたずねられたりする。

　多くの採点システムが開発されてきたが，それぞれの実践者の経験と信念に基づいた独自の採点法もかなりの数使用されている。単一の病理指標や徴候の有用性を支持するデータはないが，描画が他の査定データの文脈において全体論的に解釈されるべきであるという合意には達している（Handler & Habenicht, 1994）。

　投映描画技法の種類が多く，無数の採点システムがあるので，適切な基準がないのはあたりまえである（Handler & Habenicht, 1994）。十分に討論されていない重要な問題の1つに，受検者の描画能力のレベルや絵を描く意欲があげられる（Feldman & Hunt, 1958; Nichols & Strumpfer, 1962）。投映技法が科学的に根拠のある査定の一部として使われるようになるためには，絵の才能や興味のレベルの違い，受検者の年齢や性別の違いがもたらす描画特徴の知見を蓄積する必要があるだろう。

信頼性と妥当性

　評定者間信頼性は低くなるが，描画の質についての短期間での再検査信頼性の事実はいくつか存在する（Palmer et al., 2000; Vass, 1998）。解釈の信頼性を低くする1つの要因は，所与の特徴が異なる仮説を導くということである（Thomas & Jolley, 1998）。たとえば，被虐待児とそうでない子どもの判別のために投映法が有効であるかどうかについてのウェスト（West, 1998）によるメタ分析において，ある研究では，頭の大きさの違いが性的虐待の指標であり，別の研究では，身体的虐待の指標であるとみなされていた。

　投映描画法の妥当性の評価は，技法と採点システムの多様な存在によって，より困難となる。投映描画法の妥当性に関しては，強烈で辛らつな考察がある（たとえばHoltzman, 1993; Joiner et al., 1996; Motta et al., 1993; Riethmiller & Handler, 1997）。批判家たちは妥当性の事実がないと述べ（Joiner et al., 1996; Motta et al., 1993），一方支持者たちは批判者たちが利用可能な豊富な臨床素材を見つけだせなかったのだと

酷評する（Reithmiller & Handler, 1997）。注目すべきは，投映描画法の「専門家」が，異なる精神病理学のタイプを同定する的確な能力を有しているということを示す事実は，ほとんどないということである（Wanderer, 1997; 第3章も参照）。

最近の研究は，病理の単一指標に頼る定量的アプローチから，より統合的なアプローチを使う定性的アプローチを区別しなければならないと指摘している（Tharinger & Stark, 1990）。サリンジャーとスターク（Tharinger & Stark, 1990）は，DAPの全体論的アプローチが，気分・不安障害の子どもをそうでない子どもから鑑別するのに有効であることを見出した。しかしDAPの定性的アプローチでは，不安障害の子どもをそうでない子どもから有意に鑑別することはできなかった。これに対し，KFDの定性的アプローチによって，気分障害（気分・不安障害でなく）の子どもはそうでない子どもから鑑別された。

描画によって無意識に接近できることと，クライエントとの間でより「原始的な」チャンネルを使ってコミュニケートすることで，臨床家はクライエントの真の感情と経験を発見するということが投映技法の基本仮説である。すなわち，絵はクライエントの防衛を巧みに回避し，クライエントが認識しえないか，もしくはしようとしない心理機能についての貴重な材料を提供する。この仮定は，科学の反証可能性＊の基準に合致しない。なぜならば，投映技法の基本仮説は，他の方法によっては測定できないからである。

結　論

投映描画法は，有用性に対する科学的事実がないにもかかわらず，多くの心理学者の用具としての地位を維持している。現在，いろいろな採点システムを使うさまざまな技法は，直接表現できないか，その意思がないと推測される受検者の機能局面の発見のために使われている。投映描画法に基づく仮説が，科学的な精査の目的となり，厳密な研究で支持されるように公式化されるまでは，これらのアプローチの妥当性に関する主張の根拠は存在しない。知能や心理機能を査定するその他の方法が進歩している今日，施行，採点法，解釈において多くの弱点を持ち，間違いを起こす危険性のある投映技法の使用には疑問が残る。実際，最近の展望では，投映描画法は，現行の法廷での証拠の認容基準に合致しないと結論づけられた（Lally, 2001）。

解剖腑分け人形

小児精神保健サービスにおいて人形使用の長い歴史がある（Sattler, 1998）。とても

年齢の低い子どもを扱う臨床家たちが人形を導入してきた。というのは，性的虐待のように言葉での表現が困難なものが，人形を通して表現可能であるという仮説があり，また非常に幼い子どもたちには，認知や言語技能に限界があったからである。精神保健の専門家が，子どもの性的虐待についての申し立ての正確さを判断する助けとなるかもしれないのである。しかしこの課題は，解決困難である。というのも，性的虐待に関連した一定の，あるいは特異な問題行動徴候は存在しないからである（Kendall-Tackett et al., 1993）。

性的虐待を疑われる子どもの評価方略として，保健専門家と法律関係機関の職員は，肛門と膣口，ペニス，陰毛，乳房のような解剖学的特徴を備えた人形を開発した（Koocher et al., 1995）。人形は，正確な解剖人形，解剖明示人形，あるいは解剖腑分け人形（ADD）と名づけられている。これらの人形では，人間の身体が常に忠実に再現されているわけではなく，耳のような顔の特徴がないこともあるが，性的特徴を欠いていることはない（Koocher et al., 1995）。ここでは，ADDを用いることにする。虐待の疑いのある子どもとかかわる専門家の間で，ADDを使った調査が広まり，ADDが確立した（Conte et al., 1991; Kendall-Tackett & Watson, 1992）。しかし実際は，性的虐待の申し立てを調査するために，子どもに面接する専門家の少数（36％）が，ADDを使用しているだけであった（Davey & Hill, 1999）。デヴィ（Davey, R. I.）とヒル（Hill, J.）が得たこの低い数字が，サンプル抽出の違いを反映しているのか，人形の流行がおさまったことを反映しているのかについては不明である。

標準化と基準

ADDは標準化されていない。人形は，多くの製造業者によって作られており，そのため顔の表情と特徴が異なるものを用意することができる。人形に人種の異なった体型が使われることもあり，特に被害者と加害者が異なった人種背景を持つ場合の虐待の申し立て事件で，そのような人形が使用される。しかしどの人形を使うのかについての選択基準は存在しない。

エヴァーソンとボート（Everson & Boat, 1994）は，16組の公開されたガイドラインと広く普及している4つの未公開プロトコルを同定した。それらには，面接での人形の使われ方が記されていた。そしてエヴァーソンらは，プロトコルから，人形使用法には6つの主要なものがあることを明らかにした。それらは，気分の緩和，緊張ほぐし，解剖学上のモデル使用，実演補助，記憶刺激／診断スクリーン，診断テストの6つであった。彼らは，評価した20プロトコルにおける人形の最も共通する機能は，解剖学上のモデル使用（$n=16$），実演補助（$n=18$），記憶刺激／診断スクリーン（$n=11$）であることを示した。臨床家がどのプロトコルを使用し，特定の機能のためにどのくらいの頻度で人形を使うのかについてのデータは報告されていない。

使用者によってADDを使用する評価セッションの数は異なるが，複数回のADD使用が，子どもにどのような影響を与えるかについては少ししか知られていない（Ceci & Bruck, 1995）。さらに，人形は，面接を統合する部分であると提唱する者がいる一方で，子どもの虐待体験の陳述後にだけ人形を使用することを推奨する者もいる。人形は，洋服を着ているか，少し身に着けているか，裸であるかもしれない。洋服を着ている場合，検査者自身が人形の洋服を脱がせる場合もあれば，子どもに人形の服を脱がすよう求める場合もある。いくつかのプロトコルでは，身体のいろいろな部位の名称を子どもにたずねる。子どもに人形と遊ばせる場合に，検査者がいるなかでのこともあれば，ただ1人で遊ばせる（しかし目立たないように観察している）こともある。

　何人もの研究者が，被虐待児とそうでない者のADDにおける典型的な行動がどのようなものであるかを決定しようと試みた。しかし採用された方略，虐待のスクリーニング法，刺激素材，手続き，採点のいずれにも差異があるために，比較することは絶望的である。

　ADDを用いて集められた観察データについて，一般に受け入れられた採点システムがあるわけではない。支持者たちは，人形を持つ子どもの行動だけに基づいて推測することが妥当なのか，あるいは虐待があったという言語的な確証が必要なのか，といったことについて討論している。学術的な展望の後で，何人かの支持者たちは，子どもが虐待されたかどうかについての決定は，人形を持つ行動だけに基づくべきではないと主張した（Everson & Boat, 1994; Koocher et al., 1995）。しかし比較的最近の精神医学教科書では，ADDの使用は，子どもの性的経験を決定する方法として，明白に推奨されている（Yates, 1997）。これは，ADDの支持者が示した事実に照らして，特別に厄介なことである。というのも，虐待されていない子どものサンプルでは，多くが，人形の身体の部分をさわったり，こすったり，突いたり，ひっぱったりするという事実があるからである。さらに，5歳の少年の25％は，「人形たちが一緒にできることを見せて」という指示に対して，性交を連想させる状態に人形を置いた（Boat & Everson, 1994; Everson & Boat, 1990）。このように，事実では，虐待されていない有意に少数の子どもが，ADDで性的な触診を行なってしまったのである。

信頼性と妥当性

　ADDは標準化を欠いているので，ADDを使用する査定の信頼性の問題を取り扱った研究がほとんどないのは驚くに値しない。面接のある部分を客観的に査定することさえ難しいと報告されている（Levy et al., 1995）。この面接の客観的側面の評定に信頼性がないということは，レヴィー（Levy, H. B.）らによって否定された。彼らは，陳述とジェスチャーには一致がみられないとしても，面接全体の子どもの行動は，虐待を指し示すということに十分な合意があると結論づけた。

ADD を使った子どもの行動に，安定性があるかどうかについては，ほとんど調査されてこなかった。ADD の提唱者が行なった予備研究で，人形を性交の状態にした 10 人の子どもと，そうしなかった 10 人の子どもを再評価した。最初の評価から 16 か月後，人形を使った性的な行為と回避行為の頻度は，両方のグループで，変化がみられていた（Boat et al., 1996）。この研究は，非常に少ないサンプル数であると同時にセッション間の間隔が長いために，ほとんど人形遊びの安定性を調べる役には立っていない。

　ADD の使用は，人形を使った子どもの行動が，性的体験を表わすという仮説を前提にしている。いくつかの展望（Aldridge, 1998; Ceci & Bruck, 1995; Koocher et al., 1995; Wolfner et al., 1993）では，関連論文の選出と報告している結果に，著しい一致が示された。それにもかかわらず，支持者と批判者の間で異なったのは，結果の解釈および第 1 種の過誤と第 2 種の過誤*を気にしないでいられる心持ちにあったからである。すなわち，提唱者は ADD の要注意な素材をできるだけ多く報告することに，一方批判者は ADD を使った報告にどれほどの誤差と不正確さがあるかということに焦点を当てている。

　ADD のさまざまな使用が認められているが，エヴァーソンとボート（1994）は，妥当性の問題は，診断検査としての ADD の使用にだけ関係すると論じた。そして彼らは，診断検査の目的のための ADD 使用を拒否する。そのため，妥当性データの欠如についての問題は片づいたとみなす。その代わりに，性的体験の記憶を呼び起こす「記憶刺激」として，そして子どもの自発的な性的知識の表出の機会を提供する「診断スクリーン」として ADD 使用を推奨する。『教育と心理学検査法の標準』（*Standards for Educational and Psychological Testing*, 1999）によれば，スクリーニング検査は，選択あるいは診断決定の第 1 ステップとして，広範なカテゴリーを作るために使われる。したがって，もし ADD が，性的虐待があったかどうかを知るためのスクリーニングとして，また単に最初の仮説を引き出すためだけに使われるとしても，他の心理検査と同じ基準に合致しなければならない。要するに，検査開発者は，刺激に反応する子どもたちの行動が彼らの体験の指標となることを示さなければならない。今までに，この関係を見出した研究はない。それどころか，ADD の支持者でさえ，人形を使った子どもの性的行動は社会経済的地位と人種によって異なり，子どもが虐待されたという事実よりもむしろ性における開放性の文化差を反映するかもしれないことを見出してきた（Everson & Boat, 1990, 1994）。

　エヴァーソンとボートは，ADD の記憶刺激機能を次のように述べた。すなわち「男性人形の下着の柄に気づいた後，『おじいちゃんのパンツはハート柄だよ』と小さな子どもが述べた場合が……明らかな例である」（1994, p.117）ということである。これは，子どものあいまいな応答を児童性的虐待に敏感な臨床家がどのように誤って解

釈するのかを表わしている見事な例である。子どもは、性的虐待などを受けたのではなく、おじいさんがパンツをはいているのを見たことがあったか、あるいは単におじいさんのものであるパンツを見たことがあっただけかもしれないのである。

アメリカ心理学会（APA）は、2つの特別委員会にADDの妥当性を調査することを依頼した。人形は標準化されておらず、基準データが存在せず、面接を施行するための統一の標準がないにもかかわらず、人形を中心にした査定は、「心理学評価の一部として使用され、経験と能力のある検査者によって解釈されることが、差し迫る頻繁な臨床問題にとって最も有効な実践的解決であろう（たとえば、子どもの性的虐待の可能性の調査）」（American Psychological Association, 1991, p.722）と、最初の委員会は結論を出した。さらに、この委員会は、人形を中心とした査定を行なう心理学者が、適格者である（しかし適格者であることは定義されていないが）ことを強調し、手続きを証拠書類として提示し、手続きと解釈について臨床的かつ経験的に合理的なものを提供することを、熱心に勧めたのである。このような推奨は、特別委員会が結論した研究文献を参照しないばかりでなく特定不能な臨床的知への信頼が、不可解にも、混在して生じたものである。

APAが設立した解剖人形ワーキンググループ（Koocher et al., 1995）は、ADDが妥当性のある心理検査や投映技法についての基準に合わないとする点に注目して、最初の特別委員会の結論を再度表明した。クーチャーらは（1995）、児童性的虐待についての結論は、4歳以下の子どもたちの行なう報告は誘導的な質問によって特に影響を受けやすいため、人形遊びだけに基づくべきでないと述べた。しかし、このような警告を発した当事者であるクーチャーらは、最初のAPA特別委員会の立場を、再び擁護した。APAの2つの結論は、いずれも、心理学実践と空世辞の緊張状態を反映するものであった。その緊張状態は、研究文献を調査しようとし、しかしもしその研究論文が臨床的経験による見解と一致しない場合、それを捨て去るつもりの心理学者が、科学的であろうとした結果である。

多くの展望家が、ADDで子どもがどんな性的遊びを示すのか明確でないと結論づけてきた（Babiker & Herbert, 1998）。批評家は、ADDの増分妥当性が立証されなければならないと告発した（たとえばCeci & Bruck, 1995; Wolfner et al., 1993）。つまり彼らは、ADDが、面接、観察、評定尺度のような既存の有効な情報に、さらに子どもが虐待されていたかどうかについての決定能力を、一貫して、**追加する**と論じた。そして支持者は、ADDは他の査定方法より悪くないと論じている（Aldridge, 1998; Koocher et al., 1995）。この見解は、本章のはじめに明記した原型的科学的立場、すなわち、特定の査定ストラテジーの有用性の立証責任は、その支持者側にあるということと鋭く対立する。

結　論

　ADDの多くの支持者は,「事実」「調査」「研究」「経験的支持」という科学用語を採用している。しかしながら,ADDが心理検査であることを否定することによって,科学的標準の精査手続きを逃れようとする。逆説的にいえば,ある支持者は,測定が科学的標準を満たすか否かの議論を拒絶しながら,自分たちのアプローチを科学的に支持されていると推奨している。ADD査定で使われる刺激も手続きも標準化されていないことはこれまで繰り返し述べてきた。標準化を欠いているがために,被虐待児と,そうでない子どもの行動に関する基準データを集めることは不可能である。ADDが,心理検査の標準化をふむことなくスクリーニングの道具として使用可能であるとする主張は認められない。それゆえ,子どもの性的虐待の調査目的で使用することに強く反対する。

マイヤーズ・ブリッグズのタイプ指標

　マイヤーズ・ブリッグズのタイプ指標(MBTI; Myers & McCaulley, 1985)は,ユングのパーソナリティ理論に基づく自己記述式テストである。ユングの理論であるパーソナリティの類型は,パーソナリティ機能の包括的評価で表わされ,4つの基本的パーソナリティを推測する。それらは,対極の連続体構成概念としてMBITで操作的に定義され,外向-内向(自己の外側を志向するか,内側を志向するか),感覚-直観(知覚による情報に依存するか直観に依存するか),思考-感情(論理的な分析に基づいて判断を下す傾向にあるか,個人的価値に基づいて判断を下す傾向にあるか),判断-知覚(外界とかかわるとき,思考-感情プロセスを使用する志向を有しているか,感覚-直観プロセスを使用する志向を有しているか)から成り立つ。受検者は,これらの4つの次元で得られた得点に基づいて,設定されたカットオフスコアによって得られる16の異なるパーソナリティ類型のどれかのカテゴリーに割り当てられる(たとえば,外向-感覚-思考-判断)。これらの16のカテゴリーの使用は,賛否両論を引き起こしてきた。なぜならこれらカテゴリーは,ユング理論ともMBTIから収集されたデータとも一致しないからである(Barbuto, 1997; Garden, 1991; Girelli & Stake, 1993; Pittenger, 1993)。

　MBTIにはいくつかの種類があるが,標準版は強制選択式126項目からなる検査である。過去20年間,MBTIは多くの言語に翻訳され基準化され,健常のパーソナリティを測定するために最も一般的に使われている(McCaulley, 1990)。MBTIは,教育,カウンセリング・心理療法,キャリアガイダンス,職場でのチーム作りに有効なよう

に開発されている。昇進や職場配置の情報収集を目的として，日常的に使用されるようになるまで，キャリアガイダンスと雇用の査定領域で支配的となった（Coe, 1992; Jackson et al., 1996; McCaulley & Martin, 1995; Turcotte, 1994）。MBTI 研究は非常に広範なもので，過去 20 年の間に，パーソナリティ，教育，職業指導の各領域において数百もの研究が公表された。

標準化

　MBTI は公刊された自己記述式検査であり，適切に使用するためには検査教示の標準と検査項目を事前に確認しておかなければならない。いくつかの短縮版も用意されている。しかし完全版と比較すると限界があるので（Harvey et al., 1994），短縮版の使用は推奨されていない。

　MBTI の手引き（Myers & McCaulley, 1985）は，MBTI を採点し，16 のパーソナリティ類型のうちの 1 つにしぼるための教示を詳細に述べている。検査結果がどのように解釈されるべきかの情報が与えられる。そして，一般的向けとカウンセリング，教育，キャリアカウンセリング向けにどのように解釈を行なうかについての情報が与えられる。研究文献において，16 種類のタイプを使うことに対して，一貫して浮上してくる問題の 1 つは，受検者を 1 つのタイプに当てはめるためのカットオフの適切性である。研究者たちは，カットオフに近い尺度得点では，分類を間違えやすいことを見出した。この問題を解決するために，反応形式と尺度得点の変更が要求されてきた（Girelli & Stake, 1993; Harvey & Murry, 1994; Harvey & Thomas, 1996; Tzeng et al., 1989）。

基　準

　手引きが報告する基準は，何万人という研究参加者からのデータに基づいている。男性と女性の基準データは，幅広い年齢（15 歳から 60 歳以上）と職業を通して得られている。研究は，これら基準の適切性を支持する傾向にあり，マイノリティ集団と文化を超えても基準は適切だと考える傾向にもある（たとえば Kaufman et al., 1993）。しかしマイノリティ集団のデータには限界があり，これらのデータに影響している年齢要因の解釈についての問題もあるので（Cummings, 1995），MBTI の使用者は，アメリカ人成人の代表的なサンプルから基準データを得た最新の研究のデータを使用することが推奨される（Hammer & Mitchell, 1996）。

信頼性と妥当性

　MBTI の内的一貫性と再検査信頼性は許容範囲にある（Carlson, 1985）。しかしこれらのデータは，一般的に 4 つの指向スコアの信頼性に焦点が当てられた（たとえば，

外向–内向）のであって，16タイプの信頼性を示す事実はほとんどない。

　数ダースのMBTIの妥当性研究を科学的文献で入手できる。それらの研究は，MBTI指向スコアとタイプを，多種多様のパーソナリティ構成概念，能力測度，職業に関係づけようとしている。それにもかかわらず，検査結果から妥当な解釈を導くために，研究からのデータを統合しようという現実的な試みはなかった。さらに，MBTIの予測的妥当性（たとえば，MBTIに基づいて教育とキャリア選択の確かな予測が可能かどうか）や，増分妥当性と実用性（これらの決定の予測にMBTIが有意義な情報を加えるか，MBTIデータに基づいた教育やキャリア，雇用決定は最適であるか）についての情報は少ない。

　文献のなかで大きく注目されてきたMBTIの1つの側面は，16のパーソナリティタイプの妥当性である。探索的因子分析，確認的因子分析，クラスター分析を含む一連の分析手順を使用し，研究者は，一般的に，①実際のMBTIの因子構造は，仮定された4つのパーソナリティ指向に一致しているが（Thompson & Borrello, 1986; Tischler, 1994），最適なレベルを下まわること（Harvey et al., 1995; Jackson et al., 1996; Sipps et al., 1985），②仮説としての16タイプと実際の検査データとの間の適合は乏しい（Lorr, 1991; Pittenger, 1993; しかしPearman & Fleenor, 1996も参照）ことを見出した。

　全体的なパーソナリティの測度として，MBTIは，よく確立された他の職業測度やパーソナリティ測度と関連が認められないと批判されてきた。検査手引きに一連の併存的妥当性データが含まれていることに対する検査開発者の努力は，賞賛に値するものであるが，4つのパーソナリティ指向が，他の測度によって査定された類似の構成概念と関係することを示す一貫した事実に乏しい。発表された研究によれば，MBTIは職業指向と職業業績の測度とほとんど対応しない（たとえばApostal & Marks, 1990; Furnham & Stringfield, 1993）。加えて，全体的なパーソナリティの測定として，MBTIは，最も一般的な人格構造の2つの科学的モデルであるアイゼンクの3因子モデルと5因子モデルのどちらにもあまり一致しない（Furnham, 1996; McCrae & Costa, 1989; Saggino & Kline, 1996; Zumbo & Taylor, 1993; しかしMacDonald et al., 1994を参照）。このようにMBTIは，現代のパーソナリティ測度として不十分と結論できる。

結　論

　MBTIは明確なパーソナリティ理論に基づき，現在の標準に合致する方法で開発され基準化された。そして特に，4つのパーソナリティ指向レベルで信頼できることが報告されてきた。しかしながら，16のパーソナリティ類型の信頼性と妥当性についての問題と，MBTIと他の一般的なパーソナリティや職業興味の測度との間にほとん

ど対応がないという事実は，査定用具としてのMBTI検査に疑いを抱かせる。これらの不十分な点についての根本的な改訂が行なわれていないので，より確実な経験的基礎を持つパーソナリティ検査や職業興味検査に頼ることが推奨される。

結論と提案

　心理学者は，心理査定に関する膨大な文献を理解するという非常に困難な課題に直面している。差し迫った臨床的な問題を解決する方法を考えるにあたって，ありとあらゆる用具に一通りアクセスできる。しかし残念なことに，検査が科学的に妥当かどうかを決定する単純な方法はない。一流の専門家の会報で売り込まれ，学術雑誌に記載されているという事実があったとしても，そのことが適切な検査の標準に合うことを保証しない。たとえば，最近のメタ分析（West, 1998）は，子どもの性的虐待を見つける投映技法の使用を支持するようなデータを提供した。しかしながら，データの再調査は，有意な結果だけを効果量の計算に含めていたので，被虐待児を同定するための投映法の力は見せかけであった（Garb et al., 2000）。したがって，引用文献にあげられた参考資料は，検査が適切であるかどうかを決定するのに不適当であるだろう。私たちが展望した多くの文献は，文献それ自体は最上でも雑多な支持を提供していたのであるが，その要約では査定アプローチに対する支持だけが主張されていた。

　私たちは，最新版の『教育と心理学検査法の標準』（1999）を参考資料として用いることを要望する。それは科学を基礎とした査定アプローチを導くための本質をさらに詳しく説明している。査定用具を選ぶ時，合理的な選択決定をなす必要がある。査定の限界に関してより洗練された知識に置き換えられるなら，それまでの査定手続きの知識は時代遅れとなるだろう。公刊された手引きを欠いている査定手続きを使用する者は，その検査が信頼性と妥当性の基本的な標準に合致しているかどうか，適合する基準は存在しているかどうかの決定のために，直接関係のある文献を自ら学術的に展望することが求められる。公刊された素材を使ううえではまた，その検査の使用に関連するデータを熟知している必要がある。公刊された手引きがあるとしても，その検査が信頼性や妥当性の標準に適合していること，もしくは，適切な基準が使われていることを必ずしも保証しない。職業倫理上の規範は，それぞれの者が，以下のことを決定する責任を持つと指摘している。つまり①心理査定が所与の疑問を明らかにするためにデザインされているかどうか，②適正に標準化され，信頼性があり，妥当な情報をもたらす検査かどうか，③所定の状況下で行なわれた検査反応の解釈を可能にする適切な基準かどうか，についてである。所定の査定手続きが，受け入れられた標

準に適合しなくてもよいという論議を無批判に受け入れてはならないのである。

　私たちが展望した検査のなかでは，ロールシャッハ法に対する支持がわずかであること，TATには可能性があること（臨床実践において現在使用されている測度を支持しているわけではないが），投映描画法の統合的採点はあまり有望でないこと，性的虐待の実証のためのスクリーニング用具としてADDは支持できないこと，MBTIは人を納得させる有効なデータを欠くが，潜在的には信頼性のある測定であるということを明らかにした。これらの技法の多くが，使用するための標準化を欠き，ある一部の者だけが解釈できる特別な力を所有しているという根拠のない信念に過度に依存していた（第2章も参照）。こうしたことは，科学的に支持された査定技法の分野において，これらの技法の発展可能性を妨げる。

　査定手続きの適正さを示す責任は，まずその手続きを開発した人が，次にそれを使用選択する心理学者が負うものである。特定の査定手続きの支持者は，実施手続きを完全に説明する標準化プロトコルをはっきりさせる責任がある。ロールシャッハ，TAT，投映描画法，ADDの場合，それぞれのアプローチの支持者が標準化施行と採点において合意に達する必要がある。これらの検査についての特有の見解を擁護することは，科学的に信用できる査定技法の確立に対して不利にはたらく。

　標準プロトコルを確立し，信頼性の問題を解決する研究を行なわなければならない。別々の評価者が，ある検査反応について同じ判断に到達できるように決定ルールが確立されなければならない。ある技法が，標準化されたやり方で実施され，受検者の応答に一貫した解釈がなされるように確立されれば，妥当性の問題は解決する。他の検査や他の査定技法によって独自に測定することができない構成概念を測定すると称している検査は，本質的に虚偽を立証できないので科学的ではない（第1章を参照）。最終的に，個人のスコアが意味あるものとして解釈されるように，基準は開発されなければならない。もし臨床心理学が今後も科学的な学問であるならば，実践者と研究者の両者が心理検査に対して確立された基準を要求し，また常に基準に則ることが基本である。

用語解説

基準（norms）　類似個人の対照群から得られた基準データ。類似個人は，理想的には，対照群が所属する母集団を代表したものである。得られた検査結果の解釈には，受検者の検査データと基準との比較が必要である。

信頼性（reliability）　検査の一貫性に関係し，以下のようなことを含む。すなわち①検査のすべての面が，意味ある方法で与えられたデータに貢献すること，②検査が他の評価者によ

って指示されるか，または採点されたとしても似たような結果が得られること（評定者信頼性），③最初の検査の後，ある時期に再検査されても同じ結果が得られること（再検査信頼性または検査安定性），である。

心理検査（psychological test）　標準化された条件で得られた行動の測定，その行動サンプルを採点し解釈するために確立された規則の使用。加えて，サンプルが集められ，その集められ方（たとえば，行動のサンプルに生じる刺激，技法，過程の性質）から査定に基づいた推論の正確さや妥当性の主張が行なわれるときにはいつでも，その行動サンプルを収集し解釈するために用いられた過程は心理検査とみなされる。専門家，権威者，査定者として資格を有する者の主張に基づいて推論が行なわれるものではない。

第１種と第２種の過誤（TypeⅠand TypeⅡerrors）　第１種の過誤は，データが仮説を支持しないときに仮説を受け入れることを，第２種の過誤はデータが仮説を支持するときに仮説を拒否することを意味する。

妥当性（validity）　検査が，測定する目的どおりに測定できたかどうかということ。以下のことを含んでいる。すなわち，①検査は，検査の目的に関連の行動を抽出すること（内容妥当性），②査定された現象に関連した論理的仮説に合致するデータを提供すること（併存的妥当性，予測的妥当性），③他の心理的特徴による悪影響が最小限である現象の比較的純正な測定を提供すること（弁別的妥当性），④他の評価で収集した情報に，査定に基づく知識を加えることができること（増分妥当性），である。

投映法（projective test）　被検者の無意識下での基本的なパーソナリティの特徴を明らかにするように，検査者が反応を構造化しなければならないようなあいまいな検査刺激か，または比較的構造化されていない課題のこと。

反証可能性（falsifiability）　仮説や測定や理論が形成され，経験的調査の目的になり，そのような調査によって誤りが証明される可能性があるということ。

標準化（standardization）　検査状況と検査者の独特な側面の影響が最小であることが必要とされ，以下の条件を伴うこと。すなわち①査定者間で比較可能な検査刺激，②施行手続きに関する詳細な教示，③得られた検査データのための採点手続きの詳細な解説，である。

臨床的有用性（clinical utility）　査定が，臨床判断，治療計画，そして治療成果において意味があり，求められた相違をもたらす程度。

第Ⅰ部 評価と診断における論争

第4章 専門家証言の科学と疑似科学

ジョセフ・T・マッキャン (Joseph T. McCann)
ケリー・L・シンドラー (Kelley L. Shindler)
タミー・R・ハモンド (Tammy R. Hammond)

　近年，法的手続きにおいて，専門家証人*としての精神保健専門家の役割に並々ならぬ注意が払われるようになってきた。この傾向はいくつかの要因によって説明される。それらの要因には，多くの精神保健専門家が管理された保護に対処する方法としての法廷での仕事へと目を向けていること，また裁判所によって子どもの虐待，性的嫌がらせ，家庭内暴力などの重篤な社会的問題に多大な注意が払われるようになったことがあげられる。シッコーネ（Ciccone, 1992）によれば，専門家証人を採用することは何世紀もさかのぼることができるという。そして初期のエジプトやギリシャの社会では，法的問題解決のために裁判医学が使用されていた。何世紀にもわたって，訴訟当事者とその弁護人は法廷における専門家証人の選択，準備，登場に大きな統制力を勝ち取ってきた（Landsman, 1995）。
　関連する心理学もしくは精神保健にかかわる問題に専門家証言*を利用することにも，比較的長い歴史がある。たとえば，刑事被告人の正常性が問題となる事件は，法的手続きにおける精神保健専門家の適切な役割に関するほとんどの論争の最前線であり続けてきた。1843年ダニエル・マクノートンは，イギリス首相の秘書を射殺し，精神障害の理由によって無罪の判決が下された（Steadman et al., 1993）。この評決に対しては公衆の激しい抗議があったが，この事件に端を発した精神障害に対する法的な検証は維持されてきた。
　行動科学や精神保健の専門家証言の使用は，公判を受ける能力，能力の欠如，判決における刑罰の軽減や増大要因，そして目撃証言の信用性など問題を含んで，過去数

十年間にわたり広がってきた。民事や家庭裁判事件では，専門家証言は心理学的もしくは神経心理学的障害の主張，申し立てられた子どもの性的虐待の真実性，家庭内暴力などの争点でしばしば提供されてきた。法廷での専門家の使用の拡大に伴って，専門家証言の基礎を形成する理論の科学的基礎，構成概念，診断的症候と同様に，法廷手続きで証言する行動科学からの専門家を容認する妥当性，信頼性，適切性についても，相当の論争が行なわれるようになってきた（Faust & Ziskin, 1988; Ziskin & Faust, 1988）。

本章では，精神保健専門家および行動科学者による専門家証言の許容性に関連する法的および専門的基準をレビューし，そのような証言の科学的に適切な使用と不適切な使用の区分を試みる。そのような証言の倫理と基準を支配する専門のガイドラインとともに，州および連邦の許容性に対する現存の基準をレビューする。次に目撃証言の正確さ，精神医学的の診断と症候群の正確さ，計量心理学テストの正確さ，暴力的行動の予測を含む，専門家証言によって取り組まれるいくつかの主要な領域をレビューする。加えて，法的事態において提案され，また提出されてきた議論の余地の残る症候群や概念についてもレビューする。この議論を通して，適切な科学的基礎を持つ領域と，疑似科学的で妥当性が問題となるような領域を区分する指標の提供を試みたい。

法廷における科学的証拠の許容性

法的規範

証拠が何らかの法的手続きにおいて許容されるかどうかの決定は，証拠規則によって規定される。合衆国の法制度は本質的に連邦主義なので，そこでは分離した州と連邦の法廷（司法機関）が存在し，証拠規則は，法域によって変化する。連邦法廷は連邦証拠規則（FRE; Green & Nesson, 1992）に頼り，しかるに州法廷は典型的には成文化されたいずれかの証拠規則に頼るが，そのなかのいくつかの例は FRE もしくは広範な判例法の後にモデル化されるかもしれない。特定の法域が州か連邦にかかわらず，2つの主要な法的基準の1つが，典型的には専門家証言の受容性を支配する。1つの基準はフライテストで，それは「合衆国 対 フライ」（United States v. Frye, 1923）のなかに概略が述べられている。もう1つはFREで，それは「ドーバート 対 メリルダウファーマキューティカル社」（1993）という際立った事件によって拡張されたもので，ドーバート基準として知られているものである。ドーバートで概略されている原理の方法でのいくつかの矛盾が多様な法廷によって適用されているのと同様に，その重要性ゆえに合衆国最高裁法廷によって説明された，いくつかの重要なドー

バート後の決定が，連邦法廷での専門家証言の受容性に対する基準を明らかにしてきた。

◆フライテスト

フライ決定は，コロンビア地区の州最高裁判所（控訴裁判所）によって発行された20世紀初頭の連邦意見であったが，フライテスト＊は他の連邦法域や多くの州法廷で広く採用された。興味深いことに，フライテストはまた「一般受容性」基準と呼ばれ，収縮期の血圧による虚偽検査の許容性を検討する事件から出てきたもので，そのテストはポリグラフ検査（つまり，虚偽検出装置）の早期の先行物であった。適切な科学的認識を持たないという理由で，そのような検査は許容できないと規制して，フライの法廷では次のように陳述された。

> 科学的原理もしくは発見が実験的な状態と実証できる状態の間の線をまたぐような場合には，定義することが困難である。この薄明のゾーンのどこかで，原理の実証力が認識されなくてはならない。そして法廷は，よく認識された科学的原理もしくは発見から推論された専門家証言を許容する長い道のりを進むことになり，推論が行なわれたもとにあるものは，それが所属する特定の領域における一般的受容性を得るように，十分に確立されるものでなくてはならない。（United States v. Frye, 1923, p.1014, 下線は著者が加えた）

フライ基準を採用する場合，法廷は典型的には特定の理論もしくは技法が，専門家証言が派生する領域において一般的に受容されているかどうかを吟味する。一般的受容性が確立する方法の例としては，専門家によってレビューされた文献，専門家の使用する共通した技法や実践の調査を検討する，学者の学術論文や書物を照会する，などが含まれる。

◆連邦証拠法

1961年，合衆国最高裁の裁判長であるアール・ワレンは，連邦証拠法の公式な一群が可能でしかも望ましいかどうかを決定するために特別委員会を設置した（Green & Nesson, 1992）。連邦証拠法＊（FRE: Federal Rules of Evidence）はその後1975年に承認されて法律になり，連邦裁判所における証拠の許容性決定のための公式の法的基準になってきた。多くの州が主としてFREを「アメリカにおける証拠法の最も重要で，唯一の起源」とし，これに基づいて証拠規範を制定してきた（Green & Nesson, 1992, p.xii）。

専門家証言の許容性はFREの規約Ⅶによって規定されているが，それは規則702を含む。「科学的，技術的，もしくは他の特殊化した知識は証拠を理解するため，また問題となる事実の決定のため，事実の審議者を援助するであろう。そして知識，技

能，経験，訓練，もしくは教育によって専門家としての資格を与えられた証人は，意見の形式もしくは他の形式によって証言することがある」。FREは，事件における証拠もしくは事実的環境を理解するために，事実の審議者（たとえば判事もしくは陪審）の援助となる証言が許容可能であるという「有益性」の基準として概念化できる。

FREの規則703は専門家証人の意見に基本的に関係する。つまり「専門家が意見もしくは推論の基礎とする特定の事件における事実やデータは，聴聞時あるいはそれ以前にその専門家によって知覚されるか知られるものであるかもしれない。特定の領域で，参加者に関して意見もしくは推論を形成する専門家によって，あるタイプが合理的に信用されるならば，その事実やデータは証拠上，許容される必要はない」。それゆえ，専門家の意見の許容性を判断する場合には，法廷はその領域における他の専門家の実践を調べることによって，特定の技術，理論，研究成果などに関する専門家の信用性の合理性を調べることができる。

専門家証言にかかわるFREの2つの付加的規則は注意に値する。規則704は，たとえば特定の事故が原告の障害の原因となったとか，被告人が証言台に立つ能力があるかどうかなどの「究極的な論点」に関する意見を専門家が提供できるかどうかの，議論の的になる問題を規制する。「告発された犯罪もしくはそれに対する弁護の要素を構成する精神状態や条件を，被告が持っていたもしくは持っていなかったということに関して」，いかなる専門家も連邦法廷で証言しないかもしれないことを除き，FREの規則704は，究極的な論点を包含する専門家証言が異議を申し立てられることはないと述べている（Green & Nesson, 1992, p.131）。この規則は，専門家が究極の論点について証言できる範囲について制限する以前の判例法を，本質的に覆す（Goodman-Delahunty, 1997）。しかしながら，グリーンとネッソン（Green & Nesson, 1992）に従えば，規則704は，そのような証言を制限することが「一般的に事実認定者*から有用な情報を奪うように機能してしまう」ために，究極の論点の証言の許容性を促進するように牽引したという。規則704における究極の意見証言に関する唯一の制限は，連邦の，違反が行なわれているときの犯罪被告人の精神状態の問題と結びついており，また大統領ロナルド・レーガンの暗殺の企てに対するジョン・ヒックレー，Jr.の議論の多い無罪放免後の精神障害抗弁改正規範の部分としても履行されている。加えてFREの規則705は，専門家が自身の意見の形成に信頼をおいた事実の暴露に関係している。この文脈においては，事実は研究論文，臨床的検討のデータ，そして専門家が意見を形成する際に使用した他の情報などをさすことになる。規則705に従えば，専門家は，反対尋問では暴露するように要求されるかもしれないが，法廷がそれを求めない限り，彼らの意見を提供する前にそのような事実を暴露する必要はない。

第Ⅰ部 評価と診断における論争

◆ドーバート基準

　ドーバート意見は，申し立てによると，製薬会社によって製造された嘔吐を抑える薬品を妊婦が摂取して起こったとされる出産時外傷に伴う障害で告訴された製薬会社の民事事件から生まれた。ドーバート意見の主要な焦点は，原告から出された専門家証言の許容性に対する適切な基準にあった。その証言は，「合衆国 対 フライ」(United States v. Frye, 1923)に述べられていた適切な「一般受容性」テストにそぐわないと，事実審裁判所 によって決定された科学的原理に基づいていた。

　FREもフライ・テストも許容性を規定する連邦基準であり，1つは法定の規範であり（つまり，FRE），他方は公刊された法的意見（つまり，フライテスト）である。ドーバートにおける論点は，連邦の裁判権がFREもしくはフライテストのいずれが適切な基準かに関して本質的に分かれてきたとして，連邦法廷における許容性の適切な基準を決定することにあった。合衆国最高裁は，「フライではなく連邦証拠法(FRE)が連邦裁判において専門家の科学的証言を許容するための基準を提供する」との見解を持っていた (Daubert v. Merrell Dow Pharmaceuticals, Inc., 1993, p.2790)。さらにドーバートは，「専門家の証言が信頼に足る根拠に基礎をおき，かつ手にしている課題に関係していることを保証する課題をFREが公判判事に割り当てる」という見解を持っていた。ドーバート決定の最も興味深い特徴でしかも専門家証言に最も関連することの1つは，専門家証言が許容可能かどうかを公判判事が決定するに際して，考慮しなくてはならない4つの要因を説明していることである。4つの要因とは以下のものである。

1. 理論もしくは技術は検証可能な科学的知識を構成すること。
2. 理論もしくは技術は専門家のレビューを受けてきていること。
3. 既知もしくは潜在的な誤り率が存在すること。
4. その領域での理論もしくは技術の一般受容性があること。

　要因の第1に関しての決定的な疑問は，妥当性を決定するために仮説を発展させ，検証できるかどうかであると最高裁は述べている。第2の要因に関しては，理論や技術が専門家のレビューを受けてきた程度に関する決定を，判事が行なうように推薦している。許容性を完全に統制しているわけではないが，専門家によるレビューは「方法論における実質的な欠点が検出される機会を増す」(p.2797)のを助けてくれる。第3の要因は「特定の」科学的技術に適用され，また「その技術の効力を統制する基準の存在と維持」(p.2797)について言及している。最後の4番めの要因は以前フライで述べられた，理論もしくは技術の一般受容性が，専門家証言の許容性の決定に重要性を保っているということである。しかしながら，ドーバートのもとで，一般受容

性はもはや許容性の唯一の決定因ではない。

　ドーバート決定の意味に関する相当のアカデミックな議論が存在した（たとえば，Goodman-Delahunty, 1997; Lubit, 1998）。有用性に関する FRE 基準は，どのような証拠が許容できるのかを決定する場合に，寛大さを許すいっそう自由な基準として一般的には解釈されてきたが，しかるにフライ一般受容テストはより厳しい基準として解釈されてきた（Blau, 1998）。ドーバート基準＊が，専門家証言の許容性を決定する際に判事が考慮するような特定の要因を提供するとしても，ドーバート決定はさらなる精緻化を要求するいくつかの問題を提起する。たとえば，ドーバートがあるタイプの専門家証言を許容できると裁定することを困難にし，そのためにリベラルな FRE 基準が指示するよりも，ドーバート基準をいっそう厳しいものにしている点である。ドーバート基準の範囲に関しては，心理学のような社会科学が，FRE の規則702において略述されているような，「科学的，技術的，もしくは他の知識」として特徴づけられるのかどうかという問題を提起する（Faigman, 1995）。加えてドーバート決定は，科学の訓練を受けることが少ない判事に，ある種の形式の専門家証言が科学的に適切かどうかを決定するという役割を負わせたのである。

◆ドーバート後の裁定

　「ジェネラルエレクトリック社 対 ジョイナー」（General Electric Co. v. Joiner, 1997）では，ドーバートで略述された公判判事の「門番」の役割が確認された。さらに重要なことには，ジョイナー決定は，「決定権の乱用」基準が専門家証言の許容性に関する公判判事の裁定の，上訴審による審査に適用されることを維持していた。決定権の乱用基準は証拠問題の上訴審査のためにすべての連邦法廷に適用され，ジョイナー決定は，ドーバートが審査のための厳格で高次の基準を形成しないとしたのである。またジョイナーにおける公判判事は，専門家が意見の基礎にした科学的研究を審査する際に，専門家のうちの何人かが行なった結論づけとは異なった結論に達したのである。最高裁は公判判事の役割に関する決定権の乱用についての実際を見つけることはなかったし，ジョイナーは「専門家の意見がデータによって不適切に支持されるならば，公判法廷は申し出をされた専門家意見を拒否するための，広範な決定権を有する」ように思われる（Grudzinskas & Appelbaum, 1998, p.502）。

　ドーバート基準が適用された第2の主要な米国最高裁法廷の事件は，「クモータイヤ株式会社 対 カーマイケル」（Kumho Tire Co., Ltd. v. Carmichael, 1999）に概略されている。これは民事訴訟の事件で，交通事故で負傷した原告が，申し立てられた車のタイヤの欠陥に関する専門家証言を申し出たというものであった。クモーでの重要な判断は専門家証言の許容性に関するものであり，「技術的」と特徴づけられるものであって必ずしも科学的ではないが，ドーバート基準に従って分析されるべきものであった。この裁定の結果として，ドーバート基準は科学性の判断だけではなく，す

べての専門家証言に適用された（Cavanagh, 1999）。つまり，ドーバート基準は厳格かつ固定された方法で適用されるべきではなく，申し出られた証言の特定の性質に従って適用されるべきであるとされた。それゆえ，おびただしい専門家のレビューを受けてこなかった手続きや方法論に基づく専門家証言も，その領域における他者による信用性や一般受容性のような他の要因がその証言を支持するのであれば，依然として許容可能であろう。

　ジョイナーやクモーにおける裁定の結果として，連邦法廷における公判判事は，関連性だけではなく，信頼のおける受容可能な方法論に基づいた専門家証言を許す一方で，法廷から廃物の科学を排除することを試みる場合，決定権を行使する権能を与えられる（Cavanagh, 1999; Littleton, 1999）。ドーバートやドーバート後の決定のもとで，公判判事が広い決定権を与えられたとして，専門家証言はそれが依拠している方法論と同様に，関連性や信用性に関する公判判事の独立した分析に耐えなくてはならない。グラジンスカス（Grudzinskas, 1999）は，以上に述べた最近の最高裁の訴訟には次のような意味が含まれていると注意している。

1. 意見は収集され，観察されたデータに基づくべきである。
2. 推論はデータからは区分されなくてはならない。
3. データ収集に使用された方法論の選択が考察されなくてはならない。
4. 専門家は選択された方法論の有効性を支持するように準備しなくてはならない。これらの要因は，ある方法論の選択（たとえば，面接，心理学検査，平行面接），診断的概念や専門用語，解釈理論などのような争点まで拡張されるであろう。

◆さまざまな裁判権にわたる許容性の基準

　専門家証言の許容性を判断するために存続している2つの主要な基準は，フライにおいて概略された「一般受容性」テストと，FREで概略されドーバートでさらに詳述された，関連し，助けとなる，信頼性基準である。FREとフライはいずれも連邦基準であるが，ほとんどの州法廷も専門家証言の許容性を決定するために，これらの基準のうちのいずれかを採用している。州法廷は連邦法の規制に従うように拘束されていないので，合衆国憲法によって保障された個人の権利や恩恵を侵す州法がないのであれば，州にわたってのみならず，同州内における連邦および州の裁判権の間でも，法的基準の間に相応の可変性があるかもしれない。

　ハミルトン（Hamilton, 1998）は，ドーバート裁定に続く州法廷における傾向の研究を行ない，「初期には重要であったが，ドーバートを採用する方向に向かう傾向は遅くなりつつあるかもしれない」（pp.201-202）ことを見出した。ハミルトンに従えば，1997年の終わりまでには，ドーバート裁定に先立ってフライテストを利用して

きた 17 州が，ドーバート後でさえ州法廷における専門家証言の許容性に対する基準として，フライテストを適用し続けた。同様に，21 の州もしくは法域は，ドーバート裁定前も後も FRE に基づくドーバートかドーバートタイプのいずれかの基準を持った。一方，12 の州では，1993 年に合衆国最高裁が裁定して以降，フライテストからドーバートもしくはドーバートタイプの基準へと変化させた。州のなかには（たとえば，ノースダコタ州），ドーバート基準以前には明確な証拠基準を持っていなかったが，その後はドーバート基準を採用したものもある。

それゆえ，合衆国の法廷では 2 つの主要な法的基準が専門家証言の許容性を規制し続けている。フライの「一般的受容性」テストは，ドーバート規則の代わりにフライ基準を維持することを選択した州で適用されている。FRE 基準は，ドーバートにおいて詳述されているように，州の上訴決定においてこの基準を明白に採用しているすべての州と同様に，合衆国におけるすべての連邦法廷の適切な基準である。ドーバート基準が適用されている法域では，一般受容性は考察されるべき要因ではあるが，そのことが専門家証言の許容性の唯一の基礎を形成するわけではない。いくつかの州では（たとえばニューヨーク州，フロリダ州），同州内においてフライテストが州法廷に適用可能であり，ドーバート基準は連邦法廷で適用可能であるというように，2 つの異なった基準が存在している。フライとドーバート基準のいずれが適用されても，証言を求める特定の法廷で専門家証人は，法廷の支配する基準を熟知していることが要求される。

専門家証言のための職業的基準

法律上の基準が，専門家の証言が法廷で許容されるかどうかを決定する究極のテストであるが，行動科学における職業上の基準もまた手引きを提供してくれる。アメリカ心理学会（American Psychological Association, 1992）によって刊行された，『心理学者の倫理綱領と行為規範』の最新版が，裁判上の活動に関する節を提供している。これらの基準は，裁判環境において，査定，相談，処置などを含む心理学的サービスを行なう心理学者が，倫理規範のすべての条項（7.01 節）を満たすべきことを述べている。加えて心理学者は発見を適切に確証できる情報や技術について，自らの査定，推薦，結論を基礎づけるように向かうし，それが可能でない場合には，個人の調査を実施したあとでのみ，その個人についての意見を提供しなくてはならない。さもなければ，報告や証言の信頼性や妥当性に関して，限定的な情報の効果についての説明が提供されなくてはならないとしている（7.02 節）。また倫理綱領は，心理学者が自らの役割を明らかにし，複数の，葛藤を起こす役割の採用を避けるように指導している（7.03 節）。たとえば，援助的役割にある心理療法家は中立的な裁判上の調査者の役割に移行することを避けるべきである（Greenberg & Shuman, 1997）。最後に，

倫理綱領は，心理学者が証言と報告においては真実を述べ，誠実であること（7.04節），専門家の証言と事実の証言の間の区分を明瞭にすべきこと（7.05節），法の規則に従うこと（7.06節）を指導する。

倫理綱領は多くの点で有益であるが，専門家証言を提供する場合にしばしば起こる多くの問題点にふれていない。それゆえ，アメリカ心理学会の第41部会の**裁判心理学のための倫理ガイドライン委員会**（Committee on Ethical Guidelines for Forensic Psychologists, 1991）は，さらなる指導を提供するために**裁判心理学者のための専門ガイドライン**を発展させた。専門ガイドラインは，裁判心理学者の仕事が，報告であれ証言の形式であれ，法的手続きで誤りを伝えたり，誤って使用されないように勧告している。それゆえ裁判心理学者は「公の陳述における公平性と正確さに対して特別な責任」を負っている（Committee on Ethical Guidelines for Forensic Psychologists, 1991, p.664）。もちろんこの原則は心理学者がデータと結論を提示する際に，説得的で力にあふれた表現の使用を妨げるものではない。

精神保健の専門家による専門家証言は，個人の査定と精神医学的解釈を最も多く伴うために，形式的な診断の分類システムが使用される場合には付加的な関心が起こる。ブルームとロジャース（Bloom & Rogers, 1987）は，法的な基準と原則が裁判上の精神保健評価の焦点になる問題を展開する枠組みを提供するけれど，精神医学的知識と倫理的かかわりは職業人の役割における機能がどのようなものかを指令するべきであると議論する。結果的に，専門家証言の使用に関する重要な指導は，『DSM-Ⅳ 精神疾患の診断・統計マニュアル』（Diagnostic and Statistical Manual of Mental Disorder; American Psychiatric Association, 1994）から導かれ，このマニュアルが，導かれる診断的結論に関する精神保健の専門家のための重要な学術的専門書としてみなされている（McCann & Dyer, 1996）。学術的専門書とは，特定の専門家の陳述，意見，方法が対照可能なものに対して特定の領域内の意見の一致を反映するものとして，たびたび使用される公刊された研究，教科書，要約のことである。DSM-Ⅳの信頼性と妥当性に関してなされてきた批判にもかかわらず，「最初の出版時に導かれた，精神障害の分類と診断についての意見を反映する」（American Psychiatric Association, 1994, p.xxiii）。危険は，「法律への究極の関心の疑問と臨床的診断に含まれる情報との間の不完全な適合ゆえに起こる」と，DSM-Ⅳが明白に述べていることを認識するのは重要である（American Psychiatric Association, 1994, p.xxiii）。

たとえば，刑事被告人が統合失調症のような主要な精神障害を持っていることは，被告人が公判に立つ能力がないとか，犯罪行為時には精神障害であったということと同等ではない。被告人の精神障害が告発の評価を欠く原因になったとか，弁護の協議を援助することができなくなる原因になったとか，犯罪行為の性質，結果もしくは違法性の評価を欠く原因になったということが示されなくてはならない。その診断は事

件に関連するかもしれないが，法的な非難もしくは因果性の問題は公判ですべての証拠が提示された後に評価され，事実認定者によって立証される。

診断基準の信用性と妥当性について提起される関心事と同様に，精神医学的診断と法的基準の間には時に不完全な適合が存在するにもかかわらず，DSM-Ⅳでは精神障害の分類と診断に関して，精神保健のコミュニティ内では一致を反映している。しかしながら，特定の診断と法的基準の間の関係には，研究や受け入れられている心理学的理論や信頼に足る妥当な査定技術が，診断（たとえば統合失調症）と特定の法的基準（たとえば精神異常：insanity）の間の結びつきについての専門家の推論に対する科学的基礎を形成するのに必要とされるような領域が残されている。

専門家証言の一般的領域

いくつかのトピックスが繰り返し応用が適切もしくは関連すると思われる法的な環境へと導入されるようになり，そのような主題に関する専門家証言の許容性を取り巻く問題に相応の注意が払われてきた。そのような主題には，心理学的査定技術，暴力行動の予測，目撃者の説明の正確さ，バタードウーマン症候群，レイプトラウマ症候群などが含まれる。これらの主題の多くは論争の余地があり，いくつかの法的訴訟がそれらの概念や原理の許容性について検討してきている。

心理検査と査定

計量心理学的テストを含む心理学的査定方法の使用は法的な環境における注意の焦点となってきている（McCann, 1998; McCann & Dyer, 1996; Pope et al., 1993）。証拠の法的規則は，心理学的査定方法の許容性が決定される基準を提供するが，ガイドラインは裁判環境で計量心理学的テストの選択に対して方向を提供するような心理学文献において述べられてきた。これらの職業上の基準とガイドラインは，関連し，信頼に足り，妥当なものとみられる傾向にある道具立ての選択に対する有益な枠組みを提供する（第3章も参照）。

ハイルブラン（Heilbrun, 1992）は，裁判上の評価に用いる心理学的査定方法の選択は，評価の対象となる問題を提起する法的基準との関係によって導かれなくてはならないとしている。つまり法廷の論点が，危険性，精神異常，情動的障害の有無，能力などか，また他の問題であっても，刑事被告人もしくは民事の原告の評価に使用される心理テストは，何らかの方法で対象となる法的問題に関係づけられるべきである。加えてハイルブランは，計量心理学的道具立ての選択を導く2つのタイプの関連性が

あること，そして道具立てが究極の法的問題と間接にしか関連していないとの理由だけで，その道具立てが裁判上の適用には不適切であると主張したり，仮定するのは誤った方向に導かれると説明している。最初のタイプの関連性は，特定の法的問題の直接的測度となる道具立ての使用を含むものである。そのような道具立ての例には，尋問暗示性の測度であるグッドジョンソン被暗示性尺度（Gudjonsson, 1997），ロジャース犯罪責任査定尺度（Rogers, 1984），ミランダ権利理解・評価尺度（Grisso, 1998）が含まれよう。ハイルブラン（1992）が示したように，第2の関係の形式は，計量心理的道具立てがより広い法的争点のうちの1つの構成要素である特定の対象を測定する場合である。この遠隔的な関係の形式の例には，パーソナリティ障害（たとえば，ミロン臨床多軸性目録Ⅲ（MCMI-Ⅲ）），衝動性（たとえば，ミネソタ式多重人格目録第2版（MMPI-2）；ロールシャッハ），暴力危害評価における他の構成（Quinsey et al., 1998），個人傷害事件における知的および神経心理学的査定（Reynolds, 1998），および精神障害評価における形式的な思考障害の査定（Rogers, 1984; Shapiro, 1999）などが含まれる。

　加えてハイルブラン（1992）は，裁判環境で使用されるための適切な道具立てを選択する場合に，職業人が従うことのできる7つの一般的なガイドラインを概略した。

1. テストは商業的に利用可能で，適切に資料が提供されたマニュアルが備わっていて，専門家のレビューを受けていること。
2. 道具立ての信頼性が確立されていなくてはならない。信頼性は.80の係数が望ましいが，それより低い場合には明確な正当化が提供されていること。この点に関して，ハイルブランはテスト－再テストの信頼性が最も重要であると述べた。ただマッキャンとダイアー（McCann & Dyer, 1996）は，テスト－再テストによって測定される構成の安定性よりも，測定の正確さを保持する内的妥当性のほうがより適切であると主張した。
3. テストは法的問題と関連づけられるか，利用可能な研究とともに法的問題の基底にある構成を測定すべきである。
4. テストは実施のために標準的方法を有すること。
5. テストは，それが使用される標本と目的に適用されるべきこと。
6. 客観的（つまり構造化された）テストとアクチュアリーデータの適用が好ましい。
7. 個人の反応スタイルの文脈内でテスト結果が解釈される方法があること。

　計量的道具立ては以上の個々の基準を達成する程度において変化する（McCann, 1998；第3章も参照）。きちんと確立されたほとんどのテストが商業的に利用可能であり，文書化された技術的マニュアルを持ち専門家のレビューも受けてきているが，道

具立てのなかにはすぐれた信頼性を持つものもあるが，意思決定のための統計データが乏しいものもある（たとえば，ミロン青年臨床目録；McCann, 1999）。しかるに，解釈的決定を支持するために統計データはおびただしいが，信頼性の低いものもある（たとえば，MMPI-2; McCann & Dyer, 1996）。

計量的証拠の許容性を査定するもう1つのモデルはマーロー（Marlowe, 1995）のハイブリッドモデルで，これは科学的原理と法的原理をブレンドしたものである。このモデルによれば，計量的証拠の許容性の査定の分析は，専門家証言の資格に関する初期の疑問から，データ収集の手続きおよび使用されるテストの反証可能性と許容性の水準，データの収集と分析のための手続きの有用性（たとえば，基準，標準化された実施法）という論理的方向に従う。マーローのハイブリッドモデルの後半の段階では，疑問は専門家のテストデータの使用法に関係する問題に向かう。たとえば，関連性や社会政策（たとえば，差別，人種バイアス），データから結論を導くときの専門家が行なう推論の妥当性が検討されなくてはならない。

計量的テストの使用を含む裁判心理学的評価のデータ査定の許容性は，当該テストの受容性，標準化，信用性，妥当性などの水準を含む多くの要因によって左右される。ハイルブラン（1992）やマーロー（1995）によって概略されたガイドラインに照らして心理テストや他の査定技術が選択されるならば，専門家の意見の科学的基礎は強められるであろう。それにもかかわらず，専門家は，なぜ特定の道具立てが選択されたのか，計量的データが当該の心理法学的問題とどのようにかかわるのかについて，明瞭な推論を提供する重荷を負うことになる。

暴力行為の予測

多くの民事および刑事事件において鍵となる論点は，特定の個人が暴力をふるう可能性である。これは，しばしば将来の危険性が判決の期間に考察されるべき問題となる刑事事件におけると同様に，故意でないかかわりあいを含む民事事件においても，鍵となる考慮すべき事柄である。たとえば，精神病や精神の異常性の存在が，自己や他者への脅威の危険性と一緒になって，民事的に個人を病院に入院させることが法的に許される（Allen v. Illinois, 1986）。さらに，「カンザス州 対 ヘンドリクス」（Kansas v. Hendricks, 1997）の合衆国最高裁での訴訟は，当該個人を性的暴行のような強引な行為に従事させる精神障害や性格障害の証拠があれば，刑期を終えた重罪犯人を州が民事的に入院させることが許されるように裁定した。それゆえ，法廷は暴力に対する特定の個人の性向に関する専門家証言をますます求める傾向にある。

精神保健の専門家は，将来の暴力の予測に関しては情報通の素人並みであるとよくいわれてきた。この主張を支持するために，精神保健の専門家は暴力の予測に関して，たった3回に1回しか当たらないとのモナハン（Monahan, 1981/1995）の結論に注

意が向けられている。しかしながら，ここ20年間で多くが変化してきた。それには，①精神保健の専門家の予測が偶然よりも向上したこと（Mossman, 1994），②将来の性的暴行の予測の正確さが改善したこと（Rice, 1997），③暴力行動の人口統計的および臨床的相関についてより多くのことがわかってきたこと（Monahan & Steadman, 1994）を示す，暴行予測の第2世代の研究が含まれている（Monahan, 1992; Otto, 1992）。加えて，個人の暴力に対する潜在力を評価する実践は，予測というよりも，暴力行動のリスク査定として概念化されてきており（Borum, 1996; Monahan & Steadman, 1996），暴力の可能性を高めたり低めたりする特定の臨床的，人口統計的，状況的変数が同定されている。ある人物が暴力的になるかどうかに関する明確な言明は，そのような予測が誤りを免れないし，また暴力的行動の過剰な予測に向かうので，リスク査定では避けられる。

暴力的行動のリスク査定に関する研究は，暴力と，他者に危害を加える個人の性向を高めたり低めたりする要因を同定する能力との相関物の理解に相応の進展をもたらした（たとえば，Klassen & O'Connor, 1988, 1990; Monahan & Steadman, 1994; Quinsey et al., 1998）。しかしながら，精神保健に携わる専門家が科学に基づく方法で，どのように暴力のリスクに関する意見を最良に伝達できるのかについて，疑問が残っている。

暴力に対する個人のリスクに関して，3つの一般的な証言のタイプが理論的に可能である。1つは，危険性に関してはなんら意見を提供せずに，人物の心理学的機能，歴史，精神医学的診断を提出するというものである。この種のタイプの証言は法廷に対しては限定的な使用になりやすい。第2のタイプのものは，当該人物の暴力に対するリスクを高めたり低めたりする変数，およびさまざまな期間（たとえば，差し迫ったリスク，短期のリスク，長期のリスク）でのその人物の一般的推定（たとえば，低い，中程度，高い）の評価とともに，心理学的機能，歴史，診断を提出するものである。第3のタイプは，専門家証言が，当該の人物が暴力的になるかならないかという，明確な陳述の形式で提供されるものである。既存の文献の見解に基づいて，この後者のタイプの証言は非常に限られた科学的根拠しか持たず，疑似科学的なものとみなされる。第2のタイプの専門家証言—リスク査定の文献からの研究上の発見に基づいて一般的推定が提供される—が，ドーバートおよびFREの援助的な基準のもとで，しかも研究に強く根ざしていながら，法廷に対しては最も役立つ可能性がある。ハイルブランら（1999）は，暴力のリスクを伝達するために精神科医および心理学者の標本で最も一般的に引用されやすいのは，特定のリスク要因がどのようにリスクを高めたり低めたりするかという説明や，リスクの一般的な推定（たとえば，低い，中程度，高い）を用いる場合であることを発見した。

目撃証言

　目撃者の証言はきわめて証拠になりやすく，陪審員が出来事や犯罪を目撃した個人の説明に強く依存しやすいことを意味している。陪審員はそのような証言を検討して，特定の証人の信用性についての意見を形成するようにしばしば説示されるが，研究によれば，陪審員は目撃者の説明の真実性に関して誤りを犯す。ペンロッドとカットラー（Penrod & Cutler, 1995）は，陪審員が正確な目撃証言と不正確な目撃証言を区分することが困難であることを示す研究を引用している。さらに，記憶における証言の確信度は記憶の正確さを予測するあいまいな指標であるにもかかわらず，それでも陪審員は証言の確信度が正確さを強く示すものとしばしばみなしてしまう。さらに，記憶における証言の確信度はしばしば誤りやすく，暗示や誘導質問のような識別後の要因によって影響を受ける（記憶の誤りやすさに関しては第8章も参照）。たとえば，目撃者がある出来事について繰り返し質問をされると，他の目撃者の行動や報告についての情報を与えられる場合のように，目撃者の報告する正確さについての確信度はますます強まっていく（Hastie et al., 1978）。

　目撃者の正確さに関連する問題は，犯罪容疑者を識別するために使用される警察のラインナップである。研究によれば目撃者識別の正確さに影響するいくつかの要因がある。ラインナップの折に警察官がどのように質問するのか，ラインナップの他の参加者（容疑者以外の参加者）がどれほど容疑者に似ているのか，識別の過程で目撃者に与えられる教示のタイプなどがその要因である。ウエルズとシーロウ（Wells & Seelau, 1995）は次の4つの規則を実施することで，誤った識別の可能性を減じることができると結論づけた。

1. ラインナップには有罪の関係者がいないかもしれないと目撃者に伝える。
2. 容疑者がラインナップで目立たないようにする。
3. 容疑者を知らない第三者によってラインナップを実施する。
4. なんら情報を与えずに，事前に目撃者の確信度の評価を得る。

　これらの手続きは，ウエルズとシーロウ（1995）に従えば，誤った目撃者識別のリスクを減少させる。実際，多くの誤った有罪判決が目撃者による誤った識別に起因する（Wells, 1995）。

　陪審員による目撃者の説明の吟味を増加させる1つの方法は，目撃証言の正確さと信用性に影響する変数に関する専門家証言を用意することである。陪審員はそのような証言が存在する場合には，過度の信用を目撃者におくというような誤りが少なくなる傾向がある（Penrod & Cutler, 1995）。専門家証言が提供される場合には，陪審の意思決定の正確さが改善されることを示す研究があるにもかかわらず，多くの法廷が

そのような証言を許容できると考えてきていない。たとえば,「合衆国 対 アマドール＝ガルバン」(United States v. Amador-Galvan, 1997)では,目撃者識別に関する専門家証言が許されるとの請求に対して,専門家証言が陪審を混乱させ時間を浪費させるとして,排除することが支持された。加えて,その法廷では専門家証言が疑わしく,抽象的で,不完全な科学的データに依拠しており,陪審員の意思決定に影響する多くの既知の変数を考慮しないと考えた。しかしながら,法廷は,証言のなかでどの変数が陪審員に影響するために除かれるべきかを示すのに失敗し,また予備尋問宣誓,反対尋問,議論,陪審員説示が効果的であるとの理由でその証言が不必要だと主張した。他の事件では,目撃者識別に関する専門家証言が許容できないと規制された。たとえば,「合衆国 対 ホール」(United States v. Hall, 1999)で法廷は,専門家証言がすでに陪審が気づいている問題を検討していて,陪審員がその事件を理解するのに寄与しないために,陪審を援助しないと規制した。同様に,「合衆国 対 キム」(United States v. Kime, 1996)は,目撃の専門家証言が,ドーバートのもとで「科学的知識」としての資格を満たしていないと述べ,目撃の専門家証言の科学的基礎を疑問視した。他の法廷では（たとえば,Bachman v. Leapley, 1992）,証人の信用性に疑いを投げかけるという目的のためだけに導入される場合として,そのような専門家証言を排除した。

　しかしながら,いくつかの事件では,目撃者報告の妥当性に関する専門家証言が許容可能であると考えられた。「人々 対 マクドナルド」(People v. McDonald, 1984)の事件は,公判でそのような証言を排除することは,陪審員が結論に達するのを援助する,目撃の不正確さに関する重要な情報を陪審から奪うとの理由で,撤回のできる誤りとして裁定した。さらに,研究者のなかには,法廷はすべての犯罪公判で目撃者の説明に関する専門家証言を含むことを義務とすべきであると主張する者もいる(Gross, 1999)。それは,葛藤する目撃者の説明についての標準的説示が,陪審員が目撃証言の信用性を評価する能力をほとんど改善しないためである(Penrod & Cutler, 1995)。

　いくつかの控訴裁判所の意見とは反対に,目撃者識別の正確さや陪審員の意思決定に関する研究は数多く存在し,法廷に伝達すべき情報の健全な基礎を提供している。それにもかかわらず,この領域における専門家証言の許容性は統一的に受け入れられていないし,そのような証言が許容できると考えられるかどうかは,判事の規制に依存する。

バタードウーマン

　バタードウーマン症候群（battered woman syndrome）というのは,家庭内の関係において暴力が循環する性質を説明するために,ウオーカー(Walker, 1984)に

よって案出された概念である。この概念は，なぜ虐待された女性のなかには暴力的な関係にとどまる人がいるのかを説明するために，学習された無気力のような広く受け入れられている心理学的概念を組み込んだものである。バタードウーマン症候群というのは公式の診断ではないが，心的外傷後ストレス障害（PTSD；American Psychiatric Association, 1994）のDSM-Ⅳ診断と一般的には結びついている。それは，虐待の犠牲者である多くの女性が，PTSDの症状もしくはPTSDと公式に診断されるような症状を呈するからである（Walker, 1994）。バタードウーマン症候群は，最近さまざまな事件で専門家証言の主題になってきている。それは，告発された虐待者の起訴，虐待するパートナーを殺害し自己防衛を主張する虐待された女性の公判などである（Blowers & Bjerregaard, 1994; Magnum, 1999）。

バタードウーマン症候群は，伝統的に自己防衛の議論―虐待を受けた女性が，殺害の時点で一触即発の身体的危機のなかにあったため，虐待するパートナーを殺害したとする主張―に適用されてきた。多くの場合この症候群の請願（invocation）には公判で，虐待された女性が攻撃を引き起こしたのではなく，虐待を行使するパートナーを殺害する折に過度な力を使用することもなく，ただこのパートナーを殺害する以外に頼りとするところがなかったとの証明をする必要がある。このように，バタードウーマン症候群は，自己防衛としての犠牲者の行為―そのような行為は通常の合理性の基準とは合致しない可能性があるとの事実にもかかわらず―の合理的理解のための概念的枠組みとして提案されるかもしれない（Blowers & Bjerregaard, 1994）。

バタードウーマン症候群が許容可能かどうかに関しては，法域によってかなりの可変性がある。多くの州では，被告人によって提出されるバタードウーマン症候群を組み入れた専門家証言を許しているが，法廷によっては制限を設けるか，特定の条件に組み入れる場合がある（Magnum, 1999）。バタードウーマン症候群の証言が許されてきたほとんどの法域では，証言はこの症候群に関する既存の研究の一般的議論の範囲―つまり，虐待された女性の特徴もしくは虐待された女性について素人が持つような一般的信念や誤った概念―にとどめている（Blowers & Bjerregaard, 1994; Schuller & Vidmar, 1992）。犯罪時の犯罪被告人の精神状態についての証言は一般的に許されないが，いくつかの事件では専門家が，被告人がバタードウーマン症候群と一致した行動を示すかどうかの意見を提供している。

ブラウアーとベレガード（Blowers & Bjerregaard, 1994）は，15年にわたって（1979-1994），バタードウーマン症候群に関する証言の許容性に関連する72件の控訴裁判所の決定について検討した。分析によれば，バタードウーマン症候群に関する証言の受容は増加の傾向にあった。一般的に，刑事事件において被告人がその正気に関連する問題を提起していないか，自己防衛が提起されない場合を除いて，法廷は被告人の行為を理解するという範囲での文脈を提供するために，関連するそのような証言

を規制してきた。バタードウーマン症候群の科学的基礎の受容性は議論の対象になってきたが，法廷はその話題に関する科学的研究が一般的に展開されてきたとして，そのような証言をいっそう受け入れてきた（Schuller & Vidmar, 1992）。1993年までにはバタードウーマン症候群はすべての州で科学的に受容可能な構成体として，法的な受容を増してきた（Blowers & Bjerregaard, 1994）。一般的にバタードウーマン症候群は，容赦できないとか一触即発の危機という，被告人が抱く信念の合理性の評価で陪審を援助するために使用されるかもしれない（たとえば，People v. Humphrey, 1996）。それにもかかわらず，この構成体は典型的には，殺害の時点における被告人の精神状態に関して専門家が証言することを許す手段としては，一般的には許容されていない（たとえば，People v. Erikson, 1997）。

バタードウーマン症候群についての1つの批判は，その臨床的特徴が長期にわたる虐待を経験してきた女性間で一貫しているようにみえないことにある。学習された無気力が，さまざまに虐待された女性の間での幅広い努力や，また家庭内の関係における暴力の循環的性質によって立証されるように普遍的に現われないために，さまざまなケースにわたってこの症候が同定できるという信用性に関して疑問が提起されてきた。バタードウーマン症候群は正式の診断としては採用されていないために，多くの法廷が研究結果についての証言を許可するものの，被告人がこの症候を示すかどうかに関する意見の提出にはしばしば制限が加えられる（Schuller & Vidmar, 1992）。

レイプトラウマ症候群

レイプトラウマ症候群（rape trauma syndrome）はほとんどPTSDの下位の類型であるとみなされている。しかしながら，レイプトラウマ症候群をトラウマ反応の独自の形式として特定的に表現するのは，レイプの被害者が心的外傷化とは一致しないようにみえる行動反応を示すかもしれないとの仮定に基づいている。このような矛盾する行動には，抵抗の意思表示としてレイプの現場に戻ること，恐怖に屈することへの拒否（Stefan, 1994），暴行後にも犯人との接触を保ち続ける（Ritchie, 1998），暴行が起こってからの報告が遅延する，などが含まれるかもしれない。

レイプ被害者，そして特定的にはレイプトラウマ症候群に関する専門家証言は，さまざまな法域にわたって一貫性なく認められてきた。たとえば，「合衆国 対 スミス」（United States v. Smith, 1998）の被告は，女性がすぐにレイプの報告をしなかったために，被害者は信用できないと主張した。検察側の専門家は，レイプの被害者が恐怖，罪，恥などを含むさまざまな理由によってしばしば暴行をすぐには報告しないと証言することを許された。この証拠は，被害者による報告の遅延が信頼できないことの証拠であるとする，被告人側の主張への反駁の目的でのみ許された。レイプトラウマ症候群に関するより自由な証言の使用としては，「州 対 オレウオルト」（State v.

Allewalt, 1986）法廷は，被害者のPTSDがレイプによって引き起こされたと専門家に証言することを許した。しかしながら，そのような証言は，それが科学的知識の範囲を超えていて，しかも陪審のためにのみ用意されている疑問を扱うものとして批判が可能である（Boeschen et al., 1998）。「ヘンソン対州」（Henson v. State, 1989）においては，レイプが起こらなかったとの主張を支持するために，被告側はレイプトラウマ症候群に関する専門家証言の提出を許された。その証言は，申し立てられたレイプ被害者の行動が，レイプトラウマ症候群とは一致しないことを示唆した。

レイプトラウマ症候群と，一般的に受容されているPTSDの診断との間の緊密な結びつきは，この症候群についての専門家証言の許容性を支持して議論されるかもしれないが，そのような証言が誤って適用されたり，不適切に使用されたりするリスクが存在する。レイプトラウマ症候群の特徴がすべてのレイプ被害者に普遍的ではないために，レイプが起こったとか起こらなかったとの決定的なサインとして実証できない。さらに，この症候を批判する人たちは，専門家証言が被害者にとっては不合意の性的接触であったとの主張を強めるかもしれないが，レイプが起こったとのサインとしての診断を強調することで，被害者を公判につなぎ止める効果を持つと主張する（Ritchie, 1998; Stefan, 1994）。ステファン（Stefan, 1994）は，レイプトラウマの兆候のいっそう正確な説明は沈黙，生存，正常であると知覚されたいとの願望であるはずだと提案した。

異論のある症候群と診断

提案された症候や診断には限られた実証的支持しかないか，正式の分類システムでは仮にしか受容されていないものもある（第5章も参照）。これらの症候や診断の多くは，法的な環境に持ち込まれた場合には論争になりえる。これらの条件の妥当性を考えるには，特定の構成体に対する理論的，実証的支持を評価するための基本的枠組みを得ることが役に立つ。ロビンズとガズ（Robins & Guze, 1970）によって概略された基準が，症候が適切な妥当性を有するかどうかを決定するための，かなり直接的なガイドラインを表現している。これらのガイドラインは診断に次のことを求めている。①十分に説明されていること，②信頼できしかも再産出可能な特定の実験結果や計量心理的事実を持っていること，③特定の診断から他の障害を有する個人を区分できること，④臨床的な成り行きや結果を予想する手段を提供すること，⑤特定のクラスのパターンを持つこと。

依存症

　研究者のなかには，強迫的な性的行動を物質依存もしくは中毒と比較してきた者もいるが，これらの後者はDSM-IVでは精神障害に含まれてきた（American Psychiatric Association, 1994）。しかしながら，性依存症（sexual addiction）は性的行動に没頭するとか性的に覚醒するようになることへの耐性または衝動的な要求で，そのような行動がないところでの禁断症状が起こることと概念化される。さらに，性依存症は，そのような行動をとることによる致命的な効果の知識があるにもかかわらず，過度の性的行動，そのような行動を減ずる努力の失敗，重要な活動への干渉（たとえば，仕事，関係）を包括するものとしてしばしばみなされる。それにもかかわらず，ゴールドとヘフナー（Gold & Heffner, 1998）は，性依存症に関する文献がほとんど臨床的な観察に基づく理論から構成されており，その妥当性を支持する調査研究がほとんどないと記している。

　そのような調査研究の欠如は，性依存症に関する専門家証言が許容性に対するほとんどの法的基準のもとで失敗することを示唆する。ロビンズとガズ（1970）によって略述された診断的妥当性の評価基準に関して，性依存症の臨床的な説明を提供する試みが行なわれてきたように思われる。しかしながら，今までのところ，性依存症が他の障害と信頼に足るほど区分可能であることを示すために利用可能な研究―性依存症を有する個人が心理学的検査によって信頼できるような，再産出可能な反応のパターンを生み出すとか，性依存症の道筋，家族の類型，性依存症の結果予測ができるなどの研究―がない。

　性依存症の概念に対する調査研究による支持がないにもかかわらず，法廷によってはその考えを受け入れ，提案された定義から逸脱することでその言葉を誤用すらするものもある。「合衆国 対 ロモールディ」（United States v. Romualdi, 1996）では，被告人の男性がなんら犯罪記録もなく行動は性格からのものに思えるにもかかわらず，子どものポルノグラフィーを所有し，若い少女とのセックスを夢想したことを認めて告発された。被告人が性依存症を持っている可能性を示唆する専門家証言が提出された。しかしながら，その事件の事実は，被告人はただ夢想しただけであり，子どもや承諾しないパートナーと性的活動をなすこともなかったのであって，性依存症ではなく小児性愛の診断を示しているというものであった。強迫的な性行動，性的興奮パターンの障害についての専門家証言は，小児性愛，パーソナリティ障害，気分障害などのような，DMS-IVで認知された診断に基づくべきであろう。

同性愛パニック

　同性愛パニック*（homosexual panic）という用語は，強い欲望状態としてあいまいに定義され，不安と緊張が混在し，潜在的な同性愛傾向の個人によって経験され，

同性愛的進行によって覚醒されるものである（Chuang & Addington, 1988）。同性愛パニックは，DSM-Ⅳ（American Psychiatric Association, 1994）における診断としては現れないが，チャンとアディントン（Chuang & Addington, 1988）は，この状態の特徴が，適応障害か短期の反応性精神障害のいずれかの種類に適合すると主張した。それにもかかわらずこれらの研究者は，同性愛パニックが本質的には社会的文脈から行動を取り除くことを試みるような学術用語であると述べた。さらにチャンとアディントンは，同性愛パニックの概念に基づく犯罪事件での法的弁護は，適切には，同性愛についての恐怖症的信念に基づく嫌悪犯罪として解釈されるべきであると強調した。2人は同性愛パニックが科学的コミュニティにおいては広く受容されていないと結論づけた。それにもかかわらず，同性愛パニックは殺人事件における弁明として請願されてきた（People v. Milner, 1988; State v. Escamilla, 1994）。「州 対 エスカミラ」（State v. Escamilla, 1994）の事件では，法廷は同性愛パニックに関する専門家証言を許可しなかったが，それ以前の事件では許されていた（Parisie v. Greer, 1983）。最近では，同性愛パニックは，科学的根拠の薄弱さによって許容されない傾向にある。

ブラックレイジ

犯罪訴訟におけるブラックレイジ（black rage）の弁護は，アフリカン-アメリカンの被告の行為が，白人社会に支配的な人種差別の経験もしくは被告人を憤慨させた特定の個人によって誘導された，統制不能な発作によって起こされるという主張に依拠している（Goldklang, 1997）。弁護側はさらに，発作があまりにも被告人の精神状態を悪化させるために，その人物の犯罪責任は否定されるべきであると強く主張する。ほとんどの訴訟でブラックレイジに基づく弁護は，自己防衛よりむしろ，精神障害や能力の減少と結びつけて使用される。

1846年に精神障害の弁護に結びつけた法的弁護として導入されたが（People v. Freeman, 1847），ブラックレイジの弁護は特に成功してきたというわけではない。法廷は関連する精神障害に基づく精神異常の弁護を考慮することを厭わないかもしれないが（People v. Ferguson, 1998; United States v. Robertson, 1974），一般的には，被告人によって精神障害が明白に否定される場合には，法廷はブラックレイジの弁護を容認しない。全体的に，ブラックレイジのはっきり認識できるような診断に対する科学的支持はほとんど存在しない。主要な焦点が精神障害や能力の減少の弁護の基礎を形成するような，広く受け入れられている精神障害（たとえば，妄想障害や性格障害）であれば，いっそう受け入れられる傾向にある。

ロードレイジ

ロードレイジ*（road rage）もまた，科学的および法的な認知が求められている症

候もしくは攻撃的行動のパターンとして，メディアから相当の注意を集めているもう1つの流布している概念である。典型的には，ロードレイジは加害者の激怒を招く運転者に対してなされる衝動的な暴力行為を含むものである。被害者は歩行者，自転車に乗っている人，車の運転者であり，犯罪人の行動には荒っぽい行為，猥褻なジェスチャー，攻撃的で報復的な企て，身体の衝突，物品の損傷などが含まれるかもしれない。ロードレイジはいくつかの法的事件で本題をはずれて現われた。たとえば「人々対 イリーブスキ」（People v. Ilieveski, 1998）では，運転手がそのような行動が他者のロードレイジを起こさせるかもしれないことに気づかず，追い越し車線で速度の限界で運転して違反切符を切られたというように，ロードレイジという構成体は専門家証言の主題にはなってきていない。ある研究では，西オーストラリアにおける警察官報告書によって4年間にわたり，見知らぬ者の間の衝動的な，運転に関連した暴力として定義されるロードレイジの例を検討した（Harding et al., 1988）。この研究によればロードレイジの大多数が都市部の環境で起こっており，そこには男性の犯人と被害者が含まれ，被害者は犯人によって攻撃を受けたり，脅かされたりしていた。さらにロードレイジの事件に巻き込まれる危険性は，若者，頻繁に道路を使用する者，午後のラッシュアワーの時間帯で最も高いことが認められた。ロードレイジの特徴を検討する初期の試みにもかかわらず，ロードレイジという概念は正式の診断というよりも，行動の記述語にとどまっている。そのような水準のものとして，ロードレイジの例を伴う訴訟での専門家証言は，パーソナリティ障害，薬物中毒，他の関連する条件のように，一般的に受容されている診断的カテゴリーに依拠すべきである。

月経前不快気分障害

多くの他の議論の的になる症候群や診断と異なって，月経前不快気分障害（premenstrual dysphoric disorder; PDD）は，さらなる研究に価する診断的基準として，DSM-Ⅳの付録に採用されることで条件付きの受容を実現してきた（American Psychiatric Association, 1994）。月経前症候よりもいっそう重篤ではあるが，それほど広くは認められないと考えられている（Steiner, 1997）。そしてPDDは悲しみの感情，絶望感，価値のなさ，かんしゃくなどの4つの情動的症候のうちの少なくとも1つを含む，気分に関連した明瞭な障害として定義される。PDDと診断された女性は，月経のまっただ中で職業的もしくは社会的な機能と干渉する重篤な抑うつ型の症状を経験する。

DSM-Ⅳの付録に含まれているにもかかわらず，PDDは包括的に実証されてはいない。生物学的モデルはホルモンの変化や特定の神経伝達物質（たとえば，セロトニン）の欠損に焦点を当てているが，基準はしっかりと確立されていないし，この条件の原因がよく理解されていない（Steiner, 1997）。結果的に，PDDがはっきりした精神障

害かどうかに関して相応の議論が残っている。さらに，月経前症候のより広い構成概念はフランスでは精神障害の1つの形式であり，イギリスの法廷では軽減要因であると考えられてきたが，PDDはアメリカ合衆国における刑事弁護では認められていない（Grose, 1998）。月経前症候は，いくつかの分離した事件で起こっているが，法廷はこの症候に基づく証言を受容してこなかった。その診断的基準，病因学，そしてほとんどの法的証拠基準のもとで受容を許すこの条件の処置に関して，精神医学的一致が不十分のように思われる（Grose, 1998）。

性的倒錯強制障害

　DSM-Ⅲ-Rの準備のための草案には（American Psychiatric Association, 1987），性的倒錯強制障害（paraphilic coercive disorder）の診断が含まれていた。それは，周期的で強度の性的亢進を伴う忘我状態や，同意を得ていないパートナーへの強制的な性的接触の行為を伴う，性的に覚醒したファンタジーとして定義される。この提案された診断は，強姦犯による言い訳に誤って使用される可能性への関心と同様に，他の障害からの区分の問題ゆえに撤回されたが，ファラー（Fuller, 1990）は，臨床家がその症候の特徴と，症候が正確で有用な診断を構成する可能性という点で同意していることを見出した。性的倒錯強制障害に基づく精神障害の妥当性は別にして，診断の誤用への関心はその妥当性とは無関係である。

　たぶん，正式の診断分類に現われないために，性的倒錯強制障害は法的訴訟で引用されることはなかった。性的倒錯強制障害の信用性と妥当性を確立するためには研究が必要とされるが，これが正式の診断として再び提案されるなら，物議を醸すことになるであろう。最近の性的暴力の略奪者法に照らして—それによって性的暴力の行為を犯した刑事被告人が，他者に対する脅威を行なうパーソナリティ障害もしくは他の精神障害の民事的処置が行なわれる（Kansas v. Hendricks, 1997）—この診断は再び注意の焦点となるかもしれない。

共依存

　当初は，薬物に依存的な個人に結びついた行動パターンを説明するために開発されたが，共依存＊（codependency）という概念は専門家証言の文脈で一般的に使用されるようになってきた。一般的に共依存は，同一性のために，ある個人—典型的には連れ合いもしくは親密なパートナー—が，他の個人—典型的には化学的作用によって依存している連れ合い—に過度に依存する傾向をさしている。グラネロとビーミッシ（Granello & Beamish, 1998）は，共依存の病気に基づく概念を支持するような科学的研究はないと指摘した。共依存に関する多くの研究はパーソナリティ障害の範囲内での構成概念に基づいてきた。特にパーソナリティ病理のある形式は，中毒にかか

った個人との関係を求めるように導く可能性がある（Loughead et al., 1998; Wells et al., 1998）。いくつかの大きな州の上告法廷での法的論争を探しても，この共依存の概念を引用しているものはない。であるから，処置の目的のために事件を明確に述べたり，概念化するのに何らかの有用性はあるものの，正式な診断がいっそう受け入れやすい法的な環境においては広く受け入れられてはいない。

代理による虚偽性障害

代理による虚偽性障害（FDP: factitious disorder by proxy）は時に，代理によるミュンヒハウゼン症とも呼ばれ，DSM-Ⅳの付録にはさらなる研究が必要とされるとの条件を付されて，含まれてきた（American Psychiatric Association, 1994）。FDPは，保護者—典型的には母親—が，子どもに身体的病気や症候を反復的に引き起こしたり，行き起こす原因となることとして定義される。保護者は医学的な注意を増すために故意の意図とともに行為をなさねばならず，経済的になされたり2次的になされるものではない。DSM-Ⅳの暫定的な認識にもかかわらず，FDPは科学的な，証拠上の見地からは多くの問題が提示されている。マート（Mart, 1999）は，たとえ少数ながら予備的な統制研究があるにせよ，FDPによる不自然な障害に対する実証的基礎には問題があると指摘した。さらにマートはこの条件における文献のほとんどが，系統的な研究よりも臨床的観察に基づいていると論じた（文献の批判的な調査に関してはMart, 2002も参照）。

ボラーロ（Vollaro, 1993）が，FDPは十分には診断されていない状態で，最初に信じられたよりは広く行きわたっているかもしれないと示唆したが，マート（1999）はその条件が過度に診断されている可能性を主張した。FDPの診断の際に注意すべき問題は，そのおおもとの発生率が低い傾向にあり，親の創出する身体的特徴の直接証拠がしばしば欠如していることである。

FDPに関する専門家証言は，典型的には児童虐待で検察を援助するために求められる。「人々 対 フィリップス」（People v. Phillips, 1989）では，被告人を検査しなかった検察側の専門家は，被告人の活動がFDPを有する人物の活動と一致しているとの仮説的な発見とかかわる質問に返答した。公判および上訴での弁護側の主張にもかかわらず，この証拠は，そのような専門家証言が陪審員の常識的な経験を超えて，しかも事実の審理を助けると考えられたために許容可能に思われた。

今のところ，FDPを有する個人が，調査的研究で信頼に足る再生可能な行動パターンをもたらすかどうかははっきりしないし，また経過，結果，家族性のパターンが予測されるかどうかについてもあいまいな証拠しか存在しない。子どもを守ることの重要さの理由から—そこでは親による子どもへの意図的な危害の証拠が存在する—この条件に関していっそう統制された研究が緊急に行なわれる必要性がある。

新生児殺し／幼児殺し症

　新生児殺し（neonaticide）は出産から数時間以内に新生児を殺すことと定義されるが，幼児殺し（infanticide）は1日以上生きた幼児の殺害として定義される。研究では，新生の幼児を殺害した者と年齢のいった子どもを殺す個人間に，特に母親であるが，重要な差異があることを示してきた（Bookwalter, 1998; Haapasalo & Petaja, 1999）。DSM-Ⅳでは，出産後は主要な気分障害や短期の精神病的障害の開始の特徴を示すものとされる（American Psychiatric Association, 1994）。それゆえ，出産後の精神障害はそれなりの正式な認知を得てきた。法的な状況では，新生児殺し／幼児殺し症は一般的に出産後の抑うつもしくは出産後の精神病—そこでは被告人は子殺しの折には精神障害であったとの証明を試みる—に結びついている（Nonacs & Cohen, 1998）。

　新生児殺し／幼児殺し症の法的な環境での適用については，不一致が認められてきた。ブックウォルター（Bookwalter, 1998）は類似した事実の伴う3つの事件で異なった結果が生じたことを観察した。つまり，1つの事件では殺人の宣告，1つの事件では第2級の殺人の宣告，もう1つでは刑事的には関係しない殺人であった。特に合衆国の外での法域で起こったいくつかの事件では，刑事被告人は出産後の精神障害に起因する精神障害の理由によって，無罪とされる可能性がある（Haapasalo & Petaja, 1999）。「人々 対 ワーニック」（People v. Wernick, 1995）では，ニューヨーク州の上訴裁判所（最高裁判所）は，大学寮のバスルームで赤ん坊を生みその子を窒息させて捨てた女性の事件で，新生児殺し症に関する専門家証言の排除を支持した。被告人側は新生児殺し症の概念を使わずに精神障害での弁護を起こそうとしたが，そのような症候が心理学において一般的に受け入れられるか否かを決定するためにフライに関するヒアリングが持たれず，専門家証言は公判判事によって適切にも排除されたために，上訴法廷は依然としてそれを規制した。

　ワーニックにおける決定は，被告人の健全さに関連する専門家証言が，認識された精神障害，つまり反応性精神病，にのみ基づいているとの理由によって批判されることもあるが，法的な環境での正式な概念として新生児殺し症を使用することは抵抗にあうことになるかもしれない。しかしながら，DSM-Ⅳは，抑うつや躁病を含むある種の精神障害が出産後に発生することを明確に認識している。そのために，幼児や新生児の死亡によって告発された女性の精神状態についての疑問を伴う事件では，専門家は正式な診断分類システムに概略された基準に忠実であることが推薦される。

小児の性的虐待適応症候群

　しばしば専門家証言の主題となるもう1つの議論の多い症候は，小児の性的虐待適応症候群（child sexual abuse accommodation syndrome: CSAAS）である。バタードウーマン症候群（battered woman syndrome）のように，CSAASは性的虐待の子

どもの被害者によく観察される相容れない反応や誤解される反応のパターンを説明するために考案された（Summit, 1983）。CSAASの特徴は，診断的ではなく記述的であり，なぜ性的虐待の被害者の報告が遅れたり，主張を引っ込めるのかということの説明を求める，5つの行動の一般的なクラスターを持っている点である。その第1の特徴は秘密主義であり，その手段によって加害者は身体的な危害もしくは家族の崩壊の脅威によって，犠牲者である子どもに秘密主義を誓わせる。第2の特徴は，加害者がしばしば身近な者であったり，被害者の子どもが信用を寄せる人物であるために，加害者と子どもの間の力の差が広がり，加害者の虐待的行動を受け身的に受け入れるよう導かれる無力感である。CSAASの第3の特徴は，子どもの犠牲者が，虐待の責任が自分にあるという感情を引き起こしてしまうことになる出来事の複雑な連鎖から構成され，そのため報告を遅延させるか，納得できないような開示を突然引き起こすような葛藤を伴うのである。

　法的な環境ではCSAASは，性的虐待の子どもの犠牲者の側の，表面的には矛盾もしくは不合理な行動—そこには遅れた報告，証人がいないこと，身体的証拠，被害者による撤回などが含まれる—を説明するために求められてきた概念である。サミット（Summit, 1983）は，社会科学の専門家による証言が被害者の表面的な不合理な行動を明瞭にし，子どもの犠牲者の主張に関して陪審員の誤解を克服するために決定的であるかもしれないと力説した。しかしながら，子どもの性的虐待事件の訴追へCSAASを適用することは，その症候が子どもの犠牲者の反応を説明するだけではなく，その性的虐待が起こったことを証明するためにも使用されるので，きわめて議論の余地のあるものとなっている。CSAASの科学的適切性に伴う主要な困難さには，この症候を特徴づける諸行動が性的に虐待を受けていない子どもたちにも認められ（Levy, 1989），その定義的諸特徴が矛盾するために，症候の本質的な反証不可能性があげられる。つまり，どの時点でも，子どもが被害にあったことを主張したならばCSAASは1つの説明を提供するし，またその同じ人物が主張を撤回してもCSAASはその行動を説明するために，結局子どもの性的虐待の主張は反証できないことになる。

　スティール（Steele, 1999）は，そのような証言は科学的というよりはむしろ技術的もしくは特化した知識であろうと示唆した。さらにサミット（1992）は，研究および裁判科学上の環境でのCSAASの適切な役割を明確にすることを試みて，CSAASへの批判に答えた。この症候がいくつかの法的訴訟で適用されてきた事実にもかかわらず，サミットは，CSAASが何らかの事件における性的虐待を証明する目的のために設計されていないと力説した。またレヴィ（Levy, 1989）は，CSAASが臨床的意見としては実証的に検証されてきていないと述べた。そのために，法的な環境におけるCSAASの適用は誤導されるかもしれず，事実の発見者には混乱をもたらすかもし

れない。「合衆国 対 ビッグヘッド」（United States v. Bighead, 1997）の事件は，子どもの性的虐待の被害者の一般的特徴を説明する，特殊化した知識として許容されたCSAAS証言の適用を例示している。申し立てによれば，被害者は虐待が起こった時点ではそのことを報告しなかったが，証言した専門家は，虐待を申し立てられた被害者を調べたのではなく，証言は遅延した報告がなぜ性的虐待を経験した者の間では一般的でありえるかを説明するために提供されたのである。その証言は，被害者が実際にCSAASの兆候を示したかどうかに関してはなんら推測を提供せず，ただ犠牲者の行動が理解される範囲での文脈を提示したにすぎなかった。もちろんこの証言は事実認定者に情報を伝える役割を果たしたかもしれないが，そのような証言は誤導になるかもしれず，またCSAASという概念が，適切に妥当しない特定の訴訟での性的虐待の証明を提供するものと不適切に使用されることに関して，問題として残る。

現存する基準のもとでの適切および不適切な専門家証言の同定

　適切で科学に基づいた専門家証言から，不適切もしくは疑似科学的と考えられる専門家証言を区分するために使用可能ないくつかの一般的原理を結論として提出したい。これらの原理の提出には主要な警告が伴う。つまり，専門家証言が許容できるのか否かの決定に対しては，裁判官が究極の門番役を手にしているということを覚えておく必要がある。それにもかかわらず，健全な裁判科学上の実践は，専門家が科学的な基礎を評価し，専門家の証言に対して支持を与えることを必要としている。

　精神医学的診断の許容性に関して，適切と考えられてきた専門家証言は精神医学的診断の信頼に足る，妥当で，一般的に受容されている原理に基づいている。DSM-Ⅳは，妥当性と信頼性に対する実証的な検証を受けてきた領域における，意見の一致を代表する標準化された診断基準を専門家に提供する。新奇で，不確実で，推測的な症候も，時に確立した診断と重複するかもしれない。しかしながら，そのような症候の一般的受容性，信頼性，および妥当性は不明瞭なままである。であるから，精神保健の専門家が，DSM-Ⅳ診断基準の周辺の診断の公式化を行ない，性依存症，ロードレイジ，同性愛パニック，ブラックレイジ，共依存などの議論の多い症候を避けることが望まれる。月経前不快気分障害，代理による虚偽性障害，性的倒錯強制障害などのいくつかの提案されている診断に関してはさらなる研究が必要であるが，DSM-Ⅳに公式的に受け入れられてきていない。

　専門家証言のいくつかの領域で，適切な研究上の支持を受けているように思われる領域には，暴力的行動の査定，目撃証言の正確さ，ある種の心理学的査定方法が含ま

れる。研究に基づく証言，専門家のレビューを受けてきた査定方法，広く使用されている方法（たとえば，商業的に利用可能な心理学検査で技術マニュアルを備えているもの），信頼性と妥当性に関して評価されてきた方法は，専門家に証言に対する科学的基礎を提供する。法廷は訴訟におけるいくつかの専門家証言の形式（たとえば目撃証言）をすすんで許容しないように思われるが，これはその証言が事実認定者の領域にとどまる究極の法的意見を述べる程度の関数のように思われる。ほとんどの場合，結論を導くために信頼をおくデータを守り，また特化した技法の使用や一定の仮定の作成や特定の結論の導出を支持するために適切な研究を引用するのは，専門家に課された責務である。

用語解説

学問上の論文（learned treatise）　専門家証言と比較される基準として使用される科学的理論や原理の専門家の編集物を代表する，本，章，印刷された論文のような書かれた資料をさす言葉。

共依存（codependency）　典型的には個人の傾向のことであり，一般的には連れ合いもしくは親密な関係にあるパートナーが，個人の同一性のためにしばしば化学的に依存しているかもしくは虐待的である第三者に過度に依存する傾向。

事実認定者（trier of fact）　判事もしくは陪審のこと。事実認定者は法的証拠，確立された事実を評価し，民事および刑事公判で評決を言い渡す。

専門家証言（expert testimony）　訴訟において，判事や陪審が法的証拠を理解したり，事実の決定を行なうのを援助する，科学的，技術的，もしくは他の特化した知識のこと。専門家証言とみなされるために，その主題は素人の知識を超えるようなものでなくてはならない。

専門家証人（expert witness）　知識，技能，経験，訓練，教育が，意見や他の形式の専門家証言を提供する人物として適切だとされる人物。

同性愛パニック（homosexual panic）　強い欲望状態で，不安と緊張が混在し，潜在的な同性愛傾向の個人によって経験され，同性愛的の進行によって覚醒されるもの。

ドーバート基準（Daubert standard）　「ドーバート 対 メリルダウ製薬会社 509，合衆国 579」（1993）における合衆国最高裁規制に基づく法的基準で，連邦法廷における許容性を規定する連邦証拠法を保持している。専門家証言の許容性を規制する場合に法廷が調べるような特定の基準には①理論もしくは技法が検証されているかどうか，②専門家のレビュー，③誤り率，④一般的受容性，がある。

フライテスト（Frye test）　「一般受容性」としても知られている。専門家によって信頼を得ている科学的原理，理論，手続きが（それが所属する）特定の領域で一般的に受容されてい

るか否かを調べる専門家証言の許容性を決定する法的基準。

連邦証拠法（Federal Rules of Evidence）　連邦法廷において証拠の許容性を支配する法的規則の集合。

ロードレイジ（road rage）　激怒や怒りを起こさせる他の人々の行動が引き金となって，運転者がそのような人々に行なう衝動的暴力行為。

第Ⅰ部　評価と診断における論争

第5章 解離性同一性障害
多重人格と複雑な論争

スコット・O・リリエンフェルド（Scott O. Lilienfeld）
スティーブン・ジェイ・リン（Steven Jay Lynn）

　多重人格障害として知られていた解離性同一性障害*は，すべての診断のなかで，議論の余地が最も多く残されている診断である（異論のある他の精神障害の診断や法的位置づけについては第4章を参照）。解離性同一性障害を取り巻く論争は，主に，記述的特徴，診断，病因（因果関係），治療の4点に集中している（Elzinga et al., 1998）。これらの点に関する論争には長い歴史があるが，特にこの10年間で軋轢が生じ，論争は実に辛辣なものとなってきた。

　研究者のなかには（たとえば，Ross, 1997），解離性同一性障害は精神医学や臨床心理学のなかでこれまでに最も見過ごされてきた診断であり，解離性同一性障害の罹患率は非常に低く見積もられていると主張する者もいる（Dell, 2001 も参照）。しかしながら，臨床家に対する調査によれば，解離性同一性障害の診断や病因について蔓延している数多くの理論に対して，非常に多くの専門家は依然として懐疑的であることが示されている（Cormier & Thelen, 1998; Dell, 1988; Pope et al., 1999）。

　この章では，まず，解離性同一性障害の科学的位置づけに関する主要な争点について概観する注1。そのうえで，解離性同一性障害に関して明らかに異なった立場の研究者間で潜在的に共通する領域を概略し，今後の研究へ向け有益となる部分について

注1
この章のなかではごく簡単にしかふれていない解離性同一性障害に関する重要な争点の1つに，構造化面接などのアセスメント法の使用によって，解離性同一性障害が過剰に多く診断されているかどうかということがある（Elzinga et al., 1998を参照）。この問題については，解離性同一性障害であるかどうかという点に関する妥当性と信頼性の高い外的規準が欠如しているために，現在の段階では解決することが極端に困難である。この論争については Elzinga et al.（1998），Gleaves（1996），Lilienfeld et al.（1999）や Ross（1991）を参照していただきたい。

述べる。

解離性同一性障害：歴史の概略

解離性同一性障害に対する初期の概念

　一般の図書や臨床的な文献で認められる解離性同一性障害の最初の報告は，少なくとも19世紀にまでさかのぼる。それは，ロバート・ルイス・スティーブンソンによって書かれた『ジキル博士とハイド氏（The Strange Case of Dr. Jekyll and Mr. Hyde）』という古い小説が出版された1885年である。不思議な薬を飲んだある科学者がまったく別の人格に変化するというこの小説の内容は，現在の解離性同一性障害の概念を彷彿とさせる最古のものである。

　その後，20世紀に入り，フランスの神経学者ピエール・ジャネ（Janet, P.）が，解離*性（彼は，desagregationという用語を用いていた）という概念を紹介した。この解離性とは，心をかき乱すような経験を意識のなかから隔離するという意味として定義されていた。しかし，フロイト（Freud, S.）と彼の支持者は，多重人格障害という概念に懐疑的で，この症状を示すほとんどの症例は，セラピストの暗示の影響を強く受けただけであると指摘した。そして，フロイトは，無意識を縦割りに分離するジャネの解離性という概念から，意識と無意識に水平に分離する抑圧という概念に切り替えた。

　19世紀から20世紀を通じて，解離性同一性障害の明らかな兆候や症状は作家や研究者の想像力をかき立てはしたものの，この症例の報告は20世紀も終わりに近づくまで極端に少なかった。1970年の時点で，十分に検証された症例は全世界で79例しか報告されていなかったのである。解離性同一性障害の初期の症例のなかで最もよく知られている症例は，20世紀のはじめに心理学者のモートン・プリンスによって報告された「ミス・ビーチャム」の症例である（Prince, 1905）。これ以外の比較的古い解離性同一性障害の有名な症例として，後にハリウッドで「イブの3つの顔」として映画化された著書『私はイヴ―ある多重人格者の自伝』（Thigpen & Cleckley, 1957）の題材となった患者クリス・サイズモアがある。クリス・サイズモアは，イブ・ホワイト，イブ・ブラック，ジェーンという名前の3つの人格を示した。この章で後述するように，解離性同一性障害の多くの症例では，2つの人格は正反対の性格特徴を示すことが多い。イブ・ホワイトは控えめで古風でおとなしく，一方，イブ・ブラックは派手で陽気で魅惑的であった。この症例は，当時ではよく知られた解離性同一性障害を明確に示したきわめて稀な症例の1つであったために，世間の注目を集めた。

解離性同一性障害の大流行の始まり

1970年代の中盤から後半にかけて，数多くの解離性同一性障害の症例が報告されるようになり，その数は約6,000件にまで膨れ上がった。この著しい増加は，1970年代の中頃のベストセラー『失われた私（*Sybil*）』（Schreiber, 1973）の出版直後から始まっている。この「失われた私」とは，母親からつらく残酷な幼児虐待を受けた経験があり16の人格を持つ若い女性シビルの物語である。

ただ，興味深いことには，シビルの症例に深くかかわった有名な精神科医が，シビルの解離性同一性障害の大部分はセラピストの暗示によって創られたものであると主張したのである。シビルの補助的なセラピストであったハーバート・スピーゲルは，シビルの主たるセラピストであったコーネリア・ウィルバーが，セラピーのなかで異なった人格を探しそれを表面化させるようにシビルに促したと主張した。スピーゲルの主張によれば，ウィルバーはシビルのなかの人格にそれぞれ異なった名前をつけ，彼らと個別に話をすることによって，シビルの注意を複数の人格に向けさせた。さらに，スピーゲルは，ベストセラーとなった『失われた私』の著者であるフローラ・シュライバーとウィルバーが，出版社の強い関心を引くために，著書のなかでシビルを「多重」と表現したとも主張している（Acocella, 1998を参照）。すでに簡単に述べてきたように，シビルのような解離性同一性障害の症例に対するセラピストの暗示の影響は，解離性同一性障害に関する論争の最も中心的な争点である。

ある調査（Marmer, 1998）によれば，1998年の段階では解離性同一性障害の症例は約40,000件であったが，21世紀を迎えた現在では解離性同一性障害の症例数を確認することは難しくなった。さらに，ロザンナ・アーノルドを含む多くの有名人が，解離性同一性障害の苦しみを訴えるなど，解離性同一性障害を取り扱うテレビ番組は過去20年の間に急増した（Showalter, 1997; Spanos, 1996）。近年の解離性同一性障害の「異常発生」（Boor, 1982）の理由については，現在でも議論されている。

これらの特徴以外で，歴史的に変化した解離性同一性障害患者の2つの特徴についても述べておく必要がある。1つめは，解離性同一性障害で報告される交代*人格の数が，著しく増加したことである。1970年代以前の解離性同一性障害の多くの症例では，せいぜい1つか2つの交代人格が報告されるにすぎなかったが，近年の症例では一般的に非常に多くの交代人格が報告されている（North et al., 1993）。たとえば，ロスら（Ross et al., 1989）によれば，解離性同一性障害で報告される交代人格の数は平均16であり，この数値はまさにシビルが報告した人格の数と同じである（Acocella, 1998）。2つめは，シビル以前の解離性同一性障害の症例では幼児虐待の経験が報告されることは少なかったが，シビル以降の症例では虐待経験の報告が極端に増えたことである（Spanos, 1996）。

解離性同一性障害：記述的特徴と関連

主要な診断的特徴

『DSM-Ⅳ 精神疾患の診断・統計マニュアル』（American Psychiatric Association, 1994）によれば，解離性同一性障害では，記憶，同一性，意識，外部環境の知覚に深刻な障害が認められることになっている。解離性同一性障害とは，繰り返し現われ行動を制御する2つ以上の人格もしくは一過性の行動様式である「人格状態」によって特徴づけられている。これらの別人格もしくは「交代人格」では，主人格＊もしくは「ホスト」人格の特徴とそれ以外の人格の特徴に顕著な違いが認められることが多く，交代人格の特徴とホスト人格の特徴が正反対の症例も報告されている。たとえば，ホスト人格が内気で引っ込み思案であれば，交代人格の1人以上は社交的で派手好きであるというようなことである。また，交代人格に起きていることのすべてを理解し，交代人格の統合を手助けすることができる「内部救済者＊」という人格が，解離性同一性障害を持つ患者のなかに存在していると主張するセラピスト（たとえば Allison, 1974）もいる。

さらに，DSM-Ⅳによれば，解離性同一性障害の患者は重要な個人情報に関係するエピソードの健忘を示すことが多い。たとえば，ある一定の時間や日数，自分がどこで何をしていたのか思い出すことができない，いわゆる「記憶喪失」を示すのである。このような健忘は，非対称に報告されることが多く，ホスト人格は交代人格の行動についてほとんど理解していないが，それが反対になるということはない（American Psychiatric Association, 1994）。

それにもかかわらず，解離性同一性障害の特徴である健忘に関する科学的位置づけは，争点の1つとなっている。アレンとイアコーノ（Allen & Iacono, 2001）は，顕在記憶と潜在記憶の転移について統制条件下で行なった実験研究では，解離性同一性障害の交代人格間で実際に健忘を経験するという主張を支持する結果がほとんど示されないと結論づけた（若干異なる結論として Dorahy, 2001 を参照）。さらに，リードと同僚の研究によれば，ごく幼少期の出来事を複数思い出すようにたずねれば，健常者であっても簡単に自伝的記憶の欠落（たとえば Read & Lindsay, 2000 を参照）を報告するように誘導できることを示した。深さ志向心理療法（depth-oriented psychotherapy）でしばしば行なわれているように，ごく幼少期の多種多様な出来事を思い出すようにたずねられると，たいていの場合，その人は非常に熱心に思い出そうとする。そのため，「今よりも，幼少期のことをよく思い出せなかった時がありましたか？」といった質問をされれば，通常は「はい」と答えてしまう。なぜなら，以前に幼少期の出来事を思い出した時以上に今は多くの出来事を思い出している（少な

くとも思い出したと信じている)と正しく答えているからである。このような質問は，解離性同一性障害を調べる目的で健忘の有無を確認する際に，実際に用いられている一般的な質問である（Ross, 1997を参照）。それゆえに，解離性同一性障害患者の自伝的記憶の欠落についての自己報告は，慎重に解釈されなければならないのである。

人口統計や家族歴との関係

　解離性同一性障害と人口統計や家族歴との関連性についてはほとんどわかっていない。解離性同一性障害は，最近まできわめてめずらしい症例と考えられていた。たとえば，DSM-Ⅲ（American Psychiatric Association, 1980）には，多重人格障害（当時の解離性同一性障害の記述）は，「明らかにきわめてまれである」（p.258）と記載されていた。しかしながら，DSM-Ⅳでは解離性同一性障害の罹患率について明言することを避け，ただ「罹患率の報告は研究間で大きく異なる」とのみ記載されている。実際に，真の解離性同一性障害はきわめてめずらしい（Rifkin et al., 1998も参照）と指摘するものもあれば（たとえばPiper, 1997），解離性同一性障害の罹患率は少なく見積もっても統合失調症とほぼ同程度であると指摘するものもある。たとえば，ロス（1997）は，北アメリカの人口の1～2％が，解離性同一性障害の診断基準を満たしていると見積もっている。ただし，解離性同一性障害に対する明確で妥当な外的変数がないことを考えれば（Robins & Guze, 1970），このような罹患率に関する研究間の溝を埋めることは難しい（注1を参照）。

　解離性同一性障害の罹患率の性差に関するすべての研究で，明らかに女性の罹患率が高いことが示されている。男女比については臨床サンプリングより異なるものの，それら研究を通して3対1～9対1の割合の範囲で明らかに女性が多い（American Psychiatric Association, 1994）。ただし，解離性同一性障害の罹患率の性差は，サンプリング上の選択や紹介にかかわるバイアスに基づいたアーチファクトであり，解離性同一性障害の男性患者の多くが臨床現場にはおらず刑務所で服役しているためであるという指摘もある（Putnam & Loewenstein, 2000）。

交代人格

　解離性同一性障害における交代人格の性質や特徴は，症例間でも症例内でも非常に変化に富んでいる。交代人格の数が，1人の症例（いわゆる二重人格と呼ばれるケース）から数百や数千にいたる症例まで報告されている。そのなかには，なんと4,500もの交代人格を持つ解離性同一性障害の症例すら報告されている（Acocella, 1998）。これらの交代人格では，性別，年齢，人種までもが異なることもけっしてめずらしいことではない。さらに，ミスタースポック，ミュータントタートルズ，ロブスター，鶏，ゴリラ，虎，ユニコーン，神，悪魔の花嫁，ロックスターのマドンナといった交代人

格ですら報告されているのである（Acocella, 1998; Ganaway, 1989）。

　交代人格間でみられる特徴の違いのなかには，驚かされるものもある。たとえば，アレルギー，筆跡，音声のパターン，医師により診断された視力，利き手といった心理学的特徴や身体的特徴が交代人格間で異なる症例も報告されている。著名な解離性同一性障害の研究者であるフランク・パットナム（Putnam, F.）は，なんと特定の交代人格でだけ心臓の不整脈を示す症例を報告している（Lichtenstein Creative Media, 1998）。

　しかしながら，このような交代人格間の特徴の違いを報告した研究のほとんどは，事例報告や統制されていない状況下で得られた報告に基づいたものである。さらに，これらの報告の多くは，このような特徴がごく自然に変化することを十分に考慮した時間統制が行なわれていない。たとえば，筆跡や声などの特徴は，時間経過に伴う疲労やストレスなどの状況要因により，個人内でも多少変化することが頻繁に指摘されている。また，アレルギーのなかには，古典的条件づけの影響を受けやすいものがあることも報告されている。つまり，結論として，交代人格間のこのような特徴の違いを信頼性の高いものとして解釈することは難しいのである（批判として，Merkelbach et al., 2002 や Spanos, 1996 も参照）。

　また，呼吸数（たとえば Bahnson & Smith, 1975），脳波（たとえば Ludwig et al., 1972），皮膚電気抵抗（たとえば Brende, 1984）などの生理心理学的指標における交代人格間の違いを報告する研究者もいる。しかしながら，このような生理心理学的指標に現われた違い（Putnam et al., 1990 も参照）は，交代人格間に質的な違いが存在することを示す十分な証拠とはいえない。アレンとモヴィアス（Allen & Movius, 2000）が示したように，このような違いは，時間経過に伴う気分や認知の変化，筋肉の緊張といった意図的に制御可能な変数の一過性の変化などから生じたものかもしれない（Merkelbach et al., 2002 も参照）。さらに，これらの研究の多くで，数多くの生理心理学的変数を用いて検討しているとすれば，これらの変化のなかには偽陽性の変化が含まれている可能性もある（Allen & Movius, 2000）。

「多重人格」に関する論争

　長年にわたる論争の争点の1つは，解離性同一性障害患者には質的に異なった人格が宿っているのかどうかということである。つまり，個人史や性格特性や態度などについて，個々の人格がそれぞれ独自の性質を持っているかということである。ブラウム（Braun, 1986）のように，解離性同一性障害患者は人格の一側面としての「断片」だけでなく独立した人格を持つと主張する者もいる。たしかに，DSM-Ⅲ や DSM-Ⅲ-R（American Psychiatric Association, 1987）にある「多重人格障害」という以前の診断名は，独立した人格が共存していることを端的に表わしている。

しかしながら、現在，解離性同一性障害の支持者の多くは，解離性同一性障害は独立して十分に発達した人格の存在によって特徴づけられてはいないと主張している (Ross, 1990, 1997)。たとえば，クーンズ (Coons, 1984) は，「それぞれの人格が完全に分離され，全人的で，独自性を有すると考えることは誤りであり，他の人格を，人格状態，他自我もしくは人格の断片として記述することが最も適切であろう」 (p. 53) と述べている。同様にロス (1989) も，「多重人格障害に対する疑念の多くは，患者が2つ以上の人格を有するという誤った想定に端を発している」 (p. 81; Spiegel, 1993 も参照) と述べている。このような指摘があるにもかかわらず，DSM-Ⅳにおける診断基準の1つめには，「2つまたはそれ以上の，はっきりと他と区別される同一性または人格状態の存在 (そのおのおのは，環境および自己について知覚し，かかわり，思考する比較的持続する独自の様式を持つ)」 (p. 487) と説明されている。この説明の意味するところは，独立して十分に発達した人格が2つ以上存在しているということである。

解離性同一性障害の患者に異なる人格が共存しているかどうかという問題は，語義以上の重大な問題を含んでいる。たとえば，法的場面では，交代人格の1人が犯罪にかかわっている際の犯罪責任のあり方や，個々の交代人格に対して法的な存在として独立した権利を与えるかどうかということが問題となる。実際に，ある裁判では，証言前の宣誓をすべての人格に要求したことさえある (Slovenko, 1999)。さらに，もし解離性同一性障害の患者が真に独立して十分に発達した人格を持つならば，解離性同一性障害の病因のモデルに対して大きな難問が突きつけられることになる。たとえば，独自の性格特性や態度を持つ完璧な人格がどのようにして形成されるのか。また，数百の交代人格を持つ患者にとって，個々の人格がそれぞれ本当に他の人格から独立しているのか，それとも特定の人格は別の人格の単なる変異体もしくは別の人格の微妙な現われ方の違いだけなのか。このような解決すべき問題が生じてくるのである。

病因：競合する2つのモデル

解離性同一性障害の「実在」：疑似的論争

解離性同一性障害の科学的位置づけに関する論争では，この疾患が「実在」するかどうかという問題がしばしば主要な争点となってきた (たとえば Arrigo & Pezdek, 1998; Dunn et al., 1994; Mai, 1995; Hacking, 1995 も参照)。しかし，すでに別の文献 (Lilienfeld et al., 1999) で議論されていることではあるが，解離性同一性障害の「実在」に関する論争とは，疑似的論争である。明らかな交代人格が認められるという多重同

一性の診断基準を解離性同一性障害の患者が満たしているという点で，解離性同一性障害が「実在する」ことについて議論の余地などほとんどない。この点についてマヒュー（McHugh, 1993）は，「学生は，多重人格障害が現実に存在するのかよく質問してくる。私は，たいていの場合，多重人格障害によって引き起こされる症状は，ヒステリー性の麻痺や発作と同じように実在すると答えている」（p. 4）と的確に表現している。つまり，解離性同一性障害のような心身症状は明らかに本物であるが，その病因については多くの場合あいまいなままなのである。すなわち，この論争の重要な争点は，解離性同一性障害の実在ではなく，解離性同一性障害の病因なのである。すでに簡潔に述べてきたように，研究者のなかには，幼少期の心的外傷に対する反応として自発的に発症していると主張する者もいれば，セラピストの暗示的な手がかりやメディアの影響，さらにより大きな社会文化的な期待によって発症していると主張する者もいる。

　そうはいっても，解離性同一性障害を装うことに成功した事例があることもわかっている。たとえば，ヒルサイド絞殺魔のケネス・ビアンキは，犯罪責任から逃れるために，解離性同一性障害を偽ったと考えられている（Orne et al., 1984）。しかし，法廷場面以外では，偽りの解離性同一性障害の症例はきわめて稀であると信じられており，解離性同一性障害の診断に支持的な立場であれ懐疑的な立場であれ，この症状を示す患者の多くがこの症状を意図的に示しているわけではないと考えているという点では一致しているのである（解離性同一性障害の意図的な演出に関する議論については，Draijer & Boon, 1999 を参照）。

論争の核心：病因に関する2つの競合するモデル

　一般的に，解離性同一性障害の病因に関する2つの主要な競合モデルとして，心的外傷後モデル（the posttraumatic model；PTM）と社会的認知モデル（the sociocognitive model；SCM）が考えられてきた（Gleaves, 1996 を参照）。これらの2つのモデルをごく簡単に説明するなら，心的外傷後モデルとは，解離性同一性障害の主要な特徴である交代人格をセラピストによって見出されたものとして捉える立場であり，これに対して社会的認知モデルとは，解離性同一性障害の特徴の大部分をセラピストによって創り出されたものとして捉える立場である。研究の結果から提供されるほとんどの証拠は社会的認知モデルを支持していると考えられるため，この章の残りの多くをこのモデルに関する議論に費やすことにする。しかしながら，心的外傷後モデルには，さらに明確に反証されなければならない側面が残されており，さらなる研究が必要であるとも考えている。そのうえで，2つのモデルは，少なくともある側面については，有意義で友好的な歩み寄りが可能であることを最終的に示すことができると考えている。

◆心的外傷後モデル

　心的外傷後モデル＊の支持者（たとえば Gleaves, 1996; Gleaves et al., 2001; Ross, 1997）は，解離性同一性障害を主に幼少期の厳しい身体的虐待や性的虐待の経験から引き起こされる心的外傷後の症状であると捉えている。一般的に，このモデルの支持者は，幼少期に恐ろしいトラウマを経験した人々は，このトラウマによる苦しみの感情に対処するために，解離したり自分の人格を交代人格に分離したりということを頻繁に行なうと主張する。ロス（1997）は，「多重人格性障害とは，虐待は他の誰かに起きているという小さな少女の想像である」(p. 59) と述べている。この仮説を支持する証拠として，解離性同一性障害の患者の大部分（約90％もしくはそれ以上の高い割合）が，幼児虐待を受けた経験を報告するというデータを心的外傷後モデルの支持者は引用している（Gleaves, 1996）。

　心的外傷後モデルの本質は，哲学者であるデネット（Dennett, 1991）によっても明瞭に述べられている。

　　　今日，多重人格障害と診断されているケースは，5つや100といったなまやさしいものではなく，すでに数千というケースに及んでおり，しかもそれらは，ほぼ例外なしに，長く続いた幼年期の虐待，それも性的で吐き気をもよおさせるような過酷な虐待に発するものばかりであって，今ではそのことを示す証拠には事欠かない。……こういう子どもたちは，異常なまでの恐ろしさや混乱を誘う状況下におかれていることが多かったので，彼らが自分の境界を必死で書き直すことで何とか自己を保っているということよりも，むしろ彼らが曲がりなりにも心理的に生き続けていること自体に，私はいっそう大きな驚きを覚えたのであった。(p. 150)

　解離性同一性障害の罹患率が近年急増した点について，心的外傷後モデルの支持者は，この症状が近年になって心理療法家に広く知られ理解されるようになったためであると考えている。特に，ごく最近になって臨床家が解離性同一性障害の可能性があるクライエントに対処するようになり，その結果として，現在ではこの疾患を表わす症状について積極的に質問するようになったと主張している（Gleaves, 1996）。また彼らは，心的外傷後ストレス障害や強迫性障害などの多くの精神疾患の診断も最近まできわめて少なく（たとえば Zohar, 1998），ある特定の疾患についての報告が他の疾患と比較して突然急増したからといって，必ずしも診断の妥当性に問題があることにはならないとも主張している。心的外傷後モデルの支持者は，多くの場合，別の方法では接触できない交代人格を表に呼び出したり抑圧された幼児虐待の記憶を回復させたりするために，催眠，「自白薬（催眠薬）」といわれるアミタール（アミタールが自白薬であるという主張に対する批判としては，Piper, 1993を参照），イメージ誘導な

どの暗示的なセラピーの技法を用いることを推奨している。

◆社会的認知モデル

　対照的に，社会的認知モデル＊の支持者（Spanos, 1994, 1996; Aldridge-Morris, 1989; Lilienfeld et al., 1999; Lynn & Pintar, 1997; McHugh, 1993; Merskey, 1992; Sarbin, 1995 も参照）は，解離性同一性障害を，軽率なセラピストから与えられる手がかり（潜在しているかもしれない交代人格についての暗示的な質問など），メディアからの影響（映画やテレビでの解離性同一性障害患者に関する描写など），もっと大きな社会文化的な期待（解離性同一性障害の臨床的特徴を当然のものとして受け入れる社会）などにより，社会的に構築された疾患であると捉えている。たとえば，社会的認知モデルの支持者は，1970 年代に出版され映画にもなったシビルは，一般市民や心理セラピストが解離性同一性障害の概念を形成することに重要な役割を担ったと考えている（Spanos, 1996 を参照）。おもしろいことに，すでに説明したように，シビルが知られるようになった後に，解離性同一性障害の患者における幼児虐待の報告が一般的になったのである。

　スパノス（Spanos, 1994）などの社会的認知モデルの支持者は，役者が役柄を演じている際に想像の世界に没入する強い感覚を感じるのと同じように，解離性同一性障害の患者はある種の「役割演技」に没入していると主張している。さらに，役割を演じる人は根本的に演技中「自分自身を捨てている」のであるから，この現象を仮病や意図的な嘘と混同すべきではないとも主張している。研究者のなかには，社会的認知モデルとは解離性同一性障害の患者は意図的にこれらの特徴を創り出しているという立場であると考え違いをしている者もいる。しかし，実際には，社会的認知モデルは，仮病と役割演技を分離することに細心の注意を払っているのである（Lilienfeld et al., 1999; Gleaves, 1996 も対比として参照）。

　社会的認知モデルでは，この数十年間の解離性同一性障害の劇的な「流行」は，セラピストの誘導などによる医原的影響やこの障害に対するメディア注目度の上昇に原因があると考えている。特に，解離性同一性障害がセラピストや一般市民に知られるようになるにつれ，自己触媒作用のフィードバック機構が機能し始めた（たとえば，Shermer, 1997）。このフィードバック機構のなかで，解離性同一性障害の特徴に対するセラピストや社会の期待から多くの解離性同一性障害の症例が生み出され，そのことが解離性同一性障害の特徴についてのセラピストや社会の期待に影響を与え，さらに多くの解離性同一性障害の症例を生み出していった。強調しておかなければならないのは，社会的認知モデルは，あくまでメディアの影響やさらに大きな社会文化的な期待が解離性同一性障害の発生に重要な役割を担っていることを主張しているのであって，解離性同一性障害がすべて医原性＊であると主張しているのではないということである。社会的認知モデルに対する誤った認識として，このモデルによればすべ

ての解離性同一性障害が医原性であるかのような表現がしばしば見受けられる。実際にグリーブスら（Gleaves et al., 2001）は，社会的認知モデルを解離性同一性障害の「医原性」モデルのように記述している（Brown et al., 1999 を参照；他の例として，Gleaves, 1996）。

そうはいっても，社会的認知モデルの支持者は，しばしば，催眠，イメージ誘導，交代人格の反復誘発などの暗示的な臨床技法（これら以外の暗示的な技法については，第8章を参照）が解離性同一性障害の発生において重要な役割を担っているとも主張している。そして実際に，暗示的な記憶回復技法によって複雑かつ重要な経験に関する詳細な偽りの記憶を創り出すことができる証拠を示している。そのような経験とは，ショッピングモールでの迷子の経験（Loftus & Pickrell, 1995; Pezdek et al., 1997），披露宴でパンチボールをひっくり返した経験（Hyman et al., 1995; Hyman & Pentland, 1996），左利きを矯正された経験（Lindsay, 1996 を参照），子どものころに悪霊に取りつかれるようすを息が詰まるような思いで目撃した経験（Mazzoni et al., 2001），幼少期に虐待を受けた経験（Spanos et al., 1991）などである。リンゼイ（Lindsay,1998）は，「実際の記憶回復に関する治療法では，数か月から数年間もの期間，週に数時間も暗示を受けることになる。そのことを思えば，このような実験で与えられる暗示の影響は，実際の患者が受ける暗示の影響にはとうてい及びもしない」（p. 490）と述べている。このように，社会的認知モデルの支持者は，暗示的なセラピーの技法によって，交代人格やそれに関連する幼児虐待のような創り出された自伝的記憶を現実のものであるかのように誘導することができると主張しているのである。

社会的認知モデルの重要な他の批判として，解離性同一性障害とは，さまざまな文化や時代を通じて広く認められている複数の同一性によって定義される症状（たとえば，悪魔に取りつかれる，チャネリング，集団ヒステリー，衣装倒錯，異言―宗教的な忘我の状態や精神の分裂状態などで発せられる意味不明の言葉―など）の一種にすぎないという主張もある（Spanos, 1996）。この視点からみれば，解離性同一性障害とは独立した疾病ではなく，むしろ時間経過により極端に異なる行動によって特徴づけられる他の疾患を引き起こす素因と同じ素因が，表面上異なった発現をしているだけということになる。つまり，さまざまな発現形態は文化や時代の期待により形成されるが，その基礎にある共通性質は1つの同じ病因である可能性を示唆している（Lilienfeld et al., 1999; Hacking, 1995 も参照）。

社会的認知モデルの支持者（たとえば Spanos, 1994, 1996）のなかには，個人変数の違いよりも，社会的な役割期待や医原的影響が大きいと考えている者もいる。ただし，空想癖（fantasy proneness；Lynn et al., 1988）や没入傾向（absorption；Tellegen & Atkinson, 1974）など特定の性格特性の違いにより，一部の人々が暗示的な治療やメディア，文化から強い影響を受けているという可能性は，社会的認知モデ

ルと矛盾するものではない。さらに，このモデルは，解離性同一性障害患者の多くが，境界性パーソナリティ障害*の診断基準や躁うつ病のような，行動が不安定で予測することが難しい他の精神疾患の診断基準も満たしているという研究結果（Ganaway, 1995; Lilienfeld et al., 1999）とも合致している。たとえば，一般的に極度のアイデンティティ障害，極端な気分の変動，他者に対する感情の突然の変化，表面的には不可解で直感的な行動（たとえば，「自己多重性」）などの症状を示す境界性パーソナリティ障害の患者は，多くの場合，セラピストが行なうのと同じように，自身のこのように複雑な症状に対する解明を試みるかもしれない。「あなたのなかに，私がまだ話したことがない部分が存在している可能性はありませんか」といった質問を繰り返すセラピストであれば，状況ごとに変わる不可解なクライエントの行動に対するうわべだけの説明づけのために，早急にも「潜在している交代人格」を誘い出し始めるだろう。

社会的認知モデルの主要な特徴の多くは，皮肉にも DSM-Ⅳ 作成に中心的にかかわったフランセスとファースト（Frances & First, 1998）によって要約されている。

> 多重人格障害は……魅力的な障害である。おそらく魅力的過ぎたのだろう。人々が，めまぐるしく交代する個々に自律した人格を持つことができるという概念は，一般の人々や一部のセラピストや多くの患者の注目を集めた。その結果として，特にアメリカでは，解離性同一性障害という診断が著しく増加した。「失われた私」や「イブの３つの顔」のような本や映画が出現したり，テレビの人気トーク番組のゲストに対する診断として用いられて急増した……多くのセラピストは，解離性同一性障害の流行は，ある種の社会的な感染症であると思っている。つまり，多くの人格があるということではなく，非常に暗示にかかりやすくて，魅力的な新しい診断に飛びつこうとした多くのセラピストや一般の人々がいるということである。多重人格という概念が文化のなかに定着するようになると，混沌とした現在の生活や過去のつらいトラウマから脱却したいと考えていた暗示性の高い人々は，「隠れた人格」を表へ呼び出しそれらの人格に声を与えることで，不満をぶちまけたり責任転嫁をしたりしている。このような現象は，多重人格を議論や研究の余地がある魅力的な題材と考えた熱心なセラピストがいる場合には，特に生じやすい現象である。(pp. 286-287)

社会的認知モデルを支持するさまざまな証拠がこのモデルの支持者から報告されている（Lilienfeld et al., 1999; Spanos, 1994, 1996）。そこで，次に社会的認知モデルの支持する主要な証拠を示したうえで，このモデルに対する一般的な批判について検証する。

解離性同一性障害の社会的認知モデルを支持する証拠

典型的な治療業務

　社会的認知モデルを支持する主要な証拠は，心的外傷後モデルの支持者の多くが従事している標準的な治療業務から導き出されている。心的外傷後モデルの支持者の主張（Brown et al., 1999; Gleaves, 1996）に反するように，解離性同一性障害に対する標準的な治療業務では，多くの場合，交代人格が現われるように促し，あたかも個々の交代人格にアイデンティティがあるかのように扱っている。

　解離性同一性障害の主な治療法に関する文献調査（Piper, 1997）で，セラピストは，しばしば交代人格らの関係図を描き出すことにより複数のアイデンティティの存在を具現化し，交代人格が協力的でない場合には，彼らとの関係を確立しようとすることが示されている。しかも，このような具現化の方法は，心理療法の初期段階ではかなり一般的な方法である（Ross, 1997）。

　たとえば，クラフト（Kluft, 1993）は，「多重人格を示唆するような兆候はあるものの，交代人格がまだ自発的には現われていないような場合に，交代人格に直接会いたいと求めると介入に応じやすくなる」（p. 29）と述べている。また，クラフトは，解離性同一性障害の患者に対して頻繁に用いる催眠教示とは「みなさんよく聴いてください」であると認めている（Ganaway, 1995 参照）。ブラウム（1980）は，「催眠誘導のあと，セラピストは患者に『もしも，体内に自分とは別の，思考や心の断片，人格，個性があれば』というように質問する」（p. 213）と記述している。ブリス（Bliss, 1980）は，解離性同一性障害の治療のなかで「交代自我が呼び出され，通常は自由に話すように求められる……交代自我が現われると，本人は話を聴くように求められる。（本人は）次に，それらの人格のうちの数名に紹介される」（p. 1393）と記している。また，パットナム（Putnam, 1989）は，「掲示板」として知られている技法の利用を勧めている。この技法では，「交代人格がお互いに連絡を取り合える場所を提供するように解離性同一性障害患者に促す……そして交代人格がお互いに伝言を残せるような小さなノートを購入するように患者に勧めている」（p. 154）。ロス（1997）や他のセラピストたち（たとえば，Putnam, 1989）は，交代人格を「具現化し，それらをより分離する」（p. 311）ために，それぞれの交代人格に名前をつけることを勧めている。さらに，ロスは「システムをつくり，問題を解決し，記憶を回復させるよい方法」として「内部理事会」（p. 350）を利用することも推奨している。この方法について，ロスは以下のように述べている。

　　短時間の催眠誘導によって患者がリラックスすると，主人格が会議室に入室する。す

べての人格のなかに1人議長がいるだろうという指示を患者に与える……しばしば，交代人格のなかにはセラピーに参加する準備ができていない者もいるため，議長が不在となることも多い。議長の不在は有益な情報をもたらし，出席していない人々について出席している人々が知っていることをたずねることができる。(p. 351)

　解離性同一性障害に関して推薦される主流な文献から導かれる諸々の治療では（別の例として，Piper, 1997, pp. 61-68 を参照），多くのセラピストに，交代人格を独自の存在として認め承認することで交代人格を具体化するように勧めている。またそれを行動的学習もしくは社会的学習の視点からみれば，交代人格に注目し具体化する過程は，患者に多数の人格を表現することを偶発的にではあれ，強化しているかもしれない。

　不用意に交代人格が現われることを促すと考えられる別の治療技法として，催眠がある。解離性同一性障害を治療する臨床家は，潜在的な交代人格を見つけ出したり呼び出したりするために頻繁に催眠を用いる（Spanos, 1994, 1996）。解離性同一性障害の患者に対する催眠の使用に関する研究においては，社会的認知モデルに対する支持は明確ではない。症状の特徴（たとえば，交代人格，解離性同一性障害の診断基準の数）という点で，催眠を受けた解離性同一性障害の患者と受けていない患者との間にはほとんど違いがないという結果を示す研究もある（たとえば，Putnam et al., 1986; Ross & Norton, 1989; レビューとして，Gleaves, 1996 を参照）。さらに，解離性同一性障害の患者のほとんどは催眠を1度も受けたことがないという結果を示す研究もあり（Gleaves, 1996），解離性同一性障害の発症に催眠は必ずしも必要ではないと強く主張している。

　その一方で，催眠を受けた解離性同一性障害患者と催眠を受けていない患者との間で多くの特徴に違いがないという結果は天井効果を考慮すれば，解釈することが難しいという指摘もある（Lilienfeld et al., 1999; Powell & Gee, 1999）。特に，これらの研究のほとんどの患者が，さまざまな診断基準（たとえば，DSM-Ⅲ）における解離性同一性障害の基準を満たしていると考えれば，患者が満たす解離性同一性障害の診断基準数において催眠経験の有無による違いがないということは，驚くに値しない。

　加えて，ロスとノートンの研究（Ross & Norton, 1989）のデータを再分析したパウエルとギー（Powell & Gee, 1999）は，催眠経験のある患者では診断の段階とその後の治療段階での交代人格の数が大きく変化することを明らかにしている。この知見の意味は必ずしも明確になっているわけではないが，これは催眠を使用する実務者間の催眠の医原性に関する態度の違いを反映した結果かもしれない。つまり，催眠には医原的疾患を生み出す可能性があると考える実務者が催眠を用いることはきわめて少ないが，催眠にその可能性はないと考える実務者は催眠を頻繁に用いるということで

ある。また，パウエルとギーは，催眠を用いる臨床家と催眠を用いない臨床家を比べると，催眠を用いる臨床家のほうが受け持っている症例中の解離性同一性障害の数が多いことも報告している。この報告については複数の解釈可能性が残されているとはいえ（たとえば，解離性同一性障害の専門家はそれ以外の臨床家よりも催眠を利用することが多いなど），医原性と一致した結果である。

さらにつけ加えれば，社会認知モデルでは，解離性同一性障害の交代人格の創造に催眠は必要不可欠であると断定しているわけではない。催眠手続きだけが暗示に対する反応性を高めるために必要不可欠で独自の特徴を備えているわけではない（Spanos & Chaves, 1989）。暗示的で誘導的な質問など別の方法によって，クライエントが多重同一性を受け入れるように誘導している可能性もあるかもしれない（Spanos, 1996）。

心理療法の前後の解離性同一性障害患者の臨床的特徴

解離性同一性障害を持つ患者の多く（おそらく非常に大多数）は，ほとんどが心理療法を受ける以前に解離性同一性障害の確かな兆候（たとえば，交代人格）を示していないという非常に説得力のある証拠がある。たとえば，クラフト（1991）は，解離性同一性障害患者のわずか20％程度しかこの症状の兆候を示さず，残りの80％はほんの一過性の診断の糸口，言い換えれば，解離性同一性障害の主要な特徴が短い間だけ観察される程度の兆候を示すだけであると指摘している。さらに，解離性同一性障害の患者は，主要な症状に基づいて診断される以前に，通常平均して6年間から7年間の治療を受けている（Gleaves, 1996）。このような証拠から，心理療法を受ける過程で，解離性同一性障害を示す明らかな特徴が創り出されてきた可能性が浮かび上がってくる。

さらに，系統だったデータは欠如しているとはいえ，解離性同一性障害に関する文献では，解離性同一性障害の患者のほとんどが，心理療法を受けるまで交代人格の存在に気がついていないという見解が示されている。たとえば，パットナム（1989）は，解離性同一性障害患者の80％は治療を受ける以前は交代人格に気がついていないと評価し，デルとアイゼンハワー（Dell & Eisenhower, 1990）は，彼らがかかわった青年期の解離性同一性障害患者11人の全員が，診断の段階では交代人格に気がついていなかったと報告している。同じように，ルイスら（Lewis et al., 1997）も，担当した解離性同一性障害を持つ12名の殺人者のうち，交代人格に気がついていたと報告する者は1人もいなかったと述べている。

解離性同一性障害の交代人格の数は治療の進行ともに増加する傾向にあると報告する研究者もいる（Kluft, 1988; Ross et al., 1989）。加えて，解離性同一性障害の症例ごとの診断時の交代人格の数は，長年の間，概ね一貫しているにもかかわらず（Ross et al., 1989)。治療中の症例ごとの交代人格の数は長年にわたり増加している（North et al., 1993)。

　これらの知見は，解離性同一性障害に対する多くの治療実践が，不用意に新しい交代人格を生み出すことを助長しているという社会的認知モデルと合致する。さらに，すでに指摘したように（Lilienfeld et al., 1999），おそらく標準的な治療が行なわれる以前にはほとんど認められることもなく，しかも治療を通じて非常に顕著となっていく重要な特徴（すなわち，交代人格）を有するもう１つの DSM-IV の障害を見つけ出すように追い詰められてしまうかもしれない。

　それにもかかわらず，心的外傷後モデルの支持者のなかには，これらの知見は心的外傷後モデルとも合致しうると主張する者もいる。特に，診断当初は「潜在的」であった交代人格が，セラピストによって引き出された後に観察されるようになったとの立場を固持し続けている（Gleaves, 1996）。とはいえ，この主張は，これらの交代人格に関する独立した証拠がなければ，心的外傷後モデルの反証可能性に関する問題を生み出す。つまり，もし交代人格の数が治療を通じて減少するもしくは一定にとどまれば，治療による解離性同一性障害の改善もしくは潜在的な悪化を食い止めたとの考えを心的外傷後モデルの支持者は主張できる。対照的に，交代人格の数がセラピーを通じて増加するという結果は，心的外傷後モデル支持者には心理療法によって潜在的な交代人格が見事に表出されたものと解釈されてきた（Gleaves, 1996）。このように，起こりうるすべての結果と矛盾しないモデルは，反証不可能であり，科学的有用性に問題があるため（Popper, 1959），心的外傷後モデル支持者はどのような証拠によってこのモデルを反証することができるのかを明示する必要があるだろう。

　社会的認知モデルに対する批判者（たとえば，Brown et al., 1999; Gleaves, 1996）には，暗示的な心理療法を実践することによって，解離性同一性障害の診断基準を満たしている患者に新たな交代人格を生み出す可能性はあっても，解離性同一性障害自体を生み出す可能性はないと主張する者もいる。この主張は，医原的に，１つの交代人格を持つ患者にさらなる交代人格を創り出すことができても，交代人格を持たない患者に１つ以上の交代人格を創り出すことはできないという仮定に依拠している。しかし，この仮定のもととなる理論的根拠については，社会的認知モデルに対する批判者からいまだに明確な説明がなされていない（Lilienfeld et al., 1999）。さらに，社会的認知モデルに対する批判者の多くが解離性同一性障害の交代人格は「潜在的」であると述べているとなると（たとえば，Kluft, 1991），先の主張を反証することは，不可能ではないにしても，きわめて難しい。つまり，暗示的な心理療法を受けた後に交代人格を持たない患者に交代人格が生まれたとすると，社会的認知モデルに対する批判者は，この患者は潜在的な交代人格を持っていただけであり，実際に解離性同一性障害にずっと苦しんでいたとただちに主張できるだろう（Piper, 1997）。そのうえさ

らに，心的外傷後モデルの最も熱心な支持者のなかには，ある程度の解離性同一性障害が医原的に創り出されることを認めている者がいる。たとえば，ロス（1997）は，解離性同一性障害の症例のほぼ17％が医原性であると推定している（Coons, 1989 も参照）。つまり，非常に大切なことは，解離性同一性障害が概ね医原的に創り出されているのかどうかではなく，むしろ，メディアの影響，社会文化的要因，性格における個人差など，別の潜在的原因となる変数と医原性とを比較した場合の相対的な重要度であるように思われる。

臨床家間の症例の分布

　解離性同一性障害の症例の分布は臨床家間で驚くほど偏っており，きわめて少数の臨床家からの報告が解離性同一性障害の症例の大部分を占めることが示されている。たとえば，1992 年のスイスの調査では，解離性同一性障害の診断の66％は，わずか0.09％の臨床家によるものであると報告されている。さらに，この調査の回答者の92％はそれまで1度も解離性同一性障害患者を受け持ったことがないと回答する一方で，3名の精神科医は20名以上の解離性同一性障害の患者を受け持ったと回答している（Modestin, 1992）。またロスら（1989）は，国際多重人格・解離研究学会（International Society for the Study of Multiple Personality and Dissociation）の会員は，解離性同一性障害の症例を1度は診たと報告するカナダ精神医学会（Canadian Psychiatric Association）の会員の10倍から11倍もこの症例を診ていると報告している。さらにマイ（Mai, 1995）は，カナダの精神科医の解離性同一性障害の診断数にはかなりの偏りがあり，解離性同一性障害の診断の大部分がごく一部の精神科医から報告されていると指摘した。これらの発見は，ごく一部の精神科医から悪魔儀式による虐待が報告されているというキンス（Qin et al., 1998）の報告に通じるものがある。そして，悪魔儀式による虐待の報告は，解離性同一性障害の診断と密接に関連している（Mulhern, 1991）。

　解離性同一性障害の症例の偏りに関する報告には，複数の解釈が存在している。たとえば，実際に解離性同一性障害の患者もしくはその疑いのある患者が，解離性同一性障害の専門家を訪ねたためであると解釈することもできる。他にも，解離性同一性障害の特徴を見つけ出し引き出すことに，臨床家が特に熟練しているのかもしれない。とはいえ，これらの報告は，ごく一部の臨床家が解離性同一性障害の診断をしたり，患者の症状を創り出したり，もしくはその両方を行なっているというスパノス（1994, 1996）の主張や社会的認知モデルの主張とも一致するのである。

　現在のところ，これらの解釈のなかから1つに絞り込むことができるようなデータは報告されておらず，いずれの解釈も成立する。しかしながら，これらの知見は，社会的認知モデルに対する重要な試金石を提供している。それは，解離性同一性障害の

診断が、一部の臨床家、さらに詳しくいえば、解離性同一性障害の診断を熱狂的に支持する臨床家によって行なわれていなければ、社会的認知モデルには問題が生じるからである。解離性同一性障害の患者が重要な特徴を示すのは専門家にかかる前か後かといった縦断的研究を行なえば、臨床家の間で症例報告に偏りがあるという知見が、主に医原性によるものなのか、それとも症例を集まりやすくしている照会パターンや非常に精度の高い診断が実践されたことによるものなのかを明らかにするために有効だろう。

ロールプレイング研究

　社会的認知モデルを支持する別の証拠が、実験室におけるロールプレイング研究からも示されている。そのような研究は、心理療法家からの、手がかり、促し、暗示により、解離性同一性障害を持たない実験参加者でも、明らかな解離性同一性障害の症状の特徴を示すようになるという、社会的認知モデルから導かれる仮説を検証するようにデザインされたものである。

　このような研究の1つとして、スパノスら（1985）は、模擬的な心理面接のなかで、実験参加者に解離性同一性障害を示唆する暗示（たとえば、「おそらくあなたのなかには私がまだ話したことがない部分があるのではないかと思う」など）を与えた。その結果、暗示が与えられていない統制条件以外の実験参加者の多くが、ごく自然に、自分とは別の名前を受け入れ、ホスト人格を第三者的（たとえば、「彼」）に表現するようになり、ホスト人格と交代人格との間で心理的な指標（文章完成テストやSD式の質問など）で驚くほど異なることが示された。さらに、統制条件以外の実験参加者は、催眠を受けた後、交代人格の健忘を自発的に報告したのである。きわめて重要な点は、この実験参加者が、解離性同一性障害の患者と類似した特徴を示すように指示されても要求されてもいないということである。そして、これらの知見は、同じ方法論を用いたスパノスら（1986; ただし、Brown et al., 1999で引用されているFrischholz & Sachs, 1991も参照）の研究でも再度認められている。またスタフォードとリン（Stafford & Lynn, 1998）も、十分に誘導的な状況であれば、健常な参加者であっても、解離性同一性障害患者が頻繁に報告する肉体的虐待や性的虐待や悪魔儀式的虐待などのさまざまな過去を簡単に演じてしまう可能性があることを明らかにしている。

　一般的に、このようなロールプレイング研究は、社会的認知モデルに批判的な人々に誤解されている。たとえば、グリーブス（1996）は、「これらの研究によって、解離性同一性障害が単なる役割演技の1つであることを証明したと結論づけることは、あまりにも理不尽である」（p.47）と述べている。同じようにブラウンら（Brown et al., 1999）も、ロールプレイング研究は「実験室において、解離性同一性障害を創り

出すことができることを示しているわけではない」(p.580)，そして「これらの役割演技は多重人格者の交代人格の行動と同一のものでもないし，重要な精神症状である多重人格が創り出されていることを証明しているわけでもない」(p. 581) と主張している。しかし，ロールプレイング研究は，解離性同一性障害のすべての症状や主観的経験を再現するためにデザインされたものでもなければ，解離性同一性障害自体を創り出すためにデザインされたものでもない。むしろ，ロールプレイング研究は，健常な参加者であってもちょっとした手がかりや促しによって解離性同一性障害の症状の主要な特徴の一部を容易に示すことを明らかにするためにデザインされたものなのである。そしてこれらの研究の知見は，2つの点で社会的認知モデルを支持している。1つは，解離性同一性障害によって生じる行動や経験は，多くの人々にとってありふれたものであることを示した点である。もう1つは，解離性同一性障害を持たない人々が，たとえ，明確に指示されていない場合であっても，手がかりや促しによって解離性同一性障害の主要な特徴を示すように簡単に誘導されてしまうことを示した点である。しかし，これらの研究は症例を取り扱った研究ではないため，解離性同一性障害の主要な特徴の多くが社会的認知モデルによって説明できるということを明らかにしているわけではない。それゆえに，ロールプレイング研究とは，社会的認知モデルを支持する決定的な証拠を示す研究とはいえない。しかしながら，ロールプレイング研究は，社会的認知モデルにおいて重要かつ反証可能な仮定を検証する研究であるといえる（Lilienfeld et al., 1999）。

比較文化研究

　先に述べたように，社会的認知モデルでは，多重同一性の発現形態は，文化や時代からの影響を受けて形作られていると捉えている。この主張と一致するのは，ごく最近まで解離性同一性障害は，北アメリカ以外ではほとんど知られていなかったという事実である（解離性同一性障害は北アメリカ以外の英語を母国語とする国と比べると，北アメリカの国ではかなり広く受け入れられていることを示唆するデータとして Hochman & Pope, 1997 も参照）。たとえば，1990 年の日本の調査（Takahashi, 1990）によれば，日本では明らかな解離性同一性障害の症例はなかった。また，ごく最近まで，イギリス，ロシア，インドでも解離性同一性障害の報告はきわめて稀であった（Spanos, 1996）。興味深いことに，解離性同一性障害の比較文化的表出は，北アメリカ以上に，インドでは一風変わっているようにみえる。インドでは解離性同一性障害の症例は比較的稀ではあるが，インドで報告された症例のほとんどは，交代人格が交替する前には睡眠が先行する。このような解離性同一性障害の症例は北アメリカでは報告されていない。そして，インドのメディアによる解離性同一性障害の描写でも，交代人格が交替する前に眠る期間が含まれている（North et al., 1993）。

グリーブス(1996)は，オランダ(Sno & Schalken, 1999 も参照)などのヨーロッパ諸国でも最近は，解離性同一性障害の診断が行なわれていることを，社会的認知モデルに反する証拠として引用している。しかしながら，この知見を社会的認知モデルに対する反証として解釈することは難しい。たとえば，オランダのよく知られた複数の研究者の書物は（たとえば，van der Hart, 1993; van der Kolk et al., 1996），解離性同一性障害に対するメディアや専門家の注目の急激な上昇と密接に関連している。

さらに，「文化的影響」とは「文化で閉じている」ということではない。つまり，当初はごく一部の国々に限られていたある症状が他の国々へ拡散することが，必ずしも，この症状が文化的影響とは無関係であることを意味しているわけではない。反対に，解離性同一性障害の特徴がある国でよく知られるようになることで，その国の解離性同一性障害の発生を増加させるとともに，解離性同一性障害と診断されることへの期待も高めるだろう。ただし，解離性同一性障害の症状の特徴が知られるようになった国々への解離性同一性障害の拡散は，社会的認知モデルから導き出される，重要かつ本質的で反証可能な仮説であることは確かである。

まとめ

解離性同一性障害の支持者が行なう標準的な治療実践，心理療法前後の解離性同一性障害患者の臨床的特徴，心理療法家間での症例報告の偏り，ロールプレイング研究からのデータ，文化間の疫学データなど，複数の多種多様な証拠が社会的認知モデルから導き出されるいくつかの予測を支持している。加えて，これらのデータは，厳格な心的外傷後モデル（たとえば，Gleaves, 1996），さらに正確にいえば，解離性同一性障害の病因として社会文化的影響を本質的に除外している心的外傷後モデルに疑問を投げかけている。しかしながら，これらのデータは，初期の心的外傷を素因として捉え，医原的影響を含む社会文化的影響を本質的原因として中心的に捉える寛容な心的外傷後モデルとは矛盾しないかもしれない。それでもやはり心的外傷後モデルに対して説得力のある確証を得るために，心的外傷後モデルの支持者はこのモデルを反証できるような明確な予測を示す必要がある。

病因：幼児虐待論争

先に述べたように，心的外傷後モデルの中核は，解離性同一性障害が幼児期に経験した非常にひどい虐待に伴う心的外傷によって引き起こされるという仮定にある。実際に，解離性同一性障害を，心的外傷後ストレス障害の一形態もしくは変異形態と

してみなす者もいる（Gleaves, 1996 を参照）。多くの著者は，過酷な虐待が解離性同一性障害の原因でないにしても，解離性同一性障害の重要な前段階であるとの主張をかなり無批判に受け入れてきた。たとえば，カールソンとブッチャー（Carson & Butcher, 1992）は，「解離性同一性障害と幼児虐待の関連が，1984 年まで広く認識されていなかったことには驚きを隠せない。しかし現在，合理的にみてこの主張の信頼性について疑問の余地はない」(p. 208) と述べている。グリーブスら（2001）は，「解離性同一性障害もしくは解離経験は，通常，幼児期の心的外傷の過去と結びついているということを明確に示す証拠がある」(p. 586) と結論づけている。対照的に，研究論文をレビューしてみると，幼児期の虐待と解離性同一性障害の関連についての非常に複雑かつあいまいな要素が浮き彫りになり，両者の間に仮定されている因果関係に大きな疑問が浮かび上がってくる。

虐待報告の確証

　解離性同一性障害者は幼児虐待の経験を持つ割合が高いと主張する研究者もいる（Gleaves, 1996, p. 53 を参照）。しかしながら，このような結果を示す研究のなかで，実際に幼児虐待の事実を別の方法で確認した研究は 1 つもない（たとえば Boon & Draijer, 1993; Coons et al., 1988; Ellason et al., 1996; Putnam et al., 1986; Ross et al., 1989, 1990; Schultz et al., 1989; Scroppo et al., 1998）。記憶とは，従来考えられてきた以上に，暗示による影響を受け変化しやすいということを考慮すれば（Loftus, 1993, 1997; Malinowski & Lynn, 1995; 第 8 章も参照），解離性同一性障害と幼児虐待の研究において，虐待に対する事実確認が行なわれていないことは問題である。最新の知見によれば，トラウマ体験（たとえば，戦時中の戦闘）の記憶も，記憶の脆弱さの影響を受けることが示されている（Southwick et al., 1997）。

　さらに，自分自身の症状の原因について自らが考えついた暗黙の理論に沿うように，あいまいな出来事（たとえば，たたかれたことやなでられたこと）を無意識のうちに解釈する意義後努力（effort after meaning）という現象が起きているため，比較的軽い幼児虐待や中程度の幼児虐待の報告を，独立した事実確認なしに解釈することは難しい（Rind et al., 1998 を参照）。そのうえ，解離性同一性障害を扱う臨床家の間で暗示的な臨床実践がどの程度利用されているかについてほとんど明らかにはなっていないが，交代人格を創り出すことを促す臨床家が与える不用意な手がかりが，同じように偽りの虐待の記憶を創り出す可能性も除外することはできない（Spanos, 1994）。結果的に，報告されている解離性同一性障害と幼児虐待との関連は，少なくとも一部は疑わしく，しかも情報を引き出す臨床家の技法により汚染されている可能性を拭い去ることは難しい。

　解離性同一性障害を持つ患者の幼児虐待に関する研究で，事実確認の重要性を強調

するもう1つの理由がある。それは，解離性同一性障害にかかりやすいといわれる解離体験尺度（Bernstein & Putnam, 1986）の得点が高い人は，ネガティブな出来事と中立的な出来事の両方を含む生活史に関する質問紙において，多くの自伝的出来事が当てはまるような反応バイアスが生じやすいということ（Merckelbach et al., 2000），自伝的な出来事に関連した誤誘導的記述を実際の出来事として受け取る傾向が非常に高いこと（Ost et al., 1997）などが報告されているからである。これらの知見が，多くの解離性同一性障害患者が幼児虐待の経験を報告することに直接的に関連しているかどうかについて，今のところ明らかではない。それでも，これらの知見は，解離性同一性障害を発症しやすい人は，実際には起こらなかった生活上の出来事を報告しやすい可能性を示している（Merckelbach & Muris, 2001）。

　研究者のなかには，解離性同一性障害患者の回顧的な虐待の報告について，事実確認を試みた者もいる。たとえば，クーンズとミルステイン（Coons & Milstein,1986）やクーンズ（1994）は，解離性同一性障害患者の虐待に関する報告について客観的な証拠書類を提供するように求めている。しかしながら，これらの研究を詳細に検討すると，さまざまな方法論上の問題点が浮き彫りになる。まず，いずれの研究においても，虐待の過去に関する報告とは独立に解離性同一性障害の診断が行なわれていない。そもそも，臨床家は過酷な虐待の過去を持つ患者に対して特に解離性同一性障害の特徴を引き出そうとする可能性があるため，この方法論上の欠陥は問題である。クーンズの研究（1994）では，医学的生活史や精神医学記録（これらの多くには，虐待の過去に関する情報が含まれると考えられる）の検討後に診断された解離性同一性障害の症例のみが対象となっていた。さらに，クーンズとミルステインの研究では標準化された面接は行なわれず，クーンズの研究では標準化された面接は数が不明な参加者に対してのみ実施されており，診断の際にバイアスが生じた可能性も高い。結局，クーンズの研究の患者は，「11年かけてクーンズ個人が診断した」（p. 106）ものであった。これらの患者が治療を受ける以前に解離性同一性障害の診断基準を満たしていたかどうかについて何の証拠も示されていないため，医原的可能性を取り除くことは難しい。

　さらに近年，ルイスら（1997）は，解離性同一性障害を持つ殺人者12名に関する研究を行ない，彼らの表現をそのまま引用すれば，「幼児期の過酷な虐待と解離性同一性障害の関連が明確に認められた」（p. 1703）と報告している。このルイスらの報告を，解離性同一性障害患者の幼児虐待報告の確証に対する強力な証拠を示すものとして紹介している著書もある（たとえば，Gleaves et al., 2001）。しかしながら，ルイスらが示した客観的な証拠には数多くのきわめてあいまいな点が見受けられる（Klein, 1999も参照）。たとえば，「母親を不適格者として非難した」や「救急処置室の記録にはひどい頭痛が記載されている」という程度の兆候が示されたにすぎない症例も含まれているのである。さらに，これらの報告には他にも複数の問題点があり，

解釈が難しい。まず第1に，幼少期の解離性同一性障害の症状に関する客観的な証拠が，先のように非常にあいまいであり，空想上の遊び友達や著しい気分の変化など幼少期にはごくあたりまえのようにみられる特徴に基づいている症例が多い。第2に，暴力的な個人は幼少期に虐待を受けている可能性が高いので（Widom, 1988），ルイスらの報告では解離性同一性障害と暴力性が絞絡している可能性がある。第3に，報告された過去の虐待に関する情報を知らされずに，解離性同一性障害の診断が行なわれていない。第4に，時間経過が異なっていて，しかも殺人者らが解離性同一性障害を有するというルイスらの主張を支持するために使用された殺人者の手書きのサンプルは，筆跡分析者による評価も受けていなければ，時間が経過した健常者の手書きのサンプルとの比較もされていない。第5に，仮病の可能性について，計量心理学的な指標を用いて検討されていない。以上の方法論的欠陥により，この研究によって幼児虐待の経験とその後の解離性同一性障害の関連を証明したというルイスらの主張には，重大な問題があることがわかる。

　少し間接的ではあるが，解離性同一性障害患者における幼児虐待の裏づけを取ろうとした研究として，サイラ（Tsai et al., 1999）の研究がある。サイラは，解離性同一性障害を持つ47歳の女性に対してMRIによる測定を行なった。彼らは，戦争による心的外傷を持つ人（たとえばBremner et al., 1995）や幼児虐待を受けた人（Bremner, et al., 1997; Stein et al., 1997）では，海馬の萎縮が認められるという先行研究の知見から，幼児期に虐待を受けたと考えられている解離性同一性障害患者でも，同じように海馬の萎縮が認められるであろうと予測した。この予測を支持するように，解離性同一性障害患者では海馬における両側性の萎縮が認められ，心的外傷後モデルから導きだされる予測を概ね支持していた。しかしながら，この知見は2つの大きな理由により慎重に解釈されなければならない。第1に，わずか1人の患者のデータに基づいた結果であるため，この結果を解離性同一性障害の患者に一般化できるかどうかについては定かではない。第2に，海馬の萎縮は心的外傷後ストレス障害や心的外傷に伴う症状に特有のものではなく，統合失調症（Nelson et al., 1998）や抑うつ（Bremner et al., 2000）でも報告されている。つまり，海馬の萎縮は，長期的ストレスに特有の指標ではない可能性が残されているのである（Sapolsky, 2000）。

　さらに，別の研究からも，解離性同一性障害の研究における幼児虐待の報告の信憑性に関する疑問が浮かび上がっている。ロスらの研究（1991）によれば，解離性同一性障害患者の26％が3歳以前の虐待経験を報告し，10.6％が1歳以前の虐待経験を報告している。また，デルとアイゼンハワー（1990）は，青年期の解離性同一性障害患者11名のうち4名は，最初の交代人格が3歳以前に現われ，そのうちの2名は1歳から2歳までの間に最初の交代人格が現われたと報告している。一般的に，3歳以前の出来事の記憶に関する報告の妥当性は非常に疑わしく，大人や青年期になっ

て1歳以前に起きた出来事を想起することは不可能であることが広く認められている（Fivush & Hudson, 1990）。これらの研究について、報告されている記憶は正確であるが、年齢の推定が誤っているという可能性は残されている。とはいえ、ロスの研究やデルとアイゼンハワーの研究で非常に若い時期の虐待や交代人格の出現を報告する人々がけっして少なくないことから、報告された記憶の正確さに関する不安が生まれる。

最後に、ロスとノートン（1989）は、解離性同一性障害の患者のなかで、催眠が使用されなかった患者と比較すると、催眠が使用された患者は幼児虐待の経験を報告する割合が高いことを示した。しかし、催眠による記憶亢進を示す証拠がほとんど示されていないことを考えると（Lynn et al., 1997; 第8章を参照）、これらの結果は、催眠誘導によって偽りの虐待報告が増加している可能性を示唆するものといえる。このように、虐待報告の事実確認の欠如やロスとノートンの研究データの相互関係的な性質を考えると、現段階では、解離性同一性障害と虐待経験の関係に関する結論は仮のままでとどめざるをえない。

幼児虐待と解離性同一性障害の関連についての解釈

たとえ解離性同一性障害患者の幼児虐待の報告が事実であったとしても、その報告の解釈についてはいくつかの疑問が残されている。つまり、①一般的な精神疾患の患者と比べて解離性同一性障害の患者に幼児虐待の経験が多いのか、②幼児虐待の経験は、結果として解離性同一性障害を発症する危険性と因果関係があるのか、という疑問は解消されていない。

最初の疑問は、幼児虐待のデータを解釈する際の基準となる確率や照会バイアスによるものである。精神疾患を持つ患者は幼児虐待の経験を持つ確率が高いため（たとえばPope & Hudson, 1992）、比較される精神疾患の集団を特定することなく、解離性同一性障害と幼児虐待の報告に関するデータを解釈することは難しい。さらに、解離性同一性障害の患者で幼児虐待の報告が多いのは、複数の障害を抱えた患者は治療を受ける確率が高まることによって発生するいくつかの選択上のアーチファクトである可能性もありうる。バークソンバイアス（Berkson, 1946）とは、2つの問題を抱える患者はどちらか一方の問題の治療を受けることがあるという事実から導き出される数学的なアーチファクトである。臨床的選択バイアス（du Fort et al., 1993を参照）とは、ある1つの問題を抱えた患者が、その後、別の問題を抱えたならば、治療を受ける確率が高まるというバイアスである。これらのアーチファクトの一方もしくは両方によって、幼児虐待の報告と解離性同一性障害との間に、見かけ上の関連が生じている可能性もある。実際に、ロス（1991）は、治療中の解離性同一性障害の患者よりも、治療中でない解離性同一性障害の患者のほうが、幼児虐待経験の報告が少ないと指摘

している。この指摘は，解離性同一性障害と幼児虐待の報告との関連が多少なりとも高い数値を示す原因が，選択バイアスであるという仮説と合致している。さらに，ロスら（1989）は，カナダの精神科医よりも（45.5％），アメリカの精神科医は（81.2％）解離性同一性障害患者の幼児虐待を報告する割合が高いと述べている。この結果は，アセスメント上のバイアスや幼児虐待の報告を促す誘導が影響している可能性を示唆するものであり，解離性同一性障害の多くの症例には幼児虐待は不可欠であるという主張に疑問を投げかけている（Spanos, 1994）。

たとえ解離性同一性障害と幼児虐待との間に確かな関連が示されたとしても，この虐待が後の解離性同一性障害の病因となることも証明しなければならない。しかし，解離性同一性障害患者における幼児虐待に関する研究は常に準実験となることを考えれば，これを証明することは非常に難しい。そうはいっても，因果モデルによる研究のデータは，この問題を解決することに有効であり，さらに，幼児虐待の過去が異なる一卵性双生児の研究は，幼児虐待が解離性同一性障害の病因であることについて非常に強い根拠を提供することができるだろう。特に，一卵性双生児のうち幼児虐待の経験を持つ一方だけが解離的な特徴（解離性同一性障害の特徴である）を示せば，他の患者から解離性同一性障害の患者を区別する際に生じる別のさまざまな厄介な変数（たとえば，被暗示性に関する遺伝的違い）よりも，幼児期の虐待が解離性同一性障害の病因として重要な役割を担っているという主張を支持する証拠となるだろう。

まとめ

心的外傷後モデルは，特に幼児虐待に代表される幼少期の心的外傷が解離性同一性障害の病因であると仮定している。この仮定を支持するように，多くの研究者が，解離性同一性障害の患者は高い確率（おそらく大部分）で幼少期の過酷な虐待の過去を報告することを示してきた。しかし，これらの指摘について注意深くみていくと，幼児虐待と解離性同一性障害との関連について大きな問題点が浮き彫りになる。まず両者の関連が認められたという報告の多くは，幼児虐待の過去に関する客観的な裏づけのない研究によってもたらされたものである（たとえば Ross et al., 1990）。さらに，裏づけを確認したと主張する研究でさえも（たとえば Coons, 1994; Lewis et al., 1997），方法論的な欠陥を抱えている。加えて，解離性同一性障害患者で幼児虐待の報告が多い原因は，選択バイアスや照会バイアスであるかもしれない。結局のところ，幼少期の虐待が解離性同一性障害の病因の1つであるということについては明らかにされてはいないのである。このような制約があるために，幼児虐待と解離性同一性障害との関連について最終的な結論を出す前に（たとえば Gleaves, 1996; Gleaves et al., 2001），さらに統制された研究が必要である。

結　論

　解離性同一性障害に関する文献では，近年，無数の辛辣な論争が繰り広げられている（Elzinga et al., 1998 も参照）。特に，①解離性同一性障害が「本当」の症状であるのか，②解離性同一性障害とは真に十分に発達した複数の人格が共存することによって特徴づけられるものであるのか，③解離性同一性障害は，医原的影響や，メディアや文化の影響による社会的な産物であるのか，④解離性同一性障害は幼児期の心的外傷の結果なのか，という点についての科学的立場に大きな相違がみられる。すでに述べてきたように，論争①は，実際には疑似的論争であり，この疾患を持つ人々の多くが精神病理学的な症状や極度に苦痛な主観的経験を示しているという意味では，解離性同一性障害が「存在する」ことについては議論の余地はまったくない。

　さらに，論争②について，心的外傷後モデルの熱烈な支持者（たとえば Ross, 1997）を含む解離性同一性障害の研究者の多くは，解離性同一性障害患者の交代人格が独立し十分に成熟した人格を持つと考えてはいないことは確かではあるものの，既存のデータでこの論争を解決することは難しい。さらに，独立し十分に成熟した人格を持った交代人格が存在するという立場には，きわめて多くの交代人格を有する患者に対する解離性同一性障害の発症モデルについて解決すべき大きな課題や疑問が残されている。それゆえに，DSM-Ⅳ（American Psychiatric Association, 1994）の解離性同一性障害の診断基準に，2つ以上の同一性の存在があげられていることは，非常に大きな問題である。

　おそらく解離性同一性障害を取り巻く基本的な論争は，この障害が幼児期の心的外傷によって自発的に発生しているのではなく，社会的に構成され，文化的な影響を受けた疾患であるかどうかという点にある（Merskey, 1992）。別の文献（Lilienfeld et al., 1999）でも議論したように，数多くの重要な証拠は，社会的認知モデルを支持する方向を指し示している。その中でも特に，以下の10の知見は，社会的認知モデルの中心的な仮説と一致している。

1. 解離性同一性障害患者の数は，過去数十年間で劇的に増加した（Elzinga et al., 1998）。
2. 解離性同一性障害患者ごとの交代人格の数も，過去数十年で増加した（North et al., 1993）。ただし，診断当初の交代人格の数は変わらずに一定を保ったままのように思われる（Ross et al., 1989）。
3. これら2つの数値の増加は，解離性同一性障害の主要な特徴を理解している臨床家と一般市民の急激な増加とぴったりと一致している（Fahy, 1988）。

4. 解離性同一性障害の主要な治療技法は、患者が多重性を表わすことを強化し、異なる人格を交代人格として具現化し、患者に想定される潜在的な交代人格との関係を確立するように促しているように思われる（Spanos, 1994, 1996）。
5. 解離性同一性障害患者が、心理療法を受ける以前に解離性同一性障害の症状（たとえば、交代）を示すことはきわめて稀である（Kluft, 1991）。
6. 解離性同一性障害を持つ個々の患者の交代人格の数は、解離性同一性障害に対する心理療法が進むにつれてかなり増加する傾向がある（Piper, 1997）。
7. 催眠を用いない心理療法家に比べると、催眠を用いる心理療法家は、担当する患者のなかの解離性同一性障害患者の割合が高い（Powell & Gee, 1999）。
8. 解離性同一性障害の診断の多くはごく少数の心理療法家によって行なわれており、その多くは解離性同一性障害の専門家である（Mai, 1995）。
9. 実験室における研究では、適度な手がかりや促しによって、健常者でも解離性同一性障害の多くの特徴を明確に示すことが知られている（Spanos et al., 1985）。
10. 解離性同一性障害の報告は、かなり最近まで、この障害の症状をメディアが幅広く取り上げてきた北アメリカに限定されていた（Spanos, 1996）。また、最近になって解離性同一性障害が広く知られるようになった国々（たとえば、オランダ）では、現在、かなり頻繁に解離性同一性障害の診断が行なわれるようになった。

　しかし、証拠となるこれら10の知見は、解離性同一性障害の多くが、医原的影響や社会文化的影響によって、無作為に創り出されることを意味しているのではない。先に述べたように、解離性同一性障害を持つ患者の大多数に、精神障害とりわけ境界性パーソナリティ障害の病歴がある（Ganaway, 1995）。それゆえ、既有の精神病理が背景にあり、それによる自身の不安定性、同一性問題、直情的で見かけ上は説明不可能な行動などに対して因果的説明を求める人々が、頻繁に医原的影響や社会文化的影響を強く受けると考えるのが妥当であるように思われる。
　証拠となったこれら10の知見のいくつかについては、誤りが含まれている可能性や複数の因果的解釈の可能性が残されていることも示しておくべきである（Lilienfeld et al., 1999）。たとえば、心理療法が進むにつれ交代人格の数が増加する傾向は、もともと潜在していた交代人格が解離性同一性障害に対する心理療法により表に現われるようになることが多いというロスの主張（1997）とも本質的に一致している。また、解離性同一性障害の診断が過去数十年間で急激に増加したことについては、解離性同一性障害の専門家の間にすぐれた診断やアセスメントが広まったからかもしれない。さらに付け加えれば、心的外傷後ストレス障害や強迫神経症など、いくつかの精神疾患の症例数も、過去20年間で急激に増加している（Zohar, 1998）。

根拠となった10の知見のいずれもがそれ自体で方向を決定するものではない。しかし、これらのデータを集合的にみると、社会的認知モデルの妥当性が強く支持されている（Lilienfeld et al., 1999; Lynn & Pintar, 1997 も参照）。この結論は、「社会的認知モデルの科学的論拠となっているデータベース全体は、同じ研究室から報告された3つの研究がすべてである」(p. 617) と主張するブラウンら (1999) の結論とは著しく異なっている。ブラウンらの指摘は、スパノスらの実験室におけるロールプレイング研究のこと（たとえば、Spanos et al., 1985）をさしている。

ブラウンら (1999) は、社会的認知モデルの科学的評価をしているにもかかわらず、その結論をランダムな条件の割り当てや明確な独立変数のあるような厳密な実験研究に限定して導き出している。この方法は明らかな過小評価である。なぜなら、疑似実験や観察に基づいた多方面からの証拠（心理療法後での解離性同一性障害患者の症状が悪化、解離性同一性障害の症例件数の専門家間での著しい偏りなど）も、社会的認知モデルの妥当性に密接に関連しているからである。地質学、天文学、気象学、古代生物学などの十分に成熟した多くの「ハード・サイエンス」においても、非実験的証拠はごくあたりまえのように因果仮説の検証に用いられる。それならば、心理学における証拠採用においても同じようなガイドラインが適用されるべきであろう。19世紀の哲学者ウィリアム・ヒューウェルが述べたように、まさに、多くの科学的仮説は、多種多様で最大限に独立した情報源からの「証拠の統合」に対する評価によって検証されるものである (Shermer, 2001)。社会的認知モデルに関する証拠の統合には目を見張るものがあり、医原的影響と社会文化的影響が、少なくとも解離性同一性障害の病因の一端を担っていることを強く示している。

しかしながら、この結論は心的外傷後モデルが誤りであるということを意味しているわけではない。この章の4つめの問題である幼児虐待と解離性同一性障害との関連について、幼児虐待が解離性同一性障害を引き起こす危険因子であるという主張を弱いながらも支持する研究は存在している（Gleaves et al., 2001 と比較）。やはり、この可能性は、現在報告されているデータに基づいて排除できない。この領域を明瞭にするには、虐待報告の事実関係を確認した研究、比較できる精神症状の集団がある研究、選択バイアスや照会バイアスを統制した研究が必要である (Lilienfeld et al., 1999)。加えて、因果モデルの研究は、幼児虐待の報告と後の解離性同一性障害が、非常に高い水準で共起することに関する他の仮説を除外することに役立つであろう。また、もし虐待についての事実確認を行なったうえで、虐待と解離性同一性障害の危険性との関連を示すことができれば、虐待と解離性同一性障害との関連についての第3の説明要因（たとえば、家庭環境に対する嫌悪）を組み込むかどうかについて非常に有益な情報がもたらされるであろう。

今後の研究で、幼児虐待と解離性同一性障害との関連について今以上に説得力のあ

る証拠を提供することができれば，社会的認知モデルと心的外傷後モデルの関係は修復へと向かうだろう。たしかに，これらの2つのモデルの重要な側面のなかには，最終的に共存しうる部分もあるかもしれない。たとえば，初期の心的外傷により空想癖（Lynn et al., 1988）や解離性（Tellegen & Atkinson, 1974）などの特性が強まり，解離性同一性障害にかかりやすくさせているのかもしれない。同じように，このような特性は，社会的認知モデルが主張する医原的影響や文化的影響を受けやすくしているのかもしれない。そして，暗示的な状況に陥ると，解離性同一性障害やそれに類する解離性障害*を発症する可能性が高まるのかもしれない。解離性同一性障害に対するこのモデルや別のより洗練されたモデルには，直接的な実証的検証が必要である。

　しかしながら，多方面からの証拠が社会的認知モデルを支持する方向に収束していることを考えれば，現在，心的外傷後モデルの立場（Brown et al., 1999 と比較）について説得力のある証拠を示すために，心的外傷後モデルの支持者側に証明の責務が課せられると思われる。心的外傷後モデルの支持者が証拠を示すことができれば，多重人格障害という障害が生まれて以来，この概念の周辺で繰り返されてきた複雑な論争は，納得のいく終結へと一歩前進することになるだろう。

用語解説

医原性（iatrogenic）　医者もしくは精神保健の専門家によって作り出されること。
解離（dissociation）　ネガティブな経験を意識から分離もしくは「遮断」する防衛機制。
解離性障害（dissociative disorders）　記憶，アイデンティティ，意識，外部環境の知覚などの障害によって特徴づけられている解離性同一性障害を含む障害の総称。
解離性同一性障害（dissociative identity disorder: DID）　以前は多重人格障害として知られていた症状であり，一過性でなく反復して現われ自身の行動を制御する人格や人格状態の分離によって特徴づけられている。この症状には，自伝的情報に関する記憶の顕著な分断も認められる。
境界性パーソナリティ障害（borderline personality disorder）　アイデンティティの混乱，気分の不安定さ，突飛で予測不能な対人関係，衝動的で自己中傷的な行動などの特徴によって特徴づけられるパーソナリティ障害。
交代（alter）　解離性同一性障害を持つ患者に想定される「人格」もしくは「人格状態」。
社会的認知モデル（sociocognitive model）　解離性同一性障害の症状と考えられる特徴の大部分は，セラピストの不注意なほのめかし，メディアの影響，社会文化的期待によって社会的に構築された症状であると捉えるモデル。
主人格（host personality）　解離性同一性障害患者の「オリジナル」もしくは第1人格。

心的外傷後モデル（posttraumatic model） 解離性同一性障害を，幼児虐待，特に肉体的もしくは性的虐待の一方もしくは両方への反応として自然に発生すると捉えるモデル。

内部救済者（inner self-helper） アリソン（Allison, 1974）によって提唱された概念であり，交代人格で何が起きているのか理解し，交代人格の統合を手助けする，解離性同一性障害患者の人格の一部。

謝　辞
この章の多くの部分は，リリエンフェルドら（Lilienfeld et al., 1999）に基づいて作成されている。

第 II 部

心理療法における一般的な論争

第6章 科学的心理療法研究
現況と評価

ジョン・P・ガースク (John P. Garske)
ティモシー・アンダーソン (Timothy Anderson)

　心理療法は，多くの専門家たちの職業的な資本である。心理学者，医師，聖職者，ソーシャル・ワーカー，カウンセラーのような人たちによって，さまざまな形式でまた多様な混合形式で実践される心理療法は，人間の病気や精神的な苦痛の多くに対する治療法として使用され続けてきた。この数十年間で，心理療法の数，その適用領域，その一般の使用は，増大の一途をたどってきた。現在，明確に区別されうる心理療法アプローチは 250 に及ぶと推定され，それらのアプローチは 1 万以上の書物で記述され，考察されてきた (Wampold, 2001)。心理療法の専門家は，目の粗く編みこまれた編み物のような職能集団を構成している。その職能集団は悩みを抱えた一般の人々へのサービスに機能し，また彼ら自身の存続を永久化するためにも機能している。

　心理療法士の激増は，パラダイム間，システム間，学派間での意見対立を刺激することとなった。理論的な立場と専門家としての存在を賭けて，ある心理療法は，確かな経験に基づく裏づけがないところで，ライバルたちにその優位性を主張し続けている (Smith et al., 1980)。私的なよく知られた機関が，健康管理対策における心理療法の役割について厳密な調査を実施している。社会批評家，健康管理者，そして政策立案者は，心理療法実践を説明可能なものにするように強く要求している。

　こうした状況のなかで活発な論争が起こってきた (Wampold, 2001 と比較)。専門家が解決を求められている論点は，机上の空論，根拠の乏しい理論，そして非体系的な観察や意見によるよりもむしろ科学的データに基づいて分析されるのが最上であり，また信頼できる解法であるとの認識が出現していることにある。その科学的デー

タに基礎をおく心理学者によって，心理療法と行動変容に関する知識的基盤が近年飛躍的に増加してきている（Bergin & Garfield, 1994）。回答を待たれているものが多いとしても，心理療法の分野はかなり成熟し，また十分に進化してきており，技術的な心理社会的な介入として，当初あった癒しの技術の域を超えてきている。

では，心理療法は効果があるのであろうか。この効果についての疑問は，長い間，この分野ではつきものの疑問であり続けてきた。心理療法領域ほどの熱意と精力をもって詳細に検討され続けてきた専門的な活動は，ごく少数しかないであろう。批評家たちは心理療法の効果に関して本質的な疑問を提起し，一方臨床家と研究者はそれに対して効果があると述べてきた。論争の結果，専門家にとって困ったことに，科学的な根拠に基づいた回答は少数しか生み出されなかったが，新たな多くの関連した疑問が生まれてしまった。そして心理療法は効果があるのかといった包括的な疑問は，多くの要素的な疑問によって構成しなおされた。たとえば，効果のある心理療法はどれで，効果のないものはどれか。どちらの心理療法が効果を持ち，また一番なのはどれか。それはなぜか。有能な心理療法士の特徴はどのようなものであるのか。専門的な訓練や経験は有効なのか。性別についてはどう考えるべきか。効果的な心理療法の本質的な要素は何か。どのように機能するかについてわれわれは知っているのか。弊害はあるのか。本章では，このような心理療法の効果に関する問題に焦点を当て，いくつかの回答を提起する。そしていくつかの考察と論争をサンプルとして取り出し，科学的な立場からこの分野での現状の評価を試みる。

定義と専門用語

いくつかの鍵となる専門用語から考えていくことにしよう。「心理療法」という用語は，専門家と非専門家によって同様に一般的に使用されているが，定義することはきわめて難しい。ちなみに，心理療法研究の「聖典」と定評のあるバージンとガーフィールド（Bergin & Garfield, 1994）編集による『心理療法と行動変容ハンドブック（*Handbook of Psychotherapy and Behavior Change*）』においてすら，心理療法は定義されていない。本章の著者の1人は，現代の心理療法についての本の序文で，正直に，定義は明確にはしづらいと述べている（Lynn & Garske, 1985）。定義の問題は，さまざまな見解が存在することを反映していることは明らかである。つまり，行動変容に関する問題，心理療法が行動変容をどのように引き起こすかの問題に関連した多様な見解がある。

とはいうものの，心理療法という術語を使うときに，共通する見解が存在する。一

般に，心理療法は「さまざまな情緒的，行動的，人間関係的問題の解決，ならびに生活の質の向上を援助するように計画された心理学的な介入」(Engler & Goleman, 1992, p.15) と述べられている。心理学的介入が最高に機能するとしたらどうなるのか，またどのように機能するのかという点に関しては相当な意見の不一致があるにしても，2つの点では意見の一致が認められる。第1に，心理療法は，クライエントと心理療法家の間の深い人間関係を含んでいるということである。この関係は，たとえ特異なものでないとしても特別なものであり，心理療法家が技法と手続きを施すことを促進するものであり，またその関係自身が治療的なものである。第2に，心理療法の一般的な目標は行動変容を促すということである。すなわち，援助を求めることになった問題の軽減のために異なるやり方で行動し，考え，感じるのを助けることである。変容がもたらされる過程は「心理学的」なものであるとの考えは一致しているにしても，ではそれに与ると想定される特定の心理学的メカニズムが何かについては相当な意見の開きがある。一致していることは心理療法家は言葉によって変容を促進するということである。すなわち，薬物や手術や他の物質的な手段での介入ではない。リラクセーション訓練や，クライエントが自宅で実践する課題指導などのように十分に定まった手続きを持つものでさえ，言葉は介在している。

　フランク (Frank & Frank, 1991) は，多くの本質的にまったく異なる心理療法の見解間での和解を成立させるために，すべての心理療法が4つの共通の特性を持つことを示唆した。第1に，心理療法士のオフィスは，われわれの文化では，情緒的に苦悩している人が援助を受ける場として設置されているということである。そこは，安全で，落ち着け，秘密が保たれるような現代の聖域である。オフィスは専門性と身分を表わすもので飾られており（たとえば，学位記，免許状，認可証，厚い本），「エディフィス（威風堂々）・コンプレックス」とユーモアをもって呼ばれるような匂いを放っている (Torrey, 1972)。フランクによれば，オフィスはクライエントの援助に対する期待を強化する。

　心理療法の共通特性の第2点は，クライエントと心理療法家がお互いに十分に明らかな役割を持つ治療関係ということである。フランクによると，いかなる問題を持ち，どのような症状を呈し，またどのように診断を下されているとしても，クライエントは士気が低下しており，援助に対して強く動機づけられている。クライエントは，心理療法家が共感性を備えた専門家であり，サポート，温かさ，熟練した技術，そして希望をもって対応してくれることを期待している。

　セッティングと治療関係は，心理的な変容をもたらすほどの強い影響力を心理療法家に与える。この治療的な影響の基本は，すべての心理療法に共通する第3の構成要素によっていっそう強められる。それは，クライエントの苦悩を説明する概念図式や理論的体系である。心理療法の間には基礎となる概念や原理に関してしばしば非常に

大きな違いがあるが，それらはすべて，異常な症状の原因，変容へいたる経過と変容の到達点，そして症状の軽減と好ましい行動変容を実現するための手続きや技法を取り扱っているという点では共通している。心理療法家の理論は独特なものではないのは確かで，必ずしも科学的に妥当なものではない（事実，フランクでさえ「神話」という言葉を使っている）が，それにもかかわらずクライエントの症状理解を助けるものとなっている。知識があることと意味づけができるということは，個人の統制をしやすくする。

　第4の治療的特性は，心理療法家の概念図式に由来するもので，心理療法家とクライエント双方が積極的に参与することで構成される治療手続きであるということである。このような手続きは，心理療法家によって実施される複雑な一連の操作で，心理療法家の理論的見解と一致し，クライエントの問題を変化させることを目的としている。心理療法家の技法は，解釈，共感的な反射，夢分析，催眠暗示，ロールプレイ，認知リフレイミング，宿題として行なう課題設定，演習問題のようなさまざまな実践から成り立っている。こうした理論に基づいた実践は，心理療法家とクライエントの関係を強化し，心理療法家の影響と説得力を増大させる。フランクはこれらの実践，および心理療法家の側における操作をまとめて治療的儀式と呼んだが，これらの有効性は特定の理論的説明に由来するものではなく，むしろ，それら実践が，抱えている問題とその変化に必要なものについてのクライエントの見通しとどれほど一致するのかによるものであると強調した。

効力と効果

　心理療法家とそのクライエントにとって根本的な—心理療法は効果があるのかの—問題に戻ろう。この問題は少なくとも2つの形式で問うことができ，2つの調査方法からのデータで回答がなされる（Howard et al., 1996）。まず，効力の問題である。すなわち，心理療法はある特定の，十分統制された実験条件のもとで効果があるのかということである。効力の研究では科学的厳密さが最も要求される。それは，無作為臨床試験としてよく知られた方法論を含んでいる。そこでは治療は明確に特定され，心理療法家は治療を行なう訓練を十分に受けており，クライエントの選出は厳密に行なわれ，彼らの問題は注意深く測定され，照合される。クライエントは無作為に治療群と比較のための統制群にふりわけられる。理想的な計画では，①患者が治療条件と統制条件に無作為にふりわけられ，②注意深く患者が選ばれ，③実施される治療法についてブラインドの研究者と研究参加者の両者から構成され（たとえば，二重盲検法），

④治療的介入の条件が注意深く統制される。考慮すべき点は，治療条件を「抜き出す」ことである。そのためには治療条件のなかで特定の側面だけを活性化し，他の条件を活性化させないままにしておくことである。もし所与の治療法が無治療条件下でよりも効果があれば，その治療法は効果があるということができるが，そういえるのは研究された状況下に限られる。効力研究＊の方法は科学的な結論を導き出すが，それは研究が行なわれた特定の心理療法家に対して，その手続きにおいて，そしてそのクライエントに対してのみに当てはまる。それは内的妥当性が高いということである。それに対し外的妥当性を確立することはより難しい。なぜなら，それは広く使用されるものとしての心理療法にまで一般化されなければならないからである。さらに，効力研究計画のなかで使用される高度に特定された治療プロトコルは，多くの実践的な臨床家が使用している治療プロトコルを代表していないかもしれない。この点は生態学的代表性としていわれていることである（Kerlinger & Lee, 2000, pp. 476-477を参照）。

　第2の問題は，有効性に関する疑問である。それは心理療法が実際の臨床場面で有効に機能するのだろうか，との問いに言い直すことができる。通常，効果研究＊は効力研究に必要な科学的な厳密さを有していないので，疑似的実験法といわれる。効果研究は，通常実践されるような心理療法の自然主義的研究を含んでいる。効力研究方法論の特徴である，無作為にふりわけられた実験群と統制群を用意することは，犠牲にされ，むしろ実践している心理療法家とクライエントに適応できるように一般化が図られ，そしてこの分野で使われる手続きにまで一般化されることが求められる。つまり効果研究は，外的妥当性は高いが内的妥当性は低い。効果研究は，効力研究よりも厳密さが劣るので，結果は多様な解釈を許す。たとえば，一群のクライエントが，精神分析を受けてパーソナリティの変化が起こったと報告するとするならば，そこにはいくつかの解釈が可能である。すなわち，それは実際に起こったことかもしれない。心理療法家は精神分析が最も重要なものと考えるかもしれない。クライエントは精神分析とは無関係に，ただ時間が経過したことによって変化したのかもしれない。あるいは，友達や血縁者や同僚のような他の人から見れば，クライエントはまったく何も変わっていなかったということもあるだろう。

　心理療法の効果を評価するために，これまでにみた両方の方法論からのデータを調べなければならない。効力研究は必要であるが，おそらく十分ではない。効力研究は心理療法家が治療条件下で効果があるとするならば，現実的に効くかもしれないということを私たちに教えてくれる。これに対し効果研究は，心理療法家が実際に臨床場面で本当に効果があるかどうかということを教えてくれる。

心理療法の効果と効力研究の参入

　アイゼンク（Eysenck, 1952）は，心理療法の結果についての最初の批判的な展望を公にした。彼の前提は，効果があると判定されるべき心理療法は，心理療法をまったく用いないよりも，心理療法を用いたほうが，明らかに心理的苦痛が軽減されなければならないとするものであった。したがって，無治療対照群での改善と心理療法を受けた患者での改善は比較されなければならなかった。アイゼンクは，いわゆる神経症と呼ばれる患者を検討すべき対象と考えていた。アイゼンクにとって，神経症が，心理療法から利益を受けることを求め，しかも最も利益を受ける患者の代表とみなされた臨床群なのであった。

　心理療法の成果のデータは24の無統制研究から導き出された。これらの研究からアイゼンクは，特定された改善率をパーセンテージで集計し，2つの改善率を提示した。1つは精神分析で治療された患者であって，44％の改善率であった。もう1つは折衷的心理療法で治療された患者であって，64％の改善率であった。比較のためにアイゼンクは，公式の心理療法を受けていない神経症患者の改善率を報告した。改善率は72％に達し，これは公式の心理療法なしでの改善を意味する自然治癒力に起因するものとみなされた。

　アイゼンク（1952）の結論は強調され，その後反響がこだまし続けた。データは，「心理療法が……神経症患者の改善を促すということを証明できなかった。データは，心理療法を用いても用いなくても，神経症患者のおよそ3分の2は発症後約2年の間に著しく回復し，改善することを示唆する」（p. 322）。

　アイゼンク（1952）にとって，これらの発見の意味することは厳正なものであり，広範囲に及んでいた。彼は，心理療法の効力に関して科学的に受け入れられる実証性を欠いているということから，心理療法士が心理療法の訓練を続行することについて疑問を呈した。さらに，彼は厳密でよく統制された調査によって心理療法のポジティブな影響を証明するべく，臨床研究者に挑戦した。したがって，彼は心理療法の成果を評価するための効力方法論の使用を提唱した最初の人であった。

　専門家と研究者たちはアイゼンクの主張に動揺し，批判と反論を噴出させる形でそれにこたえた（たとえばBergin, 1963, 1971; Kiesler, 1966; Luborsky, 1954）。さまざまな批判が，アイゼンク（1952）の調査のいくつかの結論に，集中して浴びせられた。多くの反論は，いくぶん皮肉的ではあったが，間違いなくアイゼンクの結論を弱める方法論的な弱点に向けられた。しかしアイゼンクが展望した研究は心理療法の効力を明確に指し示していると主張する批評家が誰もいなかったことは注目に値する。

　批判と非難を受けたアイゼンク（1961, 1966）は，心理療法の効力に関する彼の反

論をさらに強化した。1952年の調査以降に公刊された12の統制研究の展望と批判的分析を行なった後，アイゼンクは心理療法の実証的な効果はまだ得られていないと結論づけた。さらに，彼は，心理療法が効力を持たないとする範囲が，成人の障害を超えて，子どもに特徴的な臨床的障害にまで，明らかに広がったと主張した。しかしながら，最も重要な結論は，治療を比較した結果に対するアイゼンクの解釈にある。アイゼンクによれば，学習理論に基づいた治療法は明らかに効果があるが，言葉による洞察志向の治療法は効果が明らかではなかった。

アイゼンク（1961, 1966）の論評は，古傷に塩をなすりつけ，新たな傷口を開くものであった。つまり心理療法の効力に関する疑いはそのまま残されたのであり，1つの治療法の理論的枠組みがその他の治療法よりもすぐれているということに関する新たな問題が立ち上がったのである。このように，心理療法全体の効力に関する問題は，どの心理療法がより効力を持つかという，より特化した問題に進展したことになる。心理療法研究者によって答えられるべき緊急な問題は，「誰による，どの治療が，どのような環境下で，その特定の問題を抱えたこの個人にとって，最も効果的か」（Paul, 1966, p.111）ということになった。研究の問題がより明確になるにつれて，より多くの研究が生み出されることになった。研究の方法論も，それに応じて改善された。

心理療法の効能に関するアイゼンクの挑戦があり，ある療法が他よりもすぐれていると彼が示唆して以来，治療の効力についての特定の問題が，既知の研究戦略，すなわち統制比較研究によって扱われることが多くなった。この研究のパラダイムは，長年にわたって臨床研究者によって洗練されてきたため，心理療法の結果が，近似的な科学的条件下で評価されるための絶対的な標準となるにいたった。

比較対照研究の模範例として，テンプル・スタディと呼ばれている大規模な心理療法プロジェクトがある（Sloane et al., 1975）。テンプル・スタディはその方法論的精密さと臨床実践に近似させている点で注目に値する。研究サンプルは，心理療法士が臨床の場で出会う典型的な外来患者94名から構成された。大多数は神経症と診断される者で，あとはパーソナリティ障害と診断された者であった。患者たちは，性別，症状の重篤度が同質になるようにされ，2つの治療群と統制群のどちらかに無作為にふりわけられた。1つの治療群では，3人の精神分析的な志向をもった心理療法士によって治療が行なわれた。他の治療群では，3人の行動療法家によって治療が行なわれた。すべての心理療法士は十分な経験を持っており，同僚からはよい心理療法士だとみなされ，高い名声を勝ち得ていた。治療モダリティを比較するためのガイドラインは，6人の心理療法士によって開発されたものであり，よくなじんだものであった。統制群の患者は心理療法士に会うまでに4か月待つように依頼された。彼らは，もし危険な状態になったら，最初の面談をした精神科医師に電話するようにと言われた。研究アシスタントは状態をチェックするために時々電話でコンタクトをとり，もうす

ぐ心理療法士に面談できるだろうと安心させた。

　心理療法の効力を査定するための最初の測定と査定は，精神分析的心理療法，行動療法，心理療法を待つ間の最小限の電話でのコンタクトのそれぞれの4か月後に，行なわれた。この期間の心理療法セッションの平均的な数は約14回であった。最初の査定の後フォローアップの評価は1年と2年のインターバルをおいて行なわれた。

　結果は行動療法と精神分析的心理療法の効果をはっきりと支持するものであった。3群のいずれにおいても特定の症状の重篤度の改善は明らかであったが，治療群は統制群よりも有意な改善がみられていた。そのうえ，治療法間では有意な差は認められなかった。これは，いずれも等しく効果があったことを示唆した。独立した査定者による評価によっても，治療群患者の多くが統制群の患者よりも全般的な改善がみられたことが明らかにされた。フォローアップのデータは，1，2年のインターバルを経てもなお改善が続いており，このポジティブな結果は一時的なものではないことが示唆された。

　テンプル・スタディはその後の多くの比較対照研究と同じく，心理療法が効果的であり，また精神分析的心理療法と行動療法のような主要なアプローチが同等に効果的だということを実証した。しかしながら，研究の方法論的利点はまた結果の一般化を制限するものでもあった。ここでの結果はいわゆる神経症患者に対するそれぞれの治療法の短期療法バージョンにのみ当てはまるのである。

　この種の科学的研究でさえも決定的なものとはいえず，議論なしですますというわけにはいかない。その適例が，MINHうつ病治療共同研究プログラム（Elkin, 1994を参照）である。このプロジェクトは潤沢な資金助成を受け，入念に計画された疑いもなく最も大規模，方法論的にもしっかりとしたものであり，いまだ結論をみていない心理療法効能の臨床治験に関するものであった。このプロジェクトでは抗うつ剤のイミプラミン（トフラニール）と2つの心理療法アプローチ，すなわち認知療法と対人関係療法との間でうつ病治療の効果が比較された。結果的に，2つの心理療法と抗うつ剤は，プラセボ統制群に比べ，有意な改善を示し，治療条件群間ではお互いに同等の効果を示した。さらに，18か月後のフォローアップにおいても治療条件群間には有意な差異が認められなかった。また最初に改善した患者の30％以下では，うつ症状は認められなかった。論争が生じたのは薬物療法と心理療法の効能をめぐってのものであった。同じ粗データを調べた研究者たちは，まったく異なった結論に達した。たとえば，クライン（Klein, 1996）は重篤なうつ病ではイミプラミンが有効であると結論を下した。これに対しヤコブソンとホロン（Jacobson & Hollon, 1996）は，イミプラミンを服用した患者は治療をドロップアウトし，再発が有意に多かったと主張した。さらにヤコブソンとホロンは，公刊された多くの研究がうつ病治療においては薬物治療よりも認知療法のほうがすぐれていることを示唆していると述べた。この

ように心理療法研究におけるすぐれた科学が,必ずしも意見の一致につながるわけではない。

否定的結果

外科医の使うメスが心理療法の効果の類比としてよく使われる。もし心理療法が外科医のメスのように,精神病理や人間の苦しみを改善するのに有効な介入法であるならば,誤った方向に行ってしまったり,間違って適応されたりすると,苦しみが増してしまうことにもなる。心理療法の否定的結果の可能性は,心理療法研究者にとっては実に深刻な関心事である。しかし残念ながら,この問題に光を当てた著述で評価に足るべきものはほとんどない(Stricker, 1995)。

医者にとってしばしば引用される「第1に傷つけるなかれ」というヒポクラテスの誓詞は,心理療法士にも同様の意味を持つ。心理療法について研究をするコミュニティのなかでは「否定的結果」の定義に関する合意がほとんどない。否定的結果の多くの分類では,①変化させることができなかったが,有意ではない改善があった,から②結果には否定的な影響が明らかにでているが,しかし有意な悪化とはいえない,そして③臨床的に有意な悪化,までといった連続体を考えている。「否定的結果」について論じてきた多くの著者は,②と③をまとめたものか,③の「有意な悪化」に焦点を当てている。しかし有意な変化がないということも否定的な効果であり,少なくとも否定的な結果であるとみなすべきであろう。結局,もし患者が手術に反応しないなら,病気は広がるのであるから,これは明らかに否定的結果である。否定的結果は改善したかどうかだけを捉えること以上に,場合によっては研究の本質を露わにする。タリアーら(Tarrier et al., 2000)は,統合失調症の患者に対して行なわれた認知行動療法的介入,支持的なケア,標準的なケアの組み合わせによる効果を相互に比較した。フォローアップの結果,恐ろしいことに,標準的なケア条件の患者では使用されたすべての測度において悪化が認められていた。

心理療法における否定的効果ないしは悪化の割合は,上記基準が混在して使用されているが,当初はすべてのケースの10分の1から3分の1の間にあると見積もられていた(Stricker, 1995)。最近では,臨床的に有意な変化を示すという悪化についてのより公式的な操作的定義を使用して割合を見積もると,「悪化」が起こるのはより稀であることが示された。たとえば,ヤコブソンとトルアックス(Jacobson & Truax, 1991)は,臨床的に有意な悪化がみられるといった統計学的定義を使用し,行動療法的夫婦療法を経験した患者30名のサンプルを検討した。30名の患者のうち,

1名だけが臨床的に明らかに悪化とみなされる得点を示した。ヴァンダービルト第2 (Vanderbilt Ⅱ) 心理療法研究プロジェクトにおいて,完全にデータがそろっている61名の患者のうちで臨床的に明らかな悪化がみられた患者は1名もいなかった (Bein et al., 2000)。NIMH うつ病共同研究の分析では,250名の患者のうち1名だけが臨床的に明らかな悪化を示した (Ogle et al., 1995)。このように臨床的に有意な悪化といったより明確な定義を使用することで,悪化は,少なくともここで示したような大規模で,よく統制された研究においては,5%をはるかに下回り,めったにおこらない。

心理療法研究において実際の悪化はほとんどないことが明示されたのは,逆説的にいえばいくぶん不運でもあるが,幸運なことでもあった。有意な悪化が起こらないというのは疑いもなく否定的効果であるが,心理療法が広範囲の心理社会的な病のためのきわめて有効な治療であるという事実を反映していることは明らかである。しかし悪化したケースを注意深く研究することは,心理療法の実践をよりよいものにするためにはどの点に注目すればよいかについて多くのことを教えてくれることになろう。

心理療法のケースの大部分は,ケース報告と教科書に掲載されるような疑いもない成功物語とは違って,よりいっそうあいまいなものである。このあいまいさは不快感を残すかもしれないが,多くの心理療法研究者はその不快感を乗り越えて評価範囲を拡大しようと試みてきた。たとえば,否定的結果に関する研究において,ストラップら (Strupp et al., 1977) は,心理療法効果における3者モデルを発展させた。彼らによれば,心理療法は,人間のなかの変化する可能性のある価値構造にはたらきかけるものであり,効果は患者,精神保健専門家(すなわち「構造」),ケース内で達成される社会的成果という3つのものの独特なかかわりによって特徴づけられる。したがって,否定的結果はこれら3つのものによって生み出される作用に依存する。

研究を意味あるものにする方法:メタ分析

テンプルプロジェクトと NIMH プロジェクトのような心理療法の効力の統制された比較研究は,今では無数にある。目下の課題は,時に本質的に異なっているようにみえる多くの科学的研究結果を意味あるものにすることである。

歴史的には心理療法の研究結果を含む科学論文では,学者が編集し,批判し,分析した研究論文についての論述的展望が評価されてきた。その落とし穴は明らかである。展望者の価値,偏見,予想が,研究の選出と評価,ならびに結論のいずれにも重大な影響を与えるからである。アイゼンクが引き起こした論争と反論の嵐をみればそれがよくわかる。

スミスとグラス（Smith & Glass, 1977）およびスミスら（1980）は，論述的展望にみられるほとんどの落とし穴を取り除く心理療法効果の結果を統合する計量的手続きを開発した。彼らの手続きでは，平均，分散，t検定，F比のような公刊された論文から通常は得ることのできるデータを使用する。それは，分析をもとにした分析，あるいはメタ分析＊を意味している。メタ分析が論述的展望よりすぐれている点は，結果をどの程度強調できるかの判断を行なうのが人間の判断ではなく統計的判断であるということである。メタ分析における中枢となる統計量は効果量＊である。統制群の標準偏差で，治療群と統制群との間の平均差を割ることによって算出される。すなわち，効果量は結果の大きさを反映する標準化された平均差であるので，多様な手続きと測定を使った多くの研究の間の比較を可能にする。

スミスら（1980）は475編にもわたる膨大な心理療法成果研究＊を展望するメタ分析を行なった。そこでは1,766個にわたる効果量が計算され，数千の一覧表が作られ，データの要約が作られた。他の調査と違って，彼らの研究では効果量はすべて公表された研究から得たものに基づいていた。効果量についてのさまざまな分類図式と統計分析は，心理療法効能に関する多くの特定の問題にかかわるデータを供給することとなった。

その結果，次のようないくつかの重要な結論が引き出された。

1. 一般的には，さまざまな形式の心理療法が有効であるとみなせる。平均効果量は.85であった。このことは，心理療法を受けているクライエントが，心理療法を受けていない者の80％よりも改善したことを意味する。もしプラセボ治療と特定できないカウンセリング技法を除くと，効果量は.93に上昇する。心理療法におけるこのような効果は，医学と教育における高額で長期間の介入の効果に匹敵する。
2. 理論的オリエンテーション（たとえば，精神分析的心理療法，学習理論に基づく心理療法，認知論的心理療法，来談者中心療法）が異なっていても，モダリティ（言葉，行動，あるいは表現）が異なっていても，改善の程度には違いがなく，どのような改善がみられるかということでも違いがない。効果量の単純な無統制比較では，催眠療法，系統的脱感作，認知療法，認知行動療法が最も効力があることを示唆している。しかしこの優位は，クライエントのタイプと効果測定のタイプを考慮に入れた統制比較を行なうと消失する。うつ病や単一恐怖といったような障害を持ったクライエントが治療対象となると，オリエンテーションやモダリティにかかわらず，心理療法が最も効果を発揮した。
3. 短期介入と長期介入，個人療法と集団療法，そして熟練心理療法士と未熟心理療法士のいずれの対比においても，類似した効果量が得られた。

4. 次に述べる2つの結果は，上記の結論についての信頼性の程度をいささか低くする。すなわち，心理療法の効果は，一般的には，2年後には低くなってしまう。平均効果量は.50にまで落ち込み，なんと数パーセント（約9％）の心理療法では効果が現実的にはネガティブとなる。

スミスら（1980）のメタ分析研究に対する主要な批判は，あまりにも包括的でありすぎるという点である。すべての研究を含めて検討するためには，よい研究であるか悪い研究であるかを斟酌しないですべてを使用することが求められる（たとえばHoward et al., 1997）。それにもかかわらず，スミスらは研究の質に基づいて効果量を比べている。研究の厳密さは効果量にほとんど影響しないか，あるいはまったく影響しない（Smith & Glass, 1977; Smith et al., 1980）。したがって，その結果は，メタ分析において方法論的に問題のある研究をも含んでしまうので，すぐれた美術品というわけにはいかない。

効力研究の急速な発展に従ってメタ分析の数も急増した。スミスら（1980）の基本的な結果は繰り返し確認されてきた（Wampold, 2001）。すなわち，心理療法が効果的であるということばかりでなく，ある特定の心理療法が他のものよりも有意にすぐれているという確証はほとんどないということである。最も包括的なメタ分析（Wampold et al., 1997）と32個のメタ分析をさらにメタ分析したもの（Grissom, 1996）では，ローゼンツワイク（Rosenzweig, 1936）が65年前に到達した結論を，堅固なものにした。彼は，『不思議の国のアリス』のなかのレースの終わりにドードー鳥が「誰もが勝ち，誰もが受賞しなければならない」と言ったことを受けて，当時のどのような心理療法でも一様に明らかな効力を持つということを，ドードー鳥の評決と名づけた（p.412）。この結論は，心理療法の分野にとって重大な意味を持っている。心理療法の分野では，過去50年間，最良の心理療法にみられる行動の変化の本質的で，特定な所見を明らかにしようと夢中になってきていた。しかしドードー鳥の評決の言っていることは，どの心理療法にも共通する治療的特徴はあるが，特定の心理療法に特定の治療的特徴があるというわけではないということである。

プラセボ統制と共通因子

ドードー鳥の評決は，心理療法研究家に対して，心理療法の特定の活性部分を同定するための取り組みを，さらに倍加させる効果があった。心理療法研究は，医学研究から，非特異要因から特異要因を分割するためのプラセボ統制計画を借用した。しか

ししだいに,プラセボ群を理解することとプラセボ群が示すと想定される要因について理解する方向に注意が集まるようになった。

医療プラセボは,心理学的過程を含んでいる。そのため,心理学的治療との比較のためにはどのような統制群を準備する必要があるのかを明らかにせねばならず,必然的に心理療法研究が関心の的となった(プラセボ効果の考察としては第11章を参照)。1950年代のはじめに行なわれた医学研究において,プラセボ群に割り当てられた患者の,平均して約30%から40%が,改善がみられると期待されていなかったにもかかわらず,しばしば有意に症状の改善を示した (Harrington, 1997)。

医療プラセボを理解することによって,心理学的治療の非特異的要因が何であるかを理解できると同時に良質の心理学的プラセボを発展させられるかもしれない。ここで得られる仮説は,心理療法研究において検証されよう。第1に,極度の心理的苦痛を持つ患者が心理的プラセボ条件下におかれることでより大きな改善がみられるかもしれない。したがって,自分からすすんで治療を求め,苦痛から逃れようと必死になっている患者では,改善の理由があまりはっきりしたものではないにしても,治療ならどんなものが施されても実に速やかに改善するかもしれない。しかしそのような早急な改善は長期的にみると治療の成功につながらないかもしれない(医療プラセボがまさしくそうであったように)。同じように,心理的プラセボが,心理療法においても類似の短期効果をもたらすかもしれない(この問題は,本章で後述する)。しかし長期的な改善の本質がどのようなもので基本的なパーソナリティ型に起こる変化がどのようなものであるかについては,長期間のプラセボ比較研究で,さらに明らかにされなければならない。第2に,心理的プラセボは,患者の不安と期待が高まったときに,より効果的であるかもしれない。最後に,温和で情のこまやかな特性を持つ,たとえばケース・マネージャー,専門職助手,あるいはその他の支持的な援助者のような人たちが心理プラセボを与えると,そうした特性を欠いた人々以上にプラセボのよりよい成果が期待される。

心理療法におけるプラセボの研究は,心理療法のはたらきを2つの成分に分割するというより大きな研究目標の文脈のなかで,最もよく理解される。それらは,特に心理学的治療の適用に結びついている成分と一般的に治療的な価値を持つ治療環境の側面により関係した成分である。後者は,治療形式にこだわらずすべての形式で共有されると一般に信じられているので,**共通因子***といわれる。これらの因子が特定の技法に結びつくことは難しく,**非特異**なものである。このことはこれらの要素が単純に共通であるということを意味しているのではなく,その要因自体が研究され,利用される正当性を有していることを意味している。非特異的要因は,患者と治療者の双方に起因するものであり,治療者と患者の反応のよさのようなものを含んでいる。すなわち,変化のための患者の期待,熱意,動機,そして対人相互関係である (Kirsch,

1997)。治療同盟に関する研究は，非特異的要因の1つの例である。ここでは効果としてより特定のポジティブな影響を与えることが示されてきていた（Horvath & Symonds, 1991; Martin et al., 2000）。

　心理的プラセボ群についての主要な関心事は，非特異的要因のなかの何を含んでいるかということである（プラセボ群ですべての非特異的要因を統制することは不可能というのが現在の一般認識である）。このことは，治療研究を模倣する活動を通して調べることができる。それらは，心理過程，妨害課題，臨床ケース・マネージメントのさまざまなレベルについての文章の講読，あるいは心理学的治療を施す訓練を受けていないあるいはほとんど受けていない「治療者」のセッションを受けることを含んでいる。通常，プラセボ群が心理療法（特定の技法を含んでいない）の一般的な構造をまねればまねるほど，プラセボの効果量は本物の心理療法に似てくる（Lambert & Bergin, 1994; Wampold, 2001）。いくつかの調査結果では，プラセボ群の患者が，真正の心理療法の患者と比べたときに同等の効果をあげたことすら示していた（たとえば Strupp & Hadley, 1979）。

疑似専門家の治療と経験的支持のある治療

　心理療法家の技法の巧みさや専門的な流派にかかわらず，すべての心理療法には優劣がないとする結果は困惑をもたらし，その結果には2つの反応があった。1つは，心理療法は効果があるのだが，最低限のトレーニングで実践できるたぐいのものを示しているとみなす者たちによるものである（たとえば Dawes, 1996 を参照）。彼らは，博士課程での訓練やライセンスなどはほとんど必要ないとみなす。この立場では，訓練は最低限でよく，また治療状況で疑似専門家が増えることは喜ばしいことと歓迎する。さらにこの見解が暗示していることは，実践されている心理療法を適正に学ぶにしてはあまりに多様化し，またあまりに困難となっているということである。心理療法の分野は常に変化し続けており，それ以上に心理療法実践の基本的構造がいつも置き換えられるといった状況があるので，研究者たちが研究目標を定めることが困難となっている。そのため心理療法の成分を同定しようとする研究を計画すること自体がほとんど不可能なのである。このことは効能研究にとってはそれほど問題にはならないにしても，実践されている心理療法を理解しようとしている効果研究の実践者にとっては，ことのほか過敏とならざるをえない。

　第2の反応は，どのような治療で資金支援が得られるかを気にしている専門家組織の一部から起こった。それは，大部分が経費削減を目的としたものであった。主に，

表6-1 経験的に支持される治療の基準：十分に確立された治療
　　　（American Psychological Association Task Force, 1995, p.21）

　Ⅰ．異なる研究者によって行なわれた少なくとも2つの適正な集団研究において，以下の1つ以上において効力を示すこと
　　　A．薬や心理プラセボや他の治療よりすぐれていること。
　　　B．適正な統計的検出力を持つ研究においてすでに確立されている治療と同等であること。
　または
　Ⅱ．効能を表わす大規模な単一ケース研究シリーズは，以下の条件を満たさなければならない。
　　　A．適正な実験計画法を使用すること
　　　B．ⅠのAにおけるように介入が他の治療と比べられること。
　ⅠとⅡの双方に対しての追加基準
　Ⅲ．研究は治療マニュアルに基づいて行なわれなければならない。
　Ⅳ．クライエントサンプルの特徴は詳述されなければならない。

表6-2 経験的に支持される治療の基準：おそらく効果がある治療
　　　（American Psychological Association Task Force, 1995, p.22）

　Ⅰ．治療が順番待ちリスト統制群よりも効果があることを示す2つの研究
　または
　Ⅱ．十分に確立された基準のⅠとⅢとⅣに合致する2つの研究．しかし両方とも同じ研究者によって行なわれていること。あるいは，これらの同じ基準によって効果が示されている1つの適正な研究。
　または
　Ⅲ．クライエントのサンプルの異質性によって不備があるが，効果があることを示す少なくとも2つの適正な研究
　または
　Ⅳ．十分に確立された基準のⅡとⅢとⅣに合致する個人ケース研究の小規模なシリーズ

マネージケアないしは他のヘルス・ケア改革者が動機づけられていた。アメリカ精神医学会とアメリカ心理学会はこの動向の陣頭指揮をとってきた。アメリカ心理学会の第12部会の特別委員会は，心理学実践のための経験に支持された心理療法（かつては「経験的に妥当な」心理療法といわれていた）を決めるための厳正な基準を作り上げた（American Psychological Association Task Force, 1995）。これらの基準を，表6-1と6-2に示しておいた。特別委員会は，連邦薬事委員会が使用している受容可能な治療の基準をモデルとした。ここではよく知られている心理療法の非常に膨大なリストから，**効力のある**より少ない心理療法がリストに絞り込まれた。特別委員会自体は，彼らの心理療法リストが最終結論であるとはいっていないが，そのリストに載らないことで経験的な支持が得られなかったとみなされるのは明らかであった。短いリストに載っている心理療法は，「証明のためのいくつかの基準」を満たしているのであり，それが公式の権限を持つものではないとしても，臨床実践において好ましさが

暗示される（Nathan & Gorman, 1998 と比較）。しかし経験的に支持された心理療法のリストは予備的なもので，年に1度最新版に作りかえられる。特別委員会は心理療法の実践を取り巻いている実社会市場の危険にこたえようとしたのであり，同様に現存する心理療法に関する新しい研究を鼓舞したいと考えたのである。このように，このリストは，心理療法の実践がより多くの研究によって実証されることを考慮しながらも，最小限のケア基準を確立したいとの願いによって発展してきた。

　経験的に支持される心理療法を同定しようとする動きは，これまでの私たちの考察からすれば，逆行したものである。経験的に支持される心理療法リストの作成は，それらが本物の治療であるとするならば必然的に他の心理療法と同等であるといった基本的な事実によって，科学的には未成熟なものと認めざるをえない（いくらか異なった観点を示すものとして 第1章を参照）。効力研究とメタ分析評価が増えれば増えるほど，未成熟さがいっそう強く指示される（Wampold, 2001 と比較）。

　私たちは，心理療法はどれも同等であるとする帰無仮説は棄却されうると信じているが，他者がこの結論に同意しないこともまたよくわきまえている。研究から得られた事実に基づいて，ある学者ら（たとえば Chambless & Ollendick, 2001; Hunsley & Di Guilio, 2002）は，ある心理療法，特に認知行動アプローチに基づいているものは，他の心理療法よりも効果的であると論じている。同等であるとする見解への2つの反対意見は注目に値する。1つは，行動療法と認知行動療法では成人に対してよりも概して子どもと青年期に対して効果を持つとの事実である。2つには，主要なメタ分析におけるある効果量の差（たとえば Smith et al., 1980）は，小さいながら認知行動療法的介入がすぐれていることを示唆していることである。しかしながら，チャンブルスとオレンディック（Chambless & Ollendick, 2001）では，成人のうつ病のような多くの障害にとって，多くの治療法は同等な効果を持つことが認められた。

　経験的に支持される心理療法に関しての討論によって引き出された注目すべきものが2点ある。第1に，臨床実践と方針決定の倫理についてのものである。実践ガイドラインは，サービスに対して財政上の弁償問題を起こすといった不正を行なった臨床家に対して，制限を加えることになるかもしれない。それに対し，心理学ライセンスの規定の範囲内にある実践に対してはよりいっそうの義務を課すかもしれない。そして経験的に支持される心理療法リストからもれてしまうことには，異議が差し挟まれることがあるかもしれない。第2に，精神疾患に施されるべき経験的に支持される心理療法の特化についてである。アメリカ精神医学会（American Psychiatric Association, 1994）によって開発された精神疾患をグループ化するためのシステム，『DSM-Ⅳ 精神疾患の診断・統計マニュアル』に基づいたカテゴリーによって分類される特定の障害に対して，心理療法の妥当性が判定されている。しかし DSM カテゴリーへの信頼は，もともとそれらのカテゴリーには信頼性と妥当性についての精神測

定的問題が多いので（Garfield, 1996 と比較），科学的な意味で，まったく濁りないものというわけにはいかないのであり，精神病理学の研究者たちはむしろ代替的アプローチ（たとえば，次元的）を提唱してきている（Turner & Hersen, 1997）。

影響力を発揮する心理療法家とそうでない心理療法家

　心理療法家の影響力についての研究はほとんど行なわれてきていない。調査結果の多くは，メタ分析と先行研究の再分析によるものであった。個人のレベルで心理療法家の影響力についての研究計画を立てることは困難である。大規模な心理療法研究のみが心理療法家の潜在的な影響力を確認することができる。たいていの研究は，ほんの一握りの注意深く選ばれた心理療法家しか含んでおらず，さらには心理療法家の変数を個人差として最少のものに統制しようと，心理療法家は治療プロトコルを厳守するように求められていた。

　心理療法マニュアルは，心理療法家の技術を標準化することを通して，心理療法家の影響力を統制する手段として使われてきた。たとえば，クリッツ＝クリストフとミンツ（Crits-Christoph & Mintz, 1991）は，心理療法マニュアルが使われるときには，個々の心理療法家の影響力が減少すると結論した。この結果に対する１つの解釈は，マニュアルの使用が，心理療法家の影響力の望ましくない「雑音」を減少させるということにあるというものである。しかしながら，別の解釈では，心理療法家の影響力に潜在する多くの長所が，心理療法家の行動を標準化するときに失われてしまっているというものである。

　ルボルスキーら（Luborsky et al., 1986）は心理療法家の影響力と治療効果の双方に関する４つの研究を再分析した。この研究において，心理療法家の影響力は使用された心理療法による効果よりもさらに大きいことが示唆された。心理療法家の影響力についてのメタ分析において，クリッツ＝クリストフら（1991）は，心理療法家の影響は大きく，個々の心理療法を比較したときに認められる典型的な効果の大きさをはるかに上回ることを見出した。ブラットら（Blatt et al., 2000）は，NIMHうつ病共同研究のデータを再分析し，注意深く統制し，厳格に管理された治療マニュアルを使用しても，心理療法家の影響力が有意なことを報告した。さらに，心理療法家の臨床経験のレベルは効力に違いがなかった。差異が認められたのは，心理療法家の臨床オリエンテーションによるものであった。すなわち，より心理学的な（生物学的でなく）臨床へのオリエンテーションを有しているほど，心理療法の影響力は大きくなった。影響力のある心理療法家は，効果が出現するために必要な時間を見積もることに

おいてもより注意深かった。彼らは，患者に心理療法の影響が明らかに現われるまでの期間を，少なく見積もるよりは多めに見積もっていた。

心理療法家の影響力の存在を証明するこれらの研究は，ほとんど論議の対象とならなかった。したがって，さらなる研究がそのような影響力に関してなぜ行なわれていないのか疑問に思うに違いない。興味深いことに，前記の研究では心理療法家の影響力を妨害変数として扱うのと同様に，さらなる研究のための有意な変数として扱うという両方の目的で引用されていた。ルボルスキーら（1986）の研究は，心理療法マニュアルの使用を通して，より堅固な実験統制をする必要があるとする証拠を提供している。それは，現代の治療マニュアル（心理療法家の影響力がなぜそれほど多大なのかを「説明」するための）の出現以前に行なわれたものと同じようなものである。しかし心理療法家の影響力が大きいという事実は，これに貢献する心理療法家の質をよりよく説明するための議論の発展を導いた（たとえば Strupp & Anderson, 1997）。

心理療法家の影響力の本質についてのさらなる探求は，経験レベルや技法を適用する「力量」のような変数の調査につながった（たとえば Beutler et al., 1994 を参照）。しかしながら，これらの研究の流れは，結局行き詰まってしまった。バトラー（Beutler, 1997）は，興味深い論述のなかで，心理療法家の「経験」を研究変数として取り上げないままにしてしまうのは，早計であったかもしれないと述べた。というのは，先行研究における心理療法家の経験は，訓練を受けてからの年数で定義されていたからである。このような定義は，患者集団が異なることによって生ずる経験の多様性を含んでいないし，熟達，パーソナリティ特性，その他の変数によってまたあいまいなものになってしまう。マリンクロットとネルソン（Mallinckrodt & Nelson, 1991）はまた，心理療法家の経験は治療同盟を形成する能力に関与しているかもしれないし，もともと治療同盟は明確な単一方向性の関係でないとも報告した。

心理療法過程の研究は，「影響力を持たない」心理療法家から「影響力を持つ」心理療法家を分離することについての最もよい手がかりを提供してきた。過程研究*は，治療セッション中に起こることに焦点を当てている。そして過程で起こってくる事象を，①患者が心理療法の終了までに起こす変化，②これらの事象の質についての独立した査定（たとえば，解釈を「よい」ものにするのは何か），または③それら両者，に関係づける。以下に述べられていることは，影響力のある心理療法家とそうでない心理療法家の質という点に関して繰り返し指摘されているものである。

1. 専門的な訓練が影響力のある心理療法家とそうでない心理療法家を分かつという証拠はほとんどない。より高度の専門的訓練（たとえば，困難なケースにおける責務，クライエントの情報のプライバシーの保持）が重要なのは確かであるが，心理療法家の訓練による影響力の違いはほとんど証明されていない（Christensen

& Jacobson, 1994)。この結論に対する1つの警告として，専門的訓練を受けた心理療法家は，疑似専門家に比べ，短期治療においてわずかによい効果を示すかもしれないということである（Berman & Norton, 1985）。
2. 同様に，臨床経験の年数も，影響力のある心理療法家とそうでない心理療法家を分かつものではない。先に述べたように，臨床「経験」についてのより深い定義をもとにした研究はまだ行なわれていない。心理療法家が受ける訓練の本質が狭く操作されすぎているということでは，この影響力（上記1参照）についてもまだほとんど証明されていないといえるであろう。
3. 理論的なオリエンテーションによって心理療法家の影響力に差は生じない。
4. 影響力のある心理療法家はそうでない心理療法家に比べ，患者との間によりポジティブな治療同盟を発展させる。さらに，この傾向は，患者変数とは無関係である（たとえば Luborsky et al., 1997）。

　同盟変数の中身を取り出すことは，より困難なことであることが判明し，そしてより包括的な結果に導いた。しかしいくつかの興味深い手がかりが得られた。それは，同盟変数の中身を取り出すことの結果は再現性がなく，また矛盾する結果と絡み合っているということである。

　影響力のある心理療法家は，治療セッションの間，多くのポジティブなコミュニケーション行動を示している。影響力のある心理療法家はそうでない心理療法家に比べ，患者に対して軽蔑的な，あるいは親和的でないコミュニケーションを驚くほど少ししか行なわない（Henry et al., 1993）。影響力のある心理療法家は患者を否定せず（Friedlander, 1984），より「同調的な」コミュニケーションパターンを示す（Westerman et al., 1995）。彼らの示す同調的なコミュニケーションパターンでは，より温かみがあり，より単刀直入であり，複雑なコミュニケーションをほとんど行なわない（Henry et al., 1993）。
5. 同僚の推薦を通して影響力のある心理療法家を同定しようと試みたところ，影響力のある心理療法家とそうでない心理療法家の間には，多くの相違が潜在することが暗示された。たとえば，ジェニングとスコヴホルト（Jennings & Skovholt, 1999）による同僚たちが推薦した「心理療法家マスター」についての研究は，影響力のある心理療法家に関する数々の変数の同定を導いた。特に，彼らは熱心な勉強家で，感受性が強く，人間関係を構築する高度な技能を持った精神的に健康な個人である。興味深いことだが，これらの結果は，仲間の間で「人気者の」心理療法家になることを反映してはいるかもしれないが，実際の効果にはあまり関係していないかもしれない（Orlinsky, 1999）。
6. 影響力のある心理療法家は，臨床素材を理解することと患者とのセッションで意味ある断片を取り出すことにおいて，影響力のない心理療法家とは異なるか

もしれない（Goldfried et al., 1998）。これらの違いは非常に数多くあり，臨床素材の理解において，認知的複雑性がより重要であるかもしれない（Jennings & Skovholt, 1999）。実証性は乏しいながらも，影響力のある心理療法家は困難なケースにより多くの時間を費やすかもしれない。彼らは，困難ケースへの挑戦に関心があり，そのようなケースは興味深いと感じやすいのである（Ricks et al., 1974）。

効果研究

　私たちの展望の多くは，効力（効果性に相対するものとして）に焦点を当ててきた。そして，心理療法研究は，大部分が効力研究の方略をもとにしてきた。効力研究は，小規模サンプルとパワー不足のために批判されてきている。心理療法における多くの研究は非常に小規模なので，基礎集団の差を超えてサンプルを特徴づけるにはしばしば十分なパワーがなく，基礎集団でさえも十分なパワーを持たない。フス（Hsu, 1989）が述べたように無作為臨床試験（すなわち，無作為化が等価値をつくり出すこと）における基本仮説は，いつも損なわれる。なぜなら，無作為化は相対的に大きなサンプルサイズのときに等価サンプルを保証するだけなのである。このような批判は効果研究のための議論によく使われてきたものだった。効果研究では，小サンプルであることの解法は多くの方法論的統制を弱めることであり，また効果研究の典型的な実践に則り心理療法の大きなサンプルサイズを調査することである。

　効果研究では，実際に実践されているのと同じように心理療法の研究は「現実の」コミュニティ状況で行なわれる。このことは，心理療法に関する無作為化臨床試験と他の統制実験室的研究を含む効力研究とは対照的である。効果研究の長所はサンプルを集めることが比較的容易であること，より大きなサンプルサイズであること，そして（適正な内的妥当性を仮定する）より一般化可能な結果を生み出すことである。おそらく効果研究の最もよく知られた例は，「消費者レポート」により行なわれているものである。この雑誌では，人々が購入するさまざまなサービスと商品をモニターし，評価する。心理療法の成果についての大規模な調査において消費者レポート18万人の購読者は，精神保健専門家，自助グループ，医薬品についての経験に関する一連の質問を受けた。一般的に結果は心理療法のポジティブな効果を示し，プロジェクトのコンサルタントのマーティン・セリグマン（Seligman, 1995, 1998）を驚かせた。精神的な問題のために専門家の援助を求めた回答者はよくなったと報告した。およそ90％が改善したと指摘した。さらに，大多数の人は，効果は心理士，ソーシャル・ワ

ーカーや精神科医師のような高度に訓練され免許をもった専門家に少なくとも6か月間会ったためだと報告した。特定の治療モダリティが他のものよりもよくなるということはなく，薬が心理療法で報告された効果をより高めるとは報告されなかった。すなわち，高度な訓練を受けた専門家は援助を受ける人たちによって効果的と知覚されていた。

　セリグマン（1995）は，消費者レポート研究が例となるような効果研究は効能研究の方法論的厳密さを欠くことを認めている。欠点の主たるものは，無治療統制群がないことである。無治療統制群がなければ，報告された症状の改善は自然回復，つまり治療に関係していない期間の回復のためということになりかねない。しかしセリグマン（1998）は，この批判やその他の批判を脇におき，効果性の方法論は計り知れないほど貴重だと強調した。それは，実際の臨床実践や実際に援助を求める人の経験に，よりつながりのあるものとなる。逆に，効力についての研究デザインは，「現実の心理療法の決定的な要素を取り去り，現実の心理療法を宇宙人かのように他者に紹介する。すなわち現実の心理療法の有益な効果を隠し，最小化し，歪曲する」(Seligman, 1998, p.570)。

　セリグマン（1998）は，クライエントの改善に本質的な実践的心理療法の属性を考察した。それらの属性は，管理された状況下で行なわれる効能研究によって見過ごされ，過小評価されるもので，表6-3に示した。ここでは，効果研究で示されるものとしての「実践心理療法」と効能研究で示されるものとしての「操作的定義の心理療法」

表6-3　効果研究アプローチと効力研究アプローチからみた心理療法（Seligman, 1995 より）

効果研究： 「実践心理療法」	効力研究： 「操作的定義による心理療法」
継続期間は定まらない；患者が改善するかやめるまで続く	継続時間は規定され，通常8～12セッション；患者の必要によって時間が決められることはない
心理療法は，自己治癒；もしある技法がうまくいかなければ，他のものが選ばれる	技法は限定されるか固定され，しばしばマニュアルが使用される
クライエントは，しばしば自主的に，心理療法家を探し，選択する	クライエントは，好みと関係なく，受動的に治療条件に割り当てられる
クライエントは，通常複数の問題，そして複数の診断名すら持つ；心理療法家は柔軟に便宜を図る	クライエントは，複数の包含基準と除外基準によって厳密に選択され，通常1つの診断名を持つ
成果は，クライエントが一般的に機能することと症状の軽減を含む	成果は，特定のもので，たいてい標準化された測度と質問紙で規定される

を対照させている。

　表を見てわかるように,「心理療法」の定義は研究の視点をどこにおくかによって大きく変わる。効果研究と効能研究は明らかに同じ現象を研究しているわけではない。結果的に, 非常に多くの効能研究から集められた知見は, 現実の臨床実践には必ずしも応用することができない。

　効能と効果の区別は有益であり, 内的妥当性と外的妥当性（前述）の違いにほぼ相似する。「効果研究」という言葉は, 外的妥当性（すなわち, 一般化）を広げようとして, 内的妥当性（すなわち, 方法論的厳密さ）を狭めることを述べる簡潔な言い方となった。反対に,「効力研究」では内的妥当性をより強調し, より厳しく統制され, 内的に妥当な心理療法理解を得ようとする。このような差別化は, 研究計画において心理療法研究者が外的妥当性と内的妥当性の連続体上でどちらを重視するかについて按配し, 仕方なくどちらを重視するかを決めているという事実をあいまいなものにしてしまう。今日の心理療法研究は, 効力 対 効果性という言葉で分類できるかもしれない。しかしこのカテゴリーは, 実践心理療法研究と比較してまた未知の変数が注意深い統制研究で得られる結果を説明するという可能性をみえなくするかもしれない。

科学的な心理療法研究のすすめ

　心理療法は, 効力研究と効果研究の双方を含んだより組織化された研究プログラムによって, 最もうまく取り扱うことができる。「消費者レポート」研究が, 専門家と疑似専門家が等価であるような効能研究の結果と逆の結果を示唆しているので, 追加して効果研究（たとえば, 専門家と牧師によるカウンセリングを使用する）を行なうことは意味があろう。運の悪いことに, 効果研究の結果は効能研究で求められてきた比較的構造化した研究手順にうまく調和しない。効能と効果には相互依存が必要であるということはしばしば忘れられやすい。そして一般化されるために十分理にかなった説明を発達させるより前に, 内的妥当性に関する問題に精通することで科学が進歩するものだという一般原則は, 特に忘れられてしまいやすい。この物忘れはしばしば生起する。たとえば, セリグマンとレヴァント（Seligman & Levant, 1998）は,「効果研究の利点はその現実性にある。すなわち, 外的妥当性に何も脅かされることはない。なぜならそれはこの分野で現実に行なわれている心理療法の研究だからである。効果研究からならば何のとがめも受けずに心理療法へ一般化できるのだ」(p.211) と述べ, 効果研究を支持した。

　このことは, 現在の治療実践が, なぜこれらの治療が作用するのかという理論的説

明に沿った本来の黄金基準に到達するならば，その限りで真実である。そして提唱者がこのように作用するというまさのその通りに心理療法がはたらくならば，それは真実である。

　おそらく科学的に最高の方略は，ある1つの研究内で効力方略と効果方略の両方の側面を合体させる「混合」研究計画である。たとえば，クラーク（Clarke, 1995）は，効果研究を行なう目的で臨床の基本サンプルをたくさん集め，より注意深く統制された効能研究のためのサブサンプルとして使うということを提案した。クラークはまた，他の「混合」方法論的方略も推奨している。まず，そのような混合研究において，心理療法家は手引きを用いて訓練されるが，手引きを読んだり使用したりすることは求められない。続いて効果方略では，目標となる治療を標準的な介護条件と比較する。標準的な介護条件は，実際には典型的な治療様相を代表したものである。そして効果方略は，しばしばプラセボ比較よりはるかに厳密な治療の有効性の検討法である。さらに，混合方略では，異質（より大きな効果サンプル）と同質（効能，サブサンプル）サンプリングの組み合わせを可能にする。たとえば，重篤な大うつ病の治療についての特異的な質問と一般的なうつ病に関する質問を同時に実施可能という利点がある。クラークの推奨するこのような混合研究は，ペンシルバニア実践研究ネットワーク（Borkovec et al., 2001を参照）の援助で現在進行中である。効果研究はすでに終了し，効能研究が計画されている。

　効果方略は心理療法研究者に力強い用具を用意するが，どのような用具にも共通するように，使い方の理解が必要である。効果研究用具は，実際的で，比較的簡便で，費用対効果の様相が，最も有効に心理療法の「技術」を発達させる。研究者たちは，相対的に大きなサンプルで心理療法の技術を発達させることができ，経験に基づくモデル構築に従事できる。

　効果研究は，現実の実践場面において心理療法を研究するという利点を持つ。しかしこのアプローチの第1の批判が，臨床的応用に結びついていないということと，集められたデータが実際の臨床過程からあまりにも「離れて」いるということは，皮肉である。どのようにしてそうなるのであろうか。主な理由は，理解が不十分な心理療法の質問紙から，効果データの多くが引き出されているということである。研究計画に特異性がないということは，臨床家が研究結果を治療に適用することを，しばしばより困難なものにする。混合研究モデルはこの問題の克服にもまた助けとなる。たとえば，最近のホワード（Howard, K. I.）の研究業績の多くは，心理療法の投与反応モデルの開発に焦点を当てていた。彼の図式の1側面は，心理療法における改善がきわめて速やかに起こり，しばしば心理療法の数セッションで起こる。最終的に，ホワードは，投与反応パターンに3つの異なるタイプがあることを示す成長曲線を使用した。投与反応モデルは，必要なセッション数増加に相伴して，治療要求が異なってくるこ

とに対応している（Howard et al., 1996）。すなわち，①再教化では，数セッションで突然の変化が起こる，②改善では，症状の軽減のための対処技能に治療の焦点を当てる，そして③リハビリテーションでは，患者が長期にわたる慢性の不適応パターンの消去に従事するということである。ホワードらは，患者が必要とする治療のタイプの同定のために，患者の変化の跡をたどることができると述べた。

　ホワードのアプローチの変異型として，ランバートは，成功から悪化までの範囲で患者変化のタイプを明らかにするために投与反応モデル（たとえば Anderson & Lambert, 2001）を使用した。クライエントはセッションの初めと終わりに症状のチェックリストに答える。クライエントの成長反応パターンを表わしている図表にある「旗」で，臨床家はフィードバックを受け取る。それによって臨床家は，たとえば，クライエントが悪化しているときに治療アプローチを変える判断をし，成功しているときにはケース終結の判断をする。

　これらのアプローチはデータ収集とそのデータの臨床家の使用を結びつけ，さらには研究者たちによってさらなる研究が行なわれるということで，効果研究の最も今日的な例といえる。このようなパターンは，より実用的モデルの仮説検証の促進を考える研究者と臨床家の間に「経験的対話」をつくり出す。効果研究は多くの「経験的対話」の発展を通してうまく育つ。「経験的対話」は心理療法における異なった参加者の視点を表わしている。たとえば，経験的対話は，ストラップら（1977）の心理療法成果の三極モデル（臨床家，患者，患者にとっての重要な他者）の3つの異なった観点を含んでいるであろうし，もしくはホワードら（1996）によって提案された6つの成果視点—患者，クライエント，臨床家，マネージャー，スポンサー，そして研究者—を含むことにまで拡大した。

結論：心理療法の科学は可能か？

　心理療法を研究する試みはともかくとして，正しく科学とみなすことができるかどうかが問われる。それに対して，どのような主張があるのだろうか。ある立場によれば，心理療法が抱えている疑問点は，科学を通して答えることができないような部類に入るものかもしれない。コッホ（Koch, 1985）は，次の引用のように，非常に雄弁に，科学の適用を拡大させる必要を表現した。すなわち，

　　　人間という種は，快適な概念の箱に入りこむことを求めるものである。その箱は，認知的な不確かさの苦痛を和らげ，問題の緊張を緩和する保証がある限り，どのようなも

のでもよい。この強烈な人間の欲求は，私たちのすべての弱点である不確実感を解消する希望を与えてくれる枠組み，そろばん，システム，地図，あるいは一式のルールといったものを求める，さもなくば，それらが「システム性」らしさを持つ限りであれば，存在論をゆがめる枠組み，あるいは単純で，整理され，過度に一般化された主張を，どの程度のものであろうと，何が何でも求める。(p.87)

　この立場からすれば，心理療法は，一連のまったく異なった用具を使い，またまったく異なった目的のためにアプローチされるであろう。
　知識の限界は認めなければならないが，心理療法は他の多くの現象と同様に，目標と手続きを明確に定義できる（たとえば，技法の適用）。アーウィン（Erwin, 2000）が論じているように，クライエントが行なう意味形成の主観的な解釈でさえも，観察することは難しいとしても，これらの現象をよりよく理解するための科学的方法を開発することはできるかもしれない。この立場の反対として構成主義の立場がある。構成主義の立場では，人間は意味を客観的に分類することに抵抗するものだとみなす。科学は心理療法のすべてではないが，多くの面をよりよく理解することに導くと信じている。しかしながら，臨床心理学の多くがそうであるように，心理療法研究も現在のところ，基本的な発達の記述的な段階にあると認識することもまた重要である。
　因果的で科学的な説明は，人間の変化過程にとって基本的な分類学のさらなる発展なしには進展しない。人間変化の分類学は，心理療法の科学的研究が成功するために2つのレベルで起こってこなければならない。1つのレベルは，治療をより抽象的に記述できるレベルである。ここでは変化に導く心理療法の技法と関連のプロセスの組み合わせを含んで記述できる必要がある。この分類学では治療アプローチを理解することに焦点が当てられる。すなわち個々のアプローチ，あるいは結合的アプローチ，そしてそれらと「結果」との関係についての理解に焦点が当てられる。この記述レベルでは，「系統的脱感作は，全般性不安障害を持つ人に症状の有意な減少をもたらすか」というような疑問を検証することができるだろう。記述の第2のレベルは，心理療法の現象を基本的な心理学的過程に結びつけるものである。たとえば，「身を脅かす状況から適切な心理的距離を保つように人間を導くために，どのような**心理学的，認知的，情動的プロセス**が活性化されなければならないのか」ということが問われるかもしれない。このような2つのタイプの疑問を結びつけることが，心理療法研究の科学の確立を助けることになろう。
　本章で検討してきたのは研究方法論に関連した問題である。心理療法の科学は，効力パラダイム，効果パラダイム，もしくはこの2つの統合のいずれによって最もよく成り立つのであろうか。締めくくりに，2つの伝統的な流れにとって非常に重要なアプローチを強調したい。そして心理療法研究の発展を促進するために使用できるアプ

ローチを強調したい。定性的調査は，臨床プロセスの詳細で徹底的な観察を強調している。定性的調査は特別な有用性を持っている。なぜならば，伝統的方法を使って後で検証できるような有益な仮説を生み出すことができるからである（たとえばSoldz, 1990）。自然の観察はおそらく間違いなく伝統的な心理学的研究に欠けていたのであり，定性的調査は研究プログラムを新しいデータベース，モデル，視点で満たすことができよう。ゴールドフリード（Goldfried, 2000）は，研究者たちが経験的研究で理論を検証するためのプロセスを記述した。その経験的研究は，しばしば理論統合を保つためにいろいろな修正案に導く。興味深いことに，たいていの研究者には，方法論を背景に，自身の研究のネガティブな結果を捨て去ってしまうか，修正を通して理論を救うことを試みるかのいずれかの傾向がある。そして追加研究が行なわれる。この追加研究はさらなる方法論的な後悔を生み，そして続いていく。

　定性研究者は伝統的な研究者とは異なる。一般に，彼らは明確な解答を探し求めてはいない。心理療法研究はこの分野の基本的ないくつかの疑問に，新たな統計的処理とよりよい心理測定法を通して答えることで前進すると，しばしば考えられている（Stiles et al., 1986を参照）。しかしながら，この分野は自然的観察を含むより基本的な科学的用具の開発なしに前進することはできない。定性研究によって持ち上がった論議が示していることは，「実験的操作に先行して，現象に直接的に接触」（Giorgi, 1985/1992, p.50）するということをないがしろにして，早急に方法論的な拡張を図ってしまったことである。どの心理療法がよりすぐれているのか，どのタイプの心理療法マニュアルが最も支持されているのか，あるいは心理療法が構成要素に分解されたとするとそのどの構成要素が最も活性化しているのか，といった疑問に対する答えを短兵急に探し求めようとするときに，科学の基盤は正しい疑問を公式化するプロセスであるということを思い出すことは重要である。

用語解説

過程研究（process research）　心理療法セッションの進行の間に起こる事象を明確にする試み。しばしば以下のような事象に関与している。①患者に心理療法の終わりに起こる変化，または②これらの事象の質に関する独立したアセスメント（たとえば，何が，「よい」心理療法的解釈を作り上げたか）。

共通因子（common factors）　すべての心理療法が共有しているもの。共通因子は，多くの非特異的因子（たとえば，患者の期待）を含むが，特殊因子からは完全に独立したものである。

効果研究（effectiveness research）　実験的統制を行なわずに実際の臨床の場において「適用」される心理療法研究。本質的な臨床の場は大きく変えられてしまうことはない。効果研究は，

非常に一般化されるかもしれないが，概して厳密さに欠ける。

効果量（effect size）　メタ分析で使用される主要な統計値。これはしばしば統制群の標準偏差によって，治療群と統制群の間の差の平均を割ることで得られる。

効力研究（efficacy research）　高度に特定化され選択基準があり，患者の無作為選択が行なわれ，明確に区分けされた独立変数がある（たとえば，治療マニュアルを通して）「実験的」な心理療法研究。効力研究は厳密だが，その一般化には困難が伴う。

心理療法（psychotherapy）　人間が情緒的，行動的，対人関係での問題を解決し，生活の質を向上させるのを助けるために計画された一連の心理学的介入。

成果研究（outcome research）　治療の終わりやフォローアップ期間に起こる変化を明確にする試み。

特異因子（specific factors）　正式に定義された治療技法と理論的なオリエンテーションから生じる心理療法の側面。

非特異因子（nonspecific factors）　より一般的で，経験的には分離させることが困難であるが，治療の重要な側面であるかもしれない治療の効果に由来する心理療法の側面。非特異因子は，はっきり言い表わせないような対人現象，クライエントの関与，変化に対する文化的，個人的な期待といったものを含んでいるかもしれない。

メタ分析（meta-analysis）　先行研究からのデータを定量的に再吟味し，蓄積する技法。決定ルールは研究の選択，サンプルの重みづけに対する基準，凝集測度の手続きのために，前もって決められている。

第7章 ニューエイジ療法

マーガレット・サラー・シンガー（Margaret Thaler Singer）
アブラハム・ニーボッド（Abraham Nievod）

■ニューエイジ療法評価の基盤としての説明責任

　20世紀最後の数十年間で，「ニューエイジ療法」は非常に多くの議論を引き起こし，法律的な訴訟にまでいたったものも多く，その内容は一般の人々を驚愕させた。そのような療法では，宇宙人や悪魔崇拝からの虐待や，何らかの実体からの侵害，数多くの前世を生きて来たこと，数百の人格に分裂されていることなどから，クライエントや患者の心理的苦悩が生じていると信じさせるように彼らを囲い込んでいる。「ニューエイジ療法」は，激しい意見の対立を生み出した。「ニューエイジ療法」に対する批判は，次世代のセラピストの基礎となる心理療法の流派間や，心理学界内で競合する仲間どうしの内輪もめとみられている。専門書や一般書のなかで繰り広げられる批判は，特定の個人に対するものとして感じとる。多くのセラピストはそれぞれ「ニューエイジセラピスト」としてラベルづけされることによって，自分自身の力量をまだまだや支持されているなどのように感じとる。過去20〜30年間，セラピストのための治療的信条が，セラピストどうしの関係，学会員，雇用機会，財政的安全などの境界線を決めるようになっている。そして，管理されたケアや施設の決定，グループサービス提供者の方針などによって，問題を抱えているクライエントに対するサービスが，しばしば限定される時代のなかで，自分の治療法を堅持し，批判を個人的なものとしてみなすセラピストもいるということは驚きではない。

ニューエイジ療法のすべてはこの章の限度を超えているので，ここではすべてはふれない。以下の例は，ニューエイジセラピーの中心的関心，セラピストとクライエントの関係，用いられる治療上の技法，そしてセラピーの公表されている目的などに基づいて，代表的なものとして選ばれたものである。

●**回復記憶療法**：セラピストはクライエントの精神的な苦痛，成功の欠乏，人間関係における失敗などは，トラウマ経験，一般的には親の支配から生じるトラウマ経験によるものだという前提のもとに治療を施す。RMT（recovered memory therapy）は，しばしば幼少期のトラウマの強度があまりにも強すぎたために，解離性同一性障害として知られている，複数の人格へと「スプリッティング*」解離を引き起こすという信念に関係している（第5章を参照）。RMTでの治療過程は，「失われた記憶」を回復するさまざまな手法から成っている。その技法には，催眠誘導，「自白剤（ペントールナトリウム）」の投与，グループ療法，空想への誘導，宗教に基づく祈祷，クライエントの症状はトラウマ的な出来事によってのみ引き起こされると考えるセラピストの主張なども含まれている（それらと関連する手法の批判について，第8章を参照）。RMTにおけるニューエイジ療法の信念のもとでは，療法はクライエントを古い前世へ戻し，さらに宇宙人による誘拐，さらに分離された人格（交代として知られる：第5章を参照）へと，果てしなく続いていく。RMTの一種である宇宙人誘拐療法では，地球外生物が地球に上陸し，人を誘拐，虐待したことが過去のトラウマの原因となっているとみなしている。また，RMTの一種である前世療法では，人生のすべての苦悩は，人は一連の前世を生きるものであり，前世での「未解決の問題」があり，それが現世の生活を侵害しているためであるとみなしている。

●**悪魔崇拝儀式虐待（SRA）療法**では，RMTの一種でもあるが，クライエントのトラウマは，悪魔教団の信者である親によって虐待されたことが原因となっているとみなしている。これらの親は赤ん坊を殺し食べること，強制的な妊娠，殺伐とした実にひどい儀式の生贄など，悪魔崇拝の儀式に子どもを強制的に参加させた。

●**邪悪なものの実在または何らかの実在療法**（Evil entities or entities therapy）は，死の際に魂は来世に移らず，代わりにクライエントの生命に侵入し，現在の症状の原因となっていると主張している。

●**再生誕と再育児療法**も前述の手法の一種であるが，クライエントが「適切に生まれなかった」ので，療法によってクライエントに対して，「再生誕」または「再育児」の機会を提供すると考えている（第1章を参照）。

　内輪のまたは同胞競争の問題とは別に，伝統的な療法と同じようにニューエイジ療

法も，①治療法とセラピストについての説明責任*，②理論的アプローチではなく，実際に施された治療の質，の2点に焦点を当てた基準を用いて評価されなければならない。

チョドフ（Chodoff, 1999）は，職務を全うしない人が専門的な地位を得ているために，精神科医は非常に明確に定められた倫理体制のもとで業務していることを感じるようになってきていると述べている。チョドフは，社会における精神科医の役割の変化と地位の厳格さの結果として，この感覚が高まったと信じている。この変化の要因の1つは，以前は流行していた家族主義モデル（父親が一番よく知っている―彼の言うとおりにして文句は言うな）からの明らかな転換にある。現在では別のモデル（少なくとも理論的には）が流行し，患者は家族主義における家来から離れ，能力不足や受け入れがたい行為については説明責任を持つ医師としての関係，いわゆる契約関係へと転換しつつある。これは社会から認可された活動に従事し，ある程度の能力を持つ人は誰にでも当てはまるように，精神科医は，見通し，合理性，治療の効果に関する質問に責任ある回答をし，誤りや間違いを正す手続きを提供せねばならない（Chodoff, 1999）。

心理療法士のみを脅かすものとして思われるだろうが，制度的にヘルプサービスの基礎をなす管理されたケアシステムや保険業者によって生み出された問題点が，精神保健の専門家と契約権を持つ精神保健全体の問題点となった。一般的に，精神保健に向けられたきわめて詳細な査定が，説明責任とケアの質の問題点に関する評価的議論に注目していく助けとなっている。

「第3の革命」

レルマン（Relman, 1988）は医療ケアにおける3つの革命を示した。第1は，第2次世界大戦後の拡張時代に起こった。それは医療提供者，病院，研究プログラム，医療保障制度や医療扶助制度のような政府の医療供給プログラムに関する援助などの増加である。第2の革命は，1970年代に起こった。それは医療費の抑制時代であり，その時政府や雇用主，保険業者による管理されたケアや，グループサービス提供者やヘルスケアサービスの思いきった予算組みへと導く施策によって，州や連邦政府，雇用主や保険業者は急上昇する医療コストに対応した。

予算減少によってヘルスケアの質に関する関心が高まった。したがってレルマンの第3の革命は評価と説明責任の時代である。管理されたケアや，グループサービス提供機関の効果に関して消費者が掲げた問題において，質の評価は大きなテーマとなっ

た。ヘルスケア供給システムへの不満が高まったため，提供されるヘルスサービスの質に対する評価と説明責任は，第2の革命のコスト削減の行き過ぎを修正する2つの手段として多くの人々によって調査されている。ヘルスケア経済という欲深い世界で心理療法の立場を正当化するために，心理療法は提供するサービスの質を評価され，採用した手法とそれに伴う結果に説明責任を持つことになるであろう。

　　　最初の革命が生物医学的進展に支えられた治療法の楽観主義によって煽られ，そして第2の革命が進歩の費用に対する財政的不安によって動かされ，第3の革命は質の評価手段が金を不純物より，そして役に立つヘルスケアを役に立たないヘルスケアから分離するのを手助けするとの期待に基づいていたら……，もしヘルスケアにおけるよい質が何かを特定できれば，現行の実践がどれほど理想と近似しているのかを評価できるし，そのデータを関心ある者へと伝えることができるだろう。この「フィードバック・ループ」は，その時，実践をより理想へと近づけ，あるいは近づくまで変容させるための潜在力を持つだろう。(Wolf, 1994, p. 107)

　もはや学派，世代，同胞のライバルに基づく対抗する治療法に焦点はないであろう。むしろ，ニューエイジ療法は，2つの段階でそのサービスの質の説明責任を持たされるべきであろう。1つは，当該の療法がどのくらい現在の問題の改善において効果的であるのか，すなわちセラピストが質の高いケアを提供する程度である。2つめは，セラピストの専門的治療がどのくらい倫理的であり，その分野の基準に見合っているのかという程度である。ウルフ（Wolf, 1994）は，「何がよい質を構成しているかを特定し，よい質を測定する尺度を形成し，いかに現実の実践がそのよい質に近いか出たデータを利用し，そしてフィードバックと変化を与えるためのデータを報告することを質の評価は要求している」(p. 106)と記した。規制者，管理者そして規制を受けている側は，基準となる質が実行されている（またはされていない）かどうかを，継続しているフィードバックを通して判断することができる。重要なことは，ヘルスプランに対する実践のデータを受ける人々の幅が拡がっていくだろうということである。管理者，規制者や健康の専門家に加えて，患者や将来患者になる可能性がある者は，サービスのデータの説明責任と質の大切な受取人となるであろう。その結果，全部の過程はヘルスプランと専門家が直接消費者に責任を果たすという可能性をもたらすだろう（Wolf, 1994）。
　効果の評価と説明責任の直接的アクセスに基づく，新しいタイプのセラピストとクライエント関係は，臨床的プロセス自体の性質に直接的に影響する問題点と，その問題点に注目する厳しい監視をセラピストに与える。

第Ⅱ部　心理療法における一般的な論争

ニューエイジ療法の歴史的な文脈

　哲学と科学の合理的な世界で始まった心理学は，薬学，生物学，社会学，人類学や教育学の成果を徐々に取り入れていった。アカデミックな実験室の心理学者と臨床家の間で分裂が生じた（Watters & Ofshe, 1999）。主に臨床実践を中心とした心理学者は社会に対して心理療法を提供することに重点をおき，学術の世界である研究所や学校を去った。臨床心理学者や，カウンセラーや，そしてソーシャル・ワーカー，結婚・家族・児童カウンセラーや学校カウンセラー，牧師カウンセラーのような精神保健の提供者は，地域社会に対して精神保健ケアを供給するようになった。それぞれの領域で精神保健の提供者は，すべての州でではないものの，いくつかの州では認可されるようになった。

　さまざまな背景を持った人が，人間の心に関係する仕事に今までにない大きな関心を持ち，すべての種類の人々の悩みや精神障害を援助し，「苦悩を持つ者」の相談に手をさしのべるようになっている。ニューエイジ療法は伝統的な合理的回復療法の手法や価値からかなり逸脱しており，その新しい手法の長所は科学的な場よりもむしろ法廷で頻繁に吟味されている。

　ニューエイジという言葉は占星学の用語で，魚座エイジから水瓶エイジまでの歴史的な変化と関連している。2方面の発展が現代の社会的運動としての，「ニューエイジ」を確立するために一体化した。第1に，ニューエイジ運動は1960年代から70年代にかけてアメリカ合衆国で始まった。それは別々の流れをくむ思想が組み合わさっていた。1つはポップカルチャー，2つめは社会構造における政治的変化，3つめは「流行を追う」経験を形作る周期的な時代の風潮である。たとえば，マリリン・ファーガソン（Ferguson, 1980）による本の出版でポップカルチャーは人を呼び集めたし，シャーリー・マクレーン（MacLaine, 1985）のような芸能人がその言葉をテレビや活字で大衆化させた。

　第2に，1960年代や70年代，多く東洋の宗教団体や「カルト」が信者勧誘のためにこの国にやってきた（Singer & Lalich, 1995）。そのような団体は「すべては1つである」と特徴づけられるような平易な信念を信奉した。これらの団体は個々の問題に既成の解決法を提供するために，たくさんの異なった教義の宗教的実践を用いた。それらのメッセージを文化的な小集団（大学生や外国人旅行者，そして1960年代のドロップアウト世代の人々）に伝え，これら東洋の宗教団体は自分たちの活動が個々の人を「魂の世界を持つ人」「宇宙のエネルギーを持つ人」「自然を操る人」「異なる宇宙／異なる精神世界そしてまたは現実からの異質な存在とともにある人」に変えると宣言した。無垢で未経験の「求める人々」に向けて伝え，これらの団体はこの信仰

体系と経験的体制は，回復ではなく，「自然との調和」「自身を統制する状態」「崇高で純粋なエネルギーの状態で生きること」「地球外生物との融合」などの欲求を達成できる力のある人に変えることを確約した。そして変容＊はあらかじめ決められた信仰体系に対する献身と，団体の信念体系による規則や命令に忠誠を示すことを通じて達成できるとされた（Singer & Lalich, 1996）。

伝統にとらわれない新たな種類の出版物は，しばらくしてから主流の出版物となるのだが，それらはニューエイジ療法の言語で表現された変容の確約を唱えるセラピストによる宣伝であふれていた（Boylan & Boylan, 1994; Fiore, 1989; Goldberg, 1982; Hoyt & Yamamoto, 1987; Mack, 1994; MacLaine, 1985; Weiss, 1988, 1992; West & Singer, 1980）。一般的な約束事は，求める人々が団体やセラピストの指令に従えば，これらの団体が成功を保障するというものであった。対照的に，倫理的な精神保健の専門家たちは治癒を保障しないという事実がある。

すでに確立されていた心理療法は，基本的に社会復帰かつ回復をめざすものであるが，個人を生産性があり，社会活動ができる（以前の）状態へ回復するように導くものとして心理療法を捉えた治療的なアプローチに基づいていた。心理療法の重要性が増した１つの要因は，第２次世界大戦中に，兵士たちに心理療法が使用されたことにある。軍隊での心理療法の狙いは，兵士を実践に役立つ状態に回復させ，復帰させることであった。同様に伝統的なリハビリテーション・モデル療法は，患者がより自主的になれるように助けること，患者が自分で価値観，動機，感情や行動を模索することを援助すること，そして世界において適切に機能する手段を発揮できるように手助けすることをめざした。その目標は自己信頼や責任を持って社会へ参加することにある。この社会復帰・回復的なアプローチは，ニューエイジ療法の特質となっている「全体的達成」や「新しい自分」を創り出すこと，あるいはそれと類似する目標を確約することはなかった。

精神分析や精神力動学の原理に基づいた心理療法に関する２つめの主要な手法が，新しい心理療法が発展する環境を提供した。精神分析や精神力動学のセラピストは患者の現在の行動の因果関係に重点をおいた。セラピストらは概して患者の問題を，基本的な家族集団から不可避的に続く，普遍的で世代を超えた葛藤から派生するものと解釈した。患者の問題に対してこれらの普遍的で世代を超えた原因を与えられたことで，精神力動学的セラピストは因果的葛藤が解釈できるようにし，特有の観念誘導法を可能にし，そして葛藤の本質が意識化され，理解されるまで，二次的な問題が次から次へとつくりつづけられると信じていることから，「根源にある心理学的罪業」を深く掘り下げるという選択しか持たなかった。そのような治療がしばしば長年続くということは，問題の「深さ」の結果として，そして動因派生的な防衛機制を司る無意識の巧妙さとしてみなされた。

「どこに行っても，あなた自身がいる」——ヨギ・ベラ

　ニューエイジの始まりである1960年代と1970年代には，数多くのセラピストらが，精神分析学や精神力動学のモデルに必ずしも見合わない精神障害の因果的な原因を探求し始めた。これらのニューエイジセラピストらは，彼ら特有のモデルを前提とした行動の理論を確立し始めた。ニューエイジ療法は，クライエントの問題があたかも1つの原因から生じ，1つの手法によって治癒されるというような，クライエントに課せられた信念や前提に基づいている。

　一般的に，支持者は診療方法に関して科学分野での批判的な評価を受けることなくニューエイジ療法を普及させている。ニューエイジ療法の信念体系は，まるで彼らの信念体系に関する仮定が精神的治癒につながるただ1つの道筋と認められ，決められているかのようにクライエントに課せられている。ニューエイジ療法の典型的な仮定のいくつかは，以下の大きなテーマに分類される。

1. 地球外生物は存在し，彼らは定期的に人間を拉致して人体実験を行なっている。そして，政府はこの情報を隠す共謀をはかっている。
2. 人間にはすべて1度かそれ以上の前世があり，われわれの現世の妨げとなっていることがある。サブテーマは，さまざまな「何らかの実体（人間や非人間）」すなわち，「向こう側」からの魂の存在が個々のなかにあり，現世の困難の原因となっているということである。
3. 幼児期のトラウマと虐待がすべての精神的,感情的な問題の根源である。これは，近親相姦や他の種類の性的虐待の対象とされたことや，無能で「有害な」親によって育てられたことや，誕生そのもののトラウマを通じて，苦しんだことさえ含まれる。サブテーマは，2世代以上の間にわたる悪魔崇拝教団への参加も含めた幼児期の性的虐待が蔓延してるということである。
4. 人を誕生の瞬間に退行させ，「再生誕」させ，正しく育てることは可能なことである。
5. 過去と現代の経験に付随する感情を空にすることで人々は治癒する。カタルシスが治癒をもたらし，特に怒りや痛みで叫ぶことは，心を清めるような治療上の解放をもたらすとの考えである。
6. トラウマを追体験することで人々が治癒する。実際でも想像上でも，記憶を鮮明にして追体験するという考えである。
7. 患者の気分をよくさせ，害を与えないため，セラピストと患者が性的な関係を持つことは容認できる。

8. 虐待やトラウマで苦しんだことのある人々には，その部分の記憶を忘れさせようとする人間の精神機能があり，ある種の技法はこれらの閉ざされた記憶を蘇らせることができる。特定の出来事の光景がより詳しく思い出されるにつれ，過去の虐待が映像のようになり，確かな記憶として受容される。
9. 世界はある種の神秘的な力にあふれている。これらの力は魂の案内役や天使，象徴，原型，クリスタルや杖などの動かない物質や，一服のハーブ治療に属している。特別な能力を持つ個人もまた神秘的な力を持つことができる。

それぞれのニューエイジ療法の正当性は，それぞれが信奉する因果関係モデルに基づくようになった。精神分析学や精神力動学と同様に，ニューエイジ療法の目的は，根源となる心理的な罪から個々を解放するために原因を克服するようになることである。ニューエイジセラピストは，社会復帰／回復アプローチが個人の実現に対して，文化的，政治的，精神的，そしてまた宗教的障害が深いため，池の表面をただすくいとっているだけであると信じている。したがって，ニューエイジセラピストは，以前の機能の水準や責任ある行動がとれる水準まで，治療し，回復させることには2次的か3次的な重要性しかおかなかった (Singer, 1997)。

ニューエイジの概念を一般的な文化に導入することを助けた思想傾向の1つは，1980年代に文化的意義を増した人間の可能性を追求するという運動であった。人間の潜在力開発運動*の実践者たちは，多くの精神保健提供者とともに，個人を犠牲とするような現代社会によって個々の問題が引き起こされているとみなした。個々の問題の外在化は，精神分析的推論における内在化の難解さを反映した。個々の問題を社会のせいにすることは，責任を個々の問題の外側にある具体化された力に転換する手段として取り入れられた。すなわち，「誰かのせいにできる限り，それで私たちは変われる」という考えをとることによってそれは為されるのである (Singer & Lalich, 1996, pp.201-202)。社会復帰／回復アプローチから持ち上がった直接的な懸念に関して，ニューエイジ療法は「回復」から離れ，クライエントを「再生誕」「活気づけられた」「個人的に動機づけられた」，そして「方向づけられた」人間—すなわちとがめられるべき外的な力に鈍感な「新しい自分」にするように移行した。そしてそれらの力は，親，宇宙人，何らかの実体またはセラピストが信じた何らかのものである。

このようにニューエイジ療法は特異な信念体系に依存しているため，セラピストが，新しくて検証されていない行動理論を患者の信念体系に吹きこむことを避ける最も伝統的な心理療法と対照的である。外部の力（たとえば，社会，両親）によって犯された病に対する答えとして，ニューエイジ療法は完全に新しい経験を有する，まったく新しい自己の再創造を確約する。そして外部の力が，無意識，魂，精神，知性などをあまりにも汚したために，回復はもはや効果がないという。

ニューエイジ療法は個々人に新しい宇宙論や信念体系の信仰を採用し，発展させることで問題を克服すると教える。そうすることによって，セラピストらはクライエントのなかに強烈な依存を創り出す傾向にある。このような文脈のなかで，誘発された依存は①セラピストによる支配やコントロール，②非常に長いセラピストとクライエントの関係をしばしば導く。

患者に教えられる信念体系の例には以下のようなものがある。

1. 宇宙人が患者を虐待している。
2. 患者は多くの前世を生きてきて，それらの前世の残余が現世の生活の妨げになっている。
3. クライエントは「再生誕」か「再育児」されることが必要である。そうすることで療法は，患者がセラピストによって「正しく育てられる」というプロセスになるからである。
4. クライエントは追い払われるべき悪霊の「実体」によって侵されている。
5. クライエントの現世からの魂の実在もしくは「前世」からのクライエントの魂は，霊媒師やセラピストを通じてコミュニケーションを図ることができる。霊媒者は媒体の現代版である。霊媒師は私たちが知っている世界とは違う次元にある魂や，生と死の間に存在する人と接触できるとされている。霊媒師はこれらの存在とコンタクトを図り，伝えられるところでは推定された精神世界の源からメッセージを送るという（Singer & Lalich, 1996）。
6. クライエントは悪魔儀式の虐待の犠牲者であり，悪魔教団の信者である親による暴行を受けている。クライエントたちもまた集団の信者であり，殺戮や赤ん坊を食べることに参加していると教えられている。
7. 悪魔教団のような前述の信仰体系に関係した虐待の結果として，患者は多重人格を形成した（第5章を参照）。したがって，セラピストは虐待によって創り出された多重人格をより深く発見するために，患者の最も深い核心を繰り返して探求せねばならない（Acocella, 1999; de Rivera & Sarbin, 1988; Loftus & Ketcham, 1994; Ofshe & Singer, 1994; Ofshe & Waters, 1993a; Pendergrast, 1996; Piper, 1994, 1997; Spanos, 1996; Watters & Ofshe, 1999）。

ニューエイジ療法の魅力

一般的にニューエイジセラピストを求める人は，伝統的なセラピストを求めるのと

第7章 ◆ ニューエイジ療法

同じ理由からである。人がセラピストを求める要因は，短期や長期間の心理的な脆弱さが作り出す。心理的な脆弱性とは，特定の個人的，状況的要因が結合して，総合的症状が作り出されたときの，人生におけるある期間の特性のことである。脆弱性は，人が年老いていたり，とても若かったり，脳に損傷があるとき，病気，薬物中毒，酔っているまたはアルコール中毒，怯え，ストレス，疲労，消耗，動転，依存，寂しさ，無垢，自信がない，無感覚，無知のときに増加する。また脆弱性は，1人のときや，意味のある社会的な支援体制がないとき，すなわち，うつ状態かその他の精神障害を抱えているとき，ストレスや疲労の度合いが増しているとき，大切な関係の終結や家族の死など，生活における劇的な変化が起こっているとき，または「無力で望みのない」感覚にいたったときにも増すかもしれない。すべてではないとしても，脆弱性が，人の中心的な自己概念が不安定なときに増加するということは，多くの状況で共通の要素なのである。オフシとシンガー（Ofshe & Singer, 1986）はこの用語を用いて，中心的な自己概念は，「自己の核となる現実認識，感情制御や基本意識」（p.4）を含むとしている。そのような脆弱性は，しばしば「1つの要因に1つの治療」というニューエイジ療法の手法を求める前兆となることがある。

多くの大衆は，ニューエイジ療法の「強引な売り込み」が人の心に訴えることを知っている。この訴える力は，以下のさまざまな基本的問題に基づいているかもしれない。つまり，①最初の接触の方法，②その集団によって要求される活動の性質，③クライエントの心理状態，④人生の重大な瞬間にいるということを信じる度合い，である。ニューエイジ療法の魅力は，イデオロギーに基づいた構造的方法論と原因論＊が，批評家や援助者が伝統的な心理療法に備わっていると認める問題に対して，逐一反論を提供することである。逐一反論を提供するようにみえることや，原因論的な非難を外在化することで，ニューエイジ療法は人気を高め，忠実な支持を発展させてきた。もっとも伝統的な心理療法とは対照的に，ニューエイジ療法はその魅力として以下のようなさまざまなものをすべて，またはいくつか組み合わせて提供している。それは①包含，②変容，③浄化，④意思決定の正当化である。

包含 対 排除

伝統的な療法では，クライエントは，以前には社会的にも個人的にも関係を持ったことがない専門家からの援助や指導を求めるため「日常生活から抜け出す」。多くの人にとって療法の，この構造的要素は自分たちの内的問題を映す心理的な意味を呈する。現象学的に何人かのクライエントは自分たちの心理的問題が自己を他者から排除していることを暗黙の了解として，療法の構造的必要性を経験する。療法は排除されるという感情を克服する手段としてみなされる。治療関係の構造について別の水準では，外部の相互依存を排除し，セラピストの知識と経験との違いを強調することと

なる。そのために，心理療法的関係の構造は，セラピストに対するクライエントの依存の感覚を高める。

対照的に，ニューエイジ療法はたいていクライエントに既成の包含手段を提供する。包含とは，社会的な過程，経験，同一視集団，また理想とされている「本質」のようなものすべてを「包含し」続けている障壁の破壊に重点をおくことをさす。ニューエイジ療法の過程は，しばしば個人がプログラム化されたグループ内活動に徐々に没していくことを伴う。そこでは，これらの大きなグループの中で，知覚されたグループ過程に参加することが強調されている。グループには次のようなものがある。催眠状態で行なわれるグループ瞑想。グループ意識訓練活動，そこでは新しい行動とアイデンティティがグループ活動から形づくられる。グループ精神体験，そこではグループの精神に結びつく霊的，宗教的，心理的アイデンティティの理解を促進するグループ感情状態に基づいた精神主義を支持して，古い服を脱ぎ捨てるように個人的特徴を取り去る。各人は，そのグループの多くの者が望まれた返答に従っている体験者であることに気づかされていない。集団で感情的，または行動上のあらかじめ決められた返答に没頭することで包含を体験するという主張がある。たとえば，ニューエイジ療法の多くは，個々の問題を乗り越える方法が，クライエントとグループのアイデンティティを重ね合わせることにあると約束する。多くのニューエイジ療法において，クライエントの体験の構造は支持された行動の包含と，強化に基づいた幸福感を作り出すように操作されている。大集団での意識訓練プログラムでは，その集団の「1つの原因に1つの解決法」という精神に基づく行為が，はじめは大きなグループで「さくら」によって明示され，それから一般グループの承認によって個々人内で強化されるように，講義や訓練が配置されている。そして承認された考えや行動は，グループ内での「包含」を得ることと，グループ精神と協調した行動と考えられることを獲得することを目的として，グループによる強化とともに，グループリーダーによって形成されている。

クライエントの多くが，その体験の本当の性質を伝えられずにグループに入るようになる。しばしば，クライエントは軽度から中程度のうつ状態のような心理的要因や，転職やキャリア変更などの人生の転換期などで悩んでいるとき，心理療法家に相談する。多くのクライエントは伝統的でない心理療法を受けるということを適切に知らされていなかったと思っている。ほとんどのニューエイジセラピストは，その療法や技法が実験的であり，科学的に検証されていないということをクライエントに伝えていない。ニューエイジセラピストを選択するクライエントは，往々にして療法に先行してそのセラピストの技法の理論的基礎をほとんど理解していない。情緒不安定なクライエントは無垢で，治療過程の性質や複数の利用できる療法の種類に関しても知らされていない。治療関係になって間もなく，彼らは「癒しの過程」の適切な技法に関し

てセラピストの判断に依存せねばならなくなる。必然的に，多くのクライエントは適切な通告やインフォームドコンセントなしの，特定の技法や手続きに「陥れられた」と感じる。そして後に，クライエントはそこで用いられる技法や方法に関して適切に通告されていたら，同意はしなかったであろうということをしばしば報告している。

変　容

　多くのニューエイジ療法はクライエントの問題が変容によって解決されると約束する。その宣伝文句は，ニューエイジ療法の体験プログラムに没頭することで，問題が克服できるというものである。変容はニューエイジ療法の基本的な前提のみから導き出された簡潔な技法にしばしば頼っている。これらの前提に潜在することは，治療技法が以前の隠された経験や感情を思い出させるための，あらゆる「ハードワーク」を行なうことであり，その技法の結果として変化が「自然に」生じるということである。変容はクライエントの従順さのみを要求するニューエイジ療法技法の産物である。

●例1　「再生誕」に関連した治療法では，セラピストはクライエントに家族が多大の悪影響を及ぼし，クライエントの母親が冷たく愛情がなかったことを認めるように促す。次にセラピストはクライエントを懐胎期間の後半に遡及し，クライエントがセラピストの腕のなかで「再生誕」する間，抱っこをする。クライエントはおむつをつけ，自分の所有する哺乳瓶から飲む。そして「再生誕」の終わりにたとえ治癒していなくても，クライエントは改善すると期待する。

●例2　「前世」療法では，クライエントはリラックスするようにいわれ，セラピストは催眠誘導によりトランス状態に入らせる。トランス状態で，クライエントは前世での時の流れ，状況や行動の詳細を視覚化するように「導かれる」。この状態で，クライエントは前世で起こった意義深く精神的な衝撃を受けた出来事を見つけるように導かれる。現世に戻った後，クライエントは前世でのトラウマがいかに現世での出来事を支配し，影響を与えているかに関する洞察を深めることを期待される。

●例3　多くの大グループ意識訓練プログラムでは，参加者は現在の問題の根源である精神的衝撃を受けた現実の出来事に戻るように指導される。クライエントはその出来事をできる限り，深く感情的に再体験するように指導される。同時に，クライエントは1つ1つの浮かび上がったどのような素朴な考えや感情，衝撃についても表現するように指示される。そのようなトラウマを追体験し，解放することが各人を自然で自由にさせるということである。

浄　化

　望ましい状態，すなわちニューエイジ療法の終了を意味するのは浄化である。クラ

イエントを制御していた問題の原因が何であれ，その「汚れ」は，クライエントの変容期間に取り除かれている。隠された前提の1つは，心理的な問題の根源は，内部の争いではなく，むしろ個々のもともとの純粋さを汚した外部の力であるということである。ニューエイジ療法の狙いはこの汚れを取り除くことである。大グループ意識訓練におけるリーダーやセラピスト，スピリチュアル・ガイド，宗教リーダーなどが，浄化のモデルとなっている。浄化の段階は，クライエントがその技法の暗黙の指示に従い，より適切な行動を形づくることで進む。

意思決定の正当化

　多くのニューエイジ療法では，意思決定の決まった道筋を通るように促す。さらに，直面する決定の性質や利用できる選択は，ニューエイジ療法における信念の因果的な前提によってしばしば規定されている。意思決定は重なりあった2つの段階で行なわれる。1つめの決定は，ニューエイジ療法の独特の内容に関連した前提や概念の受容に焦点を当てている。要するに，前世療法では，人には前世があり，退行催眠は前世を体験する実用的な手段であり，前世で人はある特殊なアイデンティティを持ち，その前世でのトラウマは非常に大きく，前世からの魂が宿っているため，そのトラウマが現在にも続き生活の妨げになっていると決意しなければならない。

　2つめの決定は，同じ信念や前提を自分の生活に応用することに焦点を当てている。クライエントが与えられたシステムの前提を受け入れるよう誘導されたら，次のステップはこれらの因果関係の原理を日常生活に応用することである。したがって，もし繰り返された退行催眠が親や悪魔の一団に繰り返し虐待されたという記憶を初めて生み出したとしたら，治療を有効にするために，クライエントは自分の親や親戚を虐待者として扱うことを決心しなければならない。変容と浄化は，ニューエイジ療法の因果的な前提と一致するように，世界を扱う決定を実行することに基礎をおく。因果関係の信念を満たす決定の正当化は，承認された行為を強化するためのニューエイジ療法の特別な技法に由来している。それは，決定に対する統制の所在がニューエイジセラピストによって，内在化された過程から外在化された正当化への転換が形づくられ奨励されるためである。

ニューエイジ療法の説明責任とクオリティに関する問題

　伝統的な療法とニューエイジ療法に参加することは広く普及している。現在，アメリカでは25万以上の認可されたセラピストがいるとされている。しかも，約3人に

1人のアメリカ人が，ある時点でセラピストを訪ねたことがある。カリフォルニア州だけで，およそ5万人の認可された心理学者や臨床ソーシャル・ワーカー，結婚・家族・児童カウンセラーがいる。高校中退者から博士にいたるまでの人々が，500もの承認された心理療法に基づき，悩みや苦痛，心理的な状態に対して想定される治療を大衆に提供している。1960年代から現在にいたるまで，多数のニューエイジ心理技法の導師が現われた。

倫理上および法律上での説明責任

　心理療法は，他の科学が評価されるのと同じ基準でその方法や発見を評価すべきだという主張により，科学的知識に基づく手続きであるアカデミック心理学のなかで始まった（Campbell, 1992, 1994; Crews, 1995, 1998; Dawes, 1994）。心理療法はアカデミズムの系譜を有する行動科学である。そのため，大衆は，心理療法が，その歴史と，そしてヘルスケアの専門的実践者に対する州政府の規制が継続し，倫理的，専門的基準を守ることを期待している。多くのニューエイジセラピストは，ニューエイジ療法が精神的，宗教的，すなわち「他の世界の賢知」のような異なった起源から成り立っているため，ニューエイジ療法は異なった基準，言い換えると自分たちの信念体系によって判断されるべきだと異議を唱えている。これらの異議は概して失敗に終わっている。法律は，個人または集団が個人の健康や安全性にかかわるサービスを提供しているとき，州政府や裁判所がそのサービスの説明責任や質に関する問題を決定するのに適切な場であるという原則に基づき，自らの正当性に関して堅固な基盤を維持している。したがって，多くのニューエイジ療法によってなされたある特定のケアが効果的であったかという判断は法廷で検証されてきている。

　科学的な領域や専門分野におけるニューエイジ療法の効果に関するレビューは大きく欠落している。それぞれの精神保健の規律は，その分野において倫理上のガイドラインを開発しているが，これらの倫理上のガイドラインは，大衆が利用できる心理療法の質を測定するのに十分な規制力がない。セラピストによって提供される療法の質の照合を維持するのに，さまざまな心理療法をセラピスト自身で管理のため統制する能力は，一般的にないと判明している。そして，州裁判官または民事の陪審でも，陪審員が治療の方法論の妥当性を判断するようになった。公判や交渉示談を通じた民事訴訟過程が説明責任の非公式な仲裁人となっている。

　心理療法の専門家らを規制し監視する手段は，並行する法的管轄権を除けば，2つに分かれている。1つは市民の健康と安全面を保護するという州の義務のもと，専門的免許を授与したり剥奪する州の規制機関によって執行される政府の権限である。処置法が基準以下であったり，市民に直接的な害があると判断されたセラピストは，資格を取り消されたり，停止されたり，監督下におかれる。

第Ⅱ部 心理療法における一般的な論争

療法専門家を統制する2つめの手段は、セラピストの基準以下または非倫理的な行為の結果、受けたダメージに対し賠償を請求する権利を個人に授ける法令を通した立法府によって与えられた権限に見出される。一般的な裁判システムと蓄積された特定の判例法は、平均的な市民が害のある専門的行為とは何かを判断する尺度を提供している。

民事訴訟は、セラピストが専門的行為の基準を満たしたかどうかを決定するため、いつも利用されている。したがって、すべての精神保健専門家による不当行為について、民事訴訟の権限を持つあらゆる州の法令に条項がある。セラピストは法律の領域の広い範囲にわたって告訴されている（Bloch et al., 1999; Chodoff, 1999; Conte & Karasu, 1990; McHugh, 1994; Slovenko, 1999）。不当行為とは以下のようなものを含む。①セラピストがクライエントと性的な関係を持つこと（Bloom et al., 1999; Hyams, 1992; McHugh, 1992; Simon, 1999）、②クライエントの資金の乱用、③技法や資格に関する詐欺行為（Slovenko, 1999）、④必要な治療を提供することの怠慢（Klerman, 1990; Stone, 1990）、⑤適切な薬物投与の怠慢、もしくは不適切な薬物投与（Klerman, 1990; Stone, 1990）、⑥クライエントが特定のターゲットに直接的な危害を加えるような場合の、第三者への警告の不履行（Felthous, 1999; Slovenko, 1999）、⑦セラピストの個人的な利益のためにクライエントを搾取し、治療上の関係を悪用すること（Conte & Karasu, 1990; Crews, 1995, 1998; Slovenko, 1999）、⑧薬物投与や電気痙攣療法（ECT）などの治療的介入に関するインフォームドコンセントの不履行（Walker-Singleton, 1999）、⑨守秘義務を破ること（Walker-Singleton, 1999）、⑩治療の不履行（Klerman, 1990）。

加えて、多くの州立法機関は、個々の開業医や施設の認可を管理する監督機関を設立することにより、認定制度の再調査のための法定基準を制定している。刑事告訴もいくつかの状況で利用されている。たとえばセラピストとクライエント間の性的接触に伴う不必要な接触が暴行罪で、またはクライエントの資産の横領に根拠を置く詐欺罪で利用されている。典型的な民事訴訟では、セラピストが専門家の役割で活動する間、疑わしい治療法もしくは非倫理的な行為の使用を通してクライエントが「損害を受けた」かどうかは陪審員が判断する。市民の損害は物理的であったり、情緒的であったり、財政上の場合もある。陪審員はその時、その疑わしい技法がクライエントに損害を与えたかどうか、その損害は賠償されるべきかどうかを判断する。

伝統的な療法とニューエイジ療法は民事訴訟制度のなかでは同様に責任を負う対象である。たとえばセラピストがクライエントと性的な関係を持つような治療関係の乱用や、心理療法技法の誤用は、伝統的な療法とニューエイジ療法の両方で起こる可能性がある。疑わしい技法の使用はニューエイジ療法が特に裁判で非難を受けやすい告発である。

受託者＊に適用する基準で判断されるべきニューエイジセラピスト

　ほとんどの州の法律のもとで，セラピストとして大衆に接している認可された臨床家と無認可の者はともに，信頼，信用，守秘に基づいてクライエントと関係を築く。法律では，個人どうしが信頼や信用をもとにしたかかわりを持つときに，1人がもう1人よりもすぐれた知識や，経験，訓練，技術があれば，その関係は一般的に法的な視点では「受託関係」とみなされる。多くの州で，セラピストは受託者と考えられている。両者の知識や，訓練，経験が不均衡であるために，①クライエントに提供するサービス，および②問題を克服するためのクライエントへの適切な援助に対して，受託者はより高い基準のケアと責任を適用されている。

　私たちは，すべての療法的関係は受託関係として考慮されるべきで，セラピストが判断するべきケアの基準は，受託者に適用される基準であるべきだと提案する。信奉しているイデオロギーにかかわらず，同じ基準がニューエイジセラピストにも伝統的なセラピストにも適用されるべきである。

説明責任の相対的もしくは専門職的な基準

　民事訴訟において，専門家の不良処置が告発されたとき，その分野のコミュニティのなかの職業に対する活動の採択された基準にかかわらず判断される。技法や実践に疑問がある場合，ニューエイジセラピストはしばしば自分たちの規律の基準で判断されるべきだと主張する。そうでなければ，ニューエイジ開業医が一般的に避けようとしている伝統的な心理療法における基準によって判断されてしまうと，彼らは主張する。ニューエイジセラピストは，伝統的な心理療法が，①同時代に存在した意義に欠ける人，②人の苦悩についてエリート主義の考えに基づく，③人を傷つけている社会的な力である外部の構成要素，という信念を支持している。したがって，自分たちの診療技法を適切に判断できる唯一のコミュニティは自分たちであると信じている。

　それでもやはり判例法は個人に直接関係あるピアグループだけに任せたとき，「コミュニティ」がそれほど詳しく解明できないことを明らかにしている。以下で選び出した「コミュニティの基準」尺度は，療法の専門的で倫理的な基準の欠くことのできない観点を表わす。

1. アメリカ心理学会（APA）やアメリカ精神医学会（APA）やアメリカ医学会（AMA）のような地域や国の専門家組織によって奨励された行為と実践の倫理的原則
2. 州の認可機関の実施規則，政府行政機関の決議あるいは州や地域の制定法の形式で定めた法律により採択されたかどうか
3. 地域専門家機関の規則，州や地方の専門家組織など

以上の3つの資料から得た制定された専門家の実施規則は，ニューエイジセラピストの行為が判断されるということに関係なく，「専門家コミュニティの基準」の根拠として認められている。別の方法を採用することは，文化的傾向，狭く限定された小集団，例外に基づく倫理的基準を生み出すことになるだろう。

説明責任の外在化

　ニューエイジセラピストらによってたびたび提出される別の議論は，彼らがアドバイスがほしい潜在的なクライエントによって探し出された単なる「カウンセラー」にすぎないということである。要するに，セラピストのサービスはクライエントの自由な選択の結果として獲得されたものであり，クライエントは自分たちの要求と考えに基づいた方法論の選択をしたというのである。したがって，セラピストの行為はただクライエントの選択理由に基づいて判断されるべきだと議論は続く。自分たちを「カウンセラー」と名づけることで，ニューエイジセラピストらはカウンセラーをクライエントと同じ責任の程度に位置づけ，中立的なアドバイザーという役割で，完全に責任範囲外であるとの方略を採用している。そのような議論はセラピストからクライエントに方法論の選択責任をなすりつけることになる。

　先に論じた専門家の基準のもとでは，この議論はニューエイジセラピストから専門家としての重い責任を取り除くことにはならない。まず第1に，受託者として適切な治療技法を選択する責任は，専門家の側に存在する必要がある。第2に，州の規制法令および裁判所は，認定された専門家の行為と同様の行動をとる者は，その「セラピスト」が自身を心理療法士としているかどうかは別として，認可されたセラピストに適用される基準によって判断されねばならないとしている。クライエントがある特別な対応をするセラピストを探し出したら，そのセラピストは認可を受けた専門家の評価に用いられる専門家の基準で精査されるのを避けることができない。専門家がその専門で基準以下であると判断されるときに直面するのと同じ債務は，認可のされていないセラピストの仕事を評価するためにも同様に用いられるだろう。

　ニューエイジ療法を始めた約400人とのインタビューで（Singer & Lalich, 1996），ほとんどのセラピストはクライエントが療法を始めた後に，ニューエイジ療法の考えについて説明をしたということがわかった。対照的に，他のニューエイジセラピストは全国的な宣伝を通じて，自分たちのサービスを広告している。何人かは自分たちのプログラムが，前世回帰や他のニューエイジ技法に参加したいという人で非常に長い空き待ちリスト（たとえば，3千人）ができていると主張している。

ニューエイジ療法と法的説明責任

　ニューエイジ療法に対する最も印象的な非難は訴訟から起こっている。民事裁判制

度がニューエイジ療法は価値ある社会的な目的にかなっているのか，それとも悪影響をなしているかどうかを決める審判者となっている。説明責任に対する国の基準が不足しているが，ほとんどが心理学や癒しアートの訓練を受けていない 12 人の一般市民の陪審員が，説明責任，ケアの効果，倫理的な行為などの問題について判断する。この取り決めの長所は，12 人の一般市民がコミュニティの代表としてヘルスケアの現在，または潜在的なクライエントであるというところである。陪審員はどこまでの診療が許されるのか，そしてクライエントがセラピストやその治療によって傷つけられた程度について判断する。

精神保健活動における全国消費者保護連合（National Association for Consumer Protection in Mental Health Practices）の会長であるクリストファー・バーデン（Barden, 1999）は，未熟な消費者を保護するための解決策を提案している。全国的に名の通った精神科医や心理学者は以下のような行動を立法府が請け合うよう説得するため 1994 年に文書に署名した。

> 将来的に同様の心理療法詐欺の可能性を減らすために，ヘルスケア規定に関連したすべての該当箇所に以下の文言を含めることを私たちは提案する。厳密で妥当性と信頼性のある科学的調査によって安全で効果的であると判明しておらず，関連のある科学的コミュニティの多数によって安全で効果的であると承認されていない心理療法を含むいかなるヘルスケア治療にも税金や非課税金が適用されるべきではない。(Barden, 1999)

この全国連合は，実験で証明されていない心理療法に対してインフォームドコンセントが欠如することに注目させる効果を与えた。15 州の立法機関は実験的な精神保健活動からクライエントを保護する法律を設けている。

ニューエイジ療法から生じた法的なケースの数を見積もるのは難しい。精神保健法のモデル立法における真実と責任（Truth and Responsibility in Mental Health Practices Act Model Legislation）を開発し，著作したバーデンは，「これらの訴訟がいくつ起訴されたかを知る方法はないが，何百はあるだろうということに皆が確信を持っている」とコメントしている。「これらの訴訟の多くは起訴される前に示談にされている。他のものについては示談において厳重な守秘規定がある。本当の数は何千でもあり得る」（私信, 1999）。保険会社の代表に聞き取り調査をしたところ，心理学者だけに対する訴訟のための示談金，債務や法的費用などが年間に 6 千万ドルから 1 億ドルということであった。

テレビのトークショーは，以前は多重人格障害もしくは MPD として知られていた解離性同一性障害と「回復記憶療法」を一般に広めていることに一役買っていた（第 5 章を参照）。オプラ・ウィンフレーの番組は，「90 年代の症候群」として MPD を公

表した。1995年後半，ジェラルド・リベラは，RMTと悪魔崇拝儀式虐待の流行に貢献することになったことを番組で謝罪した（Acocella, 1999）。

ニューエイジ療法に関する法的なケース

ニューエイジ療法に関する法的なケースは特定の問題に焦点を当てている。

インフォームドコンセントのケース

多くのケースにおいて，ニューエイジセラピストから治療を受けるクライエントやグループの参加者は，どのような種類の治療法が使われるのか，また療法が根拠とする信条や前提についてはっきりと伝えられないままに治療に入る。ニューエイジセラピストは，明確な実験で証明されていない療法的技法の実施に対して，インフォームドコンセントを得ていないことがしばしばある。法的かつ倫理的な視点から，宇宙人による誘拐，霊界などとの連絡，前世への回帰や，他の特異な信条から導出された治療を提供するニューエイジセラピストは，実験作業の舞台のなかへと移動している。

州の認可機関は，検証されていない治療法の使用について問題があるという立場を採用してきている。たとえば，1999年5月3日にレニー・フレディクソン博士は，ミネソタ州心理学委員会の発令によって，免許を制限と条件のついたものにされた（Walker-Singleton, 1999）。フレデリクソン博士は回復された記憶に関する成果で国の注目を集めた。委員会は以下のような理由に基づき発令した。

> 1994年以来，ライセンス取得者（フレデリクソン博士）は，以下に限られるものではないが，数多くの以下のような欠陥のある診察を行なった。革新的で新しく現われたサービスや技法の使用およびそれに関連する危険性を適切に患者に知らせなかったこと，ライセンス取得者の客観性や効果が損なわれたときにも心理的な治療を行なったこと，クライエントの個人情報を共有するというインフォームドコンセントを書面で得なかったということ。（Walker-Singleton, 1999. p. 1）

委員会は，フレデリクソン博士は治療に催眠を用いていたが，クライエントに「催眠療法は時として誤ったことを鮮明な思い出として信じさせてしまうこともある」ということを知らせていなかったということも指摘した（Walker-Singleton, 1999. p. 9; 第8章を参照）。

ミネソタ心理学委員会は，崇拝，儀式，虐待などを含めた療法をフレデリクソン博

士がクライエントに行なうことを永久に禁じた。フレデリクソン博士はまた委員会によって特定された条件以外では，催眠療法やイメージ誘導を行なうことも禁じられている。

　以下の事例は，ニューエイジセラピストによって使われたやり方のいくつかの典型例を示している。そして，そのやり方が結果としてクライエントにトラウマ的な障害を与え，セラピストが原因となった危害に対して陪審員の判断でセラピストが損害を賠償したことを適切に示している。

悪魔儀式虐待：パトリシア・バーガス，「悪魔の女王」のケース

　最も広く報道されているSRAのケースは1,600万ドルの示談金を得たパトリシア・バーガスの話である。1995年に，全米のドキュメンタリー番組であるフロントラインは，「悪魔を探して」というタイトルの番組を放映した。それは，バネット・ブラウン博士によるバーガス氏の治療についての記録であった。もともと産後うつ病で治療を受けていたバーガス氏は，シカゴのラッシュ・プレスバイテリアン病院の解離性障害病棟に3年間入院していた。バーガス氏は「悪魔の女王」と名づけられていた。ブラウン博士の提案により，4歳と5歳の2人の息子も3年間入院させていた。それぞれの息子も多重人格であるといわれていた（第5章を参照）。母親の悪魔信仰に入信していて，赤ん坊を食べたことがあり，生きている赤ん坊にかぶりつくのがどんなふうだったかということも感じたことがあるといわれていた。療法の一部として，2人の息子は彼らが訓練された殺人者であることを「学んだ」。バーガス氏は自分が息子たちを虐待したと信じるように指導された。ブラウン博士との治療から，彼女は①300の人格を持ち，②悪魔教団で育てられ，③9州の地域を担当している悪魔の女王であり，④1年間で2千人以上の死者を食べたことがある，ということを信じるように指導された。ブラウン博士はバーガス氏に，家族のピクニックから病院へハンバーガーを彼女の夫に持ってこさせるよう指示したこともあった。それは人体組織の成分検査をするためだった。3年後，バーガス氏の保険がきれかかったころに退院となった。保険会社は，バーガス氏と2人の息子の医療費として300万ドル以上を支払った。アコセラ（Acocella, 1999）は同じような理由で，ブラウン博士の他の患者が似たような訴訟を起こしたことを記した。

　ブラウン博士は回復記憶運動で非常に活動的だった精神医学者である（第8章も参照）。イリノイ専門職規制局（IDPR）は，バーガス氏のケースを根拠として，ブラウン博士と2人の同僚に対して正式に告訴した。示談の結果，ブラウン博士は2年間にわたり医学免許を剥奪され，その後，少なくとも5年間の試験期間つきということになった（Bloomberg, 2000）。7年後には，ブラウン博士はIDPRに謹慎期間をといてもらえるように申請しなければならない。

解離性同一性障害：エリザベス・カールソンのケース

ミネアポリスでエリザベス・カールソンは，ダイアン・ヒューメンスキー博士からうつ病の治療を受けた。ヒューメンスキー博士は，カールソン氏は解離性同一性障害であるとすぐに指摘し，家族からの虐待に関するエピソードを「再生」し探索するために，ビジュアライゼーションエクササイズを始めた（Acocella, 1999）。イメージ誘導を通してカールソンは死んだ赤ん坊を食べている人々に自分が参加している場面を「見る」ようになった。最終的には，ヒューメンスキー博士は，カールソンのなかに無数の人格を「発見した」。ヒューメンスキー博士は，彼女が「25の後は，数がわからなくなった」（Acocella, 1999, p.10）と述べた。最終的に他に10人の元患者がヒューメンスキー博士を訴えた。

宇宙人：マイラ

マイラは自分の主治医から，リラクセーション訓練のために心理学者を紹介された。それは痛みを和らげることを専門とした心理学者だった。マイラの最初の訪問から終わりまで，心理学者はまったく病歴の記録をとらなかった。それにもかかわらず，催眠療法の後に心理学者は，背中の痛みが父親による虐待の結果であるとマイラに伝えた。心理学者はまた，マイラが催眠をかけられている間に，彼女が大好きな叔父の家に行ったと語ったことを伝えた。心理学者は，叔父が彼女を虐待したと言うようになった。マイラがふつうに覚醒している状態では，父親や叔父による虐待の記憶はまったくなく，セラピストのそのような虐待の主張に反対した。次のセッションで，セラピストは催眠状態の最中に，マイラが叔父の家でUFOに誘拐されたことを思い出したということをそれとなく示した。UFOは，叔父の家の裏庭に降りてきて，白い「卵の殻のなか」のような宇宙船に彼女を乗せて行った。そこで彼女は宇宙人たちによって性的な検査を受けたと報告させられた。マイラがテーブルの上で横たわっている間の，この検査とその後に続いた検査が，背中の痛みの原因であると言われた。宇宙人は催眠を用いて宇宙人との接触を忘却させるので，宇宙人によって連れ去られたクライエントには催眠療法が必要であると主張し，この心理学者は毎回のセッションで催眠を用いた。それから3年間，心理療法家はマイラの主張した宇宙人との遭遇のすべてを暴くことに焦点を当てた。マイラは，セラピストがこれらの遭遇したとされていることに関して情報を創り出すのに協力したときのみ，興味深そうであったと感じた。マイラは，ぼんやりし始め，疲れを感じ，何についても感じないようになってきたと報告している。心理学者は療法の限界をかなり拡張し，最終的には週に3回，3〜4時間のセッションを行なった。心理学者はまた「療法の中心であるUFOでの体験をすべて再生すること」の妨げになるという理由で，主治医によって処方された服薬も禁じた。マイラが貯金を使い果たしたころには療法をやめざるを得なくなった。心理

療法において起こった出来事をふり返り，マイラは法律の相談者を探した。告訴がなされてから，そのセラピストは示談で解決した。

多重人格ニューエイジ療法：エレン

　エレンは恋愛関係の突然の終結による軽いうつのために療法を受け始めた。エレンは療法がうつを解放するために役立ち，恋愛関係についてもっと学べると信じていた。彼女は連続して男性と不満足な別れ方を経験しており，経験を追うごとにうつの程度も強くなっていった。

　この章の著者の1人（MTS）とのインタビューの折に，最初の療法セッションでセラピストがリクライナーにエレンを横たわらせて毛布をかけたことを明らかにした。セラピストはBGMにやわらかい音楽を流し，「音楽とともに漂流するように」求めた。10年間の療法の後に，エレンは，①悪魔儀式で父親や他の家族から虐待を受けていたという抑圧された記憶を「発見し」，②父親に対して訴訟を起こし，他の家族との関係をすべて断ち切り，③159の人格を持つ多重人格であることがわかり，④地球外生物によって監禁されたことがあり，⑤その他の「何らかの実在」によって襲われていたことを納得するようになった。ついにエレンの2人の女友達は，エレンの療法に関する彼らの記録についてエレンと共有するにいたった。彼女らは，抑圧された記憶から，悪魔儀式による虐待や，地球外生物による虐待や，「何らかの実在」によって襲われたことや，多重人格を持つことへ進行する，エレンの療法の経過をテレビで見て「療法の気まぐれ」に従っていたと伝えた。友達はまた，セラピストが彼女を「奴隷」にしていて，毎回続いて起こる新しく発見された事実を説得することで彼女を操っていると話した。エレンは，療法セッションの写しを友達に見せた。セラピストは毎回のセッションをテープで録音し，セッションを書き写すように要求し，それが共著で本を書くために使われると伝えていた。写しを再度見た後で，友達はエレンのセラピストが彼女の考え方に影響を与えるために用いた技法を理解した。以下はエレンからMTSへの説明に基づきエレンとセラピストとの会話を再構成したものである。写しからの直接の引用ではない。

　　セラピスト：そのままリラックスして，心に浮かんでくることを言って。自分の心を信じて。自分が見えるものを信じて。裏庭で自分が見えるでしょう。空を見て。光が見える？
　　　　エレン：はい。
　　セラピスト：もっとそのことについて教えて。
　　　　エレン：星，空に星があるだけ。
　　セラピスト：星は近づいてきてる？　動かせる？

エレン：（泣きながら）動かせない。近づいてきて，だんだん明るくなって，近づいてくるわ。わからない。私は動かせない，わからない。
セラピスト：ほら思い出していけるよ。
エレン：（泣く）
セラピスト：何が見えるの？　誰がそこにいる？　あなたは横たわっているの？
エレン：リラックスするように言ってる。
セラピスト：声が聞こえるのそれとも，心と直接接触をしているの？
エレン：私の心のなか。言葉は聞こえない。
セラピスト：あなたに何をするつもりだと，彼らは言ってるの？
エレン：（泣き叫びながら）私の足に，電気のディスクを埋め込むって言ってる。わからない。わからない。
セラピスト：思い出したいのね？　ここに思い出すために来たのよ。もうずいぶん思い出したわよ。まわりを見て，何が見えるか私に教えて。

　最終的にエレンは彼女とともに白い清潔な部屋にいた，大きな黒目をした小さな灰色の人からなるグループのやわらかな感触を説明した。その場面をエレンが説明するにつれて，セラピストは「その時したように経験していくのよ」「すべて起こったことをもう一度思い出すわよ」というようなコメントを散在させた。
　10年間の療法を通じて起こったことを彼女は認識したが，エレンがそれを実感する前に，治療をやめていたエレンのセラピストのほかの患者とエレンは連絡をとった。多くの元クライエントがセラピストに対して告訴をしていた。元クライエントの一人ひとりが，セラピストと保険会社から多額の示談金を受け取った。MTSとのインタビューでエレンは以下のように述べた。

　　療法はけっして終わろうとしなかった。彼女［セラピスト］は私がやり続けなくてはならないように，どんどん悪いことを見つけ出していった。その仕事を彼女は「深い仕事」と呼んだ。10年間，気分のよい時などなかった。今，自分の療法をふり返り，友達の意見に対するお礼をどう表わしていいかわからないくらい感謝している。より深く掘り下げ，思い出さなければならない過去の隠された悪いことを信じて，私は引きずられ続けたかもしれない。私はセラピスト以外に本当に話す人がいなかった。彼女は療法で続けられたことは，私たちの「深い仕事」の「衝撃を薄める」ことになると言いながら，それを明らかにすることを禁じていたのだ。

最近の専門家の動向

　リリエンフェルドとロー（Lilienfeld & Lohr, 2000）は，多くの研究を志向する

心理学者が「正当性のない治療の急増がクライエントや臨床心理の科学的地位に対して深刻な脅威をもたらすと主張している」と記述した。彼らは，思考場療法（tought field therapy: TFT）の使用による最近の2つの裁可を報告した。1つは心理学審査官アリゾナ委員会によるもので，もう1つはアメリカ心理学会（American Psychology Association）継続的教育委員会（Continuing Education Committee）によるものである。

TFTは1980年代にロジャー・キャラハン（Callahan, R.）によって考案された（第9章を参照）。それは「5分間恐怖症治療」としてさかんに宣伝された。TFTは，クライエントが不安を引き起こすような出来事を想像し，セラピストの指示であらかじめ決められた順で身体の部分を軽くたたき，特定の方向に目を動かし，5まで数えて，歌の一節を口ずさみ，もう一度決められた順番で身体を軽くたたく，というものである。もう1つのTFT技法は「声の技法」と呼ばれている。この方法では，電子器具がクライエントの声を視覚化する。TFT提唱者によって主張されている「声の技法」によってセラピストは「クライエントのエネルギーの塊は電話を乗り越えるため，本人がクライエントに会わずに，公式なTFT治療を処方する」ことを許可された。

心理学審査官アリゾナ委員会は，TFTセラピストを謹慎とし，心理療法という領域でTFTを使用することを控えるように命じ，この技法の使用を控えているかどうか監視すると告知した。この規制の主な理由は，「宣伝した効果を実証するセラピストの能力の欠如」にあった。加えて，APA継続的教育委員会は，その効果に関する科学的立証が欠けているため，TFTは継続するのに不適切な内容だとした。リリエンフェルドとローは「以上の2つの最近の動向は，心理療法活動に関して自由放任的な技法から，臨床家の説明責任が高まる方向への移行の到来を告げている」（2000, p.5）と記した。

道を踏み誤った心理療法

これまでのケースは「道を踏み誤った心理療法」の例を提供している（McHugh, 1994）。マヒュー（McHugh, 1992）は，エレンのケースのような悲惨な指示でさえ，セラピストが誤った文化的流行の先導をするときに起こる「災難」であることを記述した。

> これらの流行やその影響がどのようにして精神医学の安定性を損なう原因となったか熟知するようになってきた。1960年代からほぼ10年ごとに，精神医学の活動は，すべての学問分野が頻繁に文化の虜にされてきたことを証明する，いくつかの奇妙な誤ちを見過ごしてきた。それぞれの誤ちは，3つの共通した医学的過誤である，極度の単純化，誤った箇所の強調，まったくのでっち上げのうちの1つの結果として起こった。（p.498）

結　論

　心理療法はその当初から，世のなかで人々がうまく機能し，市民として責任を持った行動がとれ，人生のあらゆる機会を生かせるよう援助する方法として意図された。心理療法がこれらの目的を果たすことに対して，不利に作用する最近の治療上の流行や欠点について説明した。ニューエイジ療法として計画されたアプローチは，不当にもセラピストに，①クライエントを援助する代わりに，セラピストの権力を増大させ，利益を得，セラピストの願望をクライエントに強いること，②クライエントに長引く，不必要なセラピストへの依存を誘導すること，③セラピストの受託役割を破ること，を許してきた。多くのニューエイジ療法が，以下のような活動によって心理療法の可能性を逆方向へと進ませた。

1. 催眠など法的に認められた補助的な技法の誤用や乱用
2. 特異で，検証されていない，また専門家コミュニティによって承認されていない技法の導入
3. 人間の記憶の機能についての，ゆがんだ，発見されていない信条の強制（第8章を参照）
4. セラピスト自身の瞬間的な一過性の流行に基づく，人間の苦悩の裏側には何かが潜んでいるというセラピストの「お気に入り」の理論の強制
5. 催眠状態で想起された記憶（地球外生物の存在，悪魔崇拝教団，霊的実在による侵略や千年間の歴史を持つ前世）に関する持ち前の手の届かないような特異な信念と矛盾する，最新の科学的な証拠の回避や拒否
6. 記憶が再構築プロセスであるという科学的根拠の回避や拒否（第8章を参照），代わりに，トランス誘導やイメージ誘導，また直接の指示によってもたらされる記憶は，完全に保持された前に見た記憶の蓄積であるという古い考えに対する固執

　心理療法の用語は，ある種の解釈または介入が特異な神話や「お気に入りの理論」に基づくという，事実を覆い隠す専門用語を除外するように作り直されるべきである。診断がなされ，治療計画の根拠として役立つのであれば，診断は狂信者の思いつきの計画を求めるよりも，専門的な精神保健コミュニティによって承認されている診断基準に基づくべきである。
　クライエントは実験的なアプローチを受けるということを事前に知る権利がある。セラピストはそのような技法が用いられるとき，クライエントに告知する受託者の義

務がある。セラピストは，代わりの療法的アプローチが利用可能であり，そのようなアプローチが専門的な心理学コミュニティにおいて一般的に承認されている方法に基づいていることをクライエントに告示する責任がある。この章の著者の1人（MTS）は，別の書物において，不適切に訓練を受けたセラピストや「害となる専門家」のようなセラピストに認められる一般的な類型を記述した（Singer & Lalich, 1996）。受託者として，セラピストは名声や，自己イメージ，または効力感や，セラピストの支配を増すよりも，心理療法がクライエントの目標や目的を促進するということを保証しなくてはならない。最後に，クライエントは治療法が一般的に認められている科学的研究に基づいているものか，それともセラピストの個人的な信条なのかについての知識を与えられなければならない。

用語解説

教え込み，感化，教化（inculcation, influence, indoctrination）　他者が観念の集合や信念体系を受け入れるように影響を与え説得するために，より大きな力を持つ者がその役割や権力，そしてまた知識を使う場合の関係で起こる可能性がある。

原因論（etiology）　原因の科学もしくは理論。原因論は次のような疑問に取り組む。つまり，この問題の起源は何か，と。

社会復帰・回復的療法（rehabilitative/restorative therapy）　以前の能力の水準で機能するように，クライエントをもとの状態に戻すことを強調する心理療法の方法。社会において責任のとれる人物，自分で選択ができる，そして社会で倫理的でいられるように機能できる技能の獲得が強調される。

受託者（fiduciary）　法的には，しばしば法令もしくは判例法で定義される関係の特定のタイプのこと。多くの州で受託者の関係は，①個人間の関係で，いずれか1人が他者よりもすぐれた教育，訓練，経験，知識を持つもの，②聡明でない者がより聡明な者に対して信用や信頼をおくこと，③より知識のある者が知識のない者の利益のためにサービスもしくは行為を提供することに合意したこと，④知識のない者が知識のある者に信頼をおいて，必要とされるサービスの提供もしくは利益のための行為を求めること，として特徴づけられる。一般的な受託的関係とは，弁護士と依頼人，医者と患者，会計士と依頼人のような関係である。

スプリッティング（spritting）　原始的防衛機制の1つであり，その基盤をなすものがスプリッティングであるとされる。おもに精神分析家らによって研究された。

説明責任（accountability）　セラピストは，証拠がなく，容認できない行動について，契約上の関係を含めて説明する義務を有する。第1に，セラピストは，療法がクライエントの現在の問題の改善に有効な程度，つまりセラピストが提供する高い質のケアの程度によって判

断される。第2に，セラピストは，セラピストの職業的行為が倫理的な程度と職業的基準に適合する程度によって判断される。法律は，個人の健康もしくは安全に影響するサービスを提供する際にそのことを知らせない場合には，州政府が行為の法的規制の力を持ち，法廷が説明責任の問題を判断する場となる。

人間の潜在力開発運動（human potential movement）　個人を治療するということは，クライエントの回復や更生を超えて，その人物を「新しい私」，たとえば，「再誕生」させたり，個人や人間の成長の新しい段階に進ませるという，共通なテーマを持つ異なった「セラピスト」集団のこと。

変容（transformation）　療法が当該の人物を，遵守を伴うが努力はほとんど伴わない，新しく変化した個人（「新しい私」）へと「変容」することだとの信念を持つ，ある種のセラピストによって確信されている信念。

第8章 過去の出来事の想起
心理療法における問題となる記憶回復技法

スティーブン・ジェイ・リン（Steven Jay Lynn）
ティモシー・ロック（Timothy Lock）
エリザベス・F・ロフタス（Elizabeth F. Loftus）
エライザ・クラッコー（Elisa Krackow）
スコット・O・リリエンフェルド（Scott O. Lilienfeld）

　1997年，ナディーン・クールは，心理療法家が誤った処置をしたとの処分で240万ドルを勝ち取った。心理療法家は多様な技法や暗示的手続きを使用して，彼女がぞっとするような虐待を経験させ，さらに悪魔，天使，子ども，アヒルなどを含む130以上の人格を持ったと確信させたと訴えた（第5章も参照）。ナディーンによれば，療法以前には多くの女性に典型的ないくつかの問題，たとえば過食症や軽うつの病歴を持っていた。彼女が療法を始めたのは，家族からの性的虐待に関する感情に対処するためであった。伝えられるところによれば，彼女の過食症はよく統制されており，薬物の乱用もなかった。

　申し立てによると，5年間にわたる処置で心理療法家は，トラウマ的な過去の経験を発掘しないと彼女が回復しないと断言した。ナディーンが「回復」したのは，心理療法家の主張によれば，悪魔的儀式における抑圧された記憶，赤ん坊を食べた記憶，強姦の記憶，動物との性交，8歳の友達の殺人を見るように強要されたことなどの記憶であった。これらの記憶は，ナディーンが繰り返された催眠*による年齢退行やイメージ誘導のセッションに参加したり，悪魔祓いや，15時間もの長時間の治療を受けたり，さまざまな想像上の人格と力動的な相互作用を示した後に浮上してきたものであった。ナディーンによれば，心理療法が進行し，そして過去に起こったと信じるようになった驚くべき出来事のイメージによって圧倒されるようになるにつれ，心理的均衡も速やかに崩れていった。そして，ナディーンは療法で起こったことについて真剣に関心を持ち始め，回復した記憶が「真実」であるということに疑いを持つよう

になり，心理療法家との治療を終結させ，5年間以上にもわたる失った基礎の多くを取り戻したのであった。

ナディーン・クールのような劇的な法的訴訟は，非常に指示的で強制的な療法的アプローチが，どのようにして患者の過去や人格的同一性の感覚を形成するのかに関して，明瞭で警告的な例を提供してくれる。ナディーンのようなケースは2つの疑問を提起する。第1に，多くの心理療法家のコミュニティで，子どもの虐待のようなトラウマ的な出来事の再生を高めるような，特別な技法を使用するのであろうか。第2に，それらの技法はただ記憶にアクセスする以上に，むしろ記憶を形成し，ゆがんだ個人の歴史をもたらすのであろうか。

最初の疑問に関しては，記憶回復技法の使用は稀ではなく，しかも広く知られた法的訴訟に限定されていないと信ずるだけの理由がある。プールら (Poole et al., 1995) は，2つの研究で心理学における国際健康サービス提供登録からランダムに標本抽出された145名の免許を持つアメリカ合衆国の博士レベルの心理療法家と，公認臨床心理学者登録から抽出された57名のイギリスの心理学者を調査した。成人の女性患者を療法している回答者の25％は，記憶の回復が処置の重要な部分であると信じており，最初のセッションという初期の段階から，患者が抑圧された記憶かさもなければ想起できない記憶を持つものと同定できると信じていること，抑圧された記憶の発掘を促進するために催眠やイメージ誘導のような2つもしくはそれ以上の技法を使用することが明らかになった。加えて，プールらは，研究で抽出された博士レベルの心理療法家の75％以上が「患者が幼児期の性的虐待を想起するのを援助するために」少なくとも1つ以上の記憶回復技法を使用することを報告した。

翌年，ポラスニーとフォレット (Polusny & Follette, 1996) は，アメリカ心理学会の第12部会（臨床心理学）と第17部会（カウンセリング）に所属する会員からランダムに標本抽出した1,000名の心理学者の調査を行なった。最終的に調査を完成させた223名のうちの25％の心理療法家が，イメージ誘導，夢の解釈，性的虐待に関する読書療法，幼児期の性的虐待の記憶のない患者への記憶検索技法としての幼児期の記憶の自由連想を使用していると報告した。

これらの調査での発見は，心理療法家によって提案されたアイデアを考慮すれば，特に驚くべきものではない (Bass & Davis, 1988; Frederickson, 1992)。心理療法家たちは患者の報告したことがほとんど正しいものとして受け入れ，心理療法の手続きの関数として重篤な記憶のゆがみが生ずることにほとんど考慮を払わず，また患者が突然治療時に性的虐待の記憶を想起した場合，その記憶は歴史的な出来事の納得のいく正確な写しの可能性があるとの意見を主張する。療法中に出てくる虐待の記憶は，トラウマに関連した抑圧もしくは乖離的な障害物が持ち上がる場合の，意識への跳躍と考えられる。

記憶回復技法の明らかな偏在やその使用のために推進されてきた合理性があるとして，第2の疑問―つまり，幼児期における虐待の記憶回復療法で一般的に使用される回復技法が，患者の過去の出来事の想起をゆがめるかどうか―に取り組むことが絶対に必要である。本章では，一般に使用されている症候の解釈，催眠，記憶の夢解釈の影響力の療法的手続きに関係する研究をレビューする。

臨床的技法

「記憶作業」という用語は，幼児期の性的虐待の「抑圧された」記憶検索に焦点を当てる心理療法をさすために使用されてきた（Loftus, 1993）。多くの療法的技法がこの傘下のカテゴリーに落ち着き，それらには催眠，イメージ誘導，ジャーナリング，年齢退行，症候解釈などが含まれる。これらの技法は2つのタイプのクライエントに使用される。つまり，虐待を覚えているがさらにより詳細を充填したいと望む人，そして幼児期初期の虐待を疑っているが虐待の記憶がない人である。

研究者のなかには過去の性的虐待の記憶と同様に，虐待以外の記憶―トラウマ的であっても非トラウマ的であっても―を暴くためにこれらの技法を使用することの妥当性を疑い始めた者もいる（たとえば Lindsay & Read, 1994; Loftus & Ketcham, 1994）。これらの技法は他の研究者（たとえば Bass & Davis, 1988; Frederickson, 1992）が，幼児期の虐待の記憶を回復するために，信頼のおけるものとしている方法と同じものである。イメージ誘導，催眠，年齢退行を含む1つの重要な技法の集合は，過去の出来事をレビューするためのイメージや想像に大きく信頼をおいている。

イメージ誘導

リンゼイとリード（Lindsay & Read, 1994）はイメージ誘導とは患者がリラックスして，眼を閉じ，心理療法家によって説明されるさまざまなシナリオをイメージする技法であると説明している。調査研究によれば，26％から32％のアメリカ合衆国の心理療法家は可能性がある場合には，この技法を使用するとしている（Poole et al., 1995）。しかしながら，イメージ誘導は，専門領域においても一致した定義が見当たらない。おびただしい数の技法がイメージ誘導の異型として考えられているが，たとえば弛緩はこれらの手続きの構成要素ではないにしても，内破療法（たとえば，不安を喚起するように計画された，心理療法家によって方向づけられたイメージ場面；Stampfl & Levis, 1967）や，長期の曝露（たとえば，クライエントによって方向づけられたトラウマ経験のイメージ的な追体験；Foa & Rothbaum, 1998）が含まれる。

イメージ誘導の定義が，クライエントの特定的もしくは非特定的な（たとえば，心に浮かんだものは何でも）出来事のイメージ的な再考を導いたり，助長するような手続きを含んで拡張されるならば，調査研究によって示唆される以上に，心理療法家が臨床的実践に何らかの形式のイメージ誘導を組み込んでいる可能性がある。

イメージ技法が，弛緩技能を発展させるために快のシーンを視覚化したり，また新しく確認された出来事に結びついた恐怖を消去するためにイメージ的な露呈が使用される場合のように，現在の問題や争点に焦点を当てている限り，偽りの記憶の創造についての心配はほとんどないであろう。しかしながら，申し立てられた幼児期の性的虐待の抑圧された記憶とか，乖離した記憶の再生を誘発する療法的状況でのイメージ手続きの使用のような，きわめて論争の余地のあるアプローチについては，心配が表明されてきた（Lindsay & Read, 1994; Loftus, 1993）。たとえば，ローランド（Roland, 1993）は「閉じ込められている」性的虐待の記憶を呼び起こすための視覚化技法や，虐待の抑圧された記憶の回復のための「再構成」技法の使用を提案している。

これらのアプローチが広範な広がりを成し遂げてきていると信ずる理由が存在する。プールら（1995）は，クライエントが虐待の記憶を検索するのを助けるために，相当の数の実践家がイメージ手続きを使用していることを見出した。アメリカ合衆国の実践家の標本の32%が「虐待に関連したイメージ」を使用していることを見出したし，憂慮すべき 22% の実践家は自由なイメージ方略―そこではクライエントは彼らのイメージ化に自由な影響力を与えられる―の使用を報告した。

ソースモニタリングの視点

以上の統計は，イメージに基づく技法が幼児期の出来事の再生を促進するために使用される場合に，作話を増加させるように導くかもしれないと主張する研究者と臨床家になんらの救いももたらさない（Lindsay & Read, 1944; Loftus & Ketcham, 1994）。イメージ技法の使用に関する戦慄は，部分的には諸個人がしばしば現実の記憶と想像上の記憶とを混同するという，相当数の証拠に基づいている。たとえば，アンダーソン（Anderson, 1984）は成人の実験参加者に一般的な対象物の線画をたどるか，たどることをイメージするように求めた。そして後のテストにおいてはその線画をたどったのか，たどることをイメージしただけなのかのいずれかを指示するように求めた。参加者が実際にたどったと思い出した項目のうち，なんと39%がイメージしたものであった。このような「ソースモニタリングの誤帰属」に類似したものが多くの研究者によって例証されてきている（Lindsay et al., 1991 を参照）。

そのような誤帰属はどのようにして起こるのであろうか。ジョンソンら（Johnson et al., 1993; Johnson & Raye, 1981）は記憶の起源がどのように同定されるのかを研究した。ジョンソンら（1989）は，想像，空想，作話などのような内的に生成された起

源と，実際に知覚された出来事のような外的に生成された起源や外界の起源から得られた情報（たとえば，他者の想起や新聞に掲載された物語）を区分した。またジョンソンとレイ（Johnson & Raye, 1981）は，個人が記憶の起源を推論するのを助けるような手がかりを見出した。それによるとイメージされた出来事の記憶に比較して，知覚された出来事の記憶は，知覚的な情報（たとえば，音，色彩），文脈情報（空間的，時間的），意味的詳細，感情的情報（たとえば，情動的な反応）を含む傾向があるが，認知的操作（たとえば，体制化，精緻化，検索，同定などの記録）についての情報は相対的に含まれない傾向がある。したがって，視覚的，空間的詳細や文脈情報を多く伴う記憶は，現実に知覚された経験に対応するものとして，最も頻繁に判断されてしかるべきである（Johnson et al., 1989）。

この決定の方略は概してうまく機能し，また多くの状況で正確なソースモニタリングに導く。しかしながら，イメージされた出来事の記憶の知覚的明瞭性が高い場合や（たとえば，鮮明な夢，鮮明に思い描かれた非現実的な出来事），知覚された出来事に対して詳細が思い出せないような場合には（たとえば，妨害，ストレス，他の損傷によって），この区分には困難が伴うかもしれず，ソースモニタリングの混乱や誤りの傾向に帰着するかもしれない（Hart et al., 1999）。さらに実験室研究とフィールド研究の両者で，出来事の経験から再生の試みまでの長い時間的遅延によって，記憶の正確さが弱められることが示されている。幼児期と成人期の間の比較的長い時間的遅延は，記憶の起源（たとえば，現実 対 想像）の決定に問題となり，幼児期の経験に対して記憶の悪化を招くことが予期される（DuBreuil et al., 1998）。イマジネーション・インフレーションの研究は，成人の参加者が幼児期の出来事を想像した場合に，想像されなかった出来事に比較して，起こった出来事として判断されやすい傾向にあることを示している（Garry et al., 1996; Heaps & Nash, 1999; Paddock et al., 1998, study1; ただし Clancy et al., 1999, Paddock et al., 1998, study 2 を参照のこと）。

ソースモニタリングの問題は，また現実に起こった出来事と，出来事の後に提供された誤情報によってただ暗示されたにすぎない出来事との区分を困難にする。ケースによっては，単に事後の話で言及された出来事でも，オリジナルの出来事のなかに提示されたものとして，かなり詳細に思い出すと主張する場合がある（Payne et al., 1997）。

私たちの議論は，記憶がはじめは漠然としていて一貫性がないか，完全に利用できない場合に記憶の誤りが起こりやすいことを意味している。しかしながら，記憶の誤りはしばしばランダムなものではない。所与の時間に想起されるものは，現行の信念であったり，推論であったり，また「最良の推測」であったりする。想起は過去に経験された出来事についての期待に大きく依存しているように思われる（レビューのために Hirt et al., 1999 を参照）。さらに過去に起こったことについての暗示は，暗示さ

れた出来事がいかにも起こりそうな場合には，記憶への影響力を持つ決定因となりえる。

誤った記憶の暗示

　今までレビューしてきた研究は，出来事が起こったと誤って暗示する情報を提供したり，嘘の出来事をイメージしたり回顧したりするように勧めると，ソースモニタリングが困難になったり，偽りの記憶が生み出されることを示唆してきた。この仮説への支持はロフタスらによる研究 (Loftus, 1993; Loftus & Ketcham, 1994; Loftus & Pickrell, 1995) から導かれるもので，まったくの捏造された出来事が個人的歴史のなかに組み込まれるように導かれてしまうことを実証したものである。ロフタスの研究では，参加者がその兄によって現実の出来事と架空の出来事（たとえば，ショッピングモールでの迷子）を想起するように求められた。兄は，その出来事がどこで起こったというような，偽りの出来事についてのいくつかの詳細を最初に提供した。すべての実験参加者が数日にわたるインタビューに参加した。参加者は偽りの出来事を想起したと主張し，彼らが実際に起こったと信ずる出来事の驚くべきほどの詳細な説明を提供した。

　他の研究室での類似した研究でも，未成年者が偽りの出来事を報告することを発見した。たとえば，ハイマンら (Hyman et al., 1995) は，大学生に両親が話した幼児期の経験を再生するように求めた。研究者は学生たちに，研究は共有された経験を人々が想起する異なる方法に関するものであると告げた。参加者は両親によって報告された現実の出来事に加えて，偽りの出来事—それは，高熱による一夜の入院と耳への感染，ピザと道化師がいた誕生会のいずれか—で，ほぼ5歳のころに起こったとされることも提供された。両親にはいずれの出来事も実際には起こったものではないことを確認した。研究者は，学生が最初と2回めのインタビューで80％以上の正しい出来事を想起することを見出した。参加者のうち最初のインタビューで偽りの出来事を想起した者は1人もいなかった。しかし2回めのインタビューでは20％の者が偽りの出来事の何かに関して思い出したと話した。ある参加者は，緊急の入院の出来事を与えられ，後のインタビューで男性の医師，女性の看護師，病院に訪ねてきた教会の友人を思い出した。

　もう1つの研究では，本物の出来事に加えてハイマンら (1995) は，結婚式の歓迎会で偶然に新妻の両親にパンチの大杯をこぼしてしまうという出来事や，食料品店の天井のスプリンクラーが誤って作動して避難しなくてはならなかった出来事を含む偽りの出来事を提示した。再び，最初のインタビューで偽りの出来事を想起した者は1人もいなかったが，2回めのインタビューでは18％の者が，そして第3回めのインタビューでは26％の者が何らかの偽りの出来事を思い出した。

ハイマンとペントランド（Hyman & Pentland, 1996）の3番めの研究では，イメージ誘導に従事した参加者のほうが，最善を尽くして幼児期の出来事を想起するように教示された統制群の者よりも，結婚式に出席してパンチボールをひっくり返したという偽りの記憶を，多く報告した。参加者には本物の出来事とパンチボールをこぼしたという偽りの出来事の両者の想起について3回のテストが行なわれた。3回めの再生の試行までには，統制群の9％が偽りの出来事を報告したのに対して，イメージ誘導群では25％が偽りの出来事を報告した。この差異は統計的に有意ではなかった。しかし埋め込まれた記憶の定義を部分的な偽りの記憶,「想起の何らかの説明と一致する精緻化」を含むように広げると（パンチボールを本当にひっくり返した場合の記憶は含まない），イメージ誘導群は統制群よりも多くの偽りの記憶を報告した（p.109）。
　ポーターら（Porter et al., 1999）は最近，参加者のうちの26％の者が，6つの暗示された情動的な幼児期の出来事（動物による重篤な攻撃，部屋のなかでの重篤な事故，屋外での重篤な事故，迷子，重篤な医学的処置，他の子どもによってけがを負う）のうちの少なくとも1つの「完全な」（つまり，すべての誤った情報を記憶へと組み入れた）偽りの記憶を報告することを見出した。それらの出来事は2週間にわたる3つの異なったインタビューで暗示され，インタビュアーはイメージ誘導，文脈回復，中程度の社会的圧力，反復再生の試みを促すという方法を使用して偽りの記憶を引き出すように試みた。「完全な」偽りの記憶を報告した少数派に加えて，他の参加者の30％が「部分的な」偽り—偽りのうちのいくつかの情報が再生されるか，その記憶が偽りであるかどうか不確実である—の記憶を報告した。要約すれば，多様な記憶回復技法にさらされた半数以上の者が情動的な偽りの記憶を報告するように導かれ，半数以下ではあるが，相当数の者がその偽りの記憶を詳細で，確信に満ちて精緻化したのである。
　まったく異なった系統の研究が，現実の生活できわめて起こりそうにないトラウマ的出来事の記憶を純粋に信じてしまうという考えを支持している。マルハーン（Mulhern, 1992）は，悪魔的儀式の虐待の主張の社会歴史的分析を行ない，儀式的な責め苦や虐待の記憶が現実であることを示唆する実質的証拠は何もないと結論づけている（Lanning, 1989も参照）。スパノスら（Spanos et al., 1994）は，以下に示す詳細を検討してわかるように，エイリアンの誘拐や過去の生活の報告の正確さに関して，同様の結論を導いた。

催　眠

　臨床的状況で使用される多くのイメージ誘導手続きのように，催眠もしばしば閉眼や弛緩を伴い，記憶を回復する場合には，イメージ誘導もしくは過去の出来事のメンタルレビューを伴う。したがって，イメージ誘導に関して提起されてきた関心の多

くは，また催眠にも適用される。しかしながら，それでも催眠が再生を改善するという誤った信念が，催眠に結びついた1つの付加的問題として一般的に普及している（Loftus & Loftus, 1980; Whitehouse et al., 1988）。この信念は，記憶回復目的の催眠の使用に過度の価値をおくことに帰着する。調査研究（Poole et al., 1995）は，標本抽出された合衆国の心理学者のほぼ3分の1（29％と34％）が，クライエントが性的虐待の記憶を再生するのを援助するために，催眠を使用したとの報告を見出した。対照的に，イギリスの心理療法家では5％であった。

催眠で忘却された記憶が正確に検索できるというのであれば，虐待の記憶の回復に使用される催眠の確信度も保証されるはずである。催眠はここでレビューする他のいずれの技法よりも多くの研究上の注意が払われてきた。記憶の回復のために催眠を使用することを強く提案する人々が依然として存在するが（Brown et al., 1998; Hammond et al., 1995），証拠の比重は疑いなく，記憶回復の目的のために催眠を使用することに注意を発する人々の側に乗っていると信じられる。私たちは次のような結論が文献（Erdelyi, 1994; Lynn, Lock et al., 1997; Lynn, Neuschatz et al., 2000; Nash, 1987; Spanos, 1996; Steblay & Bothwell, 1994）の主要なレビューによって正当化されると主張したい。

1. 催眠は再生の量自体を増加させるが，その結果として不正確な情報も正確な情報も増加させる。反応の生産性が統計的に統制される場合には，催眠を用いた再生は用いない場合に比較してより正確であるということはないし（アーデレー（Erdelyi, 1994）の34についての研究のナラティブのレビューおよびステブレーとボスウエル（Steblay & Bothwell, 1994）の24の研究のメタ分析を参照），催眠前の覚醒時でのテストで「推測」として指示された反応に対して，自信の度合いが増す結果となる（Whitehouse et al., 1988）。
2. 催眠は多くの誤り，手がかりのない誤りのいっそうの侵入，誤った情報に対する高い水準の記憶を生み出す（Steblay & Bothwell, 1994）。
3. 催眠は遠い過去の経験を正確に回復させない（Nash, 1987）。
4. 偽りの記憶は催眠の反応性と結びついている。またたとえ相対的に非反応性の参加者であっても偽りの記憶を報告する（Lynn, Myers, & Malinoski, 1997）。
5. 催眠下の参加者は，少なくとも催眠下にない参加者と同程度に誘導質問によって誤導されるし，時に催眠下にない参加者と同程度の再生の損失を示す。高い催眠感受性*を示す人は特に誤誘導情報に対して記憶の誤りを犯す傾向が認められる（Spanos, 1996; Steblay & Bothwell, 1994 を参照）。
6. 一般的に催眠下にある個人は催眠下にない個人よりも再生の正確さにより強い自信を持つ（Steblay & Bothwell, 1994）。さらに，催眠感受性と自信の間の結びつ

きは明確に実証されてきたが，特に催眠下での個人で実証されてきた（Steblay & Bothwell, 1994）。自信効果は常に存在するわけではなく，また効果の量も普遍的に大きいというわけではないが，催眠が正確な記憶の自信を選択的に増加させることはけっしてない。
7. 文脈的影響，特に状況的な要求特性は偽りの記憶の報告頻度と性質に影響する。
8. 参加者が暗示された記憶の現実性を純粋に「信ずる」程度や，臨床的および実験的状況で偽りの記憶がどれほど扱いにくいのかについての疑問が残る。しかしながら，参加者が催眠で得られた想起と結びつく潜在的な記憶の諸問題について警告を受けたとしても，参加者は催眠下および催眠後で偽りの記憶を報告し続ける。ただいくつかの研究では，警告を与えることで催眠下にある個人および催眠下にない個人の疑似記憶の割合を減られる可能性を示唆する（Lynn, Neuschatz et al., 2000）。
9. 記憶回復のために催眠を使用する正当性を主張する者は，この手続きが特に情動的な記憶やトラウマ的な記憶の再生を促進するのに有益であると議論してきた（Brown et al., 1998; Hammond et al., 1995）。しかしながら，このような主張とは反対に，8つの研究で（Lynn, Myers, & Malinoski, 1997を参照），相対的に情動的に覚醒する刺激を使用して（たとえば，店の事故，致命的な殺傷，模擬の暗殺，偶然ビデオに記録された実際の殺人など），催眠なしの記憶と催眠下での記憶を比較したところ，2つの明白な結論が導かれた。催眠は情動的に覚醒するような出来事の再生を改善しないし，覚醒水準が催眠による再生を減じることもない。
10. 催眠が，本質的にきわめて暗示的な非催眠的技法よりも，必ずしも多くの偽りの記憶を生み出すということではない（Lynn, Myers, & Malinoski, 1997）。実際，現実に暗示的であったり，正確な記憶が容易に回復できるという期待を担うような記憶回復手続きは，文字通りの記憶量を増加させる傾向があるが，正確な記憶におけると同様に不正確な記憶においても確信度を強める傾向にある。しかしながら，スコボリアら（Scoboria et al., 2002）は，催眠がその手続きの暗示性の程度とは独立に，覚醒条件と比べると再生を損ない，その一方で再生に際し付加されるものの多いことを見出した。
11. 催眠は正確な記憶の数を増加できるが（再生の誤り数とは相殺が伴う），参加者に課題に焦点を当て，さらに特定の出来事を再生するように最善を尽くすように求めるだけで，催眠に比較できる正確な再生が生み出され，しかも再生の誤りも同等かもしくは少なくなる（Lynn, Lock, et al., 1997を参照）。

心理療法において，記憶回復のために催眠を使用する有益性についての私たちの厳しい評価は，いくつかの専門のグループによっても繰り返されてきた。たと

えば，アメリカ心理学会の第17部会のガイドライン（American Psychological Association, Division 17, Committee on Women, Division42 Trauma and Gender Issues Committee, 1995）は，催眠は記憶回復には使用されるべきでないと明確に述べており，これはカナダの精神医学会によって到達した結論でもある（Canadian Psychiatric Association, 1996）。アメリカ心理学会（1995）は，虐待の歴史の想起を検索したり，確認することを試みるクライエントに対して催眠を使用するべきでないと推薦しているし，アメリカ医学会（American Medical Association, 1994）も催眠は裁判科学の文脈で捜査の目的のためだけに使用されるべきであるとしている。しかしながら，たとえ催眠が捜査の目的のためだけに使用される場合でも，随伴するリスクが存在する可能性を述べておくことは価値がある。催眠が捜査の最初期の段階で使用されるならば，得られた情報は捜査者に誤った誘導を追跡するように導き，さらにその後の誘導が初期の（そしてたぶん誤った）催眠によって生産された証拠に一致するように導かれすらする可能性がある（心理学的評価における確認バイアスの議論については第2章を参照）。

初期記憶の探索

　初期の記憶の探索が心理療法の計画に決定的に重要であると，多くの臨床家がみなしてきた（Bindler & Smokler, 1980; Papanek, 1979）。アドラー派の臨床家（たとえば，Adler, 1927; Weiland & Steisel, 1958）は，最初に報告された記憶が特に重要な意味を持ち，現在の心的状態と機能に関する窓を提供すると最初に主張した。アドラー（Adler, 1931）に従えば，「最初の記憶は個人の人生の基本的見解を示し，その人物の態度の最初の満足のいく結晶作用を示す……私はその最初の記憶を問わずして人格を研究することはけっしてない」(p. 75)。さらに最近ではオールソン（Olson, 1979）が，多くの心理療法家によって共有される信念，「［初期の記憶は］正しく解釈された場合にはしばしばその人物の人格もしくはライフスタイルの基礎となる核を非常に速く明らかにし，心理療法家がクライエントを処置するなかで，その折に扱わなくてはならない重要で基本的なテーマを示唆する」(p.xvii) と明らかにした。

　何らかの初期の記憶が特殊な意味を持つことはありえようが，そのような記憶は非常に影響を受けやすい。初期の記憶の報告を調べることで，2歳の幼児期健忘*の閾を跨ぐような信じがたい記憶への，記憶回復技法の影響を検討することができる。ほとんどの成人の最初期の記憶は生後36か月から60か月の間にさかのぼる。事実，現在の記憶研究者たちは，24か月の月齢以前に起こった出来事の正確な記憶報告はきわめて稀であるとの見解で一致している（レビューとして，Malinoski et al., 1998を参照）。非常に早い時期の人生の出来事が想起できないというこの現象は，児童が情報を処理し，検索し，共有する方法に影響するような発達的変化に大きくかかわって

いる。

　24 か月の月齢やそれ以前の時期からの記憶報告は，現在の関心事や初期の出来事について聞いたことと同様に，初期の出来事の作話や，簡約化や，構成化を表わす傾向がある（Bruhn, 1984; Loftus, 1993）。スパノス（1996）は，「幼児期健忘の現象は，療法で回復した虐待の記憶が，推定上，その人物が3歳程度よりも幼い年齢で起こった場合には作話である可能性が高いという点で，回復された記憶のトピックと関連する」(p.80) と主張した。

　非常に早い時期の記憶報告は，幼児期後期の報告と同じように，ささいな暗示の影響を受けやすい。リンら（Lynn et al., 1999）は，初期記憶を誘発するために異なった2つの語法を使用した。1つの語法は高い期待の事例であるが，参加者は「いつ初期の記憶を得たのかを教えてください」と伝えられた。もう1つの語法は低期待のケースで，参加者は「思い出せないならそれでも結構です」と伝えられた。高期待の語法は初期の記憶の報告を導いた。(出来事が報告された年齢は) 高期待で平均2.48年，低期待で3.45年であり，ほぼ1年の差があった。4回の再生試行の終わりまでに，高期待条件の43％の参加者が2歳当時かそれ以前の記憶を報告し，低期待群の参加者では同様のことを20％が報告するという結果であった。

　初期の記憶が思い出せると期待させるささいな暗示が，最初期の報告された記憶の年齢に著しい変化を及ぼすならば，その記憶を誘発する記憶回復技法を使用する効果はどのようなものであろうか。リンら（1999）は，この問題を研究によって検討した。研究では参加者が何らかの初期記憶を2回否定するまで，インタビュアーは初期の記憶を刺激した。参加者はそれから，何人かの臨床家によって促進された技法に類似する（たとえば，Farmer, 1989; Meiselman, 1990）「記憶回復技法」を使用しての，初期の記憶報告を促進する強い暗示を受けた。インタビュアーは，参加者に目を閉じて，「心の目」で幼児や乳児のように自分を見るように，そして昔の記憶に「さわる」ように求めた。インタビュアーは，最も若い成人は2回めの誕生日のような最初期の出来事の記憶検索ができると参加者に伝えて，参加者が「自ら進んで」視覚化し，焦点を当て，集中すれば，人生の最初期の出来事を再生できるという期待を伝えた。インタビュアーは次に参加者の2回めの誕生日の記憶についてたずねた。参加者はほめられ，また，さらなる初期の記憶を報告するように強化された。

　初期のものとして報告された記憶の平均年齢は3.70歳であった。11％の者だけが24か月の月齢もしくはそれ以前の月齢の初期記憶を報告した。そして3％の者が12か月もしくはそれよりも若い月齢から初期の記憶を報告した。しかしながら，視覚化の教示を受けた後で，参加者の59％が2歳の時の誕生日を報告した。

　誕生日の記憶を求められた後に，インタビュアーはさらに誕生日より以前の記憶も求めていった。最も初期の記憶は平均年齢が1.6歳の時のものであり，それは1番め

に報告された記憶の報告よりも 2 年も前の記憶であった。最も興味深い発見の 1 つは，参加者の 78.2% が 24 か月かそれ以前に起こった記憶を少なくとも 1 つは報告したということであった。さらに参加者の半数以上（56%）が誕生から 18 か月の間の記憶を報告し，参加者の 3 分の 1（33%）が 12 か月の月齢もしくはそれ以前の記憶を報告し，18% の者が 6 か月の月齢かそれ以前に起こった出来事の少なくとも 1 つの記憶を報告するというように，幼児期健忘の境界を越えて報告がなされた。最後に驚くべきことに参加者の 4% が人生の最初の週の記憶を報告した。これらの研究のいずれもが，本当とは思えないような記憶を引き出すために，特に侵襲的な方法が使用されていないことを理解するのは価値がある。それにもかかわらず，プレッシャーが強まっていけば，参加者がますますありそうもない記憶を報告することは明らかである。

　本章の最初に示した催眠の文献のレビューに基づけば，催眠が初期のありえない記憶の増加率と結びつくことは，驚きではなくなるであろう。シベックら（Sivec et al., 1997a）は，催眠をかけた参加者 40 名とかけない参加者 40 名に初期の記憶についてたずねた。まず，最も早い時期の記憶について報告するように求めると，催眠にかけられていない参加者の 3% だけが 2 歳よりも前の記憶を報告したにすぎなかった。しかしながら，催眠をかけられた参加者の 23% が 2 歳よりも前の記憶を報告し，20% が 18 か月よりも前の記憶を，18% が 1 歳よりも前の記憶を，そして 8% が 6 か月よりも前の記憶を報告した。2 回めに初期の記憶を報告するように求められると，催眠にかけられなかった参加者のたった 8% だけが 2 歳よりも前の記憶を報告し，3% だけが 6 か月もしくはそれ以前の記憶を報告したにすぎなかった。それとは対照的に，催眠にかけられた参加者の 35% が 18 か月よりも前の記憶を報告し，30% が 1 歳よりも前の記憶を報告し，13% が 6 か月よりも前の記憶を報告した。

　催眠と初期の記憶についてのもう 1 つの研究では（Marmelstein & Lynn, 1999），参加者は，催眠前や，2 週間を超える記憶回復の教示の前よりも，催眠下でより初期の記憶を報告した。3 分の 1 の参加者が，初期の記憶を報告できるとの教示を与えられた後で，幼児期健忘の区切り（たとえば 2 歳）より以前の記憶を報告した。しかしながら，催眠下では，3 分の 2 の参加者がそのような記憶を報告した。実験後の説明や実験的文脈から離れた電話での接触でも，参加者の 3 分の 1（37%）が 2 歳の年齢以前の記憶を報告した。

年齢退行

　今までレビューしてきた研究では，参加者はただ初期の記憶を報告するように求められただけであった。むしろ直截なこの手続きとは対照的に，年齢退行は個人を人生の初期段階へと時間的に「退行させること」を含んでいる。参加者は，典型的には弛緩の教示を与えられ，次に人生の初期の段階で継時的に起こった出来事を心的に再体

験するように求められるか、さもなければ目標となる出来事を十分に再体験するようにとの暗示とともに、一定の年齢の特定の出来事に焦点を当てるように求められる。プールら（1995）は、合衆国の実践家のサンプルの17%が幼児期の虐待の記憶検索を明瞭に意図した年齢退行手続きを使用すると報告した。多くの一般に流布している自助に関する情報もまた年齢退行の手続きを推薦している。たとえば、バスとデービス（Bass & Davis, 1992）は、幼児期の近親相姦の記憶を検索する1つの方法は、自己もしくは心理療法家によって導かれた退行を用いて、初期の時期に「戻る」ことであると指摘した。

> 私は排水溝に飲まれたように感じた。それから本当の赤ん坊のように感じた。私は泣き始めて、しがみつき、そして「いっちゃ駄目、一緒にいなきゃだめ」と言っている。そして5歳児の声で、5歳児の使うような言葉と概念で話し始めた。突然、私は自分が投げ出されると思った。自分の部屋に駆けていき、そして本当にすすり泣き始めた。ほとんどスライドのなかで光り、拒絶されているように感じる時期であった。(pp.73-74)

　このような逸話は、退行した人物が実際に人生の初期段階に心理的に到達したとの考えを支持するためにしばしば使用される。退行の熱心な愛好家は、個人が初期の年齢に現実に退行しているので、退行の経験がその年齢で経験されたことを正確に反映しているとさらに信じている。ケースに対してこの見解を支持する者は前述のような話を好み、詳細の水準、再生の鮮明さ、退行経験の明白な正確さが、年齢退行は効果的な記憶検索技法であることの例証であると主張する。もちろん、彼らの主張は、出生前の記憶、過去の生活の記憶、エイリアンによる誘拐などの、退行によって促された報告に直面して崩壊する。しかしそのような奇異な報告は傍らに置いておき、関心を実証的な問題に向けよう。研究は年齢退行についてどのようなことを指摘するのだろうか。

　文献は、年齢退行を受けた個人の経験が、文脈に依存的で、また期待にとりつかれた社会的構成物であることを強く示唆する。この実証に根ざした見解に従えば、年齢退行を受けた参加者は、年齢に関連した行動についての社会的状況、知識、信念から引き出される手がかりに従って行動する。関連する文献をレビューして、ナッシ（Nash, 1987）は、年齢退行下にある成人の行動は、退行させられた年齢の子どもの行動とは根本的に異なると結論づけた。たとえば、幼児期に年齢退行した成人は、参加者が子どもの心理学的特徴を本当に仮定したように信じたとしても、ピアジェ派（たとえば、保存）の課題で期待されるようには遂行しない。加えて、年齢退行した参加者は、脳電図（EEG）、錯視（たとえば、ポンゾ錯視、線路の錯視など）のいずれかでも、期待される発達的パターンを示さない。ナッシは、観察者に「年齢退行経験」がどれほ

ど説得的に思えても，それらは参加者の空想，信念，幼児期についての仮定を反映していて，幼児期の経験，行動，そして感情の文字通りの回復を表わしてはいないと主張した。

テレビ放映されたドキュメント（Bikel, 1995）は，集団療法のセッションを見せていた。そこでは1人の婦人が幼児期を通して子宮にいたときにいたる年齢退行を受け，偶然にも母親の卵管で塞がれた。このケースだけが，著者たちが極端に問題視する種類の経験の例だというわけではない。精神健康やカウンセリングの文献には，この事例と同じではないにしても，ほとんどありえない出産前の想起のおびただしい数のケース研究が含まれている（van Husen, 1988; Lawson, 1984）。

催眠を用いた年齢退行

催眠は年齢退行の経験を促進するために頻繁に使用されている。しかしながら，催眠が近い過去の記憶回復の現実的な手段でないのであれば，幼児期の出来事の記憶の回復にも何らかの効果を持つと信じる理由はない。すでに述べたように，ナッシ（1989）のレビューは，催眠下の成人の行動や経験と実際の児童の行動や経験の間には，なんら特殊な対応がないことを明らかにした。事実，次の2つの研究が示しているように，催眠によって人生の早い時期における出来事の記憶にゆがみが生じる。

ナッシら（1986）は，人生の初期への年齢退行実験に参加した参加者の記憶の確証を試みた。この実験では，母親が3歳の参加者をなだめているという場面へと，年齢退行の催眠もしくはロールプレイング（たとえば，シミュレーション）を受けた。実験の間，参加者は心に浮かんだ対象（たとえば，毛布，テディベア）を報告するように求められた。第三者の再生の正確さの検証（親の報告）が，14名の催眠をかけられた参加者と10名のシミュレーション統制群の参加者に対して得られた。心に浮かんだ対象に関連づける手段が子どもたちのそれと類似しているにもかかわらず，催眠状態にある参加者は統制群の参加者よりも，現実に使用された特定の心に浮かぶ対象を正しく識別できなかった。たとえば，催眠状態にある参加者の想起は，全体の21%だけが親の報告と合致したにすぎなかった。しかるに，催眠後のシミュレーション条件の参加者の報告は，親のものと70%が合致した。催眠の期間中に得られたすべての想起は，正確さにかかわらず，催眠後の想起に組み込まれていた。

シベックら（1997b）は，参加者に5歳の年齢まで退行させ，少女の場合には人形と遊んでいるところ，少年の場合には男性的な玩具で遊んでいるところを暗示した。この研究での重要な側面は，それらの玩具が年齢退行の暗示のターゲットとなる時期の後の，2年もしくは3年までは公表されることがなかったことである。参加者の半数は催眠による年齢退行の教示を受けたが，他の半数は催眠の文脈で年齢退行の教示を受けなかった。興味深いことに，催眠を受けなかった者は誰一人として暗示による

影響を受けなかった。対照的に、催眠を受けた参加者の 20％が経験の記憶を現実であると評定し、退行された年齢で起こった出来事に確信を持った。

過去の人生への退行

　トラウマ的記憶の探索は出生前まで拡張可能である（Mills & Lynn, 2000 を参照）。「過去の人生への退行療法」として知られるタイプの療法では、過去の人生に起こったトラウマがその人物の現在の心理学的, 身体的な症候に影響すると仮定している（たとえば, Woolger, 1988）。たとえばウエイス（Weiss, 1988）は, 現在ある特定の今日的問題の原因もしくは起源に「戻る」ために催眠をかけられて年齢退行させられた患者に焦点を当てた, 一連の広く宣伝された事例を公刊した。患者が退行させられると, ウエイスとその患者は, 過去の人生に起源を持っていると 2 人が解釈できるような出来事を報告した。

　退行している人が退行のなかで生き生きとして, 人を動かすような, そして表面上は現実的で詳細な経験を持つような場合には, 患者にとっても心理療法家にとっても, 説得力があるように思われるかもしれない。しかしながら, スパノスら（1991）が過去の人生の報告を歴史的な正確さから調べた場合, 催眠による年齢退行実施の特定の時期について参加者が与えた情報は, ほとんどが「常に不正確である」と決定できるようなものであった (p.137)。たとえば, 古代へと退行させられたある参加者は, 紀元前 50 年におけるローマの皇帝であるジュリアス・シーザーであると主張したが, これはたとえ, BC と AD の区分が何世紀も後にまで採用されなかったり, たとえシーザーが最初のローマ皇帝に数十年先行して死んだということであっても, そのように主張された。

　加えて, 過去の人生経験について, 参加者の期待を構造化することによっても過去の人生の報告を誘発したり, 操作することが可能である。たとえば, ある研究では (Spanos et al., 1991, 研究 2), 参加者は実験開始時に, 過去の人生の同一性が現在の人格とは異なった性別であったり, 文化であったり, 人種であったりする可能性を伝えられた。対照的に, 他の参加者は過去の人生の同一性の特徴に関してなんら催眠前の情報を受け取らなかった。スパノスら（1991）は, 患者の過去の人生経験がただ精緻化されるだけではなく, 過去の人生の同一性の性質について導かれた経験へと同調する傾向を見出した。別の研究でスパノスら（1991, 研究 3）は, 参加者の催眠による年齢退行期の過去の人生の報告が, 過去の歴史的期間に子どもたちがしばしば虐待を受けたかどうかに関する催眠前の情報によって変化することを示した。最後に, スパノスらは, 催眠下における過去の人生の報告が霊魂再来における参加者の以前の信念と結びついていることを見出した。

　スパノス（1996）は, 催眠によって誘導された過去の人生経験が規則に支配され,

目標に向かうような幻想であり，文脈によって生起し，催眠の退行状況の要求するところに敏感であると結論づけた。そのような想像的なシナリオは，過去の人生についての利用可能な文化的物語や特定の歴史的期間に関する推量された詳細や事実から構成される。

症候解釈

虐待を受けたことが疑われる被害者にかかわる心理療法家は，被害者の経験する症候が，虐待の歴史を暗示していると伝えることが多い（Bass & Davis, 1988; Blume, 1990; Fredrickson, 1992; Loftus, 1993）。「心理学的症候解釈」は，記憶がテープレコーダやビデオレコーダのように機能するので，虐待の記憶が回復可能であるとの説明を奉じている。それゆえ，処置は過去の心理的な傷を癒す目的でそれらの記憶を回復することへと焦点化される。

流布している多くの心理学的自助の起源には（たとえば，Bass & Davis, 1992; Blume, 1990; Fredrickson, 1992），症候解釈の例が含まれる。いくつかの流布している近親相姦の話題に関する自助本には，幼児期の近親相姦の潜在的で可能性のある相関物である症候のリストが掲載されている（たとえば，「自分が何を欲しているのかを知るのに困難を伴いますか」「人生の他の部分における不適切な感情を相殺するために，仕事や達成を利用しますか」，他の例については，Loftus & Ketcham, 1994 を参照）。

ブルーム（Blume, 1990）の近親相姦生存者影響チェックリストは，そのような34の相関物から構成されている。尺度の説明は次のように書かれている。「このリストのなかにあなた自身の多くの特徴がありますか。もしそうであれば，あなたは近親相姦の生存者です」。ブルームはまた，これらの項目の集合が，幼児期の性的虐待の重要な予測子であり，「より多くの項目を個人が承認すればするほど，近親相姦の歴史の存在がありえる」と指摘する。

そのようなチェックリストの特徴の多くがきわめて漠然としていて，しかも虐待を受けたことのない多くの人にも一見して適応可能であることに，読者は気づくであろう。そのようなチェックリストの見せかけの「正確さ」はバーナム（Barnum）効果から生じるか，母集団の多くの個人に真実であるような非常に一般的な陳述が，特に自分に適用されると信ずる傾向から生じる（バーナム効果の詳細な議論については第2章を参照）。

研究者は，おびただしい数の性格や性的虐待の相関物があるかもしれないとの意見で一致をみている（しかし競合する見解として，たとえば，Rind et al., 1998 を参照）。しかし診断はもちろんのこと，虐待の前歴があることを暗示するような一連の特別な症状があることは知られていない（Beitchman et al., 1992）。幼児期の近親相姦の本

当の被害者のなかには多くの症状を経験したり、一部だけの経験であったり、症状が現われないということもありえる。さらに、非被害者が性的虐待に関連した同じ症状の大部分を経験したりする（Tavris, 1993）。それにもかかわらず、プールら（1995）は次のことを見出した。つまり、心理療法家は多くの場合、症候解釈を幼少期に性的虐待の疑われる記憶の回復を目的とした治療の重要な要素と見ているということである。事実、プールらによれば、抽出されたアメリカの専門家の1/3以上がこの技法を用いていると報告したことを明らかにした。

偽の人格解釈

倫理上の理由から、研究者は虐待の過去についての偽りの記憶が、個々の人格特徴がそのような過去を暗示すると知らせることで引き出せるとの仮説を直接的に検証してこなかった。しかし多くの研究は、人格解釈が信じがたいような、誤った記憶を生じさせることを示してきた。スパノスら（1999）は、人格形成が誕生して第1週の間に経験をしたことで決まると参加者に示唆した。参加者が質問紙を終えた後に、質問の答えに基づいてコンピュータで生成された人格のプロフィールは、参加者が「高知覚認知モニター」であることを示唆していると伝えられた。参加者にはさらにこのプロフィールを持っている人は、誕生して第1週めの間に自動車による特別な視覚刺激を経験していると告げた。参加者には、この実験は人格テストの得点を確認するために記憶を回復するものだと偽って伝えられた。参加者には生まれた時まで年齢退行を行なったが、参加者の半分は催眠状態でありもう半分は覚醒状態での年齢退行であった。

催眠なし群では参加者の95％が乳児の記憶を、そして56％がターゲットの自動車を報告した。しかしこのグループの参加者全員が記憶は空想的な創りものである、もしくは記憶が本当であるかどうかは不確かであると示唆した。催眠群では、参加者の79％が乳児の記憶を報告し、46％がターゲットの自動車を報告した。この群の49％の参加者は記憶が本当であると信じ、16％のみが記憶は空想であると識別した。

ディブローイら（DuBreuil et al., 1998）は、スパノスら（1999）の研究を多くの重要な点で発展させた。研究者は、参加者に誕生して2日めの記憶（乳児群）や幼稚園入園の初日の記憶（幼稚園群）を植え付けさせるために、偽の人格解釈の方法と催眠を伴わない年齢退行を用いた。大学生は称するところの性格検査を受け、その得点に基づいて全国規模のプログラムに参加をしたと告げられた。そのプログラムは、赤や緑色で動く自動車を手段として用いることで、性格と認知的能力の発達を高めるために計画されたものと伝えられた。そして乳児群にはこの強化が誕生してすぐの病院で行なわれ、幼稚園群には、自動車が幼稚園の教室に置かれていたと伝えられた。最後に、参加者には、「記憶にはビデオテープのようなはたらきがあり」、アクセスでき

ない記憶でもアクセス可能な記憶検索技法（たとえば覚醒状態での年齢退行）でアクセスできるという，誤った記憶を与えた。

　乳幼児条件の20人と幼稚園条件の16人の参加者は，それぞれの指定された年齢まで催眠を用いずに退行してもらい，その年齢の自分たちを視覚化するように暗示を受けた。幼稚園群の参加者全員と乳児群の90％の参加者が，暗示によって指定された時期と一致する経験を報告し，幼稚園群の25％の参加者と乳児群の50％の参加者がターゲットの記憶を報告した。幼稚園群の全参加者は自分たちの記憶は実際の出来事に一致していると信じていると報告している。一方乳児群では，33％の参加者が記憶は事実であると信じており，50％は記憶が不確かで，残り17％は記憶が事実であるとは思わないと報告している。最後に，予備調査の質問紙から，特別な技法により記憶を回復することができると信じている参加者は暗示された記憶をより多く報告していることがわかった。

夢解釈

　影響力がありしかも熱烈な提案者であるフロイト (Freud, 1900/1953, 1918/1955) とともに，過去20年間から30年間，行動的アプローチや，人間性的アプローチ，そして認知的アプローチによって影が薄くなるまで，夢判断は心理療法を支配したひとそろいの精神分析技法の主要品目となっていった。夢は「無意識への王道」とみられていたので，抑圧されたトラウマの出来事を含んだ，過去の経験を知る機会を与えるものとして使われてきた。たとえば，ヴァンデルコークら (van der Kolk et al., 1994) は，夢はトラウマ経験のまさに「正確な複製」を表現できると主張したが (p.188)，夢が「虐待の埋もれた記憶が……意識へと侵入する」輸送手段であると主張したフレデリクソン (1992, p. 44) の提案と変わるものではない。

　夢解釈の人気は，精神分析とともにここ最近陰りがあるが，調査研究によればアメリカの3分の1以上の心理療法家（37～44%）がいまだにこの技法を用いている (Brenneis, 1997; Polusny & Follette, 1996 も参照)。この統計は，夢が意識の範囲外に沈む自伝的記憶を正確に暴露するとの考えを支持するデータがまったくないとのリンゼーとリード (1994) の観察を知ると，特に興味深い。夢が子どもの性的虐待の過去を示したものだと解釈される場合，専門家からのこの情報が提供されると，虐待が「現実の生活」のなかで起きたとの強力な暗示を構築してしまう。

　倫理上の制限が幼児虐待の誤った記憶の研究を排除する。しかしマゾーニら (Mazzoni et al., 1997) は，虐待に関連性はないがストレスのある生活の出来事の夢解釈の効果を模擬する一連の研究を行なった。1つめの研究 (Mazzoni et al., 1997) では，参加者には3～4週間の間をおいて2回にわたり幼少時の経験を報告してもらった。これらのセッションの間に，何人かの参加者は夢の報告書を持参し，それを臨

床専門家に分析をしてもらう短期の模擬心理療法を受けた。参加者の夢の内容に関係なく，夢は3歳前のある出来事，たとえば公共の場で迷子になったことや両親に捨てられた経験を示唆していると参加者に伝えられた。参加者は前もって3歳前にこのような危機的な経験はしたことがないと報告していたにもかかわらず，30分の模擬心理療法によって，過去における新しい思い込みを創り上げた。個別の暗示を受けていない統制群の参加者に比較して，「心理療法」を受けた参加者は3歳前の，公共の場での迷子，不慣れな場所での迷子，両親から捨てられたこと（育児放棄）などの偽りの思い込みを創り上げやすい。

　同様な手続きを用いた第2の研究で，ロフタスとマゾーニ（1998）は，3歳以前に非常に危ない出来事を経験したと示唆するように解釈できる夢を持つ参加者が，後にその危ない出来事が起こったとの強い思い込みを持つようになることを報告した。夢解釈により生じたその新しい思い込みは最低4週間持続した。

　最後の実験で，マゾーニら（1999）は，子どもの時にいじめを受けたというターゲット記憶へと研究法を発展させた。実験条件の参加者はおのおのの夢の内容に基づいて，個別に特定のフィードバックを与えられた。フィードバックは，それらの夢がいじめっ子とつきあいがあったことや，迷子になったことを暗示しているものであった。統制群の参加者は，「臨床心理学者」による夢についての講義を受けた者か，第2セッションに参加していない人である。夢解釈によって，参加者のターゲットとなる出来事が起きたとの自信が，統制群よりも実験群で増加することが明らかになった。夢解釈条件の参加者の22人のうち6人（27%）がいじめの出来事を思い出し，5人中4人（80%）が迷子になったことを思い出した。全体的に，実験条件群の27人中10人（37%）がターゲット記憶について報告したが，ターゲットの出来事に与えられた年齢は3歳以降であった。結論として，人格や夢の解釈を含むさまざまな方略を用いることで，自伝的な幼児期の記憶を植え付けることが可能であると多くの証拠が立証している。

身体症候解釈：身体記憶

　「身体記憶」とは，幼児期の性的虐待（CSA）やその他の残酷なトラウマとして解釈される説明不可能な身体的症状と定義できる（Fredrickson, 1992; Levis, 1995を参照）。ヴァンデルコーク（1994）の言葉によれば，「身体は真実を刻む」である。調査研究によると，36％のアメリカの心理療法家（Poole et al., 1995）が，体の痛みや身体症候が幼児期の性的虐待の過去があると解釈している。

　医療サービスを探している女性の研究で，虐待の生存者の身体症候の頻度や医師への訪問頻度と手術数が，虐待の前歴がない女性よりも確かに多いと報告していることがわかっている（Austin, 1995）。オースティン（Austin, 1995）はCSAの成人の生

存者の身体的症候の位置と虐待が行なわれた期間での身体的被害の位置の相関を検討した。すると成人の性的虐待からの生存者による産婦人科症候（例：レイプ）に対して，有意な相関は得られたが，この関連性は CSA 生存者では明らかではなかった。また成人と幼児期の性的虐待の生存者において，産婦人科，口腔，直腸出血の症状における有為な相関関係もなかった。しかしながら，これらの発見は少ないサンプル（N=14）に限られている。したがって，文献では CSA 生存者の身体症状の相対的な多さを示唆するが，限られた可能な調査は虐待の場所と身体症状との相関関係については明らかにしていない。よって「身体記憶」の仮説を支持するものはない。

　身体記憶の概念に基づいた治療方法が少なくとも 1 つはある。レヴィス（Levis, 1995）は患者に特定の身体感覚や痛みに焦点を当て，痛みの原因までさかのぼりその経験を克服するよう指示した。このアプローチの方法は明らかに，現在の身体の問題には過去の心的，物理的原因があることを示唆し，徴候の診断に基づいた現在の問題の前歴についての明白な期待を生じさせてしまう。同様な期待を変化させる情報が，先行研究での信じがたい記憶報告（例：過去の人生における虐待；Spanos, 1996）を大いに誘発してきたことは注目に値する。個人が人生の早い時期の特定の出来事を経験したことを暗示する，「身体記憶」の概念を使用する研究には，誤った記憶を創り出すこの解釈的集合の効果を調べる正当な理由がある。

読書療法

　虐待の前歴の疑いがある患者を治療する多くの心理療法家は，個々の徴候は過去の虐待（心理学的徴候解釈）によるものだとの「確認」を与えるために，そして記憶へのアクセスを得る方法を提供するために，「生存者本」や「自己啓発本」（第 14 章を参照）を読むよう指示している。これらの本には一般的に想像力を用いた練習や他の生存者の戦略の話（Lindsay & Read, 1994）などが載っている。この分野で非常に影響力のある人気本として，バスとデービス（1988）の『治療への勇気』，フレデリクソン（Fredrickson, 1992）の『抑圧された記憶』，ブルーム（1990）の『生存者の秘密：女性における隠された近親相姦とその後遺症』があげられる。これらの本は本当の虐待の生存者への妥当性確認と支持を提供している。しかし筆者たちが現在の徴候を虐待の前歴によるものと解釈したり，過去の経験を読者に想像豊かに思い起こさせたり，虐待からの生存者のきわどい話を盛り込んだりすることで，読者が虐待の誤った記憶を個人記憶の保管庫に取り込む危険性を増加させるかもしれない。

　マゾーニら（2001）は，読み物や心理的徴候の解釈によって悪魔つきを目撃するという，最初は信じがたい記憶がどのようにして真実性を帯びていくのかについて，劇的な説明を提供した。著者らは，この研究をアメリカよりも悪魔つきがありそうな出来事だと思われているイタリアで実施した。しかし最初のテストセッションで，すべ

ての参加者は悪魔つきが信じがたいし，子どもの時に，個人的に悪魔つきの発生を目撃することはありえないと報告した。

第1セッションの1か月後に，1つのグループの参加者にはまず3つの短い記事（12で1つとする）を読んでもらった。悪魔つきは一般的に信じられているよりもっと日常的であり，多くの子どもが目撃したことがあるという記事である。これらの参加者は，①絞殺についての短い記事を読んだ人たち，②何の操作もない人たちと比較された。そしてその翌週，以上の操作の1つを受けた人を実験室に呼び出し，回答を求めた。恐怖を調べる質問紙に対する反応に基づいて（実際の反応とは関係なく），恐怖に対するプロフィールがおそらく初期の幼少時に悪魔つきを目撃したり，絞殺されかけたことがあることを暗示していると伝えた。

最後のセッションを受けるために参加者は実験室に戻り，オリジナルの質問紙に回答した。そのとき参加者は，このきわどい出来事—悪魔つきの目撃と絞殺—が以前にも増して現実味があると報告した。さらに参加者の18%がたぶん悪魔つきを目撃したことがあると報告した。統制条件では記憶の変化は明らかではなかった。これらの発見から，幼少時に経験しなかったことや最初は非常に信じがたいと考えられていた出来事が，信憑性を増すような十分な情報を与えられて，現実の世界で起こったものとしてまことしやかに受けとめられるようになるとわかった。明らかに，単独で現在の徴候だけに基づいて，虐待のような出来事が起こったかもしれないと示唆することに心理療法家は慎重であらねばならない。

個人差

一般の公衆：流行の信念

すべての人が同じように，潜在的に暗示作用の記憶回復手続きの影響を受けてしまうとは考えにくい。少なく見積もっても，参加者は第1に，記憶のなかには少なくとも永久に損傷なく残るものがあり，第2に，それらの貯蔵された記憶を記憶回復技法により検索できると信じなくてはならない。

素人は人間の記憶がどのようにはたらくのかについてさまざまな誤解をしている。調査研究では，多くの人が人間の記憶の永続性を信じていて（Garry et al., 1994; Loftus & Loftus, 1980），また初期の幼児期の記憶を回復するために，催眠のような技法が手助けできると信じていることを示してきた（McConkey & Jupp, 1986）。加えて，ギャリーら（Garry et al., 1994）の研究の参加者のかなりの割合が，子宮にいた時の記憶の真実性を信じていたし，ヤプコ（Yapko, 1994）やギャリーらの双方の

研究も，素人のサンプルのそれなりの率が前世の存在を信じていることを明らかにした。

実践家

　記憶についての実践家の信念は，素人のものとたいした違いはないことを示した研究がある。ヤプコ（1994）は，47％の専門家（そのほとんどは実践家）は覚醒時の記憶よりも催眠時の記憶の真実性を信じ，31％が催眠状態で呼び起こされた出来事が正確だと信じていることを見出した。さらに，このサンプルの54％が誕生までの記憶を取り戻すために催眠がある程度効果的であると信じており，28％は過去の生活から記憶を回復するのに催眠が効果的であると信じている。幸いにも，大半のサンプル（79％）は催眠を用いることで誤った記憶が生まれることも認めている。とはいえ，参加者の顕著な割合が催眠についての研究文献とは一致しない，催眠に関する主張（たとえば，催眠状態の人は嘘がつけないとか，催眠状態の人は誕生時の記憶にまでアクセスできるなど）を支持した。

個人差測度

　多くの研究は多様で異なった研究法を用いて，乖離（乖離体験尺度DESにより測定；Bernstein & Putnam, 1986）と再生の誤りの間の関係で，小程度から中程度の関係を示す証拠を提供している（たとえば，DRM; Deese, 1959; Roediger & McDermott, 1995）（レビューとして Eisen & Lynn, 2001 を参照）。乖離に加え，視覚化における鮮明性が被暗示性の増加とソースモニタリングの困難（Eisen & Lynn, 2001 を参照）と関連することがわかり，同様に，従順性（Malinoski & Lynn, 1999），分裂病型（Clancy et al., 2002），催眠感受性（Lynn, Lock et al., 1997 を参照），尋問暗示性（Malinoski & Lynn, 1999），面接者の外向性および被面接者の比較的低い外向性（Porter et al., 2000）でも関連することが認められた。有効な証拠は，特に鮮明なイメージおよび視覚化能力，高い催眠感受性，また乖離傾向が表われているクライエントの場合には，相手を誘導するインタビュー手続きを避けることに特に気を配る必要があると暗示している（第5章を参照）。

文献批判

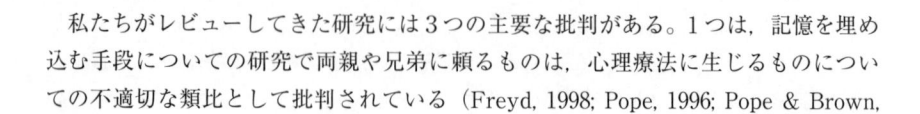

　私たちがレビューしてきた研究には3つの主要な批判がある。1つは，記憶を埋め込む手段についての研究で両親や兄弟に頼るものは，心理療法に生じるものについての不適切な類比として批判されている（Freyd, 1998; Pope, 1996; Pope & Brown,

1996)。結果的に，モールの迷子実験のような研究（たとえば，Loftus & Pickrell, 1995）では，その出来事が起こった折にいなかった心理療法家の影響よりも，むしろその折にいた兄弟や両親の暗示的な影響を立証しているのだと示唆する。しかし導き出された誤りの記憶に信用を与えるために親や兄弟の報告書を使用するのではなく，さまざまな信じがたく不可能な出来事（たとえば，当時製造されていない玩具で遊ぶ，悪魔に魅入られる経験をする）への記憶が多様な記憶回復法によって与えられることを実証しており，そのような批評は私たちがレビューした研究には当てはまらない。

　2つめの批評は，埋め込まれた記憶が実際に誤りであるのかどうかに関するものである。ブラウンら（Brown et al., 1998）は，実験者はターゲットの偽りの出来事が実際に生じたのかどうかをけっして知ることができないために，「埋め込まれた偽りの記憶」は本物かもしれないと主張した。さらに，ブラウンらは，実験者が最初に親に「お子さんが5歳の時にモールで迷子になったことがありますか」などの質問をしてフィードバックを得ている一方で，研究では埋め込まれた「偽りの」記憶を確認しようとしていないと主張した。つまり，研究者は実験の終了後に，表面上の偽りの埋め込まれた記憶を親とともに確認したことがないのである。ブラウンらは，両親とともに埋め込まれた記憶の内容を話し合うことは，親の想起を引き出すための手がかりとして役に立つかもしれないと主張した。ただこの手続きは，親が子どもの記憶報告を裏づけるという明らかな要求特性のために，親の記憶の報告を埋め込んだり変化させたりする危険性をはらんでいるように思われる。

　ゴフとローディガー（Goff & Roediger, 1998）はイメージインフレーションを用いて，参加者にたくさんの単純行動（たとえば，硬貨を指で弾く，爪楊枝を折るなど）をとるように頼んだ。他の単純行動に関してはただ聞かされるだけであり，実行はしなかった。次の第2セッションでは，実験条件に則って10分もしくは2週間の時間をあけて，参加者にはこれらの一部の単純行動を0，1，3，5回の，いずれかの回数で行なうことを想像してもらった。ゴフとローディガーは参加者の記憶を第3のセッションでテストして，行動がイメージされまた回数が増加すると，参加者は実際に行なっていない行動をなしたと，ますます誤って思い出すようになることを発見した。ゴフとローディガーの発見は，少なくともケースによっては，暗示的手続き（このケースでは想像の誇張）が，けっして起きていないとして明らかに裏づけできる出来事の不正確な記憶の原因となるという主張の証拠を提供した。

　ブラウンら（1998）は，両親の記憶報告が，参加者の説明よりも，必ずしも過去の正確な説明を表わしているとは限らないとも主張している。したがって，両親の報告に基づいて特定の記憶を確認しなかったことは，被験者が覚えている出来事が起きていなかったという保証にはならない。しかしながら，再び，実生活では起こりえないほど可能性が低く，考えにくい出来事（たとえば，悪魔つきを目撃する）をターゲッ

トにした批評は，私たちが論評レビューした研究には当てはまらない。

3つめの記憶の埋め込みに関する文献の批判は，臨床の環境での虐待の報告に対して，不可能ではないにせよ研究室での研究を一般化することが難しいというものである（Pope, 1996; Pope & Brown, 1996）。批評家らは，虐待の記憶をそう容易に埋め込むことはできないと主張する。つまり，虐待は複雑な出来事でありふつう連続して行なわれることなので，埋め込むことは困難を極めることとなるとしている（Brewin, 1997; Brown et al., 1998; Olio, 1994 と比較）。この批評は，どうして埋め込みが困難になるのかの説明になっていないが，今後の研究課題として興味深い疑問（たとえば，複雑で連続的な出来事は，比較的複雑でなく，単発的な出来事よりも記憶に埋め込むことは難しいのか）を提起している。

また批評家は，実験室で暗示される典型的な出来事が，幼年期性的虐待の実際の生存者によって体験されたトラウマの度合いに近似させていないために，実験室での研究は現実の世界へと一般化されないかもしれないと主張している。虐待のような非常にトラウマ性の強い記憶は，それほどでもない記憶よりも埋め込むことが非常に難しいことだと批評家は仮定する（Olio, 1994; Pope & Brown, 1996）が，この主張の明確な理論的根拠が述べられていない。偽りの記憶の頻度と暗示された生活上の出来事のトラウマの程度とに逆の関係があるのかどうかを決めるために，今後の研究で，目標となる記憶と結びついた「トラウマ」や苦痛のレベルを系統的に操作することができるだろう。

私たちがレビューしてきた研究の批評家は，重要な問題としての一般化可能性を正確に認識している。私たちがレビューしてきた手続きによる偽りの記憶の臨床場面における正確な割合がわからないために，偽りの記憶の割合に関して，臨床と実験室とで詳しい情報の比較をすることは困難である。実際に，臨床場面では以下の4つの割合についてほとんど知られていない。それらは，①日常の記憶が変化することによって自然に生じてしまう偽りの記憶，②記憶回復手続きによって引き出された偽りの記憶，③治療上の会話の過程で自然に生じる正確な記憶，④記憶回復手続きにより引き出された正確な記憶，である。

しかしながら，そのようなことばかりが起こるわけではないかもしれないが，期待，暗示的手続き，要求特性などが，実験的文脈よりも臨床的状況においていっそう重要な役割を演じることはありそうなことである。援助を求め，癒しを希求する傷つきやすい患者への社会的影響を発揮する心理療法家の潜在力は，バイト代金やコースの単位に対して「1回きり」の実験に参加する参加者への実験者の影響よりもずっと大きい。それゆえ，記憶への催眠やイメージ誘導や暗示や症候解釈などの効果は，実験室の文脈よりも臨床の文脈で少ないというよりも，大きく顕著であるかもしれない。

誤った記憶創造の仮説的道筋

けっして起こることのなかった性的虐待や，過去の人生の報告や，エイリアンによる拉致体験の想像豊かな物語は，その物語が今の生活の困難さにもっともらしい説明を提供すると患者が信じるようになる治療の文脈で発生すると私たちは確信している。そのような物語が，今まで描いてきた多様な要因によって高い真実性を獲得する。そのような要因で最も重要なものは以下のものである。

1. 虐待のアイデアを，たとえば精神病理学と結びつける文化的信念。
2. 解釈への心理療法家による支持や暗示。
3. 虐待と結びついていると仮定される生活上の問題に対する代替の説明を思考する失敗。
4. 確証的データの探求（第2章を参照）。
5. 過去に対する重要な「健忘」の知覚や記憶回復手続きの必要性の正当化に導く，過去の出来事を思い起こすために繰り返される成功しない試み（Belli et al., 1998）。
6. 虐待の真実性（Pezdek et al., 1997）の増幅や虐待が行なわれたとの考えと符合する情報や記憶を生む暗示的な記憶回復技法の使用。
7. クライエントや心理療法家に体験談を話すという約束が増加すること，心理療法家への依存がエスカレートすること，あいまいさの減少に付随する不安の減少。
8. 心理療法家や支持する共同体（たとえば心理療法グループ）による「回心」や「カミングアウト」の奨励，そして心理療法家や支持する共同体による物語と結びつく役割の結晶化(たとえば，虐待の被害者)。そしてエンパワメント感覚を伴った，正の強化の付加的な起源の構成。
9. 過去や将来への連続性の尺度の物語の用意や安心感，親密性，同一性の感覚。

心理療法家は記憶回復に携わるべきか

心理療法で虐待の記憶を明らかにするために，記憶回復技法の使用を支持するような実在の証拠はほとんどない。実際に心理療法家がこれらの技法を避ける理由はたくさんある。

1. 「回復された記憶療法とは……，トラウマ的出来事の記憶が実験室で研究されている類のふつうの記憶とは区分されるような特別な性質があるという，トラウマ記憶の議論を内包している（p.70）……トラウマ記憶が特別であるとか，それらを思い出すために特別な技法が必要とされるということは，いずれの臨床的証拠によっても支持されない」(Shobe & Kihlstrom, 1997, p. 74; 異なった観点より Nadel & Jacobs, 1998 を参照)。
2. 3歳を過ぎたトラウマ的虐待の多くの生存者は受けた虐待について忘れることはない。事実，文献では（記憶回復療法の仮定とは）反対の結論を指摘しているものがある。つまり，一般的に，トラウマ的出来事の後の記憶は，トラウマ的でない出来事の後の記憶と比較して強められる（Shobe & Kihlstrom, 1997 を参照)。
3. たとえ心理療法で正確な記憶をある程度回復できたとしても，それは無駄かもしれない。リンゼイ（1996）の意見によれば，「虐待の記憶がないことで引き起こされる問題を持つ心理療法のクライエントは，きわめて少数派であることを，数えきれないほどの多くの証拠が示唆している」（p.364)。たしかに，記憶にない虐待と精神病理学との一般的なつながりを明らかにする実証的研究はまったくない。
4. 治療で感情的出来事の直接的な浄化に結びつく明白な利点はない。逆に，疑似体験療法（記憶回復ではなくすでに記憶にある出来事の再体験によるもの）についての文献のレビュー（Littrell, 1998）は，肯定的対処や統制を生む試みに基づかない場合には，痛々しい記憶や情動の単なる経験や表出は害を及ぼすことを明らかにしている。
5. トラウマと思われる結果や一般的な心理学の問題の処置で，催眠または非催眠の記憶回復手続きが，現在に中心をおくアプローチ（Present-centered approaches）よりも効果的であるとの主張の実証的基礎は存在しない。肯定的な治療結果を達成するために忘却されたトラウマ的出来事の回復を頼みにする，実証的に支持される心理療法や手続きはない（Chambless & Ollendick, 2001)。トラウマを抱えた患者の記憶作業が効果的でないならば，「記憶作業を使用できないか，恩恵を受けられない患者が記憶作業を使用することはただ単に不倫理となる。それはまるで，間違った薬を処方したり，役に立たない外科医を雇うようなものである」とまでアズヘッド（Adshead, 1997, p. 437）は述べている。

心理療法家が記憶回復技法を使用すると決めた場合には，療法家はクライエントに対し，①記憶の再構築の性質に関する正確で十分根拠のある情報，②回復された記憶は特殊な信用がおかれる前に記憶の正しさが確認されなければならないという事実，③採用された技法に直接関連する実験室の記憶研究にかかわる情報，を評価するイン

フォームドコンセントの書類を提示すべきことを，私たちは主張する。

結論

　私たちの発見が何を意味し，しないのかをはっきりさせよう。第1に，発見はすべての記憶回復技法が問題を有しているということを意味してはいない。たとえば，記憶の実験研究からさまざまな基本的技法（たとえば参加者に適切な手がかりを与える，付加的な記憶の詳細を探索するなど）を取り入れている「認知インタビュー」(Fisher & Geiselman, 1992) は，目撃の文脈における記憶増強方法として期待できるように思われる。このインタビューを構成する技法のいくつかは，特定の出来事の記憶を強化するための療法的文脈において，究極的には役に立つと証明できたものもある。また，記憶を回復するために，催眠やイメージ誘導療法のような暗示的な手続きの使用に対して実行者に警告をしたいのだが，細事にこだわって大事を逃すつもりはない。認知インタビューのような記憶の基礎的心理学から導かれた技法は，何らかの記憶の再生を強化できるし，また療法の文脈においてその類の技法のさらなる研究を促すことになろう。

　第2に，すべての心理療法における催眠の使用に問題があると言いたいのではない。むしろ反対に，少なくとも統制された研究で得られた証拠は，催眠が認知行動療法，疼痛コントロール方法，過食，禁煙療法の有用な補足手段となることを示唆している (Lynn, Kirsch et al., 2000)。しかし催眠がこのようなケースでどの程度リラックス（また他の非特異性効果）以上の利益を提供するのかについては不確かなままである。いずれにせよ，記憶回復技法としての催眠が疑わしい科学的立場にあることは，療法の文脈において直接的な意味を持たないことを強調したい。

　最後に，数年もしくは数十年の健忘の後の回復されたすべての記憶が必ずしも誤っていると主張はしたくない。しかし（本書での）限られたスペースでは，魅力的な問題を徹底的に話し合うことは不可能である。あえて言うならば，人は長い間思い出していない昔の子どもの時の体験を，時々思い出すことができるといういくつかのケース報告もある (Schooler et al., 1997; しかし Loftus & Guyer, 2002 も参照)。これらのケースのなかには，明らかに想起されていない記憶が以前には思い出されていたとの証拠がある。それにもかかわらず，回復された幼児期の記憶が真実である可能性の余地は残ったままである。ただ，それらの存在や潜在的な発生率を立証するためのさらなる研究の必要性があるだろう。

　これらの重要で未解決の問題にもかかわらず，結論としては，特にこの章で議論し

てきたような暗示的な治療の実践が，クライエントのなかに誤った記憶を呼び起こしてしまうという事実は，議論の余地がないように思われる。私たちは，心理療法でこれらの技法を用いる場合には，実践家に対して相応の注意を払うこと，そして記憶に関連する療法的実践に関しては最高の有効な科学的証拠に基づいて行なうように主張したい。

用語解説

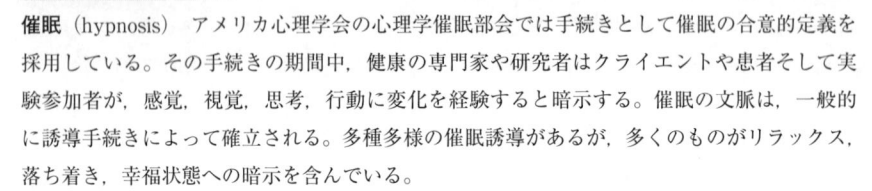

催眠（hypnosis）　アメリカ心理学会の心理学催眠部会では手続きとして催眠の合意的定義を採用している。その手続きの期間中，健康の専門家や研究者はクライエントや患者そして実験参加者が，感覚，視覚，思考，行動に変化を経験すると暗示する。催眠の文脈は，一般的に誘導手続きによって確立される。多種多様の催眠誘導があるが，多くのものがリラックス，落ち着き，幸福状態への暗示を含んでいる。

催眠感受性（hypnotizability）　催眠と定義される状況で実行される暗示に対する反応性の程度のこと。催眠にどのように反応するのかということは，反応への動機づけに大きく依存する。つまり，催眠への信念や態度，期待そして彼らの反応方法であり，また覚醒時の想像に富んだ暗示に対する反応性に依存する。

尋問的被暗示性（interrogative suggestibility）　尋問的被暗示性は，インタビューでの誤誘導情報や対人圧力によって個人の出来事の説明が変化する傾向を含んでいる。尋問的被暗示性のグッドジョンソン尺度（GSS; Gudjonsson, 1984）は，はじめは警察官の尋問中にかなり暗示的な質問や誤導の質問への感受性の個人差を予測するために使用されていた。しかしこれは記憶や被暗示性における研究でも今も幅広く使われてきている。

DRM パラダイム（DRM paradigm）　ディース／ローディガー＝マクダーモット（Deese/Roediger-McDermott: DRM; Roediger & McDermott, 1995; また Deese, 1959 も参照）の方法では，参加者が，**睡眠**という提示されることのない単語に対して，**ベット**，**休憩**，**覚醒**，**仮眠**，**夢**，**枕**のようなテーマ的に関連した一連の単語リストを（聴覚的に）与えられる。次に参加者は，実験で実際に提示された単語，提示された単語に関連した「重要な」提示されなかった単語（たとえば，睡眠），そして一連の提示されていないがテーマ的に関連した単語から構成される口頭による再認テストを受ける。このパラダイムを利用して，多くの参加者（平均でほぼ70%）が，「記憶の錯覚」を経験する。つまり，参加者は高い確信度をもってテーマ的に関連した非提示の単語を誤って再認してしまう。

幼児期健忘（infantile amnesia）　実質的に現代のすべての記憶研究者は，年齢が 24 か月の前に起きた出来事の正確な記憶の報告はきわめて稀であることを認めている。まさに初期の人生の出来事を想起できない現象は「幼児期健忘」として知られている。それは，子どもの

情報処理，検索，共有に影響するような発達上の変化に帰属できる現象である（Malinoski et al., 1998 を参照）。

第III部

成人の特定の障害への治癒論争

第9章 心的外傷後ストレス障害の新奇で論争となっている治療法

ジェフリー・M・ロー (Jeffrey M. Lohr)
ウェイン・フーク (Wayne Hooke)
リチャード・ギスト (Richard Gist)
デヴィット・F・トーリン (David F. Tolin)

　本章では，心的外傷とその後遺症に対する新奇な論争となっている治療法を批判的に検討することが目的である。外傷治療の領域で，めずらしい治療法の効能を疑問視する声が多くなったために，それらの精査が求められている。心的外傷とその頻度についての考察から始め，次に心的外傷後ストレス障害（PTSD）の症状を記述し，外傷に続いてPTSDに発展する危険性に関するデータを考察する。現在のPTSDの認知行動理論を概説し，その理論に基づいた，経験的に支持されている治療について述べる。最後に，新規な論争となっている治療法の眼球運動による脱感作と再処理法（EMDR），思考場＊療法（TFT），非常事態ストレスデブリーフィング（CISD）を含む外傷治療について記述する。これら3つの治療の理論的かつ経験的な基礎を検討し，臨床心理学の分野においてこれらの普及促進が意味することについて考察する。

外傷とその影響

　本展望のために，PTSDの『DSM-Ⅳ 精神疾患の診断・統計マニュアル』（American Psychiatric Association,1994）の基準Aに従って「外傷」を定義する。DSM-Ⅳでは，以下のようなときに外傷を体験しているとみなす。すなわち，①実際にまた危うく死ぬ，または重症を負うような出来事を，1度または数度，あるいは自分または他人の

身体の保全に迫る危険を，その人が体験し，目撃し，または直面し，②その人の反応が強い恐怖，無力感または戦慄に関するものである，ということである。

疫学研究では，成人の50％から70％の人が，人生において少なくとも1度はそのような出来事を体験すると指摘している。体験した外傷のなかでは，愛する人の非業の死，強盗，オートバイ事故，そして身体的暴行が最も頻度が高い（Breslau et al., 1998; Norris, 1992）。

外傷体験によって起こる1つの結果がPTSDである。DSM-Ⅳは，PTSDが次のような主症状から構成されると定義する。すなわち，

1. 精神的に外傷的な出来事が再体験され続けていること。再体験の症状は，反復し侵入してくる痛ましい出来事の想起，出来事についての反復的で痛ましい夢，出来事が再び起こっているように行為したり，感じたりする。または外傷的出来事を思い出す刺激にさらされた時の心理的，身体的苦痛を含む。
2. 外傷に関連した刺激の回避や，全般的な反応の麻痺。この分類は，外傷に関連する思考，感情，会話を回避しようとする努力，外傷の回想を喚起する活動，場所や人物を避けようとする努力，外傷の重要な側面を想起できないこと，他人から孤立している感じ，感情の範囲の縮小，未来が短縮された感覚という点を含む。
3. 睡眠障害，易怒性や怒りの爆発，集中困難，極度の警戒心，過剰な驚愕反応を含む覚醒亢進症状の増加

これらの中核症状に加えて，DSM-Ⅳでは，症状が少なくとも1か月持続し，重篤な苦痛ないしは機能障害が生起すると述べている。

一般人口での研究では，PTSDの生涯発症率は1％（Davidson et al., 1991）から8％（Kessler et al., 1995）までの範囲にあることを示している。外傷後にPTSDが発症する危険条件は広範囲に及び，外傷のタイプに依存する。男性にとっては，戦闘と暴力の目撃が最もPTSDを発症させやすい。女性にとっては，強姦と性的暴行が最もPTSDを発症させやすい（Kessler et al., 1995）。

PTSDの認知行動理論

数々の心理社会的理論は，PTSDの原因論を説明しているが，行動論ならびに認知モデルは経験的に最も強く支持され，他のモデルに比べ科学的により広く受け入れられている。キーンら（Keane et al., 1985）によるPTSDの行動論モデルによれば，

外傷を抱えた個人は，外傷に関連した広範囲にわたる種々の刺激に条件づけられた恐怖を獲得する。結果的に，外傷を抱えた個人は，それらの刺激を回避するようになる。外傷が生じた後も，高次条件づけと刺激般化の過程を通して，恐怖刺激の数は増え続ける。

フォーら（Foa et al., 1989）のPTSDの認知モデルでは，PTSDは，外傷的出来事が人の安全と能力に関してネガティブな信念を強化したときに発展すると考えられた。PTSDを持つ個人は，世界が完全に危険なところと確信し，そのために絶え間なく続く恐怖にさいなまれている。彼らはまた，困難な状況に立ち向かう気力はなく，無力であると信じている。他の認知モデルでは，注意と記憶のような基本的な認知過程に焦点を当てる（たとえばLitz & Keane, 1989）。これらのモデルによると，外傷関連情報，または脅威関連情報が，そうでない情報よりも選択的に受信され処理されるとき，PTSDが発展し，持続する。この処理過程の偏りが，世界の知覚と理解の仕方をゆがめる。

認知行動理論に基づくPTSDのための治療

PTSDの認知行動論モデルでは，いくつかの治療アプローチを公表した。次では，最も強く経験的に支持されたアプローチを示す。文献展望は無作為臨床試験*（RCT）に限定する。研究参加者が治療条件に無作為にふりわけられる効能研究がある。その1つでは，治療手続きにおいて起こるアーチファクトを統制する。多くの異なる治療が「認知行動論的」と称されるが，私たちは議論を，大きく3つの介入技法に限定して行なう。すなわち，曝露療法，認知療法，不安管理訓練である。これらの介入技法は最も経験的な精査に耐え，専門家からなる承認委員会によってPTSDに対する治療選択と認定された（Foa, Davidson, & Frances, 1999）。認知行動療法*とその他の介入技法の経験的研究に関するより完全な展望として，キーン（1998）とフォーとミドー（Foa & Meadows, 1997）を参照されたい。

曝露法

曝露法*に基づく治療は，恐怖刺激にさらすことで条件づけられた恐怖への慣れを促進するという考えに依拠している。**想像曝露法**では，患者にできるだけ鮮明に外傷的出来事を想像するように求める。たとえば，戦争帰還兵には，戦闘経験を詳細に想像することが求められる。現実曝露法では，一般的に，刺激を回避する以外の安全性の階層を構成し，それらに徐々に直面していくように奨励する。たとえば，1人で家

にいることを恐れる強姦被害者は，1人で家にいる時間を徐々に長くするように教示される。長期曝露法とフラッディング法という用語は，しばしば，長期間適用される現実曝露法や想像曝露法を記述しようとするときに採用される。**系統的脱感作***は，想像曝露法とリラクセーションのような不安と相容れない反応を組み合わせる。典型的には，系統的脱感作における曝露法は，想像曝露法におけるよりもより短時間のものである。

PTSDにおける曝露法の初期RCTでは，帰還兵に対する想像曝露法を使用した。曝露法は，標準測度と臨床家評定評価の双方において，治療待ち統制条件群に比べPTSD症状の重症度がより大きく軽減した。治療の効果は，その後6か月持続した（Keane et al., 1989）。同じような結果が，さまざまな外傷的出来事を経験した一般市民に対して系統的脱感作を使用したブロムら（Brom et al., 1989）によって報告された。想像曝露法と現実曝露法を組み合わせた治療は，PTSDに苦しんでいる強姦被害者にとって，支持的カウンセリングと治療待ちよりもすぐれ，不安管理訓練よりもわずかにすぐれていることが示された（Foa, Dancu et al., 1999; Foa et al., 1991）。PTSDを持つ一般市民の混合サンプルにおいて，想像曝露法は認知療法とほぼ同等であることが示された（Tarrier et al., 1999）。想像曝露法と現実曝露法との組み合わせは，認知療法とは同等であるが，治療待ちやリラクセーション訓練よりもより効果があることが示された（Marks et al., 1998）。

認知療法

認知療法*（CT）は，PTSDに付随する非機能的な信念を修正することを目的としている（たとえばResick & Schnicke, 1992）。通常心理療法家は患者に，**ソクラテス式問答法**に取り組ませる。それは，患者が自身の信念の妥当性に対する異議申し立てを学習することである。たとえば，世界は完全に危険であると信じているPTSD患者は，彼らが安全とみなす場所と人について考えるよう促される。患者の信念が正しいかどうかを決めるのを手助けするために，しばしば**行動検査**が紹介される。たとえば，無力であると確信している患者は，より責任をとることを推奨される。彼らが有能なやり方で行動していれば，この情報は彼らの無力感に対する異議申し立てに使われる。

認知療法は曝露法に比べて経験的調査が少ないが，2つのRCTがPTSDに対する認知療法の有効性を示唆している。タリアーら（Tarrier et al., 1999）は，一般市民男女の外傷に対して行なった想像曝露法と認知療法を比較した。この2群は，いずれも有意に同等な症状の軽減を示した。もう1つの研究において，認知療法は，治療待ちとリラクセーション訓練よりもすぐれ，想像曝露法と現実曝露法の組み合わせと同程度であることが示された（Marks et al., 1998）。

不安管理訓練

　ストレス免疫訓練としても知られる不安管理訓練*（AMT）は，不安，興奮，過覚醒症状を軽減するように計画された認知行動方略全般のことをいう。これらの技法は，患者に筋緊張の緩和を教える**リラクセーション訓練**，過呼吸を防止する目的の**呼吸訓練**，外傷に対する正常な反応について患者に教育することを目的とした心理教育，患者自身が精神的な「指導」をする**自己教示**，社会生活機能の向上を目的とした**コミュニケーション訓練**，そして上述した**認知療法**を含んでいる。これらの技法のいくつか，あるいはすべての技法が，不安管理訓練パッケージに含まれる。

　不安管理訓練パッケージは，2つのRCTにおいて曝露法と比較されている。暴行を受けた被害者の一般市民サンプルを使うことにより，フォーら（1991）は，不安管理訓練はPTSD症状を軽減させるが，その効果は想像曝露法と現実曝露法の組み合わせによる効果よりもわずかに少ないことを示した。後の研究において，フォーとダンクら（Foa, Dancu et al., 1999）は，曝露法，不安管理訓練，そしてそれらの組み合わせと，暴行された被害者による治療待ち統制群とを比較した。曝露法はより大きな効果をもたらすことが示されたが，標準測度によって示されたように不安管理訓練はPTSDの症状を軽減させた。さらに，曝露法と不安管理訓練の組み合わせによる治療は，不安管理訓練単独と同じ程度の効果であり，曝露法単独よりも効果が少なかった。この結果は，組み合わせ治療における曝露法セッション数の減少によるのであろう。

要約と結論

　要約すると，PTSDの認知行動モデルでは，曝露法，認知療法，そして不安管理訓練を含むいくつかの特定の治療法の情報を提供してきた。これら3つの治療はすべて，治療待ち統制群と比べてPTSDの症状を軽減させることが明らかにされている。曝露法と認知療法はまた，他の治療よりもより効果的であることが示されている。たとえば，不安管理訓練の効果は曝露法と認知療法の効果よりも弱い。しかしながら，不安管理訓練は，曝露法と認知療法を施行できない場合，それらが禁忌である場合（たとえば，患者が自殺企図の危険の高い急性状態，また別の不安定な状態の場合）や，より効果的な技法におきかえられないときの治療補助として用いる場合に有効かもしれない。

　認知行動的介入を統制治療と比較するRCTは，特に多くの情報を提供する。それは，認知行動療法における特異的要因と「非特異的」要因とを識別するのに役立つ（第6章を参照）。特異的要因は，治療的介入と直接同定されるものである—たとえば，外傷関連刺激に繰り返しさらすこと，認知的再構成，不安管理方略の指導といったことである。これらの特異的要因に加え，すべての治療的介入はまた，どの治療とも単独に関連しない非特異的要因を含んでいるが，それはいくつかの治療に共通しているか

もしれないし，それ自体治療効果を持つかもしれない。いくつかの非特異的要因は，時間の経過，専門家の援助を求めることを決心すること，思いやりのある専門家から注目を得ること，自分の個人的な問題が改善するであろうと期待することなどを含んでいる。

非特異的要因の効果の1つに，特定の介入が問題の改善をもたらすだろうという信念に関与する「プラセボ」効果がある（第6章と第11章を参照）。他の非特異的要因と同様，プラセボ効果自体強力である。強いプラセボ効果は心理的な問題として注目されてきた（Eysenck, 1994）。喘息，潰瘍，ヘルペスのような軽くともしばしば慢性化する病気においてさえも注目されてきた（Roberts et al., 1993）。しばしば，効果的な心理療法の一部は，治療の利点を最大限にするために，これら非特異的要因を利用する。しかし研究では，特定の治療による特定の効果が，非特異的要因とその効果によって，しばしばわかりにくいものとなる。それは，患者が治療それ自体と他の非特異的要因のいずれによる改善かを評価できないということである。この項で述べてきたような統制条件との比較は，認知行動的介入が非特異的要因だけに帰属できない症状の改善を導くという結論を支持する。すなわち，介入は治療的に効果がある（非特異的治療要因とそれらの治療効果に関するよりすぐれた考察は，Lohr et al., 1999 を参照）。

不安と外傷のための新奇な治療

不安と外傷の治療に従事する臨床家たちの注目を集めている新奇な治療法は「パワー療法」（Figley, 1997）である。この名称は，このような治療が，不安障害に対する現存の介入法よりもさらに効果的に作用し，それらの効果が心理学的な洞察や学習と明らかに違う過程を通して及ぶという主張に由来している（Gallo, 1995, 1998）。パワー療法は，眼球運動による脱感作と再処理法（EMDR; Shapiro, 1995），思考場療法（TFT; Callahan, R., 1995b; Gallo, 1995, 1998），感情開放療法（EFT; Craig, 1997），非常事態ストレスデブリーフィング（CISD; Mitchell, 1983），外傷の出来事軽減（TIR; Gerbode, 1995），そして視覚と運動感覚解離（V/KD; Bandler & Grinder, 1979）を含む。EFT，TIR，そして V/KD に関する実証的な研究は事実上まったくないため，ここでは EMDR，TFT，そして CISD に主に焦点を当てていく（TIR と V/KD を含む治療手続きの解説については，Wylie, 1996 を参照）。

EMDR
◆治療の解説と理論的根拠

　新奇な治療のなかで最も注目されるのが，EMDR である。EMDR の始まり（Shapiro, 1989）から 13 年で，商業化に著しく成功した。EMDR の開発者であるシャピロ（Shapiro, 1998b）によると，3 万人を超える精神保健関係の臨床家たちが，この治療法の訓練を受けている。EMDR 協会は，広範にわたる 2 つのレベルの訓練スケジュールを用意している（www.emdr.org）。加えて，EMDR 国際協会（EMDRIA）は，さまざまな訓練と研究会を用意し，世界規模の人道的支援プログラムを運営している（www.emdria.org）。さらに，EMDR の一般書が，消費者に向けて，直接公刊されている（Shapiro & Forrest, 1997）。EMDR は，ABC ニュースの「20/20」を含む数々のテレビ番組でも取り上げられてきた（Lilienfeld, 1996 を参照）。

　EMDR は，構造化され規範化された介入手続きを用いる。この手続きは，外傷体験の本質と情緒的な結果についての病歴聴取と問診のような一般臨床の構成要素を組み入れている。さらに，EMDR 手続きは，クライエントに，外傷的出来事に関係する記憶の想像表象（あるいは他のイメージ）と身体的な感覚の両者を構成し，保持することを求める。イメージを保持する間，心理療法家は，クライエントの視野を横切る心理療法家の指を追視するように求めることで，一方からもう一方の側に動かす一連の眼球運動を誘導する。クライエントは，情緒的苦痛を伴うネガティブな認知を表現し，外傷とそれに伴うクライエントの経験について，よりポジティブな評価を生成するように求められる。この構成要素は，「再処理」として知られ，想像曝露法を伴う脱感作に添加される（Shapiro, 1991; 治療法のより完全な要約は，Tolin et al., 1995 を参照）。

　EMDR は理論的憶測をもとにつくられている。その理論的憶測は，生理学的概念に多く依拠しており，さらに神経学的過程に密接に関係するものであった。外傷病理学の本質とその効果的な治療は，表面上心理学的免疫システムに類似した加速情報処理手続きと呼ばれるモデルに基礎をおく（Shapiro, 1995, p.31）。治癒は眼球運動の後に生起すると仮定される。治癒機制のその他の特徴は，病的状態を「解き放つ」ことである。加速情報処理モデルでは，病理を「力動的に活性化された処理システムを通せば適切に同化されるような機能不全に陥った貯蔵された情報」（Shapiro, 1995, p.52）と定義する。この神経生理学的の推測は表面的には訴える力を持つが，キーン（1998）は，EMDR の理論的定式化は現存する精神病理学と心理療法のモデルとほとんどつながりがなく，実験心理学から集積された，恐怖と不安の本質と，その獲得や修正に関する多くの知見とも矛盾すると述べた。

　EMDR の効能の文献展望（Cahill et al., 1999; DeBell & Jones, 1997; Lohr et al., 1998, 1999）では，臨床的効果を示すと主張する研究に方法論的限界があることに注

目し，EMDRの効能を疑問視した（Shapiro, 1996）。方法論的問題の検証は，外傷体験の後遺症に対するEMDRの効能評価に役立つ。手続き上のアーチファクトに対する統制，非特異的要因に対する統制，そして治療手続きの有効成分に対する構成要素の統制，これらの厳密な統制など，いくつかの方法論的問題がある。

◆治療における非特異的要因の効果の統制

実験的治療手続きにおける非特異的要因は，反応性，威信性，改善への期待，実験的な需要，心理療法家・実験者の意気込み，心理療法家・実験者の治療に対する忠誠などのような，治療に付随する効果を含んでいる。構造化され規格化された治療は，それが適用される障害に対して実証的な支持がない。しかしそうではあるが，比較統制条件としてならば役に立つ。比較統制条件を設定し比較することで，どの治療法にも共有される非特異的要因を超えて，EMDRの実質的な治療効果が評価できよう（Lohr et al., 1999）。

EMDRは，想像習慣訓練と応用筋肉リラクセーション（Vaughan et al., 1994），バイオフィードバックと集団実施リラクセーション訓練（Silver et al., 1995），健康管理組織治療（Marcus et al., 1997），そして日常的な退役軍人病院ケアやバイオフィードバック援助リラクセーション（Carlson et al., 1998; Jensen, 1994）と比較されている。EMDRがパニック障害治療のための信頼できる注意コントロールと比較されたとき，同じ結果が得られた（Goldstein et al., 2000）。これらの研究は，クライエントの改善への期待，治療的な注意，非特異的要因，さらにEMDRに付随して行なわれる想像曝露法以上に，EMDRに効果があるという事実をほとんど提供していない（より詳細な批評は，Lohr et al., 1995, 1998, 1999を参照）。

◆ EMDR 構成要素の統制

EMDRの効能を規定する理論的憶測では，眼球運動あるいはその他の交互／両側刺激に重要性を認めている。交互／両側刺激は，指で体を軽くトントンとたたくことのようなものである。シャピロ（1994a, 1994b, 1995）は，その他の外的刺激は誘導された眼球運動と同じ効果を持つことを示唆した。しかしシャピロは，それらが加速情報処理プロセスの推定上の治癒現象を活性化するうえで，機能的に等価となる神経生理学的メカニズムを特定していない。EMDR効能の実験的分析は，そのような等価性の可能性を考慮し，等価仮説を扱う実験統制条件を含むべきである。

治療構成要素の厳密な検証のために最も重要な実験的統制は，加算的および減算的実験計画による（Cahill et al., 1999; Mahoney, 1978; Nezu, 1986; Nezu & Perri, 1989）。このような「分解」実験計画では，EMDRに特異な構成要素と，すべての治療に共通する非特異的要因（たとえば，プラセボ効果），あるいはその他の効果的な治療に特異な構成要素を同定する必要がある（Lohr et al., 1999; 第6章も参照）。

ボードウィンら（Boudewyns et al., 1993）は，退役軍人病院の患者を，無作為に，

EMDR群，曝露法統制群（EC），病院環境統制群にふりわけた。EC群は，眼球運動以外は手続き上EMDRグループに類似していた。標準測度は，治療間の有意な相違を示さなかった。そして治療のいかなる形式も精神生理学的測度における得点に影響しなかった。治療に反応した者と反応しなかった者との間での心理療法家の評定では，EMDR群で治療によく反応していた。しかし治療成果の査定者が，治療条件に関する情報を知らされていたことは問題であった。

レンフリーとスペイト（Renfrey & Spates, 1994）は，23人の外傷被害者を募り，そのうち21人がPTSDの診断基準に適合していた。参加者は，無作為に次の3条件のうちの1つにふりわけられた。それらは，標準的EMDR，左右の周辺視野において光の位置を交互に変える光学装置によって眼球運動が誘導される類似EMDR，そして視野の中央で光が点滅する類似EMDRであった。従属変数は，不快感の主観的評定，心拍の変化，PTSD症状の標準測度であった。治療の後，参加者23人のうち5人がPTSDの基準に適合し，その5人は治療条件間で均等に散らばっており，特定の条件に偏るものではなかった。心拍数と主観的評定の分析では，査定の繰り返しには有意な主効果が認められたが，査定と治療条件の交互作用は認められなかった。標準測度の分析は報告されなかった。したがって，急速眼球運動それ自体よりむしろ一般的なEMDR手続きが，自己報告指標と心拍数における症状の軽減に関与しているようである。しかしながら，統制条件は，測度反応性*や非特異的治療要因を直接統制していなかった。

ボードウィンとハイヤー（Boudewyns & Hyer, 1996）は，戦闘関連PTSDの治療において，EMDR，運動を伴わないイメージアナログEMDR（EC），イメージを用いない統制群（C）の3群を比較した。対象者はすべて，退役軍人病院において，標準入院患者用PTSD治療プログラムあるいは外来患者用PTSD治療プログラムとして，おのおの8回のセッションを受けた。EMDRとEC群の患者は，5回から8回のEMDRセッションを受けた。EC群の対象者は，個人療法を受けている期間，眼球運動を行なわなかったが，代わりに閉眼して想像曝露法を行なうこととなった。C群の対象者は，標準集団療法だけを受けた。成果の測定には，臨床家によるPTSDスケール（CAPS），出来事インパクト尺度（IES）侵入，気分状態プロフィール検査－不安（POMS-A），主観的苦悩評定，対象者が最も記憶をかき乱されるような脚本をテープに録音したものを聞かされているときの反応として心拍数（HR）が用いられた。測定はすべて治療の前後に，実験条件の違いを知らされていない臨床家たちによって行なわれた。

EMDRとEC条件は，主観的苦悩評定，POMS-A，HRにおいて統制条件より大きな変化を示した。しかしEMDRとEC条件は，相互に差異はなかった。加えて，3群はCAPSにおいて等しい変化を示し，IES得点において3群は有意な差を示さな

かった。したがって、眼球運動もどのような両側刺激も、測定された変化に必ずしも必要ではなく、PTSDの指標における変化にとっては想像曝露法で十分であると思われた。

ピットマンら（Pitman et al., 1996）は、戦闘関連PTSDの患者たちを無作為に、EMDRか、運動を伴わないイメージアナログ（眼球固定）治療のいずれか1つにふりわける交差実験計画を行なった。アナログ統制手続きは、心理療法家の手の動きを含むEMDRのすべての要素によって構成されていた。しかし患者は、眼球を固定したまま、心理療法家の手の動きに応じて1本の指を軽くたたいた。それぞれの治療は、1週間に1度最長6週間実施された。治療効果の変数は、主観的苦悩評定と4つの精神生理学的指標を含んでいた。それらは、HR、皮膚伝導反射、そして2つの筋電図測定である。治療成果の測定は、出来事インパクト尺度（IES）、2つのイメージにおける侵入と拒否のスコア、ミシシッピーPTSDスコア、症状チェックリスト-90-改訂版（SCL-90-R）、臨床家によるPTSDスケール（CAPS）と手がかり侵入思考記録を含んでいた。

治療条件間の分散分析では、精神生理学的測定において治療条件間に有意差が認められなかった。結果変数において、それぞれの手続きの間で限られた変化（8つの測定のうち3つだけ）があった。統制手続きの使用によって、眼球運動が、他の刺激形態に比べて、明らかに効果があるわけではないことが示唆された。マクリンら（Macklin et al., 2000）は、後年、EMDRを受けた参加者のすべてが治療終了5年後には、治療前のPTSD症候レベルに戻っていたことを報告した。

デヴリーら（Devilly et al., 1998）は、運動を伴わないイメージアナログ条件とEMDRを比較した。運動を伴わないイメージアナログ条件は、点滅する光が側方眼球運動の代用である点以外は、完全なEMDRのプロトコルを含み、参加者に「反応性の眼球拡張の脱感作と再処理」として紹介された。双方の治療は、治療条件と同じ査定バッテリーを含む追加治療を施されない統制条件と比較された。治療成果の測定には、HRと血圧に加えて、標準化された不安と抑うつの尺度、PTSD尺度が用いられた。両治療群ではいずれも治療後に改善したが、しかし両群間には有意な差は認められなかった。2つの治療条件の参加者は、標準測度において統制条件と有意差を示さなかったが、ミシシッピーPTSDスケールにおける信頼性変化の指標を検証したところ、統制条件よりも改善を示していた。しかし統計的にみても臨床的にみても、治療前と6か月後のフォローアップとの間に症状の違いは認められなかった。著者たちは、眼球運動は変化の作用因子でなく、適切な統制手続きなしで行なったEMDRの先行研究において報告された高いレベルの効能は、他の非特異的要因の関与によると結論した。

このような結果に対し明らかな1つの例外は、ウィルソンら（Wilson et al., 1996）

による研究である。彼らは，EMDR の効能に眼球運動が貢献しているという事実を報告した。しかしこの研究は，治療条件への対象者のふりわけ，効能の査定方法と治療条件の間の混同，そして不適切な統計的分析を含んでいるなど，方法論的に重大な欠陥があった（より詳しい批評は Lohr et al., 1998, pp. 140-142 を参照）。

　カサックとスペイト（Cusack & Spates, 1999）は，外傷的出来事を経験したことを公表している人で，PTSD の 3 つの主症状のクラスターの少なくとも 2 つの診断基準に適合する地元メンバーを募った。参加者たちは EMDR か認知的再処理要素を含まない同じ手続きのどちらかに無作為に割りふられた。認知的再処理要素というのは，眼球運動に継起して，外傷的出来事に関するポジティブな原因帰属を構成し，それを「インストール」することである。標準化された症状測度の分析では，両群において症状の軽減が明らかにされたが，その効果は群間で有意差を示さなかった。再処理構成の追加効果は認められなかった。

　構成要素を統制した効力研究から引き出される総括的な結論は，眼球運動，交互に刺激すること，または認知的再処理は，いかなる増分臨床効能ももたらさないということである。したがって，EMDR の後に続く測定可能な変化はどれも，おそらく EMDR に付随して起こる想像曝露法の機能によると結論できる（Muris & Merckelbach, 1997）。EDMR を現実曝露法と比較するときに，同じようなプロセスが作動するようである（Muris et al., 1998, 1997）。

◆妥当な治療あるいは妥当な治療の構成要素との比較

　ロジャーズら（Rogers et al., 1999）は，戦闘関連 PTSD を持つ 12 名の帰還兵を EMDR の 1 回のセッションか想像曝露法の 1 回のセッションのいずれかにふりわけた（Lyons & Keane, 1989）。標準化された成果測度は，IES スコアであり，HR は精神生理学的測定の 1 つとして用いられた。データの分析によれば，IES 得点の総計は両条件において治療後に減少したが，これらの減少は 5 ％水準を上回っており，統計的に有意とはならなかった。IES 侵入と回避の下位尺度得点においても同じ結果であった。HR は両群で減少したが，群間に有意差は認められなかった。

　デヴリーとスペンス（Devilly & Spence, 1999）は，PTSD の治療で EMDR を認知行動療法（Foa et al., 1991）と比較した。PTSD と診断された参加者たちは，自己報告と臨床家による質問紙によって PTSD 症状が評価された。そして無作為に，EMDR，長期にわたる想像曝露法，ストレス免疫訓練と認知再構成からなる認知行動療法（CBT）のいずれかにふりわけられた。すべての参加者は，9 回の治療セッションを受けた。治療は，治療の忠実性の確認のためにビデオに撮られ，参加者たちは治療前と治療直後に評価された。同様に 1 年後にもフォローアップを受けた。CBT は，統計的，臨床的に，治療後とフォローアップのいずれにおいても EMDR よりも効果的であった。いずれの治療も苦悩においては同等に評定されたが，CBT はより確実

に高い変化への期待をもたらすものとして評価された。

◆**新奇で独特な治療としてのEMDR**

　最も入手可能な効能研究の結果は明らかなものである。すなわち，①明確な治療としてのEMDRの効果は言語報告指標によってほとんど確認されていない，②観察されたEMDRの効果は非特異的要因と一致している，③眼球運動とその他の側方刺激の方法は臨床的な改善にとって必要ではない，そして④EMDRのあらゆる効果は，EMDRが標準的行動療法と共有している想像曝露法の結果であるかもしれない，というものである。さらに，効果的な治療あるいは効果的な治療の構成要素との比較では，EMDRの相対的な効果は弱く，取るに足りないものであることが示されている。眼球運動の脱感作と再処理の効能の科学的地位についての要約は，マクナリー（McNally, 1999）のものがおそらく最良であろう。すなわち「EMDRにおいて効果的なものは新しいものではなく，新しいものは効果的でない」（p.619）。

　眼球運動はEMDRの効能に無関係であり，EMDRが現存の，実証的に支持された技法よりも有効であることが説得力をもって科学的に実証されていないとの結果にこたえて，何人かのEMDRの支持者たちは，その場しのぎに，臨床変化の機制に関する仮説に修正を加える（第1章を参照）。たとえば，シャピロ（私信，1996年8月20日）は，EMDRの効能にとって眼球運動は必要ではないと述べた。すなわち「EMDRは，単なる眼球運動ではない。眼球運動や他の刺激は，主要なモダリティの多くの側面を結合する複雑な方法の構成要素のただ1つにすぎない。行動主義者，認知主義者，精神力動主義者など……は，EMDRが有効であることがわかるだろう。眼球運動を除いても，非常に有力な方法はまだある」。

　このような主張は，実証的かつ理論的な問題をわかりにくくする。もし眼球運動がEMDRの効能に必要でないならば，手続き上のアーチファクトの相対的効果と実質的な臨床手続きを査定する統制実験の実行を許し，治療の本質的な特徴を明確にすることが，EMDR支持者たちの責務である（Grünbaum, 1985）。治療に必須の（特徴のある）特性を明確に特定せずに，その場しのぎの都合のよいいくつもの説明が，反証の実証を逃れるために続けられる。このような状況で，より特定仮説の展開がないならば，この理論の検証は困難か不可能である（これらの問題に関するより十分な討論は，Herbert et al., 2000を参照；第1章も参照）。

思考場療法

◆**治療法の解説**

　以前「キャラハン技法」（Callahan, R., 1994）として知られていた思考場療法（TFT）は，さまざまな不安障害と他の情緒状態に対して用いられてきた独特の治療法である。TFTは，この20年以上にわたって，実践家たちの関心を徐々に集めてきた（Callahan,

R., 1981)。インターネット上のウェブサイトとリストサーブの推進も手伝って，現在では急速に広まっている。すべてではないが，その関心の多くは，心的外傷後遺症治療のより効果的な方法を求めている臨床家や研究者たちから寄せられている。TFTワークショップは，主要なアメリカの都市で日常的に開講されている（American Psychological Association, 1996）。この技法を学び適用する実践家が増えるに従って，研究者たちも注目するようになった（Callahan, J., 1998）。

「思考場」とは，精神病理学の場であり，治療的変化のための媒介であると位置づけられている（Callahan, J., 1998）。すなわち，

> 科学的な術語における「場」とは，「目に見える影響の範囲」だと考えられている。つまり，磁場と重力場が身近な例である。この場合，私たちが状況について考える時，思考場（体内のエネルギーシステムの現われ）が活発になる。事実上，思考場は，その特定の思考の「なかに入ってくる」。体は，私たちが現実の状況にいる時に多かれ少なかれ生起する神経，ホルモン，認知活動の再生産による影響に対して反応する。もしその思考場が心の動揺*を伴っていれば，体は不適切な形で反応する。(p.2)

治療機制は，これらの心の動揺を取り除くことで作用する。TFT の手続きは，心理的苦悩を取り除くために体の特定の部位を軽くたたくことと，苦悩の問題に関する思考のメタ認知とを結びつけるものである。

技法は，「アルゴリズム」と呼ばれる数々の手続きの変法と一緒に適用される。アルゴリズムは，異なる情緒問題に対して異なるアルゴリズムを持ち，規定された方法に従う一連の活動からなる。心的外傷のためのアルゴリズム（Callahan, R., 1995b; Figley, C. R., 私信，1995 年 11 月 27 日）は，いくつものステップを構成している。まずクライエントは，思考場に「調律する」。つまり，クライエントは悲惨な状況に身をおくか，その状況について考える。それから，クライエントは 10 点からなるリッカート尺度の主観的苦痛単位尺度（SUD）を使って，不安の自己知覚レベルを評定する。そしてクライエントは思考場で調律し続けている間，顔，手，体のさまざまな箇所を 2 本の指先で軽くたたかれる（または自分自身で軽くたたく）。たたくことに続いて，深呼吸をし，もう 1 つの SUD を評定する。アルゴリズムは，目を回転させたり，心地よい調子をハミングしたり，数を数えたりするようなさまざまな活動をしながら，手の甲にある特別な点（ガミュートスポットといわれる）を軽くたたき続けることである。アルゴリズムは，軽くたたくことと SUD 評定の手続きを繰り返して行なうことをもって終了する。通常，アルゴリズムは少なくとも 4 回繰り返される。他の問題は，軽くたたく箇所の順番を修正する別のアルゴリズムと，異なる点を軽くたたくことによって治療される。

◆ TFTの理論的根拠

　TFTの理論的根拠は，ネガティブな情緒は神経化学や認知過程によって生じるのでなく，体の生体エネルギーシステムの崩壊によって引き起こされるというものである（Callahan, R., 1995b）。TFTの支持者たちは，つぼを軽くたたくことによって，たたくことの機械的エネルギーが生態エネルギーに直接変換され，仮説的な生態エネルギーシステムが修正されると考えている（Callahan, R., 私信, 1996年2月4日；Gallo, 1995）。アルゴリズムの間，軽くたたかれる顔，手足，体の特定の部位は，鍼灸師によって鍼を刺される典型的な部位である。鍼灸師は，体にある気の流れ（陰陽のエネルギー）を修正するためにつぼに鍼を刺すことの治療的効果を説明している。気が経絡*として知られているチャンネルに沿って体のなかを流れていると主張する。多くの鍼灸師はこのような経絡の存在を推測しているが，それらの存在を裏づける科学的事実はない（Stux & Pomeranz, 1995）。それにもかかわらず，正規のアルゴリズムでは，軽くたたくことが，正しいつぼに正しい手順で行なわれることを求めている（Callahan, R., 1995b）。

　TFTの理論的根拠は，4つの基本的な構成要素に基づいている。すなわち，①生体エネルギーの身体コントロールシステムとしてはたらく経絡の存在，②機械的／筋肉運動的なエネルギーを経絡システムのエネルギーに変換する方法としてツボを軽くたたくこと（触診），③このシステム内で反転した電気極性の存在，④心理学的技法を用いてこの反転した電気極性を修正すること，である。理論は，エネルギー経路に沿った特定の部位における小さな生体エネルギーの動揺（障害，妨害，または不均衡）がネガティブな情緒を喚起すると主張している。ツボを軽くたたくことは，頂点にあるエネルギーを変換させ，そのことで妨害が取り除かれる。その結果，ネガティブな情緒とそれに対応する病理が除去される（Callahan, R., & Callahan, J., 1996）。

　生体エネルギーシステムに由来するさらなる構成概念は，「心理的反転*」という概念である。TFT実践家は，経絡に沿った適正な部位を軽くたたいてもエネルギーの流れの修正に時には失敗すると報告する。そのような失敗は，経絡システムの反転した状態において，エネルギーの正常な流れが，かえって有害条件として作用する心理的反転の概念によって説明される。キャラハン（Callahan, R., 1995a）は，心理的反転を，失読症，注意欠陥／多動性障害の子どもにおけるメチルフェニデート（商品名はリタリン）の想定と相反する反応（第12章を参照），そして癌などのようなさまざまな異種現象の進行に関与する病的な状態と定義する。そのようなさまざまな臨床現象に対して生体電気仮説を幅広く適用することは，直接的な実証を欠いているという点においてきわめて不確かな推論である。細胞外液生体電気の流れが情緒障害の病理を形成しているという科学的事実はない。TFTがそのような流れを反転させるという事実もまたない。

◆**効能研究の要約**

　TFT は，PTSD を含むほとんどの情緒障害に対して有効な治療法として普及した（Callahan, J., 1998）。しかし公式に発表された研究では外傷的記憶に TFT を適用した研究が 1 つあるのみである（PTSD それ自体に対する適用ではない；Figley & Carbonell, 1999）。TFT がすべての情緒障害に対して効能を持つことを科学的に主張するにあたって，4 つの研究が根拠として用いられている。それらは，著者に問い合わせないと入手できないものが 1 つ（Wade, 1990），ある団体所有文書館にあるものが 1 つ（Callahan, R., 1987），TFT 会報で公表されたものが 1 つ（Leonoff, 1995），同分野の仲間の展望雑誌から 1 つ（Figley & Carbonell, 1999）である。キャラハン（Callahan, R., 1987）とレオノフ（Leonoff, 1995）は，ラジオのトークショーに電話をかけてきた人を研究参加者に使って，治療後の SUD 評定の低下を報告した。しかし研究参加者のサンプリング法は，自主選択の偏りが混入し，要求特性を統制できていない。臨床効果の測定は，標準化されていない成果測度を用いていることと，意味ある変化を定量化するいかなる方法も持たないことによる限界がある。ましてや変化が生じたことを推論させる統計的分析も用いられていない。最後に，なんら統制条件を設定しないので，基本的には解釈できない結果である。

　ウェイド（Wade, 1990）の未公刊博士論文では，特定の恐怖症治療における自己概念に及ぼす TFT の効果を評価した。参加者は大学において募集され，恐怖の強度が，名前が明示されない評定尺度で調べられた。参加者は，恐怖症状が公式の方法で査定されず，いかなる公式的な診断評価も下されなかった。参加者は集団施行の TFT 条件に作為的にふりわけられ，もう一方の参加者は査定の手続きだけを受けた。自己概念は，2 つの自己報告式質問紙によって治療の前後に評価された。前後における群間の差異の分析は，7 件法の自己概念尺度によって行なわれた。

　分析は，治療後の群間比較のために求められた交互作用の 2 つで有意となっただけであった。引き続いての交互作用の分析では，全部で 14 の可能な比較から，TFT を支持する統計的な有意効果を 2 つだけ明らかにした。さらに，実験と統制の手続きの致命的な欠陥が，わずかに見出された統計的有意差の説明を困難にした。

　フィグリーとカーボネル（Figley & Carbonell, 1999）は，先に述べた TIR と V/KD という他の 2 つの技法とともに，TFT と EMDR の臨床効能の無統制研究を報告した。外傷治療センターのクライエントが，前もって研究参加のために選ばれていた。彼らは，4 つの治療法のうちの 1 つに作為的にふりわけられた。参加者のうち数名は PTSD の診断基準に適合していたかもしれないが，診断基準に合致することが治療実施計画の必要事項ではなかった。39 人の対象者のうち 12 人は TFT に割り当てられ，治療実施計画を完了した。8 人の対象者は，標準化された成果測度を用い，6 か月間のフォローアップ後に査定を受けた。参加者たちは情緒的な不快が主観的に軽減した

ことを経験し，TFTを受けたのちに実施した標準化質問紙においてPTSD症状の指標は低下したと著者たちは報告した。しかし正式な統計的検定は行なわれておらず，TFTと比較する統制群はなかった。

推奨者が外傷症状に有効であるとさかんに主張しているにもかかわらず，TFTの科学的研究は，質量両面においてきわめて乏しい（American Psychological Association, 1996; Callahan, J., 1998; Gallo, 1995）。加えて，他の批評家たちもこの結論に達している（Gaudiano & Herbert, 2000; Hooke, 1998）。感情開放テクニック（Craig, 1997）のようなTFTに漠然と基づく他の「エネルギー」技法の科学的根拠はさらに弱い。

TFTが普及促進していることとその科学的事実との間にある乖離は，TFT推奨者と実践家に専門的な説明責任を求める活動を展開させることとなった（第7章も参照）。その第1のものは，主要な治療モダリティとしてTFTを使用した心理学者を懲戒処分にしたある州の資格委員会の行為（Arizona Board of Psychologist Examiners, 1999）であった。委員会がそのような処分を下した最大の理由は，心理学者が公にした効果の事実を証明できなかったことであった（American Psychological Association, 1996; その決定に関与する問題のより詳細な討論についてはLilienfeld & Lohr, 2000を参照）。第2のものは，TFTの効能に関する説得力のある科学的支持がないため，継続的な教育テーマとして不適切であると裁定したアメリカ心理学会の継続専門教育委員会の行為であった（American Psychological Association, 1999）。

非常事態ストレスデブリーフィング
◆介入の理論的根拠

EMDRとTFTはともに現存の外傷関連症状と症候群のための治療として推奨されている。しかし他にも心理社会的な介入がある。それは，外傷的な出来事にさらされる高い可能性を持っている人々の間ならびに一般市民の間で，障害の発展が外傷的出来事にさらされた後で起こらないようにすることが意図されたものである。外傷的な出来事にさらされる高い可能性を持っている人々とは，消防士，警察官，そして救急サービスに従事する職員たちである。予防的介入のなかで最も広く普及しているものが，非常事態ストレスデブリーフィングである（CISD; Mitchell, 1983, 1988b; Mitchell & Everly, 1993, 1995, 1998）。

CISDは，2つの基本的な仮定を前提とする。まず，外傷的な生活上の出来事にさらされることが心理的症状の発展の先駆物として十分であるということである。この心理的症状は病理部分にまですみやかに成長する。次に，情緒カタルシスのある要素を含むと考えられている早期の現場近くでの介入は，心理的症状が引き起こす結果ならびにそれによる悪化とを防止するのに必要ということである。この提言は，典型

的には災害場面に治療実践チームを派遣するといったように，精神保健の予防活動における積極的な試みを引き起こした。

「心理的デブリーフィング」は，いくつかの起源をもってこの呼び名となった（その起源の歴史的展望についてはたとえば Stuhlmiller & Dunning, 2000 を参照）。「心理的デブリーフィング」は，職業上ストレスに満ちた出来事にさらされることで起こってくる病的結果を防ぐ即時予防的対処として，救急救命士指導員のミッチェル (Mitchell, 1983) が，救急サービス職業の従事者のために広めたものである。当初の概念と技法は，危機介入センターと 1970 年代の自殺ホットラインプログラムに関する基本的な説明書を改編したものであった (Echterling & Wylie, 1981; Gist & Woodall, 1995, 1999; Gist et al., 1999)。

CISD は，即席の限定的な集団内で共通に知覚される必要性のために，簡便に実行できる治療法として生まれた。初期の実践は，主に，業界（たとえば，会議での発表，そして少し後では業界紙）内で広まった。専売の所有権を持つ訓練セミナーを展開して「仲間供給者」を集めたが，その他に精神保健領域の専門家たちも加えるようになった。その手続きがより普及するようになるとともに，適用の幅，その臨床的予防的効能，主張される経験的基礎もまた広がった (Mitchell, 1992)。この過程で，ミッチェル (1988a, 1988b, 1992) は，CISD が PTSD にとって不可欠の予防的介入であると推奨した。ミッチェルは，CISD が検証され証明されたアプローチであり，適切な種類の援助を提供する唯一の方法であり，その他のアプローチは害を引き起こすかもしれないとさえ主張した (Mitchell, 1992)。

◆介入手続き

CISD は，集団で行なわれ，ストレスに満ちた出来事の 24 時間から 72 時間以内に実施される (Mitchell, 1983, 1988a; Mitchell & Bray, 1990; Mitchell & Everly, 1993, 1995)。介入方略は標準の集団カウンセリングの改訂版で (Corsey, 1995 と比較)，それは集団開示が有益な効果を生み出すという仮定に基づいている。CISD の実施要領は次の 7 段階で構成されている。すなわち，①デブリーフィングの紹介，②外傷的出来事の性質に関する事実の供述，③その出来事に関する思いの開示，④情緒的反応の開示（特に最も強いネガティブな感情価に焦点づける），⑤生じうる症状の特定，⑥外傷曝露法の結果に関する教育，⑦社会的状況に再参入するための計画である (Mitchell & Everly, 1993)。

介入は，訓練された同僚に助けられながら，精神保健提供者によって行なわれる。集団体験は，一般に 2 時間から 3 時間続く。しばしば救急サービスに携わる人の出席が義務づけられる。さらに特別なことだが，デブリーフィングへの参加をやめることを選ぶワーカー，同僚のファシリテーターがいるときでさえも，参加者の中断の選択は，積極的に思いとどまらせられる。

◆効能研究

　ギストら（Gist et al., 1998）は，296人の乗客のうち112人が亡くなったスーにおける大旅客機衝突事件後のデブリーフィング構造と効能を調査した。死体の発見やそれにかかわる作業に従事した消防士のほぼ完全なサンプルを含むこの研究結果は，事件から2年経った時点で，職員に臨床的に有意な効果を与えず，デブリーフィングを拒否した者に比べて受けた者で結果がよくなるという事実もなかった。しかしデブリーフィングを受けた人は，解決指標において悪化に向かう統計的な有意傾向がみられた。効果的な解決に強い相関関係が認められたのは，支持や援助の非公式な情報源への選好であった。他の研究でも，同様の結果が報告され（Alexander & Wells, 1991; Fullerton et al., 1993; Hytten & Hasle, 1989; McFarlane, 1988），同様の結論が引き出された（Bisson et al., 1997; Carlier et al., 1998; Deahl et al., 1994; Griffiths & Watts, 1992; Hobbs et al., 1996; Kenardy et al., 1996; Lee et al., 1996; Stephens, 1997）。

　最新の展望研究（Mayou et al., 2000）は，自動車事故受傷後に受けたデブリーフィングの無作為対照試験から3年後の追跡調査を報告した。介入を受けた患者では，いくつかの測度でより悪くなっていた。実情を明らかにすると，初期に高いレベルの回避と侵入の症状を持つ人が，デブリーフィングを受けた場合には症状が残ったままであり，デブリーフィングを受けていない場合には回復した。この研究の著者は，「心理的デブリーフィングは効果的ではなく，長期的な効果にとって不利である。外傷の被害者に適切な治療ではない」（p. 589）と結論した。

　CISDの広く普及していることを正当化する経験的な支持がないことに由来する疑問と関心，そしてよく言っても効力のない，最悪の場合医原性のものであると示唆するデータが間断なく蓄積されていることで，いろいろな現場に注意を喚起させる論説と批評的展望が次々に発表されている（Avery & Orner, 1998; Bisson & Deahl, 1994; Deahl & Bisson, 1995; Foa & Meadows, 1997; Gist, 1996; Kenardy, 1998; Kenardy & Carr, 1996; Ostrow, 1996; Raphael et al., 1995; Rose & Bisson, 1999）。CISDの普及促進は少しも減ることなく続けられているにもかかわらず，科学的領域での論争はほとんど終息している。心理的デブリーフィングの話題に関して高名なコクラン（Cochrane）展望（Wessley et al., 2000）は，決定的な結論を提出した。「心理学的デブリーフィングが外傷的事件の後の心的外傷後ストレス障害の有効な治療であるという事実はない。外傷犠牲者への強制的なデブリーフィングはやめるべきである」（On-line, p. 1），と。

結　論

　PTSDや外傷後遺症のための標準的治療としてEMDR，TFT，CISDの施行を支持する経験的事実は明らかに不十分である。これらの治療が広範に適用され，精神保健実践家と一般消費者に普及促進したのは，疑似科学的なやり方によってである。

　貧困な研究結果とEMDR，TFT，CISDの広範な普及との間にある乖離は，立証責任の不適切な割り当てが原因かもしれない。マックフォール（McFall, 1991）は，新奇な治療法を導入し，普及させる者はポジティブな効果を立証する責任をしっかりと負うべきだと論じた。したがって，次のような質問に，明確に，説得力を持って答えるように新しい治療の支持者には期待する。

- 「あなたの治療よりよく効く治療はないのか」
- 「あなたの治療は，プラセボ以上によく効くのか」
- 「あなたの治療は，標準的な治療よりもよく効くのか」
- 「あなたの治療は，あなたが主張する過程を通して効くのか」

これらの質問に対してはっきり「そうだ」と回答するためには，良質の事実が求められる。疑問を提起する者に立証責任を負わせるべきではない。EMDR，TFT，CISDの支持者は，立証責任を果たしていないが，しばしば立証責任を果たしたかのようにふるまう（Callahan, R., 1995b; Mitchell, 1998; Mitchell & Everly, 1997, 1998; Shapiro, F., 私信，1996年8月20日，1998年8月6日；Shapiro, 1995, 1998）。

　もしEMDR，TFT，CISDが外傷に対して商業的に普及する唯一の治療であるならば，経験的な評価の任務は重くはなるが，克服できないものではないだろう。商業上の行き過ぎた行為の改正には時間がかかり，専門的な資源を要するが，その努力を惜しむべきではない。たとえば，経験的確証が得られるまで何年もの間ずっと，重篤な自閉性障害や発達障害の治療としてコミュニケーションの促進が導入され続けたことがあった（Delmolino & Romanczyck, 1995; Jacobson et al., 1995; 第13章を参照）。しかし外傷治療の供給サービスに積極的に売り込まれている大部分，あるいはすべてが妥当でない治療法である（Deitrich et al., 2000）。これらの介入法は，本質的な評価の文脈から大きく外れたところで行なわれるワークショップ訓練を通して，精神保健の専門家に活発に普及促進された。これはまるで家内産業のようである（Figley, C. R., 私信，1995年11月27日; Figley, 1997; Figley & Carbonell, 1999）。

　臨床心理士はいかにしてEMDR，TFT，CISDの現象を理解できるのだろうか。心理療法の分野において，心理療法手続きの事実認定には厳密さが欠けている

(Borkovec & Castonguay, 1998; Hazlett-Stevens & Borkovec, 1998)。ここで討論した治療は，ほとんどが実体はないものの科学的外観を有する。展望雑誌で報告されたケーススタディ，効果の弱い研究の選択的な発表，科学的に聞こえる無意味な専門用語，表面上は注意深い普及促進（「認可された訓練を受けた臨床家だけがそれを使うべきである」）で，科学的実体の欠如を覆い隠し，科学的妥当性を説得してきた（第1章も参照）。しかし治療の専門的な評価は，表面的な外観よりもむしろ，科学的な試みの実質面に基づいてなされる。もし，科学への主張が実体よりも誇張されれば，調査探究の過程それ自体が疑似科学となる。

新奇な外傷治療の普及促進のいくつかは，疑似科学的実践によって特徴づけられる（Herbert et al., 2000 も参照）。これらの実践は，促進者にとってかなりの収入に結びつく。疑似科学的治療を採用する出費は，消費者と専門家双方にとって相当な額にのぼる。

科学的研究は，PTSD症状の改善のための多くの有効な治療手続きを明らかにする。その大部分は，認知行動理論に基づくもので，厳密な科学的精査に耐えた手続きを備えている。それと同様に，科学的装飾をうわべにまとっている多くの外傷治療がある。それらは頑丈な科学理論に基づかず，その特異的な効果は確固たる科学的検証に耐えられなかった。それにもかかわらず，これらの治療は，経験的に支持された治療の普及に難題をもたらす。その効果において新奇で独特であると称する治療は，他の効果的な治療の要素を付随的に組み入れるかもしれないし，心理社会的な治療または社会的影響過程に共通する非特異的要因につけこむかもしれない。

もしある手続きが驚くべき主張を通して広く普及するならば，それらの主張は驚くべき実証を伴わなければならない。その実証の本質は，EMDR，TFT，CISDの普及促進でみられたような，臨床的な証明やあざやかなケーススタディに基づく必要はない。これらの治療を支持する者が果たさなければならない義務は，その疑わしい効果は本物であり，実質的に非特異的要因から派生したものではなく，理論と手続きに偶然付随した前々から確立されている変化のメカニズムに乗ったものではないと実証することである。実証は，手続き上のアーチファクトと効能の外観だけを供する非本質的な要因を同定できる統制条件を用いた厳密な実験的検証に基づくべきである。科学的懐疑主義の態度は，新しい治療の実施を遅らせる危険につながる。しかし疑似科学研究と促進戦術を無批判に容認することは，消費者と臨床心理の専門家双方にとってより大きな危険につながる。

用語解説

系統的脱感作（systematic desensitization）　段階をふんだ，あるいは漸進的なやり方で，恐怖刺激に対する想像曝露法または現実曝露法にリラクセーション訓練を対にして組み合わせる行動療法の手続き。

経絡（meridians）　その称するところによれば体内を行き来し，生体エネルギー（中国の概念では気）の伝達装置としてはたらくチャンネル。体の主要な12の臓器に付帯して12の経絡があり，同様にいくつかの他の経絡のタイプもある。患者によって経験される症状は，しばしば特定の経絡にみられる。触診や鍼を通して経絡の機能を修正することが健康と機能の改善につながるということが支持者によって主張されている。

思考場（thought field）　その称するところによれば，精神的な出来事を表現するエネルギーの場。

心理的反転（psychological reversal）　体の経絡システムにおける反転した極性に関する仮想上の心理学的相関。全身の機能障害，言葉の反転（たとえば，「下」を意味するときに，「上」と言うこと）などから明らかであるとされ，不成功に終わったTFT治療がこれによって説明される。

測度反応性（measurement reactivity）　同じ査定方法の2回めの施行結果に及ぼす先行施行の疑似効果。測度反応性は，その相違が測定過程のアーチファクトのみであるとき，治療介入が有益な変化をもたらしたように見せかけるかもしれない。測度反応の可能性は，手続き上のアーチファクトを鑑別する治療待ち統制条件を要求し，第1種の過誤の可能性を減少させる。

動揺（rerturbation）　仮想上の経絡システムにおける特定の部位での生体エネルギーの途絶や異常。TFTの支持者によれば，情緒障害の原因である。

認知行動療法（cognitive-bahavioral therapy: CBT）　精神病理学の認知行動理論に基づいた一連の治療技法。

認知療法（cognitive therapy: CT）　機能不全である信念や仮定の修正をめざす心理療法の一形態。CT技法は，ソクラテス問答法と行動検証を含む。

曝露法（exposure）　不安障害のための認知行動的介入技法。曝露療法において，患者は以前の回避対象または現実の状況に直面するか，以前の回避的思考や記憶に直面する。

不安管理訓練（anxiety manegement training: AMT）　ストレスに適応的に対処することを促進するように計画された一連の認知行動技法。AMTは，リラクセーション訓練，呼吸訓練，心理教育，自己教示，コミュニケーション訓練，認知療法によって構成されている。実際に施行されるAMTは，これらの構成要素のなかからいくつかが選択されるか，あるいはすべてを含んでいる。

無作為臨床試験（randomized clinical trial）　研究参加者が，検証される治療を受ける群か，

少なくとも1つの統制群に無作為にふりわけられる。それによって，いかなる手続きでも取り扱われる手続き上のアーチファクトの効果非特異的要因の効果を検証する(第6章も参照)。

第10章 アルコール依存症の治療法に関する論争

ジェームズ・マッキロップ（James MacKillop）
ステファン・A・リスマン（Stephen A. Lisman）
アリソン・ウェンスタイン（Allison Weinstein）
デボラ・ローゼンバウム（Deborah Rosenbaum）

　アルコール依存（アルコール症）に対する正式な治療プログラムと手続きを確立しようとする試みは，比較的最近になされるようになったものである。数百年の間，アメリカではアルコールの問題は精神力や意思の弱さの表われであり，自己統制力の欠如や不足といった特徴を反映するものだとみなされていた（Levine, 1978）。この間，アルコール症に対する社会の反応は，有罪化（たとえば罰金，実刑判決，宗教的制裁など）から収容施設，食物，精神的助言のような支援の提供にまで及んだ。19世紀終わりごろから20世紀はじめには一連のアルコール症の新しい概念のモデルが持ち上がり（Miller & Hester, 1995 の13のモデルのレビューを参照），それにより，「ワシントニアン絶対禁酒運動」や，後の「アルコール症者自主更生会*（Alcoholics Anonymous：AA）」のような自助グループによる治療（第14章も参照）が生まれた。1970年に合衆国議会で，「アルコール乱用およびアルコール症の予防・治療・リハビリテーションに関する法律」が制定され，1971年に「国立アルコール乱用・依存症研究所（National Institute on Alcohol Abuse and Alcoholism: NIAAA）」が設立されると，アルコール依存症は専門的な治療機関の権限で扱われるものとなった。

　このあまりにも短い歴史は，細分化されて手に負えなくなったこの治療共同体の発展にそぐわない感じがする。実際，カルブとプロッパ（Kalb & Propper,1976）によれば，「職人」と「科学者」と呼ばれる2つの別個のグループが出現し，根本的に異なる観点からそれぞれ平行してアルコール症の治療を行なっていたことが示されている。このような定式化によれば，職人派は反インテリで，反研究に偏っていることが

特徴とされるが，それは主として彼らの研究法に対する訓練不足からきている（Kalb & Propper, 1976）。加えて，これらの職人たちのかなりの部分が，自らがアルコール症から回復した者から構成されていて，彼らが利益を受けた治療のわかりやすい唱導者であるということである。しかしながら，科学的な訓練を受けた臨床家も完璧ではなく，過度に教義的であり，実証に基づいていない治療のメリットについて考慮することができないと批判されてきた（Chiauzzi & Liljegren, 1993）。さらに，科学的なコミュニティによって提案された治療は，特に医療が行なわれるようになった初期のころには，その効果は明らかではなかった。飲酒問題に対して科学的な根拠に基づいた治療を合法的に選択できるようになったのは，ほんのここ数年のことである（Miller et al., 1995）。

このように，この20年間で多様な治療法が，科学的なコミュニティそして素人のコミュニティからともに生まれてきた。それらは，実証主義の実践への固執という点において大きく異なっている。筆者らが思うに，素人と専門的なグループの実践の違いは，両者が研究による裏づけに乏しいアプローチをしばしば用いるので，不明瞭になってきている。これは，専門的な訓練を受けた臨床家たちが，多くの場合，幅広い臨床的な問題に対して研究結果を応用してこなかったというヘイズら（Hays et al., 1999）の報告と一致している。

素人的および科学的な治療コミュニティ間の大きな相違や，臨床コミュニティ自体の内部における大きな相違でさえ，アルコール症の治療アプローチに関する実際的な議論になってきた。統制された研究によって疑問の余地があるとされているものや，効果がないとさえいわれるにもかかわらず，広く採用され，一般へもアピールされるようになっている治療や手続きに対して，筆者らは「異論がある」という言葉を用いる。本章においては，効果がまだ研究されていない治療には，この異論があるという言葉は使用しない。むしろ，ここでいう異論のある治療というのは，その効果について証拠がないにもかかわらず，信奉者のコミュニティから支持を得ているもののことをさす。一方，これらの信奉者にはしばしば個人的体験をよりどころとし，権威に魅力を感じ，データに対する関心が欠如しているといった特徴がみられる。そのような意味で，少なくともこれらの異論のある治療のいくつかは，多くの科学哲学者の述べる基準に従えば，疑似科学であると考えることができる（Bunge, 1984）。この章の前半ではこうした治療のいくつかに関する議論を扱う。具体的には，AA，ジョンソン介入法，ジスルフィラム（嫌酒薬*）による薬物療法，節酒を治療目標とする対話法，DAREプロジェクト，の効果について検討する。以上に述べたものだけがアルコール症や嗜癖に関して議論すべき問題なのではない。チアウジーとリルジェグレン（Chiauzzi & Liljegren, 1993）は当代の11の「タブー」や嗜癖に関する伝統的な仮説と実際の研究結果の不一致について概観している。しかしこの章で検討する議論は，

治療の問題について直接関連するものに限られている。

　治療についての研究者と臨床家の本質的な相違は，根拠のない治療を用い続けることに大きな影響を与えており，この相違を埋めるために両者の「さらなる対話」が必要とされてきた（Sobell et al., 1995）。そこで本章の後半では，実証に基づいた治療を選択する理論，根拠，方法について述べる。そしてアルコール症の治療に関する科学的な展望についてしだいに明白になってきたことや，またそれが影響を与えると期待されるものについて述べることとする。

アルコール症者自主更生会：本当に効果があるのか？

　アルコール症者自主更生会（AA）の効果に関する議論はおそらくアルコール症治療の領域におけるすべての論争のなかで最も痛烈なものであろう。AA コミュニティの構成員はしばしば過度の一神論者であり，他の治療法を受け入れず（Ellis & Schoenfeld, 1990），AA の治療効果に対して非常に自信を持っているといわれている（Tournier, 1979）。一方，研究の訓練を受けた臨床家は，近視眼的で AA や類似の自助治療法の可能性をみくびっていると批判されてきた（Chiauzzi & Liljegren, 1993）。こうしたことから，筆者らは AA の効果に関する疑問は議論をするのにすぐれた実例となると考える。それは一般社会と科学的な臨床コミュニティが分離していることを反映しているからであり，この章で公正な考察がなされることで両者はある程度和解することができるだろう（McCrady, 1995）。

　1935 年に設立された AA は，おそらく世界で最も大きな自助グループであろう（第 14 章の自助プログラムに関する討論も参照）。1990 年には，AA は世界中で 87,000 グループ，170 万人以上の構成員をもつと報告されている（Alcoholics Anonymous, 1990）。AA は文句なしにアメリカ合衆国での最も有名なアルコール症の治療法ではあるが，ミラー（Miller, 1986）は他国まではその影響力を及ぼしていないと認めている。AA の構造はその規模にかかわらず著しく「平面的」である。理事会は階層的には個々の支部のすぐ上にあり，全体として AA に影響するような決定を下すことができない。このため，AA はいまだにイデオロギー的にも組織的にもその創生期に非常に近い状態のままである。

　治療に関して構成員は，AA の有名な「12 段階」によって精神的および対人的なリハビリテーションに従事する。特定の宗教にはかかわりを持たないが，戒律的な側面は AA の中心となっている。12 段階のうち 7 つは，特に「神」に関する言葉を引き合いに出している。12 の段階が明確化されているにもかかわらず，個人が受け

るAAの治療の形態は千差万別である。これはすべてのAAグループを通じて，総体的に不均質であることが直接の原因である。禁酒を達成するために2人以上のアルコール症者が集まるということがAAグループにとって必要なすべてなのである (MsCrady & Delaney, 1995)。

一般的なAAの形態は広く知られている。患者どうしが会い，過去のアルコール体験を述べる。そして回復のプロセスを促進するために，安定した先輩の構成員と初心者が対になる「保証人」システムがしばしば実施される。初心者は，強制ではないが，最初の90日間は各夜のミーティングに参加して治療に没頭するように勧められる。

効果研究の解釈は，AAグループの不均質性や，個人が関与した期間や関与の性質によって複雑になる。たとえばAAは，誰が構成員なのか，いつ治療が終結するのかといったことを特定しない。このことや他のあいまいな基準があるために，ベビントン (Bebbington, 1976) は方法論的な批判として，個人のAAへの関与を操作することは不可能であることから，AAの効果を評価するのは非常に困難であると結論づけている。さらに，動機づけや精神性などの内的水準は，自主的にAAの助けを求める人ならば誰でも備わっており (Ogborne, 1989)，内的妥当性を持つ治療効果研究のための必要条件であると一般的にみなされているランダム割り当てを基本的に損なわせるものである。したがって，ある対象者をAAの治療に統制的に割り当てることは，現実にAAの参加に導くような経路の再現にはならないだろうし，AAに対して否定的な傾向を持つ集団を作り出す潜在力を持つ (McCrady & Delaney, 1995)。

これらの方法論的な問題は観察に基づく研究において明らかである。AAに参加するよう指定された集団を含む3つのランダム化されたAAの効果研究が行なわれてきたが，AAが他の治療よりも効果的だったということを示す研究はなかった (Brandsma et al., 1980; Dittman et al., 1967; Walsh et al., 1991)。これらの研究で模範的だったのはウォルシュら (Walsh et al., 1991) による研究である。彼らは227名のアルコール乱用者を3つの治療条件のいずれかにふりわけた。強制的なAAのフォローアップ中の入院患者群，強制的なAAのみ参加群，選択権のある群，であった。入院患者群はアルコールや薬物の使用が有意に減少した。一方，AAのみの群は，アルコールと薬物使用に関する尺度とその後の入院治療の可能性に関する尺度のどちらにおいても最も結果が悪かった。ごく最近では，AAへの強制参加は，アルコールに焦点を当てた夫婦行動療法に付随する要素に含まれるが，その結果には有意差が認められないこともわかっている (McCrady et al., 1996)。

疑似実験デザインを用いたAAの研究はAAの効果を支持している。スミス (Smith, 1985, 1986) は入院治療の後に自己報告された禁酒の割合に著しい違いを見つけた。AAグループでは女性の79％，男性の61％が禁酒を報告したが，比較群では女性3％，男性5％であった。しかしながら，これらの調査結果は，日々のAAミーティ

ングを1つの要素として含む包括的な入院加療に基づくものであるために，他の研究者から方法論的な批判を受けている（McCrady & Delaney, 1995を参照）。ランダム化されていない研究のメタ分析では，AAは非治療群よりも有意によい結果を示し，またミーティングに多く参加した者は参加の少ない者に比べてよい結果を示した（Kownacki & Shadish, 1999）。しかし病前の心理的機能など，測定されていない多様な変数がこれらの治療結果の一因となっているかもしれない。最近では，ティムコら（Timko et al., 2000）が，AA群，通常の治療群，通常の治療およびAA群，非治療群のいずれかを選ばせた248名の問題飲酒者の結果を調べている。当然，非治療群は最も悪い結果だった。AAのみの群とAAと通常の治療を組み合わせた群は，通常の治療群よりも1年後および3年後の結果がよかった。しかしこれらの3群は8年後では同じ結果となった。

　患者の異種性に対するアルコール治療のマッチング（Matching Alcohol Treatments to Client Heterogeneity）と呼ばれるプロジェクト（Project MATCH）には，アルコール症に対する心理療法の多様な臨床的試みが含まれている。1,726人の患者が対象となり，12段階促進療法（12-step facilitation therapy: TSF），認知行動的対処技能療法（cognitive-behavioral coping skills therapy: CBT），動機づけ強化療法（motivational enhancement therapy: MET）のどれかにランダムに割り当てられた。TSFは概念的にAAや他の12段階グループに基礎をおいていて，AAへの参加を段階的に促進させようと試みている（Project MATCH Research Group, 1997）。これら3つの治療群は類似した結果を示した（Project MATCH Research Group, 1998）。TSFの介入は，明らかに治療としてのAAではないが，3つの治療効果の結果に差がみられなかったことや，治療効果の維持率は注目に値する。その後の分析によって，AAの患者の概念的精神的な部分が，AAミーティングへの出席，AAの実践や禁酒の実行を予測することがわかった（Tonigan et al., 2000）。この結果はたしかに，筆者らが先に強調したAAの効果の予測における個人差の役割を支持するものである。

　これらの研究結果のいくつかは一見，希望を与えるように見えるかもしれないが，それらはベビントン（1976）の鋭い批判や，その研究論文で明瞭に述べられた他の懸念のほとんどに答えていない。たとえばエムリック（Emrick, 1987）は次のことを示している。研究対象となったAAのメンバーは①典型的に最も意欲的で，②専門的な治療を受けているかあるいはしばしば受けたことがあり，③10週以前に68%もの高い率でドロップアウトしている。さらに，疑似実験的研究では因果を推論することはできず，またProject MATCHの研究結果は直接のAAの効果について言及していない。

　最後の重要なポイントは，AAがけっしてアルコール症のための唯一の自助グルー

プではないということである。AA 以外の組織の間では特定の心情をより重要視したグループが存在する。たとえば，克服者による奉仕（Overcomers Outreach）や聖餐杯（Calix：メンバーの人格面の清浄化）という団体は，12 段階のキリスト教的解釈を志向するグループである。アルコール症女性の禁酒支援（Women For Sobriety）という団体は，AA の信条のいくつかは女性にとって反治療的だという信念から，非宗教的な志向性を発展させた。節酒統制（Moderation Management）という団体では，必ずしも断酒ではなく，酒量を減らしたいという者の支援を試みる。理性による回復（Rational Recovery）は，アルバート・エリス（Ellis, A.）の論理情動行動療法に基づいた AA に類似した団体である。それにもかかわらず，AA と比較して，これらのグループの多くは主要都市部以外で見つけることが容易ではなく，まだ発展の初期の段階にとどまっているといえる。これらの限界によって，AA は現実性のある唯一の自助グループであると一般に認識されている。

　以上をまとめると，「誰のために，またどのような状況において AA が有用であると証明されるのか？」と問うほうが，この節の挑発的な副題「本当に効果があるのか？」と問うよりも妥当であろう。マックラディとデラニー（McCrady & Delaney, 1995）は，自助グループを専門的治療に統合するためのガイドラインを提供し，臨床家がこれらのグループのイデオロギー，専門用語，実践法に精通することや，研究結果をクライエントが利用できるようにすることを提唱した。たとえば，飲酒に対してクライエントの社会的環境が助けになるということは，12 段階プログラムが持っている課題の特徴によって支持されてきた（Project MATCH, 1998）。そしてそれは現実の臨床実践へと統合されるべきなのである。AA は経験的に支持された治療を補完するものか，あるいは AA 自体独立した治療法であるかもしれないために，臨床家は AA を多くの治療的アプローチの 1 つであるとみなしている，というのが筆者らの主張である。この考えは，専門的治療を受けている間，および治療後の，AA への出席回数と飲酒結果に正の相関があるという証拠（Emrick et al., 1993）だけでなく，治療の流れを選択する機会が与えられた個人はよい結果を示すという証拠ともまた一致する（Sanchez-Craig & Lei, 1986）。おそらく，臨床家にとって最も好ましいアプローチは統合的なものであろう。それは，アルコール症についての文化的な概念において AA がおびただしく増加しており，その役割を利用することで，また研究をもとにした方法で行なわれるものである。

ジョンソン介入法

　個人の問題を「否認」することが他のどんな心理的障害よりもアルコール症において大きな役割を果たしているという証拠はほとんどない（Chiauzzi & Liljegren, 1993）。それにもかかわらず，否認は，しばしばアルコール症の顕著な特徴であり，またほとんど同語反復的であるが，問題を抱えた飲酒者が治療を始めることを拒絶することの説明となると考えられてきた。加えて，AAを治療と回復の唯一の，もしくは主要な方法とみなすことの1つの問題点は，その主義や手続きに同意しない問題飲酒者が治療を始めることを拒否する可能性である。最近まで，治療を拒否する問題飲酒者の家族の悩みに対する一般的な対応とは，家族にその無力さを受容させたり，「愛情ある無関心」の必要性を強調するアルコール症者の家族会（Al-Anon）への参加を強く勧めるか，あるいは「介入」を試みるかのどちらかであった。「介入」というこの用語はジョンソン協会によって用いられ，家族や友人により問題飲酒者を支持的に立ち向かわせる過程—典型的には計略や不意打ちであるが—を説明するために使われた。また飲酒者のいわゆる否認を解体し，治療への動機づけを行ない，すぐに専門医に差し向けて治療を開始する方法として発展した（Johnson, 1986）。97％の成功率という証拠のない主張（Royce, 1989）に後押しされ，「介入」はテレビドラマで取り上げられるほど十分に一般的になった（たとえば，『ビバリーヒルズ高校／青春白書（Beverly Hills 90210）』や『サンフランシスコの空の下（Party of Five）』。

　しかしながら，統制された研究の結果からは，ジョンソン介入法は確実には支持されていない。たとえば，リープマンら（Liepman et al., 1989）は，介入後の回復プログラムや更生プログラムへの参加率が高いことを報告しているが，同時に，介入自体を終えることのできない家族が極端に高率であり，参加者の割り当てがランダムでないことや，全体に対象者の数が少ないことを認めている。加えて，レネックら（Loneck et al., 1996a）の報告によれば，ジョンソン介入法を受けた群は，他の過去をふり返る方略による介入を受けた4つの群よりも治療に参加しやすく，家族のメンバーが動機づけられたケースのみ介入を成立させたと述べている。しかし，これらの群について詳細に分析すると，ジョンソン介入法群は他の4つの比較群のうちの3群よりも再発しやすいことがわかった（Loneck et al., 1996b）。治療に気が進まない者を動機づけるための，経験的に導き出された他の方法については後ほど詳細に述べる。

　否認パターンの再発防止のための即時入院を強調したり，介入に対して強い警戒を示す臨床のダイナミクスや家族のダイナミクスを否定する研究は無視してよいだろう。ガランター（Galanter, 1993）は，次のように警告する。このような威圧的なテクニックは，唯一の治療法として，しばしば個人を「非常に衝撃的な結果」に直面さ

せる（たとえば，結婚生活の喪失）。そこではしばしば自己破壊的な行動や家族の絆を崩壊させるような抑うつ，パニック障害，妄想性障害といった合併症の影響を無視する危険性をおかしている。

このように，ジョンソン介入法は一般的に有名になっているにもかかわらず，この介入治療法は効果を実証するには証拠が不十分であり，そのためにまだ論争が続いている。

ジスルフィラム薬物療法

1948年以来，最も一般的なアルコール症治療のための薬剤は飲酒刺激に抵抗反応を示す薬物であり，アルコールを摂取すると不快な反応を誘発するというものである。最も一般的に使われる嫌酒薬はジスルフィラム*（商品名：アンタビュース）である。これは，体内でのアルコールの代謝を阻害する効果がある。この効果は転じて顔面紅潮，頻脈，動悸，悪心，嘔吐などの強い身体症状を引き起こす。この嫌酒薬の基礎となっているのは罰，あるいは嫌悪条件づけである。飲酒行為と嫌悪体験を対にすることで，飲酒と同様に飲酒したいという衝動も消去することが期待できる。しかしながら，数十年間有用性をもって使用されてきたにもかかわらず，ジスルフィラムの使用には異論がある。なぜなら，統制された研究から導かれる結果がその効果を支持しないからである。

多くの初期の臨床研究はこのジスルフィラムの効果について支持的であった。しかしこれらの研究は現代的な統制された効果研究のための標準の提出以前になされており，方法論的に信頼できないものである（Lundwall & Baekeland, 1971; Mottin, 1973）。その後，厳密な治療効果研究が行なわれるようになったが，結果は落胆させるものであった。プラセボを統制群とする多地点的臨床研究が，在郷軍人（Veterans Administration: VA）病院において治療を受けた男性を対象に行なわれた。そこでは内科治療，心理療法的カウンセリング，レベルの異なるジスルフィラムまたはプラセボの投与を含む総合的な治療プログラムが実施された（Fuller & Roth, 1979; Fuller et al., 1986）。しかしこれらの研究ではいずれも明白な結果は得られなかった。つまり，禁酒あるいは飲酒を再開するまでの期間という点においてこれらの各群には差がみられなかったのである。ただ，ジスルフィラムによる治療を積極的に受けた群は有意に飲酒日数が少なくなった。他にみられた明白な結果としては，高齢で社会的に安定している患者の多くは，ジスルフィラムによる治療後に有意に飲酒が減少した（Fuller et al., 1986）。しかしながら，この結果は，VAでの研究の全体的な結果や適切な統

制群を含む2つの初期の研究結果とも比較検討されなければならない（Gallant et al., 1968; Gerrein et al., 1973）。すべての結果は，ジスルフィラムが禁酒あるいは飲酒再開までの期間を長びかせることに成功していないということである。

　このように全体的に説得力のない結果は，患者が協力的な態度を示さず，医療を受けることへの同意が乏しいためだとされてきた。きわめて単純なことだが，同意している人はアルコールを飲むと不快な副作用を経験すると予測するので，飲酒をやめるよりもジスルフィラムの摂取をやめてしまうというのが典型的なパターンと考えられた。たとえば，2つのVA臨床研究では，治療を終了した577名の患者のうちの20%だけがこの同意している人に該当すると考えられた（Fuller et al., 1986）。この同意を改善させる努力の結果，管理されたなかでジスルフィラムを投与した場合にアルコール摂取量の減少が認められた（Azrin et al., 1982; Chick et al., 1992）。そのような例としては，オファーレル（O'Farrell, 1995）の夫婦療法プログラムがある。治療期間中，同意を維持するために，そして治療に従事するために，配偶者は患者のジスルフィラムの服薬を管理する。アルコール症にとっては，同意は回復への忠誠と傾倒を表わすものである。管理されたジスルフィラムの投与については，将来有望ではあるがそれにもかかわらず，その研究はそれぞれが相反する結果を示してきた（Keane et al., 1984; O'Farrell et al., 1998）。さらに，これらの研究では基準となる臨床条件について言及されておらず，同意は結局患者によって決定されるので，管理されていない投与群と管理された投与群を比較する適切で厳密な臨床研究が必要である（Heather, 1989）。さらに，同意を改善しようとするこれらの試みは研究計画の問題として次の点が厳しく批判されてきた。すなわち，妥当でないプラセボ条件を含んでいる，時間経過を通してのジスルフィラムの血中レベルを定めていない，アルコール使用に関する尺度があいまい，といった点である（Allen & Litten, 1992）。また同意の改善については，さらに極端なアプローチが試みられてきた。それはジスルフィラムを胃壁に皮下注入するといったものであるが，限られた成功しか得られていない（Johnsen & Morland, 1991; Wilson et al., 1980）。加えて，ジスルフィラムを摂取していても，その嫌悪的な副作用に慣れてしまい，飲酒を継続してきたアルコール症者がいることも臨床的に報告されている（Ewing, 1982）。要約すれば，高齢で社会的に安定しているアルコール症者や，管理下の服薬においては例外的に見込みがあるものの，ジスルフィラムはアルコール症の治療として評価できるほどの効果はないようである。

節酒の訓練と統制された飲酒

　この章の最初で述べたように，筆者らが検討する議論の余地のある治療とは，研究の結果からその効果が疑わしいか，たいして効果がないことを示すものというだけではなく，それが広範囲に使用されているという基準を満たすものでもある。論争されているアルコール症の治療の多くはこの基準を満たしていない。しかし統制された飲酒は歴史的にみて科学的コミュニティと素人のコミュニティを分離させることとなっただけでなく，科学的なコミュニティ自体をも分裂させた影響力の大きさによっても，議論に値する。

　統制された飲酒の定義のほとんどが，法的，社会的，身体的問題を避けているだけでなく，飲酒量や飲酒頻度に関しても何らかの限界を有している。統制された飲酒の治療目標は，飲酒問題を抱えた個人が飲酒をコントロールし，節酒することを確立あるいは再確立させることだという。一見この目標は特に議論の余地はないようにみえるかもしれない。しかし1960年代後半から1970年代（心理学的研究が初めて飲酒の統制可能性を示唆したころ）には，個人のなかには社会的に適切な飲酒のあり方に戻れる者もいるという前提は，AAや多くのアルコール症治療体制のイデオロギーとは正反対のものであった。このため，統制された飲酒を長期目標とする介入は，アルコール症治療の歴史のなかで最も厳しいいくつかの社会的な議論を巻き起こしてきた。

　統制された飲酒に関する議論は最初イギリスの内科医デイヴィス（Davies, 1962）の報告によって注目されるようになった。彼は，治療後7～11年フォローアップした93名のアルコール症者について紹介した。そのなかには乱用ではない飲酒を再開した7名が含まれていた。問題飲酒を社会的な飲酒にまで回復させることに成功したという報告は以前からいくつかみられたが，デイヴィスはこの発見を単なる例外ではなく，治療目標としての節酒という前提を再検討するための根拠として初めて投げかけた。しかしながら，この論争は2つの論文が広く公表され，唯一の実行可能な治療目標としての節酒を主張する者によって科学的，政治的，さらに倫理的観点から議論されるようになるまで，アルコール症研究の真の引火点にはならなかった。マークとリンダ・ソーベル（Sobell, M. B., & Sobell, L. C., 1973, 1976）による最初の研究とその追跡調査の報告では，アルコール症の入院患者に対する統制された飲酒治療訓練プログラムに有利な結果が示されていた。第2の研究は，スタンフォード研究所とランド株式会社の共同研究として行なわれた，連邦予算を使用する治療センターで治療を受けた患者を対象とする全国調査であった（Armor et al., 1976）。そこでは，経過観察中の事例のうちにも「正常な」飲酒者が存在することが報告されている。両者の研究において，適度な飲酒のための技術を訓練するソーベルの体系的な結果と同様に，

ランド社のデータで明らかにされた，正常な飲酒者が治療後6か月で12％，18か月で22％存在したという驚異的な割合を，例外的なものとしてデータから捨てるわけにはいかなかったのである。

　それにもかかわらず，広範囲にわたるさまざまな発言において詳述されたように（たとえば Hunt, 1999; Marlatt, 1983; Roizen, 1987），相当な力でこれらの研究結果を信用させない，また伏せようとさえする動き（訴訟，センセーショナルなメディアの報道，独立した調査グループの形成を含む）が相次いで起こった。ロイゼン（Roizen,1987）が主張したように，これらの議論はアルコール症治療の初期から著しく進歩した現在にいたるまで，アルコール症に関する科学的研究が不足していることを警告している。

　このような厳しい批判の熱を冷ますために，節酒に関する新しい治療効果の研究が始められるようになったといえる。1990年代にいたっても，196の治療プログラムを概観すると，75％が受け入れがたい治療目標として統制された飲酒をあげている（Rosenberg & Davis, 1994）。それにもかかわらず，ここ25年にわたり，治療効果研究，自己治療や自然回復の報告（Sobell et al., 1996），長期的研究（たとえば Vaillant, 1996）などで，かつてはアルコール依存や乱用者であった者による問題とならない飲酒の報告が続いてきた。結果的に，批判が続いたにもかかわらず，こうしたデータは世間にとっては無視しがたいものになってきた。たとえば，医学研究所（Institute of Medicine, 1990）やアルコール・健康会議第9回特別報告（U.S.Department of Health and Human Services, 1997）では，節酒を問題飲酒者に対する理にかなった治療目標として述べている。最近の一般的なテキスト，『永遠の禁酒（*Sober for Good*）』（Fletcher, 2001）では，アルコール依存に打ち勝った222人の「熟達者」の成功物語が列挙されている。興味深いことに，その56％が12段階プログラムとは別に飲酒の問題を解決している。そして約10％は，時々飲酒すると報告している。後者のグループの大部分は，節酒のための独自のストラテジーを作り出しているので，利用しうるはずの公式的な訓練が有効だったかどうかという点についてはわからない。

　統制された飲酒の研究から推測されているにもかかわらず，あるいは統制された飲酒に対して社会的な認識の変化が始まったにもかかわらず，重要な質問，すなわち「統制された飲酒が実行可能な治療目標となるのはどのような人か？」「統制された飲酒を促進する最も効果のある手段は何か？」についてはまだ答えられていない。ローゼンバーグ（Rosenberg, 1993）は，統制された飲酒の成功を予測するための変数について調査し，この質問に対するいくつかの答えを包括的なレビューに示した。レビューでは，節酒を予測する一貫した唯一の要因はないとされたものの，依存の重症度が低いこと，節酒ができると信じること，就業していること，若年であること，心理的社会的に安定していること，そして女性であることが節酒をより可能にするとされた。他の研究では，問題飲酒者が治療法を選べる場合は，節酒そして禁酒のいずれにおい

てもよい結果をもたらすことが示された（たとえば Orford & Keddie, 1986; Sanchez-Craig & Lei, 1986）。こうしたデータをみると，臨床家がアルコール症者の治療の選択肢として統制された飲酒の手続きを軽視することは，近視眼的なように思われる。

統制された飲酒を促進させる方法については，ヘザー（Heather, 1995）によって簡潔にまとめられた手続きのリストのなかに，一連のマニュアルやプログラムが含まれている。統制された飲酒に関する基礎研究の増加を目の当たりにしてもなお，唯一受け入れられる治療目標が禁酒だけという時代遅れの現状に執着することは，自己達成的予言にすぎず，飲酒者にとって可能な結果の範囲を人工的に狭めるものである。

プロジェクトDARE

この章ではアルコール症の治療について述べているが，素人と専門家の間のギャップを明確に表わしている最新の議論は治療ではなくむしろ予防，すなわちプロジェクトDARE（Drug Abuse and Resistance Education）の効果に関連するものである。筆者らがこの予防プログラムについて概観するのは，その高い注目度のためである。プロジェクトDAREは合衆国で非常に広まっており，全国の各学区のおよそ50％で利用されている（Ringwalt & Greene, 1993）。

1983年にロサンゼルス市警察によって開発されてから，プロジェクトDAREでは警官が薬物乱用の予防プログラムを教えている。そのプログラムは薬物乱用のネガティブな側面に焦点を当て，健康的なライフスタイルのポジティブな側面を強調する（Koch, 1994）。中心となるカリキュラムは，5・6年生を対象とした1時間のセッションを17週間連続して実施するものである。そして幼稚園から始めて高校まで発展するという包括的な発達的予防プログラムを作り出してきた。このように広く用いられているにもかかわらず，DAREが薬物使用を防ぐために効果があるという基本的な証拠はない。多くの効果研究が，プロジェクトDAREについて明確な，一貫した結果を示してきた。ローゼンバウムら（Rosenbaum et al., 1994）は1,584名の5年生，6年生について調べ，DAREプログラム参加後のアルコールやタバコの使用，あるいは学校の成績に関して統計学的に有意な差はないことを示した。同様にイリノイの36の学校で行なった研究では，介入直後の生徒の薬物使用への影響はほとんどみられず，それは1年後2年後でも変わらなかった（Ennett et al., 1994）。加えて，21の小学校において6年生時にDAREプログラムを受けた9年生を対象とした研究でも，自尊心，仲間からの圧力に対する抵抗，薬物体験を遅らせること，薬物の使用への介入の影響はほとんどないことがわかった（Dukes et al., 1996）。

1,798名の生徒に対する6年後の追跡調査という拡張研究では，プロジェクトDAREは，長期的な薬物使用に関する有益な効果は持たないという結果を示した（Rosenbaum & Hanson, 1998）。さらに6年生時にDAREに参加した1,002名の10年間のフォローアップにおいても，薬物使用への有意な効果は認められなかった（Lynam et al., 1999）。また8つの効果研究のメタ分析では，アルコールや薬物使用を含む多次元的な尺度を用いて検討した結果，DAREプログラムにはさほど効果がないことが示された（Ennett et al., 1994）。

　プロジェクトDAREは数多くある疑似科学的プログラムの代表である。その成功は，「ただ『ノー』とはっきり言おう」というポスト・レーガン時代の政治的な風潮だけでなく，本質的には，このプロジェクトDAREが直感的に魅力があるように認識され，「満足感を与える」アプローチにみえたこと（Clayton et al., 1996）にある。DAREは親や管理する立場のいずれにも人気がある（Donnermeyer, 2000; Donnermeyer & Wurschmidt, 1997）。これらの要因は，いずれもそれ自身の勢いに乗り，社会・政治的な一枚岩を作ってきた。

　この章の範囲を超えるが，他の短期および長期予防プログラムを支持する研究結果が存在する（Coombs & Ziedonis, 1995）。これらの代案を提示する最も重要な意味は，社会の資源としてDAREの教育に払うお金と時間が，潜在的に効果のあるカリキュラムの代わりに，機能しないプログラムに浪費されているかもしれないということである（Ennett et al., 1994）。

アルコール症の効果的な治療：科学の地位

　臨床実践と科学研究の間の深い溝が，議論の余地のある治療を維持させてしまうため，研究結果や実践ガイドラインの普及が両者を統合させるために重要である。このことから，本章では次に実証に基づいた治療を選択する利点，根拠，方法について述べる。

　この節では，心理療法的介入が飲酒問題（依存や乱用）に対する効果的な治療法であることを示し，それらの理論的経験的根拠を概観する。これらの治療法を検討に含める筆者らの基準は，科学的に明白なものである。すなわち，論じられる介入は理論およびデータに基づくものでなければならない。言い換えれば，計画された介入は先行研究で示された理論を反映し，さらに効果研究によって支持されなければならない。

　これらの基準は一連の科学的治療を含ませるために意図的に十分な幅を持たせている。当然ながら，これらは経験的に支持された治療法（ESTs；第6章も参照）のリ

ストのなかで，アメリカ心理学会の対策委員会（Chambless et al., 1998）によって定義された飲酒問題のいくつかの治療法を取り入れており，またミラーら（1995）がアルコール症治療研究の詳細な分析において示した，成功したいくつかの有名な治療法と重複している。

社会的学習理論：認知／社会技能訓練

　　アルコール依存に関するいくつかの治療法の前提は社会的学習理論（social learning theory: SLT）に由来する。これは，理論的に幅のあるアプローチであり，オペラント条件づけあるいは古典的条件づけ，認知心理学，観察学習（Bandura, 1969）の原理を統合して人間の行動を説明するものである。SLT はまず，アルコールの一次的な薬理的活性としてストレスを減少させること，つまり，アルコールが負の強化を与え，また嫌悪体験を除去する点に焦点を当てる。一方で，アルコール依存は嫌悪刺激を取り除く他の適切な方法を用いることができないため，アルコールの過度の摂取が起こるのである。SLT の最新版（たとえば Wilson, 1998）ではモデリング，リハーサル，帰属理論，および，自己効力感の原理を組み込んでいる。より明確にいえば，SLT は，こうした日常生活での重要な対処技能が不足しているために，薬物依存問題，および再発に著しく影響を与えるという考え方を提案したのである。

　　さまざまな研究結果がこの仮説を支持した。第1に，アルコール症者は非アルコール症者に比べ，特に対人関係のトラブルや祝賀パーティのような種々の状況において対処技能が劣っているという証拠がある（Monti et al., 1989）。対処技能の水準はまた治療結果も予測する。つまり，治療を通してハイリスクの状況に対処するための技能が発揮された者はよい治療結果をもたらし（Monti et al., 1990），技能の水準が低かった者は治療後の追跡調査で再発しやすいことが示された（Miller et al., 1996）。また，技能訓練によって扱われる特定の能力，たとえば感情をコントロールしたり，否定的な感情に耐えるなどの能力の不足が，再発と関連があることも示されている（Marlatt & Gordon, 1985; Monti et al., 1995）。さらに，これらの文脈における援助が有意な改善をもたらす可能性を示している。

　　この技能の不足という証拠はいくつかの技能訓練プログラムを発展させることにつながった。それらのプログラムは基本的に認知行動的な心理療法の原理に基づいている。これらの治療法のなかで最も徹底的に調査されているものの1つが対処／社会技能訓練*（CSST; Monti et al., 1989）である。

　　CSST では以下の4つの基本テーマあるいは領域があげられており，問題飲酒者は

それらのテーマや領域で非機能的な対処方法をとるとされている。①よい関係を築くための対人関係の技能，②気分の調整のための認知情動的対処，③日常生活の改善とストレスフルなライフイベントに対処するための技能，④薬物使用を起こすきっかけとなる状況における対処（Monti et al., 1995）。もちろん，これらのテーマでは問題となる飲酒行動にとってかわる対処技能を発展させることに焦点を当てている。

　CSSTはマニュアル化されているが，治療は非常に個別事例的であり，それぞれの患者の脆弱な部分を特定することから始まる（Monti et al., 1995）。これはいくつかの方法，特に状況能力テスト（Situational Competency Test; Chaney et al., 1978），適応技能総合テスト（Adaptive Skills Battery; Jones & Lanyon, 1981），アルコール用ロールプレイテスト（Alcohol-Specific Role-Play Test; Abrams et al., 1991）によって調べることができる。脆弱性という枠組みで発展してきたために，患者はロールプレイの行動的リハーサルに従事することが基本的な目標となるグループに参加し，グループのメンバーとともに，一般にハイリスクとされている特定の状況についてロールプレイに取り組む。そこでは，飲酒を拒否する技能（drink refusal skills），飲酒／薬物使用について批判を受けること（receiving criticism about drinking/drug use），禁酒に対する支援を広げていくこと（developing sober supports），葛藤に耐える技能（conflict resolution skills）が含まれる（Monti et al., 1989）。

　かなりの研究がCSSTの有効性を証明している。臨床実験によりCSSTは非治療群よりも効果があるとされ（Chaney et al., 1978），同様に，系統的脱感作法，潜在感作法，嫌悪療法（Hedberg & Campbell, 1974），伝統的な支持療法（Oei & Jackson, 1980, 1982），人間関係訓練（Ferrell & Galassi, 1981），ディスカッショングループ（Chaney et al., 1978），気分管理療法（Monti et al., 1990），グループディスカッション（Eriksen et al., 1986）よりも効果的であるとされた。

　すべての治療効果研究が明白にポジティブな結果は示していないが，CSSTは他の治療条件に匹敵する効果があることを示してきた。たとえば，CSSTを単独で用いた場合と，CSSTとリラクセーション療法や読書療法のような他の治療的要素を組み合わせた場合なども比較されてきた（Miller et al., 1980）。前述したように，プロジェクトMATCHにおける場合ではCSSTの拡大版が認知行動療法を構成し，また動機づけ強化療法や12段階促進療法と同等の効果を持つことを示している（Project MATCH Research Group, 1998）。総合すれば，CSSTを支持する証拠はこれらの研究のなかで最も注目されるものである。

　CSSTの4番めの領域はアルコールに関する状況への対処であるが，これは社会的学習理論と異なる理論的基礎を持ち，それ自体別個の治療に発展した。依存の条件づけモデルはこの領域の基礎となっており，薬物使用に対して古典的条件づけがなされている者は行動に影響を与える動機を利用できると仮定する（Cunningham, 1998）。

その結果，再条件づけはさまざまな環境要因によって個人の薬物との結びつきを減じるであろう。

このテクニックは，手がかり曝露法（cue exposure treatment; CET）と呼ばれ，消去に基づく治療である。これは，先行する条件づけが弱まるまでその条件刺激に曝露させ，新しい結びつきを強める方法をとる。このテクニックの標準的な手続きは，アルコール症者にアルコールを見せる，あるいは嗅がせるといった曝露をする。飲酒はしないが，大量の刺激にさらされることにより飲酒への渇望が減退し，患者が社会的な状況でアルコールが出されたときに同様の衝動が起こらないようにさせる。

この CSST は強く支持された。CET を含む CSST では，統制群の患者に比べ，完全な禁酒状態が維持できるようになり，禁酒期間を長くし，飲酒量を少なくした（Monti et al., 1993）。ドラモンドとグロター（Drummond & Glautier, 1994）は，CET 群とリラクセーション法を用いた統制群とを比較し，再発までの期間と全体のアルコール消費量の点で CET 群のほうがよい結果を得たと報告している。加えて，シサーサンら（Sitharthan et al., 1997）は，節酒達成に関して CET と認知行動的なストラテジーを比較し，その結果，CET のほうが有意に飲酒量や頻度が減少したことを示した。

これらの肯定的な結果にもかかわらず，最近の薬物依存に関する手がかり曝露法についてのメタ分析によると，CET の治療効果の程度について批判があがっており，消去に関する現代の動物研究の手続きと発見を利用できていないと非難されている（Conklin & Tiffany, 2002）。しかしドラモンド（2002）は，このメタ分析の手続きや結論のいくつかに対して，このテクニックを洗練させるには継続的な実証研究が必要であるという説得力のある反論を示している。

再発の防止

認知行動的な技能訓練の第 2 の主要な特徴は，再発に対する予防（relapse prevention: RP; Marlatt & Gordon, 1985）にある。あらゆる嗜癖の治療で最も一般的な結果は再発である。およそ 60％ が治療の 90 日以内に薬物使用を再開し，その大部分は最初の 1 か月で再開している（Dimeff & Marlatt, 1995）。RP の大前提は，大量飲酒は最初の逸脱や踏み外しの後に起こるものであるので，大量飲酒を防ぐために一連の方略を実行するということである。最初の逸脱や踏み外しは嫌悪効果を持たない飲酒へ短期間だけ戻ることと定義される。このような方略は直接的に「禁酒違反効果（abstinence violation effect）」に対して備えるものである（Marlatt & Gordon,

1985)。禁酒違反効果とは，一度飲酒へと踏み外してしまったときのショックにより，恥や罪の意識を感じたり再発したと思い込むことでそのまま飲酒を続けてしまうという禁酒者の誤った衝撃のことである。RP は，起こりうる再発に備え，それをポジティブな方法によって回復過程に組み込むために計画された体系的な治療である。

手続きとしては，RP ははじめに事例の査定を行ない，再発の危険性として2つの基本的な要素，つまり再発を引き起こすのに最も直接的な要因や環境と，再発の過程に影響を与える潜在的で不明確な要因や環境について詳細に記述する（Larimer et al., 1999）。最も直接的な要因とは，社会的なプレッシャーや否定的な感情などのハイリスクで直接的に再発に影響を与える変数である。これに対し，潜在的な要因とは，好みのバーのそばを車で通り過ぎるとか，ある人々と共に時間を過ごすといった，個人が意識していない，それゆえ再発への影響を受けやすい状況のことである。CSSTと同様に，患者の行動についての機能分析によって先行条件となる要因が同定され，これらの状況に対処するための技能訓練が用いられる。

一連の調査研究の多くは RP の治療効果を支持している。RP を単独で用いた場合あるいは他の治療法を併用した場合についての最近のメタ分析では，RP は再発の頻度および強度を減じる効果が明らかになった（Irvin et al., 1999）が，全体的な禁酒率との間には特に強い関連はみられなかった（Carroll, 1996; Irvin et al., 1999）。しかしながら，RP には「遅れて発現する効果」があることが示された。つまり，後のフォローアップ時点でのみ明らかな改善がみられたのである（Carroll, 1996）。標準的な臨床治療に比べてこれらの RP が有益なのは，RP が教育的なアプローチであり，薬物乱用の危険性が高い状況にさらされる機会を減じることを強調する結果であると考えられている（Carroll et al., 1994）。総合的にみると，アルコール依存の治療において RP の介入法は，補助的にあるいは独立して用いられた場合のいずれにおいても非常に効果があることが示唆される。

オペラント条件づけ：コミュニティ強化アプローチ

オペラント条件づけの理論に由来する治療の代表例は，ハントとアズリン（Hunt & Azrin, 1973）によって開発されたコミュニティ強化アプローチ＊（the community-reinforcement approach: CRA）である。オペラント条件づけは，強化や罰の随伴性という考え方に従って環境と個人の相互作用について説明する。強化された行動はより頻繁に現われ，罰を受けた行動はより減少するか抑制される（Skinner, 1938）というものである。アルコール（あるいは薬物）は強い強化子になるし，依存症の患者は

しばしば社会的に受け入れられる強化子，たとえば対人関係や職業上の努力などをしないですませてしまうために，過度の量のアルコールを求めて消費するようになる。

CRAに基づく治療は，飲酒よりも禁酒した場合に報酬を受けられるようにするために，個人生活の環境的な随伴性の構造を改変しようとする試みである。こうした目標のためには，個人の職業，社会，娯楽，家族に関するダイナミクスを多面的に再整理することが必要となり，ジスルフィラムの管理された投与さえ再整理に含まれるかもしれない（Meyers & Smith, 1995）。

CRAの介入の形態は以上の多面的な領域によってつくられる。それはまず，CSSTやRPのように，環境内の個人の行動を形成する随伴性について個別に査定することから始まる。体系化された情報フォーマットを用いることにより，外的な要因（たとえば，いつ，どこで，誰と飲酒をするか），内的な要因（たとえば，飲酒のきっかけとなる認知的，感情的，生理的な体験），飲酒あるいは非飲酒行動に先行する出来事とその結果などを同定することが容易になる（Smith & Meyers, 1995）。この査定に基づき，治療選択肢のメニューからそれぞれ異なるものを選択するが，すべてが非飲酒行動の原因によって正の強化を増加させることを狙いとしている。たとえば，アルコール症の経過中にしばしば職を失うのは，職業指導が不足しているためと考えられる。そのため，「ジョブ・クラブ」と呼ばれる治療選択肢では，職を確保し維持するための技能を高めることに焦点を当てている。

実証に基づいて，CRAはかなり支持されている。ハントとアズリン（1973）によれば，CRAのクライエントは統制群に対して飲酒や入院の期間が有意に短く，また仕事をしたり家族と過ごす時間が有意に多かった。これらは，ジスルフィラムを補助的に用いた治療を含む追跡調査研究によって支持された（Azrin, 1976）。この研究では，治療後の追跡期間中に飲酒した日数の割合は，統制群が55％であったのに対し，CRA群では平均わずか2％であった。この効果は2年の追跡調査においても維持され，CRA群の90％が禁酒を続けていた（Azrin, 1976）。外来でのCRAにジスルフィラムを併せた場合にも，伝統的な12段階促進療法および薬物のみの治療と比べて有意な改善がみられた。治療後6か月で，CRAグループに参加した97％が禁酒を維持しており，これと比較すると他の治療ではそれぞれ45％，74％となっていた（Azrin et al., 1982）。

CRAは，前に述べたように，治療を受けることに抵抗を示す問題飲酒者に対応するために近年革新的に発展してきた。シッソンとアズリン（Sisson & Azrin, 1986）は，アルコール症者に対して治療を始めるように動機づける目的で，CRAの原理を家族に対する訓練にも取り入れた。メイヤーズら（たとえばMeyers et al., 1999; Meyers & Smith, 1997）はCRAの原理を拡張し，コミュニティ強化と家族訓練（community reinforcement and family training: CRAFT）というプログラムへ発展させた。

CRAFTの目標は，患者に関与する重要な他者（concerned significant others: CSOs）に行動的な指針を教え，愛する人の飲酒を減少させ，同時に飲酒者に治療を求めるよう動機づけるものである。この新しいアプローチに内在する経験的な根拠は，最近発表された統制された効果研究の結果により保証された。ミラーら（1999）の臨床研究では，130名のCSOsをランダムに3つの異なるアプローチ―アルコール症者の家族会（Al-Anon）によるファシリテーション，CRAFT，ジョンソン介入法―に分け，それぞれのカウンセリングに基づき家族に飲酒者と直面する準備をさせた。動機づけのされていない飲酒者を治療に向かわせるための尺度を使用すると，Al-Anon群に参加したCSOsの成功率は13％，ジョンソン介入法群では30％，CRAFTでは64％となった。CRAFTが，飲酒者が治療の最初の段階に取り組んだ後の治療をさらに成功させるための段階をどう設定するかがこれからの研究で明らかにされるであろう。

動機づけ強化療法

コミュニティ強化アプローチは環境の随伴性を操作して，飲酒の代わりの手段となるような行動を再びとらせ，強めるようにする。しかしながら，これらの治療は，その人にとって十分な価値を持つ強化子の影響に依存する。

これを補足するものとして，動機づけ強化療法＊（motivational enhancement therapy: MET）は心理療法的なテクニックに焦点を当て，個人の動機を環境に向けるように，特に現在の飲酒と一致しない目標へ動機づけるように再修正させる（DiClemente et al., 1992; Miller & Rollnick, 1991; Miller et al., 1992）。

アルコール症（あるいは他の薬物依存）の治療を求める者は，変化に対する動機づけの水準が明らかに異なっており，これらの差が治療結果に関連してくる（Carney & Kivlahan, 1995; DiClemente & Hughes, 1990）。高い動機づけは治療維持力の高さと関連し，低い動機づけは悪い結果を予測する（Ryan et al., 1995）。

METの目標の1つは，心理療法的な変化の過程の特徴をなす一連の段階を通して個人の改善を援助することである（DiClemente & Velasquez, 2002）。この変化のモデルの最新版（Prochaska et al., 1992）は，らせん状の5段階と表現されており，変化の過程が非直線的であることを意味する。第1の段階は考慮以前の段階であり，そこでは，患者は飲酒をやめることは考えさえしていない。第2に考慮の段階があり，そこで初めて個人の習慣を変える可能性について切り出される。しかしまだある程度のアンビバレントを伴う。3番めが準備の段階である。そこでは変化を起こすという決定が行なわれ，自己調整が増加する。4番めは行動の段階であり，ここで変化のた

めの方略に取り組むことになる。そして5番めはそれを維持する段階となる。この段階モデルについては，妥当性と測定法の問題について批判があがっているが（たとえば Davidson, 1998; Littell & Girvin, 2002），実践家が動機づけ強化療法の方略を開発する流れをもたらすような発見的で実用的な利益を提供してきたことは多くの人々に認められている。

　METの治療形態は5つの原則に基づいている（Miller & Rollnick, 1991）。第1に，治療者は思慮深く傾聴し，相手を受容していることを伝えて共感を表現する。これは，多くの問題飲酒者が家族や専門家から対立的あるいは説教的な態度を受けてきたこととは対照的である。逆説的なことに，それは患者に変化を起こさせるようになる。第2の原則は最も中心的なものである。それは，治療者が患者の飲酒と彼らの人生の目標との間の矛盾を明確にさせるように促すということである。一般的には，飲酒による多くの否定的な結果が治療を受けることにつながっているのは，すでにこうした矛盾が明白になっているからだと考えるかもしれない。しかし問題飲酒者はしばしば両面的態度を示すため，彼らに対する反論は役に立たないことが多い。これに対して，治療の安全な環境は他者の判断や強要から自由であるために，患者が変化に対して賛成しているのか，それとも反対しているかを査定しやすくする（Miller, 1995）。矛盾を明確にする努力に続き，残りの3つの原則―すなわち，議論を避けること，抵抗を「かわす」こと，自己効力感を支持すること―が，飲酒者の動機づけの変化を促進させる基礎を構成する。

　METの最も具体的な効果研究はプロジェクトMATCHで取り上げられている。そこではそれぞれの治療が長期に持続する結果を示しているが，他の治療法より明らかに効果があるという特定の治療法はなかった（Project MATCH Research Group, 1998）。しかしMETは，他の2つの治療法と同様に，治療にかかる期間がわずか半分（4セッション）であった。その後の研究では，動機づけられた患者は，よい患者－治療者関係を築き，治療後の飲酒結果がよくなることが示された（DiClemente et al., 2001）。プロジェクトMATCHのデータでも，ふだんから怒りのレベルが高い患者は，12段階促進療法や対処技能訓練よりもMETにおいてよい結果を示していた（Project MATCH Research Group, 1998）。このように，多くの研究結果が蓄積されるにつれ，短期介入における動機づけ強化療法の有効性が支持されるようになった。さらなる詳細については引き続き議論する。

夫婦・家族療法

　今まで議論した治療法の共通点は，変化を生み出す主な媒体として患者個人に焦点を当てている点であった。夫婦・家族療法*（marital and family therapy: MFT）におけるアルコール治療コミュニティの関心は，生活の場や治療の場で問題飲酒者の対人関係システムを観察することから徐々に発展し（たとえば Jacob & Seilhamer, 1987; Steinglass, 1981），夫婦の不満とアルコール症が密接な関係にあることを示すさまざまな結果を導き出してきた。当然のこととして，多くのアルコール症者は夫婦や家族の問題を経験しており（O'Farrell & Birchler, 1987），夫婦や家族の関係がよいことが治療の成功や治療後の維持に関連する（Moos et al., 1990）。またこのアルコール症と夫婦の満足感の関係は双方向的であるように思われる。すなわち，アルコール依存は夫婦関係や家族関係に影響を与え，それがまた逆にアルコール症者の飲酒行動と治療予後の見通しに影響を及ぼすことになる。夫婦や家族の対立によってしばしば問題が悪化したり，節酒中に突然飲酒を再開することが認められ（Maisto et al., 1988），多くの証拠がこの相互の関係性という見解を支持している。

　MFTには2つの重要な課題がある。第1に，アルコールの乱用を急激に減少させること，第2に，禁酒を助けるような家族環境にすることである（O'Farrell, 1995）。第1の目標のために，MFTはさまざまな方略を用い，行動に関して文書による契約を結ぶことや，飲酒について議論を行なうこと，飲酒をそそのかすような家族の行動を減じることなどが含まれる。さらに，短期間でアルコール使用を減少させるために，継続的なジスルフィラムの服用を約束させることも含まれ，これはオファーレル（1995）によれば高い遵守率を生み出してきた。また第2に，夫婦関係によって禁酒や節酒を成功させるという観点から，MFTは夫婦に広く関係性を取り戻させるよう試みる。これは難しい課題である。というのは，アルコール症の期間にしばしば感情的にも具体的にも傷跡（たとえば，失業，借金など）を残したままかもしれないからである。ひとたびアルコール症者が禁酒を実行し始め，飲酒のきっかけや強化子となる夫婦の関係性について注意を向け始めたならば，多くの点でMFTは夫婦関係の質を高めるための努力を行なう（Noel & McCrady, 1993）。用いられる方略としては，肯定的なやりとりの増加，問題解決，対立の解消，気晴らしや余暇活動を共有する計画，コミュニケーション技能の訓練，行動を変えることへの同意，などがあげられる。

　効果研究の結果，変化を生み出すには夫婦関係を強めることが有効であることが証明されている。スミス（1969）は，アルコール症の夫の妻がグループに参加することでアルコール症への理解を深め，統制群よりもアルコール症における彼女らの役割を有意に改善し，長い期間禁酒が続いたことを示している。しかし大部分において，一

般的に知られているような夫婦や家族がかかわる問題飲酒者の治療法について，その効果を支持する研究はほとんどない。効果研究において一貫して示されてきた利益は，当初，アルコール症の夫婦のための行動的夫婦療法の変法を用いた研究から明らかになったものであった。これらの変法には，アルコール症のカップル療法プロジェクト（Project for Alcoholic Couples' Treatment: PACT）やアルコール症の夫婦カウンセリングプロジェクト（Counseling for Alcoholic Marriages: CALM）が含まれている。PACTについては，マックラディらによる一連の出版物に述べられており（たとえばMcCrady et al., 1986），CALMについてはオファーレルによって述べられている（たとえばO'Farrell et al., 1985）。

CALMは，行動的な技法と配偶者の監視によるジスルフィラムの管理の両方を用いる。非治療群，対人関係カウンセリング群，指導を受けないジスルフィラム投与群と比較すると，MFTとジスルフィラムを併用するカップルは夫婦関係の適応度を測るさまざまな尺度において著しい改善を示した。これらの結果は2年後の追跡調査時にも維持された（O'Farrell et al., 1992）。しかし，重要なことに，飲酒の減少という点においては，治療直後と2年後の追跡調査の時点でいずれの群も有意な差がみられなかった。期待できる点としてはMFTの経過研究から，再発予防*の構成要素を加えることで実験群は有意に禁酒の日数が多くなり，ジスルフィラムの服薬をより遵守していることが明らかになったことであろう（O'Farrell et al., 1993）。数年にわたる追跡調査研究ではこれらの効果の測定法がさまざまに変化しているので，どのように夫婦療法が問題飲酒者を回復させるのかということについてはいまだに不明な点が多い。それにもかかわらずMFTの結果は有望であるように見え，またすべての研究がAPAの対策委員会（Chambless et al., 1998）と学会の第9回特別レポート（U.S. Dept. of Health and Human Services, 1997）の両者によって支持できるものと解釈されている。

短期介入

この議論に関する最後の治療法はさまざまな「短期の」介入に関してである。これらの介入はある程度期間の限定された治療であり，5分間のアドバイス（たとえば，患者に飲酒を減らすよう説得したり，飲酒量のレベルが健康上の問題を引き起こすことを説明する）から数回のカウンセリングセッションまでさまざまな設定が飲酒者の依存や乱用の問題に用いられる（Heather, 1995）。

短期介入は，救急治療室に入院し，治療を受けるよう説得された1,200名のアルコ

ール症者のうち，従ったのはわずか5％だったというチャフェツ（Chafetz, 1961）の報告から発展してきた。しかし短期の共感的なカウンセリングのセッションでは，同様のアルコール症者のグループのうち65％が治療後のフォローアップに参加した。この研究やその後の研究によって，この種の介入はコミュニティを基盤にした治療場面，あるいは患者が一般にアルコール使用について議論しない「日和見主義的」な治療場面（たとえば一般開業医のオフィス）に広く導入された（Heather, 1995）。

これまでの研究は主として，治療の開始を促進するために医者による介入について述べていたが，短期心理療法的介入は治療法自体に効果があることが示されてきた。加えて，多くの研究はさまざまな場面でのこれらの介入法を支持し，その効果について多くの証拠を提示してきた（Bien et al., 1993; Kahan et al., 1995; Moyer et al., 2002; Wilk et al., 1997）。

エドワードら（Edwards et al., 1977）が，「アドバイス」によるシングルセッションがアルコール症治療の4回分のセッションと同等の効果があったことを示したために，短期介入は非常に広まった。最近では，マーラットらが，大量飲酒者とみなされた高校生に動機づけ面接による短期療法を実施した例がある（Marlatt et al., 1995, 1998）。2年以上の期間をおいたフォローアップ面接では飲酒量や飲酒による有害な結果の減少が示された。

この用語の暗黙の均一性にもかかわらず，短期の介入法は非常に多様である。たとえば，治療の理想的な程度や理想的な対象は何かということが明確ではない。研究によれば，簡潔な5分間のアドバイスは長いカウンセリングと同等の効果があることが示されている（World Health Organization, 1996）。しかし，おそらく逆説的にであろうが，長期間の介入のほうがより価値があるとされてきた（Israel et al., 1996）。これらのことから，ドラモンド（1997）は，研究によって短期介入の「効果的な構成要素」とそれによって利益を受ける適切な集団が明らかになる前には，精神保健の供給者はただ慎重にそれらを提供するべきであると示唆した。しかしながら，短期介入の利点は，臨床家にとってコストが低いという意味でそれを治療の最初の手段として利用する価値がある。

結　論

この章では，アルコールの問題に対する治療と予防について，いくつか議論のあるアプローチに焦点を当てた。そしてこれらの疑問の余地のある，あるいは効果のない方略を，体系的な研究のデータから有効であることが明らかとされている方略と比較

してきた。膨大な数の心理療法の存在は，それらの根拠の明確さや肯定的な結果の一貫性に関する論争に長い歴史があることを物語っているが，依存治療は特に，それが巻き込まれてきた批判と社会的な注目のために目立つように思われる。多くの点で，この状況は薬物乱用者，特にアルコール症の治療がその結果に対して投資資金を持つ者—依存者本人，家族，関係ある市民—によって支配されてきた程度を反映する。このように，依存症治療に関する議論は，単にさまざまな学問において通常発生する臨床家と科学者との間の内的あるいは外的な共倒れ的戦いであるというだけでなく，科学者を敵として政治色を帯びて結束した素人の社会や非科学的な臨床家と戦うための論争でもある。筆者らが強調してきた議論の余地のある治療は，それらの効果について十分に証明されていないにもかかわらず続けられてきた。そして各治療の支持者は，しばしばそのような実証を求める者に対して明らかな敵意を示してきた。これらの状況がどのように起こるかということは，依存に関する議論の余地のある治療の多数の重大な側面，たとえば，何がその活力を維持させるのか，どのように代替手段が広まるのか，研究に基づく治療の改変を普及させる際の問題などを理解することと密接なかかわりがある。

それにもかかわらず，実証に基づく治療が将来のために主張する足がかりについて，筆者らは慎重だが楽観視している。というのは，成功する治療を提供する者には，さらなる柔軟さや，科学的に「洗練された折衷主義」を取り込む必要のあることが明らかになってきているからである（Miller & Hester, 1995）。たとえば，主流となる治療プログラムが，対処技能や再発予防といった側面からなる心理教育的な構成要素を含むことは，もはやめずらしい見解ではない。

疑わしいセラピーを十分に実証された治療に替え続けていくことは，それらの発見を体系的に普及させる必要性を研究者が自覚しているかどうかにかかっているであろう。1つの示唆的な実例がソーベル（Sobell, 1996）によって報告されている。彼女のチームは，非常に多くの治療介入プログラムがあるなかで，革新的ですばらしい努力によって広大なカナダの地域で実証に基づいた問題飲酒へのアプローチを広めた。ほかには，リードら（Read et al., 2001）が，臨床家に広く読まれているジャーナルのなかで，効果的な治療のレビューを発表したことにより，科学−臨床の間の溝に橋渡しをする試みを行なっている。加えて，実証に基づいた治療を採用しようとするヘルスケア団体からの圧力や，科学に基づいた予防や治療プログラムへの資金提供や，研究結果をいっそう普及させようとする最近の連邦政府のはたらきにより，これらの先駆的な試みはまとまりつつある。筆者らはこうした活動によって，単によさそうに「思える」，あるいはほとんど臨床の伝統にすぎないような多くの治療を無批判に受け入れることに対し，科学に基づいた治療が打ち勝つようになることを願っている。

第10章 ◆ アルコール依存症の治療法に関する論争

> **用語解説**

アルコール症者自主更生会（Alcoholics Anonymous: AA） 1935年に設立。AAは非営利的，草の根的な非専門家によるアルコール症治療である。中核となる教義には，完全な禁酒によってのみ治療可能とするアルコール症の慢性疾患モデル，特定宗派に限られない精神性の重視を含む12段階のイデオロギーの厳守，アルコール症者どうしによる禁酒の維持のための共同体の利用が含まれる。

嫌酒薬（antidipsotropic） アルコールの摂取により不快症状を誘発するような薬物を投与するすべての薬物療法のこと。しばしば嫌悪条件づけの一部として用いられる。

コミュニティ強化アプローチ（Community-Reinforcement Approach: CRA） オペラント条件づけに基づく心理療法的な介入のこと。個人の強化随伴性を再構築することによって飲酒行動を減少させ，非飲酒行動の価値を高めることを試みる。

再発予防（Relapse Prevention: RP） 社会的学習理論に基づき，起こりうる再発を治療過程に組み込むことをねらいとした心理療法的な介入の形態。RPは技能訓練と認知的技法を用い，再発の可能性や深刻さを低減させる。

ジスルフィラム（disulfiram）（商品名，アンタビュース） 最も一般的な嫌酒薬。ジスルフィラムは，アルコールを分解する肝酵素であるアルデヒド脱水素酵素のはたらきを妨害することにより顔面紅潮，心悸亢進，不整脈，多汗，吐き気，めまいを誘発する。

社会的学習理論（Social Learning Theory: SLT） 古典的条件づけまたはオペラント条件づけや認知心理学，観察学習理論などの幅広い理論を含んだ人間の行動に対するアプローチのこと。飲酒問題への応用では，SLTは対処技能，モデリング，リハーサル，帰属，自己効力感の高揚を含むストラテジーの基礎となる。

対処／社会技能訓練（Coping/Social Skills Training: CSST） 社会的学習理論＊の視点によるアルコール依存のための心理療法的な治療形態のこと。CSSTは，しばしば飲酒のきっかけとなる状況での個人の対人関係の対処能力，生活上の出来事，否定的な気分などを改善することにより飲酒を減少させようとする。

手がかり曝露療法（Cue Exposure Treatment: CET） CSSTの構成要素として，あるいはCET単独の治療のいずれにおいても，CETはアルコール症の古典的条件づけモデルに基づき，アルコール症者をアルコールに関連する手がかりにさらすことによって飲酒の減少や禁酒に導こうとするものである。

動機づけ強化療法（Motivational Enhancement Therapy: MET） 変化の個々の段階を同定し，これらの段階を通して患者が飲酒の減少あるいは禁酒に移行できるように促進する臨床的な介入のこと。

夫婦・家族療法（Marital and Family Therapy: MFT） 飲酒行動を減少させるための共有の場として夫婦関係を扱う心理療法的治療。臨床的に，夫婦はコミュニケーション技能の改善，

衝突を解消するための問題解決法の発展，愛情の問題を解決するための努力などについて学習する。これらの治療の根拠は，夫婦関係の改善によりアルコールへの興味を減らすこと，あるいは配偶者のかかわりが問題飲酒者の治療目標を明らかにし，維持することを助けることにある。

第11章 ハーブ治療と抗うつ薬治療
類似データ，拡散的結論

ハラルド・ワラック (Harald Walach)
アーヴィン・カーシュ (Irving Kirsch)

　うつ病は，すべての精神疾患のなかで最も一般的なものの1つである。うつ病による損失はアメリカだけでも1年で160億ドルと推定され，その3分の1は治療費，残りは労働と職務に関する損失である。有病率は3%から13%，人口の20%から50%はうつ病歴があり，少なくとも20%は人生において何らかのうつ病症状を経験すると推定される（Antonuccio et al., 1999）。これらの症状には，特に，悲しみまたは抑うつ気分，気力の減退，活動と生活全般への興味の減退，罪悪感と無価値感，自殺念慮が含まれる。うつ病の再発率は高く，1エピソードの場合の50%，3エピソードの場合の90%までが再発する。自殺による死亡率は慢性のうつ病では15%にのぼることもある。

　抗うつ薬*の処方は過去20年以上ずっと増えつづけている。一方では，選択的セロトニン再取り込み阻害剤（selective serotonin reuptake inhibitors: SSRIs）も精神科医の処方薬の約半分を占める（Anderson, 2000）。最近SSRIsと他の抗うつ薬治療の効果に関して論争が持ち上がっている。抗うつ薬治療への反応がかなりよいことは否定できないが，臨床試験ではその反応の多くは非活性のプラセボ*によって再現されることが示唆されている。この結果から，抗うつ薬は活性プラセボよりもずっとすぐれているのかどうかについて疑問が生まれた。

　うつ病の新しい薬理学的治療法が発展しているが，それと同時に身体的疾患や精神的疾患に対する最古の治療法に対する興味が高まっている。相補代替薬一般へ興味が向けられるなかで，近年，ハーブ療法が消費者や研究者の注目を浴びている。

第Ⅲ部　成人の特定の障害への治療論争

本章では，特にうつ病を中心に（それだけではないが）精神疾患に対する抗うつ薬治療とハーブ療法のデータを再検討する。特に，これらの治療法の物質的な特徴による効果はどの程度で，プラセボ効果として説明できる効果がどの程度かという問題について述べる。

抗うつ薬治療

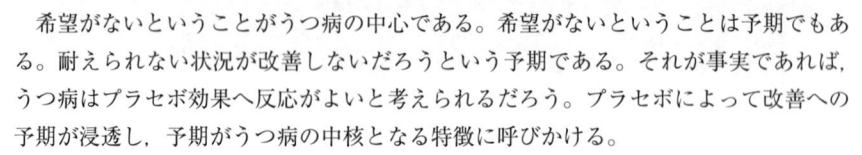

希望がないということがうつ病の中心である。希望がないということは予期でもある。耐えられない状況が改善しないだろうという予期である。それが事実であれば，うつ病はプラセボ効果へ反応がよいと考えられるだろう。プラセボによって改善への予期が浸透し，予期がうつ病の中核となる特徴に呼びかける。

プラセボはたいてい治療を行なう際の心理的効果を統制するために使われる。そのため，臨床試験の報告記事や文献レビューでは，プラセボと活性治療法の差に焦点を当てる。この差が統計的に有意であるかどうかということが，これまで論じられてきた。差の大きさはあまり考慮されず，プラセボ反応の大きさは，通常あまり注目されない。

従来のレビューとは異なり，カーシュとサピアステイン（Kirsch & Sapirstein, 1998, 1999）は，抗うつ薬治療のメタ分析の結果を報告し，薬の効果とプラセボ効果の両方を評価した。MedlineとPsychLitを用いたコンピュータ調査によって見出されたものと，それまでのレビューで取り上げられた研究を加えると，一次診断で明確にうつ病と診断された患者における抗うつ薬の急性の効果についての，19のプラセボ統制され，ランダム化された臨床試験が発表されていた。これらすべての研究には，薬物療法の1,460人，プラセボの858人からなる2,318人の参加者が含まれていた。

一般的に，薬の効果は，薬物療法を受けた患者の臨床的結果と，プラセボ治療を受けた患者の結果を比較して評価される。薬の効果には，薬への反応とプラセボへの反応の差が用いられる。薬の効果を評価するためにプラセボ効果を制御する必要があるのと同様に，プラセボ効果を評価するためには，自然経過による効果（例として自然寛解，平均値への回帰）を制御する必要がある。このため，カーシュとサピアステイン（1998, 1999）は，非治療群または順番待ちリスト統制群に割り当てられた患者でのうつ病の変化を報告する研究を見つけるため，2回めの調査を行なった。この調査では，さらに順番待ちあるいは非治療統制群に割り当てられた244人の患者を含む19の研究が見つかった。これらの患者のうつ病の変化が，プラセボへの反応に対して比較可能なベースラインとして使用された。患者の諸特徴を分析したところ，2群

の参加者は年齢，治療期間（あるいは非治療群では評価の間の期間），およびハミルトンうつ病評価尺度およびベック抑うつ性尺度の治療前の点数に差がないことが示された。

これら3つの患者群（活性抗うつ薬へのランダム割り当て，プラセボへのランダム割り当て，そして非治療あるいは順番待ちリスト統制への割り当て）のそれぞれについて，治療前から治療後のうつ病の変化の効果サイズ*（コーエンのd）が評価された。うつ病に関する複数の尺度を報告した研究では，それぞれの尺度の効果サイズを計算し，それらの効果サイズを平均した。2種類の薬の効果を報告した研究では，両方の平均の効果サイズを求めた。このようにして，それぞれの条件（薬，プラセボ，非治療）で19の効果サイズが得られた。

抗うつ薬に対する前後効果サイズ（d）は1.55の標準偏差であった。これはかなり大きな効果であり（Cohen, 1988），抗うつ薬治療の実施には，実質的な臨床的改善が伴うことを示す。しかしながら，プラセボに対する反応の前後効果サイズ（d）も，1.16であった。この結果は，抗うつ薬治療の効果の約75%は，化学的に不活性のプラセボ治療によっても再現できることを示している。対照的に，非治療のうつ病の同期間の経過分析では，効果サイズ（d）はたった0.37の標準偏差であった。総合すれば，抗うつ薬治療への反応の25%は真の薬の効果で，それ以外の25%はその条件における自然経過によるもので，約50%は期待による効果の可能性がある。

プラセボ効果は大きいけれども，カーシュとサピアステイン（1998, 1999）のメタ分析では，プラセボよりも活性薬にかなり大きな利点があることが示されている。しかしながら，この差のある部分は，薬の薬理学的な特性よりも期待の効果によると思われる理由がある。カーシュとサピアステインは，研究全体で，薬への反応とプラセボへの反応の相関は$r = .90$であると報告した。このように相関が大きくなった理由について詳しく調べるために，一連の研究を薬物療法の種類（例として，三環系，SSRI，MAO阻害剤（monoamine oxidase inhibitors）[MAOIs]）によって分類した。その結果，治療前から治療後の効果サイズは薬の種類によらずかなり一致していた。さらに注目すべきことには，プラセボによって再現される効果サイズの割合が薬物療法の種類を通して実質的に同じであった（範囲 = 74%-76%）。しかしながら，さらなる驚きは，急性使用のための標準的抗うつ薬ではなく，沈静，精神安定，あるいは予防的薬物（amylobarbitone, lithium, liothyronine, adinazolam）が活性薬である場合の一連の研究で得られた効果サイズについて，カーシュとサピアステインが検討したときに訪れた。これらの薬のうつ病への効果（$d = 1.69$）は，抗うつ薬の効果と同じくらい大きく，再び，不活性のプラセボによってこの効果の76%が再現された。新しいSSRI承認のためにFDAに提出された全データを使った最近の分析（Kirsch et al., 2002）も同じ結果を認めた。プラセボと最もよく使われているSSRIの間のハ

ミルトンうつ病評価尺度における差は平均 1.8 ポイントとかなり小さく，効果の 68％から 89％ がプラセボによって再現されている。三環系抗うつ薬*の承認のためにオランダ保健当局に提出されたすべてのデータを使用したメタ分析でも，結果はほとんど同じであった (Storosum et al., 2001)。全部で 4,314 人の患者からなる 32 の研究で，治療群のプールされた効果はプラセボよりすぐれていたが，10 の研究で独立した有意性を示したにすぎなかった。しかしながら，治療群の効果は小さかった。ベースラインから治療終了時の治療による改善は，ハミルトンうつ病評価尺度で 42％ であり，プラセボによる改善は 31％ であった。再び，治療効果の 70％が，プラセボによって再現された。このように三環系抗うつ薬は，うつ病の標準的治療であると考えられているが，ひかえめな効果しかみられず，プラセボとの分離は難しい。

amylobarbitone, lithium, liothyronine, および adinazolam が，実際に三環系抗うつ薬，SSRI，MAO 阻害剤および他の標準的抗うつ薬と同じくらい大きな薬理学的効果を持つ抗うつ薬である可能性はある。あるいは，これらすべての薬が活性プラセボとして機能する可能性がある。活性プラセボは治療中の状態には特別な作用を持たない活性治療法であるが，活性薬の副作用に類似させている。グリーンバーグとフィッシャー (Greenberg & Fisher, 1989) は，抗うつ薬治療の効果は，不活性プラセボよりも活性プラセボと比較したときに小さいとするデータをまとめた。反対に，キトキンら (Quitkin et al., 2000) は，これらのデータを再分析し，反対の結果を示した。実際にこの可能性を評価した研究はほとんどなく，最近の抗うつ薬 (たとえば SSRI) に関して評価を行なった研究はまったく存在しない。

活性プラセボ仮説では，臨床試験で活性群にランダムに割り当てられた患者は，活性薬の副作用が不活性プラセボに比べて大きいため，自分が薬条件に割り当てられたと推定できると考える。患者と医師が薬条件に割り当てられたことを見破る能力は，抗うつ薬 (Blashki et al., 1971; Fisher & Greenberg, 1993; Rabkin et al., 1986) だけでなく，他の薬物療法 (Quitkin et al., 2000) を用いた場合でも十分に証明されている。二重盲検法が浸透するようになれば，薬条件におけるプラセボ効果が強められ，プラセボ群におけるプラセボ効果は減少するかもしれない。このようにはっきりとした抗うつ薬の効果は，部分的には，経験される副作用が違うことと，そして患者が自分の割り当てられた条件を後で認識することで強められるプラセボ効果であるかもしれない。この解釈は，薬の治療効果と患者の報告する副作用との相関が $r = .85$ であることを示した fluoxetine (プロザック) のメタ分析によっても支持されている (Greenberg et al., 1994)。

これらのデータを考慮すれば，カーシュとサピアステインのメタ分析の結果が大きな論争を生んだのも当然である。一般的な批判としては次のようなものがある。メタ分析は，使用されなかった研究に加えて，使用されたもとの研究の範囲によって限

界がある。使用されなかった研究は，もちろん最初の段階で取り上げられず，公表されていない。このため，メタ分析の結果は，常に予備的なものとして考えるべきであり，新しい，対立する証拠によって，修正に応じるべきである。さらに，現在のところ，メタ分析において組み合わせられる一連の小さな臨床試験，あるいは，単独の「巨大臨床試験」のどちらが薬物療法の効果を評価するのにすぐれているのか明らかではない。これらの方法論的な疑問のほかに，①抗うつ薬治療を評価する膨大な文献を考慮すれば，評価を受ける研究が相対的に少数であること，そして②統計分析に関するさまざまな側面（たとえば Dawes, 1998; Klein, 1998）についての批判がある。しかしながら，異なる一連の研究に対して，異なる統計手法によって他の研究者が行なったメタ分析でも（Gerson et al., 1999; Joffe et al., 1996; Kahn et al., 2000; Walach & Maidhof, 1999），薬およびプラセボの前後効果の大きさがカーシュとサピアステイン（1998, 1999）とかなり似ていることが明らかとなった。それらで使用された研究はほとんど，あるいはまったく重なっていないにもかかわらず（2つの研究だけはジョフェらのメタ分析とカーシュとサピアステインのメタ分析に使用されている），これらの独立に行なわれたメタ分析の結果が非常に似ていることから，得られた結果や結論は頑強なものであると考えられる。

　カーシュとサピアステイン（1998, 1999）のメタ分析は，抗うつ薬とプラセボの急性の効果に関する研究に限定されている（研究期間は平均で5週間）。ワラックとメドホフ（Walach & Maidhof, 1999）は，これらを長期的な影響に拡大した（6か月から3年）。最も厳密にデータを分析した場合には（Kirsch, 1998 において報告された），脱落を治療の失敗として分析した研究に限定されており，カーシュとサピアステインの研究と実質的に同じ結果となった。結果によれば，抗うつ薬治療を受けた患者の長期にわたる改善の73％は，プラセボによる治療を受けた患者によって再現され，抗うつ薬に反応を示した患者の割合とプラセボに反応を示した患者の割合の相関は $r = .93$ であることが示された。

　ワラックとメドホフ（1999）で用いられた方法の特徴から，不活性プラセボと比較して，活性薬物療法が相対的に有利であることも示されている。他のメタ分析で使用されたような，標準化された平均改善得点を使用する代わりに，ワラックとメドホフは，薬条件とプラセボ条件における臨床的に意味のある長期改善を示した患者の数に基づいて計算を行なった。脱落は治療失敗とみなし，プラセボ群の46％の患者と比べて，薬群の63％の患者，その差17％，が改善した（Kirsch, 1998）。このように，プラセボでは改善しなかったと予想される患者で，薬物療法によって長期にわたる臨床的な改善を示したのはわずか6人に1人であった。

　臨床試験のデザインは，薬の効果とプラセボの効果は加算的であるとの仮定に基づいている。つまり，薬の効果はプラセボ効果に加算されたものであると仮定されるの

で，薬の効果は薬への反応とプラセボへの反応の差によって計算できる。しかしながら，抗うつ薬と抗うつ薬プラセボの効果は，加算的ではない可能性も考えられる（Dawes, 1998; Kirsch, 1998, 2000）。たとえば，プラセボは，抗うつ薬治療によって薬理学的な効果を再現する可能性がある。現在のところ，この問題に直接言及したデータはない。このように，抗うつ薬そのものの効果は臨床試験で証明されているが，①長期的な利得と代価，②長期的な副作用，そして③他の治療の選択肢の効果に加えて，抗うつ薬の効果量と臨床的有効性を明らかにする必要がある。現在のデータは，抗うつ薬が大うつ病に対して高水準の有効性を持つとの広く行きわたった主張を保証しない可能性を示している。

　多義的な解釈を生む複雑なデータがあるにもかかわらず，健康産業においては，抗うつ薬治療は気分障害の治療に特別な効果を持つと考えられている。私たちが取り組んだように，研究文献を注意深く検討すると，さらにそのようすはかなりあいまいで多面的な様相を呈する。本章の次の部分では，同じようなデータからかなり異なった結論が導き出されているもう１つの身体治療―ハーブ療法―に注目する。

精神疾患のハーブ治療

　非一般的あるいは相補代替的な医療のなかでも，ハーブ治療（植物治療学）の人気はますます高まっている（Chrubasik et al., 1998; LaFrance et al., 2000; Pirotta et al., 2000; Sparber et al., 2000）。植物治療学はドイツで長い間使用されており，法的に特別な立場が与えられている。植物由来，あるいは植物由来成分を含む薬はドイツの市場の約20～30%を占めており，15億から20億ドルになる。合衆国では，代替療法のなかで，ハーブ治療は２番めに位置する。合衆国の人口の12%が使用し，1990年から６倍に増加している。少なめに見積もっても，代替医療への支出合計は270億ドル，そのうちの51億ドルがハーブ治療への支出である（Eisenberg et al., 1998; これらの結果に対する批判に関しては，Gorski, 1999 を参照）。

　ドイツで処方薬および一般薬として最も売れている製剤は，イチョウから作られた植物治療薬である。これについては後で議論する（Rosslenbroich & Saller, 1992）。そして植物療法＊は合衆国を含む世界中のドラッグストアおよび薬局において認められ，成長する相補代替医療ビジネスの主要な位置を占めている（Mills, 2001）。

　世間の流れが生活全般，特に健康管理に関する自然で，全体的で，生態学的な方法へ向かうなかで，ハーブ医療の人気はますます高まっている（Furnham & Kirkcaldy, 1996）。これらの方法によって，人は心と体の統合をめざす生活へ適応し

ようとし，人間の幸福が他の生き物や地球全体の幸福に依存していることに気づくことが大事であると考え，科学的方法は全体を分析して構成要素に還元していくだけでなく，それらの構成部分がどのように相乗作用的に行動を生み出しているのかを知るべきであると考える。

このような態度は，生活と価値全般についての一般人の理解，つまりは「時代精神」のわずかな変化を反映しているのだろう。いくつかの点で，生活全般，とりわけ健康への技術的，科学的な方法に関する幻滅を反映している。多くの人々が，西洋諸国の「ハイテク」な医療方法が，ケアの「人間的」側面および人間全体を犠牲にし，病気にかかった器官とその仕組みにのみ焦点を当てる可能性を恐れている。実際に幻滅したという意識がなくても，自然およびその複雑な相互関連性への感謝を示すこの生態学的態度，あるいは世界観は適切にも「自然に関する常套句」というような考え方へと進化する可能性がある（Pratkanis, 1995）。この言葉は，自然なものがすべていい，自然は文明よりすばらしい，科学技術は本質的に生命体の敵であるという偏見を象徴している。

患者と治療者の信念体系が一致することは，さまざまな治療要因を最大化するために不可欠な部分である（Frank, 1987）。このため，生態学的，全体的な世界観に同意する人々は，それらの考え方に一致する治療法を探す傾向がある。たとえば，世界は目に見えない生命力に満ちていると信じる人々は，生命は気の流れとバランスによって支えられていると教える鍼治療や伝統的な中国医学にひかれる。同様に，幸福は心と体のシステムの内的機能とその相互の結びつきによるものだと強く信じる人は，現在の疾患の身体症状だけでなく，個人の心理学的症状および人格を考慮するホメオパシーの方法に興味を持つ傾向がある。最近のデータによれば，相補代替医療を求める患者は，必ずしも一般的医学治療の結果に満足していないわけではないことが示されている。むしろ，主として相補代替医療のイデオロギー的な基礎が，これらの患者にとって魅力的なようである（Astin, 1998）。さらに，代替医療を求める理由として，効果のある一般的治療法にはよくある副作用がしばしば取り上げられる（Walach & Güthlin, 2000）。

このように，自然療法，およびその一部である植物治療医学への方向転換は，時代精神が自然へ回帰していることの論理的帰結である。同じことは患者だけでなく，医師にも当てはまる。自身が相補代替医療法による治療を受けたことがあり，医学のより全体的な立場を信奉する若い医師は，より大きな力を自然療法による介入に帰属させる傾向がある（Easthope et al., 2001）。

植物療法はしばしば害がなく，従来の方法よりも副作用が少ないとみなされている。それはおそらく思い違いではあるが広く信じられている，自然であるものはすべて善であり無害であるという前提，つまり「自然に関する常套句」の拡大解釈である

(Pratkanis, 1995)。科学集団においては，すべての「自然な物」は小さな効果しかないようだという，自然に関する常套句とは逆の言葉に人気がある場合もある。どちらの前提も2つの意味で誤っている可能性がある。まず，植物療法による介入は，患者の世界観により適合する場合があるため，好ましい期待効果を引き起こす可能性が高いかもしれない。しばしば，プラセボ効果と呼ばれるこの期待効果は，多くの場合取り上げられずに無視されてしまうが，実質的な利点を持つ可能性がある。先に議論したように，うつ病における薬理学的治療効果の60％から80％の分散はその効果によって説明されることが報告されており (Kirsch & Sapirstein, 1998, 1999; Kirsch et al., 2002; Walach & Maidhof, 1999)，その結果は他の障害でも同様であり (Maidhof et al., 2000)，潜在的に薬理学的治療の効果にかなり貢献しているのである。次に，プラセボ統制を行なった試験において，少なくともいくつかの広く使用されている植物治療薬は，プラセボによる効果に加えて特異的効果を発揮することが示されている。

オトギリソウ科植物

　セントジョンズ草（オトギリソウ科植物）から作られた製剤は，うつ病の治療法としてドイツの伝統的な自然療法医に使用されていた。現在，オトギリソウ科植物はドイツでうつ病の治療に最も広く使われている植物療法化合物の1つである。最近では合衆国および他の国々でも広く使用されている。セントジョンズ草は中世のころから，民間療法として，打撲傷（油または脂肪に漬けた花を包帯に塗って）や，お茶，つまり煎じ薬の形でうつ病に使用されてきた。薬理学的研究によって，セントジョンズ草の有効成分には，フラボノイドである hypericin および hyperforin が含まれ，SSRI に匹敵するさまざまな効果がみられることがわかった (Greeson et al., 2001; Singer et al., 1999)。人工的に製造された SSRI とは異なり，hypericin はセロトニンの再取り込みを阻害しない。代わりに，中枢および抹消で 5-HT 受容体の発現を誘導する可能性がある。民間療法として，切り傷，打撲傷，裂傷に使用されたのは，その末梢での効果によるものである。末梢での 5-HT の活動が強くなると，確かに痛みが消え，おそらく免疫的な作用が起こるだろう。末梢の 5-HT 受容体とセロトニンの利用可能性の高まりの両方またはいずれか一方が，炎症や痛みの知覚に大きく影響する。ほとんどすべての免疫応答性細胞は 5-HT 受容体を発現させることができる。このようにしてセロトニンは免疫反応に影響する。一方，サイトカインは，免疫系において，免疫系自身および他の部分との伝達に使用され，感染時に産出されるが，脳のいくつかの部分においてサイトカインはセロトニンの生物学的利用能を高める (Mössner & Lesch, 1998)。

　すべての植物療法における薬物療法に共通する1つの問題が，オトギリソウ科植物製剤を用いて詳細に調べられてきた。収穫の時期，産地，および抽出の方法によ

って，活性化合物の質と量がかなり変化する。この結果から，投薬量の異なる臨床試験の結果が一致しないことに関して，少なくとも部分的には説明がつくかもしれない（Laakmann et al., 1998）。

　植物薬理学の主要な任務の1つは，活性成分を特定，分析し，成分を抽出するための最良の方法を決定し，その効果を確かめることである。最近まで，その仕事は，体系的な実証研究よりも医学的経験によってなされていた。しかしながら，オトギリソウ科植物に関しては，最近大きな進展がある。一連のメタ分析によって，セントジョンズ草に特有の抗うつ作用がある可能性が確認された（Field et al., 2000）。

　初期のメタ分析の1つでは，オトギリソウ科植物抽出物は軽度から中度のうつ病に効果があり，その治療効果はプラセボよりすぐれており，三環系の効果に匹敵するが，副作用は少ないとの結果が示されている（Linde et al., 1996）。この研究には1,757人の軽度から中度のうつ病の外来患者からなる23のランダムな臨床試験が含まれていた。そのうち，15試験ではオトギリソウ科植物とプラセボ，8試験ではオトギリソウ科植物と活性薬を比較した。メタ分析の主な結果の尺度は，プールされた反応者率比（RR；これは統制群の反応者に対する治療群の反応者の割合によって表わされる効果サイズの尺度である）であった。分析では，プラセボに対するRRが2.67で有意，一般的薬物療法との比較では単独の製剤でRRが1.0，組み合わせ製剤で1.52であった。コクラン協同計画の厳密な基準に従ったコクランレビューとして現在発表されている，彼らのもとのレビューを最近更新したリンデとマーロウ（Linde & Mulrow, 2001）では，包含基準を満たした27のランダムな統制試験を探し出した。そのうち17がプラセボ統制，そのうち10が一般的な薬とオトギリソウ科植物を比較している。オトギリソウ科植物製剤はプラセボより有意にすぐれており（RR 2.47; 95%信頼区間（CI）1.69 – 3.61），標準的抗うつ薬と同等の効果であった（単独製剤のRR 1.01; CI, 0.87 – 1.16; 組み合わせのRR 1.52; CI, 0.78 – 2.94）。副作用を報告した患者の割合は，標準的抗うつ薬の44.7%に対して単独オトギリソウ科植物製剤で26.5%（RR 0.57; CI, 0.47 – 0.69），アミトリプテリンあるいはデシプラミンの26.5%に対して，組み合わせ製剤で14.6%であった（RR 0.49; CI, 0.23 – 1.04）。著者らはプラセボに対するオトギリソウ科植物の優位性は確かめられたが，研究が不十分で，SSRIとの広範囲にわたる比較がなされていないため，一般的な薬に比べてオトギリソウ科植物が優位であるとの証拠は決定的ではないと結論づけている。

　最近の研究の1つ（Woelk et al., 2000）では，324人の患者にランダムにオトギリソウ科植物またはイミプラミンのいずれかを6週間投与した。両群の患者は有意に改善を示し，治療の効果において有意な差はなかった。しかしながら，副作用はイミプラミンを投与された患者に有意に大きかった。イミプラミン群では63%，オトギリソウ科植物群では39%の患者に副作用が報告された。同様の結果はフィリップら

(Philipp et al., 1999) でも報告された。ハミルトンうつ病評価尺度（HAM-D）でオトギリソウ科植物は平均15.4ポイントの改善がみられ，イミプラミンで14.2ポイント，プラセボで12.1ポイントであった。その結果と異なって，オトギリソウ科植物では，患者1人あたり0.5事象の副作用しか起こらず，プラセボ群（0.6事象）とは有意な差がみられず，イミプラミン（1.2事象）より有意に小さかった。またオトギリソウ科植物製剤はSSRIよりも副作用が小さい可能性があるが（Schulz, 2000），この可能性はまだ十分に検討されていない（Stevinson & Ernst, 1999）。

　いくつかの一般的な抗うつ薬に比べて，オトギリソウ科植物抽出物は副作用が小さいけれども，ある種の深刻な副作用がみられた。その副作用の1つに光感作があり，「自然とは無害なもの」という単純な方程式に警告する研究者もいる。近年，ドイツ規制局は，他の製薬との交互作用に関して警告を行なった（Bundesinstitut für Arzneimittel und Medizinprodukte, 2000）。しかしながら，多くの副作用は標準的な投与量よりもかなり多い場合にみられており，一般的な製剤の副作用と同等の深刻な副作用はめったに認められない。さらに，有害効果はプラセボと比較した試験（3%）に比べて，SSRIと比較した試験で多くみられる（30〜50%; Greeson et al., 2001）。この違いはおそらく，少なくとも部分的には，研究で一般的な薬物が用いられる場合の副作用への期待が大きくなるためかもしれないが，個々の試験における投薬量の違いによる可能性もある。

　メディアの報道に一致する近年の研究として，シェルトンら（Shelton et al., 2001）は，200人の重症うつ病患者で，オトギリソウ科植物とプラセボに有意な差がみられないことを報告した。オトギリソウ科植物では，患者の27%に改善がみられ，一方，プラセボでは19%の患者に改善がみられた。このように，プラセボに比べて治療反応は42%高く，これは一般的な抗うつ薬のメタ分析における報告と一致する（たとえばKirsch & Sapirstein, 1998, 1999）。しかしながら，オトギリソウ科植物で完全寛解にいたった患者（14.3%）は，プラセボ（4.9%; $p = .02$）より有意に多かった。両群の患者の10%あるいはそれ以上に副作用が起こり，最も顕著なものは，頭痛および腹部不快感であった。頭痛に関しては群間で有意な差がみられた。オトギリソウ科植物の患者の41%に頭痛がみられ，プラセボ群では25%であった（$p = .02$）。これらのデータに基づいて，1人を寛解に導くためにオトギリソウ科植物での治療が必要な重症うつ病患者数は11人であり，別の見方をすれば，統計的に有意な差を示すためには，1群100人のサンプルサイズが必要であるとの結論を導くことができる。これらの結果について考えると，2つの問題を心に留めるべきであろう（Berner, 2001）。まず，他の研究とは対照的に，この研究ではかなり重症の患者を対象に治療が行なわれたという点である。ハミルトン尺度による分離点は（一般的に軽中度を決めるために使われる18ではなく）20であった。次に，この研究において慢性的に病気が再発

する患者は64%であり、かなり高いという点である。

この試験の結果から、オトギリソウ科植物は、重篤のうつ病患者や、臨床的うつ病の後期で使用されたときには、比較的効果サイズが小さいと考えられる。それでもやはりこの試験において有意な差がなかったことは、部分的には検定力が足りなかったためかもしれない。同様に、いくつかの一般的抗うつ薬の臨床試験でも、特に重いうつ病患者では、結果が有意でないとの報告がされている。

このように、少なくとも軽度および中度のうつ病患者にとっては、データの大部分がオトギリソウ科植物に有意な利点のあることを示している。重症のうつ病患者に対するオトギリソウ科植物の効果に関しては今後の検討を待たなくてはならない。さらに、一般的な薬物療法の臨床試験においては、治療を中断する患者が30～40%とめずらしくないために、副作用が少ないオトギリソウ科植物は患者にとって特に有益な場合があるかもしれない。

副作用を経験することで活性成分による治療を受けているという期待が生まれるという論理に従えば、副作用が小さいと薬の効果が減少するに違いない。おそらく、副作用が少ないということを考えると、プラセボに対するオトギリソウ科植物の優位性は、プラセボに対する一般的抗うつ薬の優位性よりも説得力があると主張できるだろう。オトギリソウ科植物の臨床試験の参加者は活性薬条件に割り当てられたと思う可能性が低いだろう。つまり、オトギリソウ科植物の副作用とプラセボの副作用が類似していることを考えれば、オトギリソウ科植物試験における薬−プラセボの違いは真の薬理学的効果を反映している可能性が高い。ただ、オトギリソウ科植物の効果を支持している追試研究は、標準的抗うつ薬の効果を支持する研究よりもかなり少ない。そのため、特に重症のうつ病患者に関するオトギリソウ科植物の効果の研究がさらに必要である。

メタ分析は、概してオトギリソウ科植物の有効性を示しているが、一般的な薬、特にSSRIと比較した場合の有効性は確かめられていない。SSRIはしばしば伝統的な薬よりも効果が高いとして歓迎されてきたが、近年のメタ分析ではこの主張は立証されていない（Anderson, 2000）。オトギリソウ科植物が、SSRI類の新薬の1つとどのように折り合いをつけていくかを決定することは重要であろう。

オトギリソウ科植物製剤の効果に関する最も新しくかつ大規模な試験は、国立衛生研究所の代替医療室（Office of Alternative Medicine）から委任されたものである（Hypericum Depression Trial Study Group, 2002）。この試験では、中度から重症のうつ病患者340人が、オトギリソウ科植物（$n = 113$）、プラセボ（$n = 116$）、活性比較対照薬として確立している抗うつ薬セルトラリン（$n = 111$）のいずれかの治療を受けた。研究は8週間にわたって、二重盲検、ダブルダミー法で行なわれ、患者が反応を示した場合、18週間まで延長することができた。つまり、患者は、オトギリソ

ウ科植物とセルトラリンプラセボ，セルトラリンとオトギリソウ科植物プラセボ，あるいは，2つのプラセボによる治療を受けた。主な結果の測度はベースラインから8週までのハミルトンうつ病評価尺度（HAM-D）の得点および完全反応の割合である。すべての群で有意に改善があったが，どの群の間にも差がなかった。改善の程度はさまざまで，プラセボは HAM-D 得点で 9.2（CI, 10.5 – 7.9），オトギリソウ科植物は 8.7（CI, 10.0 to 7.3），セルトラリンで 10.5（CI, 11.9 – 9.1）であった。完全反応となったのはプラセボ治療を受けた患者の 32%，オトギリソウ科植物治療を受けた患者の 24%，セルトラリン治療を受けた患者の 25%であった。副作用のようすは異なっており，セルトラリン群で顕著であった。著者らは今回の中度から重度のうつ病患者を母集団とした場合，オトギリソウ科植物はプラセボと有意な差がないと結論を出した。これは sertraline も同じである。このように，この試験は，うつ病歴が長い重症のうつ病患者にはオトギリソウ科植物はそれほど有効でないという，他のデータや実証済み知識を裏づけている。オトギリソウ科植物群の患者の 34% は 24 か月以上うつ病が続いていた（プラセボでは 28%，セルトラリンで 33%）。すでに確立された治療法であり，活性比較対照薬として使用されたセルトラリンそのものが，プラセボあるいはオトギリソウ科植物よりすぐれることが示されなかったのは，まったく不思議である。このため，この試験の結果を解釈するのは難しい。たしかにオトギリソウ科植物はプラセボと比較して有効な結果を示さなかった。別の見方をすれば，オトギリソウ科植物はセルトラリンと同様に効果的であったが，プラセボとも差がなかった。ダブルダミー研究ではすべての患者は通常，2種類の薬物療法を受ける。理論的には，患者はそのうちの1つがプラセボであると知っているが，何人かはそれを忘れるか，2種類の活性薬治療を受けていると思い込むため，それによって，また治療におけるプラセボの部分が強化されることも十分ありうる。

　このように，オトギリソウ科植物に関する結果はさまざまである。ヨーロッパの試験では効果があるように思われるが，そこでは，精神医学的立場からきちんと管理され，重篤度の低い患者が含まれている傾向がある（Berner, 2001）。一方，近年，アメリカの2つの試験で検証されたように，重症のうつ病およびうつ病歴の長い患者にとっては効果的な選択肢ではないようである。このように，オトギリソウ科植物に関する結論は，おそらく，患者選択にさらに配慮した将来の試験，あるいはこれまでに示されたさまざまな疑問に答える一連の試験によって，いつか出されるだろう。

イチョウ

　イチョウ，生のイチョウの木の葉から作られる製剤は，もう1つの伝統的な植物治療薬である。気分を爽快にする，加齢のプロセスを遅らせる，高齢に伴う認知障害（すなわち記憶の喪失と痴呆症状）を軽くするといわれている。イチョウの木は，他の植

物のなかに現存する共通の系統を持たず，広葉樹と針葉樹の中間のめずらしい種類の木であるといわれることから，植物のなかの「化石」であるといえる。ギンゴライドは，テルペン類の抽出物の一種であり，植物のなかでもめずらしく，イチョウの葉だけに含まれている。イチョウは，アジア文化のなかで上記の適応症に用いられてきた。そしておそらく唯一の，最も広く売られている植物療法の市販薬として，西洋の市場を制覇してきた（Kleijnen & Knipschild, 1992a; Rosslenbroich & Saller, 1992）。

イチョウが普及し，人気も高いことは，その効果に関するしっかりとした科学的データが不足していることと比べると，かなり対照的である（一般認知機能に関するイチョウの効果について，同様に混在した結果を示している Gold et al., 2002 も参照）。間欠性跛行（末梢および中枢の血管の血流減少）および大脳機能不全におけるイチョウの効果に関する最初のレビューでは（Kleijnen & Knipschild, 1992a, 1992b），系統的な探索を行ない，間欠性跛行は 15 の統制試験，大脳機能不全では 38 の試験を探し出した。間欠性跛行の 2 試験は適切に行なわれていた。つまり，ランダム化，二重盲検，あるいは他の適切な方法で行なわれた。大脳機能不全では，同様に 8 試験が適切に行なわれていた。これらの研究はイチョウの有意な効果を支持している。しかしながら，発表に伴うバイアスの可能性もないとはいえず，著者らは大脳性機能不全および間欠性跛行へのイチョウの効果についての証拠は予備的なものであると考えており，さらに多くの大規模な試験が必要である。

ファグバーマンとコット（FughBerman & Cott, 1999）およびオットとオーエンス（Ott & Owens, 1998）は，痴呆へのイチョウの効果についての最近の試験をレビューした。プラセボ統制とランダム化が行なわれ，アルツハイマー病あるいは他の記憶障害に関する確立された診断基準によって診断された患者が参加したこれらの最近の研究では，痴呆に対するイチョウの効果についてさらなる証拠が示された（Gold et al., 2002 も参照）。近年行なわれた厳密なメタ分析（Oken et al., 1998）では 50 以上の研究が見つかり，そのうちの 4 研究は，包含基準（アルツハイマー病の診断法が明記されている，プラセボ統制が行なわれたランダムデザインである，標準的なイチョウの抽出物が用いられている，客観的な結果尺度などを備えているという）をすべて満たしていた。ほとんどの研究は診断法が十分明らかでないため，これらの基準を満たしていなかった。4 研究のうちの 3 研究で，有意な効果が示された。プールされた標準化した平均の差が $d = 0.4$ であり，ミディアム効果には小さく（Cohen, 1988），0 とは有意に異なっていた（$p < .0001$）。副作用はほとんどなかったが，出血障害が 2 例報告された。この結果に基づき，著者らは，アルツハイマー病に対するイチョウの効果は明らかではあるが，その効果は小さいとの結論を出した。

しかしながら，ゴールドら（Gold et al., 2002）が述べたように，イチョウの効果は主にその時点での認知過程に限られ，痴呆の慢性症状には効果が及ばない可能性があ

る。さらにゴールドらは，イチョウが認知機能を実際に悪化させる結果を示す研究もあることを指摘している。

　冠状動脈疾患に関するイチョウの効果についての最近のレビューでは，ランダム化とプラセボ統制が行なわれた8試験を検討し，そのうちの4つは無痛歩行距離（100メートルの距離に対して通常行なわれる痛みが起こるまでの活動的歩行テスト）の増加に有意に差があり，重みづけされた平均の差は36.6メートルであるというイチョウを支持する結果を示した（Gundling & Ernst, 1999）。耳鳴り患者におけるイチョウの効果についての試験に関する系統的なレビューではランダム化された5研究が検討され，そのうち4つはプラセボ統制が行なわれていた（Ernst & Stevenson, 1999）。投薬量が適正量以下であった可能性のあるそのうちの1試験だけがその効果について否定的な結果を報告した。他の試験ではプラセボに比べてイチョウの効果がすぐれていることを示した。このレビューの著者らは，イチョウが耳鳴りにとって効果的な治療法であるようだが，より多くのより大規模な試験が必要であるとしめくくった。イチョウの作用に共通するメカニズムは，脳および他の器官で毛細血管の血流を増加させるように思われる。

カ バ

　カバ，つまりガヴァカヴァ（コショウ科）は，太平洋の島原産の植物で，収穫祭や集団祈祷などの儀式において使用される（Chrubasik, 1997）。また伝統的な弛緩薬として使用され，合衆国で最も売れているハーブ製剤の1つであり，年間支出額は約80億ドルである（Pittler & Ernst, 2000）。抗不安および抗ストレスの効果が示されている（Fugh-Berman & Cott, 1999）。ピトラーとエルンスト（Pittler & Ernst, 2000）では，不安障害へのカバの効果について系統的なレビューを行ない，カバの単独製剤（つまり，他の化学薬品成分または混合物を含んでいないカバの製剤）を使用し，あらかじめ決めておいた包含基準（ランダム化，二重盲検，プラセボ統制を行なった研究である）を満たす7試験を検討した。そのうちの3試験では，著者らがメタ分析にふさわしいと定義している結果である，共通の結果尺度（ハミルトン不安評価尺度）を報告していた。重みづけされた平均の差は $d = 9.69$（信頼区間 3.54 − 15.83）であり，効果サイズの分散は $d = 5.0$ から $d = 18.0$ と大きかった。このように効果サイズの分散が非常に大きいこと，およびカバとプラセボの違いが，おおよそ10標準偏差とかなり高い効果サイズであることから，詳細な検討が不可欠である。さらに試験には欠点も存在する。ピトラーとエルンストは，試験に使用されるサンプル数が小さいこと，ランダム化をどのように行なったかの記述がないこと，二重盲検法の方法が明確でないことなどを批判した。

　カバの持つ明らかな効能のメカニズムについてはわかっていない。しかしながら，

カバもまた，民間伝承および非系統的な経験にのみ基づいて使用されている伝統的な薬理学的物質の例であるが，最終的には近代的な研究によって有効性が証明されるかもしれない。とはいっても，植物抽出物から製薬を作るのは化学薬品を合成するよりもやっかいな過程である可能性を考慮すべきであろう。このため，植物療法で使用されるほとんどの製品は，最近まで，研究への重圧も資金もほとんどない小さな家族経営によって製造されていたのかもしれない。

　カバ製剤の長期使用に関連する肝臓の損傷および機能不全について一連の報告がなされたため（Escher et al., 2001; Kraft et al., 2001），近年，ドイツ政府はその使用を禁止した。深刻な障害が起こる可能性はあまり高くはないようだが，カバの効能と実用性に関する証拠が限られており，副作用についての系統的なデータが不足しているという事情を考慮して，その決定が行なわれた。これらの事例は，長期的な観察研究を行ない，さらに詳細に植物治療製剤を検討する必要性を示している。この問題に関しては，肝臓の損傷および機能不全が，他の薬やアルコールなどの物質の併用とも関連するかもしれず，また植物療法で使用される物質がしばしば薬とみなされないという事実にも帰因することに気づくべきである。このため，個人で薬物療法として使用しても，その多くは医師に報告されないか，あるいは医師も一般的な薬物ほど十分に注意しない。

痛みに対する植物薬学

　ハルパゴフィタム（デビルズクロー），ヤナギ属（ヤナギ），イラクサ属（とげイラクサ）およびヤマナラシ属（ポプラ）などによるいくつかの植物療法が，さまざまな文化のなかで，痛みの問題に関して伝統的に使用されてきた。最近ようやく，これらの効果に関して，近代植物薬理学的研究は，これらのハーブに鎮痛の効果があるとする民間伝承が本当かどうかを調査し始めた。エルンストとクルバスク（Ernst & Chrubasik, 2000）では，リューマチ痛におけるハーブ製剤の効果について，ランダム化，プラセボ統制，二重盲検によって行なわれた試験を検討した。急性の腰痛または変形性関節炎の患者におけるデビルズクローの効果についての4試験を利用することができた。そのうちの3試験では実験的治療を支持し，痛み得点の有意な改善を示し，他の1つの試験は有意ではなく，傾向を示した。これらの試験のなかで，最も大規模で洗練された方法で行なわれた試験（Chrubasik et al., 1999）はこのレビューを裏づけている。この試験は二重盲検法で行なわれ，慢性の腰痛を持つ197人の患者がハルパゴフィタム抽出物かプラセボを摂取する条件にランダムに割り当てられた。3週間の治療後，救済薬なしに少なくとも5日間痛みがない患者の数が主な結果の測度であった。結果は有意にハルパゴフィタムを支持している。プラセボ患者の5％，600ミリグラム投与による治療を受けた患者の9％，1,200ミリグラム投与による治療を受けた患者の

15%が，試験の最終週の5日間，痛みがなかった（$p = .027$）。

初期の研究によって支持されているもう1つの有望な物質はヤナギ属植物，つまりヤナギ樹皮である（Chrubasik & Eisenberg, 1998）。抗炎症効果があるアセチルサリチル酸（ASA，通常アスピリンとして知られている）は，もともとヤナギの木の樹皮に由来するため（Schonauer, 1994），シダレヤナギの植物成分にも効果があるだろうと予想される。この可能性は変形性関節炎の患者におけるヤナギ樹皮製剤に関する6つのランダム化試験によって示された（Chrubasik & Eisenberg, 1998）。すべての試験は盲検法でランダム化されている。1試験ではプラセボ統制が行なわれ，各群につき36人の検討で，プラセボに対してその効果は有意であった。また，別の植物治療物質であるポプラ抽出物を比較のために使用した他の試験も，同様の結果を示した。4試験では，比較のためにダイクロフェナック，ピロクシカムあるいはインドメタシンなどの標準的薬物を使用した。そのうち，参加人数が72人から417人である3試験で同様の効果が示された。しかしながら，1試験では統制群のほうがすぐれていた。これらの試験はヤナギ樹皮の抽出物が有望であることを示唆しているが，さらに研究が必要なことは明らかである。

ここで紹介した治療法に関する研究は比較的よい結果を示している。多くの他の製剤は厳密性の欠如した，統制のなされていない試験の結果に基づいて，いまだに使用されている。これらの製剤に関して利用できる証拠は，一般的基準にまったく達していない。このことは，植物療法の分野の研究に対して，最近まで公的な支持が行なわれてこなかったという状況を反映している。多くの製剤はヨーロッパ諸国あるいはドイツで認可され，合衆国では多くが食品または食事サプリメントとして売られているため，個人的なスポンサーに宣伝や認可のために研究を行わせる圧力がないのである。これらの製剤がますます社会で使用されるようになることに伴い，そのほとんどはいまだ解決されていない，その使用に見合うだけの安全性と効果についての疑問に答えるような研究努力が望まれる。

バッチフラワー療法

バッチフラワー療法はホメオパシーの医師であるエドワード・バッハ（Bach, E., 1886-1936）によって紹介された（Barnard, 1919）。バッハは，特定の地域の低木，木，草花，潅木の花を澄んだ湧き水に浸し，太陽にさらした水晶板に置くことによって，癒しの力が水のなかに移ると主張した。こうして，この水は医療用の治療薬として使用することができるとされる。これらの花のエッセンスを保存したものは，商業的なネットワークによって広められ，ドラッグストアで売られている。そのエッセンスは通常，エタノール，ブランデー，透明な蒸留酒に漬けられ，使用する際に水で薄める。バッチフラワー療法は薬および医薬品としての基準を満たしていないので，完全に規

制外である。誰でもドラッグストアの店頭で買うことができる。この療法の用途は、お決まりの説明とレシピのようなものが組み合わされている、自助療法の本で推奨されている。

　私たちは、近年の研究で、バッチフラワー療法のテスト不安に対する効果についての研究を行なった（Walach et al., 2001）。テスト不安を自ら訴え、2週間の間に2つのテストを受けることになっている61人の参加者が集められた。二重盲検、プラセボ統制、部分的クロスオーバーを用いて研究が行なわれた。試験の前半では、32人の参加者がバッチフラワー療法による治療を受けた（10種類の花の混合；インパチエンス、ミムラス、ゲンチアン、チェストナットバッド、ロックローズ、ラーチ、チェリープラム、ホワイトチェストナット、スクレンサス、エルム）。29人の参加者はプラセボ治療を受けた。前半終了後、すべての参加者がバッチフラワー治療を受けた。参加者はプラセボがいつ行なわれるのか知らなかった。テスト不安を確かめるため、一連の測定を行なった。繰り返しの2×3要因の分散分析の結果、時間の効果が有意であったが（$F(2, 102) = 5.8; p = .0042$）、参加者群の主効果あるいは交互作用は有意ではなかった。すべての参加者のテスト不安はテストの2週間前から最初のテストの直前までに顕著に減少した。試験の後半ではどちらの群の参加者もバッチフラワー治療を受けたにもかかわらず、テスト不安はほぼベースラインのレベルに戻った。

　観察されたのは、ちなみにバッチフラワー療法の強固な非固有の効果、もしくはプラセボ効果で、多くの非一般的介入法に特徴的なものである。これらの介入法ではプラセボの要素が大きいため、植物療法の範囲外で、特定の介入法の効果を例証するのは難しい。このように、バッチフラワー療法および鍼治療やホメオパシーなどの一般的ではない介入法には、強固な非固有の効果があるため、これらの介入法が社会で高く支持されるのかもしれない。治療が強く保証されていること、（ほとんどの上記の非一般的介入法に存在する）治療上の儀式がとても複雑であることを考えれば、なぜそれらの治療法が、期待、望み、帰属効果をもたらすのにふさわしい手段であるのかはすぐにわかる。

　よいセラピストとは、基本的な変数に関して、偶然の変動のなかに改善の兆候を見つけることができる。このようによい方向に帰属することで、治療を受けている患者に上向きの変化が始まったと信じさせることができるかもしれない。そうしたことが起これば、自己強化につながる可能性のある、変化に対する上向きの期待が始まる。バッチフラワー療法を含む多くの非一般的介入の治療の論理は、この種のやり方を支持している。真の薬理学的な効果を区別できないからといって、その効果を欠点とみなすのではなく、いくつかの植物療法に典型的な非固有の効果であると考えるほうが適当であろう。

抗うつ薬治療とハーブ療法の類似点

　一般的抗うつ薬とハーブ治療に関してわかっていること，およびわかっていないことには重要な類似点がある。どちらも，ランダム化を行なった統制試験において，プラセボ効果のほかに固有の効果を証明することは難しい。これは，たいていの場合，これらの治療法に対する反応が弱いからではなく，むしろ多くの場合，プラセボに対する治療上の反応が大きいからである。たとえば，SSRI 製造産業が支援する臨床試験では，薬とプラセボの差は有意ではないことが多いが，どちらの条件に割り当てられた患者も実際に改善する。

　活性物質とプラセボの差が相対的に小さいことから，ハーブ治療は「プラセボにすぎない」との偏見が生まれた。しかし同様の一連のデータから，一般的抗うつ薬の世評はほとんど損なわれずに残ってきた。このように意見が分かれる理由としては，ハーブ治療に関しては，起こりうる作用の表われ方や，その分子構造を理解しづらいことがあげられるかもしれない。多くの複合物はきわめて複雑である。複合物は複雑であるため，そのすべての成分を分析するのは難しく，特定の酵素またはホルモン系での効果を決定するにとどまる。さらに，個々の成分に比べて複合物は（相乗作用による）異なる効果を発揮するかもしれない。しかしながら，抗うつ薬の作用の仕方についてもあまりわかっておらず，同様のデータに関して解釈が異なるのは，イデオロギーに関する理由による可能性がある。イデオロギーに関する問題以外には，ハーブ療法に関する科学的研究が比較的最近のものであることを考慮するべきであろう。標準的な治療法に関しては，植物療法よりも多くのすぐれた試験が行なわれており，植物療法における成分の効果や安全性のデータに関するもっと大規模な追試が必要である。それでも，2つの治療法に関する文献には，十分に比較可能な類似点があるようである。

　抗うつ薬とハーブ療法のどちらにおいても，プラセボと活性物質に比較的小さな差しかないことは，これらの治療法にほとんど価値がないことを必ずしも示しているわけではない。①治療とプラセボの差，および一般的な効果と有効性に関する定義と同様に，②疾患の治療を行なわない場合の代価に対する治療を行なった場合の直接かつ非直接的代価，という2点からのみ治療の有効性を定義するなら，抗うつ薬と植物療法物質はどちらも相対的にわずかな価値しかないとの結論が出る場合もあるだろう。しかしながら，問題となるのは効果の相対的な大きさではなく，ベースラインと比較した場合の絶対的大きさ，つまり固有かつ非固有の効果を合わせた大きさである。物語によるすばらしい説明と説得力のある治療上の儀式を準備することは，すべての効果的な治療法の共通の特徴の1つである（Frank, 1987）。このため，標準的治療法よりもハーブ治療のほうで，非固有の効果が大きい人もいるとの仮説も立てられる。こ

のことは特に「自然」産物の適用を支持するような世界観，相補代替治療を支持する信念体系を持っている人々に当てはまる。病気に対して，より合理的で機械論的な方法を支持する人々にとっては，一般的治療法のほうが効果的であるだろう。さらに，心理学的治療によって最大の期待効果が発揮され，最大の治療効果を得る人々もいるかもしれない。

ハーブ治療に反対か無関心な患者よりも，ハーブ治療を求める患者にとって，ハーブ治療が有効なのかどうかを解決することは興味深いに違いない。まさに非固有の効果は，信じる者に，より活用されるという理由で，その差は統計的，医学的に有意になると予想できる。実際，この効果については，催眠療法を求める患者，あるいは求めない患者への催眠治療あるいは非催眠治療の使用を比較した研究によって証明されている（Lazarus, 1973）。

ハーブ治療は，固有の効果 対 非固有の効果という二元論的な考え方に対抗する刺激を与える。ハーブ治療は，非固有の効果の上に固有の効果が位置すると考えるように促してくれる。中世には，当今の思索家は巨人の肩の上に座る小人であり，よって遠くまで見渡すことができると考えられていた（Klibansky, 1936）。私たちはこの比喩を再解釈したい。つまり，固有の効果は非固有の効果の肩に座る小人であり，そのためにうまく機能する場合があるかもしれない，と。

用語解説

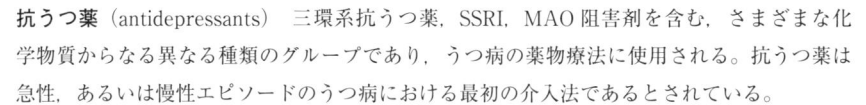

抗うつ薬（antidepressants） 三環系抗うつ薬，SSRI，MAO阻害剤を含む，さまざまな化学物質からなる異なる種類のグループであり，うつ病の薬物療法に使用される。抗うつ薬は急性，あるいは慢性エピソードのうつ病における最初の介入法であるとされている。

効果サイズ（effect size） メタ分析における主要な統計量。多くの場合，治療群と統制群の差の平均を統制群の標準偏差で割ることで計算される。

三環系抗うつ薬（tricyclics） 三環系として知られる古い抗うつ薬で，最も広く使われているのはアミトリプチリンおよびイミプラミンであり，うつ病の統制研究における標準的基準物質である。

植物療法（phytotherapeutics） 植物あるいは植物抽出物から作られる薬物。これらには，規格化された液体，乾燥抽出物があり，同量の活性成分が保証される。ハーブティーの煎じ薬である場合もある。

選択的セロトニン再取り込み阻害剤（selective serotonin reuptake inhibitors: SSRI） 1970年代からうつ病のセロトニン仮説に基づく新しい抗うつ薬が開発された。それらは薬理学的にニューロンから放出されるセロトニンがそのニューロンに取り込まれる過程を阻害するた

め，選択的セロトニン再取り込み阻害剤（SSRIs）と呼ばれる。最もよく使われている物質はフルオキセチンで，プロザックという商標名でよく知られている。

プラセボ（placebo）　もともとのラテン語では，文字通りには，「私は満足させてあげる，満足を与える立場となる」。19世紀および20世紀初頭の薬理学的時代以前には，プラセボという言葉は患者を喜ばせるための効果がないとわかっている治療法を示していた。プラセボは後に試験における統制物質として導入された。そのため，試験物質に似せて，詰めて，着色し，調合した，物理的に（必ずしも心理学的ではないが）不活性な物質—コーンフラワー，乳糖，グリセリンなど—である。

モノアミンオキシターゼ阻害薬（monoamine oxidase inhibitors）　MAO阻害剤としても知られ，セロトニンと他のモノアミンを弱めるモノアミン酸化酵素を阻害し，これらのアミンとその利用性を引き伸ばす。MAO阻害剤は，ある種の重症の食事制限にも関連するが，通常，抗うつ薬として使用される。

第IV部
特定の子どもの障害の治療における論争

第12章 注意欠陥／多動性障害の子どものための実証済みの治療法，有望な治療法，および実証されていない治療法

ダニエル・A・ワックバック（Daniel A. Waschbusch）
G・ペリー・ヒル（G. Perry Hill）

　注意欠陥／多動性障害＊（ADHD）は，重度の不注意，衝動性，多動性を特徴とする子どもに特有の慢性障害である（American Psychiatric Association, 1994）。ADHDは子どもによくある精神保健の問題で，約3～5％の小学生にみられ（Anderson et al., 1987），精神科医を紹介される最も多い理由の1つである（Cantwell, 1996）。ADHDでは日常機能の多くの場面での深刻な障害と結びついている。たとえば，ADHDの子どもはしばしば同級生から仲間はずれにされ，両親との関係もうまくいかない経験をし，教室や学業の場においても頻繁に問題を経験している（Hinshaw, 1994）。また，子どものころのADHDは，学校や職業での失敗，人間関係の崩壊，犯罪行為，精神保健の問題，アルコールや他の物質乱用（Ingram et al., 1999），そしてADHDと行動上の問題の両方が起こるという最も深刻な結果など，青年期や成人期になってからの深刻な問題へ発展することも予測する（Lilienfeld & Waldman, 1990; Waschbusch, 2002）。このような障害の犠牲は，当事者である子どもだけでなく，家族，教師，同級生にとっても重大な問題となることが多い。よってADHDの効果的な治療法を見極めることは精神保健にとって大きな意味を持つ。

　ADHDにはさまざまな種類の治療が行なわれており，おそらく子どもに関する他のどの精神病理学における治療法よりも種類が多い。治療と称されているものは，薬物療法から始まって食事制限または補助食，アレルギー治療，バイオフィードバック，ホメオパシック療法などにいたるまで広範囲に及ぶ。治療法の種類が増え，広まっていくにつれ，ADHDに効果があるのはどの治療法で，ないのはどの治療法か，その

有無をどのように見分けるのかが問題となる。本章では，実証研究の文献を再検討し，上記の問題について考える。最初に，十分に実証されている治療法について検討する。次に，十分に実証されているわけではないが，有望なADHDの治療法について検討する。最後にまったく実証されていない治療法—反対の証拠を示す治療法と，ADHDの治療法として提案されているものの研究が行なわれていないものの両方—について議論を行なう。これらのカテゴリーに治療法を分類するための基準についても議論する。本章のしめくくりに，異論のあるADHDの治療法に関する問題について考察する。

実証済みの治療法

1990年代の後半，精神保健の問題に関する心理社会的治療の証拠の基盤を決めるために多くの努力がなされた。特筆すべきは，もしプラセボ治療よりもすぐれていることが示されれば（その比較の検定力が十分であることを仮定して；第6章を参照），成人（Chambless et al., 1996）と子ども（Lonigan et al., 1998）の心理社会的治療は，研究によって十分支持されているとみなしてよいと特別委員会が提案したことである。これは次の2つのどちらかの方法によって行なうことができる。①異なる研究者によって行なわれた少なくとも2つのグループデザインの研究を用いること，あるいは②最低10のシングルケーススタディを用いることである。さらに，治療法はマニュアル化されなくてはならないし，治療研究に使用されたサンプルも明記されなければならない。

これらの基準を設けるために，それぞれの精神保健の問題における専門家が集められ，現存する子どもの心理社会的治療に関する文献を検討し，これらの基準を適用した。検討された領域の1つがADHDの治療法の評価（Pelham et al., 1998）である。この検討の結果，実験論文によって支持されているADHDの治療法が3種類存在することが示された。①薬物療法，②行動変容，③これら2つの併用である。これらの治療法への賛成，または反対意見はペルハムらによるレビュー（Pelham et al., 1998）にうまくまとめられているので，ここではその内容を短くまとめるにとどめる。また，実証済みのADHDの治療法というテーマにその結果が直接関係しているため，ADHDに関する実証済みの多面的治療（MTA）研究に関する情報についても述べる。

精神刺激薬治療*

薬物療法はADHDの治療における最も一般的治療法であり，ADHDの子ども

の90%が，小学生時代のどこかで薬物療法を受けていると推測される（Safer & Krager, 1994）。ADHDにはさまざまな種類の薬物治療が行なわれているが，実証済みと分類できる十分な研究基盤があるのは，精神刺激薬のみである。刺激薬治療によりADHDの中心的症状，つまり不注意，衝動性，多動性を改善することが繰り返し示されている（レビューとしてSwanson et al., 1995を参照）。また，刺激薬により，社会行動，学業の生産性，教室での行動などADHDに関する他の特徴も改善することが示されている（Brown & Sawyer, 1998）。これらの変化は，両親と教師の評定，観察による測定，パフォーマンス課題（たとえば，注意や抑制の制御を行なう課題），多種多様な評定によって示されている。さらに，これらは多くの場合，即効的で，重要な改善であり，通常副作用がほとんどない。簡単に使用でき，有効性が広いことに加え上記のような利点により，刺激薬治療はADHDの治療に最も広く使われるようになった（Safer & Krager, 1988, 1994）。

　methylphenidate（リタリン），d-amphetamine（デキセドリン），pemoline（サイラート），最近ではd, l-amphetamine（アダロール）およびmethylphenidate HCL（コンサータ）を含むさまざまな種類と製剤の刺激薬がADHD治療に使われている。これらの多様な種類の精神刺激薬の比較はほとんど行なわれていない。数少ない証拠からは，それらの刺激薬の重要な属性は共通であるが，それぞれに特有な効果も示されている。つまり，刺激薬の違い，同じ刺激薬の投与量の違い，同じ刺激薬の製剤の違いにより，子どもによって，あるいは同じ子どもにおいて，予想できない効果を持つ可能性がある（Pelham & Milich, 1991）。つまり，精神刺激薬を用いた効果的なADHD治療を行なうためには，当該の子どもの障害の範囲に対して最も治療効果のある刺激薬の製剤と投薬量を客観的に決定する二重盲検法や，プラセボ効果を配慮した試験が必要である（そのような試験の実施法についての詳細はPelham, 1993を参照）。

　ADHD治療における刺激薬治療の実施に関しては，かなり実証的に支持されているにもかかわらず，この種の治療には重大な限界がある。まず，治療効果があるのは投薬中のみである（たとえばBrown & Sawyer, 1998; Swanson et al., 1995）。次に，すべてのADHDの子どもが刺激薬治療に対して，好ましい反応をするわけではない。最も多く見積もって約70〜80％のADHDの子どもが精神刺激薬に好ましい反応をするが，残りの20〜30％の子どもは逆の反応，あるいは何の反応もしないことが示されている（Swanson et al., 1995）。さらに好ましい反応をする子どものなかで，完全に正常の範囲であるといえるほど十分に行動が改善するのはほんの少数である。残りの子どもに関しては，改善はするもののその行動は正常とはいえない。

　おそらく最も大きな限界は，刺激薬投薬により長期の改善がみられるという証拠がないことである。最長5年間の精神刺激薬治療を受けた子どもを追跡した研究は，

治療後の長期にわたるどんな改善も示していない（たとえば Weiss & Hechtman, 1993）。方法論的立場からは，これらの結果を慎重に解釈する必要があるが（たとえば治療条件へのランダムな割り当ての欠如，治療承諾に関する情報不足），ほとんどの ADHD の子どもにとって，刺激薬による効果的な治療効果は，実質的な長期改善にはつながらないようにみえる。これらの研究における薬物治療の実施と終了の違いといった要因が，どのように影響するのかをさらに研究する必要がある。

行動変容

行動変容は ADHD 治療として，20 年以上用いられてきた（たとえば O'Leary et al., 1976）。さらに行為の問題や破壊的行動を示す子どもの行動療法*に関する初期の研究の多くには，ADHD と診断される子どもが含まれる（たとえば Patterson, 1974）。このように ADHD の行動療法に関しては莫大な文献が存在する。

ADHD に関する問題は，さまざまな状況，特に子どもの家庭や学校において典型的にみられる。よって，ADHD の行動療法はこれらの両方の状況で研究されており，特別委員会のまとめでもこの研究を別々に検討している（Pelham et al., 1998）。行動ペアレントトレーニングと教室随伴性管理プログラムの両方が，特別委員会の実証的治療基準を満たしている。刺激薬治療と同じように，行動介入は ADHD の中心的な症状と関連する問題（学業における生産性など）を効果的に減少させる。これは行動介入の具体的な方法にかかわらず当てはまるようである。より正確にいうと，ペルハムら（1998）は，行動管理と随伴性管理の手続きが ADHD の治療に異なる効果をもたらすかどうかを検討した。行動管理手続きでは，行動管理原則を ADHD の子どもに適用するように両親に教える治療法である。随伴性管理手続きは，行動管理手続きと同じ一般的な技術が用いられるものの，遠隔的に指導を受ける両親や教師ではなく，行動変容の専門家（医者や専門の教師など）によってなされるより集中的な介入である。検討の結果，相対的に随伴性管理手続きの効果のほうが高いものの，どちらの方法も効果があることが示された。このように行動変容は ADHD への効果的な治療法であり，治療が家庭か学校のどちらで行なわれても，あるいは専門家，両親，教師の誰によって行なわれても効果的であることが研究により示されている。

ADHD への行動療法には刺激薬治療と同様の限界がある。まず，行動療法は多くの場合，ADHD の子どもの行動機能を改善するが，ほとんどの場合，治療効果は子どもを「正常化」するには十分ではない。2 番めに，行動療法の効果は短期的で，治療の効果は治療プログラムが実際に行なわれている期間に限定されるようにみえる。ADHD は「慢性的」治療が必要な慢性的状態と考えるべきであると示唆されてきたが，このことが薬物療法を含む現在のすべての ADHD 治療に当てはまることは強調してもよい（Cantwell, 1996; Waschbusch et al., 1998）。3 番めにすべての ADHD の子ど

もが行動治療に好ましい反応をするわけではない。好ましい反応をしない理由には，両親や教師が治療プログラムを実行する能力が十分でなかったり，消極的であったり，セラピストの側の知識や技能が不足していたりするなど，子ども以外の要因があげられる可能性がある。さらに最も効果的な行動療法プログラムは，多くの場合，最も包括的で集中的であるため，一貫して継続的に実行するのが一番難しいのである。これらの理由から，行動プログラムはすべてのADHDの子どもに効果があるわけではないとしても，そのうちの何人かは，子どもが実質的には治療を受けていない，一貫した治療を受けていない，あるいは適切な形の治療を受けていないことが理由であると考えられる。こういった状況は治療効果が出ない量の薬物療法を受けている場合や，一貫した薬物療法を受けていない場合に類似している。

　現在のADHDの行動療法における限界の最後の問題は――これも刺激薬治療の限界と類似しているが――，長期的な効果を示す証拠がないことである。ADHDの子どもに対する行動療法の効果を，長期的に検討した研究はこれまでのところ行なわれていない。行動療法が持続的な効果を持つかどうかを例証することは，特にこの障害が慢性的なものであることを考えれば，主要な関心事である。ADHDの行動療法における長期的な効果を検討する研究が必要である。

刺激薬と行動療法の併用

　ADHDの治療に刺激薬治療と行動的アプローチを併用することに賛成する意見は多い。まず，行動および刺激薬による治療を併用することで，相互に弱点を補い合う補完的な効果を持つ可能性がある。たとえば，行動療法は1日24時間使用されるが，薬物療法は通常は1日の少なくともある時間においては使用されない（夕方や週末など）。同様に薬物療法は頼りになる成人がいないときや，低い確率で起こる問題に対処することがあるが，行動療法は多くの場合それらの問題に対して実効性がない（Hinshaw et al., 1992; Hinshaw, Henker et al., 1989）。2番めに，行動および薬物による介入は相互に効果を高める可能性がある。たしかに，行動介入は投薬と併用したときにより効果的で，また，少ない投薬量ですむことを示す証拠もある（Pelham et al., 1993）。3番めに，併用治療による介入で同じ効果を得るためには，より簡単な行動プログラムでよいため（そのためセラピストがあまり注意しなくてもよい），併用治療は代価にみあった治療法となる可能性がある。

　このような強い理由があるにもかかわらず，刺激薬と行動変容を併用したADHD治療の研究は，それぞれ単独の治療の研究よりはるかに少ない。関係する研究は，ADHDの併用治療が有効であることを支持している（Pehham & Murphy, 1986; Pelham & Waschbusch, 1999）。たとえば，ペルハムとマーフィ（Pelham & Murphy, 1986）のレビューによれば，併用治療は単独での行動，薬物療法よりも，（教室，運動，

そして社会的行動の測定値を含む）少なくとも1つの従属変数において，19研究中，13研究（68％）で効果が高かった。さらに，単独の行動療法や薬物療法が併用治療よりもすぐれていることを示した研究はほとんどない。最後に，次節で論じるが，最近の国立精神衛生研究所によるADHDの多面的治療研究*の結果も，併用治療が単独の行動あるいは薬物治療よりもすぐれていることを示唆する場合がある。

これらの有望な結果にもかかわらず，いくつかの警告と限界に注意が必要である。まず，刺激薬と行動的介入の併用は相対的に研究が行なわれていない。2番めに，どちらかが終了するか継続しない場合，併用治療による効果の増大は継続しないようである（Pelham et al., 1988）。3番めに，これまでの併用治療に関する研究は長期的効果の継続ではなく，短期的効果に焦点を当ててきた。統制された長期的研究はこれまでのところ行なわれていない。

多面的ADHD治療（MTA）研究

すでに述べたように，ADHD治療のための行動，薬物，あるいは併用による治療法の有効性を支持する明白な証拠が存在する。しかしながら，これらの治療の相対的な有効性は，ほとんど検討されていない。つまり，薬物療法，行動療法，そしてこれら2種類の治療の併用が，ADHD治療に有効な方法であることを強く示す証拠はあるものの，これら3つの方法のどれが他よりもすぐれているのかを決定する証拠はほとんどない。

この問題に取り組むため，国立精神衛生研究所（と他の同様の研究機関）が，精神障害の治療に関するこれまでで最も大規模な臨床試験を行なった（Richters et al., 1995）。研究には，北アメリカの7つの異なる場所で診断，治療を受けた7.0歳から9.9歳までの，579人のADHDの男子と女子が含まれていた。子どもたちはランダムに4つの治療条件の1つに割り当てられた。4つの条件とは，①薬物療法のみ，②行動療法のみ，③薬物と行動の併用治療，④標準的コミュニティケアであった。これらの治療は14か月間行なわれ，その後，多くの観点から結果が評価された。対象となる主要な疑問点は以下のものである。

1. 行動，薬物療法の相対的な有効性とは？
2. 単独の治療法に対する併用治療の増大効果とは？
3. これらの証拠に基づく治療を，地域で行なわれる通常の治療とどのように比較するのか？（MTA Cooperative Group, 1999a）

この研究の大部分はまだ分析中であるが，予備的な結果は公表されている。これらの結果から，薬物療法は行動療法よりもすぐれており，行動的方法と併用してもほとん

ど効果があがらないことが示された (MTA Cooperative Group, 1999a)。さらに，この効果は年齢，共存症，あるいは他の潜在的に重要な要因によって影響を受けない (MTA Cooperative Group, 1999b)。

一方，MTA の研究のすべてのデータが，薬物療法が他の治療よりもすぐれているという結論で一致したわけではない (Pelham, 1999, 2000)。まず，薬物のみ，そして薬物／行動療法併用条件で ADHD の症状の測定結果はすぐれていたが，行動のみによる治療法も，障害に関する測度において同様の効果があった。これらには教室での行動，両親と教師による社会技能の評定，両親による親子関係の評定，同級生のソシオメトリック評定，そして学業成績の測度が含まれる。第2に，併用治療と他の治療法の違いはいつも有意ではないものの，行動と薬物による治療の併用において，すべての測度で最も改善がみられた。第3に，行動療法を集中的に行なった場合，単独の行動療法の結果は，行動／薬物併用による結果と同様であった (Pelham et al., 2000)。このように，それらの間に明確な「勝者」はいないものの，MTA の研究により，行動のみ，薬物のみ，そして併用治療による方法を支持する証拠は明確に示されているといえる。これらの治療法の長期的な効果が異なっているかどうかは不明である。

有望な治療法

確立された治療法に限界があるなどの理由により，近年，ADHD に関するほかの治療法を研究する試みが増えている。今回の議論を行なう目的で，有望な治療法を同定するために使用した基準は，基準を満たすために必要な研究数が少ないという点以外は，実証的に支持されている治療法を識別するために使用した特別委員会の基準と類似している。以下の基準は本節で取り上げる治療法を同定するために使用したものである。

- 非治療条件，プラセボ条件，代替治療条件のすべて，またはいずれか1つを含み，目的の治療法にすぐれた効果があるとの報告がある，最低1つのグループデザイン研究。
- 代わりの治療法，あるいは非治療条件との比較を行ない，すぐれた効果を報告する3から8のシングルケースデザインの研究。

本節で取り上げる治療法のなかには，他の治療法よりも強く支持されているものもある。たとえば，いくつかの治療法は ADHD の治療に有益であるようだが，それは

決まったパラメーターか，または一定の条件に限定されている。また他の治療法も，効果について決定できるほどのレベルにはいたっていないものの，ADHDの補助的治療法として考えられるのはもちろんのこと，さらなる検証を保障するに十分な実証的支持は受けている。

非刺激薬治療

ここ10年の間，ADHDの精神刺激薬治療（特に抗うつ薬と降圧薬）の代替物が関心を集めるようになった。これらの治療法は第1に，刺激薬治療だけでは反応を示さない子どもたちに使用されるようである。これらの非刺激薬治療に効果があると判明する可能性はあるが，刺激薬だけでは反応を示さない子どもにとって，行動治療，あるいは行動と刺激薬の併用治療が有効な代替手段となる可能性を考慮するべきである。

ADHDへのこれらの代替薬物治療の主なものとしては抗うつ薬，特にamitriptyline（エラビル），nortriptyline（パメロール），imipramine（トフラニール），desipramine（ノルプラミン），clomipramine（アナフラニール）などの三環系抗うつ薬（tricyclic antidepressants: TCAs）の種類があげられる。他の種類の抗うつ薬（選択的セロトニン再取り込み阻害剤（selective serotonin reuptake inhibitors: SSRIs）はADHDの治療においては体系的な評価が行なわれておらず，最近のレビューではADHDの治療法としては認められていない（National Institute of Mental Health, 1996）。MAO阻害剤（monoamine oxidase inhibitor: MAOIs）抗うつ薬は重度の有害な副作用と薬物間作用の可能性があるため，子どもにはほとんど使用されない。

TCAsが子どものADHDの行動に関する症状の低減に効果的であるとの証拠がさらに多くの研究によって示されている（たとえばBiederman et al., 1989）。しかしながら，ADHD特有の行動へのTCAsと刺激薬の効果を比較した研究によれば，結果は一致していない。特に，刺激薬が行動への反応にすぐれていると報告する研究（たとえばGittleman-Klein, 1974）だけでなく，TCAsと刺激薬がADHD特有の行動に対して同様の効果を持つと報告する研究（たとえばRapport et al., 1993），さらに（かなり少数ではあるが）刺激薬に比べTCAsがすぐれた効果を持つと報告する研究すらある（たとえばWerry, 1980）。行動に関する指標とは反対に，子どものADHDにおける認知機能の改善には，TCAsでは刺激薬に比べ効果の小さいことが研究により一貫して示されている。TCAsが刺激薬よりも毒性が強い可能性があることを考えれば，これらの結果は，ADHD治療の最初の段階でTCAsを使用する理論的根拠とはなっていない。

刺激薬治療に反応を示さないADHDの子どもにとってTCAsが有効な治療法であ

る可能性はある。この可能性は，その多くが事前の刺激薬治療によってまったく反応を示さなかったか，逆の反応を示している desipramine 治療を受けた ADHD の子どもの約70%が，行動および教室での機能において「劇的改善」があったと報告したビーダマンら（Beiderman et al., 1989）によって示されている。予想される通り，患者らはさらにうつ症状に関しても大きな改善があったことから，desipramine はうつや不安が共存する ADHD の治療には有効である可能性がある。予備的結果によれば，薬物療法がきちんと行なわれれば，TCAs による治療効果は2年間まで持続する（たとえば Biederman et al., 1986）。ADHD への TCAs の長期的効果についてはわかっていない。TCAs によって ADHD 症状の改善が持続するには，典型的に定期的に投薬量を調整して増やす必要があり，好ましい反応にはかなり高レベルの投薬量が必要かどうかは明らかではない（Spencer et al., 1998）。

　降圧薬，特に clonidine＊もまた ADHD の代替薬物療法として検討されてきた。ADHD への clonidine の効果について示した実証的証拠の多くは，方法論的に厳密とはいえない。しかしながら，ある二重盲検法の研究では，プラセボ条件に割り当てられた若者と比較して，clonidine 治療を受けた ADHD の若者で，親および教師によって多動性，衝動性，怒りの評定が改善したとの報告がなされている（Hunt et al., 1985）。ADHD 特有の認知障害の改善や，clonidine による ADHD への長期的効果についての研究はまったくない。

　このような大まかなレビューから，ADHD 治療における非刺激薬治療には大きな可能性のあることが示されているが，刺激薬治療に比べると，ADHD にこれらの代替物を使用することについては，ほとんど知識が蓄えられていないこともわかる。刺激薬治療に好ましい反応を示さない ADHD の子どもの治療に抗うつ薬（特に三環系抗うつ薬）がかなり有効であり，またうつや不安が共存する ADHD 治療にも有効である可能性を示す証拠がある。同様に，clonidine は他の薬物，つまりより確立された治療法（たとえば刺激薬治療，行動治療）に好ましい反応を示さない場合，あるいは他の薬物治療が禁忌である場合には有効であるかもしれない。しかしながら，ADHD の非刺激薬治療に関する実証的証拠は限られていることを考慮すれば，抗うつ薬と降圧薬はどちらも2番めの治療と考えるべきであることを強調しておくべきである。

集中行動療法プログラム

　定期的外来治療は，ADHD および他の破壊的行動障害の子どもにとって十分ではなく，コミュニティを主体とした集中的な治療プログラムが代替治療として有望なことを示唆する研究者もいる（たとえば Henggeler et al., 1992）。伝統的な外来治療と比較すると，集中治療は頻繁に，継続的に会って治療を行ない，診察室という状況で

はなくコミュニティで行なわれ，実用的な日常行動を目標としていることが特徴である。このような集中治療には大きな裏づけがある。

ADHDの集中行動治療はサマーキャンプ（Pelham et al., 1996; Pelham & Hoza, 1996），1日かけて行なわれる学校環境（Swanson, 1992）で行なわれる。このような状況で治療を受ける子どもたちは，より典型的なサマーキャンプの子どもたち（たとえばサッカー，泳ぎや芸術，教室での勉強を行なったりする）や典型的な学校と同じように治療を受ける。そして，このような状況において行動療法が行なわれ，刺激薬治療の効果が評価される。この方法では，勉強や遊びのグループ活動に参加することを通して，仲間との関係を改善することが重視される。初期の報告によれば，集中治療は有効である（Pelham & Hoza, 1996）。たとえば，MTA研究の一部として行なわれた集中行動療法の結果は，行動療法と刺激薬治療の併用と同程度の治療効果があった。しかしながら，これまでのところ，サマーキャンププログラムのような集中行動治療プログラムの効果を，注意深く統制を行なって検討した研究はない。さらに，長期的な経費節減の効果は大きいと考えられるとしても，このようなプログラムを実行するための初期の費用（設備と人員を含む）はかなり高額である（Pelham, 1999）。

教室を基盤とした介入

随伴性管理プログラムに加え，教育的方法，仲間による（peer-directed）方法，自己管理による方法を含む，教室を基盤とした他の介入法がADHD治療に用いられてきた。これらの治療法はADHDに関する社会的および，学業的遂行能力の問題を対象としており，ADHDの症状を防ぎ，減少させ，制御するように作られている。教育的かつ指示的な介入が，ADHDの症状が起こるのを抑えたり，最小限に抑えるような方法で，教室の組織と指示方法を操作する。この方法はこれらの問題が指示的な問題として取り組めるし，取り組まなくてはならないとする考え方と一致しており（Colvin & Sugai, 1988），機能的アセスメントとADHD症状の先行的な制御を重視する応用行動分析法（DuPaul & Ervin, 1996）とも一致する。

この治療法の例としては，学習課題を行なっている間に注意力を高め，成績を上げるために，必要に応じて指示的方法を使用し，ADHDの生徒への刺激を増やすことを示した最近のゼントール（Zentall, 1993）があげられる。教室を基盤としたADHD治療の多くは教師誘導型である。しかし時には仲間がADHD生徒の好ましい社会的および学業行動を監視かつ強化することで，行動変容の仲介者の役割を担い，適切な行動を促したり，特定の学業技能を矯正するチューターとしての機能を担う。デュポールとストーナー（DuPaul & Stoner, 1994）は，仲間のチューターによる介入は，特に伝統的な随伴性管理プログラムの効果がみられない重要な技能を目標としていて，教育機能の重要な点に関して，頻繁でしかも即時的なフィードバックを行なうこ

とで，多くの ADHD の生徒の学習の要求に応じると主張する。デュポールとヘニングソン（DuPaul & Henningson, 1993）の最近の研究では，慎重に計画，実施された仲間のチューターの介入により，ADHD 生徒の教室での行動と学業成績の両方が改善したことを報告している。

自己モニタリングおよび自己強化による介入では，指示された基準に従って，子どもたちに自分自身の社会的あるいは学業上の成果を監視，評価させ，その自己評価に基づいて自分自身に報酬を与える。この治療技術は，ADHD の子どもが自習中に命じられた行動を増加させ（Barkley et al., 1980），読解力を改善し（Edwards et al., 1995），協力的遊びでの相互作用を増加させる（Hinshaw et al., 1984）ために使用されてきた。自己モニタリング治療の好ましい効果は随伴性管理における効果ほど強力ではない。しかしながら，この介入はトークン強化プログラムの部分的フェーディング*に有効な可能性があり，伝統的行動療法の効果がみられない特定の技能や行動を目標とする場合に有効な場合がある。

支持されていない治療法

ADHD に興味を持つ人が多いことからこの障害に関する多くの治療法が提案されているが，それらの治療法に関する重要な評価はほとんど公表されていない（Arnold, 1999; Goldstein & Ingersoll, 1993）。この節ではそれらの提案された治療法の多くについての現存するデータをまとめる。治療法は効果がないか，あるいはほとんど研究されてはいないかのいずれかに分けられ，メディアを情報源とするもの（ウェブ検索を含む）だけでなく学術文献と一般書の両方のレビューにより検討が行なわれた。

効果のない治療法

このカテゴリーに含まれる基準は，効果があるとされる治療法を評価したところ，少なくとも 2 つのグループ研究で，非治療条件と比較して効果が認められないか，6 以上のシングルケースデザイン研究で効果がない場合である。また，以前に異なる著者により発表された少なくとも 2 つの文献レビューで効果がないと判断された治療法も含まれる。

◆**認知訓練プログラム**

ADHD の子どもへの認知行動治療が最初に提案されたのは，今から約 30 年前であった（Meichenbaum & Goodman, 1971）。言語的自己教示訓練，問題解決方略，認知モデリング，セルフモニタリング，自己評価，自己強化を含む多くの種類の認知

治療（認知行動治療とも呼ばれる）が，ADHDの子どもに用いられてきた（Abikoff, 1987, 1991; Braswell & Bloomquist, 1991）。これらの治療法の論理的根拠となっているのは，衝動性の制御，目標指向的行動，あるいはその両方の基本であり，それらを促進すると考えられる特定の認知あるいはメタ認知スキル*を強化すれば，行動の自己管理を強めることができるとの考え方である。そのような内的な仲介役の欠如や不足がADHDの子どもの特徴であるように見えるため，認知療法は強く直感に訴えかけ，適切な治療法であるように思われる。しかしながら，統制された研究はその効果を支持していない。

　ADHDへの認知治療の効果を検討してきた研究は非常に多い。たとえば，アビコフら（Abikoff et al., 1988）は，ADHDの子どもへ集中的な認知治療を16週間行ない，注意統制群（つまり，サポートは行なうが積極的介入は行なわない）および非訓練群と比較したところ，全般的学業，認知，そして行動に関する測定値に違いがみられなかった。認知訓練プログラムはADHD以外の子どもの障害には有効であることが示されている（たとえばDujovne et al., 1995; Kendall & Gosch, 1994; Lochman, 1992）。しかし多くの研究（たとえばBloomquist et al., 1997; Brown et al., 1987）では，ADHDの認知治療は一般的にADHDの子どもの学業，もしくは行動の遂行に大きな臨床的な変化がみられないことで一致している。最近になってブラスウェル（Braswell, 1998）は，ADHDの子どもの認知治療の結果が好ましくないことに関して意見を述べ，セルフモニタリング，自己強化，自己教示訓練プログラムの可能性と，臨床的応用の制約について示唆した。

　重要なことは，特に集中的で多面的な治療プログラムと併用した場合，認知治療プログラムがADHDの治療に臨床的な有効性を持つような，いくつかの例外的状況が存在することを知っておくことである。まず，社会的技能の改善に焦点を当てると，オペラント行動的，あるいは臨床的行動介入に伴う認知訓練は有効性を持つ可能性がある（Pelham & Hoza, 1996; Pelham et al., 1988）。次に，集中行動介入における怒りの制御訓練もまた，有効であるように思われる（Hinshaw, Buhrmester, & Heller, 1989; Hinshaw et al., 1984）。3つめに，攻撃性が共存するADHDの子どもにとって，特にペアレントトレーニングと認知訓練を併用した場合，問題解決訓練が有効であるかもしれない（Kazdin et al., 1987; Lochman, 1992; Lochman & Lenhart, 1993）。認知的介入は一般的に，集中的で，しかも行動学と薬理学治療プログラムを併用した文脈で臨床的成果を高めて一般化させることで，補助的な価値を持つかもしれない。ただ，この仮説は十分検討された確固たる結論というわけではない。

◆食事管理

　多くの自然に存在する食材や加工された食材が，ADHDを引き起こすアレルギー抗原や毒素として作用すると仮定されてきた（第13章，自閉症の食事治療のレビュ

ーも参照)。この仮説には多くの人が興味を持ち，熱い議論がなされた。ADHDの食事管理の理論的根拠は単純で，食事から有害物質を取り除くか制限するとADHDの症状が軽くなるというものである。2つの厳密に研究されてきたADHDの食事管理療法である，フェインゴールドダイエットおよび砂糖除去法について検討する。

おそらく，フェインゴールド（Feingold, 1973, 1975a, 1975b, 1976）は，（サリチル酸と呼ばれる）食事中のある種の低分子量の化学物質への毒性反応としてADHDの症状が起こるとの考えを最も広めた人である。サリチル酸はある種の食品に自然に存在し，人工的には食品色素や香料に含まれる。フェインゴールドは食事制限によってこれらの物質を排除すると，60%のADHDの子どもの行動および認知機能が改善することを示した（Feingold, 1975a）。彼の著書は，毒性反応が起こる正確なメカニズムを十分説明していないが，フェインゴールド（1975b）は，初期にかなり強固な主張を行ない，大きな議論を呼び，また熱心な研究活動も10年以上にわたった。

食事管理についての最初の統制された研究ではカウンターバランスデザインが用いられ，フェインゴールドダイエット（すなわちフェインゴールドによって特定された有害物質を取り除いた食事）とコントロールである除去食が比較された（Conners et al., 1976）。結果は複雑であった。フェインゴールドダイエットはわずかに支持され，ADHDを持つ子どもへの食事の影響について継続調査が行なわれることとなった。コナーズら（Conners et al., 1976）の結果に続いて，それからの数年間に行なわれた実験的研究の結果も複雑であった。いくつかの研究では多動行動が減少するというフェインゴールドダイエットを支持する効果が報告された（たとえばCook & Woodhill, 1976; Holborow et al., 1981; Rapp, 1978）。一方，食事にはそのような多動行動を減少させる効果がどうにかあるといえるか，またはまったくないかのいずれかの報告を行なう研究もあった（たとえばConners, 1980; Mattes & Gittleman-Klein, 1978; Stine, 1976）。

これらの初期の研究には多くの方法論的問題点がある。たとえば，フェインゴールドダイエットによるADHD症状の改善は，たいてい両親（その多くは治療条件であることを知っている）による評定によってのみ認められ，おそらくプラセボあるいは期待効果によるものである（Baker, 1980; プラセボ効果についての議論は第11章を参照）。さらにこの方法論的な問題を明らかにした研究のレビューでは，フェインゴールドおよび他の研究者が事例報告を行なった食事治療の劇的な効果は，研究結果によって支持されているわけではなく，きちんと統制された研究では臨床的に意味のある効果が証明されていないとの結論を出している（Harley & Matthews, 1978; Kavale & Forness, 1983; Mattes, 1983）。これらのレビューに対するいくつかの反論（Rimland, 1983; Weiss, 1982）の多くは，方法論的な問題および客観的証拠の欠如について納得できる説明を行なっていない。

さらに厳密な実験手続きによる最近の研究結果では（Rowe, 1988; Rowe & Rowe, 1994），ADHD治療として行なわれる食事管理に好ましい反応を示すADHDの子どもの割合はかなり少ないように思われる（おそらく10%以下）。しかしながら，現在のところ，このような子どもたちをあらかじめ識別したり，制限食による危険と利点が何かを説明するようなデータはない。さらに，反応を示す子どもにとってさえ，制限食が十分確立された治療（たとえば行動療法や刺激薬治療）よりも効果があるかについては明らかではない。このような理由でフェインゴールドダイエットはADHDの治療に効果がないとみなすべきである。

　フェインゴールドダイエットはすべての種類の食材がADHDの発現にかかわっていることを示唆しているが，精製された砂糖は特に，多動性やその他の子どもの行動上の問題を引き起こす物質と考えられている（Smith, 1975）。この考え方は両親，教師，精神保健の専門家の一部から広く支持されているけれども，十分に統制が行なわれた研究では砂糖が子どもの行動へ影響することは示されていない。

　ミリチら（Milich et al., 1986）も研究を検討しているが，研究全体で使用されたさまざまな行動指標において一致する有意な砂糖の効果は「砂糖に感受性が高い」と思われている患者でさえみられなかった。アスパルテームの行動への影響についての統制を行なった研究も同様の結果を示している。一例として，ウォルライクら（Wolraich, 1988; Wolraich et al., 1994）は，3つの統制食（高蔗糖−低甘味料，低蔗糖−高甘味料，およびプラセボ）を，特に砂糖摂取の影響を受けやすいと考えられる2グループの子ども（つまり，砂糖の悪影響を受けやすいと両親が報告した就学前，あるいは児童期の子ども）で比較した。食事は3週ごとに分けられ，カウンターバランスされ，二重盲検法，クロスオーバーデザインで摂取された。その結果，約40の行動，認知のすべての測定値において3種類の食事の間に違いがみられなかった。また，シェイウィッツら（Shaywitz et al., 1994）によれば，4週間にわたって，かなり大量のアスパルテームを摂取したADHDの子どもの認知，行動の測定値に効果がみられなかった。砂糖あるいはアスパルテームを摂取することにより，判断可能なほど子どもの行動に影響があったとの結果はほとんどみられなかった。

◆栄養サプリメントと食事サプリメント

　その物質の存在がADHDに関与していると論じられる，疑わしい食物アレルギー抗原や毒素と異なって，栄養サプリメントと食事サプリメントはそれらが欠如しているか，あるいは通常の食事では十分な量または最低限のレベルに達しないことがADHDに関連すると考えられている。もしそうなら，それらの栄養素を食事に加えると，仮定されている栄養素の不足，不均衡が是正され，ADHDの症状が改善されるだろう。

　アミノ酸はADHDの治療法として提案されている唯一の食事サプリメントである。

これは多動の男児とその他の条件を同じにした正常男児が，同様の食事をとっても蛋白合成が異なっている可能性があるとの結果に基づいて提案されたものである（Stein & Sammaritano, 1984）。しかしながら，統制を行なったアミノ酸治療を検討した研究によれば，その効果は一致していない。効果がみられる場合でも，おそらくそのサプリメントに対する耐性が獲得されるため，効果はすぐに消えてしまう（Nemzer et al., 1986; Wood et al., 1985; Zametkin et al., 1987）。さらに，どのようなアミノ酸サプリメントの効果も神経毒の危険によって相殺される（Sternberg, 1996）。

ADHDへの混合ビタミンの過剰投与（マルチビタミン療法）の効果はいくつかの統制の行なわれた研究によって調べられている。それらのなかで一貫して好ましい効果を示した研究は1つもない（Arnold, 1978; Kershner & Hawke, 1979）。

ほとんど研究されていない治療法

提案されているさまざまなADHDの治療法は，実証的な証拠がほとんど，あるいはまったくないとみなすことができる。多くの治療法はそれを支持する推薦状があるだけで，証拠がないにもかかわらず真剣な考察を推奨する。ADHDに関する現行の知識には，なんら理論的・論理的関係のないものもある。いくつかの治療法は，最終的に有効であることが証明されるかもしれないが，説得力のある客観的証拠がなければ，当面，認められることはないであろう。

◆心理学的治療

ティンカーとウィルソン（Tinker & Wilson, 1999）は，ADHD治療に眼球運動脱感作再処理（eye movement desensitization and reprocessing: EMDR）を用いることを提唱した。この技法はトラウマに関する治療手続きとして発展し（Shapiro, 1989, 1995），トラウマとなる出来事の嫌悪を感じさせる主観的経験を弱める過程のことである。しかしながら，EMDRは概念的，手続き的理由の両方によって激しく批判され（たとえばKeane, 1997; Lohr et al., 1998；本書の第9章も参照），その方法がADHDの治療にどのように，またどうして効果的なのかを概念的に示すことは難しい。驚くべきことではないが，ADHDの子どもの治療へのEMDRの使用を支持する実際のデータはない。

プレイセラピーはADHD治療として提案され，ADHDへの医学的な使用を説明するものである（Kaduson, 1997）。しかしながら，プレイセラピーがADHDの有効な治療法であるという証拠は存在しない。

神経学的治療法

脳波（EEG）バイオフィードバック（ニューロフィードバック*ということもある）は間違いなくADHDの神経学的治療のなかで最も知られているものである。実際に，

EEG バイオフィードバックは約 30 年間，ADHD の治療法として推奨されてきた。この治療法は，注意の維持に関係する脳波活動を増加させ，不注意，空想に関係する脳波活動を減らすように ADHD の子どものトレーニングを行ない，多動性，不注意，衝動性を減らそうとする（Lubar & Shouse, 1977）。

EEG バイオフィードバックの提唱者は ADHD 治療への効果についてしばしば強く主張してきた。これは特に人気の高いメディアによる場合に多い。最近出版された『*Psychology Today*』の記事（Robins, 1998）では，ADHD への EEG 治療（同様に，てんかん，閉鎖性頭部外傷，常習的な物質乱用，心的外傷後ストレス障害への EEG 治療）は効果的であり，研究によって支持されていると述べられている。この著者は，EEG がどのように ADHD 治療に使われて成功したかについてのケーススタディの例から，上記のような主張を行なっている。ロビンス（Robins, 1998）の報告では，EEG ニューロフィードバックはニューヨークの 22 の学校において第 1 位の ADHD 治療法として使用されており，「現在までに，ニューロフィードバックのおかげで（これらの学校において）20 人の生徒に対する特別教育教室への支出を防いだ。その結果，この地域は 500,000 ドルを節約したと推定される」(p.42)。著者は続けて，自身の EEG による好ましい経験について記述している。おそらく彼は，彼が出版しようとしている EEG の本のなかのその記事で，さらに詳細にそれぞれのトピックについて議論するだろう。

あれやこれやの類似した主張が行なわれているが，ADHD 治療に対する EEG の好ましい効果の評価には注意が必要であろう。特に ADHD 治療としての EEG バイオフィードバックに効果があると主張する研究では，治療法が交絡している（Boyd & Campbell, 1998），使用された従属変数が対象者間で一貫していない（Rossiter & LaVaque, 1995），臨床的に有効な ADHD の従属変数が用いられていない（Wadhwani et al., 1998），治療期間後の 0 か月から 12 か月のどの時点においても，測定を行なった治療後の指標は標準化されていない（Alhambra et al., 1995）といった方法論的な問題が特徴としてあげられる。最近のクラインら（Kline et al., 2002）によるレビューでも同様に，ADHD へのニューロフィードバックの効果を示す証拠は十分ではなく，研究によってまったく一貫性に欠けているとの結論を示している。

さらに，これらの研究の著者の多くは，しばしばデータが示すこと以上の結論を示している。たとえば，著者の多くは実験室での測定値の変化によって，ADHD 治療の成功が証明されたと主張する。しかしながら，実験室で ADHD に関する測定値が変化しても，それが現実生活の状況における ADHD の行動的，認知的，社会的な測定値の変化に対応するということが，十分に証明されているわけではない（Barkley, 1991; Nichols & Waschbusch, 2002）。特に問題となるのは，この領域における研究の質を改善するようにとの意見が出されているにもかかわらず，これらの方法論的

な欠点が，長い間 EEG 治療に関する研究の特徴となっていることである（Barkley, 1993）。

鉛中毒は診断を受けたすべての子どもの5％にも満たないと推定されているけれども，鉛中毒は神経的機能を弱める ADHD の病因として知られている（Fergusson et al., 1988）。環境中の鉛毒と鉛への接触の原因を取り除くように努めることが求められているため，ADHD 治療としては徐々に用いられなくなってきている。鉛除去はすでに ADHD 治療の標準的治療法ではないが，医学的に可能性があると考えられるときには，当然行なうべきである（Arnold, 1999）。

感覚運動統合療法（sensorimotor integration therapy: SIT）は，もともと神経生理学的な性質を持ち，ADHD の子どもへの使用が示唆されてきた。SIT は感覚入力と運動入力が間違ったやり方で処理，解釈され，その結果，行動の逸脱や混乱が起こるだけでなく，感覚刺激へ不適切に反応してしまうという考え方を前提としている（Ayers, 1979; 本書の第 13 章も参照）。感覚刺激療法の活動は（通常専門のセラピストによって行なわれる），原因と考えられる神経学的な機能障害を是正し，改善された行動機能を促進するための方法として使用される。自然環境にある特徴的な刺激を変化させたり避けたりするような補償的方略（たとえば嫌悪を催す感触を減少させる）も介入に含まれるかもしれない。そのような方略は，環境刺激と異常行動の機能的関係ができあがっているケースでは，応用行動分析を実施する者にはよく知られている。ADHD を有する人々で感覚統合機能異常が頻繁に起こるとの主張がなされているが（Cermak, 1988），ADHD の子どもに対する SIT の効果を証明した研究はない。さらにこの方法は，ADHD の中心的問題は「入力」の問題であると考えており，その考え方は，さまざまな証拠や，ADHD は環境に対する基本的入力を解釈する認知過程の下流で起こる「出力」の問題であると考える現在の理論とは一致しない（Barkley, 1997）。この点において，SIT の方法は，本章で先に述べた同様の補償的方法とはかなり異なっている。というのも，それらの方法では，脳の下位レベルで起こる感覚統合処理の役割については何ら言及もせず，また推測もしないからである。

◆栄養学的方法

ADHD の治療法とされてきたが，その効果については十分証明されていない特定の栄養素として，必須脂肪酸，糖栄養サプリメント（サッカリド），ミネラルサプリメント（マグネシウム，鉄，亜鉛）があげられる。最近の研究の1つでは，6 週間にわたり糖栄養サプリメントを投与された 17 人の子どもの ADHD の症状の程度が，両親と教師の評定で改善したことが報告されている（Dykman & Dykman, 1998）。しかしながら，統制群が適切でなかったことと二重盲検法デザインが行なわれていなかったことなどの方法論的な問題から，これらの結果の解釈は完全ではなく，さらに研究が必要である。さらに，アメリカ食品医薬品局が虚偽の主張をした企業に対して

行なった最近の訴訟に示されるように，ADHDへの栄養学的方法に効果があるとする主張の多くは，実証的な根拠を欠いている（Reuter Media News, 2000）。また栄養素のなかには毒性の危険性と結びつくものがあるかもしれない（Arnold, 1999）。

◆生理学的治療

個々の治療に対して提案されるメカニズムはさまざまであるが，それぞれの治療の合理的な生理学的基礎を持つADHDの治療法には鍼治療，カンジダ酵母菌療法，抗乗り物酔い薬治療，甲状腺治療があげられる。現在のところ，これらのADHDの治療法に関して統制された研究はまったく発表されていない。

◆ホメオパシー療法

ADHDに対して，さまざまなホメオパシー治療*の使用が提案されている（Reichenberg-Ullmann, & Ullman, 1996）。そのなかの主要なものとしては（少なくともマーケティングの努力の点から），ここ数年合衆国国内でかなり広まったヨーロッパ産の有機物由来の物質であるピクノジェノールがあげられる。ADHDに用いる理論的根拠はまったくないように思えるが，この物質に関する主張のなかには驚くべきものがある。ADHDの関連症状を取り除くだけでなく，テニス肘，にきび，血液の凝固などさまざまな身体，健康上の問題を軽減するとされている。あるウェブサイトでは，ピクノジェノールがADHD治療に用いられた場合，「リタリンなどの通常処方される刺激薬と同じようによく」効くと述べている（Carper, 1998）。この主張は，データ報告も引用文献もまったくなく，不特定の実験室での測定値に基づいたものであった。このサイトではADHD以外の疾患に対するピクノジェノールの効果を検討した文献リストへリンクしているが，それらはすべてヨーロッパの雑誌で，その多くは外国語で書かれているため，消費者がそのデータを利用したり，独自に再検討したりするのはかなり難しい。さらにほとんどのホメオパシー療法に用いられる物質の安全性と副作用に関して利用できるデータはまったくない。

支持されていない治療法に関する挑戦と問題

このレビューでは，すでに確立された治療法の代わりとして提案された，多くの支持されていない治療を確認してきた。効果を支持する証拠がないにもかかわらず，代替治療に関する興味や関心は高い。この問題を抱えた状況には多くの原因がある。

まず，両親や専門家のなかには，治療法を試す前でさえ，確立された治療法の妥当性に対して否定的な態度をとる者がある。特に薬物療法に対して，推測によって否定的な態度をとる場合が最も多い。刺激薬治療に対するそのような否定的な態度は，（教

室における教師などの）専門家よりも親に多いかもしれない。たとえば，MTAの研究によれば，親は，行動的な要素を含む治療に対する消費者満足度評定が高かったが，教師には同様の傾向はみられなかった（Pelham, 1999）。どんな治療法を実施する場合にも，治療に対する態度がこのように異なるために，その効果を潜在的に弱める可能性がある。親と教師の両者が，実証的に支持されたADHD治療法に対する推測的な態度をとらずに，子ども自身の反応により治療を決めるほうが，もっと有益なやり方である。

2番めに，治療を行なう前にそのような態度や信念を持たなくても，一度治療が開始されれば，それまでに議論された，確立された治療法の限界がしばしば問題となる。刺激薬の副作用は軽いがめずらしいものではなく，行動療法にはたいへんな労力と効力のある組織が必要となる。このような要因によって両親は実証された治療法に失望し，代替治療への興味に拍車がかかる可能性がある。

3番めに，異論のある，あるいは支持されていない治療法と比べると，実証された治療法に関する情報伝達の方法が異なるかもしれない。実証された治療法を支持する人は，（程度の差はあれ）治療効果を主張する際に，懐疑的で慎重であるように訓練された科学的な立場の専門家である場合が多い。反対に，それ以外の治療法を擁護する人は多くの場合，そのような制約がなく，金銭的あるいはそれ以外の動機で治療効果について大げさな主張をするかもしれない。たとえば，コロラドのコロンバイン高校での銃乱射事件の後に，ケーブルネットワークニュース（CNN）は，リタリンが校内暴力と関連していると主張する「専門家」のインタビューを繰り返し放送した（Seay, 1999）。この「専門家」がリタリンの使用に反論する本の著者であり（彼女はアモキシリンの使用に反対する本も書いている），彼女の主張の根拠とする研究は逸話の寄せ集めであり，彼女が監督する研究所はもともとリタリンに反対するグループとしてよく知られている，サイエントロジー協会によって創設されたものであるということを放送すべきであったのに，CNNは明らかにそれを怠った（Seay, 1999）。

ADHDの治療について述べる態度がこのように違うことから，ADHDに関する正式な訓練を受けておらず，またADHDに関する知識を持たない両親は，①大きな労力を使うか（行動療法），②大きな犠牲（刺激薬の副作用と金銭的代価）を払うと考えられる治療法を選択するか，あるいは③このどちらの制約もなく，ADHDを治療すると保証されている治療法のいずれかから選択する立場にいる可能性がある。消費者がこのような状況に直面する理由としては，多くの医学的方法や薬物療法とは異なり，精神保健の問題に関する非薬物治療にはほとんど，あるいはまったく規制がないことがあげられる（Weisz, 2000）。

4番めに，刺激薬には長期的な効果がほとんどないことを示す長期的研究が正確であるなら，親や治療者のなかには失望して，異論のある治療法を試す場合があるかも

しれない。ADHD が慢性障害であることを考えれば，刺激薬，行動変容，あるいはその両方が子どものころには効果的に利用されていても，刺激薬を飲むことへの拒絶や，幼少時にはやる気を起こさせるような両親の随伴性の制御がなくなることなどによって，成人では効果的でないことは簡単に想像できる。そのような場合，親は確立された治療法ではけっして得られない望みを代替治療によって得るだろう。

ほとんどすべての ADHD 治療（実証されているかどうかにかかわらず）には多大な資源（時間，行動力，お金のすべて，またはいずれか１つ）を投資しなくてはならない。これらの資源は限られており，それらの資源は慎重に使用され，すでにリスクと利得がわかっている介入努力に費やされることが倫理上，求められる。治療への意思決定の協力者として，専門家には次のような機会と責任がある。① ADHD のさまざまな治療法に関する正確な情報を親に示す，②（逸話や自分の医学的な直感や経験ではなく）実証的証拠に基づき，治療の選択肢について決定し，助言を行なう，③子どもに最も有益と思われる治療法を強く勧める（つまり実証的に支持された治療法）。

これらの責任を考えれば，新しく探求されて有望かもしれないが，確立されていない治療法の発見を説明するのではなく，確立された ADHD の治療法に関する新発見に遅れないでいることが専門家の主要な努力目標である。さらに，ADHD の代替治療に関する情報はしばしば学問的領域から外れていることも多く，さまざまな情報源とデータベースに目を配ることが求められる。このような目標を達成するのは困難ではあるが，有能な専門家に求められる唱導者としての基本的な役割なのである。

結論

ADHD は衝動的な制御と注意の機能障害が特徴で，人間関係，学業，行動遂行に関する深刻な障害を伴う慢性的な状態である。相応の実証的証拠によって，刺激薬治療や，教室での行動介入，両親による行動管理訓練が ADHD に有効な治療であることが支持されている。それ以外の ADHD の治療法には，限定的であるが促進的，実証的な支持があるもの，単にまだ研究が行なわれていないかあるいは効果がないことが示されたものがある。十分に確立された ADHD の治療法に関しては膨大な知識の蓄積があるため，新しい代替治療を提案する者は，実証的に確立した治療法と比較した，提案する治療法の利得，代価，リスクに関する説得的な証拠を呈示するための「証明の重荷」に耐えることになる。

ADHD 治療に関する重要な疑問の多くが今後の研究に委ねられている。まず，実証的に支持されている ADHD の治療にはかなり多くの研究の裏づけがあるが，その

効果を説明する基礎となるメカニズムについてはほとんどわかっていない。行動療法と刺激薬のどのような点が，ADHDのどのような点に効果があるのだろうか。これらの疑問に答えることによって，治療の効果を大きく向上させるだけでなく，ADHDへの理解を大きく進めることになるだろう（Kazdin, 1999）。

次に，ADHDにおける有望な治療法にはさらに研究が必要である。これらの治療法を分類するための基準で説明したように，これらの治療法は予備的研究では効果的であるように思われるが，現在のところその効果に決定を下すには証拠が不十分である。

3番めに，年齢，性別，あるいは共存する障害などの要因が治療に影響を与えるかどうかについての研究が必要である。

最後に，治療の長期的効果に関する研究が必要である。ADHDの子どもに関する治療効果の持続と一般化に関する現在の情報は，（概して）方法論的に問題のある研究に基づいている。治療のさまざまなタイプや併用によるADHD治療の長期的効果に関する研究が必要不可欠である。

用語解説

ADHDの多面的治療研究（multisite treatment of ADHD: MTA）　ADHDへの，刺激薬投薬，行動療法，これら2つの治療の併用の効果を比較する国立精神衛生研究所による大規模調査研究。

clonidine　ADHDや行為上の問題を治療するために時に使用される降圧薬。

行動療法（behavior therapy）　行動を変化させる影響のある規範を学習することによる治療手続き。

刺激薬治療（stimulant medications）　神経伝達物質に作用することで，中枢神経系，特に脳のfrontal-striatal regionで効く薬。刺激薬治療にはADHD治療によく用いられるmethylphenidate（リタリン）とdextroamphetamine（デキサドリン）が含まれる。

注意欠陥／多動性障害（attention-deficit/hyperactivity disorder; ADHD）　発達的に不適切なレベルの不注意，衝動性，多動性のすべて，またはいずれかが特徴の障害。注意欠陥障害（ADD）あるいは子どもの多動性もさす。

注意の制御（attention control）　クライエントに，積極的な介入は行なわず，社会的サポートを行なうことによる，主に心理社会的治療研究で用いられる実証的手続き。単純なセラピストとの交互作用によるプラセボ効果を制御するために使用される。

ニューロフィードバック（neurofeedback）　個人に自身の脳波を努力して監視させ，自分の行動を変化させる治療法。

フェーディング（fading）　反応が新しい刺激に転移するように，反応を制御する刺激を徐々に変化させること。自然な環境に治療の効果を般化させるためによく用いられる。

ホメオパシー治療（homeopathic treatment）　体自体の防衛力を刺激するために天然の物質（たとえば植物や動物）を用いる治療法。

メタ認知スキル（meta-cognitive skill）　自分自身の思考過程に気づくことによる高次の心的過程。時に「思考に関する思考」と呼ばれる。

この章において各著者は等しく貢献している。著者の順序はコインを投げて決定した。

第13章 異論のある多くの自閉症治療法
効果に対する決定的評価

レイモンド・G・ロマンジーク（Raymond G. Romanczyk）
ローラ・アーンスタイン（Laura Arnstein）
ラサ・V・ソーリャ（Latha V. Soorya）
ジェニファー・ギリス（Jennifer Gillis）

■自閉症の特徴

　自閉症は，多領域の機能に影響を及ぼす深刻な発達障害である。50年以上にもわたって研究，臨床，そして大衆からの注目を集めているが，いまだに物議をかもしている障害である（Berkell Zager, 1999; Cohen &Volkmar, 1997; Matson, 1994; Romanczyk, 1994; Schopler & Mesibov, 1988）。今のところ，自閉症のための医学的診断テストというものはない。診断はアメリカ精神医学会による『DSM-Ⅳ 精神疾患の診断・統計マニュアル』を用いて行なわれており，自閉症は広汎性発達障害（pervasive developmental disorder: PDD）と分類されている。DSM-ⅣはPDDの広義の分類に，自閉症とアスペルガー症候群を含む5つの障害をあげている。自閉症の診断は，以下の3つの重要な機能の質的な障害をもとに行なわれる。①コミュニケーション，②社会的相互作用，③限定的行動パターン，である。

　現在の診断手順が質的な性質のものであるため，自閉症の診断結果は，個人差を伴う。したがって，自閉症と診断されても，言語コミュニケーションスキルがある場合もあれば，ない場合もある。また完全でないにしろ社会的相互作用がみられる場合もあればまったくみられない場合もある。ステレオタイプ化された自己刺激行動や，繰り返し行なわれる儀式的行動をとる場合もあれば，とらない場合もある。加えて，IQの幅もかなり異なり，重度の精神遅滞がみられる場合から，正常のIQを示す場合

もある。しかしながら，その分布は偏っていて，自閉症患者の多くには，著しい精神遅滞がみられる。

その他に，本章とこの本のテーマに関して重要な2つの一般的な特徴がある。まず，自閉症患者全体として，行動にかなり変動があるため，変化の測定には多面的な標本抽出の手順を取り入れなければならない。次に，自閉症患者にみられる技能発達の遅れは，一様でない場合が多い。変化や改善を評価するための手段と手順は，広範囲で，しかも特定のものに対応しなければならない（Cohen et al., 2003）。

診断や経過の評価に一般的に用いられるアセスメントや診断の手段は無数にわたる。ほとんどの手段は，感度と特殊性が適切でなく，どのような特定の手段を評価バッテリーに含めるべきかに関して，一般的に容認された基準はない（Esteban et al., 1999）。しかしながら，評価の際には，自閉症によって影響を受ける重要な3つの機能領域，コミュニケーション，社会的相互作用，限定的行動，に注目するべきだという考えが一般的に受け入れられている（New York State Department of Health, Early Intervention Program, 1999b）。したがって，特殊な診断手順やアセスメントの手段に関する，研究報告や逸話報告を評価する際には，多大な配慮が必要である。幼児に対する正確な個別の診断を得ることは，子どもの発達の機能的アセスメントを得るという決定的なプロセスと同様に，困難で複雑な過程である（Harris & Handleman, 2000; New York State Health Department, 1999a; Powers & Handleman, 1984; Romanczyk et al., 1994; Schopler & Mesibov, 1998）。

自閉症の発生率に関しては，さまざまな意見がある。自閉症発症率は，10,000人中4.5人という，稀な障害であるとみなされてきた。ここ数年で，発生率が増加しつつある。最近では，10,000人に20～40人というかなり高い確率の報告もある（たとえばCalifornia Department of Developmental Services, 1999）。診断基準が時間とともに変化し，初期介入プログラムによる初期の発見や診断に対して警戒がなされるようになり，そしてサービスを受けるためには診断が必要であることを考慮すると，現在の自閉症の増加を解釈することは難しいといえる（Chakrabarti & Fombonne, 2001; Fombonne, 1999; Powell et al., 2000）。特に幼い子どもの発生率を報告するための国家的システムがないことも解釈を難しくしている。

一般的な治療方法の再検討

教育的・経験的方法
◆ファシリテイテッド・コミュニケーション

　自閉症患者の主な特徴は，社会的な過程とコミュニケーションの過程とに重度の障害があることである。この二重障害の状況に対し，ABCのプライムタイムライブやPBSのフロントラインなどの番組を通して，ファシリテイテッド・コミュニケーション（FC）が，自閉症の治療方法としてすばやく，全国的に広まった。多数の臨床医によって取り入れられ，プログラムはすごい勢いで広まった。FCに対する関心が大きく広まったことに対応し，シラキュース大学にFCの特別研究所が開設され，何千人ものファシリテーターをトレーニングするセミナーが全国的に展開された。そしてメディアは，FCの成功に関して，行過ぎた根拠のない主張を行なった。FCは，現在でも人気が高く，広く用いられているものの，物議をかもしている自閉症の治療法である（Delmolino & Romanczyk, 1995; Green, 1996; Herbert et al., 2002; Smith, T., 1996）。オーストラリアのローズマリー・クロスリー（Crossley, R.）のFCプログラムをもとに，合衆国とカナダでは，1990年にビクレンによってFCが導入された（Biklen, 1990a）。FCの背景にある理論の中心には，自閉症患者はコミュニケーション能力を制限するような運動障害を有するとの考え方がある。提唱者は，FCは自閉症患者が自己表現，関係形成の能力を発揮できるようになる手法だと主張している。

　ビクレン（1990a）は，「Communication Unbound: Autism and Apraxia」という論説のなかで，脳性小児麻痺のある子どもたちが，コミュニケーションを図るために絵文字盤を使用する際，クロスリーがどのようにFCを応用し，手指運動へ導いたかを記述している。クライエントがコミュニケーションに成功したことにより，クロスリーはFCを自閉症の子どもたちにも導入した。以来，FCは他のさまざまなコミュニケーション障害のある人々の間で普及し始めた。

　FCは，コミュニケーションができなかったり，コミュニケーション能力が限定された人々の，言語表現を促進する手段として提供されている。提唱者は，子どもたちの運動コントロールを手助けすることで，隠れていた言語能力が突然，劇的に変化すると主張する。以下は，ビクレンによる教師，音声言語病理学者，そして自閉症とFCに関心を持つ人々のためのFC解説のメモである。「その方法として，最初は手をとったり，腕を支えたり，何かを選択するたびに手を後に引っ張ったり，動きを抑えたり，人差し指を個別に動かさせたり，言語的な励ましを行なったり，勇気づけたりする」（1990b, p. 1）。

　FCの提唱者によると，子どもたちは電子タイプライター，ハンドヘルドコンピュ

ータやキーボード，また絵文字盤などのさまざまなコミュニケーションツールが使えるという（Biklen, 1990a）。FCが称するところでは，付加的コミュニケーション器具を使えば，自閉症児もコミュニケーションを図れるようになり，最終的な目標は，子どもがファシリテーターなしに，タイプしたり，指示できるようになることである（Biklen, 1990b）。

　付加的コミュニケーションとファシリテイテッド・コミュニケーションを区別することが困難な場合がある。付加的コミュニケーションは，すでに実証されているコミュニケーションを援助する方法であり，FCで用いられる道具に似たものを使うことがある。しかしながら，付加的コミュニケーションでは，最も微妙な筋肉の動きでさえそれを使用して，直接的，自発的にコントロールできるように修正される。そうすることにより，1人でコミュニケーションが図れるようになる（Cummins & Prior, 1992）。反対に，FCはコミュニケーションを図るために，ファシリテーターを「仲介者」として用いる。したがって，FCと付加的コミュニケーションの違いは，手続きのなかで使用する道具やその名前ではなく，手続きそのものということになる。FCという用語は使われなくても，「付加的コミュニケーション」は時として，ファシリテイテッド・コミュニケーションの手続きを使うことがあるため，この違いは重要である。

　カミンズとプライアー（Cummins & Prior, 1992）は，文字盤をさすためのポインターが前についたはち巻きを用いるシステムについて記述した。この手続きに関するビデオを調べてみると，本人がポインターを動かすというよりも，むしろ，ファシリテーターが文字盤を動かしていることがわかる（Palfreman, 1993）。その他の例としては，作家として天性の才能があるといわれた重度障害のある子どもがいる（Olsen, 1999）。コミュニケーションに使われるシステムは，FCとはいわれていないが，FCに似ている部分も多い。最初に，子どもは，文字盤をさすために手をとって援助を受ける。FCと同様，大人は文字盤を集中して見ていたが，子どもはそうではなかった（Olsen, 1999）。

　ビクレン（1990a）は自閉症では失行が大きな原因であると強調した。失行は，身振りもしくは運動の障害である。多くの場合，失行の治療法には視覚運動制御と基本的な運動学習の改善が含まれる。しかしながら，FCによって視覚運動制御ができるようになるとは思えない。実際，タイピングの間まったくキーボードを見ずにファシリテーションを受けている例が多くあるといわれている（Palfreman, 1993）。

　ヤコブソンとミューリック（Jacobson & Mulick, 1992）は，FCを証明するためには，本人がファシリテーターの影響を受けずに1人でコミュニケーションを図っているという証拠が必要であると述べている。ファシリテーターからの影響を除く方法の1つは，ファシリテーターにではなく本人に質問をすることである（Dayan & Minnes, 1995）。ファシリテーターに質問が聞こえなかったときや異なる情報を聞いたとき，

本人の答えは一貫して不正確であるという結果となった（Bebko et al., 1996）。

　その他には，ファシリテーターがいないところで，本人に質問や情報を提示するという方法がある。その後，ファシリテーターは自分が来る前のことについての質問に答えるために参加する。レガールら（Regal et al., 1994）はこの方法を用いて，うまくいったという自信がファシリテーターにあったにもかかわらず，答えは正確ではなかったということを報告した。

　ウィーラーら（Wheeler et al., 1992）は，ファシリテーターが何が提示されたかがわかっているときとそうでないときとの遂行能力の相違点を評価した。この研究では仕切りが真ん中にあるテーブルを用い，ファシリテーターがFCを行なう間，ファシリテーターと子どもの見ているものが異なるようにした。この研究結果は，FCへの支持を示すものではなく，むしろ子どもの回答が，ファシリテーターの強い影響を受けていることを示唆していた。

　スミスら（Smith, M. D. et al., 1994）は，ファシリテーターの影響力に加えて，知識と援助レベルの効果について調査した。試行の半分では，ファシリテーターは子どもが見ていた刺激を知っていた。ファシリテーターの3つのレベルの援助が調査された。それらの3つのレベルとは，援助なし，間違いを防止しないで手をとって動かす援助，間違いを指摘して手をとって動かす援助のことである。ファシリテーターが刺激を知っていて，完全な援助が与えられたときのみ，正答になることがわかった。

　エデルソンら（Edelson et al., 1998）は，ファシリテーターからの影響を除くFCのハンドサポート装置を使用した。この研究で，自閉症児は3つの方法を使ってタイプするように指示された。人間がファシリテートする状態，機械がファシリテートする状態，そしてファシリテートがない状態である（タイプしているときは，どんな形の援助もなされなかった）。8週間経過後の，ファシリテートなしで行なったテストでは，ファシリテートした状態の条件でも学習は起こらなかった。

　ケズカ（Kezuka, 1997）はFCに似た手法を説明している。それは，アシスタントによる身体的な援助を受けながら，本人がコンピュータでコントロールされた単語・音プロセッサーを用いてコミュニケーションを図るというものであった。著者は，アシスタントにはFCの知識はないといっているが，用いられた手法はFCに類似している。ケズカは圧力を測るひずみ測定器を作った。ひずみ測定器は，本人へのファシリテーションの身体的な影響を客観的に測定するために使われた。本人の指が正答に近ければ近いほど，より大きなひずみが記録された。研究結果は，本人の動きを圧力の手がかりによって指導して，ファシリテーターが運動のコントロールを訓練できたことを示唆していた。

　FCの提唱者らは，実施された実験的研究は適切に計画されておらず，パフォーマンスが正確に測定されていないと主張した。シリマン（Silliman, 1995）は，これら

の研究は日常の社会状況からかけ離れた,なじみのない環境で行なわれており,そのような環境はパフォーマンスを妨げると主張した。デュチェン(Duchan, 1995)は,「相互影響が起こる状況は自然に生じるものではなく,さまざまな方法で変更されるものである」(p.208)と述べている。

そのような批判に答えるため,ケランら(Kerrin et al., 1998)は,子どもにとってなじみのある教室で十分計画された研究を行ない,なじみのない環境に対する問題について意見を述べた。この研究は担任の教師と音声言語病理学者によって行なわれた。研究では2人の対象児が自閉症と診断され,その2人は教師と音声言語病理学者の両方をよく知っていた。研究前の1週間,音声言語病理学者はサングラスをずっとかけていた。この研究が始まったときも,彼女は2人をファシリテートする間,教室でサングラスをかけ続けた。一日中,子どもたちは,(たとえば「~を指さしなさい」)などと言葉で指示されてから,正しい絵や単語をさす,絵/単語命名課題を行なった。ブラインド条件(視界を閉ざすためにファシリテーターは厚紙をサングラスにつけた)か,非ブラインド条件(サングラスのみをかけ,視界はある)という2つのファシリテーター条件が一日交代で行なわれた。対象児の反応はファシリテーターが刺激を見ることができるかどうかによって大きく影響を受けていた。ファシリテーターが対象児の回答に意図的に影響を与えたと思っていなかったとしても,ファシリテーターが刺激を見ることができたとき,正答率は非常に高いという結果であった。

ペリーら(Perry et al., 1998)は,FCトレーニングの数週間前とFCトレーニング後に16人のファシリテーターにアンケート調査を行なった。この統制のとれた研究からFCトレーニング後,FCに対して肯定的な態度が増し,その態度が肯定的であればあるほど,ファシリテーターが影響を及ぼしていることが示された。

FCを支持する証拠がまったくないことを考えると,応用的な状況でFCを用いることにはいくつかの倫理的な懸念が生じる。1つは,学校でのクラス決めについてである。FCは個々の知能,遂行能力で誤った評価を生み出すため,学校でのクラス決めが適切に行なわれない可能性がある。FCでコミュニケーションを図る子どもたちは,自分たちの能力と合わない学年に置かれている場合がある(Beck & Pirovano, 1996; Jacobson & Mulick, 1992)。これは適切な教育サービスを受ける妨げともなり,また親やファシリテーターに誤った望みや期待を抱かせることにもなる。

もう1つのFCに関する倫理的な問題は,親や親戚による性的,肉体的虐待に対する申し立てにFCを用いることである。シーゲル(Siegel, 1995)は,性的嫌がらせに対して2人の若者が行なったFCによる申し立てを評価した。性的嫌がらせについて何も知らされていない,訓練を受けたファシリテーターによるアセスメントでは,その2人の若者はともに自由形式の質問でも客観的な情報を問う質問でも,でたらめの反応を示した。どちらも父親に対して否定的な感情を示さなかった。

自閉症児に対するFCの使用に関する実証的証拠はない（Bebko et al., 1996; Delmolino & Romanczyk, 1995; Green, 1996; Herbert et al., 2002; Mostert, 2001; Regal et al., 1994; Smith, M. D. et al., 1994）。権限は本人にではなくファシリテーターにあるという結論は最も一貫したものである。1995年以降に出版されたFCの最近の展望は，FCの効能を示す研究の方法と主張について検討している（Mostert, 2001）。この展望は前の展望の結論を支持している。というのは，方法論的にきちんと統制されている手続きが用いられている場合，FCに対する肯定的な結果は見つかっていないのである。

◆感覚統合療法

感覚統合（sensory integration: SI）療法*は，1970年代に，ジェーン・エアーズ（Ayres, J.）によって開発された感覚統合理論に基づいている。この療法は，学習障害，注意欠陥／多動性障害（ADHD; ADHDの子どもへのSIの使用に関する議論については第12章も参照）や自閉症のある子どもたちなど，広くさまざまな人々に用いられている。エアーズ（1972）はSIについて以下のように定義を行なっている。「特に実際に感じることのできる3次元の重力に縛られた世界において，環境との相互作用を計画，実行するために，環境からの情報は構成され，解釈される」（p. 26）。感覚統合機能に障害のある子どもは，外界からのこの種の情報を統合することが困難であり，通常の方法での学習や，発達ができない可能性がある。感覚統合障害の症状には，多動性，注意力散漫，行動上の問題，発話の発達の遅れ，筋緊張と協調の粗末さ，学習困難などがある（Ayres, 1979）。この療法は，感覚刺激を与えて，感覚統合障害のある子どもの脳が感覚を処理し構成する方法を変化させることを目的としている（Ayres, 1979）。

SIは自閉症児の治療法として広く使用される。自閉症や他の発達障害のある子どもたちは，感覚入力に対して過敏，あるいは鈍感であると考える研究者がいる（Cook, 1990）。SIを支持する人々は，自閉症に関する多くの症状は，感覚異常が原因で起こる行動であると解釈する。たとえば，特定の服のみを着るといって聞かない子どもは，ある種の生地に過敏になっていると思われる。感覚の問題は，手をバタバタさせる，ゆする，光を凝視するなどの典型的な行動の原因であるとも考えられている。

SIの目的は，特定の行動やスキルを教えることではない。その代わりに，より適応的なやり方で子どもが世界と交流できるように，わかっている感覚上の問題を改善することを目的としている。クック（Cook, 1990）によると，「自閉症児に感覚統合的手法を用いる主な目的は，機能的でより満足できる方法で，さまざまな環境と交流できるようにすることである」（p.5）。この理論の提唱者によると，自閉症児は，前庭，触覚，自己受容系からの情報を統合する際に問題を経験している可能性があるということである。嗅覚，聴覚，味覚，視覚系も影響を受けるかもしれないが，それらは通

常ほとんどSIの対象とはならない。治療は感覚系の使用を刺激し，以下のような機能の再調整を促すためにさまざまな技術を取り入れている。

- ●**前庭**。前庭系は，頭の動きを察知する内耳構造からなる。前庭機能障害により，バランスや移動が困難になる場合がある。SIセラピストは，大きなボールやネットやぶらんこなどの器具の動きを利用して，前庭に刺激を与える（Arendt et al., 1988）。
- ●**触覚**。触覚系は，接触に関する情報を脳に送るための皮膚下にある神経から構成されている。触覚に障害のある子どもは，接触や痛みに過剰に敏感であったり，鈍感であったりする。エアーズ（1979）は，特に軽い接触に極端に否定的な情動反応を示す子どもを「触覚防衛」と呼んでいる。たとえば，SIではブラシや織地を使って，子どもの身体のさまざまな部分をさわったり，2つのマットの間を回らせたりして接触刺激を与える（Ayres, 1972, 1979）。
- ●**自己受容**。自己受容系は，筋肉や関節からの情報を使って体の位置についての情報を脳に送る。自己受容の障害では，フォークやスプーンの使用や，いすに座るなどの単純な運動課題を行なうことが困難となることがある。SIセラピストは，お腹の上に乗せてスケートボードを操縦させるなど，自己受容器情報を必要とする課題を行なわせる（Ayres, 1972, 1979）。

感覚刺激は，通常，前述の器具を使ったゲームのなかで与えられる。感覚統合・利用テスト（Sensory Integration and Praxis Test: SIPT; Ayres, 1989）のようなアセスメントが子どもの弱点の診断と，治療目的決定に使用される。エアーズ（1972, 1979）は子どもが自分で活動を選択する「自己制御的」治療環境を勧めている。エアーズ（1972）によると，子どもたちはたいてい自分から弱点を治療するのに必要な活動を求めるという。

感覚統合療法理論そのものが実証的に支持されていないということを明記しておくことは大切である。感覚統合は直接的に計ることのできない広い概念であり，代わりに感覚統合機能障害の目印として用いられるさまざまな行動や障害から推測しなければならない。しかしながら，この「症状」は広範囲にわたり，ほとんどすべてのタイプの不適応反応，技能障害（多動性，行動上の問題，言語遅滞，調整の問題および学習上の問題）が含まれる（Ayres, 1972）。このことは論理的には，不適応反応は感覚統合がうまくいかないことの証拠であり，適応的反応はすぐれた感覚統合の結果であるという間違った結果を導くことになる。アレントら（Arendt et al., 1988）は感覚統合の構成概念の妥当性に関する諸問題について，すぐれた全体像を示し，用語の非特殊性，すでに明らかにされた中枢神経系研究との一致性の欠如，そして循環的定義

に注目した。

　感覚統合理論に関する2つめの問題は，感覚統合障害が「脳の不規則な活動」によって起こるというエアーズ（1979）の主張から生じている。しかしながら，エアーズは，感覚統合障害があるとされる子どもたちに，脳の不規則な活動が起こっている証拠を，ほとんどの神経学者が見つけていないということを認めている（p. 52）。エアーズはSIを必要としているとして自閉症児に特に重きをおいており，自閉症の子どもたちは感覚処理の障害など共通したある特定症状を持つ混合グループであると主張している（Ayres & Tyckle, 1980, p. 375）。しかしながら，DSM-Ⅳの自閉症診断基準のなかには，感覚処理の障害は含まれていない。

　感覚統合理論，SI技法，さまざまな人々によるSI使用に関する情報についてはかなり多くの著作がある。残念ながら，自閉症児におけるSI使用に関する著作は，その大部分が理論解説や記述的報告，またはケーススタディである。他のグループ（学習障害，精神遅滞）でのSIの効果について行なわれている実験的研究は，子どもの成熟や慣習の変化といった要因と交絡している場合が多い。また結果を計る手法も間接的であり，観察者のバイアスが入ってしまうことがよくある。標本の大きさ，SIの定義が一貫していないこと，適切な統制群を用いていないことなどの問題が，多くの結果の解釈を難しくしている。

　文献展望を行なったところ，十分に統制された臨床研究で自閉症児におけるSIの使用を支持するものは1つも発見されなかった。ニューヨーク州衛生局によって実施された展望によると，自閉症児に対するSI使用に関する29の記事が，展望の基準を満たした（New York State Health Department, 1999a）。これらの29件を注意深く再検討したのち，委員会はどの記事も実験的に適切な科学的手法を使用しておらず，SIの効能を裏づけるには不十分であるとの結論を出した。

　SIは自閉症児用に特別に考え出されたものではない。しかしながら，多種の母集団でSIの効能の証拠を示す展望もほぼ否定的な結果である。精神遅滞（Arendt et al., 1988），学習障害（Hoehn & Bandmaster, 1994），言語障害（Griffer, 1999）の子どもにおけるSI使用に関する展望論文はすべて，SI使用を支持する証拠が不十分であることを示した（第12章も参照）。アレントら（1988）は，特に精神遅滞児において，「研究目的以外で，感覚統合療法の継続的使用を，実験的，理論的に支持する証拠はない」（p. 410）と結論づけた。

　要するに，自閉症児の治療に感覚統合の使用が有効であることを示す健全な実験的研究はない（Herbert et al., 2002も参照）。このことから，実証的に支持された治療に費やすこともできる時間や費用などの限りある資源を奪い合うことへの疑問が生じる。SIに費やす週当たりの時間や実際の長さは個々のケースによってかなり異なるため，この消費の大きさを見積もることは難しい。

第IV部　特定の子どもの障害の治療における論争

◆聴覚統合訓練

　自閉症の診断基準には含まれていないが，聴覚異常は自閉症やPDDの人にしばしば報告される。異常と考えられる範囲は「まったく聞こえない」状態から，日常音（電子レンジや掃除機）への過敏性にまで及ぶ。自閉症児を持つ親に行なった調査（Rimland & Edelson, 1995）によると，自閉症のある人の40%が何らかの音に対する過敏性を経験している可能性がある。しかしながら，「聴覚感受性」を識別する過程に大きな誤りがあるかもしれない（Valluripalli & Gillis, 2000）。

　聴覚統合訓練*（auditory integration training: AIT）は，当初，聴力欠損などの聴覚障害治療のために提唱されたが，その後，自閉症など学習や言語に問題のあるさまざまな子どもに適用されるようになった。自閉症の「聴覚過敏*」が広く認識され，「自閉症の治療法」としてAITにメディアが注目したこともあり，親や専門家が関心を持つようになった。11歳の自閉症少女の母親であるステリによって書かれた『The Sound of a Miracle: A Child's Triumph over Autism』が出版されたことによりAITへの関心が増加した。その本では娘が比較的短い10時間ほどの介入の後，自閉症を「克服」したという家族のAITの体験談が描かれている（Stehli, 1991）。まずAITは親どうしのサークルで広がったが，一方で研究者もその方法の科学的な評価に興味を持った。

　本来のAITの手続きは聴力欠損や聴力のゆがみなどの聴覚障害治療として1960年代に耳鼻咽喉学者，ガイ・ベラルド（Berard, G.）によって開発された。治療手続きでは，聴力図のなかで過敏性を示した音を電気的にフィルタリングする。修正した音を繰り返し聞かせることにより，脱感作を起こし，以前苦痛を感じた音に対する聴力機能を再訓練すると信じられている。1980年代のはじめから，ベラルドは学習と行動における聴覚処理障害の重要な役割に関して，自分の考えを出版し始めた。ベラルドは聴覚信号に対する過敏性，ゆがみ，遅滞により非効率な学習が行なわれ，このような問題のある人々に不適応行動を引き起こす可能性があると考えた。後にベラルドはAITを用いる目的を，治療の後半部分で，脳の左半球に聴覚情報を送る右耳に注目してコミュニケーションスキルを改善することであるとし，当初の方法を修正した。ベラルドは左半球を刺激すると言語知覚が増加すると考えた（http://www.autism.org/ait2.html）。

　自閉症児におけるAITの使用については，少数の研究結果が報告されている（Bettison, 1996; Edelson et al., 1999; Gillberg et al., 1997; Mudford et al., 2000; Rimland & Edelson, 1995; Zollweg et al., 1997）。入手可能な研究のうち2つはAITの使用を支持しているが，3つは支持していない。AIT使用を支持している研究のうちのたった1つと，3つの支持していない研究で二重盲検・プラセボ統制による手法が用いられた。プラセボ統制を用いたAIT研究では，通常のAIT手続きを行なう

治療群と，治療群と同じ時間間隔で，フィルタリングしていない音楽を聞くプラセボ群を含む標準的手法が取り入れられた。

リムランドとエデルソン（Rimland & Edelson, 1995）による，十分統制が行なわれたたった1つのAITを支持する研究には欠点があり，データの解釈には限界があった。その欠点とは，介入前にすでに治療群と統制群の間に統計的に有意な差があり，結果の臨床的意義に疑問が残ることである（Howlin, 1997; Zollweg et al., 1997）。リムランドとエデルソンは，自閉症行動チェックリスト（Autism Behavior Checklist: ABC）とフィッシャー聴覚問題チェックリスト（Fisher's Auditory Problems Checklist: FAPC）の両方で，8人の実験群と9人の統制群の間に統計的に有意な差を示した。ABCに関しては，通常使用される平均得点ではなく，ABCのさまざまな下位尺度の要約得点を使用した。ゾルウェグら（Zollweg et al., 1997）は，リムランドとエデルソンのデータから推定し，AITの前後のABC平均得点の差は.33しかないことを示した。リムランドとエデルソンが示したABCの平均得点の差は，臨床的意義に欠けると主張する研究者（Howlin, 1997; Zollweg et al., 1997）もいる。最後に，治療群と統制群の介入前の差をみても，リムランドとエデルソンの結論の解釈はさらに複雑といえる。

エデルソンら（1999）は，リムランドとエデルソン（1995）の方法論的欠点を修正した二重盲検法による研究を行なった。変化を評価するために，2つの行動変化に関する指標と1つの聴覚感受性変化に関する指標を含む複数の方法が用いられた。3つの測定尺度の最後の1つであるABC，つまり行動測定値の1つのみに有意な変化がみられた。結果は自閉症にAITを用いることを支持するものであると著者らは考えたが，この結論は注意して解釈されるべきである。標本数が少ないこと，同様の行動指標によって再現できないこと，他の研究者による再現ができないこと，肯定的な発見が1つであることから，臨床的意義に疑問が残るなどの要因によって彼らの発見の一般化には限界がある。

ベティソン（Bettison, 1996），ゾルウェグら（1997），ギルバーグら（Gillberg et al., 1997），マッドフォードら（Mudford et al., 2000）の研究では自閉症へのAIT使用は支持されていない。ギルバーグらは盲検法ではないオープンな試験的研究を行なったが，自閉症に関係する行動の2つの測定値に有意な変化はみられなかった。ベティソン，ゾルウェグら，マッドフォードらが実施した二重盲検法によるプラセボ統制研究では，治療群と統制群の間で差が認められなかった。これらの研究は治療群と統制群の両群で，ABCで測定した自閉症に関する行動に改善があったことを示した。実際，マッドフォードらの研究では，統制群の子どもの親はAITを行なった子どもの親よりも，多動と聴覚閉塞の測定値においてよい評定をしたことが示された。ベティソンの研究が唯一AITが認知と学習に及ぼす影響についてのベラル

ドの仮説を検討するものであった。ベティソンの研究ではピーボディー絵語彙テスト（Peabody Picture Vocabulary Test: PPVT）とレイター国際パフォーマンス尺度（Leiter International Performance Scale: LIPS）において，両群で改善がみられた。

ベティソン（1996），マッドフォードら（2000），ゾルウェグら（1997）で治療群と統制群の両方に改善がみられたことは，自閉症におけるAIT使用に関して大きな関心を引き起こした。まず，大多数のAITを使用した研究は行動変化に関する主観的な測定指標を使用している。主観的測定指標で改善がみられたのは，介入が始まることによって親や臨床医が改善をより強く期待する（自己実現予言）ためかもしれない（Zollweg et al., 1997）。すべての研究において採択されている，直接的な行動変化を一貫して示す測定指標には，訓練を受けた聴力学者によって行なわれたテストである聴力図が使用されている。しかしながら，聴力図の結果で有意な変化がみられた研究は，展望研究のうちの1つ（Bettison, 1996）だけで，その変化は治療群とプラセボ群の両方でみられた。ベティソンはまた言語，行動知能の測定における標準化された測定指標（ピーボディ絵語彙テストとレイター国際パフォーマンス尺度）によって，直接観察可能な変化についての測定値を使用した。再び，これらの測定値でも治療群とプラセボ群の両方で改善がみられた。ベティソンの直接的行動測定の結果は，聴覚統合訓練の直接的な効果というよりも，音楽を聴くことの効果であると考えられた。しかしながら，これらの発見はいまだに再現されていない。

研究結果に限界があることに加えて，治療の否定的な副作用の報告があるため，自閉症の治療にこの方法を使うかどうかについては倫理的な疑問が生じる。治療による副作用は親や教師からの報告によるもので，治療群と統制群の両方で見つかっている（Bettison, 1996）。報告されているAITの副作用は行動上の問題（たとえば攻撃性，多動性）の増加，睡眠障害，摂食障害，耳痛，頭痛，腹痛などである（Bettison, 1996; Edelson et al., 1999）。このような副作用が報告されたことから，ニューヨーク教育局（1993; Berkell et al., 1996より引用）は，AITを，適切に実施，もしくは監視しなければ，害を及ぼす可能性がある侵襲的方法に分類した。

自閉症児へのAIT使用をめぐる数多くの問題を考慮すれば，この高価な手続きが一般に普及すると混乱を招くことになるだろう。この分野での研究は，直接観察される行動の測定指標を取り入れなければならない（たとえばBettison, 1996）。加えて，AIT治療の前と後で聴覚感受性に違いがないことから，想定される行動変化を引き起こす仕組みをもっとはっきりと説明するべきである。もし，この治療が効果的な場合もあるということが証明されれば，AITの実践と運用の標準化という挑戦を受けることになるであろう。現在のように標準化されていないバラバラな方法でAITが実践されれば，この治療を求めている人を危険にさらすかもしれない。否定的な副作用の問題に加えて，前述の問題により，人気はあるが証明されていないほかの自閉症

の治療法への注目が集まっている。

◆**発達，個人差，関係基盤モデル**

　発達，個人差，関係基盤モデル（Developmental, Individual-Difference, Relationship-Based Model: DIR）の開発者で主要な提案者であるグリーンスパン博士によると，DIRモデルは，「情動的に意味のある目的を達成するために子どもがどのようにして自己の能力（運動，認知，言語，空間，感覚）を統合するかを検討する」，「機能的，発達的アプローチ」（Greenspan & Wieder, 1999, p.148）である。DIRモデルは，自閉症などさまざまな発達上の問題を抱えた子どもの問題を概念化するのに使われている。時として，「フロアタイム*」と呼ばれるこの用法に基づいた介入は，近年，出版物，セミナーまたはインターネットにより自閉症やPDDのある子どものいる家族の間でひろまっている。

　グリーンスパンとウィーダー（Greenspan & Wieder, 1998）は，『The Child with Special Needs』という本のなかで，自閉症やPDDのある子どもの原因，アセスメント，治療についての概念モデルの概略を示している。そのモデルは，精神分析理論に明白なルーツを持つグリーンスパンとウィーダー（1999）の「感情素因（affect-diathesis）」仮説に基づいている（Greenspan, 2001）。この仮説によれば，自閉症児には「感情の関連づけ，運動計画，順序決定能力，象徴形成などの処理に関して特有の生物学的な障害」（p. 150）がある可能性がある。著者らによると，感情を運動機能や象徴的表象に関連づける能力は，生後2年めに発達する重要な能力である。

　感情素因仮説では，感情は情動・認知発達の中心であるとしている。感情発達は，すべてのスキルの基礎である中心的発達過程と考えられている。たとえば，相互作用を含まない方法（偶然，スプーンを落としてカチーンという音を聞くなど）や，「感情的」な方法（母親に笑いかけて，母親も笑い返すなど）によって，子どもは原因と結果について学習するかもしれない。グリーンスパンとウィーダー（1998）は，感情的な状況で因果関係を学んだ子どもは他の子どもよりも，より強い因果関係の基礎を持つであろうと仮説を立てた。

　複雑なDIRモデルでは，自閉症またはPDDのある子どもは認知感情発達の妨げとなる感覚処理，運動計画の障害をもともと持っていると考えている。家族の相互作用のパターンを子どもの特定の障害に適合させることはまた，このモデルの重要な要素であると考えられている。たとえば，もし聴覚過敏を示す子どもに対して，父親は声が大きく，表現豊かであれば，子どもは感覚の問題を克服するのにより苦労する傾向にある。このモデルによると，この例の子どもは，家族環境による過剰な刺激から逃れるために，孤立した世界へさらに逃げ込もうとすることになる。DIRモデルに基づいた技法の目標は，子どもの生物学的な弱点（たとえば，感覚処理の問題，運動計画，順序決定の問題）と家族の相互作用パターンを特定することである。そしてこれら

の情報は子どもの個別の治療計画を作成するために使われる（Greenspan & Wieder, 1998）。

　子どもにとって生物学的，発達的に必要な治療教育は，フロアタイム技法により行なわれる。フロアタイムとは子どもが中心となって行なう毎日の遊びの時間である。フロアタイムの目標は著者らによって示された次の6つの基礎的な発達指標を確立し，安定させることである。①自己制御と社会への関心，②親密な関係の形成，③双方向コミュニケーション，④複雑なコミュニケーション，⑤情動的な考え方，⑥情動的思考。著者らによると，これらの指標の1つ1つが段階的に推移し，達成される。自閉症またはPDDのある子どもは，それぞれの指標についてバラバラに技能を持っているかもしれないが，1つ1つの指標をきちんと習得することが一般的な発達に必要であると考えられている。フロアタイム技法は親にも，信頼関係を築く遊びを通じて，子どもがこれらの指標を連続して習得できる方法を教えている。フロアタイム技法は子どもが「もっと信頼する」ようになり，「親と親しい関係を持ち」，「喜びを感じる」（Greenspan & Wieder, 1998, p. 463）ようになる場合があると信じられている。

　このモデルには，アセスメントと治療に関する個別アプローチを含む一般的な臨床的意思決定の要素が含まれ，動機に関する要因や一般的な発達的推移に注目しているが，グリーンスパンとウィーダー（1998）によって提案された理論は，科学的根拠に欠けている。この理論の多くは，個人的な臨床経験や逸話的な証拠に基づいているようである。認知発達において情動が大きな役割を果たすと考えているが，その前提は，発達，学習，または認知研究によって支持されていない。グリーンスパンとウィーダーの主張は，以下のように，「情動の学習が最初で，認知学習の基礎である」（p. 123）としているが，これは伝統的な認知と学習の考え方の逆である。

　グリーンスパンとウィーダー（1997; Greenspan & Wieder, 1998 より引用）による200人の自閉症またはPDDの子どものチャート・レビューによってDIRモデルが支持されている。実験的な統制が行なわれていないことに加えて，この研究は，偏ったサンプル，妥当性の確認されていない結果指標の使用，チャートによって経過を展望するため仮説を知っているたった1人の臨床医の起用など，このような展望に多い古典的な欠点を多く含んでいる。

　この研究はまた，チャート・レビューのなかで，子どもの結果を偽統制群と比較した。偽統制群は他の伝統的な介入を受けている子どもたちである。そのような比較をするための実験上の統制が行なわれていないにもかかわらず，著者らは彼らのプログラムを実施している子どもとそうではない子どもの結果を比較するデータを発表した。使用された手法の欠陥や限界を考慮すると，この比較に関する統計分析は，明らかに不適切である。

　DIR手法は，自閉症の特徴である非定型的な情動の相互関係に焦点を当てている

ため，親にとっては魅力的である。このモデルは「ふつうの」社会的相互作用ができるようになるという望みを親に与えるが，それは情動発達に焦点を当てた手法を用いた場合のみである。間違いであるが，情動発達に焦点を当てない行動介入を非難することで，DIR モデルは，「温かく，愛があり，感情あふれる関係」を自閉症児にもたらすことができる点で他とは違うと誤って紹介されている（http://www.interactivemetronome.com/GreenspanArticle.htm）。しかしながら，今日まで統制された研究によって DIR モデルの使用は支持されていない。

◆**イルカ介在療法**

　イルカ介在療法（DAT）は自閉症児を持つ親の関心をひいてきた。DAT はケーブルニュースネットワーク（CNN, March 28, 1998; http://www.cnn.com/HEALTH/9803/28/dolphin.therapy/index.html#op）で放送されてから，大きな注目を集めた。基本的な DAT の手続きでは，子どもはまずセラピストと 1 対 1 の学習セッションを終え，その後，イルカと泳ぐ機会を与えられる。子どもとイルカの相互作用が，子どもをセラピーセッションに参加させる動機づけとなる（http://www.nextstep.com）。イルカは現在，自閉症児の治療パートナーとして定期的に用いられる唯一の野生動物である。

　マイアミにあるヒトーイルカ療法センターのウェブサイトでは，97％の成功率が報告されているが，使用されているアセスメントの方法や測定法などは説明されていない（http://www.cnn.com/HEALTH/9803/28/dolphin.therapy/index.html#op）。イルカ療法の平均的費用は，1 週間で約 2,600 ドルである（http://www.nextstep.com/stepback/cycle9/109/dolphin_therapy.html）。少数のセッションで 1 万ドル以上かかったという家族の報告がある。これには，飛行機代や宿泊費などは含まれていない（http://www.cnn.com/HEALTH/9803/28/dolphin.therapy/index.html#op）。治療時間と費用が，よい結果をもたらすとの期待を抱かせるのかもしれない。

　イルカ研究所の設立者兼経営者であるクリストファー・ペクニック（Peknic, C.）によると，イルカを自閉症やそれ以外の子どもの障害の治療パートナーとして用いることは理にかなった，現実的な治療技法である（http://www.dolphininstitute.org/text/cp.htm）。彼は，「イルカには特別なきずながあり」「幼児をひきつける」と考えている（http://www.dolphininstitute.org/text/cp.htm）。加えて，DAT を支持する人々は，イルカには「人々を理解し，要求に応じる特別な」神秘的な力があるという（http://www.dolphininstitute.org/isc/text/e_smith.htm）。

　DAT で考えていることは，至高体験の考えと密接に関連している。ダマレスとクルシコ（DeMares & Krcyko）は，至高体験とは特定の出来事に対する強い肯定的情動反応であると定義している（http://www.dolphininstitute.org）。至高体験の最中にある種の「つながり」を知覚したと主張する者もいる。すなわち，「人間には，

経験によって，永遠に変えられたり，啓発されたりする感覚がある」(http://www.dolphininstitute.org)。

DATを強く支持しているデーヴィッド・コール (Cole, D.) は，「DATがよりどころとしている仮説は，イルカのエコーロケーションが，人の体の細胞の代謝作用を変えるというものである。それは中核的レベルで起こっており，私たちが観察している現象のすべてはそれで説明できる」と言っている。他にはイルカのソナーが，子どもをリラックスさせ，学習を促しているとの主張もある (http://www.nextstep.com/stepback/cycle9/109/dolphin_therapy.html)。

1～2週間のDATプログラムを実施した子どものデータから，ネイサンソン (Nathanson, 1998) はDATによって，言語，大小の運動技能，注意の分野で長期的改善がみられることを報告した。しかしながら，マリノとリリエンフェルド (Marino & Lilienfeld, 1998) は，彼の報告に対して方法的な分析を行ない，いくつか深刻な欠陥があることを示した。ネイサンソンの研究には内的妥当性にいくつか問題のあることがわかった。それは，①統制群がないため，観察された効能がDATのみによるのか他の要因によるのかを決めることができない，②参加者の特徴の変化を説明する要因としての成熟にふれていないことである。加えて，親による子どもの変化の主観的報告を評定するネイサンソンの質問調査は，要求特性や期待によるバイアスが入ってしまうことを避けられなかった。たとえば，ネイサンソンによれば，「それぞれの行動項目は『イルカ・人療法の結果，私の子どもの……する能力が保持，または改善された』という記述が含まれている」。さらに，ネイサンソンの結論を個別に評価することは難しい，というのは，個別の統計ではなく，サンプルを合わせた全体平均をデータとして報告しているからである。

DATの効能に関する主張を支持する個別の，十分統制された研究はこれまでのところない。またイルカのエコーロケーションが効果的な細胞代謝変化を起こす，という主張についても，実証的には支持されていない。

生物学的手法
◆セクレチン

歴史的に，自閉症治療の突破口としてさまざまな種類の薬物が取り上げられてきた。セクレチン*というホルモンが最近広まっている「奇跡の薬」である。生後3年の自閉症男児にセクレチンを投与後，消化機能アセスメントに改善がみられたことが報告され，セクレチンは自閉症の治療法として広まった。「*Dateline*」(Larson, 1998) での報告によると，その子どもはアセスメント後，消化機能不良の回復，睡眠，言語機能の改善など顕著な変化を示した。

セクレチンは胃機能の制御にかかわるポリペプチドホルモンである。このホルモン

は小腸で食物を消化させる消化酵素を膵臓に分泌させる。胃疾患を診断するための消化機能テストのなかで，セクレチンの1度の注入は食物医薬品局（FDA）によって認められている。セクレチン単独で，またはパンクレオチミンやコレシストキニンと混ぜて，膵外分泌や，胆汁障害の診断に使用される。セクレチンは豚の十二指腸からとることができ，その場合は精製豚セクレチンと呼ばれる。純ヒトセクレチンも合成して製造することができる（Sandler et al., 1999）。

　セクレチンの擁護者たちは，自閉症児への使用を支持する理論的説明については賛同していない。ホーバスら（Horvath et al., 1999）はセクレチン使用を支持する1つの仮説をたてた。彼らは胃腸症状のある自閉症児が，同じ年齢で胃腸症状のある通常の子どもより，セクレチンに対する胃腸の反応がよいことを発見した。著者らは，自閉症群ではおそらくセクレチンによる通常の刺激が欠如しており，膵臓のセクレチン受容体の制御がうまくいかなくなっているかもしれないと考えた。

　1998年の10月初旬より，セクレチンはメディアの関心を集め始めた。その月の終わりには，セクレチンの需要が非常に高まり，そのホルモンを試したいと考える医者や親はそのホルモンを手に入れるのに苦労した。ホーバスら（1998）は，セクレチンの使用は自閉性障害治療として効果的であるということを，セクレチン静脈投与と胃上部の内視検査法を受けた3人の自閉症児についての統制が行なわれていない研究において報告した。著者らは，子どもの胃腸症状の程度が軽減し，主観的に行動にも改善がみられたと報告した。たとえば，子どもたちのアイコンタクト，機敏さ，言語に改善がみられたとのことである。

　セクレチンが成功したとの報告にもかかわらず，実験研究の結果は否定的なものである。サンドラーら（Sandler et al., 1999）は，二重盲検・プラセボ統制試験を実施し，60人の自閉症またはPDDの子どもに合成ヒトセクレチンの静脈注入を1回行なった。結果の評定は，子どもの親と教師，そしてこの研究に関係している臨床医によってなされた。親，教師，臨床医全員が，子どもがどのグループに割り当てられたかを知らされていなかった。結果は，セクレチン群の27人中9人，そしてプラセボ群の25人中7人がこの治療で有意な反応を示すというものであった。セクレチン群とプラセボ群ともに，自閉症行動チェックリストの得点は有意に減少したが（得点の減少は機能が改善していることを示す），両群間に有意な差はみられなかった。実際，プラセボ群の得点の減少は，セクレチン群よりもやや多かった。加えて，セクレチン群の得点は，全体的な自閉性症状の程度，コミュニケーションスキル，自閉症に特に関連する特徴やそうでない特徴などについて，プラセボと比較して有意によいというわけではなかった。

　サンドラーら（1999）の最も興味深い発見の1つは，両群の親が，自分の子どものグループへの割り当てと経過，全体的な研究結果を知った後で，セクレチン群の63％,

統制群の76％の親が，セクレチン療法を続けたい，または始めたいと考えたことである。測定された結果がこのように否定的でも治療を続けたいという親の選択は，おそらく親が薬の効果についての意思決定をする過程の手がかりが示されており，子どもの実際の行動以外の要因によって，親による薬物効能の評価がどの程度影響を受けるかを示しているのであろう。

シェツら（Chez et al., 2000）もまたセクレチンに関する重要な研究を行ない，否定的な結果を示した。研究の第1段階で，56人の自閉症児がセクレチンの「オープンラベル試験」を行なった。親によって報告された測定指標では，胃腸症状，言語および社会的行動において改善が有意であった。研究の第2段階では，25人の子どもに二重盲検法を行なった。半分の子どもが，セクレチン投与とその4週間後にプラセボ投与，残りの子どもたちは逆の方法で治療を受けた。この二重盲検法による研究結果では，セクレチンとプラセボによる治療に有意な差はみられなかった。著者らは，年齢，性別，胃腸症状または病歴などの要因に基づいた反応の違いを特定できなかった。これらの結果から，セクレチン治療後に改善がみられたという報告は，薬物の本当の効能ではなく，大人の期待によるものであったことが示されている。

サンドラーら（1999）とシェツら（2000）の結果を追試した研究者もいる。コルベットら（Corbett et al., 2001）とオウリーら（Owley et al., 2001）は，ともにセクレチンの効果を検討するために，二重盲検・プラセボ統制によるクロスオーバー研究を行なった。両研究で，自閉症診断観察表（Autism Diagnostic Observation Schedule: ADOS）を含む広く普及している標準化された測定指標が用いられた。どちらの研究においても，プラセボと比較してセクレチン治療の効果は証明されなかった。

このように，セクレチンの使用を支持する証拠はすべて逸話的であり，ほとんどが親か医者の報告である（Herbert et al., 2002 も参照）。アーマンとアームストロング（Aman & Armstrong, 2000）は，セクレチンを投与された子どもたちの親に調査を行なった。非常に多くの客観的なセクレチンの研究結果とは対照的に，多くの回答者が，胃腸症状，アイコンタクト，コミュニケーション，または知的機能に改善がみられたと回答した。「*Autism Research Review International*（自閉症リサーチレビューインターナショナル）」（1999年12月）では，その効能の根拠がないにもかかわらず，数千人の自閉症児がセクレチン投与を受けていると推定した。セクレチンの安全性，特にホルモンを繰り返し投与することの安全性は明らかではない。これらの副作用がどの程度薬物によるものかは明白ではないが，セクレチン投与後に2件の発作が報告されており，少なくとも1件はホルモン投与後，子どもの呼吸が止まったと報告されている。セクレチンは自閉症の治療として，FDAの認可を受けていない。

◆**食事療法**

　親，栄養士，そして医者は自閉症治療のために「治療食」を模索してきた（ADHDの食事療法に関しては，第12章も参照）。一番よくあるのは「除去食*」で，これはグルテン（小麦製品に含まれる）かカゼイン（乳製品に含まれる），または両方を子どもの食事から除外するものである。それに加えて，食物アレルギーを確認するための皮膚プリックテストを行ない，さらに食事から除外する食物を選ぶ。

　グルテンとカゼインはどちらも脳のアヘン剤レセプタに影響を及ぼすペプチドを生産する（Shaw, 1998）。グルテン・カゼイン除去食の提唱者によると，ペプチドは自閉症の症状を作り出す神経伝達物質の不均衡の原因となる。現在，この仮説を支持する証拠はない。

　「ペアレンツ」という人気雑誌の最新号に，グルテン・カゼイン除去食で息子の自閉症を「治した」という母親の記事が掲載されている（Seroussi, 2000）。グルテン・カゼイン除去食は人気があるにもかかわらず，この食事の効果についての研究はほとんど行なわれていない。ルカーリら（Lucarelli et al., 1995）の研究では，自閉症児36人に牛乳除去食が実施された。加えて，皮膚プリックテストで陽性であったすべての食物を8週間除外した。その結果は，自閉性症状に関連する7領域20項目からなる簡略版行動評価尺度（Behavior Summarized Evaluation scale）によって測定された。除去食を実施している間，自閉症行動尺度の7尺度中，5尺度に改善がみられたと著者らは報告した。加えて，食事法で改善した子どもたちにランダム化二重盲検法によってミルクプロテインか，プラセボを与える試験的テストを試みた。この試験的テストの後，7尺度中3尺度で悪化した場合があった。しかしながら，著者らはこの食事法で改善を示した子どもの数や，この試験的テストの後で悪化した数については言及せず，平均だけを報告した。また，著者らは評定者の技能や評定者がこの研究の仮説を知らなかったのかどうかについても報告していない。

　ライヘルトら（Reichelt et al., 1990）は，自閉症児にグルテン除去・ミルク減量食，またはミルク除去・グルテン減量食の効果をテストした。子どもたちは，報告された自閉症の発症時期（遅い発症，新生児発症，早い発症で遅くに悪化）に基づいてグループに分けられ，食事療法を1年間行なった。行動変化を証明するために親と教師の報告が使用された。この種の評定は観察者のバイアスやプラセボ効果の影響を受けやすい。睡眠の改善，言語表現の増加，行動に関する問題の減少や発作的活動の減少などの改善が報告された子どもがいた。しかしながら，研究者らが統制群を含めなかったため（親，教師の報告の妥当性にかかわらず），これらの効果が食事法の変化によるものかどうかを知ることは不可能である。要するに，十分統制された二重盲検法による研究は除去食に関して行なわれておらず，これらの食事法が効果的であるとの証拠はない。

2つめの「治療食」は，抗酵母菌食である。この食事法は，自閉症は消化系で酵母菌が増えすぎることに関係があるという仮説に基づいている。酵母菌に関する症状を治療するために使われる抗酵母菌薬ナイスタチンを使用して，この特別食が与えられる（Semon, 1998）。抗酵母菌食では，前述のグルテンやカゼイン以外にもたくさんの食物を除外する。グルテン，カゼイン除去食と同様，抗酵母菌食は期間を決めずに続けられる。抗酵母菌食に関する文献は主に親による逸話的報告からなる。この食事法を支持する統制された研究は行なわれていない。

除去食の効果に関する研究がほとんど行なわれていないにもかかわらず，人気は高い。不幸にもリスクがないというわけではない。グルテン，カゼインを食事から取り除いたときに，深刻な禁断症状の反応が起こる可能性のある子どももいる（Shaw, 1988）。自閉症児の多くは偏食で一部の食物を食べようとする。自分たちの好きなものを取り除かれると，かんしゃくや拒食を引き起こすかもしれない。さらに，どのような除去食も，子どもの栄養状態が注意深く管理されていなければ，栄養失調になる危険性も含んでいる。特殊な食事法は親にとって厄介な場合がある。特に複数の食品群を除外する場合，除去食は親にとって費用も時間もかかることになる。

◆ビタミンB療法

分子濃度調整論による精神医学としても知られている，ビタミンやミネラルによって精神障害を治療することができるという考えはポーリング（Pauling, 1968）によって紹介された。ポーリングによると，精神障害は，ビタミンやミネラルの補給が十分でないことが原因である。したがって，精神障害者は，標準的診断では栄養価が特に低くはならないかもしれないが，ビタミンサプリメントが効果的であることがある。ポーリングの仮説は自閉症を含むさまざまな精神障害治療へのビタミン使用を支持してきた。ダウン症やぜい弱X症候群，注意欠陥／多動性障害と同様に，十分に計画された研究において自閉症に対するビタミン使用の効果は証明されていない（Kozlowski, 1992）。

ビタミンB_6は，自閉症に対するビタミン治療法のなかで最もよく研究され，かつ論争の的でもある。比較的最近の調査によると，ビタミンは5番めに自閉症児によく使われる薬物・向精神薬である（Aman et al., 1995）。ビタミンB_6は，3つのピリジン（ピリドキシン，ピリドキサール，ピリドキサミン）の総称である。自閉症研究において，ビタミンB_6はピリドキシンと呼ばれ，たいていマグネシウムと一緒に使われる。マーティノーら（Martineau et al., 1985）の研究では，B_6-マグネシウム治療はB_6単独もしくはマグネシウム単独よりも，臨床的に有意な改善がみられることが明らかになった。しかしながら，マーティノーらの発見はこの章の後に論じられる測定上の問題のために限定的である。

ビタミンB_6の行動上また身体的な効果に関する初期の研究には，2つの研究室が

大きな役割を果たしている。ベルナール・リムランドの研究室とギルバート・ラロード（Lelord, G.）らの研究室ではたいていの場合，ビタミンB_6治療の後，自閉症児に改善がみられたと報告している。しかしながら，これらの研究室で行なわれた研究の多くは，手法的に不十分であるといわれている。文献展望では，親の報告アンケートの信頼性や妥当性に疑問があること，測定指標が一般的でないこと，結果の臨床的意義に疑義が残ることなどの問題点が示された（Pfeiffer et al., 1995）。

リムランドらは，自閉症におけるビタミンB_6の効果に関する研究をほとんど出版していない（Rimland et al., 1978, Rimland, 1987 より引用）。リムランドら（1978）は，ビタミンB_6とマグネシウムの二重盲検・プラセボ統制試験を行ない，治療を受けた患者の30％〜40％がよい結果を出したと報告した（Rimland, 1998）。行動の変化は標準化されていない「ターゲット症状チェックリスト」で測定された。どの行動がこの症状チェックリストの対象となったか，どのようにしてチェックリストが考案されたか，また1人1人の患者に同じチェックリストが使われたかは不明である。しかも，臨床的な意義や観察された変化の効果サイズについても不明である。リムランド（1987）では，アイコンタクト，会話，「社会への関心」に改善があったとの親の報告が説明された。リムランド（1998）によると，ビタミンB_6とマグネシウムの研究に参加した子どもたちは，「完全に回復したとはいえなくても，より正常になった」（p. 178）という。

ラロードらによって行なわれたフランスでの一連の研究もまた，自閉症児におけるビタミンB_6-マグネシウム治療法に対して肯定的な結果を報告した。これらの研究は方法論的にさまざまで，二重盲検・プラセボ統制試験からオープンな試験までが行なわれた。フランスの研究の長所は，変化を評価するのに複数の測定指標を用いたことである。しかしながら，ファイファーら（Pfeiffer et al., 1995）が論じたように，計画，測定，結果の解釈に関する多くの問題があり，その妥当性に疑問が残る。二重盲検・プラセボ群計画を用いた研究もあるが，いくつかの研究で同じ患者が使われていたため，これらの研究の妥当性は低い。たとえば，ラロードら（1981）は，オープン試験の後，二重盲検・プラセボ統制試験で同じ患者を使った。著者らは，治療に反応した者としなかった者を識別するためにこの手法を用いたことを報告しているが，二重盲検・プラセボ統制試験の結果には限界がある。ファイファーらによると，同じ患者が複数の研究にわたって使われた可能性がある。

フランスの研究の測定にかかわる問題は，標準化されていない，一般的でない質問紙を使用したことと，生理学的な結果と報告された臨床的改善の関係が不明確なことである。フランスの研究者が採択した生理学的測定指標はホモバニリン酸（HVA）レベルと誘発電位（EP）である。HVA，つまりドーパミン代謝物質のレベルは，以前より自閉症児で上昇することがわかっていたため，測定された（Lelord, 1978;

Martineau et al., 1985 より引用）。数多くのフランスの研究で，ピリドキシン治療後，HVA のレベルが減少することが示された（Martineau et al., 1981, 1985）。研究者らは，ビタミン B_6-マグネシウム治療がドーパミン代謝物質の変化を引き起こすため，HVA レベルが変化するのかもしれないという仮説をたてた。しかしながら，この仮説は支持されていないし，反論もされていない。HVA レベルの変化は，ドーパミンの代謝ではなく，排出作用が変化していることを示すというような対立仮説も消えたわけではない（Pfeiffer et al., 1995）。このように，いくつかのフランスの研究もまた，EP や平均誘発電位（AEP）を用いて有意な変化を報告した（Martineau et al., 1985, 1981, 1989）。しかしながら，EP の解釈には個別の変動が大きいため，EP「改善」の妥当性には疑問が残る。しかも，EP や AEP の解釈を行なった研究では患者数が少ないために，異なる特徴のある自閉症患者に対して，これらの結果を一般化することには限界がある。最後に，生理学的変化と報告された臨床・行動的変化の相互関係が示されていないことから，生理学的測定指標の臨床的効用については疑問が残る。

　別々の研究室で行なわれた 2 つの研究が，B_6-マグネシウム治療後の改善が有意でなかったことを示した。しかしながら，これらの研究には結果の解釈を混乱させるような方法上の問題があった（Findling et al., 1997; Tolbert et al., 1993）。トルバートら（Tolbert et al., 1993）は，オープン試験を行ない，一般的に使われるよりも少量の B_6-マグネシウム混合物を投与した。標準化されていない測定指標を用いた行動評定値に差がみられなかった。フィンドリングら（Findling et al., 1997）は，二重盲検・プラセボ統制試験を行なったが，標準化された測定指標を使用しなかった。実験群と統制群の間に差はみられなかったが，ビタミン治療でプラセボ効果の証拠となるものが認められた。患者全員にプラセボ薬が投与され，最初の 2 週間で子ども精神医学評定尺度（Childhood Psychiatric Rating Scale: CPRS）における最も大きな変化が起こった。

　この治療が比較的広まっていることと，ビタミン B_6 など多くのビタミンの大量投与による副作用がわかっていることを考えると，自閉症児へのビタミン治療の使用が支持されていないことは厄介な問題である。B_6 の直接的な毒性は示されていないが，ビタミン C や B_3 の大量投与と同様に副作用が報告されている。ビタミン B_6 のみの大量投与による副作用は，ビタミン B_6 の投与をやめたとき，身体的な依存や禁断症状（発作など）が起こるかもしれないというものである。リムランド（1987）は，初期の研究で，ビタミン B_6 治療の後，対象児のなかに行動上の問題を示すものがいて，研究完了後にこの治療を止めざるを得ない場合があったと報告した。しかしながら，研究者らは，禁断症状はビタミンの大量投与の一般的な副作用ではなく，行動能力を改善するビタミン B_6 の効果を示すものだと解釈した。消化性潰瘍などビタミン B_6 の有毒性に関する証拠を示した研究者もいる（Gualtieri et al., 1987）。

■自閉症に対する効果的な治療法

　治療方法や手続きの効果について述べるには，経過の評価に用いる従属変数を慎重に特定することが必要である（Dawson & Osterling, 1997）。自閉症は広汎性発達障害であるため，問題の複雑な様相を示す複数の症状が現われる。自閉症患者の診断や査定のために，研究刊行物において使用されるアセスメント手段の選択や種類に関する文献展望では，明確な同意は得られなかった（Cochran et al., 1998）。

　この問題を解決するため，時によってその技能の現われ方は同じではなく，行動は一定していないことが自閉症の特徴とされている。このように症状がさまざまであることや自閉症患者自身が異種の母集団を形成しているというような変動性があるため，単純なアセスメントツールの使用には限界があることは明白である。これに関して，最も一般的な形の「結果評定」は，親や世話をする人によるインタビューやチェックリストを用いることである。それらの手段は意図しないバイアスに影響されやすく，反応性が高く，臨床的に意味を持つ，安定した実際の子どもの行動変化を評定していないかもしれない。もし広範囲に基づいたアセスメント手続き，特に適切な信頼性を有する直接的観察を組み込んだ方法を使用すれば，この問題は少なくなるであろう。

　この章のさまざまな部分における多くの引用文献は，行動変化を評定するために利用された測定方法に弱点があった。対照的に，行動療法と行動修正に強い歴史的つながりのある応用行動分析*（Applied Behavior Analysis: ABA）は，遂行能力と行動を直接的，客観的に測定するという特徴がある。ABAは，主に実験心理学の基本的な学習原理の研究に由来する，教育・治療的介入方法である（Anderson & Romanczyk, 2000）。ABAでは，行動および学習パターンの明確な定量化と分析，それらを引き出し，維持できるようにする条件が求められる。このアプローチは機能的分析としても知られ，個々の学習歴に加えて，「ABCs」（先行：antecedents，行動：behaviors，結果：consequences）に焦点を当てている。ABAは介入の有効性を測定するために，シングルケース研究法（Hersen & Barlow, 1981）を用いることが特徴である。

　自閉症へのABA使用については約500件の報告がなされている。これらの研究は非常に影響力のある，概念的に一貫した研究であり，自閉症患者に対するこの手法の有効性を一貫して再現している。しかも，いくつかの統制研究で自閉症児に対するABAの効能が示されている。そのうちの6つは，一連の発達指標（知的機能，言語，社会相互作用，適応機能，人格発達など）を用いて，集中的ABA（最低1年）を評価した。これらの研究（Anderson et al., 1987; Birnbrauer & Leach, 1993; Lovaas, 1987; McEachin et al., 1993; Sheinkopf & Siegel, 1998; Smith, T. et al., 1997）

は，ABA を用いた集中的・包括的介入を明確に支持している。しかも，自閉症の多くの効果的なプログラムモデルは ABA の主要な特徴を併せ持っている（たとえば Anderson et al., 1994; Handleman & Harris, 2000; McClanahan & Krantz, 2000; Romanczyk et al., 2000）。

別々の展望（たとえば Delmolino & Romanczyk, 1994; Green, 1996; Olley & Gutentag, 1999; Smith, 1996）で一貫して，自閉症に人気がある「主流の」治療法は効果がないとの結論が出されている。いくつかの重要な政府資料でも同じ結論に達している。ニューヨーク州衛生局は，資料の実践ガイドライン（New York State Department of Health, 1999a, 1996b）の一部として，自閉症幼児に関して2年間の集中的文献展望を行なった。この長期的な，手法的にも適切な治療研究に基づき，ニューヨーク州衛生局は研究によって最も支持されているのは ABA であるとの結論を出した。特に，それらの結果から結論を得るために，適切な手法を利用した治療の長期的結果に関する研究を再調査した。さらに，米国公衆衛生局の医務長官によって委託された，アメリカの精神保健の状況に関する科学的再調査（Satcher, 1999）では，構造化状況における ABA が自閉症治療として推奨された。科学文献の包括的な再調査のあと，アメリカの教育省によって委託された最近の報告（National Research Council, 2001）でも同じ結論に達した。すなわち，ABA の効能には実質的な証拠が示されているが，ここで取り上げたほかの人気の高い治療法に関する証拠は示されていない，ということである。

科学的な証拠が一致して示しているにもかかわらず，多くの実証されていない治療法もいまだに人気がある（展望として Herbert et al., 2002 も参照）。実証的な証明と臨床的な実践の間に大きな溝があるようである。この溝の主な要因は，変化を測定するために用いられる評価手段が十分でないことである。多くの手段や評価方法は，回答者側のバイアスに影響されやすく，多くの自閉症患者の行動でみられる大きな変動と混同されてしまう。この自然に生じる変動が，上向きの治療効果の証拠として観察者に誤って解釈されるかもしれない。少ない労力と短い期間で実質的な変化を約束する治療法は，いうまでもなく親や専門家にとって魅力的である。しかし，期待や測定バイアスのためにポジティブな結果は自己実行予言の可能性がある。

用語解説

応用行動分析（applied behavior analysis）　行動の直接的な数量化と分析のための科学的な行動研究であり，特別な概念的，方法論的アプローチを使用する。歴史的には，もともと基本的な学習過程についての心理学の研究に由来する。応用行動分析は行動と学習パターンの

正確な測定と分析，これらの行動とパターンの誘発と保持を示す．

感覚統合療法（sensory integration therapy）　感覚世界からの情報の処理，組織化の可能性をより高めることを目的とするクライエント向けの治療法であり，さまざまな感覚システムを刺激するために設計された多様な器材（ボール，子ども用スクーター，ボード，網など）を使用する．

除去食（elimination diet）　食事から特定の食物群を取り除くあらゆる食事計画のこと．自閉症では，（小麦製品に含まれる）グルテンや（乳製品に含まれる）カゼインを含む食物が通常取り除かれる．

スプリンタースキル（splinter skills）　ある領域におけるはるかに平均より高い能力であり，小児自閉症のある子どもの約10％にみられる現象．

セクレチン（secretin）　小腸での食物の処理を助ける消化酵素をすい臓に分泌させるポリペプチドホルモン．

聴覚過敏（hyperacusis）　聴覚統合訓練で使用される，環境中の音（掃除機，電子レンジなど）の聴こえが過敏であることを示す言葉．聴覚過敏によって，特定の周波数の音に対して，ネガティブな反応が起こる．自閉症のある人には共通の環境刺激に対する聴覚過敏がある．

聴覚統合訓練（auditory-integration training）　修正した音を繰り返し提示することで，学習上，発達上の障害のある子どもの音に対する特異的な反応を軽減すると考えられている．

ビタミン B_6 治療法（vitamin B_6 treatment）　ビタミン B_6 治療法はマグネシウムと一緒に使われることが多く，自閉症のある人の問題行動を減少させると推定される．

ファシリテイティッド・コミュニケーション（facilitated communication）　自閉症のある人たちの非言語的コミュニケーションのための運動制御を支援するコミュニケーション装置（コンピュータ，キーボード，文字盤など）を使った身体的援助などの技術．

フロアタイム（floor-time）　スタンリー・グリンスパンの発達的個人的差異，関係基盤モデルの基礎である6つの基本的な目標を教えるために使われる子どものための遊びの時間．

第 V 部
自助とメディアに関する論争

第14章 自助療法
科学と心理学をばらまく商売

ジェラルド・M・ローゼン (Gerald M. Rosen)
ラッセル・E・グラスゴー (Russell E. Glasgow)
ティモシー・E・ムーア (Timothy E. Moore)

　最近では，書店に「自助*」に関する棚が用意されているが，そのずっと以前から，人間は基本的に自分の努力で問題に打ち勝つことができるとの考え方が，社会的，哲学的な運動の基礎にあった。最も古い形では，「自助」は専門家の手助けなしに互いに助け合う仲間の集まりのことであった。カッツとベンダー（Katz & Bender, 1976）は，これらの自助仲間による取り組みが19世紀のイギリスにさかのぼることを確認している。仲間どうしの自助グループの活動は現在まで続いていて（Jacobs & Goodman, 1989），ガートナーとリースマン（Gartner & Riessman, 1977）によれば，20年前には少なくとも500の自助組織がアメリカで活動を行なっていたが,現在では，インターネットにおける何百もの「チャット」グループに比べると，その数は少なく感じられる（メディアによる自助の商業化の議論に関する第15章も参照）。

　自助治療本は，心理学者が関与しない，一般の人々の利用可能な，もう1つの手引きの初期の形式を代表している。エリス（Ellis, 1977）は，最古のベストセラー自助テキストは，メンタルヘルスの専門家の関与なしに開発された書物である聖書だとしている。最近では，ベストセラーの自助本は健康に関する専門家ではない著者が書いている。ピール（Peale, 1952）の『*The Power of Positive Thinking*』は20世紀後半の間，ずっとベストセラーであった。ピールは心理学者ではなく，聖職者であった。筆者らが本章を執筆しているとき，ウォールストリートジャーナル（Best selling books, 2000）では，ノンフィクションのベストセラーの第10位はダライラマ（Dalai Lama）の『*The Art of Happiness*』であった。

また本章を執筆している2000年1月10日に「Self Help U.S.A.」というタイトルのNewsweekの記事が出た。記事は以下のように述べている。

> 植民地時代より，アメリカ人はベン・フランクリン，デール・カーネギーなどが執筆した，よりよい生活を送るための実用的手引きである「成功書」をむさぼるように読んできた。今日では，自助本と呼ばれ，1年間に5億6300万ドルにのぼる出版界の巨大な存在となっている。本はまったく新しい自分へいたる単なる1つの方法である。「個人指導」のためのセミナーからCDまで，自己向上産業には1年に24億8千万ドルが集まり，2003年の1年間でその数字が2倍になると調査会社のマーケットデータエンタープライズは予想している。

自助用品（self help material）の人気が非常に高まっていること，そして自ら助ける者を助けるという目的を考えれば，心理学者や他の健康管理の専門家がいくつか助言をするのは当然といえる。サミュエル・スマイル（Smiles, 1881）の『Self-Help』というタイトルのテキストはその初期の例である。スマイル博士（1886）は，「The Art of Living」「Influence of Character」「Helping One's Self」などの章からなるおもしろそうなテキスト『Happy Homes and the Hearts That Make Them』も書いている。ヤコブソン（Jacobson, 1934）の『You Must Relax』は，心理学者に最も知られているもう1つの自助本である。自助本の歴史と重要な著者の十分な説明がスターカー（Starker, 1989）によってすべて報告されている。

1980年代のカセットテープおよびビデオテープによる自助プログラムの開発は，1970年代に産業を支配したドゥ・イット・ユアセルフ本の驚異的成長にほぼ匹敵する。1988年のニューヨークタイムズの記事は，1企業である有限会社マインドコミュニケーションズが，その年に，たった2年間で10倍の売り上げとなる60億ドル以上に相当するサブリミナルテープを売り上げたと報告した（Lofflin, 1988）。アメリカ心理学会もまた，その時期に自助カセットテープの開発，宣伝，促進の仕事に参入した。この問題は本章の後で取り上げている。1990年代には自己変容のためのコンピュータプログラムが開発され，自助産業にもう1つの展開があった（Newman et al., 1997）。インターネットを使用した自助は自己実施治療を世間に広める最新の方法である（Jerome & Zaylor, 2000; Strom et al., 2000）。

自助産業はまた，取り扱う問題の範囲を広げることにより発展した。たとえば，育児技能の領域では，ベンジャミン・スポック（Spock, B.）博士などの著者による一般的な助言本があった。1980年代まで，恐怖や夜尿症の問題を取り除いたり，自己評価の高揚などの特化した目的で，子どもが寝る前に両親が聞かせるテープが存在した。腹痛の子どもの救済に特化した本（Ayllon & Freed, 1989），トイレトレーニン

グを目的としたプログラムがあった（Azrin & Foxx, 1974）。目的をいっそう特化するこの傾向は，指導プログラムを実施するためのさまざまな手段と結びつき，自助の動きがどのようにして大きなビジネスになったのかを説明するのに役立つ。

1970年代における自助への心理学の貢献

　自助の歴史は何世紀にもわたるけれども，第一級の心理学者がこれらのプログラムをまじめに執筆したり，奨励したりするようになったのは1970年代になって初めてであった。ルウィンソン（Lewinsohn et al., 1979）はうつ病，マホニーとブラウネル（Brownell, 1980; Mahoney & Mahoney, 1976）はダイエット，ハイマンとロピッコロ（LoPiccolo, L.）（Heiman et al., 1976）は性的機能不全，コーツとトレーセン（Coates & Thoresen, 1977）は不眠症，リクテンシュタインは禁煙（Danaher & Lichtenstein, 1978），ジンバルド（Zimbardo, 1977）は引っ込み思案，アズリン（Azrin & Foxx, 1974; Azrin & Nunn, 1977）は習慣のコントロールについて執筆した。これらの人々および他の著名な心理学者は，学会員によるものとしては前例のない大きな力で，自助療法を発展させた（Rosen, 1976a）。

　一見したところ，自助用品の開発に心理学者がかかわることは有益であるようだ。社会への助言を行なう心理学者はジョージ・ミラー（Miller, 1969）の「心理学の贈り物」（p.1074）という主張に従っているようにみえる。ミラーは，自身の考える職業の重要な社会的責任—**自ら助けるものを助けるための方法を学ぶこと**—を明確にするために，1969年のアメリカ心理学会の会長演説でこの表現を用いた。たしかにこれは1970年代の自助あるいは「ドゥ・イット・ユアセルフ」治療本の精神であり，時代に合った社会意識の話題であった。

　ミラーの主張に一致して，心理学者は自助の運動に寄与する独自の立場にいるように思われた。心理学者は心理学の訓練により自助教示プログラムの効果を高め，評価する能力を身につけていたのである。つまり，その領域での体系的な仕事が，消費者が自分で実施できたり，セラピストによる診療室での介入の補助に採用できる，検証済みの自助療法を利用できるようにする可能性があったのである。他の専門職集団は，心理学者がこれらのプログラムの開発に注いだ技能と経験を持ち合わせていなかった。最も非現実的な理想ではあるが，特定の目標のために実証済みの自助用品が利用できるなど，心理学は自助の発展に新しい夜明けをもたらしたかもしれない。1977年のアメリカ心理学会のシンポジウムで，アルバート・エリスは心理学者を招き，科学的に研究，執筆し，定期的に改定を行なう一連のドゥ・イット・ユアセルフのマニ

ュアルが人の機能改善に果たす大きな可能性について考えた（Ellis, 1977）。心理学者ががむしゃらに自助の発展に向かった1970年代には，こういった情熱に満ち溢れていた。

著名な心理学者によって多くの自助プログラムが開発されたことに加えて，1970年代には多くの研究が行なわれた。グラスゴーとローゼン（Glasgow & Rosen, 1978, 1982）は，この時期から，行動上の目的のための自助教示用品を評価した117の研究あるいは事例報告を集めた。これは心理学者が賞賛されるべき相当数の研究を含んでいた。それにもかかわらず，これらの研究結果を検討すると，多くの理にかなった結論が示唆され，しかも，「心理学の贈り物」という課題は，最初に考えられていた以上に複雑であることがわかる。

自助の限界

1970年代の研究によってわかった重要な結果の1つは，セラピストが実施して成功した技術を自己実施しても，必ずしもうまくいくわけではないことである。たとえば，マットソンとオレンディック（Matson & Ollendick, 1977）は，『Toilet Training in Less than a Day』（Azrin & Foxx, 1974）という本の評価を行なった。セラピスト実施条件では，5人中4人の母親が子どもへのトイレトレーニングに成功したが，本を使用した自己実施条件で，トレーニングを成功させた母親は5人中1人だけであった。また自己実施介入で失敗したときには，子どもの問題行動や親子間の否定的な感情といった副作用の増加と関係していることが明らかになった。つまり，診療所で実施するか，セラピストによる指導のもとで実施する介入は成功確率が高くても，ドゥ・イット・ユアセルフによるプログラムには必ずしも当てはまらない。この結果から示されるものは明白である。たとえば，もし『Toilet Training in Less than a Day』が10万冊売れ，マットソンとオレンディック（1977）の結果が当てはまるとすれば，2万人の子どもが自己教育プログラムによる利得を得る可能性があり，非常に低コストであることを考えれば意味のある結果といえる。この結果は一見肯定的ではあるが，自分の子どもがプログラムで改善しない80％の子どもの1人である約8万人の両親は，怒りはしないにしても落胆していると思われ，そのことについては何もいうことができないことは残念である。

マットソンとオレンディックと同様の結果は他にも存在する。ツァイス（Zeiss, 1978）は早漏の治療に関する統制研究を行なった。カップルがランダムに自己実施治療，セラピストによる最低限の介入，あるいはセラピスト指導治療のどれかに割り

当てられた。ツァイス（1977）の先行研究およびローとミコラス（Lowe & Mikulas, 1975）の研究と同様に，セラピストが最低限の介入を行なった治療は効果があった。しかしツァイス（1978）の研究で，自己実施治療を行なった6組のうち，プログラムが成功したカップルはなかった。

さらに，他にも効果を期待して作られた教示用品が必ずしも効果的ではないことが1970年代に示されている。ローゼンら（1976）の研究では，ヘビに強い恐怖を感じる患者がマニュアルによる脱感作プログラムを完全に自己実施し，不安反応が有意に減少したことが示された。しかしさらに自己実施条件の患者の50％はプログラムに完全には従っておらず，指示された課題を遂行していなかったことが示されたことから，プログラムの結果はそれほど肯定的で有望であるとはいえない。他の自己実施による不安減少プログラムでも，プログラムの要求を満たすという問題に関して同様の問題が指摘されている。たとえば，クラーク（Clark, 1973）では，条件に当てはまる29人の患者のうち14人が脱落し，マーシャルら（Marshall et al., 1976）では11人中5人が脱落し，フィリップスら（Phillips et al., 1972）では，3分の2が脱落した。プログラムの要求を満たす，つまりプログラムをやり遂げることができるかどうかという問題は自ら助けるものを助けるための大きな障害であることから，バレラとローゼン（Barrera & Rosen, 1977）は，プログラムの要求を満たすための方法について検討した。この研究では，恐怖症の患者は，1976年の研究で使用されたオリジナルの自己実施プログラムか，自己報酬契約を用いた修正プログラムかにランダムに割り当てられた。自己報酬契約法を自己実施脱感作に加えることは，そのころ奨励されていたセルフマネージメントに一致する（Mahoney & Thoresen, 1974）。結果は完全に予想と異なっていた。1976年の研究結果では，患者の50％が完全にもとのプログラムを成し遂げ，恐怖は十分に減少した。しかし自己契約が加えられた修正プログラムでは，指示に従った患者の数は50％から0％に減少した。つまり，新しい「修正」プログラムを成し遂げた患者はいなかったのである。この予想外の結果の重要性を過度に強調することはできない。なぜなら，**効果を期待して教示用品を変更することで，治療結果に重大な否定的な影響が起こる可能性**が明らかにあるからである。**自助プログラムの価値は，そのプログラムの実施条件のもとで検証することによってはじめて知ることができるということ**が，この時点での重要な結論といえる。

出版ラッシュ

1970年代からの研究によって示された結果は，どのように心理学者の行動や自助

用品市場に影響を与えたのだろうか？　自助用品の臨床的効果について，この研究が明らかにいくつかの結論を支持したことを思い出してほしい。まず，ある条件での治療プログラムの効果がすべての条件に一般化するとは仮定できない。そのため，診療所での効果的な治療法も，自己実施した場合には効果的な方法とはならないかもしれない。次に，効果のないプログラムは実際に問題を悪化させる可能性がある。最後に，効果を期待して教示を変更しても効果のないプログラムになる可能性がある。そのため，教示内容をどのように変更しようともその効果を推定するのではなく，評価しなければならない。

　当時の研究では注意を促すような結果が示されていたなかで，ツァイスは早漏のための古いプログラムを実施した結果，どのカップルも成功しなかったにもかかわらず，その修正プログラムを検証しないまま出版した (Zeiss & Zeiss, 1978)。アズリンとフォックス (Azrin & Foxx, 1974) は，トイレトレーニングが 1 日では終わらないことを示す証拠が十分にあるにもかかわらず，音楽便座メーカーと契約し，Less Than a Day Toilet Trainer という名前の共同のプログラムを作り出した。アズリンはまた，『Habit Control in a Day』 (Azrin & Nunn, 1977) という題の新しい本を検証しないで出版した。ローゼンは十分に統制を行なった研究で遂行率がほぼ 0% であったにもかかわらず，脱感作プログラムをさらに修正し，『Don't Be Afraid』を出版した (Rosen, 1976b)。

　歴史的な観点からこれらの結果を十分に評価するために，コールズが 1941 年に出版した『Don't Be Afraid』 (Cowles, 1941) という古いテキストについてふれておく。「近代」脱感作ではなく，神経疲労説を推奨しているという点で，この古い『Don't Be Afraid』は 1976 年の『Don't Be Afraid』とは内容が異なっている。しかしながら，適切な研究が行なわれていないために，心理学者および消費者は，恐怖症障害の自己治療に四半世紀の間に何らかの進歩があったかどうか知ることはできない。私たちの知るところでは，1941 年の『Don't Be Afraid』は，ローゼンが 1970 年代に効果を期待して開発したどのテキストと比べても，同じくらいか，それ以上に効果的である。同様の歴史的事例としてジルバーゲルドとラザラス (Zilbergeld & Lazarus, 1987) による『Mind Power』という自助本があげられる。オルストン (Olston, 1903) とアトキンソン (Atkinson, 1912) が，同じタイトルの助言本，『Mind-Power』を出版したことがわかったが，これら 3 冊の本は実証されているわけではないため，1987 年に出版されたものが，80 年前に先に出版されたものより読者に役に立つところがあるかどうかはわからない。

　「心理学の贈り物」をするための努力によって，検証されていないプログラムが市場にあふれているだけでなく，心理学者が（おそらく無意識に），プログラムに関して確証されていない主張をすることを認めている場合がある。この状況は，専門的基

準よりも商業的要因が，自助本の市場において優勢であることを最も顕著に示しているのかもしれない。たとえば，1976 年の『*Don't Be Afraid*』では，本のジャケットには「たったの 6 〜 8 週間で，専門のカウンセリングにお金を払うこともなく，プライバシーの守られる自宅で，今，あなたが神経質になったり不安になったりする状況を制御できるようになる」（Rosen, 1976b）と書いてある。自己実施治療で成功した人は最高でも 50％であったということを示す研究結果についてはふれられていないのである。

　出版社による宣伝文句の他の例をみれば，制限がないことは一目瞭然である。『*In the Mind's Eye*』（Lazarus, 1977）は認知行動技法についての本であり，読者が「創造力を高め，タバコ，飲酒，過食をやめ，悲しみと失望に打ち勝ち，自信と技能を築き，恐れと不安に打ち勝つ」ことを手助けする，と大げさにその背表紙で主張している。ラザラス（1977）の場合は自ら口を出し，出版社に次の版ではこれらの宣伝文句をやめさせることができた。しかしながら，3 年後，エール大学の医学プログラムの責任者であったシンガーは，認知行動技法を示したもう 1 つの本『*Mind Play: The Creative Uses of Fantasy*』（Singer & Switzer, 1980）を出版したが，今回は本のジャケットによれば，読者は「リラックスし，恐怖と悪習に打ち勝ち，痛みに立ち向かい，意思決定と計画がうまくできるようになり，スポーツ技能を完璧にし，性生活を豊かにする」ことができるというのである。

1980 年代および 1990 年代の心理学と自助

　1970 年代が，心理学者が「心理学の贈り物」を試み，そこに治療的価値があるかどうかという心配に押しつぶされていなかった 10 年間であったとすれば，続く 20 年間は，宣伝方法が洗練され，プログラムが量産され，そしてデータは乏しいままの時代であったといえる（Rosen, 1987, 1993）。インターネットで www.amazon.com にログオンすると，この評価が正しいことがわかる。そこでは「A」から始まる自助本だけでも 137 冊ある。そのなかには，『*A.D.D and Success, Access Your Brain's Joy Center: The Free Soul Method, Amazing Results of Positive Thinking*』『*The Anxiety Cure: An Eight-Step Program for Getting Well*』などがある。また『*The Art of Letting Go*』『*The Art of Making Sex Sacred*』『*The Art of Midlife*』などの「Art」という言葉を含む題名もたくさんある。結果は B から Z まで同様である。

　次にアメリカ心理学会が主な審査付き雑誌の論文を保管するために運営しているインターネット検索エンジンである PsychInfo について見てみよう。「自助本」という

キーワードに対して，1970年から1999年の30年間で，たったの83の文献があっただけであった。「読書療法*（bibliotherapy）」というキーワードで検索したときには，最初は幾分とも楽観的なようすであった。この場合，1970年代の10年間で60個の記録があり，1980年代で207個，1990年代で205個の記録があった。この結果は，自助関連用品への継続的，積極的な関心が維持されていて，心理学者が生産的にこれらのプログラムに関する研究を行ない，開発を進めていることを示唆している。

　ただ詳細に記録を調べてみると，残念なことに，結果は好ましいものではなかった。たとえば，1990年から1999年の間の読書療法の文献を調べてみよう。リストとして並んだ205の文献から，読書療法の使用に関するすべての博士論文，章，解説，レビュー論文を除き，実際に自助本を評価している統制研究だけに絞ると，1990年代の10年間で文献数は15にまで減少する。このことから，www.amazon.comや他の書店で入手可能な何千もの自助本に関する研究はかなり少ないということがわかる。この状況は驚くべきものではない。現在の自助本の効果に関する実証的結果が少ないということは，何年も前にグラスゴーとローゼン（1978, 1982）によって示された結果と関連する。この著者らは1970年代後半に行動の自助プログラムに関する2つの文献をレビューし，全体としての本1冊あたりの研究の割合が，最初のレビューから2回めのレビューで，.86から.59の割合で減少したことを指摘している。

　実証的結果が減少していることと同時に，自助療法の価値を絶賛する記述は増えている（Ganzer, 1995; Johnson & Johnson, 1998; Lanza, 1996; Quackenbush, 1992; Warner, 1992）。実際，読書療法に関する1990年代の205の専門的文献のなかでも，心理学者にこれらのプログラムを使用するよう強く勧める意見を述べた論文がその効果に関する統制研究よりも多い。1人の著者だけで，そのような文献を14も提供していた（Pardeck, 1990a, 1990b, 1990c, 1991a, 1991b, 1992a, 1992b, 1993, 1994, 1996, 1997; Pardeck & Markward, 1995; Pardeck & Pardeck, 1993, 1999）。

　一般的な推奨論文が自助本を使用するように主張していることに加えて，いくつかのメタ分析研究によって検証済みのプログラムの一般的な効果が示された（Gould & Clum, 1993; Kurtzweil et al., 1996; Marrs, 1995; Scogin, Bynum et al., 1990）。それにもかかわらず，これらの出版物は，実証的に裏づけられた自助介入をほとんど進歩させなかった。特定のプログラムの価値は，具体的なプログラムを検証してはじめてわかるという注意に加えて，自助本が効果的であるという一般的な結果になることも知られている（Glasgow & Rosen, 1978）。現存する，限られた数の研究をまとめてメタ分析しても，非常に多くの未検証のプログラムを評価するための実証的な基礎とはならない。

　大衆向け消費者ガイドとして，自助本の一般的なレビューが1990年代に発表されるようになった。『Authoritative Guide to Self-Help Resources in Mental Health』

(Norcross et al., 2000) は，なかでも最も新しいものである。ただ，このようなレビューは実際の研究結果に基づいているわけではない。代わりに，何を推薦するかは，レビューした者の好みや心理学者が使いたいと判断した調査結果の両方かいずれかに基づいている。セラピストの手助けがある状態で自助用品を使用する心理学者による人気投票は，家庭でプログラムを自己実施する一般人にとってまったく役に立たない情報である。この重要な論点はすでに1970年代に示されていて，本章の前半部でも議論を行なった。世論調査で示される「1～5の星印」評価システムはきちんとした科学とはいえず，消費者の信頼に足る基礎を与えることはない。

いくつかの成果

サブリミナル自助テープの真実

　心理学者は多くの自助用品を進歩させるための実証的基礎を提供しなかったけれども，心理学者を信用するに値するいくつかの成果もある。サブリミナル自助プログラムに関する研究は，心理学者が系統的な研究を行ない，重要な問題を明らかにした領域の1つである。これらのプログラムは1980年代初頭に自助カセットテープの形で書店に現われ始めた。それらの共通点は音楽，波の音，時に鳥の声などの音だけを意識的に知覚できるという点である。称するところによれば，テープに入っている具体的な主張を無意識（つまり，サブリミナル*）に知覚することによって，めざす治療効果が得られる。サブリミナルテープによって効果の上がる問題は広範囲に及び，体重減少，記憶強化，豊胸，性機能の改善，便秘改善などがある。

　技術的なマインドコントロールという考えは，ジャーナリストおよび一般大衆に常に人気の話題である（Pratkanis, 1992）。実証的に支持されていないサブリミナル自助プログラムに関するそういった主張は，100年以上前にヘビ油に対してなされた同様の主張とまったく同じである（Young, 1961）。さらに，サブリミナル自助テープは，多くの場合，心理学的基礎がほとんどないかまったくない自称専門家，「医師」，催眠術師が所有していたり，勤務している「研究機関」で製造されている。サブリミナルテープメーカーの宣伝方法が昔のヘビ油セールスマンの宣伝方法と似ているだけでなく，その問題が何であるのかにもかかわらず，見せかけのたった1つの共通の解決法があるとする点で，「治療」と称されるものの特徴も類似している。サブリミナルテープはおそらく治療メッセージを直接，無意識に送り込み，そこですばやく聞き手の心理を変化させる。同様に，ヘビ油もジフテリアから歯痛まで何でも治療できるとなるのだろう。

しかしながら，コッシランド（Koshland, 1991）が指摘したように，科学的論争を解決する最終的な基準は，きちんと行なわれた実験によるデータでなければならない。サブリミナルによる治療効果を支持するデータは見つかっていないと研究者がすぐに証明したことは，心理学者に名誉なことであった（British Psychological Society, 1992; Eich & Hyman, 1991; Greenwald et al., 1991; Merikle, 1988; Merikle & Skanes, 1992; Moore, 1992, 1995; Pratkanis et al., 1994; Russell et al., 1991 と比較）。

それにもかかわらず，過去にヘビ油を批判した人と同様に，現在サブリミナルテープに疑いを持つ人は概して歓迎されない。著者の1人（Moore）は，ミシガン自己サブリミナルテープメーカーのパンフレットで，「知的テロリスト」と呼ばれた（Mind Communications, 1990）。科学者の社会でも，サブリミナルテープ産業の擁護者から個人攻撃や中傷などの批判が行なわれてきた。

サブリミナルテープの効果を検証するために2つの方法が用いられている。テープはさまざまな改善をもたらすように計画されているため，効果を評価する最もわかりやすい方法は，機能の改善や成績向上の証拠を見つけることであろう。プラトカニスら（Pratkanis et al., 1994）による画期的な研究では，実験参加者は，自己評価あるいは記憶のどちらかを改善するように作られたテープを5週間にわたって毎日聞いた。そして参加者にはわからないように，参加者の半数は異なるラベルが張られたテープを聞かされた。つまり，自己評価テープに割り当てられた参加者の半分は，実際には記憶を改善するためのテープを聞いた。同様に，記憶のテープを割り当てられたと思っている参加者の半分は，実際には自己評価テープを聞いた。自己評価と記憶の両方の参加者に行なわれた事前-事後テスト測定によって，テープを使用してもどちらの機能も改善しないことが明らかとなった。客観的指標では改善の効果が示されていないにもかかわらず，参加者はテープのラベル（およびメーカーの主張）に一致して，テープの効果があったと信じていたことは興味深い。こうして，研究者たちは**幻のプラセボ効果と呼ばれる効果**を見つけた。実際にはまったく改善していなかったけれども，参加者が改善を期待したために，改善の幻想が創り出されたと考えられる。

メリクルとスカネス（Merikle & Skanes, 1992）は，体重減少を望んでいて，サブリミナルテープが役立つと信じている体重超過の参加者を募集し，サブリミナル体重減少テープの評価を行なった。そのうちの何人かは，体重減少ではなく，歯科医不安のためのサブリミナルのメッセージが入っているが，それ以外は体重減少条件と同じテープを用いるプラセボ条件に割り当てられた。プラセボテープの見かけ，外装，知覚できるメッセージは体重減少テープと区別できなかった。もう1つのグループの参加者は「順番待ち統制」条件に割り当てられた。すべての参加者が5週間，週に1度，体重測定を行なった。3グループの参加者は5週間で約450グラム減少し，サブリミナルの影響やプラセボ効果はみられなかった。研究に参加するだけで，参加者は

体重に関することを意識するようになるのかもしれない。サブリミナルテープが勉強のスキルを向上させたり（Russell et al., 1991），不安を減少させたり（Auday et al., 1991）はしないことを示した研究者たちもいる。

　もう1つの評価法として，サブリミナルテープのサブリミナル聴覚信号の特徴を評定する方法が行なわれてきた。閾下知覚は確かな現象ではあるが，過去の研究は注意深く統制を行なった，特定の条件下でしか起こらないことを示している。閾下知覚をできるだけ適切に定義すると，観察者の感覚的な経験と刺激の違いを識別する能力が分離している状況といえる。参加者は多くの場合，見ていないと主張する刺激に反応している。2つ以上の刺激を区別するように求められると，推測で回答していると参加者が言っていても，正解する場合がある（Holender, 1986）。しかし識別できない刺激を意味処理していることを示す信頼できる証拠はほとんどない（Cheesman & Merikle, 1986）。意味活性化およびその後の高次決定過程に，刺激の識別は不可欠なため（Greenwald, 1992），そのような識別ができていることを示せなければ，単語やメッセージの意味内容に関する効果がある可能性は排除されるだろう。メリクル（1988）は，強制選択課題を用いて検討し，聴取者がサブリミナルテープをプラセボ統制テープと区別できないことを示した。この「ある・ない」の識別を行なうために，「プラセボ」テープは，閾下メッセージが含まれないことを除いて，対になるサブリミナルテープと同じである必要があった。同様に，ムーア（Moore, 1995）は，異なる3社のテープをペアにして使用し，参加者は明らかに異なる閾下メッセージを含むテープを識別することができなかった。メリクルとムーアのデータは，テストしたテープの閾下の内容によって知覚的な活動が起こっていないことを強く示唆しているという点で重要である。このことから，これまでに取り上げたどの評価研究においても治療効果が得られなかったといっても驚くべきではない。信号検出のデータから，それらの装置ではどんな治療効果もありえないことがわかる。なぜなら，意識的であろうとなかろうと，何らかの知覚的活動を起こさせるような信号が含まれていないと思われるからである。

　もちろん，研究結果によってサブリミナルカセットテープの生命が絶たれるわけでもないし，amazon.com で自助本とともに多くのテープを購入することができる。それにもかかわらず，科学の世界はこれらのテープに関する事実無根の主張に対して，適切で大局的な位置づけを行なったとして功績を認められている。

自助本の評価

　サブリミナル自助テープに関する事実無根の主張を評価する適切な研究の他に，2つの体系的な研究プログラムによって，自助本の評価法が示された。スコジンら（Scogin, Jamison, & Davis, 1990; Scogin et al., 1989）は，うつ病の本（Burns, 1980）

によって，気分の問題を抱える高齢者を支援することができることを示した。クラムら（Gould & Clum, 1995; Gould et al., 1993; Lidran et al., 1995）は，パニック治療の自助本の評価のために統制研究を行ない（Clum, 1990），自助本を支持する結果を得た。同時に，フェブラロら（Febbraro et al., 1999）による最近の研究では，完全に自己実施したプログラムには効果がないことがわかった。そのため，「評価を行ない，治療法を守っているかを監視する専門家の関与なしにプログラムを実施する場合には，読書療法およびセルフモニタリング介入の効果に疑問」（p. 209）があると主張した。この結果は，セラピストが援助しながら実施するプログラムでみられる効果は，自己実施条件には当てはまらないという，以前に引用した1970年代からの研究（Mattson & Ollendick, 1977; Zeiss, 1978），およびセラピストの関与の度合いによって，不安の問題を抱えている人の状態がよくなる程度が決まるとの結果を示した最近のメタ分析の結果（Marrs, 1995）と一致している。

　1970年代初期の研究で示された最も重大なポイントが，最近の結果でも繰り返し示されたことはとても重要である。繰り返しになるが，次のことが示された。効果を期待して作られた教示用品が，完全に自己実施した場合に効果的であるかを知るための唯一の方法は，それらの特定の教示用品を指示された使用法による特定の状況で検証することであるといえる。診療所という状況で効果的であることが示された方法をもとに，心理学者が自助用品を作成しても，一般の人々が自分でその方法を実施して成功するわけではない。

アメリカ心理学会と自助

　体系的な研究を試みた結果，いくつかの成果がみられ，また予想される自助教示用品の利点と限界への理解が進んだにもかかわらず，全体的な自助療法の状況は何年もの間改善されていない。研究の結果によって，サブリミナルテープがなくなる方向に向かうわけではなく，どんな地方の書店の「自助」の棚を見ても，未検証の助言本が流行していることがはっきりとわかる。さらに，心理学者は自助プログラムの実証的基盤を発展させるよりも，検証されていないプログラムを過剰に供給することに貢献してきた。

　ミラー（1969）が，30年以上前に心理学者に「心理学の贈り物」を強く推進させたときに勧告したのは，「人類の幸福」を促進し，効果的な自助の方法の体系的な開発と評価を推進することであった。ミラーは30年にわたって多くの著者たちを動かし，未検証の自助用品をやみくもに市場に売り込むことを勧めたのではない。もちろ

ん，ある意味，助言プログラムを売ることは何も悪いことではない。たしかに，誰でも社会に知らせたいと考えるあらゆる知恵と助言を市場で取引する権利がある。一方，誤解を招くようなタイトルや保証されていない主張によって，未検証のプログラムを出版する心理学者は，専門家としての基準を満たしていないといえる。

　心理学者が専門家としての地位を利用して，検証されていない自助プログラムを勧めれば，社会が科学に対して懐疑的になるのは当然である（Rosen, 1987, 1993）。ロビトスカー（Robitscher, 1980）は，精神科医への講演でこの問題を述べた。

　　　精神医学が完全性を持つことに意味があるとすれば，精神医学をどのような形であれ商業利用すると，精神医学に必要な完全性は多少なりとも損なわれる……精神医学が商業化するときには，精神医学は減退して，症状の治療，技術の利己的利用，つまり他人を助けるふりをするが本当は自分を助けているということになる。多くの精神科医は精神医学が営利主義になることについて賛同しているわけではない……しかしほとんどの精神科医は反論しない。彼らは目の前で揺れている金のなる木を直視しない……。精神医学を食い物にしない精神科医がいなければ，精神医学を食い物にする精神科医が繁栄する。

　現状は変化しつつあるということを示すものはほとんどない。1970年代，1980年代には，アメリカ心理学会（APA）の関連グループが自助療法特別委員会を立ち上げた。特別委員会は1978年と1990年に，APAにおける以下の活動提案を勧告した。

1. 心理検査の開発者のための基準と同じような，心理学者のための一連のガイドラインを作成すること。そのようなガイドラインがあれば，自助療法を十分に発展させるために適切な手続きおよび結果の評価を公表する方法について明らかにすることができる。
2. 商業利用される自助プログラムに含めるべき情報の要点のリストを心理学者に示すこと。たとえば，本の第1面ではそのプログラムがどの程度評価されているのか，推奨されるプログラムの使用法，文書による教示の読書レベルについて論じることができる。
3. 出版社と交渉する心理学者を支援するためのガイドラインを提供すること。契約条項のサンプルを公表することによって，主張内容や他の販売促進に関して制限を設けようとする心理学者の地位を十分に高めることができる。
4. 一般向けの自助療法使用のための簡単な教育用パンフレットを開発すること。一般の人々は，セラピストが支援する治療法と合わせて，また自分自身で自助療法を使用する際の情報を得ることができる。目を引くような主張がなされるなかで，

現実的な期待を開発するという問題に対処することができる。
5. 一般の消費者を教育し，現在の自助プログラムに関して示されている証拠の点検手続きを発展させるために，他の専門家や消費者支援グループと協力して働くことを検討すること。近いうちに公式の「承認シール」を作るための基準ができる可能性がある。

　自助療法特別委員会を基盤とする支援グループは，リストにあげられたどの勧告も受け入れていない（Rosen, 1993, 1994）。さらに重要なことは，APA の会員であること自体が，おそらく不本意ながら，未検証の自助用品の発展，宣伝，促進に関与したことである。これは 1983 年に APA が Psychology Today を買収し，Psychology Today のシリーズ化されたテープのキャンペーンを行なったことから始まる。1985 年までに Psychology Today のスタッフである心理学者の手でシリーズに新しいテープが加えられた。消費者は Personal Impact を購入することができ，「テープを聴くと，臨床心理学者クーパーが，他人への影響力を高めるために，自己表象を知り，それを高める手助けをする」。カタログでは，「Becoming More Self-Reliant」について，未来の読者に「あなたはもっと魅力的で人をひきつけるようになる［ことが可能だ］」と書かれている。ラザラスによって開発された Mental Imagery については，「心の力をうまく使いなさい！　有名な心理学者が，メンタルイメージによって自信を高め，エネルギーとスタミナを増加させ，遂行能力と熟練性を高め，効果的に対応し，恐怖に打ち勝ち，体重を減らすための方法を説明する」と消費者に向けて書かれている。消費者がこれらの未検証のテープをどれか 1 つ注文すると，同時にアメリカ心理学会の名前が前面に記載されたパンフレットが届く。このパンフレットの裏には「アメリカ心理学会の会員 87,000 人の専門的人材に支持され，Psychology Today テープシリーズは心理学とあなたを結ぶ生きた絆となる」と記されている。1988 年までに APA の理事会は Psychology Today から撤退し，ほかの出版社に雑誌を売却した。こうして，少なくとも 3 年間は，心理学者の象徴である最も有名な専門家組織が，（会員の承認なしに）当時 87,000 人の会員によって支持されているとする根拠のない主張を行ない，積極的に未検証の自助用品を追い求め，生産し，促進した。APA はこれらの活動を通して，ロビトスカー（1980）のいう「金のなる木」から目をそらせただけでなく，APA 自身がその期間，その木の実の収穫を行なった。さらに未検証の自助テープを開発し宣伝することにより，APA は会員に対して規範あるいは高い基準を示すことに失敗し，会員のなかには自分で未検証のプログラムを出版している者もいた。

自助の将来

　将来に目を向けたとき，心理学が自助に対して行なう貢献を推進するための初期の勧告は，修正する必要があるようだ。これらの勧告は臨床の専門領域で働くそれぞれの心理学者によって開発されるようなプログラムに焦点を当てている。一般的な考え方では，心理学者は自助教材の適切な発展と評価に責任を持ち，APA などの専門組織は心理学者にガイドラインを示して心理学者が出版社と交渉するときの手助けをし，消費者にガイドラインを示して消費者が手にすることのできるプログラムのなかから最もよいものを選ぶ手助けをする。実証された自助用品を促進するためのこのモデルは過去 30 年以上にわたって失敗してきた。代わりのモデルが必要である。

　自助用品を開発，発展させるための「個人的な」アプローチと比較すると，「公衆衛生」アプローチはこれらのプログラムの効果をより高める可能性がある。このアプローチでは公衆衛生における 3 つの主な特徴を取り入れる。それらは①「学際性*(transdisciplinarity)」，②治療効果の広がり*と範囲*の強調，③社会環境的状況*の考慮である (Abrams et al., 1996; Brownson et al., 1998; Winett et al., 1989)。最初の特徴である「学際性」には，誰か個人からというのではなく，研究課題から生まれたプログラムを開発するために協力するさまざまな職業の専門化のチームが必要である。自助において学際性アプローチが必要なのは，プログラム内容だけでなく，自助用品の利用しやすさ，使用量，それらの材料の結果に影響を及ぼす多くの要因が影響するためである。これらの要因にはマーケティング，健康に関するメッセージの組み立て，識字力と読みやすさ，本が使用される家族状況および社会医療状況などが含まれる。したがって，保健についての情報，マーケティング，文化多様性，種々の保健に関する職業の専門家が，自助プログラムの発展に寄与する余地がある。たとえば，自助のなかで最も人気の高いトピックである体重減少について考えてみよう。心理学者が扱ってきた主要な心理学的，行動的過程に加えて，多くの遺伝，生理学，栄養学，運動，生理的，および社会的な決定因が，食事行動と代謝に影響することが過去数十年の間にわかってきた。効果を期待して未検証の教示本を執筆する個々の「重鎮」の心理学者—彼らは次の最も新しい「権威」に取って代わられるだけである—が開発したプログラムと比較すると，継続的かつ幅広い学際的視点でこれらの問題を取り扱う研究プログラムが，実証的証拠に基づいた自助による体重減少プログラムの体系的な開発を進める可能性が最も高い。

　過度の負担がかかりそうな自助プログラムの評価という作業を，1 人の著者に押し付けるのではなく，さまざまな人，状況，条件のもとでプログラムを検証すれば，効果的な自助プログラムの実証的証拠は急速に高められるだろう。たとえば，教師，家

庭医，研究者の全国的グループなどが，ある健康問題について自助介入が適しているかどうかを決定するとすれば，関連する職業組織，医師グループ，健康管理機関（HMO），健康管理制度のメンバーは，多面的な研究を調整し結果を蓄えておくことができる。そのような超専門的協力の例は，エビデンスベイスドの禁煙ガイドラインの制定（Fiore et al., 1997）や健康管理品質調査局（www.ahqr.gov）が開発した実施ガイドラインのような，心理学者数名を含む多領域の科学者の相互作用において認められる。

　公衆衛生アプローチの2番めの重要な特徴は，介入プログラムの範囲と広がりに注目することである（Glasgow et al., 1999; Oldenberg et al., 1997）。この立場は消費者に焦点を向けたものであり，ほとんどの場合，消費者の十分な意見なしに発展してきた現在の自助プログラムと対照的である。自助プログラムは，消費者集団の関心や要求について述べている範囲で，魅力的で利用者を巻き込み続けるようだ。さらにプログラムは利用者の世界観や個人的規範，病の表現から理解される方法で情報や方略を提供できる（Hampson, 1996; Leventhal & Diefenbach, 1991）。特に，介入はそれを必要としている多くの人々に行き届くものなのか，それともプログラムに集中できる十分な時間と資産がある比較的健康で金持ちの人に行き届くものなのかに関心が持たれている（Conrad, 1987; Glasgow et al., 1996）。このような関心は，自助本のレイアウトや配布，評価基準に対して，どのような示唆を行なうかということに影響する。グラスゴーら（1999）は，健康促進に関する研究者は，**広がり**，**効果**，（異なる状況と職業における）**採用***，**実施**，介入効果の**維持**の問題についてきちんと検討するために，評価の「照準を定め直す」必要があることを示した。これらの基準は自助心理学プログラムにも同様に当てはまる。

　公衆衛生アプローチの3番めの重要な特徴は，社会－環境的状況に考慮することである。自助プログラムに適用する場合，教示用品を単独の介入として使用するのか，セラピストあるいは仲間とともに行なう介入の補足として使用するのかという問題が，社会的状況に含まれる。自助本には，セラピストの助けがあって使用した場合には効果的であるが，1人で使用すると効果がない場合のあることを前の部分で述べた。さらに，医師やセラピストが患者に本を渡し，その進行を確認する場合は，書店で購入する場合よりも効果的かもしれない。ほかの状況的要因には補足的な治療手段があげられる。それには，使用前，使用後の電話によるサポート（たとえば Lichtenstein et al., 1996）や，介入を個人仕様にしたり，個人に合わせるためのコンピュータ技術や「専門家システム」の使用（Abrams et al., 1999），他にも近年増加しているインターネット，ビデオ，CD-ROMなどによる方法，そしてWWWによるチャットがあげられる。自助プログラムにとって効果的な状況を特定することで，実証的証拠に基づく自助アプローチを発展させ，より洗練された「段階的治療，適合的介入アプロー

チ」（Abrams et al., 1996; Brownell & Wadden, 1992）の開発が促進されよう。そしてそのアプローチでは，最初の査定で，費用を考慮した，個人にとって最も効果のありそうな実施条件を示すことができるだろう。

心理学者と消費者のためのガイドライン

　善意の著者，宗教指導者，健康に関する専門家らは，これまでと同じように助言本を執筆し続けていくだろう。今日では，効果を期待して執筆する著者らは，カセット，ビデオ，コンピュータプログラムにまで自分たちのアドバイスの範囲を広げている。出版社もまた，何年間もそうしてきたのと同じように，保証されていないタイトル，保証されていない主張の教示用品を奨励し続けるだろう。もちろん，自助産業の「相変わらずのビジネス」は，今年の助言本が昨年最も売れた本より効果的であることを保証しない。

　1970年代には，心理学は自助療法の進歩に貢献する特別な立場にあるとの，かなり楽観的な考え方があった。心理学者は，実証された自助プログラムの発展と促進のために，その独自の研究および臨床的技能を用いるように推奨された。洞察力と30年の経験をもってすれば，今では「心理学の贈り物」を望む心理学者にかつて推奨したことが，過度に楽観的であったことがわかる。個々の心理学者が自分のプログラムを査定し改良する責任を引き受け，一方アメリカ心理学会のような専門組織が支援ガイドラインによって手助けを行なうという考え方は実現していない。

　自助が過去30年間実質的に進歩しなかったことは明白であり，また現在のやり方がそのまま続くとなれば，これからの30年間で進歩することも見込めない。新しい方向性が打ち出せなければ，おそらく2010年に出版される次の『Don't Be Afraid』が，1976年と1941年の『Don't Be Afraid』より効果的であったり，また次の『Mind-Power』が1987年，1912年および1903年に出版された『Mind Power』より効果的であることも期待できないだろう。このような状況であるからこそ，自助療法の実証的な地位を高めることに関心を持つ心理学者のためのガイドラインを提供し，自助療法の開発，使用，評価に関する新しく，幅広い，包括的な方法が推奨されるのである。すべての責任を自助プログラムの著者個人に集中させるよりも，自助への公衆衛生アプローチが強く推奨される。この幅広い方法の実践には，健康に関する機関，臨床家グループ，政府機関，および専門化グループによる共同作業が必要である。この方法に基づいて，また「誰がどの状況で利益を得るのか」を考えることで，自助プログラムの開発者が自分のプログラムを市場に出す**前に**，重要な問題に対処する助けとなる

質問のチェックリストを筆者らが開発した（表14-1参照）。この表は，広がり，効果，採用，実施，および維持という見出しの下に質問を構成するために，先に述べた照準を定め直すための枠組みを使用している。

表14-1のチェックリストは，特定のプログラムを採用しようと考えていて，選択に関係するすべての問題を考慮したいと考える消費者にも手助けとなる。しかしながら，現状では，自助用品の大部分は検証されていないため，自己変容に興味を持つ消費者は，次に示すとても簡単な3つの原則を考えざるを得ないであろう。まず，多くの自助製品は高価ではなく，そのために製品を買うことによる害はほとんどないと考えて，気楽に考えることである。次に，製品に関する主張を支持する独立した実証的証拠がなければ，その主張を真剣に受けとめるべきではないことを了承しなければならない。このことは，たとえプログラムの著者が心理学や精神医学などの専門家集団の著名な権威であっても当てはまる。3番めに，教示用品の実施が難しかったり，実施しても役に立たなかったとしても，消費者は悪いと思ったり自分を責めたりするべきではない。自分の子どもにトイレトレーニング法を利用できない母親は80%（Matson & Ollendick, 1977），性的機能障害のプログラムを自己実施して成功しなかった男性は100%（Zeiss, 1978），自己報酬契約とあわせて，自己実施脱感作法を行なって失敗したヘビ恐怖症患者は100%（Barrera & Rosen, 1977），自己実施プログラムがまったく役に立たなかったパニック障害患者（Febbraro et al., 1999）などのように，消費者は，利用できるようには書かれていないというだけの未検証の製品を手にしてしまう可能性がある。

　最後に，この章のはじめの部分で述べた1977年の自助療法のシンポジウムについてもう一度考えたい。シンポジウムでは，アルバート・エリスが，一連の科学的根拠を持った，ドゥ・イット・ユアセルフ形式のマニュアルの持つ大きな可能性について考えるため，心理学者を招いた。1970年代にエリスたちは，効果的で実証的な自助プログラムの開発に心理学者が貢献し，「心理学の贈り物」によって，人の幸せを推し進めるというミラー（1969）の指令を実行できるとの大きな希望を抱いていた。30年以上経過した今になっても，1970年代の理想の姿が支持され続けており，心理学者が効果的な自助用品の開発に重要な役割を果たすと信じ続けている。エリスの言葉を説明するために，多くの専門家からなるグループが，自助プログラムを開発し，適切に使用するために消費者を教育し，長期的公衆衛生のプロジェクトとしてこれらのプログラムを評価，改良することを想像してほしい。「個人的に作り上げた」製品ではなく，「プログラムに基づいた」方法という考え方にこそ，実証的で信頼できる自助の未来がある。個々の著者および経済的な動機を持つ出版社への皮肉とともに，これらの組織的な基盤を持ったプログラムがベストセラーの上位に並ぶだろう。

第14章 ◆ 自助療法：科学と心理学をばらまく商売

表14-1　自助プログラムの開発，選択，評価に関するガイドライン：たずねるべき質問

広がり（プログラムはどの程度広く適用できるか？）
1. 人口の何パーセントが，このプログラムが解決しようとしている特定の問題，目的，あるいは診断結果を抱えているか？　このタイプのプログラムに多少なりともかかわる可能性のある小グループはあるか？
2. このプログラムを勧められて，試した人の割合に関するデータはあるか？
答えが「はい」なら，何パーセントが参加し，参加不参加の間に違いはあったか？

効果（このプログラムはどの程度効果的か？）
1. このプログラムは評価を受けたことがあるか？　答えが「はい」なら
   a. 無作為に選ばれたか，あるいはほかのタイプの統制条件よりもすぐれていたか？
   b. プログラムは客観的な指標に照らして改善したか？
   c. プログラムを開始したすべての人の結果が報告されたか？—あるいはプログラムが適していて，最後まで終了した人々についてだけ報告があったか？
2. 起こる可能性のある期待に反した副作用，または好ましくない副作用についてもプログラムは評価を受けたか？　もしそうであるなら，副作用は何か？
3. どのような条件でプログラムは実施されたか？（異なる条件で結果が同じであるとは考えてはいけない。）
   a. 完全自己実施；セラピストの最低限の関与；通常のカウンセリングの補足として。
   b. どのような手段でプログラムは検証されたか？（たとえば文書，カセットあるいはビデオ，コンピュータ実施など）
4. プログラムの代価は何か？—ほかの代替プログラムと比較した場合の購入費用と時間量の両方に関して。
5. プログラムに関する証拠はプログラムに対してなされた主張と合っているか？

採用（著者以外のグループにどれくらい広く使用されてきたか—そしてほかのグループの結果も同じように肯定的か？）
1. プログラムを使用あるいは検証した臨床家，健康制度，あるいは研究者グループの範囲に関しての情報はあるか？
2. プログラムを使用する可能性の有無に関して，職業あるいは組織のタイプに関する情報はあるか？

実施（プログラムはどの程度簡単に使用できるか？）
1. このプログラムを使用し始めた人たちの何パーセントが最後まで遂行し，最後まで遂行しなかった人々とはどのように異なっているのか？
2. このプログラムが最も効果的に機能すると思われる患者，状況，手続き条件があるか？
3. 必要であれば，プログラムに関して専門家による相談，あるいは専門的な支援を受ける方法があるか？

維持（プログラムには，長期あるいは永続的な効果があるか？）
1. 最も長期的に結果を追跡した査定は何か，そして長期的な追跡の結果においても，プログラムは効果的であると思われるか？
2. プログラムを使用した組織や臨床家はそのプログラムの使用を維持しているか？

用語解説

学際性（transdisciplinarity）　さまざまな領域の専門家が問題に取り組むために協力して働くこと。

採用（adoption）　ある介入あるいは自助プログラムを使用する専門家（あるいは医療グループ，診療所，健康制度など）の割合および代表性。

サブリミナル（subliminal）　通常，意識的に気づく閾値以下の刺激呈示のことを示していると考えられる。この言葉は，見る人の感覚的な経験と異なる刺激状態のなかから識別する能力が分離している状態と定義することができる。

自助（self help）　行動変容またはほかの個人的目的を遂行するために，専門家の手助けなしに個人が行なう作業のこと。

社会環境的状況（social-environmental context）　人が生活する状況（家族，近所，文化的グループ，収入の程度）およびプログラムが使用される状況（たとえば書店で購入，専門家による治療の一部として使用）。

遵守（compliance）　患者がどの程度専門家のアドバイスに従うか。この言葉は多くの場合，「セルフマネージメント」などの言葉にとって代わられる。「セルフマネージメント」とは，行動変容において患者にとってより中心的な役割を示す言葉である。

読書療法（bibliotherapy）　個人の目的や治療上の目標のため文書（たとえば本，マニュアル）を使用すること。

範囲（breadth）　プログラムの適用範囲。この場合，患者およびプログラムを提供する人を代表するサンプルがどれくらい広くプログラムを使用し，効果を得ているか。

広がり（reach）　ある状況または問題を抱え，ある方法または介入を試す人々の割合，そしてこの問題を抱える人口全体に対するこれらの人々の代表性。

プログラムの完了（program completion）　プログラムの使用を開始し，介入を完了し，忠告に従った人々の割合と代表性。「セルフマネージメント」と同様，「遵守」という言葉よりも好まれる。

第15章 精神保健問題の商業化
娯楽,広告,心理学の助言

ノーナ・ウィルソン(Nona Wilson)

　臨床家,研究者,教授など,精神保健の専門家の多くにとって,テレビのトーク番組や大衆向けの自助ハンドブックは現在から将来にいたっても,自分の専門分野とはほとんどか,まったくかかわり合いのないものとして,かたづけてしまっているようである。彼らは,多くの労力を費やして学術的な訓練を積み,専門家としての資格を得て定められた倫理基準に従って実務をこなしている。そのような専門家にとって,心理学の専門知識を大衆向けに商業化している「助言産業」とは,最も無視すべき煩わしいだけの二重身のようなものとして考えたくなるのかもしれない。たしかにこの陰の存在を遺憾に思う専門的な根拠はある。しかしながら,本章で述べるように,そこから目をそむけることは大きくなりつつある腫瘍を放置するようなものである。助言産業は,この産業界を継続させるための主体として精神保健の専門家を利用するだけでなく,専門家自身にすり替わってしまおうとする脅威へと,すでに転移してしまっているのである。

　この章での主な論点は,心理学の専門技術,知識,サービスが一般の市場に出回るようになると,市場の価値や戦略に影響されやすくなってしまうということである。そのうえ,精神保健の専門知識やサービスが商業化された形式で一般の市場で成功を収めていくにつれ,もともとの専門知識やサービスの本来の価値を低下させるだけでなく,精神保健に関する本来の知識やサービスに最終的にすり替わってしまうのである。この章では,現在の「助言産業」の成功の礎となった過去2世紀の経緯をふまえ,娯楽と広告という2つの主要な文化の変動の収束点について考えを述べていく。商業

化された助言産業は，影響力の強い娯楽や広告に入り込むことによって，精神保健の専門職に関する大衆の見方を変化させる力や専門知識やサービスにすり替える力を非常に強めている。それでは歴史的な概論の前に，まずは過去20年間にトーク番組や自助製品が，私たちをどこへ連れていこうとしているのか簡単にみておこう。

現代の助言産業

トーク番組（1985年～2002年）

　1980年代後半から1990年代にかけて，トーク番組は刺激的な内容と派手な演出で人気を得た一方で，一部では物議もかもしだした。「連続殺人誘拐犯」「強姦者と結婚する女たち」「悪魔崇拝者」「催眠状態での性的暴行」といった衝撃的な内容や，日常的な話題の「ダイエット中毒」「流行りのパーティドレス」といった内容を同じように派手に演出したため，番組に対して大衆は賛否両論に分かれ，両者ともに確固たる意見を持っていた。評論家はトーク番組の質が下がりつつあると非難し，現代社会病と一般大衆の良識の喪失を反映しているだけでなく，トーク番組自体がそのような原因の1つになっていると警告した。テレビ出演中の15分間，目立とうと何でもするゲストらを「低俗」「非常識」「ごみのような人間」として批判する評論家もいた。また視聴者側を非難し，節操のない野次馬根性を持ち，他人の苦しみへ好奇の目を向ける大衆に対して警鐘をならす評論家もいた。さらにはゲストらを心配するふりをしながらも，実は金儲けだけにしか関心がないようなプロデューサーや司会者や専門家を，トーク番組に依存する寄生虫と非難する評論家もいた。

　トーク番組を悪趣味だと思った人々はこれらの批判に共感したが，一方で番組に対する擁護論も生み出された。番組のファンのなかには人としてのモラルも忘れ，ゲストがプライベートを暴露するのを見て楽しむ「権利」が自分たちにはあると主張する者もいた。ジェリー・スプリンガーのような司会者らは，大衆はトーク番組が見世物だということを理解すべきだと述べ，自分たちの立場を正当化した。またトーク番組は大衆にとって必要なサービスなのだと論じる者もいた。司会者のなかには自己弁護のために自分の興味は人助けにあり，ゲストやテーマは視聴者にとって教育的で，悩みを打ち明ける場を必要としている一部の人々に機会を提供できるようなものを選んでいると強く主張する者もいた。問題はあるものの，長年にわたるアメリカ民主主義の理念と現代の多様性の2側面をトーク番組は体現しているとして支持する学者や文化評論家もいた（Munson, 1993; Rapping, 1996）。この意見の賛同者は，さまざまなアメリカ人，特に歴史的に少数派とされてきた人々の経験を，視聴者の参加という形

で番組が取り上げることは，フェミニストや多民族の考え方を広めると述べた。

　トーク番組が視聴者を楽しませたのか，啓発したのか，堕落させたのか，という点について議論は続いたが，非常に人気があったということだけは確かであった。全盛期の1990年半ばまでに，独立局の放送番組としては，昼間少なくとも30のトーク番組があり，毎週少なくとも150のなかから視聴者は番組を選ぶことができた（Heaton & Wilson, 1995）。オプラ，ドナヒュー，ジェラルド，リッキー・レイク，モンテル・ウィリアムズ，サリー，ジェニー・ジョーンズ，ジェリー・スプリンガー，リーザなどの番組が市場を実質的に占有していたが，それでもなおプロデューサーたちは市場には余地が残されていると考えていた。このようななかで24時間トーク番組だけを放映するケーブルテレビ「America's Talking」が1994年に始まった（Heaton & Wilson, 1995）。

　番組の人気はケーブルテレビに利益をもたらした。1994年までにトーク番組を1話制作する費用はたった5万ドルであったにもかかわらず，約40万ドルの利益を生んだ（Williams, 1993）。2000年に始まったオプラの月刊誌「*The Oprah Magazine*」は，雑誌出版史のなかで最も成功した例と考えられており，わずか半年で平均発行売上高が200万ドルに到達した（"Oprah on Oprah", 2001）。オプラの財産は8億ドルと推定されている（Gonser, 2001）。トーク番組に対する世間の熱狂ぶりも沈静化し，番組数は減ったものの，現在放映されている番組はいまだ膨大な数の視聴者と熱狂的なファンを魅了し続けている。

　精神保健の専門家は，先述のトーク番組の内容や問題点，番組に対する大衆の反応や今後の動向にも常に注意を向けておくべきである。何百万という人々が精神保健についての問題や症状だけでなく，「専門的とされる」治療方法をトーク番組から知った。1980年代から90年代にかけて，約70%の番組が「専門家」と称する出演者を迎えた（Timney, 1991）。「専門家」と称する人たちが出演するトーク番組の一般的な進行は，まずゲストが抱えている問題の詳しい再現VTRに相当な時間を割き，番組の最後で「専門家」が解決策を提示し，うまく番組をまとめて終わるというものであった。

　ヒートンとウィルソン（Heaton & Wilson, 1995）は，トーク番組の進行方法が原因で起こる多くの問題点について詳しく論じた。正式な資格を持った精神健康の専門家と，恋愛心理療法家，生き方アドバイザー，コミュニケーション専門家など，特に資格を必要としないエセ専門家との違いがあいまいになってしまい，一般大衆は精神保健のなかで何が標準的なサービスであるのかを，判断することが難しい状態となっている。さらに正式な資格を持った精神保健の専門家がテレビに出演するときでさえ，番組の構成や視聴率を維持するために，精神保健についての最新知識や治療方法を正確に説明する機会が著しく制限されてしまう。ここで特筆すべき点は，人気があるという理由で精神保健の問題を何度もテレビで取り上げた結果，「専門家」が出演する

番組での情報が，正確で役立つかどうかは別として，一般大衆の精神保健に関する主要な情報源となっているということである。また専門家の番組出演は，問題をさらに悪化させてしまうだけである。このようなトーク番組が火つけ役となり，煽りとなって始まった助言産業や自助本，自助用品（第14章を参照）に関しても，同じような状況が起こっている。

1980年代以降の「自助」

　何百万もの視聴者はお気に入りのトーク番組を見て，ゲストたちの悩みや専門家の助言を知り，それらの問題は一般的ではあるが，社会的にあまり認識されていないということが「わかった」気になった。また視聴者は，番組内で自助本，自助グループ，ワークショップやセミナーなどの宣伝を見て，自分たちの問題解決のためにも，それらを利用しなければ損をするような気になった。自助運動の通説（Kaminer, 1993; Rapping, 1996; 第14章も参照）によると，1980年代に最も普及していたのは，「回復」運動であった。現在の主流である回復「プログラム」は，アルコール症者自主更生会（第10章を参照）で使用されている12段階方法が始まりだが，以降，薬物乱用から共依存（第4章を参照），摂食障害，ギャンブル，衝動買いや児童虐待のような一般的な問題にも応用されるようになった（Kaminer, 1993）。トーク番組は，回復運動のカリスマ的指導者であるブラッドショー，ビーティ，ノーウッド，シェイフなどの名や「幼少時の記憶」「機能不全家族」「自分に合ったプログラム」「虐待者の更生」などのフレーズを番組内で頻繁に使うことで，ゴールデンタイムのドキュメンタリー番組のように，それらを大衆の意識に植えつけた（Rapping, 1996, pp.16-17）。大衆は，テレビを通して回復モデルに熱中し，「ひとまとまり」という番組の出版物を購入した。メロディ・ビーティ（Beattie, M.）の『*Codependent No More*』（『共依存症 いつも他人に振りまわされる人たち』講談社 SOPHIA BOOKS，村山 久美子（翻訳））は，ハーパーズマガジンに売り上げ部数の上位の本として掲載され，ニューヨークタイムズの売り上げリストに100週間載り，200万部以上を売り上げたとケミナー（Kaminer, 1993）は報告している。同様に，アン・ウィルソン・シェイフ（Schaef, A. W.）が1990年に出版した『*Meditations for Women Who Do Too Much*』（『ついがんばりすぎる女性のための本—あるがままの自分と向き合う366日』大和書房，斎藤学・二宮千寿子（翻訳））は1年間で40万冊が売れ，一方，ジョン・ブラッドショー（Bradshaw, J.）の『*Bradshaw On: The Family and Healing the Shame That Binds You*』はその2倍，80万冊も売れた（Kaminer, 1993）。

　しかし虐待とは何かという疑問や，世間を騒がせていた児童期のトラウマ（第8章を参照）に関する意見，犠牲者に対する思いやりのない先入観（Kaminer, 1993）などによって，1990年代半ばには自助運動の方向性は変わっていくこととなる。方向

性が変わっていくなかで自助運動はみずからが招いた反発をうまくかわした。また新しいタイプの自助リーダーを作り，大衆の苛立ちや倦怠感にうまくこたえることに成功した。新しい自助運動がどのようなものであるかは，「ローラ博士」シュレッシンガー（"Dr. Laura" Schlessinger）の経歴をみれば，容易に理解できるだろう。回復運動と当初は無関係であったシュレッシンガーは，1993年に回復運動とその支持者らを馬鹿にしたような意見を述べた。シュレッシンガーは，当時盛り上がっていた大衆の感情に注目し，自助本は「言い訳がましく」，自助リーダーたちは「大衆を『病気だ』と診断することによって，自虐的な行為を正当化しているだけだ」とみなした（Klinghoffer, 1999, p.56）。このようなシュレッシンガーの意見に対する批判はあったが，その結果生じた議論によって，シュレッシンガーは個人責任を提唱する新しい波の「自助」専門家のトップに立つこととなった。1995年にシュレッシンガーは，『Ten Stupid Things Women Do to Mess up Their Lives』を出版し，翌1996年には，男性向けの手引き書と，『How Could You Do That?!: The Abdication of Character, Courage and Conscience』（『モラル・ヘルス─ここぞという時，人生にいちばん大切なもの』講談社，羽生真（翻訳））を出版した。そして大衆を諭したり，刺激したりする自助市場があることを当然視したようなタイトルの本が，2000年出版の『Cope With It!』を含め数冊続けて出版されたのである。

　オプラの最新の「ライフスタイル専門家」であるフィル・マグロー（McGraw, P.）博士は，個人責任とは何かについて，もう少しわかりやすい形で何百万もの人々に伝えている。オプラは自分の番組内で「Tell-It-Like-It-Is-Phil」とコーナー名までつけて，フィル・マグローがゲストたちに浴びせる「小気味よい」セリフをわざとらしいくらいに喜んでいる。マグロー博士は，心理学（特に神経心理学）で博士号を持っており，また法律相談を業務とする Courtroom Sciences, Inc を共同設立し，民事裁判の相談を受けていた経験がある（Tarrant, 1999）。実際，フィル・マグローとオプラの出会いは，狂牛病裁判[注1]で彼が顧問をつとめたことがきっかけであった。その後オプラは彼の協力に感謝し，一般大衆向けに助言の本を書くように勧めたといわれている。フィル・マグローの自助理論は個人責任を力説するだけでなく，法律の持つ明確さを応用することで，問題のあいまいさを最小限にすることをめざしている。その白黒はっきりした明確な方法が，1999年に出版されたフィル・マグローの最初の本，『Life Strategies, Doing What Works, Doing What Matters』（『ライフストラテジー　人生戦略─相手に圧倒的差をつける戦略的人生論』きこ書房，渡部昇一（翻訳））の

注1
1998年，番組中，牧場経営者ハワード・ライマンとのインタビューで，オプラは狂牛病（牛海綿状脳症またはBSE）の危険性があるため，二度とハンバーガーは食べないと発言した。その後アメリカでの牛肉の価格が急速に最低価格にまで下がり，オプラは名誉毀損で1,200万ドルの損害賠償金を支払うよう告訴されたが，オプラが勝訴した。

なかで特徴的に描かれている。フィル・マグローが本のなかで勧めた方法は，「人生は法廷に似ている」をモットーに独自のライフスタイルを語ったもので，3か月で50万冊以上が売れた（Tarrant, 1999）。

マグローの成功にオプラとのコネクションが一役買ったことは間違いない。だがオプラがマグローを選んだことは，大衆の感情に頼れば最大限の成功を収められるという，最近の傾向をオプラも知り尽くしていたことを表わしている。オプラは視聴者たちを「啓発し，教育し，楽しませる新たな仕事」として，1998年に13シリーズめとなる番組を始めた。テレビが「今までに不可能だったことができる」，すなわち「人々の人生を変えること」を請け合い，オプラは「Change Your Life TV」という番組を始め，おのおの違った万能薬をもつ専門家のグループを導入した（"Oprah begins 13th season," 1998）。

「フィル博士」がその専門家グループの中心的存在であり，彼の2冊めの本，『*Relationship Rescue*』（『2人のためのLOVEテキスト—出会ったころに戻れる奇跡のプログラム』PHP研究所，小泉智行（翻訳））もまたベストセラーとなり，番組中のRelationship Rescueセミナー（2人のためのLOVEセミナー）と一緒に定期的に宣伝されている。またフィル・マグローは，オプラのウェブページにも売り物として登場する。そこで参加者は，彼が前もって考えたさまざまなトピックごとの助言にふれ，フィル・マグローとのオンラインチャットに参加でき，Eメールで質問ができる。これらの助言もまた「*The Oprah Magazine*」の売り物となっており，オプラの番組中にも宣伝されている。

次に，よりビジネスに傾倒していると思われるのが，多くの支持者を魅了しているスティーブン・コヴィー（Covey, S.）である。コヴィーは約1万2,000人の「認定インストラクター」とともに毎年ワークショップを行ない，「7つの習慣」を約75万人に教示している（Klinghoffer, 1999）。コヴィーの考え方は「有能な」人間は「環境や，条件や生い立ちのせいにしない」というものである（Klinghoffer, 1999）。コヴィーのやり方はフィル博士と同様で，仕事で契約を結ぶときのように自分たちの生活を分析し，効率のよさを求めるというクロスオーバー方法である。

特にアメリカが前例のない経済成長を享受している間，コヴィーやフィル博士の方法は人生の敗北者になりたくない，または辛抱できない大衆にとって魅力的であった。1990年代の自助運動は成功が重要視されていた。自助のカリスマ的指導者として君臨しているトニー・ロビンズ（Robbins, T.）は，支持者たちに「至極の感情」を味わうためにトレーニングするよう呼びかけている（McGinn, 2000）。ロビンズは1990年代はじめ，新しい自助の信条，「Personal Power（内なるパワー）」を宣伝する深夜の「テレビショッピング」で有名になった。1991年の『*Awaken the Giant Within: How to Take Immediate Control of Your Mental, Emotional, Physical, and*

Financial Destiny』(『小さな自分で満足するな！』三笠書房，邱永漢（翻訳））や1997年の『Unlimited Power』(『あなたは今の自分と握手できるか』三笠書房，邱永漢（翻訳）），1994年の『Giant Steps』(『できることから始めよう―こころの習慣365日』PHP研究所，堤江実（翻訳）），また2002年の『The Driving Force』などの著作にあるように，ロビンズのメッセージは壮大な野心と責任感を持とうということである。テーマが愛であろうとお金であろうと，同じ助言が使われる。ロビンズの売りである「Unlimited Success（無限の成功）」（わずか30日で手に入る）は，まさに彼のためにあるような言葉である。ロビンズは一般市民からプロスポーツ選手，ビル・クリントン前大統領にまで助言しており，まるで新興宗教を崇拝するかのような支持者らがいる。1度の出演で約6万ドルを稼ぎ，1993年にセミナーだけで2,200万ドル，テレビショッピングの売上げで3,000万ドルの収益をあげた（Stanton, 1994）。新しい事業である自己改善ウェブサイトの株式価値は3億ドルと推定されている（McGinn, 2000）。

最後に新しい自助運動の典型的なリーダーであるジョン・グレイ（Gray, J.）について語らずには，現代の自助市場の調査は完全とはいえないであろう。「Welcome to John Gray's universe（ジョン・グレイの世界へようこそ）」というウェブサイトでのあいさつは少々大げさかもしれないが，彼の理論は確かに広く応用されている。グレイの独創的な処女作『Men Are from Mars, Women Are from Venus』(『ベスト・パートナーになるために―男と女が知っておくべき分かち愛のルール―男は火星から，女は金星からやってきた』三笠書房，大島渚（翻訳））は，少なくとも1,000万冊売れ，43言語に翻訳されたといわれている（"Club Med teams," 2000; "Los Angeles Times," 1998）。グレイはオプラからラリー・キングまで，多数のテレビ番組に登場し，『Time』『Newsweek』『People』といった雑誌で特集記事も組まれている。グレイは，約3,000万人の購読者を持つ「Los Angeles Times」や「the New York Daily News」そして「the Chicago Sun-Time」のような全国紙にコラムを書いている（"All about John Gray," 2001）。相当数の読者層を持つRedbookやParentsにも寄稿している。他にも6冊の書籍，同様にテープ，CD，ビデオおよびワークショップ（クラブメッドと提携したものも含む），ラジオ，テレビ，「Mars and Venus（火星人／金星人）」トーク番組など，まだまだある（"Club Med teams," 2000; "Dr. John Gray," 1999; Glieck, 1997）。

1990年代はじめから半ばにかけて市場に現われた他の自助アドバイザーたちと違って，グレイには説教じみたところが少なく，より「親身」で，ジェンダー論争を和らげることで，自分の地位を確立した。グレイの考えは男女間の諍いは，男女のもって生まれた違いから起こるもので，男女は互いに敬意を払うべきという月並みなものである。相手を受け入れるという考えをもとにしたこの理論は，より「治療に役立

つ」ように自助運動を具体化していく初期の動きと結びついている。男女は生まれつき違った生き物であるという考えを取り入れた非常に明確なグレイの治療上の見解は，グレイ自身の人気を取り囲む議論の要因となっている。たとえば，1995年の『Mars and Venus in the Bedroom』（『愛が深まる本—二人のための「ベッドルーム心理学」』三笠書房　知的生き方文庫，大島渚（翻訳））で，グレイは効果的なコミュニケーション技法について助言している。「セックスについてフィードバックすると，女性はあまり音をたてず，完全な文を使わないのが一番よい。というのは，女性が完全な文で話すとそれで男のやる気がなくなることもあるからである」（p.57）。またグレイは女性の下着の意味についても読者に教示した。「女性がシルクのピンクやレースのものをつけているときは，ロマンティックなセックスに身を委ねたいということ」（p.106）で綿のTシャツとパンティは前戯をあまり必要としていないという意味かもしれない」（p.107）と解説した。さらにグレイによると，そのような格好は，「オーガズムを求めていないかもしれない」むしろ「自分のなかでパートナーのオーガズムを感じることによって幸福感，満足感を味わいたいかもしれない」（p.107）と述べている。愛が深まるセックスの方法を提示することは，グレイのいう「得意」としていることの一部であり，そうすることで「結婚生活を救済し，ロマンスや情熱，関係を創り出す」と信じている（Adler, 1995, p.96）。

　グレイ「博士」の専門家としての資格については，強く異議が唱えられている。彼は設置認可について疑問のある通信教育大学，カリフォルニアのColombia Pacific University（CPU）より人間性別学と心理学で博士号を取得した（Gleick, 1997; Rebuttal from Uranus, n.d.）。専門家としての資格は保持していないが，グレイは「コミュニケーションと人間関係についての第一人者」と再三いわれており，しばしば自分自身でもそう述べている（"Welcome to John Gray's Universe," 2001）。しかし自分のことを第一人者と唱えるグレイの本質は，彼の「Mars/Venus Couplesカウンセリングセンター」の心理療法家たちに必ず必要である「資格」取得過程について，特に物議をかもしている（Marano, 1997）。

　トーク番組と同様に自助運動の先導者も莫大な利益を蓄財している（第14章を参照）。書籍だけで年間5億6,300万ドルものビジネスである（McGinn, 2000）。事実，「助言」に関する書籍の売上げは，1983年までにニューヨーク・タイムズ紙のベストセラーリストに1つの独立した区分が設けられるほどの量にまで達した。タイムズ紙は，独立した区分を設けた理由について，伝記，体験記や近代および歴史上のエッセイに対する関心が，「主に自己啓発に関する書籍に移り変わってしまう恐れがあった」ためだと説明した（"Times Book Review," 1983）。またワークショップやセミナーもある。自助運動のリーダー自身によって行なわれるイベントは何千人もの参加者を集めることもある。最近のトニー・ロビンズのセミナーは1人49ドルで，1万人を魅

了した。これは，1週間6,995ドルの「Life Master」コースのチケットと比較するとバーゲン価格であった（McGinn, 2000）。ゲストスピーカーとしてジョン・グレイに支払う5万ドルの謝礼は，チケットの価格などを考慮すると妥当に思えてくる。グレイの年間収入は約1,000万ドルと推定されている。さらにロビンズ，コヴィーやグレイは，自分たちで資格認定した助手のワークショップ（グレイは月に500も）などの開催を監督し，利益をシェアしている（McGinn, 2000）。他にテープ，CDそして「関連」商品を売るウェブサイトもある。全体として業界で年間2,430億ドルが産出されている（McGinn, 2000）。

現代のポップカルチャーは，心理学の専門知識やサービスを大衆向けに商品化したものであふれている。商業化には次の2つの過程があると思われる。①商品化（あるものを売買できるように加工し，その鍵となる価値を売り物にすること），②マーケティング（品物を流通ネットワークにのせること）である（Guelzo, 1995）。トーク番組や自助本を通じて，精神保健の専門知識やサービスは商品化され，最も販売しやすい形，すなわち助言へと加工された。助言を与えることについては，専門家の間では議論があり，伝統的に奨励されていない。しかし助言は非常に需要が高く，営利を目的としたセット販売のサービスや多種多様な製品を取り扱う産業にとって大きな利益を生み出している。

商業化された助言産業とは次のような仕組みである。まずトーク番組は，番組で宣伝している本を書いた専門家を人気集めに利用する。実際，専門家がゲストらの問題解決の手助けをしたり，視聴者を楽しませることで，番組は人気が出る。番組に人気が出ると番組は専門家と関連製品の宣伝をし，また提供する場となる。専門家は有名になり多くの番組から出演依頼がくる。専門家はより多くの書籍や，テープ，CD，ワークショップなど製品の品揃えを増やし，それらの製品は人気番組で宣伝されている物として市場に出回る。ワークショップも多くの製品を売る手段にすらなる。助言産業が市場で成功を収めると，より多くの「専門家」の参入に拍車がかかり，ますます競争が激しくなる。そのために「専門家」がみずから認定した助手が，助言や製品をしばしば売り込まざるを得なくなる。競争の激化によって製品がさらに売れてますます売上げが伸びる。そして商業化のプロセスはリングのように循環し続ける。

商品化された助言はいまやその本来の専門分野よりも大きくなり，専門分野のいかなるニューズレター，紀要，公の教育的運動の範囲をもはるかに上回っている。商品化された助言は市場で1つの産業として大きな成功を収めているが，この産業内で経験に基づいた自助メソッドが知られる機会はほとんどない（第14章も参照）。人気のあるトーク番組の司会者や「助言専門家」の大衆を導く力は，いまや精神保健の専門家の団体や代表者の力をしのいでいる。なぜかというと，正式な資格を持った専門家は一時的な治療や必ず成功する方法などをはっきり主張しないためである。

第Ⅴ部　自助とメディアに関する論争

　精神保健の専門家は，助言が商品化されることの意味を理解するために，自分たちの専門分野を超えて，助言産業の最近の傾向を直視しなければならない。実際，本章のテーマを理解するための基本として重要なことは，前例を歴史的に調査することである。では，2つの前例である娯楽と広告をここで考察しよう。ここで娯楽と広告産業を考察することは，以下の少なくとも2つの理由から役立つであろう。つまり①まず娯楽と広告産業は比較的新しいもので，1800年代後半，一般市場の自由競争化のなかで現われ，市場へうまく入り込んでいったため，②結果として，娯楽，広告産業は市場と市場価値を定着させ，いまや精神保健の専門知識や技術，サービスの商業化を助長しているため，である。

市場価値

娯　楽

　広く普及して大衆市場でいまや心理学となった助言産業用品は，意図したとおりに視聴者の関心をひきつけ，購入者を確保するために娯楽的な価値を幅広く利用している。助言用品と娯楽のつながりが明白であるため，心理学と娯楽の混成を「psychotainment（心理楽）」と呼ぶ者もいる（Marano, 1997）。ではこの新しい大衆娯楽の例をいくつかあげてみよう。「Personal Power（内なるパワー）」プログラムの創始者で，自助運動の先駆者でもあるトニー・ロビンズが行なっているワークショップは非常にわかりやすい例である。

　トニー・ロビンズのワークショップの会場やコンベンションセンターでは，何千もの人が押し合いながら「トニー」の登場を待ち望んで歌い続ける。そこにトニーが登場して観衆の注目を集める。観衆の目にロビンズは大きく映るようだ（文字通り，トニーの姿は，22フィート型のテレビで放映されるかもしれないので）（Greenberg, 1998）。パフォーマンスの間中，観衆全員の注目を集め興奮させるために，照明は変わり，ロックが鳴り響き，トニーは巨大な水鉄砲で観衆に水をかける（Greenberg, 1998）。TONY ROBBINSとロゴの入ったTシャツを何度も客席にばらまき，自分の動きや言葉を真似てみるように何度も誘いかける。ロビンズはまた観衆をオーガズムに導くために，集団で不平不満を吐き出させ，「性的なエクスタシー」の声を出させることでも知られている（これは内なるパワーを修得するのに必要とされている技能である）（Levine, 1997）。

　しかし多くのトニー・ロビンズのワークショップの特徴は本来，見世物である火渡りか「Mind Revolution（精神革命）」である。ロビンズは興奮しきっている観衆に火

渡りの経験者を真似て，12フィートの赤熱した木の台を渡るように誘いかける（経験者を模倣する練習をロビンズは強く勧めている）。「長期間に及ぶ恐怖心，中毒，インポテンツ，慢性的なうつ……などを克服する」方法が学べ，他人を説得する最も効果的な方法やコミュニケーションのあり方が，参加者はすぐにわかるようになるとワークショップの宣伝には謳われている（Leikind & McCarthy, 1991, p.185）。火渡りは，ロビンズのワークショップのクライマックスと成功の証という両方の役割を担っている。火渡りはしばしば参加者の「涙と歓喜」を伴う（Griffin & Goldsmith, 1985, p. 41）。参加者たちは，以前「未開発であった」精神力を開発することで，自分たちの恐怖心を克服できたと喜ぶ（Leikind & McCarthy, 1991, p.186）。そして疲れ果て興奮した状態のときに，製品をもっと購入するように勧められ，また「人生で最も大切な週末になることを保証します。お支払いはマスターカードかビザで」と謳っている週末のトレーニングにも申し込むように勧められる（Griffin & Goldsmith, 1985, p. 48）。

　火渡りは観衆の大きな関心を呼び，畏敬の念を生み出すが，火渡りする者が火傷せず，赤熱した木を裸足で渡ることができるのは，実は特別な精神力を持っているからではなく，保温の理論による（Leikind & McCarthy, 1991）。私たちが持っている「常識」とは違って，赤熱した木は実際は低温で保温力も弱い。したがって参加者が火渡りするだけの時間では火傷にまでいたることはないし，温度もそこまで熱くないのである。また事前に参加者を疲れさせ，うるさくて気が散るような環境を作り，火渡りのときにも注意力が散漫するような技法を使うことで，ロビンズらは参加者らの痛みに対する感覚（すなわち，気づくこと）を鈍感にするのだ（Leikind & McCarthy, 1991）。

　火渡りができたということは生き方が改善された証拠であり，火渡りは内なるパワーを解き放つために必要であると大衆に信じこませることは，「実用的な心理学」をめざしているロビンズの用品の一部となっている（Levine, 1997）。ロビンズの火渡りについての説明は，大衆を誤った方向へ導く一方で，自分の製品を勧めるだけでなく，真実をあいまいにして，科学に基づいた本来の心理学を非実用的であまり役立たないものだと大衆に示唆してしまう。

　しかしながら，心理学を用品として売り出すために娯楽を戦略的に利用しているのはロビンズだけではない。ジョン・グレイの仕事も娯楽産業によって成り立っているものばかりである。グレイは，映画 ET を観た後に，火星人／金星人セオリーの火星人の部分についてひらめいたと述べている（Marano, 1997）。以来グレイは，自分の用品のプロモーションに娯楽を利用し続け，「ディズニーのようなマルチメディア帝国」と考えられるほど広範囲にわたり娯楽志向となっている（Weber, 1997, p. B6）。グレイは最近みずから作詞を手がけた火星人／金星人という歌の CD を制作した。男女のボーカリストが交互に歌う詞のなかには，「何か言おうとするたびにあなたは怒

って自分だけの殻に閉じこもってしまうのね」や「君は感情の浮き沈みが激しいね」などというフレーズがある（Gleick, 1997, p.69)。さらにグレイは「火星人/金星人」というタイトルの成人対象のボードゲームを制作するため，マッテル社との取り引きも行なった（"All about John Gray," 2001)。また覚え書きやプロンプターなしで，1時間半の一人芝居，「火星人/金星人」をブロードウェーで始めた。グレイは処女作を出版する前から「どんな話や例が人々に受け入れられやすく，物事を正しいと証明するのに有効か」をすでに知っていたため，1時間半の長さの一人芝居をうまくやり遂げる力が自分にはあると説明した（Marano, 1997)。グレイの演技は「派手で芝居がかっており，涙を誘い，ユーモアがあふれ，ほどほどに洞察力にすぐれ，個人的な逸話や大衆を喜ばせようとする熱意」（Peterson, 1994, p. 3C）も含んでいると説明されている。

このようなグレイの仕事のように，助言産業が用品を販売するのに娯楽を利用すると，ユーモアがあるように見えるために一見無害に思えるかもしれない。しかし実際は，このユーモアが娯楽の最も狡猾な性質の1つなのである（Postman, 1985)。常に「最新の流行」を取り入れ，不躾な態度をとるマスコミは，私たちを困惑させ，批判的な感情をなくし，現実を幻影にすり替えてしまうとマックルーハン（McLuhan, 1964; McLuhan & Fiore, 1967）と　マーク・クリスピン・ミラー（Miller, M.C., 1988）は論じている。マスコミのこのお決まりの手順が精神保健の専門家に深刻な事態をもたらしている。助言産業は精神保健の問題を芝居じみたものに変えてしまい，一般大衆の単なる娯楽の対象へと質を下げてしまっている。結果，ゲストらの人生や抱えている問題，また実生活で役立つかもしれない精神保健の治療などを，事実上幻影とすり替えてしまっているのである。昼間のトーク番組は助言産業のこのような仕組みを理解するのに非常にわかりやすい例である（Heaton & Wilson, 1995)。

真実をゆがめ，何でも娯楽の材料へと変える大衆娯楽の力は，ガブラーの『*Life: The Movie, How Entertainment Conquered Reality*』(Gabler, 1998）で細かく慎重に考察された。ガブラーは，精神保健の問題の商業化について考察する際に，特に役立つ以下の2点を明確にした。①知性より感覚が勝るということ，②個人的な経験よりも一般大衆の共通の反応を刺激することをマスコミが好んでいるということ，である。

知性より感覚が勝るということ

ガブラーは，娯楽産業においては「感覚が知性よりも先立ち，最も重要なことである」(1998, p. 31）と主張した。1800年代半ばまでに娯楽が一般市場に出回り，大衆にとって身近な存在になり，大衆の興味をかきたてるような形の娯楽が激増した。三文小説，風刺，官能文学，犯罪論説，熱狂的なダンスブーム，派手なバンド，猥褻な

メロドラマ，またかつて存在しなかったマジシャンや曲芸師，ダンサーなどで飾りたてた演出などさまざまな種類に広がった（Gabler, 1998）。実際，初期の大衆娯楽はサーカスのように大衆の興味をひくようなものが当然であるとされ，その結果，大衆娯楽と聴衆のみが一般市場における真実となった。

初期の人気のある娯楽は，無教養で，非道徳的で卑しいものとして批判されていた。そこで娯楽はより洗練された方向へと転じようとしたかもしれないが，結局は視聴者を啓発しようとするよりも，主に視聴者の物理的な，いわゆる衝動的な反応に応じたのである。初期のサーカスで観客を興奮させるやり方と，今日のロビンズのトーク番組やその他の商業化された助言産業の戦略との関係は明らかである。それほど明らかでなくても知性に感覚が勝ると，精神保健の専門家は，論理的というよりもむしろ感情的になってしまうクライエントに対応する必要がある。

商業化された助言産業は感情を売買している。たとえばトニー・ロビンズは，成功とは「人生のなかから限りなく苦痛の時間を減らし，限りなく幸福な時間を増やすこと」（Stanton, 1994, p. 106）と定義している。またジョン・グレイは「みんな，永遠に続く幸福感を求めている」と言い，自分の目標は永遠に続く幸福感を得られるように「何百万人もの読者といくつかのシンプルな解決法をシェアする」（"Los Angeles Times," 1998）ことだと述べている。助言産業が生き残れるかどうかは，人々の感情にどれだけ訴えられるかによる。喜び，悲しみ，怒り，同情などの強い感情は，緊張感や昂揚感を引き起こす。どんなトーク番組でも，視聴者は他人の激情をみるという娯楽的価値があるだけでなく，感情移入もできる。ゲストらが涙いっぱいの告白，怒りの爆発，または愛情に満ちた抱擁を通じて自分たちの感情を解き放つことで，視聴者らもすぐ感情移入し，同じように自分の感情を解き放っているのだ。

人の感情をかきたて思考を妨げることは，助言リーダーにとって特に都合がいいことである。どんな感情も根拠があるから抱くのであり，したがって自分が抱いた感情から確実な意思決定ができるという誤った考えを,助言産業は強く提唱している。「自分の心に従いなさい」また「内なる声を聞きなさい」と指示されると，感情的な反応はロビンズの言葉でいうところの「至極の状態」へと導かれる。そこで「自分がこう感じているから，これは真実に間違いない」というような論理が生じる。認知療法家はこれを「感情的推論」とし，情報を簡単にゆがめてしまう，問題のある意思決定の方法だとしている（Beck, 1995）。

助言産業は人々の強い感情を誘って，その感情が本物であるとし，「感情的推論」を助長している。助言産業とその支持者たちは概念や根拠の妥当性から治療法の有効性まで，あらゆる種類の問題を判断するのに感情的な反応を基準としている。助言産業はどんなにこじつけであっても，感情を引き出すアイデアなら何でも受け入れるようにと大衆に勧めている。最も重要な目的が利益であるために，商業化された助言産

業は，心理学において「何をしてもかまわない」という概念を助長することによってうまく機能している（Stanovich, 2001, p.219）。しかしながら，商業化された助言の目的は，大衆の共通の反応を確実にすることである。したがって結果的に個を強調するような，個人的な経験や感情の言葉ではっきり助言を与えることは，特に巧妙といえる。

共通の反応をターゲットに

人気があった初期の娯楽は「芸術」という地位に達せなかったことで強く批判された。「芸術」は娯楽と違って，見物客や参加者を，物理的な現実から価値ある精神と魂の永久の世界へと導くものである（Gabler, 1998）。芸術と娯楽の根本的な違いは，観客に対する態度である。芸術は個性的で独創的かつクリエイティブな感性を育てる。一方で，娯楽は大衆の決まり切った典型的な反応を期待するだけでなく，それに依存している。すなわちより多くの視聴者にアピールすることが娯楽市場の目的である。したがって娯楽は一般大衆が対象でなければならない。

精神保健の専門家にとって大切なことは，芸術が娯楽よりもよいかどうかということではない。重要なのは精神保健の専門知識，技術，サービスが，娯楽的価値観が支配している市場に出回ったとき，どのような結果を招くかということである。数ある結果の1つとして，専門知識などが大衆向けに一般化される傾向があげられる。たしかに理論的な方針はあるが，専門的な精神保健の診療の特徴は個人の特質を尊重することであり，既成の治療法を用いるときでさえ個人を治療法に合わせるのではなく，治療法を個人に合わせるのである。

しかしながら商品化された助言は，大衆市場における娯楽と同様に，個人特有の性質や状況に合わせられない。同様に，助言産業製品も多くの人々を同じ問題にいたらす可能性があるため，特別な理由がない限りは個人特有の人生探求には適切ではない。ある問題特有の側面を深く知り，その悩みの要因を理解し，そして役立つかもしれない解決法を協力してつきとめること，すなわち心理療法を行なうことは娯楽価値がほとんどなく，骨の折れるプロセスになりかねない。したがってさらに一般的な処方箋が求められて，その一般的な処方箋こそまさに助言産業が届けているものなのである。

ハッチビー（Hutchby, 1995）は，聴衆が電話相談できるラジオ番組を調査し，一般的な助言であっても，聴衆が興味を持つように「専門知識を用いている」と思わせるコミュニケーション技法を明らかにした（p.226）。これはハッチビーが「**指導の一般化**」と称する技法である。その技法は，専門家が個々の悩みに応じ，それぞれに返答しているようにみえるが，実際は個ではなく，より幅広い人を対象にしているというものである。スカンネル（Scannell, 1991）も，「すべての放送番組は，故意に一般的なものにしている」（p. 11）と考察している。したがって特定の人のための助言と

第15章◆精神保健問題の商業化：娯楽，広告，心理学の助言

されていても，実際はより多くの聴衆を喜ばせるために考えられたものなのである（Hutchby, 1995）。そして「専門知識を用いて」特定の人に対する返答が，一般大衆への小売りの商品にすり替わる。個人への助言を売り物に替える傾向は，遺憾だが興味深くもあり，矛盾している。すなわち自己成長を商業化すると，最終的には逆に個性の喪失，心理的な問題とその解決法のワンパターン化を招くかもしれないのである。

　大多数の人に売れるのは万人受けする1種類の精神保健の評価やサービス方法であるために，一般的なアプローチが最も予想しやすい。ここで問題なのは個人特有の細かい部分は省略されて，販売前に包装され，怒り，嫉妬，配偶者との口論，不倫などにあらかじめ問題が分類されていることである。同様に解決法も既製服のように前もって作られている。解決方法は，しばしば「段階」に分けて提示される。「段階」は，助言を利用者にとってわかりやすくするために示され，具体的にみえる形で書かれているが，たいていは実際に活用するには内容が一般的過ぎる。

　オプラのウェブサイト上では，フィル博士の「助言トピック」のリストをクリックするだけで，実際にこのような現象がみられる。フィル博士の「トピック」は3つのカテゴリー，結婚と恋愛，家族，ライフストラテジーで構成されている。同様に，「Getting Real Video Seminar（ビデオセミナーへ行こう）」や，また「Dr. Phil's Relationship Advice（フィル博士の恋愛助言）」や「Relationship Rescue Online（2人のためのLOVEテキストオンライン）」などのページがあり，「自分のコンピュータで，フィル博士からの人生の転機となるメッセージにアクセスする」（www.oprah.com）ことをビジターに勧めている。ウェブサイトの構成は非常に精巧で，いろいろなページをクリックしてからでないと助言にアクセスできないように作られており，ビジターはもう少しで何か非常に意義のあるものが手に入るような気になる。そして実際に手に入るのは，「人生を変える勇気を持て」「怒る必要がないことを実感して」「違ったリアクションをとって」のような自分を「変える」助言や，7段階方式の「Dr. Phil's Anger Management Plan（フィル博士の怒りのマネージメント）」などである。

　「勇気を持て」や「怒らないで」のような助言は特に害はなさそうだが，特殊な専門知識はまったく示されていない。特殊な専門知識を必要としない助言とは，スタノヴィッチ（Stanovich, 2001）が言ったように，「偽証とは立証できないが，専門家の心理学ではなく個人の心理学」であり，「決まり文句が入り混じり，しばしば矛盾しているもの」（p. 213）である。マグローは自分のサイトで他にも「プラン」を12個掲載した。それらのプランにも専門性は欠けてはいたが，うまくいくという確信は持たれていた。

　マグローの「Formula for Success（成功のための公式）」は，以前の恋愛に「悪影響を及ぼした精神状態」を明らかにすること，成功のために自分の「Personal Relationship Values（恋愛観）」を受け入れること，そして「意識の核心」へ「入る

こと」を決意することなどの段階を含んでいる (McGraw, 発行年不明)。フィル博士の「前向きなコミュニケーションのための 10 ステップと恋愛救急」は，サイトへのビジターに，「もし恋愛で何かうまくいっていないことがあれば，それは自分がそうなるように仕向けたからである」。そしてそういう経験がある人は，他人に「対処方法を教え」なければならないと指示している (McGraw, 発行年不明)。同様に，マグローの「責任を主張する」助言は，「恋愛関係において，パートナーは，2 人の関係に貢献しているか，悪影響を及ぼしているかのどちらかである」と厳然と述べている。貢献か悪影響かのどちらかであり，その間という意見はない。もしパートナーの片方が不幸せであれば，マイナスの感情が 2 人の関係に悪影響を及ぼし始めているということである (McGraw, 発行年不明)。マグローの「Seven Step Strategy for Reconnecting with Your Partner（恋人とやり直す 7 つの方法）」や「Life Laws（人生の法律）」(McGraw, 発行年不明) は，「自分の恋愛を定義して診断する」ことや「個人的責任をとる」ようにとすべて同じような構成で，「成功するか，しないか」，また「人生は治癒するものではなく，管理するものである」というようなモットーであふれている。

　マグローの考え方は，社会は前からそういうものだと言って人々を安心させるため，一部では評判がよい。マグローや他の助言先導者らが謳歌している成功は，大衆がすでに受け入れているものを販売するからであり，これらの方法は 2, 3 の立証された現象によって大部分は説明がいく。まず，心理学者ら (Dickson & Kelly, 1985) は，ほとんどの人は，一般化された性格分析でも，自分個人の結果としてその分析を捉えるだろうと説明している。その傾向は**バーナム効果**と称されている（第 2 章も参照）。したがってマグローや助言産業の誰かが一般化された助言を勧めると，勧められた者はおそらく自分にとって特に関係があることだと誤って受けとめるであろう。次にオフシとウォルターズ (Ofshe & Walters, 1994) は，怪しげな説明ですら受け入れたくなる人の気持ちについて「人は意味を見出すためにいかなる努力でもする」(p. 45) と説明した。すなわち，どんなことでも信じたくなるほど助けを必要とするときには，助けだと確信するだけで，しばしば変化が引き起こされるのである。この現象は立証されており，科学的な研究で**プラセボ効果**は治療法の質を正確に判断できるものとしている（第 6 章と第 11 章を参照）。一般的な助言が与えられて（バーナム効果），助言を信じたことによって結果が引き起こされた（プラセボ効果）としても，それで問題が解決し助けられた人々の多くは，その与えられた助言のお陰だと快く証言するだろう (Gilovich, 1991; Hines, 1998; Medawar, 1967)。しかしそれらの証言は治療法の方向を決める証拠としては，大部分が役に立たないものである。

　商品化された助言が問題を解決する仕組みを理解しても，その仕組みが特に無害というわけではない。例をあげると，オプラの視聴者や彼女の雑誌の購読者，またフィ

ル博士の助言を求める大多数は女性である。もし恋愛で何かうまくいっていないことがあれば、それは自分がそうなるように陥れたからであり、よりよいパートナーになる方法を「他人に教える」責任があると言い切ることは、ファンの大部分が女性であるがゆえに問題を含んでいる。この考え方は相手の男性と女性の力（経済的，社会的，物理的）の違いを無視している。無視することで，実際以上にたやすく問題が解決できると示唆している。たとえば，女性への頻繁な家庭内暴力を考えてみると，男女の違いを無視した解決方法は，女性を救済するためだとしても別段役立つものではない。慎重に個人の状況を考慮し，真のサポートがなされなければ，かえって危険であるかもしれない。

　もちろん一般化した助言を売り物にしているのは，フィル博士だけではない。ジョン・グレイは自分の仕事を「人生で最も大切で普遍的な問題のために，いくつかの簡単な解決方法を何百万もの人々とシェアする……すばらしいチャンス」（"Los Angeles Times," 1998）と考えている。グレイは複雑で長期にわたる問題に対して，「簡単な解決法」を提案することに矛盾を感じていない。しかし先にも述べたように，営利目的である商業化された助言産業は，何をしてもかまわないという概念に依存しており，経験に基づいた検証なしに製品を売る。そのため，人間の行動には意味があり，その意味を知る方法もあるという事実をあいまいにしてきた（Stanovich, 2001, p.219）。

　したがって助言を商品化する方法で大切なのは一般的な問題だけで，大衆が信じやすい解決策は，覚えやすいフレーズや，力強いスローガンにちりばめられている。しかしこの方法は精神健康にとっては簡略し過ぎであるため，実際の有効な解決策からはかけ離れている。商品化された助言は厄介なことに，実際にある問題や解決法を結果的に縮減してしまう。まず助言産業が人によってまったく違う多くの微妙な問題を1つの問題に簡略化することで，実は個人的な問題でも，個人的ではなくなってしまう。そして助言産業は問題を先に定義してしまってから簡潔な解決策を1つ提供する。精神保健の問題とその解決方法に対して画一的な方法を大衆に押しつけることで，助言産業は画一化を増進する。一般化された助言が，ラジオやテレビのコマーシャル，人気のあるマスコミの本，視聴者セミナーなどから発信され，世の中は伝統的，保守的，また消費者中心主義者を主流とした考えや製品であふれている。しかしこれは必ずしも大衆に最も役立つ考え方や製品だからあふれているというわけではなく，ただ市場で成功しているからである。

　最終的に，商業化された助言産業は，主流の価値観や観点を教え込むことになるため，本当の変化や心理学の理解を阻んでしまう。商業化された精神保健用品やサービスは，よりよい人生への新しい革新的な道を提供するとされている。しかし実際は，伝統的な学問知識を，新しく改良されたように再包装して販売しているだけである。

またよりよい人生に対する願望を放送効果で煽ることもある。ポップカルチャーをよく知らない人なら誰もが，この循環戦略を一般市場で最もよくある典型，すなわち広告としてただちに認識するであろう。さらに戦略が似ているのは偶然ではない。娯楽と広告はただ関係がある一般市場事業というだけではなく，売上げを上げるために連携して機能している。一般市場のいかなる事業も娯楽的価値の影響を受けるように，広告の絶対的原理に左右されるのである。したがって広告と企業や個人の意欲を荒廃させる広告の力は，商業化された助言産業を理解するのに関係があるであろう。

広 告

　広告は現代生活に浸透している。広告は20世紀と今の21世紀の潮流であり，大衆市場が依存しているものである。大衆市場と広告は歴史的に深い関係がある。1890年代後半に，大衆市場は消費者の需要以上のものを生み出し，それらを消費者に届ける手段として現代の広告は発展した（Leach, 1993; Lears, 1994; Mazur, 1996）。現代広告の不可欠な目標は，製品が心の奥底にある欲望までも満たすと説得することである。説得できないときは，製品に対する憧れを高め，購買意欲を増す役割を担っている。それより以前の19世紀の広告は製品の質の高さを保証していた。対照的に，20世紀や21世紀の広告は，製品が高い質の生活を保証できると謳っている。広告業者は，清潔な髪，爽やかな息，栄養たっぷりの食事のように，すでに存在している欲望を満たすという確約では，充足している消費者の新製品に対する需要にこたえられなくなった。代わりに広告業者は，おそらく次に満たされるべき新しい欲望をまず刺激する必要がある（Leach, 1993; Lears, 1994）。また現代の広告業者は，最も利益を生む欲望は実用的なものではなく，情緒安定，性的な満足感，精神の超越のような心理的なものであることを実感した（Kilbourne, 1999; Leach, 1993; Marchand, 1983）。

　広告業者の戦略の移り変わりが測りきれないほど現代生活を変え，広告業者が私たち一般大衆の「よき生活」を左右する存在となっている。数多くの学者が広告の勢力や戦略，また大衆の感性に対する広告の影響を入念に研究した（Bordo, 1993; Kilbourne, 1999; Leach, 1993; Lears, 1994; Marchand, 1983）。それらの研究は20世紀が推移するなかで，確立された戦略を明らかにしている。その戦略というのは，まず広告業者が，消費者の不安定で不満足な部分を刺激し，その結果，消費者が感じる不便さを自製品で癒すというものである。広告は，よりよい将来が買えると宣伝したために，その結果消費者は「製品とよき生活を混同した」（Leach, 1993, p.xiii）。したがって21世紀のはじめまでには，広告は非常に首尾よく「癒しとして，また皆が求め，

必要とする親密な人間関係の代用品として製品」を提供してきた。しかし最近は企業文化によって取って代わられている（Kilbourne, 1999, p. 26）。

現代社会では心の奥底にある個人的な欲望は，妥協せずに宣伝という仕事を推し進める広告業者によって，さらに干渉されている。生活に不足しているものを指摘し，製品が手に入れば，満たされると誇張している雑誌，新聞，看板，テレビ，インターネット，映画やラジオなどの広告に大衆は常に取り囲まれている。1990年代の半ばまでに，平均的なアメリカ人は，毎日推定1,500の広告にさらされており，生涯で累積1年半分のテレビコマーシャルにさらされていることになる（Kilbourne, 1994）。20世紀の終わり近くには，広告は年間2,000億ドル事業となった（Kilbourne, 1994）。広告の遍在は人の欲望を増すだけでなく，またさまざまな情報の中身までも決定してしまう。

広告は60％以上の雑誌や新聞，ほぼ100％の電子メディアを後援し，多大な影響を及ぼしている（Kilbourne, 1999, p.34）。要は，広告は現代生活の事実上どんな側面にも入り込み，現代生活はますますこの飢えた寄生動物に身を任すことを強いられているのである。

大衆市場製品とサービスはいまや広告によってではなく，むしろ広告のために存在している。テレビ番組編成，新聞，雑誌，そして本質的には大衆市場のあらゆる要素が，また助言産業も広告のために存在しているようなものである。「簡単に大変身」「ちょっとしたことで人生が変わる」「人生の大逆転」などの広告業者の確約で，100年もの間惑わされている大衆は，特に助言産業の影響を受けやすい。本質的に広告と助言産業は同じような確約をする。実際，心理学の専門知識やサービスが一般市場に出回り，それらが最も販売しやすい要素，つまり助言に加工されると，広告とほとんど見分けがつかなくなる。

広告としての助言

テレビ番組の編成や評判の出版物とは違い，助言産業には番組とコマーシャル，または番組内容と広告コピーの明白な区別がない。商品化された助言はしばしばくだらない「テレビショッピング」のようであり，独立した番組として放送されるもの自体が，実際は共同出資のコマーシャルであったりする。レーガン元大統領によって連邦通信委員会の規制緩和（1時間の放送につき，事前に12分に限られた広告業者の宣伝）がなされたが，テレビショッピングはコマーシャルだけの時間を30分もてる(Stanton, 1994)。利己主義だが，テレビショッピングは客観的な調査，製品テストや購入者の感想，「専門家」の解説などに基づいた構成であり，大きな成功を収めている。

君臨している自助運動の先駆者，トニー・ロビンズのキャリアが急上昇したのは，深夜のテレビショッピングがきっかけであった。1989年から1994年の5年間で，ロ

第V部 自助とメディアに関する論争

ビンズはテレビショッピングを通じて1億2,000万ドル相当の自助テープを販売した（Stanton, 1994）。その成功もあって，ロビンズは1991年にSimon and Schusterと300万ドルの契約を結んだ（Stanton, 1994）。1997年までに，ロビンズのテレビショッピングは8年間続映され，彼は2,500万の「Personal Power」Program（「内なるパワー」プログラム）を販売した（Levine, 1997）。ロビンズがテレビショッピングとつながりを持った助言リーダーであることは周知の事実だが，現代の助言リーダーは皆，何らかの形で「テレビショッピング」を監督している。すなわち，最も売れている助言用品は，テレビショッピングのように製品と宣伝を1つのセットにまとめたものなのである。

　フィル・マグロー博士はテレビショッピングのような形式で，オプラの番組に出演している。2000年からオプラはフィル博士を売り物とし，フィル博士の本のタイトルから名をとったシリーズものの番組「Relationship Rescue（2人のためのLOVEテキスト）」を始めた。番組は，オプラがすばらしい製品（フィル博士の助言）が，いかに人々の人生を変えたか，興奮して視聴者に知らせるテレビショッピング形式を売りにしている。シリーズものである「新製品のデモンストレーション」は，観客の前で「実際の」カップルを招いて行なわれる。フィル博士の助言を適切に利用すると，ゲストの恋愛問題はどのようなものであれ，いつもすぐに解決する。番組の間中，テレビショッピングと同じように，視聴者たちに製品の効力の多さをアピールするため，司会者が製品について質問し説明を求め，また大切な特徴を強調する。

　2000年8月8日の番組，「Dr. Phil's Best Relationship Advice（フィル博士の恋愛についての最高の助言）」は，わかりやすい例である。番組はフィル博士がゲストの質問に答えているいくつかの短いビデオシーンで始まり，後でオプラが視聴者に「フィルと同じように，自分もこれらのセミナーを全国で行なっている」と念を押す。またオプラは視聴者がフィル博士についてヒューヒューと大きな歓声をあげるのをよく耳にするが，その歓声を聞くとフィルのハゲ頭の人気上昇を実感するとつけ足す（フィル・マグロー博士はハゲがトレードマーク）。そしてオプラは番組の出来をほめ，それはマグローの本に基づいていて，自分にも役立っていると説明を続ける。オプラが勧めると，一般人だけでなく，有名人たちもまたその製品が役立つと思うようになるのだ。番組の残りはフィル博士の以前の出演VTRなどが流れるが，その間，フィル博士はその場で思いついた言葉や簡単な気のきいた冗談を言う。オプラは彼の平凡なコメントを大げさにほめ称えるのである。こういったやり取りが重なり，番組は1時間の自己PRのようなものになる。たとえば番組で視聴者は次のようなやり取りを目にする。

●結婚生活での性的関心の喪失について，オプラは，「まあ！　みんな知ってるで

しょうけど，これは非常に大きな問題だから，今月の「*O Magazine*」で……売店で，もう販売してて……（マグローが自分が表紙だという事実で注意をひくため，話の腰を折る），私たちは，これに関して連載記事をね……」というように話をすすめる。

● 「えっと，フィル博士は次に浮気した夫と対面するわよ。まあ！　浮気を乗り越える方法についての彼のセンスのいい助言を聞きたくなること間違いなしね。でもまず，それを Philisms（フィリズム；フィル論）って呼ぶわよ。番組でのフィル博士の小気味よい台詞は，時に私を笑い転がすくらいなの」などと言って，ビデオシーンに視聴者をひきつける。そこでビデオが映し出され，ビデオである男性が「先生，私を助けてくれますか」とたずね，マグローは「ああ，助けられるとも。ただ黙って流れに身を任せるだけさ」と返答する。

● フィル博士はゲストと観客に，厄介な状況について「〜したらどうなるだろうか」と自問するとき，「もう一度，乗り切れる。自分自身を信じてるから，自分に賭けよう，他人ではなく」と自答する必要があると言う。オプラは「すごくいいわよ，フィル。あぁ驚いた〜。まいったわ。すべてが解明した瞬間だったわ！」と答える。

● フィル博士は恋愛関係において，人は「自分で負担できる以上に，投資するべきではない」と言い，オプラは「そうそう，それもいいわ〜」と声を大にして言う。

番組がテレビショッピングだと思われないように，取り扱う内容や説明には苦労しているであろう。フィル博士が，精神保健で効果的な診療されているもので評価されたら，現在の驚異的な評判はありえないだろう。ゲストらはフィル博士と彼の「助言」に一目置いており，他人の人生について意見を述べるフィル博士のパフォーマンスの格好の相手役を務めている。フィル博士のコメントは大きく2つの部類に分けられる。何を間違えているかと，正すために何をすべきか，の2つである。

時折，マグローは心理療法家に相談するのではなく，本人たちどうしが心理療法家の前で直接話し合うというカウンセリング技法を取り入れる。しかし番組ではフィル博士が脚本を与えるのだが，「Dr. Phil Helps Jealous People（フィル博士のやきもちやきを救え）」という番組であるカップルが，夫がたいへんなやきもちやきで，浮気をしているということを告白する。妻はこの夫の問題について，プロデューサーと話したときに初めて知った。番組ではマグローがいくつか質問をし，何が問題となっていて，どうして起こったのかを2人に伝える。そしてステージで2人を向かい合って座らせる。まず「彼女の眼を見て……見たね，じゃあ心の準備をして……」と夫に言い，妻には「話し始めて，私が言うまでやめないで」と指示する。妻が話している間，マグローは，「『あなたが私を傷つけて，こうなっているのは……』と言いなさい」や，「『こんなの続かないわ，二度とこんなふうにあなたとは生きていかないわよ』と，今すぐご主人に言って」というような言葉で妻に指示をする。妻がそれらの言葉の真意

を本当に理解しているかどうか，またはそのような計画を妻が本当に実行できるかどうかは，まったく重要ではない。

　夫がなんと答えていいのかあやふやでもまったく問題ない。というのは，マグローが夫のための台詞を用意しているからである。「『やきもちやき，それは俺のこと。君のことじゃなくて。俺のことなんだ』と言える？」夫はそう言って，マグローは，「2度めのチャンスを頼んで，この危機を脱するために必要なことは何でもすると約束しなさい」と続ける。夫は再びマグローに言われたとおりにその台詞を伝える。そして妻が夫とともにこの問題を解決していく意思を確認した後，マグローは「じゃあ，私のために，ご主人に最後に1つ言ってほしい」，「『ジミー，私たち離婚はしないわ。でもこんなふうに結婚を続けてもいかないわ』と言ってほしいんだ」と妻に言う。妻はマグローが言ったとおりのことを夫に伝え，ディスカッションは終わる。そしてマグローは2人に「これから私たちが，あなたたち2人を鷹のように見てるよ」という。今一度言うが，ゲストらが理解したかどうか，また言ったとおりにできるかどうかを確認することは，それほど重要ではない。重要なのは製品がどのように作用するかというドラマティックな演出なのである。

　このシーンは，大衆市場で成功を収めるために，いかに娯楽と広告が連携して機能しているかをよく表わしている。番組内容の状況は設定されたもので，使用者は放送で見ることができる。マグローが自分の商品の宣伝販売のために出演し，オプラが視聴者を欲しているということは，誰もが知っている。スポンサーがゲストにカメラへ向かって何を言うべきか指示する番組を他には想像できないであろうが，ここではそれがまかり通っている。番組がフィル博士の助言を売っているから，この方法が通用するのだ。視聴者の内にある心配，不安定，安心などの正しい感情に点火することで売上げが決まる。

　フィル博士の助言はカップルを次から次へと苦痛から解放し，よく考える時間を視聴者に与える間もなく，次のデモンストレーションへとすばやく移り変わる。この進行方法には，大きな娯楽価値があり，あらゆる点で娯楽は製品の宣伝に貢献している。専門的な心理学の論文は，「困難な現実への適応から患者を逃避させることになるため」(Abraham, 1925/1955, p.326)，このように心理療法家が定期的に助言することを警告している。というのは，人はしばしば助言に従わないが，与えられた助言に従ったとしても，問題の要因は何だったのか，またなぜ助言どおりにしたことで違いが生じたのかという新しい理解が，ほとんどあるいはまったくできないままになるからである。本質的に助言は周囲の事情を無視する。その結果は心理療法の目的と相反しているが，広告の目的とは一致している。広告は，もし正しい製品を購入すれば，人生の限界から逃れ，つらい現実からも逃げられることを消費者に約束するという，魔法のような考えを誘う。広告は派手な宣伝をしたり，私たちの心の奥底にある欲望と

営利目的の製品を結びつけることを躊躇しない。助言産業も同様である。

　トニー・ロビンズは聴衆に，正しい方法を用いれば（自分の製品で手に入るのだが），「5分で誰かを恋に落とせる」と言い放ち，彼は「1回のセッションで，どんな心理的な問題も治癒できる」と言っている（Griffin & Goldsmith, 1985, p.41）。またロビンズは，神経言語プログラミング（NLP）を使えば，臨床医は「癌や長期的で心理的な問題を，従来の治療法に必要な時間のほんの一部で治癒できる」と主張している（Leikind & McCarthy, 1991, p.186）。NLPはクライエントの態度や非言語行動を映し出すなどの科学的に実証されていない技法を用いて，脳の機能を「プログラミングする」と称する治療方法である。ロビンズは，NLPのおかげで「読書するかのように人々の意思を読むことができるようになった」と述べた。またNLPで「女性にふれずにオーガズムに到達させることもでき」，さらに「脳死状態の人を生き返らせることもできる」（p.186）ようになったと言っている。さらにロビンズはクライエントと2回以上のセッションを持つような心理療法家は「能力がない」と警告している（Griffin & Goldsmith, 1985, p. 41）。

　商業化された助言産業では，自分たちの派手な主張を裏づけるしっかりした根拠を研究としてまとめるという努力はほとんどされていない。体験談や推薦，そしてより多くの広告が利益をもたらしている。たとえば，心理学の専門書の最後には参考文献リストがあるのがふつうだが，ジョン・グレイは自分の著書で，自分のカウンセリングセンターの電話番号や製品の広告と置き換えている。『How to Get What You Want and Want What You Have』には出典がない。出典の代わりに，最後のページに「たった今読んだことが気に入って，もっと知りたいなら……Mars-Venus Instituteの係まで，お電話ください。24時間年中無休　通話無料」と読者への広告がある。その後にまたグレイの製品の広告が続く。グレイにとって大切なのは科学的な実証ではなく，売上げなのである。

市場の拡大

　ジョン・グレイと彼の仕事にかかわっている人々は，積極的に彼の製品を宣伝販売し，潜在的には市場に限界など見出していないかのようにみえる。1999年1月19日には，グレイは，ホームショッピングチャンネル，QVCのゴールデンタイムに1時間出演して，「How To Get What You Want and Want What You Have」を始めた。番組は，アメリカ中の「6,800万世帯」で放映されると推定され，グレイの文庫，ビデオセットやテープ，そしてボードゲームを宣伝した（"Dr. John Gray," 1999）。マスコミはその催しの前に，QVCウェブサイトや電話で先行注文についての詳細を公開した。

　他人に自分の製品を販売する権利を与えるネズミ講式販売は，助言産業の先導者ら

が自分たちだけで管理できる範囲を超え，実質的な利益を伸ばしている。1994年までにトニー・ロビンズは自分自身をフランチャイズ化し，約45人と契約した。彼らはロビンズのワークショップを自分たちで開催するために，少なくとも3万6,000ドルを支払った（Stanton, 1994）。グレイはMars/Venus（火星/金星）カウンセリングセンターのフランチャイズを監督し，まず心理療法家らは，グレイの「技術」トレーニングにおよそ2,500ドルを払った。続けてグレイのロゴを使用し，グレイと認定される権利として1,900ドルの「免許」手数料を支払い，グレイに毎月300ドルを支払い続けている（Gleick, 1997）。

　取り扱う製品の種類を増やすことも市場を拡大する1つの方法である。助言産業は，直接助言に関係するものだけに市場を制限する必要はないことを見出した。先導者は自分自身を「よき生活」と結びつけるため，その結果，事実上宣伝するものすべてが美化され，勘違いされやすいために，大衆は心を奪われてしまう。ジョン・グレイは，キャンドルや花，また下着さえ「ロマンティックなアクセサリー」として，自分のウェブサイトで提供している（McGinn, 2000）。グレイの製品は非常によく売れているため，いまや他の事業においても消費者を魅了している。

　1997年に，グレイの出版社であるHarperCollinsは，「Mars and Venus on a Date（金星人と火星人のデート）」というイベントを全米で開催した（Maryles, 1997）。招待状や，料理，グレイ自身の特別なビデオを使い，イベントは非常に巧妙なものであった。このイベントと提携したBarnes and Noble（アメリカの大手書籍店）は，本の「サイバーイベント」を主催し，およそ2,000人が自社のウェブサイトにアクセスし，成功を収めた。(Maryles, 1997)。Hallmark（アメリカのカード専門店/大手文房具屋）もまたグレイと提携して，Mars and Venus in Touch: Enhancing the Passion with Great Communicationという題名の特別版を出版した（Guest, 2000）。Hallmarkでカードを購入すると，この本を3ドル以下で買えた。

　ここまで述べてきたようなイベントや製品またはサービスは，本章での2つの論点の1つめを支持している。すなわち専門的な心理学の知識と技術が営利目的である市場に出回ると，市場価値または娯楽や広告に影響を受けてしまうということを，私たちは予期すべきだということである。次に本章の論点の2つめについて考察したい。心理学の専門知識や技術が商品化され，市場で成功を収めているため，専門としての精神健康自体への影響も予期しておかねばならない。とりわけ市場の絶対的原理である娯楽と広告が精神健康の専門性を侵害しているという事実を知るべきである。

第 15 章 ◆ 精神保健問題の商業化：娯楽，広告，心理学の助言

▌市場価値の妨害

　アメリカ心理学会（APA）は，Division 46（46 部会）または（Media Psychology）（メディア心理学部会）を発足することによって，マスコミの多大な影響を公式に認めた。Division 46 は「ラジオ，テレビ，新聞，雑誌，また新しいテクノロジーに限らず，それらを含めたメディアのさまざまな場面で心理学者らが演じる役割を，重点的に研究している」（Division 46-Media Psychology, 発行年不明）。Division 46 は，約 20 年間存続しており，ウェブサイトで 4 つの目的を明らかにしている。1 つめは，「心理学者が科学的知識と精神保健学界についてより効果的に大衆に知らせるためのメディア使用を支援すること」である。したがって Division 46 は，大衆に精神保健について知らせる方法の 1 つとして，専門家がマスメディアを用いることを目的としている。大衆を教育することは賞賛に値するもので，実際，1980 年代の半ばまでには，APA の会長候補者のほとんど全員が「大衆への教育の普及を支持する」と宣言していた（McCall, 1998, p. 87）。急速に広がりつつあった助言産業，特にトーク番組や自助用品を通じて，精神保健の問題がより多くの大衆の関心をひきつけていたときに，大衆とのコミュニケーションを重要視する声が APA 内で増え始めた（第 14 章を参照）。しかし専門家がメディアの力を利用しようとしているなかで，かつて 19 世紀にも専門家が直面したのと同じジレンマ，すなわち楽しませるために大衆にうける感覚を受け入れるか，お払い箱にされるかという選択に迫られている。

娯楽と専門的心理学

　1983 年から，専門的基準を維持する重要性を強調する一方で，心理学とマスメディアを効果的に組み合わせる専門家もいた。しかし専門的基準を守りながら，マスメディアを使用することは難しいとの指摘もあった。**メディア協会のためのガイドライン委員会**（Guidelines Committee of the Association for Media）は「**メディア精神保健の専門家への提案**（Suggestions for Media Mental Health Professionals）」を作成した。そのなかで，専門家は「生き残るために，幅広い視聴者をひきつける娯楽性と専門性の 2 つの間でぎりぎりの線を歩かなければならない」としている（Broder, 1983; Heaton & Wilson, 1995, p.220 より引用）。

　ヒートンとウィルソン（1995）は，なぜその目標がほとんど達成されないのかを『In Tuning in Trouble: Talk TV's Destructive Impact on Mental Health』で述べた。ヒートンとウィルソンがインタビューした専門家の多くは，専門的な倫理を妥協することになるとしても，自分たちの出演がおもしろいものでなければというプレッシャーを感じ，また自分たちが番組の結論にかかわる権利はほとんどなかったと言っ

た。たとえば，専門的な心理学者であるナンシー・スティール（Steele, N.）は，サリー・ジェシー・ラファエルのプロデューサーに，強姦者とその妻の両方が出演する番組「Wives of Rapists（強姦者の妻たち）」のために3日以内に到着するように強要された（Heaton & Wilson, 1995）。出演後にスティールは，出演は，心理学的な見解のためではなく，娯楽を提供できるように自身の能力を変えるように求められていたと気づいたのだった。同様に，『*The New Other Woman*』（1985）の著者ローレル・リチャードソン（Richardson, L.）は，なぜ妻帯者との浮気は，女性を伝統的な役割に縛りつけてしまうのかを議論として取り上げることを望んでいた。しかしサリー・ジェシー・ラファエルのプロデューサーと司会者は，ゲストと観客の間に口論を引き起こすことに関心があり，リチャードソンの著書名をもじって「Other Woman's **movement（活動）**とすることを提案した（Heaton & Wilson, 1995）。

　Division 46の元会長スチュアート・フィッシュオフ（Fischoff, S.）は，トーク番組に出演した専門家のなかには「非常に不信感を抱き，軽蔑した」(p.104)者もいるが，「テレビに出ているということで，良識や分別を一時忘れてしまうくらい興奮した」者もいると述べた（Fischoff, 1994, Heaton & Wilson, 1995, p.118 より引用）。またドナヒューのプロデューサーが『Women, Sex, and Addiction』(1989)の著者，シャーロット・カスル（Kasl, C.）には，番組名を「Women Who Love Sex」にしようと提案したが，カスルは別段喜ばず，「ちょっと，私はドナヒューの番組に出たかったのよ……これは1度に400万から1,000万人が見るのよ」(p.118)と言った。精神保健についてより多くの人々に知らせようという専門家の動きと営利目的が重なると，専門家はメディアの圧力に対して過敏になることがあるかもしれない。情報を刺激的な方法で紹介できるかどうかで専門家の出演がしばしば決定され，おもしろい専門家が出演できるようになっている。したがって娯楽価値がマスメディアにおける情報の番人となる。娯楽性が意思決定の要因となり，娯楽性がすべての決定権を持つのである。

　さらにメディアが求めているような娯楽性を持たない専門家は，持っている資格の内容に関係なく，娯楽性を持つ専門家と簡単に交代させられる（Kelly et al., 1985）。専門家のメディアに関する「欠陥」を直すための学会内で，そのようなメディアの経営戦略は結果的にメディア中心の活動を促進させている。より伝統的で科学的な専門家の価値は，娯楽産業における話術の基準で専門家を評価すると，下がってしまう。たとえばフィッシュオフは，「カメラに向かって話をする，驚くほど退屈な心理学者を見つけるのは難しい」と述べた（Heaton & Wilson, 1995, p.102 より引用）。精神保健の専門家も団体も，ハウツー本とトレーニングセミナーに関する問題を提起している。

　Division 46のニュースレター，「*The Amplifier*」の最近の号には，大衆の関心と専門家の目標がいかに混同し始めているかという例が掲載されている。2000年秋号

には，ドー・ラング（Lang, D.）が「How to Be a Smash Hit on TV（テレビで大成功する方法）」というタイトルの記事を書き，「注目の的になる方法」や「カリスマ性を増す」などについての秘訣を述べている。ラングは1分間自由に練習し，「まったくの無表情（無表情を客観性とみる心理学者もいる）が，視聴者にとって何よりも退屈で，見るのも困難であること」を実感するように勧めている（Lang, 2000）。さらにラングは「呼吸はゆっくり，一定に，滑らかに……練習するように。呼吸を1分間で7回以下にすると落ち着き，脳にたくさんの酸素がいき，正しい台詞やすばらしいアドリブが自然にひらめくでしょう」と教えた。そのレシピのような指示や方法に示された絶対的な成功は大衆市場でみられるもの，すなわち助言産業用品に酷似している。したがってその記事が，ラングをCharismedia（カリスメディア）という相談所の長と紹介し，ラングの著書『*The New Secrets of Charisma*（カリスマ性の秘訣）』（1999）を読めばより役立つヒントがわかると宣伝したことは，特に驚くべきことではない。

　表面上はメディアの効果的な使用をすすめている専門家の団体が，ラングの記事を出版したことがここでは問題である。Division 46は専門家にラングの方法を勧めるよりも，メディアを使用して助言を与えるラングの方法がなぜ「心理学の科学的知識」を表わしていないのかについて，専門家らと一般大衆を教育する中心となるべきである。

　ラングにとって最優先なのは専門的な基準を守ることではなく，「テレビで大成功する方法」という営利目的の考え方である。「The Amplifier」の2000年夏号に掲載された「テレビプロダクションへの侵入（Breaking into TV Production）」にも同じようなことが描かれている。15年間テレビのプロデューサーをしていたジェフ・ガーダラビーン（Guardalabene, J.）は，企画として取り上げてほしいアイデアを持っている精神保健の専門家に助言した。見出しは，「ストーリーを練る……ビジュアルにして」とあり，専門家はもしできるのであれば，目立つように「数人の魅力的な登場人物」をストーリーに取り入れるよういわれた（Guardalabene, 2000）。自説を立証するために，ガーダラビーン（2000）は直接読者に以下のようにたずねた。「うつの回復についてどっちの番組を見たいですか。専門家がまくしたてる研究結果か，友人や近所の人がひどいうつから回復するというエピソードか」。

　ガーダラビーンが質問で使った言葉は，マスコミの研究に対する典型的な無関心を反映し，一般大衆も同じように関心がないことを前提にしている。またもし精神保健の専門家が，「研究結果をまくしたてる」のをやめることでテレビに出演できるとしたら，喜んでやめるであろうと推測している。さらにガーダラビーンの記事は，データを事例研究や証言，また個人的な経験の描写に置き換えることを提案している。しかしそれは，科学的な心理学界では理論や心理療法を立証するのには不適切である，

個人的な情報を公開することを勧めていることになる（Stanovich, 2001）。続けて，ガーダラビーンは立証されないにもかかわらず，助言産業を支配し，一般大衆の混乱を招いている「個人の心理学」を支持した（Stanovich, 2001）。このような手法は大衆市場では新しいものではない。

いくぶん新しいものは専門家をトレーニングするプログラムで，専門家が一般の映画を有効な教育的手段として使用することである。1997年から2001年の間に，映画使用を推奨した論文が少なくとも5本，専門的な紀要で出版された。おそらく他のテーマに副次的に書かれたものもあったであろう。ヒギンズとダーマー（Higgins & Dermer, 2001）は，『The Use of Film in Marriage and Family Counselor Education（結婚，家族カウンセラー，教育における映画使用）』のなかで，「知覚的，概念的，実務的カウンセリング」の向上のために，「結婚や家族カウンセラー教育カリキュラムに含まれうる革新的な技術を紹介している」（p.182）。ヒギンズとダーマーはまた教育において，「映画を使用することのメリット」を概説した。同様に，アレクザンダーとワックスマン（Alexander & Waxman, 2000）は，『Cinemeducation: Teaching Family Systems through Movies（シネメデュケーション：映画を通じて家族体系を教示する）』のなかで，映画シーンは，家族生活の周期，分化，融合や恒常性などの家族心理療法の概念を学習者にふれさせるのに，説得力がありおもしろい方法であると述べた（p.455）。アレクザンダーとワックスマンはまた「家族体系トレーニングに容易に取り入れることができるビデオのシーンに関する実践的なガイド」もつけ加えた（p.455）。フレドリック・ミラー（Miller, F.C., 1999）は，ほとんどの映画は心理療法の悪例となっているが，映画「Ordinary People（ふつうの人々）」は，「非常に正確でよくできているので，精神医学生やほかの学生に，精神力学の精神療法に関する主要な原理や技術を教えるのに使用できる」（p.174）と主張した。

2，3の映画が役立つかもしれないと論じたミラーと違って，ハイラーとスチャンザー（Hyler & Schanzer, 1997）は，障害について医学生，一般人，他の精神保健のインターンに役立つかもしれない「**パーソナリティ障害の境界のさまざまな側面**を活写している33の映画リスト」と「精神医学における他のさまざまなトピック」をあげた（p.458）。入門レベルの家族心理療法のための「映画を使用した課題」を発表したハドックとウォーデン（Hudock & Warden, 2001）は，映画を使用する際のデメリットについて要旨に注釈した唯一の著者であった。他の要旨にそのような注意がないと，現実をゆがませ，人種，階級，性別などのステレオタイプを永続させるというハリウッドでよくある傾向を煽ることになるため，混乱を招く。

社会心理学者や認知心理学者は，人は意思決定の際，記憶を呼び起こし，よりアクセスしやすい情報を用いるであろうと論証している（**利用可能性ヒューリスティック**；Nisbett & Ross, 1980; 第2章も参照）。その情報にアクセスするときは鮮明さが信頼

性よりも重要である。すなわちハリウッド映画と経験に基づいた講義の組み合わせでトレーニングを受けた学生は，臨床的な意思決定に直面した際，映画から得た「知識」を思い出して用いる傾向にあるのだ。

　学生に映画の限界や型に当てはまらない事例などを具体的に教えても，授業で映画を見せた後では，映画の印象に何の影響もないだろう。ハミルら（Hamill et al., 1980）は，より正確な情報が利用可能なときでさえ，1つの鮮明な例が，人の判断を支配しやすいということを論証している。また映画が1度授業で用いられると，結果的には教員が正しいと認めたことになり，学生らは後でどの側面が「真実」で役に立つのか，また役立たないのかをおそらく覚えていないであろう。大学院生と教員も，「人間の心が従属している標本抽出，知覚，記録，保持，検索，推論などの誤り」に対して，一般大衆以上に免疫があるなどということはない（Meehl, 1993, p.728）。したがって専門分野の未来を代表する者を養成するときに，娯楽産業の製品を用いることには特に慎重であるべきだ。

　1990年代，メディアスキルと娯楽フィルムを教育で使用することが特に重要視されていた時期，臨床心理においてセンセーショナルで非科学的な治療法が多々用いられていたことは明記しておくべき興味深い点である。たとえば，トラウマの立証されていない治療法（第9章を参照），幼児虐待の抑圧された記憶を思い出すための暗示的な技法（第8章を参照），サブリミナル効果のある自助テープ（第14章を参照），自閉症のためのファシリテイテッド・コミュニケーション（第13章を参照；Lilienfeld, 1998）などである。そのような治療法は科学的な基準よりもはるかにうまく娯楽産業の需要と結びついている。またそれらの治療法はしばしばドラマティックで即効性があり，「臨床経験」や体験談によって大部分が立証された「治癒」を確約する。その種の立証には研究による根拠はほとんどがないが，非常に多数の効果的な広告が添えられている。

広告と専門的な心理学

　ローレル・リチャードソンはサリー・ジェシー・ラファエルのショー出演後，番組は「不快で，やる気を失くさせ，事を荒立てるものだった。しかし番組のなかで，私が自分の本への関心をひく形で議論を取り仕切ったので，出版社は番組も私自身のこともすばらしかったと思ったようだ」と述べた（Richardson, 1987, Heaton & Wilson, 1995より引用）。番組での議論が視聴者をひきつけ，楽しませ，その結果，本の売り上げが上がるだろうと出版社は考えたのである。本章で先に論じたように，娯楽におけ

る大衆市場の絶対的原理が広告と連携して頻繁に機能している。したがってメディアの基準を重視すること（すなわち，娯楽）と広告を重視することは関連していると予期しておくべきであり，実際，関連しているのである。

　本を書いたことがある専門家は，売上げとメディアの切っても切れない関係についてよくわかっている。宣伝が売上げを伸ばすが，現在，昼間のトーク番組の出演ほど，精神保健の専門家にとって宣伝になるものはない。オプラの書評（Oprah's Book Club）に選ばれた本はさらに売上げが伸びる。「*People*」でチンとチーカロス（Chin & Cheakalos, 1999）は，「ピューリツァ賞はすばらしい。ノーベル賞ならさらにすばらしい。でも大成功を収めるには……著者が欲しいのはオプラだ」（p. 112）と述べた。オプラの書評に選ばれた本は，すぐにベストセラーのリストにあがるからである。トーク番組で典型的な方法で宣伝されたマグローの「Life Strategies（ライフ・ストラテジー）」や，グレイの「Mars and Venus（火星人／金星人）シリーズ」，そしてロビンズの「Personal Power（内なるパワー）」は，すでに商品化された助言であるけれども，マスメディアで取り上げられることによる潜在的な経済利益が，精神保健学界でも指摘されるようになった。もし専門家がテレビ出演を通して利益を確保できなければ，インターネットが別の手段となる。

　専門家は，自分自身のウェブサイトを開発するようにますます奨励されており，開発のための支援を「会員サービス」として推進している団体もある。たとえばアメリカ精神衛生カウンセラー協会（AMHCA）は，ウェブサイト上で会員の5つの「特権」を紹介している（"Member services," 発行年不明）。それらの特権のうち3つは財政か宣伝に関することで，残り2つが専門的な情報に関するものである。より具体的にいうと，まず会員は安価な割引価格で「自身の個人的なウェブサイト」を持てる機会が提供されている。また連絡先や自分の専門分野を含め「消費者に診療に関する情報」を伝える機会も提供されている。しかしながら，AMHCAは，「登録簿に載っているいかなる専門家の能力も調査していないし，決定もまた保証もしていない」と念を押している。これらの専門的な「会員サービス」は両方とも，専門的な基準以上に営利への関心を支援している。

　これらの専門的な「会員サービス」は以下のような方法でなされている。メンバーは，診療で出くわしそうな一般的な心理学の問題に関する最新の治療法のデータベースや，クライエントを参照できる治療センターのウェブサイトにはアクセスできないようになっている。これらは専門的な関心を刺激するであろう。しかし自分たちのウェブサイトを開発するように勧めている。さらに，効力は立証されていないが，すでに大衆に宣伝されている「専門家」の集団に加わるように勧められる。その誘い（専門的な基準をほとんど満たさない大衆市場で競争する機会）は，トーク番組で宣伝されるお勧め品のようである。また専門家に自分たちの「プレゼンテーション」スキル

に磨きをかけることや，人と違った方法で自分自身を宣伝することを間接的に勧めている。現代広告が広まった当初，雑誌編集者であったエルバート・ハバード（Hubbard, E.）は，「生きている間にみな宣伝をするべきだ。宣伝しない人は本人が気づいているかどうかは別にして，死人も同然である」と警告した（Lapham, 1993, p.10 より引用）。ハバードの説は，現代の精神保健学界にとって混乱を招くものである。専門家は，順調なマーケティングやプロモーションによりいっそう関心を持つようになっている。マスコミの生き残りが順調なマーケティングやプロモーションに依存していることは間違いない。さらに混乱を招いているのは，特異な広告によって商品化された助言が，精神保健学界で1つの地位を作り出したことである。それはジョン・グレイの事業である。

先にも述べたように，ジョン・グレイはカリフォルニアの資格認可に疑問のある通信教育校 Columbia Pacific University（CPU）で博士号を取得し，専門家としての資格は保持していない（Gleick, 1997;"Rebuttal from Uranus,"発行年不明）。彼は二重盲検法のような「学術的な方法」での研究に従事していないことを明らかにしている。その代わりに，グレイは以下のように自分の研究を説明している。「10年間，30人のグループと座って，女性にも男性にも自分たちの問題について話してもらい」「真実の概念を見つけた」（Marano, 1997, p.28）。それらの概念にたどり着くために，グレイは，「自分の直感と診療」を生かした（Carlson & Nieponski, 2001, p.7）。

実際，グレイは，まさしく疑似科学と思われるような方法で自身の理論や手法を獲得し，確立したと説明している（Stanovich, 2001）。注目すべきなのは，International Association of Marriage and Family Counselors（IAMFC）の公式な紀要である『*The Family Journal: Counseling and Therapy for Couples and Families*』の「電話対談」で，グレイの研究のあり方や，概念の確立の仕方などが特集記事として出版されたことである。グレイが自分の考えに科学的な根拠がないことに直面せざるを得ず，自分の主張を立証するよう強いられたことは1度だけではない。しかしその記事では注釈に，「ジョン・グレイの臨床的なトレーニングについての情報は，800-Mars-Venus にお電話頂くか，www.mars-venus-counselors.com をご覧ください」とある（Carlson & Nieponski, 2001, p.7）。

グレイはまた紀要の Distinguished Advisory Board を務めており，さらに4人の顧問編集者の1人でもある。さらにグレイは，2000年に IAMFC board 主催のアメリカカウンセリング学会，Distinguished Presenters venue で基調講演者の1人として，発表するよう依頼された。IAMFC はまた『*Men are from Mars, Women are from Venus*』（『ベスト・パートナーになるために―男と女が知っておくべき分かち愛のルール―男は火星から，女は金星からやってきた』三笠書房，大島渚（翻訳））の「グレイの影響を評して」，メディア賞を贈った。IAMFC の会長は，グレイは世

界中のカップルに「自分たちの恋愛を違ったものにできると教えてくれた」と述べている（Stevens, P., 私信，2001年3月6日）。商業的な成功を通じ，専門分野において名声を得たグレイの能力や，あるいは将来そういう専門的な成功を約束されたような人々の能力は，本章で提示された問題の本質をよく表わしている。

結　論

　この章の論点は，心理学の専門技術，知識，サービスが一般の市場に出回るようになると，市場の価値や戦略に影響されやすくなってしまうということである。精神保健の専門知識やサービスが，商業化された形式で一般市場において成功を収めていくにつれ，もともとの専門知識やサービスの本来の価値を低下させるだけでなく，精神保健に関する本来の知識やサービスに最終的にすり替わってしまうという見解を示唆している。

　精神保健の専門知識やサービスが商業化された形式にとって替わられることを望まないのであれば，精神保健学界自体が商業化を招かないように慎重であるべきである。また娯楽と広告業界による精神保健学界への侵害を，自分たちで食い止めるべきである。娯楽と広告の絶対的原理は，商業を発展させるが科学を腐食する。長い目でみれば，利益ではなく科学が精神保健学界を発展させるであろう。

用語解説

意味を求める努力（effort after meaning）　自分の現在の人生の問題に対して，疑わしい因果的な説明でさえも求め，受け入れる要求のこと。

商品化（commodification）　あるものを売買できるように加工し，その鍵となる価値を売り物にすること。

助言産業（advice industry）　職業や心理学の専門知識を大衆向けに商業化している大規模市場のこと。

神経言語プログラミング（neurolinguistic programming）　クライエントの姿勢や非言語的行動を再現するような，多様な技法を通して脳機能を"プログラム"すると称する，妥当性のない心理療法的な方法である。神経言語プログラミングの支持者のなかには数分で恐怖症を治してきたと主張する者もいる。

バーナム効果（P. T. Barnum effect）　個人が，あいまいかつたいへん一般的で，また明白で

はない性格を記述したもの（たとえば，「あなたには自分の利点になるように注意を向けてこなかった，多大な使用されていない潜在力がある」）を自分をよく説明したものだと受け入れる傾向のこと（第2章も参照）。

火渡り（firewalking）　多くの自助や動機づけの指導者の間で人気のあるもので，その称するところによれば，未開発の精神力の威力を証明するために燃えさしの木の上を歩く技法である。事実，火渡りは物理学の法則に完全に従うもので，なんら特殊な心理学的，身体的威力も必要としない。

利用可能性ヒューリスティック（availability heuristic）　個々の判断が，想起の容易性（記憶の呼び起こしやすさ）によって影響を受ける傾向のこと。正確さの唯一の指標であるというよりむしろ，想起の容易性はいくつかの要因に起因する（たとえば，出来事の間の言語的結びつきの強度が，それらの出来事の相互の生起の想起の程度に影響するかもしれない）。

第Ⅴ部 自助とメディアに関する論争

第16章 臨床心理学における科学と疑似科学
結論的考察と構成的改善策

スコット・O・リリエンフェルド（Scott O. Lilienfeld）
スティーブン・ジェイ・リン（Steven Jay Lynn）
ジェフリー・M・ロー（Jeffrey M. Lohr）

　本書では臨床心理学における疑似科学の問題やその他の疑問の余地のある科学について詳述した。適切な実証的支持があるものとないものとの間で，精神保健の主張を，区別するのに役立つような道標を提供できたと期待する。結論として，臨床心理学において疑似科学の可能性のある主張が勢力を広げつつある状況と戦うためのいくつかの改善策を提供する。

　これまでの章では，実証されず，検証されていない心理療法，アセスメント，診断の技法の激増によって臨床心理学領域の科学的な土台が脅威にさらされていることを明らかにした。実際，本書の多くは嘆き節である。本書のほとんどすべての章を通して，臨床心理学の将来に対する悲観的な感情を理解できたと思う。

　このことによるニヒリズムは当然認めることができない。本書のこの結論部分で，5つの改善策を提示する。それらは臨床心理学の分野において現在悩まされている病を癒す実質的な方法である。本書が明るみに出した厳しい現実にもかかわらず，これらの改善策が使われるならば，臨床心理学における疑似科学の問題は最終的には改善に向かっていくであろう。

　臨床心理学の領域の5つの処方箋は以下のものである。

1. すべての臨床心理学の訓練プログラムには，批判的な思考の技能，特に研究における疑似科学的方法から科学的方法を区別するのに必要な技能を含んだ本式な訓練が必要とされる（役立ち得る情報源として Lilienfeld et al., 2001）。特に，臨床

的な訓練プログラムは，次の点を強調しなければならない。すなわち①アセスメント情報を評価するとき，臨床的判断と予測，それに他の要因（たとえば，確信バイアス，過信，錯覚相関；Garb, 1998；第 2 章も参照）によって臨床家が道に迷うことがあるということ（類似の推奨として Grove, 2000），②科学哲学の基本的な論点，特に科学的認識論と非科学的認識論の間の特徴的な差異（第 1 章を参照），③アセスメント用具の妥当性を評価するために必要な研究方法（第 3 章を参照）および心理療法の効果と有用性を評価するために必要な研究法（第 6 章を参照），④人間の記憶に関する問題，特に記憶の再構成の性質と暗示的治療法が記憶に与える影響力（第 8 章を参照），である。さらにすべての臨床心理学の教育と訓練に必須であるべきトピックスについて，実質的な強調をおいていない臨床心理学博士と心理学博士のプログラムに対し，アメリカ心理学会（APA）は信認を与えることを保留しなければならない。

2. 臨床心理学の領域は，実証的に支持された治療法（EST：Chambless & Ollendick, 2001）ばかりでなく明らかに実証的支持を欠いている治療法をも注意深く同定すべきである。ガースクとアンダーソン（Garske & Anderson, 第 6 章）に対比して，EST のリストを明示する努力は賞賛に値する。EST の技法を同定する基準は人々に共用されているものである。

　とはいうものの，疑似科学に対する戦いはあまりに実質的なので，単一戦線だけで戦うことは不可能である。効果のある治療技法を同定することは，重要な長期的目標である。そればかりでなく，明らかに効果がない，あるいは有害な技法も同定できるようにしておかなければならない。「避けるべき心理療法」のリストを公式に作り上げることは，実践家にとっても心理療法を受けるかもしれない人にとっても，重要な出発点になるだろう。そのような技法として，リストの最初に，幼児自閉症の促進的コミュニケーション（第 13 章），再誕生と再親業（第 7 章），緊急事故ストレス・デブリーフィング（第 9 章）を掲載できる。

3. APA と他の心理学の組織は，実践家が強固な科学的事実に基づいた教育を続けることを保障するようにさらに活発な役割を演じなければならない。「心理学に関する APA モニター」という最近の編書を熟読すると，APA の組織内の出版物は会員全員に配布されるものであり，そこでは APA が多くの妥当性のない心理治療法，たとえば思考場療法（第 9 章を参照）やイマーゴ関係療法のように統制実験が基本的に公刊されていない 2 つの技法を受容できるものとして宣伝し続けてきた。APA が臨床家の訓練のための継続教育（CE）クレジットを与えるための最近のワークショップのなかには，書道療法，神経フィードバック（第 12 章を参照），ユング派の箱庭療法，「臨界的意識を触媒とする」心理劇場の使用のコースが含まれていた（Lilienfeld, 1998 を参照）。APA は，最近，緊急事故ス

トレス・デブリーフィング，いくつかの統制実験で有害ということが示されてきた技法にも CE クレジットを与えた（第9章を参照）。さらにあろうことか，ごく最近ミネソタ評議委員会は，岩登り，カヌー，箱庭療法，ドラム瞑想を，CE クレジットのワークショップとして承認した。

　もし専門的な組織が適切な科学的支持を持った技法とそうでない技法を区別するという重大な課題について実践家を援助しようとするのならば，その目標を達成するような教育を提供し続けなければならない。さらに科学的に支持されたアセスメント，治療技法とそうでないものとの差異を見分ける専門知識を持っている大学人と臨床家は，CE コースとワークショップの発展と普及にさらに活発な役割を演ずべきである。この過程を促進するために，大学の臨床心理学プログラムは科学的に方向づけられた CE コースを構成しデザインすることに関与するよう，担当教授にはたらきかけなければならない。

4. APA と他の心理学組織は，心理療法とアセスメント技法に関する一般向けの出版物やその他のもの（たとえばインターネット）における間違った主張と戦うために，より目に見える形で公式的な役割を演じなければならない。これらの組織は，伝統的に，実証されていない精神保健の方法やその主張と戦うメディア「監視人」の役割を演ずることをためらい続けてきた。衰えを知らない活力を示し勢力盛んな実証されていない精神保健の方法の領域では，そのようなためらいは，守りをますます困難なものにする。放送電波では，科学に基づいた情報を公共に提供できる専門知識を持った精神保健の専門家よりもむしろ，トークショウやメディア心理学者による支配が増大してきており，しばしば研究事実によって支持されていない助言と情報が流されている（第15章を参照）。だいぶ前にジョージ・ミラー（Miller, G.）が言ったように，「一般の」心理学は，非科学的心理学ではない（Lilienfeld, 1998）。

　それゆえ APA とアメリカ心理学協会（APS）を含めた他の心理学の組織が，調整して，メディア解説者（理想的には臨床心理学における疑問のある，あるいは検証されていない技法についての専門知識を持っている専門家からなる）のネットワークを作り上げるべきである。メディア解説者は問題のある，あるいは実証されていない精神保健の主張がメディアに現われたときにはいつでも反応し，またそのような主張に関するメディア調査がでてきたときにも反応しなければならない。

5. 最後に，APA とその他の組織は，適切な科学に基づいていない，あるいは害があるようにみえる治療技法およびアセスメントに従事する実践家に厳しい制裁措置をほどこすようにしなければならない。APA 倫理規定では，実証されていないアセスメント技法の使用が倫理的に不適切な行動であることを明らかにしてい

る。たとえば，APA 倫理規定ルール 2.01（b）では，「心理学者のアセスメント，推薦，報告，心理学的診断，あるいは評価の記述は，結果を具体化するのに十分な情報と技法（適切なときには個人への個人的なインタビューを含めた）に基づいていること」を定めている。APA 倫理規定ルール 2.01（a）では，「心理学者は現在の目的のために古いデータやテスト結果に基づいてアセスメント，介入決定，推薦を行なってはならない」と定めている。APA 倫理規定(コード 1.14)では，同様に，明らかに害を与える可能性のある治療技法について，「心理学者は，患者あるいはクライエント，研究参加者，学生，共同に働く他者に害を与えることを避け，予知し，避け得ない害は最小限にするように，合理的に行動する」と定めている。

専門的な行為においてこれらの規範を破る臨床心理学者には，適正な制裁措置が施される必要があり，公共の被害は食い止められなければならない。APA と他の専門家組織が与える適正な制裁措置は，専門職の統合を保護し，クライエントの安全を確保する必要条件である。最優先事項は害をなさないことである（Primum non nocere）。

本書は，訓練中の臨床心理学者ばかりでなくすべての臨床心理学者が読むべき意義を持つものである。そして上述した5つの処方箋が実行されれば，本書の今後の版では，題名から「と疑似科学」という語が取り外されるようになるかもしれない。

謝 辞

本書の初期の内容に有益なコメントをいただいたジェームス・ハーバート（James Herbert）とリチャード・マクナリー（Richard McNally）に感謝する。

REFERENCES

序章

Acocella, J. (1999). *Creating hysteria: Women and multiple Personality disorder*. San Francisco: Jossey-Bass.

Brainerd, C. J., Reyna, V. E., & Brandse, E. (1995). Are children's false memories more persistent than their true memories? *Psychological Science*, **6**, 359-364.

Chance, P. (1989, November) The other 90%. *Psychology Today*, pp. 20-21.

Cvetkovich, G. T., & Earle, T. C. (1994). Risk and culture. In W. J. Lonner & R. Malpass (Eds.), *Psychology and culture*(pp. 217-224). Boston: Allyn & Bacon.

Edelson, M. (1994). Can Psychotherapy research answer this psychotherapist's questions? In P. F. Talley, H. H. Strupp, & S. F. Butler (Eds.), *Psychotherapy research and practice: Bridging the gap* (pp. 60-87). New York: Basic Books.

Garry, M., Manning, C. G., & Loftus, E. F. (1996). Imagination inflation: Imagining a childhood event inflates confidence that it occurred. *Psychonomic Bulletin and Review*, **3**, 208-214.

Gross, M. (1978). *The psychological society*. New York: Random House.

Hofstede, G., & Bond, M. H. (1988). The Confucius connection: From cultural roots to economic growth. *Organizational Dynamics*, **18**, 5-21.

Hornstein, G. (1992). The return of the repressed: Psychology's problematic relations with psychoanalysis, 1909-1960. *American Psychologist*, **47**, 254-263.

Jenkins, P. (1998). *Moral panic: Changing concepts of the child molester in modern America*. New Haven, CT: Yale University Press.

Katz, Z. (2001). Canadian psychologists' education, trauma history, and the recovery of memories of childhood sexual abuse (Doctoral dissertation, Simon Fraser University, 2001). *Dissertations Abstracts International*, **61**, 3848.

Kaufman, J., & Zigler, E. (1987). Do abused children become abusive parents? *American Journal of Orthopsychiatry*, **57**, 186-192.

Loftus, E. F., & Ketcham, K. (1994). *The myth of repressed memory*. New York: St. Martin's Press.

Luhrmann, T. M. (2000). *Of two minds: The growing disorder in American psychiatry*. New York: Knopf.

Mart, E. (1999). Problems with the diagnosis of factitious disorder by proxy in forensic settings. *American Journal of Forensic Psychology*, **17**, 69-82.

Nunez, N., Poole, D. A., & Memon, A. (2003). Psychology's two cultures revisited: Implications for the integration of science with practice. *Scientific Review of Mental Health Practice*.

Persons, J. B. (1991). Psychotherapy outcome studies do not accurately represent current models of psychotherapy: A proposed remedy. *American Psychologist*, **46**, 99-106.

Polusny, M. A., & Follette, V. M. (1996). Remembering childhood sexual abuse: A national survey of psychologists' clinical practices, beliefs, and personal experiences. *Professional Psychology: Research and Practice*, **27**, 41-52.

Poole, D. A., & Lamb, M. E. (1998). *Investigative interviews of children*. Washington, DC: American Psychological Association.

Poole, D. A., Lindsay, D. S., Memon, A., & Bull, R. (1995). Psychotherapy and the recovery of memories of childhood sexual abuse: U. S. and British practitioners' opinions, practices, and experiences. *Journal of Consulting and Clinical Psychology*, **63**, 426-437.

Rind, B., Tromovitch, P., & Bauserman, R. (1998). A meta-analytic examination of assumed properties of child sexual abuse using college samples. *Psychological Bulletin*, **124**, 22-53.

Rind, B., Tromovitch, P., & Bauserman, R. (2000). Condemnation of a scientific article: A chronology and refutation of the attacks and a discussion of threats to the integrity of science. *Sexuality and Culture*, **4**, 1-62.

Schacter, D. L. (1996). *Searching for memory: The brain, the mind, and the past*. New York: Basic Books.

Showalter, E. (1997). *Hystories: Hysterical epidemics and modern culture*. New York: Columbia University Press.

Tavris, C. (1993, January 3). Beware the incest-survivor machine. *The New York Times Book Review*, pp. 1, 16-18.

Yapko, M. (1994). *Suggestions of abuse: True and false memories of childhood sexual trauma.* New York: Simon & Schuster.

1章

Bartley, W. W. (1962). *The retreat to commitment.* New York: Knopf.
Beutler, L. E., & Harwood, T. M. (2001). Antiscientific attitudes: What happens when scientists are unscientific? *Journal of Clinical Psychology,* 57, 43-51.
Beyerstein, B. L. (2001). Fringe psychotherapies: The public at risk. *The Scientific Review of Alternative Medicine,* 5, 70-79.
Bunge, M. (1967). *Scientific research.* New York: Springer.
Bunge, M. (1983). Speculation: Wild and sound. *New Ideas in Psychology,* 1, 3-6.
Bunge, M. (1984, Fall). What is pseudoscience? *Skeptical Inquirer,* 9, 36-46.
Callahan, R. J. (2001a). The impact of Thought Field Therapy on heart rate variability. *Journal of Clinical Psychology,* 57, 1154-1170.
Callahan, R. J. (2001b). Thought Field Therapy: Response to our critics and a scrutiny of some old ideas of science. *Journal of Clinical Psychology,* 57, 1251-1260.
Campbell, D. T. (1974). Evolutionary epistemology. In P. A. Schilpp (Ed.), *The philosophy of Karl R. Popper* (pp. 412-463). LaSalle, IL: Open Court.
Chambless, D. L., & Ollendick, T. H. (2001). Empirically supported psychological interventions: Controversies and evidence. *Annual Review of Psychology,* 52, 685-716.
Cook, T. D., & Campbell, D. T. (1979). *Quasi-experimentation: Design and analysis issues for field settings.* Boston: Houghton Mifflin.
Corsini, R. J. (Ed.). (2001). *Handbook of innovative therapy* (2nd ed.). New York: Wiley.
Dawes, R. M. (1994). *House of cards: Psychology and psychotherapy built on myth.* New York: Free Press.
Dishion, T., McCord, J., & Poulin, F. (1999). When interventions harm: Peer groups and problem behavior. *American Psychologist,* 54, 755-764.
Eisner, D. A. (2000). *The death of psychotherapy: From Freud to alien abductions.* Westport, CT: Praeger.
Feynman, R. P. (with R. Leighton). (1985). *Surely you're joking, Mr. Feynman: Adventures of a curious character.* New York: Norton.
Fox, R. E. (1996). Charlatanism, scientism, and psychology's social contract. *American Psychology,* 51, 777-784.
Gardner, M. (1957). *Fads and fallacies in the name of science.* New York: Dover.
Gilovich, T. (1991). *How we know what isn't so: The fallibility of human reason in everyday life.* New York: Free Press.
Gleaves, D. H., May, M. C., & Cardena, E. (2001). An examination of the diagnostic validity of dissociative identity disorder. *Clinical Psychology Review,* 21, 577-608.
Grove, W. M., Zald, D. H., Lebow B. S., Snitz, B. E., & Nelson, C. (2000). Clinical versus mechanical prediction: A meta-analysis. *Psychological Assessment,* 12, 19-30.
Herbert, J. D. (2000). Defining empirically supported treatments: Pitfalls and possible solutions. *Behavior Therapist,* 23, 113-134.
Herbert, J. D., Lilienfeld, S. O., Lohr, J. M., Montgomery, R. W., O'Donohue, W. T., Rosen, G. M., & Tolin, D. F. (2000). Science and pseudoscience in the development of eye movement desensitization and reprocessing. *Clinical Psychology Review,* 20, 945-971.
Hines, T. (1988). *Pseudoscience and the paranormal: A critical examination of the evidence.* Buffalo, NY: Prometheus Books.
Hines, T. M. (2001). The Doman-Delcato patterning treatment for brain damage. *Scientific Review of Alternative Medicine,* 5, 80-89.
Kalal, D. M. (1990, April). Critical thinking in clinical practice: Pseudoscience, fad psychology, and the behavior therapist. *The Behavior Therapist,* 81-84.
Lakatos, I (1978). *Philosophical papers: Vol. 1. The methodology of scientific research programmes* (J. Worrall & G. Currie, Eds.). New York: Cambridge University Press.
Leahey, T. H., & Leahey, G. E. (1983). *Psychology's occult doubles: Psychology and the problem of pseudoscience.* Chicago: Nelson-Hall.
Lilienfeld, S. O. (1998). Pseudoscience in contemporary clinical psychology: What it is and what we can do

about it. *Clinical Psychologist*, **51**, 3-9.

Lilienfeld, S. O. (2001, August 25). *Fringe Psychotherapies: Scientific and ethical implications for clinical psychology*. Paper presented at the Annual Meeting of the American Psychological Association, San Francisco.

Lilienfeld, S. O. (2002). The Scientific Review of Mental Health Practice: Our raison d'être. *Scientific Review of Mental Health Practice*, **1**, 5-10.

Lilienfeld, S. O., & Lohr, J. M. (2000). News and comment: Thought Field Therapy educators and practitioners sanctioned. *Skeptical Inquirer*, **24**, 5.

McFall, R. M. (1991). Manifesto for a science of clinical psychology. *Clinical Psychologist*, **44**, 75-88.

McNally, R. J. (2003). The demise of pseudoscience. *Scientific Review of Mental Health Practice*.

Meehl, P. E. (1978). Theoretical risks or tabular asterisks: Sir Karl, Sir Ronald, and the slow progress of soft psychology. *Journal of Consulting and Clinical Psychology*, **46**, 816-834.

Meehl, P. E. (1993). Philosophy of science: Help or hindrance? *Psychological Reports*, **72**, 707-733.

Meehl, P. E., & Golden, R. R. (1982). Taxometric methods. In P. C. Kendall & J. N. Butcher (Eds.), *Handbook of research methods in clinical psychology* (pp. 127-181). New York: Wiley.

Mercer, J. (2002). Attachment therapy: A treatment without empirical support. *Scientific Review of Mental Health Practice*.

Merlo, L., & Barnett, D. (2001, September). All about inkblots. *Scientific American*, **285**, 13.

Pap, A. (1953). Reduction sentences and open concepts. *Methodos*, **5**, 3-30.

Peters, D. P., & Ceci, S. J. (1982). Peer-review practices of psychological journals: The fate of published articles, submitted again. *Behavioral and Brain Sciences*, **5**, 187-255.

Popper, K. R. (1959). *The logic of scientific discovery*. New York: Basic Books.

Reichenbach, H. (1938). *Experience and prediction*. Chicago: University of Illinois Press.

Rosch, E. (1973). Natural categories. *Cognitive Psychology*, **4**, 328-350.

Rosen, G. M. (1987). Self-help treatment books and the commercialization of psychotherapy. *American Psychologist*, **42**, 46-51.

Rosen, G. M. (1999). Treatment fidelity and research on eye movement desensitization and reprocessing. *Journal of Anxiety Disorders*, **13**, 173-184.

Ruscio, J. (2001). *Clear thinking with psychology: Separating sense from nonsense*. Pacific Grove, CA: Wadsworth.

Sagan, C. (1995a). *The demon-haunted world: Science as a candle in the dark*. New York: Random House.

Sagan, C. (1995b, January/February). Wonder and skepticism. *Skeptical Inquirer*, **19**, 24-30.

Shannon, S. (Ed.). (2002). *Handbook of complementary and alternative therapies in mental health*. San Diego, CA: Academic Press.

Shapiro, F. (1995). *Eye movement desensitization and reprocessing: Basic protocols, principles, and procedures*. New York: Guilford Press.

Shermer, M. (1997). *Why people believe weird things: Pseudoscience, superstition, and other confusions of our time*. New York: Freeman.

Shermer, M. (2001). *The borderlands of science: Where sense meets nonsense*. New York: Oxford University Press.

Singer, M. T., & Lalich, J. (1996). *Crazy therapies: What are they? Do they work?* San Francisco: Jossey-Bass.

Stanovich, K. (2001). *How to think straight about psychology* (6th ed.). New York: HarperCollins.

van Rillaer, J. (1991). Strategies of dissimulation in the pseudosciences. *New Ideas in Psychology*, **9**, 235-244.

2章

Albert, S., Fo, H. M., & Kahn, M. W. (1980) Faking psychosis on the Rorschach: Can expert judges detect malingering? *Journal of Personality Assessment*, **44**, 115-119.

Anthony, N. (1968). The use of facts and cues in clinical judgments from interviews. *Journal of Clinical Psychology*, **24**, 37-39.

Arkes, H. R. (1981). Impediments to accurate clinical judgment and possible ways to minimize their impact. *Journal of Consulting and Clinical Psychology*, **49**, 323-330.

Arkes, H. R., Faust, D., Guilmette, T. J., & Hart, K. (1988) Eliminating the hindsight bias. *Journal of Applied Psychology*, **73**, 305-307.

Arkes, H. R., & Harkness, A. R. (1980). Effect of making a diagnosis on subsequent recognition of symptoms. *Journal of Experimental Psychology: Human Learning and Memory*, **6**, 568-575.

Aronson, D. E., & Akamatsu, T. J. (1981). Validation of a Q-sort task to assess MMPI skills. *Journal of Clinical Psychology*, **37**, 831-836.

Brammer, R. (2002). Effects of experience and training on diagnostic accuracy. *Psychological Assessment*, **14**, 110-113.

Brehmer, B. (1980). In one word: Not from experience. *Acta Psychologica*, **45**, 223-241.

Brenner D., & Howard, K. I. (1976). Clinical judgment as a function of experience and information. *Journal of Clinical Psychology*, **32**, 721-728.

Chandler, M. J. (1970). Self-awareness and its relation to other parameters of the clinical inference process. *Journal of Consulting and Clinical Psychology*, **35**, 258-264.

Chapman, L. J., & Chapman, J. P. (1967). Genesis of popular but erroneous psychodiagnostic observations. *Journal of Abnormal Psychology*, **72**, 193-204.

Cressen, R. (1975). Artistic quality of drawings and judges' evaluations of the DAP. *Journal of Personality Assessment*, **39**, 132-137.

Danet, B. N. (1965). Prediction of mental illness in college students on the basis of "nonpsychiatric" MMPI profiles. *Journal of Consulting Psychology*, **29**, 577-580.

Dawes, R. M. (1994). *House of cards: Psychology and psychotherapy built on myth.* New York: Free Press.

Dawes, R. M., Faust, D., & Meehl, P. E. (1989). Clinical versus actuarial judgment. *Science*, **243**, 1668-1674.

Einhorn, H. J. (1988) Diagnosis and causality in clinical and statistical prediction. In D. C. Turk & P. Salovey (Eds.), *Reasoning, inference, and judgment in clinical psychology* (pp. 51-70). New York: Free Press.

Ekman, P., O'Sullivan, M., & Frank, M. G. (1999). A few can catch a liar. *Psychological Science*, **10**, 263-266.

Exner, J. E., Jr. (1974). *The Rorschach: A comprehensive system* (Vol. 1). New York: Wiley.

Fairman, K. A., Drevets, W. C., Kreisman, J. J., & Teitelbaum, F. (1998). Course of antidepressant treatment, drug type, and prescriber's specialty. *Psychiatric Services*, **49**, 1180-1186.

Falvey, J. E., & Hebert, D. J. (1992). Psychometric study of the Clinical Treatment Planning Simulations (CTPS) for assessing clinical judgment. *Journal of Mental Health Counseling*, **14**, 490-507.

Faust, D., Guilmette, T. J., Hart, K., Arkes, H. R., Fishburne, E. J., & Davey, L. (1988). Neuropsychologists' training, experience, and judgment accuracy. *Archives of Clinical Neuropsychology*, **3**, 145-163.

Fischhoff, B. (1975). Hindsight-foresight: The effect of outcome knowledge on judgment under uncertainty. *Journal of Experimental Psychology: Human Perception and Performance*, **1**, 288-299.

Gadol, I. (1969). The incremental and predictive validity of the Rorschach test in personality assessments of normal, neurotic, and psychotic subjects. *Dissertation Abstracts*, **29**, 3482-B (University Microfilms No. 69-4469)

Garb, H. N. (1986). The appropriateness of confidence ratings in clinical judgment. *Journal of Clinical Psychology*, **42**, 190-197.

Garb, H. N. (1989). Clinical judgment, clinical training, and professional experience. *Psychological Bulletin*, **105**, 387-396.

Garb, H. N. (1998). *Studying the clinician: Judgment research and psychological assessment.* Washington, DC: American Psychological Association.

Garb, H. N., & Schramke, C. J. (1996). Judgment research and neuropsychological assessment: A narrative review and meta-analyses. *Psychological Bulletin*, **120**, 140-153.

Garb, M. B. (2000). *Y2K and the hindsight bias.* Unpublished manuscript, Solomon Schecter Community Day School, Pittsburgh, PA.

Garner, A. M., & Smith, G. M. (1976). An experimental videotape technique for evaluating trainee approaches to clinical judging. *Journal of Consulting and Clinical Psychology*, **44**, 945-950.

Gaudette, M. D. (1992). Clinical decision making in neuropsychology: Bootstrapping the neuropsychologist utilizing Brunswik's lens model (Doctoral dissertation, Indiana University of Pennsylvania, 1992). *Dissertation Abstracts International*, **53**, 2059B.

Gauron, E. F., & Dickinson, J. K. (1969). The influence of seeing the patient first on diagnostic decision making in psychiatry. *American Journal of Psychiatry*, **126**, 199-205.

Goldberg, L. R. (1959). The effectiveness of clinicians' judgments: The diagnosis of organic brain damage from the Bender-Gestalt test. *Journal of Consulting Psychology*, **23**, 25-33.

Goldberg, L. R. (1965). Diagnosticians versus diagnostic signs: The diagnosis of psychosis versus neurosis from the MMPI. *Psychological Monographs*, **79**(9, Whole No. 602).

Goldberg, L. R. (1968). Simple models or simple processes? Some research on clinical judgments. *American Psychologist*, **23**, 483-496.

Goldstein, S. G., Deysach, R. E., & Kleinknecht, R. A. (1973). Effect of experience and amount of information on identification of cerebral impairment. *Journal of Consulting and Clinical Psychology*, **41**, 30-34.

Graham, J. R. (1967). A Q-sort study of the accuracy of clinical descriptions based on the MMPI. *Journal of Psychiatric Research*, **5**, 297-305.

Graham, J. R. (1971). Feedback and accuracy of clinical judgments from the MMPI. *Journal of Consulting and Clinical Psychology*, **36**, 286-291.

Grebstein, L. (1963). Relative accuracy of actuarial prediction, experienced clinicians, and graduate students in a clinical judgment task. *Journal of Consulting Psychology*, **37**, 127-132.

Grigg, A. E. (1958). Experience of clinicians, and speech characteristics and statements of clients as variables in clinical judgment. *Journal of Consulting Psychology*, **22**, 315-319.

Griswold, P. M., & Dana, R. H. (1970). Feedback and experience effects on psychological reports and predictions of behavior. *Journal of Clinical Psychology*, **26**, 439-442.

Groth-Marnat, G., & Roberts, L. (1998). Human Figure Drawings and House-Tree Person drawings as indicators of self-esteem: A quantitative approach. *Journal of Clinical Psychology*, **54**, 219-222.

Hammond, K. R. (1955). Probabilistic functioning and the clinical method. *Psychological Review*, **62**, 255-262.

Hammond, K. R., Hursch, C. J., & Todd, F. J. (1964). Analyzing the components of clinical inference. *Psychological Review*, **71**, 438-456.

Haverkamp, B. E. (1993). Confirmatory bias in hypothesis testing for client-identified and counselor self-generated hypotheses. *Journal of Counseling Psychology*, **40**, 303-315.

Hawkins, S. A., & Hastie, R. (1990). Hindsight: Biased judgments of past events after the outcomes are known. *Psychological Bulletin*, **107**, 311-327.

Heaton, R. K., Smith, H. H., Jr., Lehman, R. A. W., & Vogt, A. T. (1978). Prospects for faking believable deficits on neuropsychological testing. *Journal of Consulting and Clinical Psychology*, **46**, 892-900.

Hermann, R. C., Ettner, S. L., Dorwart, R. A., Langman-Dorwart, N., & Kleinman, S. (1999). Diagnoses of patients treated with ECT: A comparison of evidencebased standards with reported use. *Psychiatric Services*, **50**, 1059-1065.

Hiler, E. W., & Nesvig, D. (1965). An evaluation of criteria used by clinicians to infer pathology from figure drawings. *Journal of Consulting Psychology*, **29**, 520-529.

Holmes, C. B., & Howard, M. E. (1980). Recognition of suicide lethality factors by physicians, mental health professionals, ministers, and college students. *Journal of Consulting and Clinical Psychology*, **48**, 383-387.

Holsopple, J. Q., & Phelan, J. G. (1954). The skills of clinicians in analysis of projective tests. *Journal of Clinical Psychology*, **10**, 307-320.

Horowitz, L. M., Inouye, D., & Siegelman, E. Y. (1979). On averaging judges' ratings to increase their correlation with an external criterion. *Journal of Consulting and Clinical Psychology*, **47**, 453-458.

Horowitz, M. J. (1962). A study of clinicians' judgments from projective test protocols. *Journal of Consulting Psychology*, **26**, 251-256.

Johnston, R., & McNeal, B. F. (1967). Statistical versus clinical prediction: Length of neuropsychiatric hospital stay. *Journal of Abnormal Psychology*, **72**, 335-340.

Kahill, S. (1984). Human figure drawing in adults: An update of the empirical evidence, 1967-1982. *Canadian Psychology*, **25**, 269-292.

Kahneman, D., Slovic, P., & Tversky, A. (Eds.).(1982). *Judgment under uncertainty: Heuristics and biases*. New York: Cambridge University Press.

Karson, S., & Freud, S. L. (1956). Predicting diagnoses with the MMPI. *Journal of Clinical Psychology*, **12**, 376-379.

Kayne, N. T., & Alloy, L. B. (1988). Clinician and patient as aberrant actuaries: Expectation-based distortions in assessment of covariation. In L. Y. Abramson (Ed.), *Social cognition and clinical psychology: A synthesis* (pp. 295-365). New York: Guilford Press.

Kendell, R. E. (1973). Psychiatric diagnoses: A study of how they are made. *British Journal of Psychiatry*, **122**, 437-445.

Lambert, L. E., & Wertheimer, M. (1988). Is diagnostic ability related to relevant training and experience? *Professional Psychology: Research and Practice, 19*, 50-52.

Leli, D. A., & Filskov, S. B. (1981). Clinical-actuarial detection and description of brain impairment with the W-B Form I. *Journal of Clinical Psychology, 37*, 623-629.

Leli, D. A., & Filskov, S. B. (1984). Clinical detection of intellectual deterioration associated with brain damage. *Journal of Clinical Psychology, 40*, 1435-1441.

Levenberg, S. B. (1975). Professional training, psychodiagnostic skill, and Kinetic Family Drawings. *Journal of Personality Assessment, 39*, 389-393.

Loftus, E. F. (1993). The reality of repressed memories. *American Psychologist, 48*, 518-537.

Logue, M. B., Sher, K. J., & Frensch, P. A. (1992). Purported characteristics of adult children of alcoholics: A possible "Barnum Effect." *Professional Psychology: Research and Practice, 23*, 226-232.

Luft, J. (1950). Implicit hypotheses and clinical predictions. *Journal of Abnormal and Social Psychology, 45*, 756-760.

Meehl, P. E. (1956). Wanted — a good cookbook. *American Psychologist, 11*, 263-272.

Meehl, P. E. (1997). Credentialed persons, credentialed knowledge. *Clinical Psychology: Science and Practice, 4*, 91-98.

Motta, R. W., Little, S. G., & Tobin, M. I. (1993). The use and abuse of human figure drawings. *School Psychology Quarterly, 8*, 162-169.

Muller, M. J., & Davids, E. (1999). Relationship of psychiatric experience and interrater reliability in assessment of negative symptoms. *Journal of Nervous and Mental Diseases, 187*, 316-318.

Nadler, E. B., Fink, S. L., Shontz, F. C., & Brink, R. W. (1959). Objective scoring vs. clinical evaluation of the Bender-Gestalt. *Journal of Clinical Psychology, 15*, 39-41.

Ofshe, R., & Watters, E. (1994). *Making monsters: False memories, psychotherapy, and sexual hysteria.* New York: Scribner's.

Oskamp, S. (1962). The relationship of clinical experience and training methods to several criteria of clinical prediction. *Psychological Monographs, 76* (28, Whole No. 547).

Oskamp, S. (1965). Overconfidence in case-study judgments. *Journal of Consulting Psychology, 29*, 261-265.

Robiner, W. N. (1978). *An analysis of some of the variables influencing clinical use of the Bender-Gestalt.* Unpublished manuscript.

Schaeffer, R. W. (1964). Clinical psychologists' ability to use the Draw-A-Person Test as an indicator of personality adjustment. *Journal of Consulting Psychology, 28*, 383.

Schinka, J. A., & Sines, J. O. (1974). Correlates of accuracy in personality assessment. *Journal of Clinical Psychology, 30*, 374-377.

Schmidt, L. D., & McGowan, J. F. (1959). The differentiation of human figure drawings. *Journal of Consulting Psychology, 23*, 129-133.

Silverman, L. H. (1959). A Q-sort study of the validity of evaluations made from projective techniques. *Psychological Monographs, 73*(7, Whole No. 477).

Snyder, C. R. (1995). Clinical psychology building inspection: Slipping off its science-based foundation [Review of the book *House of cards: Psychology and psychotherapy built on myth*]. *Contemporary Psychology, 40*, 422-424.

Soskin, W. F. (1954). Bias in postdiction from projective tests. *Journal of Abnormal and Social Psychology, 49*, 69-74.

Stelmachers, Z. T., & McHugh, R. B. (1964). Contribution of stereotyped and individualized information to predictive accuracy. *Journal of Consulting Psychology, 28*, 234-242.

Stricker, G. (1967). Actuarial, naive clinical and sophisticated clinical prediction of pathology from figure drawings. *Journal of Consulting Psychology, 31*, 492-494.

Swensen, C. H. (1957). Empirical evaluations of human figure drawings. *Psychological Bulletin, 54*, 431-466.

Thomas, G. V., & Jolley, R. P. (1998). Drawing conclusions: A re-examination of empirical and conceptual bases for psychological evaluation of children from their drawings. *British Journal of Clinical Psychology, 37*, 127-139.

Todd, F. J. (1954). *A methodological analysis of clinical judgment.* Unpublished doctoral dissertation, University of Colorado, Boulder.

Turner, D. R. (1966). Predictive efficiency as a function of amount of information and level of professional

experience. *Journal of Projective Techniques and personality Assessment*, **30**, 4-11.
Walker, C. D., & Linden, J. D. (1967). Varying degrees of psychological sophistication in the interpretation of sentence completion data. *Journal of Clinical psychology*, **23**, 229-231.
Walker, E., & Lewine, R. J. (1990). Prediction of adult-onset schizophrenia from childhood home movies of the patients. *American Journal of Psychiatry*, **147**, 1052-1056.
Walters, G. D., White, T. W., & Greene, R. L. (1988). Use of the MMPI to identify malingering and exaggeration of psychiatric symptomatology in male prison inmates. *Journal of Consulting and Clinical Psychology*, **56**, 111-117.
Wanderer Z. W. (1969). Validity of clinical judgments based on human figure drawings. *Journal of Consulting and Clinical Psychology*, **33**, 143-150.
Watson, C. G. (1967). Relationship of distortion to DAP diagnostic accuracy among psychologists at three levels of sophistication. *Journal of Consulting Psychology*, **31**, 142-146.
Waxer, P. (1976). Nonverbal cues for depth of depression: Set versus no set. *Journal of Consulting and Clinical Psychology*, **44**, 493.
Wedding, D. (1983). Clinical and statistical prediction in neuropsychology. *Clinical Neuropsychology*, **5**, 49-55.
Weiss, J. H. (1963). The effect of professional training and amount and accuracy of information on behavioral prediction. *Journal of Consulting Psychology*, **27**, 257-262.
Whitehead, W. C. (1985). Clinical decision making on the basis of Rorschach, MMPI, and automated MMPI report data (Doctoral dissertation, University of Texas at Southwestern Medical Center at Dallas, 1985). *Dissertation Abstracts International*, **46-08B**, 2828.
Wiggins, J. S. (1973). *Personality and prediction: Principles of personality assessment*. Reading, MA: Addison-Wesley.

3장

Ackerman, M. J. (1995). *Clinician's guide to child custody evaluations*. New York: Wiley.
Ackerman, M. J., & Ackerman, M. C. (1997). Custody evaluation practices: A survey of experienced professionals. *Professional Psychology: Research and Practice*, **28**, 137-145.
Ackerman, S. J., Clemence, A. J., Weatherill, R., & Hilsenroth, M. J. (1999). Use of the TAT in the assessment of DSM-IV Cluster B Personality Disorders. *Journal of Personality Assessment*, **73**, 422-448.
Acklin, M. W. (1995). Integrative Rorschach interpretation. *Journal of Personality Assessment*, **64**, 235-238.
Acklin, M. W., McDowell, C. J., & Verschell, M. S. (2000). Interobserver agreement, intraobserver reliability, and the Rorschach Comprehensive System. *Journal of Personality Assessment*, **74**, 15-47.
Alcock, J. E. (1991). On the importance of methodological skepticism. *New Ideas in Psychology*, **9**, 151-155.
Aldridge, N. C. (1998). Strengths and limitations of forensic child sexual abuse interviews with anatomical dolls: An empirical review. *Journal of Psychopathology and Behavioral Assessment*, **20**, 1-41.
Allard, G., Butler, J., Faust, D., & Shea, M. T. (1995). Errors in hand scoring objective personality tests: The case of the Personality Diagnostic Questionnaire-Revised (PDQ-R). *Professional Psychology: Research and Practice*, **26**, 304-308.
American Psychological Association.(1991). Minutes of the Council of Representatives. *American Psychologist*, **46**, 722.
Anastasi, A. (1988). *Psychological testing* (6th ed.). New York: Macmillan.
Apostal, R., & Marks, C. (1990). Correlations between the Strong-Campbell and Myers-Briggs scales of introversion-extraversion and career interests. *Psychological Report*, **66**, 811-816.
Archer, R. P., & Gordon, R. A. (1988). MMPI and Rorschach indices of schizophrenic and depressive diagnoses among adolescent inpatients. *Journal of Personality Assessment*, **52**, 276-287.
Archer, R. P., & Krishnamurthy, R. (1997). MMPI-A and Rorschach indices related to depression and conduct disorder: An evaluation of the incremental validity hypothesis. *Journal of Personality Assessment*, **69**, 517-533.
Aronow, E., Reznikoff, M., & Moreland, K. L. (1995). The Rorschach: Projective technique or psychometric test? *Journal of Personality Assessment*, **64**, 213-228.
Atkinson, L. (1986). The comparative validities of the Rorschach and MMPI: A meta-analysis. *Canadian Psychology*, **27**, 238-247.
Babiker, G., & Herbert, M. (1998). Critical issues in the assessment of child sexual abuse. *Clinical Child and*

Family Psychology Review, **1**, 231-252.
Ball, J. D., Archer, R. P., & Imhof, E. A. (1994). Time requirements of psychological testing: A survey of practitioners. *Journal of Personality Assessment*, **63**, 239-249.
Barbuto, J. E. (1997). A critique of the Myers-Briggs Type Indicator and its operationalization of Carl Jung's psychological types. *Psychological Reports*, **80**, 611-625.
Bellak, L., & Abrams, D. M. (1997). *The Thematic Apperception Test, the Children's Apperception Test, and the Senior Apperception Technique in clinical use* (6th ed.). Boston: Allyn & Bacon.
Beyerstein, B. L., & Beyerstein, D. F. (Eds.). (1992). *The write stuff Evaluations of graphology—the study of handwriting analysis*. Buffalo, NY: Prometheus Books.
Boat, B. W., & Everson, M. D. (1994). Exploration of anatomical dolls by nonreferred preschool-aged children: Comparisons by age, gender, race, and socioeconomic status. *Child Abuse and Neglect*, **18**, 139-153.
Boat, B. W., Everson, M. D., & Amaya-Jackson, L. (1996). Consistency of children's sexualized or avoidant reactions to anatomical dolls: A pilot study. *Journal of Child Abuse*, **5**, 89-104.
Boyle, G. J. (1995). Myers-Briggs Type Indicator (MBTI): Some psychometric limitations. *Australian Psychologist*, **30**, 71-74.
Buck, J. N. (1948). The HTP test. *Journal of Clinical Psychology*, **4**, 151-159.
Bunge, M. (1991). A skeptic's beliefs and disbeliefs. *New Ideas in Psychology*, **9**, 131-149.
Burns, R. C., & Kaufman, S. H. (1970). *Kinetic Family Drawings (K-F-D): An introduction to understanding children through kinetic drawings*. New York: Brunner/Mazel.
Butcher, J., & Rouse, S. (1996). Personality: Individual differences and clinical assessment. *Annual Review of Psychology*, **47**, 87-111.
Carlson, J. G. (1985). Recent assessments of the Myers-Briggs Type Indicator. *Journal of Personality Assessment*, **49**, 356-365.
Ceci, S. J., & Bruck, M. (1995). *Jeopardy in the courtroom: A scientific analysis of children's testimony*. Washington, DC: American Psychological Association.
Coe, C. K. (1992). The MBTI: Potential uses and misuses in personnel administration. *Public Personnel Management*, **21**, 511-522.
Conte, J. R., Sorenson, E., Fogarty, L., & Rosa, J. D. (1991). Evaluating children's reports of sexual abuse: Results from a survey of professionals. *American Journal of Orthopsychiatry*, **61**, 428-437.
Costantino, G., Malgady, R. G., Rogler, L. H., & Tsui, E. C. (1988). Discriminant analysis of clinical outpatients and public school children by TEMAS: A thematic apperception test for Hispanics and blacks. *Journal of Personality Assessment*, **52**, 670-678.
Cramer, P. (1991). *The development of defense mechanisms: Theory, research, and assessment*. New York: Springer-Verlag.
Cramer, P. (1999). Future directions for the Thematic Apperception Test. *Journal of Personality Assessment*, **72**, 74-92.
Cummings, W. H. (1995). Age group differences and estimated frequencies of the Myers-Briggs Type Indicator preferences. *Measurement and Evaluation in Counseling and Development*, **28**, 69-77.
Dana, R. H. (1985). Thematic Apperception Test (TAT). In C. S. Newmark (Ed.), *Major psychological assessment instruments* (pp. 89-134). Boston: Allyn & Bacon.
Davey, R. L., & Hill, J. (1999). The variability of practice in interviews used by professionals to investigate child sexual abuse. *Child Abuse and Neglect*, **23**, 571-578.
Eron, L. D. (1950). A normative study of the Thematic Apperception Test. *Psychological Monographs*, **64** (No. 315).
Eron, L. D. (1953). Response of women to the Thematic Apperception Test. *Journal of Consulting Psychology*, **17**, 269-282.
Everson, M. D., & Boat, B. W. (1990). Sexualized doll play among young children: Implications for the use of anatomical dolls in sexual abuse evaluations. *Journal of the American Academy of Child and Adolescent Psychiatry*, **29**, 736-742.
Everson, M. D., & Boat, B. W. (1994). Putting the anatomical doll controversy in perspective: An examination of the major uses and criticisms of the dolls in child sexual abuse evaluations. *Child Abuse and Neglect*, **18**, 113-129.
Exner J. E. (1974). *The Rorschach: A comprehensive system* (Vol. 1). New York: Wiley.

Exner, J. E. (1985). *A Rorschach workbook for the Comprehensive System* (2nd ed.). Bayville, NY: Exner Workshops.
Exner J. E. (1986). *The Rorschach: A comprehensive system: Vol. 1. Basic foundations* (2nd ed.). New York: Wiley.
Exner, J. E. (1989). *A Rorschach workbook for the Comprehensive System* (3rd ed.). Ashville, NC: Exner Workshops.
Exner, J. E. (1993). *The Rorschach: A comprehensive system. Vol. 1. Basic foundations* (3rd ed.). New York: Wiley.
Exner, J. E. (1997). The future of the Rorschach in personality assessment. *Journal of Personality Assessment*, **68**, 37-46.
Exner, J. E., & Exner, D. E. (1972). How clinicians use the Rorschach. *Journal of Personality Assessment*, **36**, 403-408.
Feldman, M., & Hunt, R. G. (1958). A relation of difficulty in drawing and ratings of adjust based on human figure drawings. *Journal of Consulting Psychology*, **22**, 217-220.
Fischer, C. T. (1994). Rorschach scoring questions as access to dynamics. *Journal of Personality Assessment*, **62**, 515-524.
Freedenfeld, R. N., Ornduff, S. R., & Kelsey, R. M. (1995). Object relations and physical abuse: A TAT analysis. *Journal of Personality Assessment*, **64**, 552-568.
Furnham, A. (1996). The Big Five versus the Big Four: The relationship between the Myers-Briggs Type Indicator (MBTI) and the NEO-PI five factor model of personality. *Personality and Individual Differences*, **21**, 303-307.
Furnham, A., & Stringfield, P. (1993). Personality and work performance: Myers-Briggs Type Indicator correlates of managerial performance in two cultures. *Personality and Individual Differences*, **14**, 145-153.
Ganellen, R. J. (1996). Exploring MMPI-Rorschach relationships. *Journal of Personality Assessment*, **67**, 529-542.
Garb, H. N. (1984). The incremental validity of information used in personality assessment. *Clinical Psychology Review*, **4**, 641-655.
Garb, H. N. (1998). Recommendations for training in the use of the Thematic Apperception Test (TAT). *Professional Psychology: Research and Practice*, **29**, 621-622.
Garb, H. N. (1999). Call for a moratorium on the use of the Rorschach inkblot test in clinical and forensic settings. *Assessment*, **6**, 313-317.
Garb, H. N., Florio, C. M., & Grove, W. M. (1998). The validity of the Rorschach and the Minnesota Multiphasic Personality Inventory: Results from meta-analyses. *Psychological Science*, **9**, 402-404.
Garb, H. N., Wood, J. M., & Nezworski, M. T. (2000). Projective techniques and the detection of child sexual abuse. *Child Maltreatment*, **5**, 161-168.
Garb, H. N., Wood, J. M., Nezworski, M. T., Grove, W. M., & Stejskal, W. J. (2001). Towards a resolution of the Rorschach controversy. *Psychological Assessment*, **13**, 433-448.
Garden, A.-M. (1991). Unresolved issues with the Myers-Briggs Type Indicator. *Journal of Psychological Type*, **22**, 3-14.
Girelli, S. A., & Stake, J. E. (1993). Bipolarity in Jungian type theory and the Myers-Briggs Type Indicator. *Journal of Personality Assessment*, **60**, 290-301.
Gray-Little, B., & Kaplan, D. A. (1998). Interpretation of psychological tests in clinical and forensic evaluations. In J. Sandoval, C. L. Frisby, K. F. Geisinger, J. D. Scheuneman, & J. R. Grenier (Eds.), *Test interpretation and diversity: Achieving equity in assessment* (pp. 141-178). Washington, DC: American Psychological Association.
Groth-Marnat, G. (1997). *Handbook of psychological assessment* (3rd ed.). New York: Wiley.
Hammer, A. L., & Mitchell, W. D. (1996). The distribution of MBTI types in the US by gender and ethnic group. *Journal of Psychological Type*, **37**, 2-15.
Hammer, E. F. (1985). The House-Tree-Person test. In C. S. Newmark (Ed.), *Major psychological assessment instruments* (pp. 135-164). Boston: Allyn & Bacon.
Handler, L. (1985). The clinical use of the Draw-A-Person test (DAP). In C. S. Newmark (Ed.), *Major psychological assessment instruments* (pp. 165-216). Boston: Allyn & Bacon.
Handler, L., & Habenicht, D. (1994). The Kinetic Family Drawing: A review of the literature. *Journal of Personality Assessment*, **62**, 440-464.

Harris, D. B. (1963). *Children's drawings as a measure of intellectual maturity*. New York: Harcourt, Brace, & Wood.

Harvey, R. J., & Murry, W. D. (1994). Scoring of the Myers-Briggs Type Indicator: Empirical comparison of perference score versus latent-trait methods. *Journal of Personality Assessment,* **62**, 116-129.

Harvey, R. J., Murry, W. D., & Markham, S. E. (1994). Evaluation of three short-form versions of the Myers Type Indicator. *Journal of Personality Assessment,* **63**, 181-184.

Harvey, R. J., Murry, W. D., & Stamoulis, D. T (1995). Unresolved issues in the dimensionality of the Myers-Briggs Type Indicator. *Educational and psychological Measurement,* **55**, 535-544.

Harvey, R. J., & Thomas, L. A. (1996). Using item response theory to score the Myers-Briggs Type Indicator: Rationale and research findings. *Journal of Psychological Type,* **37**, 16-60.

Hiller, J. B., Rosenthal, R., Bornstein, R. F., Berry, D. T. R., & Brunell-Neuleib, S. (1999). A comparative meta-analysis of Rorschach and MMPI validity. *Psychological Assessment,* **11**, 278-296.

Hilsenroth, M. J., & Handler, L. (1995). A survey of graduate students' experiences, interests, and attitudes about learning the Rorschach. *Journal of Personality Assessment,* **64**, 243-257.

Holt, R. R. (1999). Empiricism and the Thematic Apperception Test: Validity is the payoff. In L. Gieser, & M. I. Stein (Eds.), *Evocative images: The Thematic Apperception Test and the art of projection* (pp. 99-105). Washington, DC: American Psychological Association.

Holtzman, W. H. (1993). An unjustified sweeping indictment by Motta et al. of human figure drawings for assessing psychological functioning. *School Psychology Quarterly,* **8**, 189-190.

Hunsley, J., & Bailey, J. M. (1999). The clinical utility of the Rorschach: Unfulfilled promises and an uncertain future. *Psychological Assessment,* **11**, 266-277.

Hunsley, J., & Bailey, J. M. (2001). Whither the Rorschach? An analysis of the evidence. *Psychological Assessment,* **13**, 472-485.

Jackson, S. L., Parker, C. P., & Dipboye, R. L. (1996). A comparison of competing models underlying responses to the Myers-Briggs Type Indicator. *Journal of Career Assessment,* **4**, 99-115.

Joiner, T. E., Schmidt, K. L., & Barnett, J. (1996). Size, detail, and line heaviness in children's drawings as correlates of emotional distress: (More) negative evidence. *Journal of Personality Assessment,* **67**, 127-141.

Katz, H. E., Russ, S. W., & Overholser, J. C. (1993). Sex differences, sex roles, and projection on the TAT: Matching stimulus to examinee gender. *Journal of Personality Assessment,* **60**, 186-191.

Kaufman, A. S., Kaufman, N. L., & McLean, J. E. (1993). Profiles of Hispanic adolescents and adults on the Myers-Briggs Type Indicator. *Perceptual and Motor Skills,* **76**, 628-630.

Keiser, R. E., & Prather, E. N. (1990). What is the TAT? A review of ten years of research. *Journal of Personality Assessment,* **55**, 800-803.

Kendall-Tackett, K. A., & Watson, M. W. (1992). Use of anatomical dolls by Bostonarea professionals. *Child Abuse and Neglect,* **16**, 423-428.

Kendall-Tackett, K. A., Williams, L. M., & Finkelhor, D. (1993). Impact of sexual abuse on children: A review and synthesis of recent empirical studies. *Psychological Bulletin,* **113**, 164-180.

Koocher G. P., Goodman, G. S., White, C. S., Friedrich, W. N., Sivan, A. B., & Reynols, C. R. (1995). Psychological science and the use of anatomically detailed dolls in child sexual abuse assessments. *Psychological Bulletin,* **118**, 199-122.

Koppitz, E. M. (1968). *Psychological evaluation of children's human figure drawings*. New York: Grune, & Stratton.

Kroon, N., Goudena, P. P., & Rispens, J. (1998). Thematic apperception tests for a child and adolescent assessment: A practitioner's consumer guide. *Journal of Psychoeducational Assessment,* **16**, 99-117.

Lally, S. J. (2001). Should human figure drawings be admitted into court? *Journal of Personality Assessment,* **76**, 135-149.

Lett, J. (1990). A field guide to critical thinking. *Skeptical Inquirer,* **14**(2), 153-160.

Levy, H. B., Markovic, J., Kalinowski, M. N., Ahart, S., & Torres, H. (1995). Child sexual abuse interviews: The use of anatomic dolls and the reliability of information. *Journal of Interpersonal Violence,* **10**, 334-353.

Lorr, M. (1991). An empirical evaluation of the MBTI typology. *Personality and Individual Differences,* **12**, 1141-1145.

MacDonald, D. A., Anderson, P. E., Tsagarakis, C. I., & Holland, C. J. (1994). Examination of the relationship between the Myers-Briggs Type Indicator and the NEO Personality Inventory. *Psychological Reports,* **74**,

339-344.

Machover, K. (1949). *Personality projection in the drawing of the human figure*. Springfield IL: Charles C Thomas.

Masling, J. M. (1992). The influence of situation and interpersonal variables in projective testing. *Journal of Personality Assessment*, 59, 616-640.

Masling, J. M. (1997). On the nature and utility of projective tests and objective tests. *Journal of Personality Assessment*, 69, 257-270.

Matarazzo, J. D. (1986). Computerized clinical psychological test interpretations: Unvalidated plus all mean and no sigma. *American Psychologist*, 41, 14-24.

McCaulley, M. H. (1990). The Myers-Briggs Type Indicator: A measure for individuals and groups. *Measurement and Evaluation in Counseling and Development*, 22, 181-195.

McCaulley, M. H., & Martin, C. R. (1995). Career assessment and the Myers-Briggs Type Indicator. *Journal of Career Assessment*, 3, 219-239.

McClelland, D. C., Koestner, R., & Weinberger, J. (1989). How do self-attributed and implicit motives differ? *Psychological Bulletin*, 96, 690-702.

McCrae, R. R., & Costa, P. T. (1989). Reinterpreting the Myers-Briggs Type Indicator from the perspective of the five-factor model of personality. *Journal of Personality*, 57, 17-40.

Meyer, G. J. (1991). An empirical search for fundamental personality and mood dimensions within the Rorschach test (Doctoral dissertation, Loyola University of Chicago, 1991). *Dissertation Abstracts International*, 52, 1071B-1072B.

Meyer, G. J. (1997a). Assessing reliability: Critical corrections for a critical examination of the Rorschach Comprehensive System. *Psychological Assessment*, 9, 480-489.

Meyer, G. J. (1997b). Thinking clearly about reliability: More critical corrections regarding the Rorschach Comprehensive System. *Psychological Assessment*, 9, 495-498.

Meyer, G. J. (2002). Exploring possible ethnic differences and bias in the Rorschach Comprehensive System. *Journal of Personality Assessment*, 78, 104-129.

Motta, R. W., Little, S. G., & Tobin, M. I. (1993). The use and abuse of human figure drawings. *School Psychology Quarterly*, 8, 162-169.

Murray, H. A. (1943). *Thematic Apperception Test manual*. Cambridge, MA: Harvard University Press.

Murstein, B. L. (1965). *Handbook of projective techniques*. New York: Basic Books.

Murstein, B. L. (1972). Normative written TAT responses for a college sample. *Journal of Personality Assessment*, 36, 104-107.

Myers, I. B., & McCaulley, M. H. (1985). *Manual: A guide to the development and use of the Myers-Briggs Type Indicator*. Palo Alto, CA: Consulting Psychologists Press.

Naglieri, J. A., & Pfeiffer, S. I. (1992). Performance of disruptive behavior-disordered and normal samples on the Draw A Person: Screening Procedure for Emotional Disturbance. *Psychological Assessment*, 4, 156-159.

Nichols, R. C., & Strumpfer, D. J. (1962). A factor analysis of Draw-A-Person test scores. *Journal of Consulting Psychology*, 26, 156-161.

Palmer, L., Farrar, A. R., Valle, M., Ghahary, N., Panella, M., & DeGraw, D. (2000). An investigation of the clinical use of the House-Tree-Person projective drawings in the psychological evaluation of child sexual abuse. *Child Maltreatment*, 5, 169-175.

Parker, K. C. H. (1983). A meta-analysis of the reliability and validity of the Rorschach. *Journal of Personality Assessment*, 47, 227-231.

Parker, K. C. H., Hanson, R. K., & Hunsley, J. (1988). MMPI, Rorschach and WAIS: A meta-analytic comparison of reliability, stability, and validity. *Psychological Bulletin*, 103, 367-373.

Pearman, R. R., & Fleenor, J. (1996). Differences in observed and self-reported qualities of psychological types. *Journal of Psychological Type*, 39, 3-17.

Peterson, C., & Ulrey, L. M. (1994). Can explanatory style be scored from TAT protocols? *Personality and Individual Differences*, 20, 102-106.

Pinkerman, J. E., Haynes, J. P., & Keiser, T. (1993). Characteristics of psychological practice in juvenile court clinics. *American Journal of Forensic Psychology*, 11(2), 3-12.

Pittenger, D. J. (1993). The utility of the Myers-Briggs Type Indicator. *Review of Educational Research*, 63, 467-488.

Popper, K. R. (1959). *The logic of scientific discovery*. New York: Basic Books.
Psychological Corporation. (1997). *Wechsler Adult Intelligence Scale, Third Edition: Technical manual*. San Antonio, TX: Author.
Rapaport, D., Gill, M., & Shafer, R. (1946). *Diagnostic Psychological testing*. Chicago: Year Book.
Reznikoff, M., Aronow, E., & Rauchway, A. (1982). The reliability of inkblot content scales. In C. D. Spielberger, & J. D. Butcher (Eds.), *Advances in personality assessment: Vol. 1* (pp. 83-113). Hillsdale, NJ: Erlbaum.
Riethmiller, R. J., & Handler, L. (1997). Problematic methods and unwarranted conclusions in DAP research: Suggestions for improved research procedures. *Journal of Personality Assessment*, **69**, 459-475.
Riordan, R., & Verdel, A. C. (1991). Evidence of sexual abuse in children's art products. *School Counselor*, **39**, 116-121.
Ronan, G. F., Colavito, V. A., & Hammontree, S. R. (1993). Personal problem-solving system for scoring TAT responses: Preliminary validity and reliability data. *Journal of Personality Assessment*, **61**, 28-40.
Ronan, G. F., Date, A. L., & Weisbrod, M. (1995). Personal Problem-solving scoring of the TAT: Sensitivity to training. *Journal of Personality Assessment*, **64**, 119-131.
Rossini, E. D., & Moretti, R. J. (1997). Thematic Apperception Test (TAT) interpretation: Practice recommendations from a survey of clinical psychology doctoral programs accredited by the American Psychological Association. *Professional Psychology: Research and Practice*, **28**, 393-398.
Saggino, A., & Kline, P. (1996). The location of the Myers-Briggs Type Indicator in personality factor space. *Personality and Individual Differences*, **21**, 591-597.
Sattler, J. M. (1998). *Clinical and forensic interviewing of children and families: Guidelines for the mental health, education, pediatric, and child maltreatment fields*. San Diego, CA: Author.
Sechrest, L. (1963). Incremental validity: A recommendation. *Educational and Psychological Measurement*, **23**, 153-158.
Shaffer, T. W., Erdberg, P., & Haroian, J. (1999). Current nonpatient data for the Rorschach, WAIS-R, and MMPI-2. *Journal of Personality Assessment*, **73**, 305-316.
Shontz, F. C., & Green, P. (1992). Trends in research on the Rorschach: Review and conclusions. *Applied and Preventive Psychology*, **1**, 149-156.
Sipps, G. J., Alexander, R. A., & Friedt, L. (1985). Item analysis of the Myers-Briggs Type Indicator. *Educational and Psychological Measurement*, **45**, 789-796.
Spangler, W. D. (1992). Validity of questionnaire and TAT measures of need for achievement: Two meta-analyses. *Psychological Bulletin*, **112**, 140-154.
Standards for Educational and Psychological Testing. (1985). Washington, DC: American Psychological Association.
Standards for Educational and Psychological Testing. (1999). Washington, DC: American Psychological Association.
Telgasi, H. (1993). *Clinical use of story telling: Emphasizing the TAT with children and adolescents*. Boston: Allyn & Bacon.
Tharinger, D. J., & Stark, K. (1990). A qualitative versus quantitative approach to evaluating the Draw-A-Person and Kinetic Family Drawing: A study of mood and anxiety-disorder children. *Psychological Assessment*, **2**, 365-375.
Thomas, G. V., & Jolley, R. P. (1998). Drawing conclusions: A re-examination of empirical and conceptual bases for psychological evaluations of children from their drawings. *British Journal of Clinical Psychology*, **37**, 127-139.
Thompson, B., & Borrello, G. M. (1986). Second-order factor structure of the MBTI: A construct validity assessment. *Measurement and Evaluation in Counseling and Development*, **18**, 148-153.
Tischler, L. (1994). The MBTI factor structure. *Journal of Psychological Type*, **31**, 24-31.
Turcotte, M. (1994). Use of tests in the Canadian employment services. *Journal of Employment Counseling*, **31**, 188-199.
Tzeng, O. C., Ware, R., & Chen, J.-M. (1989). Measurement and utility of continuous unipolar ratings for the Myers-Briggs Type Indicator. *Journal of Personality Assessment*, **53**, 727-738.
Vane, J. R. (1981). The Thematic Apperception Test: A review. *Clinical Psychology Review*, **1**, 319-336.
Vass, Z. (1998). The inner formal structure of the H-T-P Drawings: An exploratory study. *Journal of Clinical Psychology*, **54**, 611-619.

Viglione, D. J. (1996). Data and issues to consider in reconciling self-report and the Rorschach. *Journal of Personality Assessment*, **67**, 579-587.

Viglione, D. J. (1999). A review of recent research addressing the utility of the Rorschach. *Psychological Assessment*, **11**, 251-263.

Vincent, K. R., & Harman, M. J. (1991). The Exner Rorschach: An analysis of its clinical utility. *Journal of Clinical Psychology*, **47**, 596-599.

Wanderer, Z. W. (1997). Validity of clinical judgments based on human figure drawings. In E. F. Hammer (Ed.), *Advances in projective drawing interpretation* (pp. 301-315). Springfield, IL: Charles C Thomas.

Watkins, C. E., Jr., Campbell, V. L., Nieberding, R., & Hallmark, R. (1995). Contemporary practice of psychological assessment by clinical psychologists. *Professional Psychology: Research and Practice*, **26**, 54-60.

Weiner, I. B. (1966). *Psychodiagnosis in schizophrenia*. New York: Wiley.

Weiner, I. B. (1993). Clinical considerations in the conjoint use of the Rorschach and the MMPI. *Journal of Personality Assessment*, **60**, 148-152.

Weiner, I. B. (1994). The Rorschach Inkblot Method (RIM) is not a test: Implications for theory and practice. *Journal of Personality Assessment*, **62**, 498-504.

Weiner, I. B. (1996). Some observations on the validity of the Rorschach Inkblot Method. *Psychological Assessment*, **8**, 206-213.

Weiner, I. B. (1997). Current status of the Rorschach Inkblot Method. *Journal of Personality Assessment*, **68**, 5-19

Weiner, I. B. (1999). What the Rorschach can do for you: Incremental validity in clinical applications. *Assessment*, **6**, 327-339.

Weiner, I. B. (2001). Advancing the science of psychological assessment: The Rorschach inkblot method as exemplar. *Psychological Assessment*, **13**, 423-432.

West, M. M. (1998). Meta-analysis of studies assessing the efficacy of projective techniques in discriminating child sexual abuse. *Child Abuse and Neglect*, **11**, 1151-1166.

Westen, D. (1991). Clinical assessment of object relations using the TAT. *Journal of Personality Assessment*, **56**, 56-74.

Westen, D., Lohr, N. E., Silk, K., Gold, L., & Kerber, K. (1990). Object relations and social cognition in borderlines, major depressives, and normals: A Thematic Apperception Test analysis. *Psychological Assessment: A Journal of Consulting and Clinical Psychology*, **2**, 355-364.

Wideman, B. G. (1998). Rorschach responses in gifted and nongifted children: A comparison study (Doctoral dissertation, Georgia State University, 1998). *Dissertation Abstracts International*, **59**, 905B.

Widiger, T. A., & Schilling, K. M. (1980). Toward a construct validation of the Rorschach. *Journal of personality Assessment*, **44**, 450-459.

Wolfner, G., Faust, D., & Dawes, R. M. (1993). The use of an atomically detailed dolls in sexual abuse evaluations: The state of the science. *Applied and Preventive Psychology*, **2**, 1-11.

Wood, J. M., & Lilienfeld, S. O. (1999). The Rorschach inkblot test: A case of over- statement? *Assessment*, **6**, 341-349.

Wood, J. M., Lilienfeld, S. O., Garb, H. N., & Nezworski, M. T. (2000). The Rorschach test in clinical diagnosis: A critical review, with a backward look at Garfield (1947). *Journal of Clinical Psychology*, **56**, 395-430.

Wood, J. M., Nezworski, M. T., Garb, H. N., & Lilienfeld, S. O. (2001). The misperception of psychopathology: Problems with the norms of the Comprehensive System for the Rorschach. *Clinical psychology: Science and Practice*, **8**, 350-373.

Wood, J. M., Nezworski, M. T., & Stejskal, W. J. (1996a). The Comprehensive System for the Rorschach: A critical examination. *Psychological Science*, **7**, 3-10.

Wood, J. M., Nezworski, M. T., & Stejskal, W. J. (1996b). Thinking critically about the Comprehensive System for the Rorschach: A reply. *Psychological Science*, **7**, 14-17.

Wood, J. M., Nezworski, M. T., & Stejskal, W. J. (1997). The reliability of the Comprehensive System for the Rorschach: A comment on Meyer (1997). *Psychological Assessment*, **9**, 490-494.

Wood, J. M., Nezworski, M. T., Stejskal, W. J., Garven, S., & West, S. G. (1999). Methodological issues in evaluating Rorschach validity: A comment on Burns and Viglione (1996), Weiner (1996), and Ganellen (1996). *Assessment*, **6**, 115-120.

Yates, A. (1997). Sexual abuse of children. In J. M. Wiener (Ed.), *Textbook of child and adolescent psychiatry* (2nd ed., pp. 699-709). Washington, DC: American Psychiatric Press.

Zumbo, B. D., & Taylor, S. V. (1993). The construct validity of the Extraversion subscale of the Myers-Briggs Type Indicator. *Canadian Journal of Behavioural Science, 25*, 590-604.

4章

Allen v. Illinois, 478 U.S. 364 (1986).

American Psychiatric Association. (1987). *Diagnostic and statistical manual of mental disorders* (3rd ed. rev.). Washington, DC: Author.

American Psychiatric Association. (1994). *Diagnostic and statistical manual of mental disorders* (4th ed.). Washington, DC: Author.

American Psychological Association. (1992). Ethical principles of psychologists and code of conduct. *American Psychologist, 47*, 1597-1611.

Bachman v. Leapley, 953 F.2d 440 (9th Cir. 1992).

Blau, T. H. (1998). *The psychologist as expert witness.* New York: Wiley.

Bloom, J. D., & Rogers, J. L. (1987). The legal basis of forensic psychiatry: Statutorily mandated psychiatric diagnoses. *American Journal of Psychiatry, 144*, 847-853.

Blowers, A. N., & Bjerregaard, B. (1994, Winter). The admissibility of expert testimony on the battered woman syndrome in homicide cases. *Journal of Psychiatry and Law, 22*, 527-560.

Boeschen, L. E., Sales, B. D., & Koss, M. P. (1998). Rape trauma experts in the courtroom. *Psychology, Public Policy, and Law, 4*, 414-432.

Bookwalter, B. E. (1998). Throwing the bath water out with the baby: Wrongful exclusion of expert testimony on neonaticide syndrome. *Boston University Law Review, 78*, 1185-1210.

Borum, R. (1996). Improving the clinical practice of violence risk assessment. *American Psychologist, 51*, 945-956.

Cavanagh, E. D. (1999). Decision extends Daubert approach to all expert testimony. *New York State Bar Journal, 71*(6), 9, 19-20.

Chuang, H. T., & Addington, D. (1988). Homosexual panic: A review of its concept. *Canadian Journal of Psychiatry, 33*, 613-617.

Ciccone, J. R. (1992). Murder, insanity, and medical expert witnesses. *Archives of Neurology, 49*, 608-611.

Committee on Ethical Guidelines for Forensic Psychologists. (1991). Specialty guidelines for forensic psychologists. *Law and Human Behavior, 15*, 655-665.

Daubert v. Merrell Dow Pharmaceutical, Inc., 509 U.S. 579, 113 S. Ct. 2786(1993).

Faigman, D. L. (1995). The evidentiary status of social science under Daubert: Is it "scientific," "technical," or "other" knowledge? *Psychology Public Policy, and Law, 1*, 960-979.

Faust, D., & Ziskin, J. (1988). The expert witness in psychology and psychiatry. *Science, 241*, 31-35.

Fuller, K. A. (1990). Paraphilic coercive disorder. *Journal of Sex Education and Therapy, 16*, 164-171.

General Electric Co. v. Joiner, 118 S. Ct. 512 (1997).

Gold, S. N., & Heffner, C. L. (1998). Sexual addiction: Many conceptions, minimal data. *Clinical Psychology Review, 18*, 367-381.

Goldklang, D. L. (1997). Post-traumatic stress disorder and black rage: Clinical validity, criminal responsibility. *Virginia Journal of Social Policy and the Law, 5*, 213-235.

Goodman-Delahunty, J. (1997). Forensic psychological expertise in the wake of Daubert. *Law and Human Behavior, 21*, 121-140.

Granello, D. H., & Beamish, P. M. (1998) Reconceptualizing codependency in women: A sense of connectedness, not pathology. *Journal of Mental Health Counseling, 20*, 344-358.

Green, E. D., & Nesson, C. R. (1992). *Federal rules of evidence: With selected legislative history and new cases and problems.* Boston: Little, Brown.

Greenberg, S. A., & Shuman, D. W. (1997). Irreconcilable conflict between therapeutic and forensic roles. *Professional Psychology: Research and Practice, 28*, 50-57.

Grisso, T. (1998). *Instruments for assessing understanding and appreciation of Miranda rights.* Sarasota, FL: Professional Resource Press.

Grose, N. R. (1998). Premenstrual dysphoric disorder as a mitigating factor in sentencing: Following the lead of

English criminal courts. *Valparaiso University Law Review*, **33**, 201-230.

Gross, W. D. (1999). The unfortunate faith: A solution to the unwarranted reliance upon eyewitness testimony. *Texas Wesleyan Law Review*, **5**, 307-331.

Grudzinskas, A. J. (1999). Kuhmo Tire Col. Ltd. v. Carmichael. *Journal of the American Academy of Psychiatry and the Law*, **27**, 482-488.

Grudzinskas, A. J., & Appelbaum, K. L. (1998). General Electric Co. v. Joiner: Lighting up the post-Daubert landscape? *Journal of the American Academy of Psychiatry and the Law*, **26**, 497-503.

Gudjonsson G. (1997). *The Gudjonsson suggestibility scales manual*. East Sussex, England: Psychology Press.

Haapasalo, J., & Petaja, S. (1999). Mothers who killed or attempted to kill their child: Life circumstances, childhood abuse, and types of killing. *Violence and Victims*, **14**, 219-239.

Hamilton, H. G. (1998). The movement from *Frye* to *Daubert*: Where do the states stand? *Jurimetrics*, **38**, 201-213.

Harding, R. W., Morgan, F. H., Indermaur, D., Ferrante, A. M., & Blagg, H. (1998). Road rage and the epidemiology of violence: Something old, something new. *Studies on Crime and Prevention*, **7**, 221-238.

Hastie, R., Landsman, R., & Loftus, E. F. (1978). Eyewitness testimony: The dangers of guessing. *Jurimetrics*, **19**, 1-8.

Heilbrun, K. (1992). The role of psychological testing in forensic assessment. *Law and Human Behavior*, **16**, 257-272.

Heilbrun, K., Philipson, J., Berman, L., & Warren, J. (1999). Risk communication: Clinicians' reported approaches and perceived values. *Journal of the American Academy of Psychiatry and the Law*, **27**, 397-406.

Henson v. State, 535 N.E.2d 1189 (Ind. 1989).

Kansas v. Hendricks, 117 S.Ct. 2072 (1997).

Klassen, D., & O'Connor, W. (1988). A prospective study of predictors of violence in adult male mental patients. *Law and Human Behavior*, **12**, 143-158.

Klassen, D., & O'Connor, W. (1990). Assessing the risk of violence in released mental patients: A cross-validation study. *Psychological Assessment*, **1**, 75-81.

Kumho Tire Co., Ltd. v. Carmichael 119 S.Ct. 1167 (1999).

Landsman, S. (1995). Of witches, madmen, and products liability: An historical survey of the use of expert testimony. *Behavioral Sciences and the Law*, **13**, 131-157.

Levy, R. J. (1989). Using "scientific" testimony to prove child sexual abuse. *Family Law Quarterly*, **23**, 383-409.

Littleton, R. W. (1999). Supreme court dramatically changes the rules on experts. *New York State Bar Journal*, **71**(6), 8, 10-18.

Loughead, T. A., Spurlock, V. L., & Ting, Y. (1998). Diagnostic indicators of codependence: An investigation using the MCMI-II. *Journal of Mental Health Counseling*, **20**, 64-76.

Lubit, B. W. (1998). The time has come for doing science: A call for rigorous application of Daubert standards for the admissibility of expert evidence in the impending silicone breast implant litigation. *New York Law School Law Review*, **42**, 147-178.

Magnum, P. F. (1999). Reconceptualizing battered woman syndrome evidence: Prosecution use of expert testimony on battering. *Boston College Third World Law Journal*, **19**, 593-624.

Marlowe, D. B. (1995). A hybrid decision framework for evaluating psychometric evidence. *Behavioral Sciences and the Law*, **13**, 207-228.

Mart, E. G. (1999). Problems with the diagnosis of factitious disorder by proxy in forensic settings. *American Journal of Forensic Psychology*, **17**, 69-82.

Mart, E. G. (2002). Munchausen's syndrome (factitious disorder) by proxy: A brief review of its scientific and legal status. *Scientific Review of Mental Health Practice*, **1**, 55-61.

McCann, J. T. (1998). *Malingering and deception in adolescents: Assessing credibility in clinical and forensic settings*. Washington, DC: American Psychological Association.

McCann, J. T. (1999). *Assessing adolescents with the MACI: Using the Millon Adolescent Clinical Inventory*. New York: Wiley.

McCann, J. T., & Dyer, E. J. (1996). *Forensic assessment with the Millon inventories*. New York: Guilford Press.

McPherson, S. B. (1999). Insanity and mitigation to murder. In H. V. Hall (Ed.), *Lethal violence: A sourcebook on fatal domestic, acquaintance and stranger violence* (pp. 442-467). Boca Raton, FL: CRC Press.

Monahan, J. (1992). Mental disorder and violent behavior: Perceptions and evidence. *American Psychologist*, **47**,

511-521.
Monahan, J. (1995). *The clinical Prediction of violent behavior*. Northvale, NJ: Aronson. (Original work published 1981)
Monahan, J., & Steadman, H. J. (Eds.). (1994). *Violence and mental disorder: Developments in risk assessment*. Chicago: University of Chicago Press.
Monahan, J., & Steadman, H. J. (1996). Violent storms and violent people: How meteorology can inform risk communication in mental health law. *American Psychologist, 51*, 931-938.
Mossman, D. (1994). Assessing prediction of violence: Being accurate about accuracy. *Journal of Consulting and Clinical Psychology, 62*, 783-792.
Nonacs, R., & Cohen, L. S. (1998). Postpartum mood disorders: Diagnosis and treatment guidelines. *Journal of Clinical Psychiatry, 59*(2), 34-40.
Otto, R. K. (1992). Prediction of dangerous behavior: A review and analysis of "second-generation" research. *Forensic Reports, 5*, 103-133.
Parisie v. Greer 705 F.2d 882 (7th Cir. 1983).
Penrod, S., & Cutler, B. (1995). Witness confidence and witness accuracy: Assessing their forensic relation. *Psychology, Public Policy, and Law, 1*, 817-845.
People v. Erikson, 67 Cal.Rptr. 740 (Cal. 1997).
People v. Ferguson, 248 A.D. 2d 725, 670 N.Y.S. 2d 327 (N.Y. App. Div. 1998).
People v. Freeman, 4 Denio 9 (N.Y. Sup. Ct. 1847).
People v. Humphrey, 56 Cal.Rptr. 142, 921 P.2d 1 (Cal. 1996).
People v. Ilieveski, 670 N.Y.S.2d 1004 (Monroe Co. 1998).
People v. McDonald, 37 Cal.3d 351, 690 P.2d 709 (Cal. 1984).
People v. Milner, 45 Cal.3d 227, 753 P.2d 669 (Sup. Ct. of Cal. 1988).
People v. Phillips, 122 Cal. Rptr. 703 (Cal. Ct. App. 1981).
People v. Wernick, 37 Cal. 3d 351, 690 P.2d 709 (N.Y. App. Div. 1995).
Pope, K. S., Butcher, J. N., & Seelen, J. (1993). *The MMPI, MMPI-2, and MMPI-A in court*. Washington, DC: American Psychological Association.
Quinsey, V. L., Harris, G. T., Rice, M. E., & Cormier, C. A. (1998). *Violent offenders: Appraising and managing risk*. Washington, DC: American Psychological Association.
Reynolds, C. R. (Ed.). (1998). *Detection of malingering during head injury litigation*. New York: Plenum Press.
Rice, M. E. (1997). Violent offender research and implications for the criminal justice system. *American Psychologist, 52*, 414-423.
Ritchie, E. C. (1998). Reactions to rape: A military forensic psychiatrist's perspective. *Military Medicine, 163*, 505-509.
Robins, E., & Guze, S. B. (1970). Establishment of diagnostic validity in psychiatric illness: Its application to schizophrenia. *American Journal of Psychiatry, 126*, 107-111.
Rogers, R. (1984). *Rogers Criminal Responsibility Assessment scales*. Odessa, FL: Psychological Assessment Resources.
Schuller, R. A., & Vidmar, N. (1992). Battered woman syndrome evidence in the courtroom: A review of the literature. *Law and Human Behavior, 16*, 273-291.
Shapiro, D. L. (1999). *Criminal responsibility evaluations: A manual for practice*. Sarasota, FL: Professional Resource Press.
State v. Allewalt, 308 Md. 89, 517 A.2d 741 (Md. 1986).
State v. Escamilla, 245 Neb. 13, 511 N.W.2d 58 (Neb. 1994).
Steadman, H. J., McGreevy, M. A., Morrissey, J. P., Callahan, L. A., Robbins, P. C., & Cirincione, C. (1993). *Before and after Hinckley: Evaluating insanity defense reform*. New York: Guilford Press.
Steele, D. L. (1999). Expert testimony: Seeking an appropriate admissibility standard for behavioral science in child sexual abuse prosecutions. *Duke Law Journal, 48*, 933-973.
Stefan, S. (1994). The protection racket: Rape trauma syndrome, psychiatric labeling, and law. *Northwestern University Law Review, 88*, 1271-1345.
Steiner, M. (1997). Premenstrual syndromes. *Annual Review of Medicine, 48*, 447-455.
Summit, R. C. (1983). The child sexual abuse accommodation syndrome. *Child Abuse and Neglect, 7*, 177-193.
Summit, R. C. (1992). Abuse of the child sexual abuse accommodation syndrome. *Journal of Child Sexual*

Abuse, 1, 153-163.
United States v. Amador-Galvan, 9 F.3d 1414 (9th Cir. 1997).
United States v. Bighead, 128 F.3d 1329 (9th Cir. 1997).
United States v. Frye, 293 F. 1013 (D.C. Cir. 1923).
United States v. Hall, 165 F.3d 1095 (7th Cir. 1999).
United States v. Kime, 99 F.3d 870 (8th Cir. 1996).
United States v. Robertson, 507 F.2d 1148 (D.C. Cir. 1974).
United States v. Romualdi, 101 F.3d 971 (3rd Cir. 1996).
United States v. Smith, 1998 LEXIS 5772 (6th Cir. 1998).
Vollaro, T. (1993). Muchausen syndrome by proxy and its evidentiary problems. *Hofstra Law Review, 22,* 495-520.
Walker, L. E. (1984). *The battered woman syndrome.* New York: Springer.
Walker, L. E. (1994). *Abused women and survivor therapy: A practical guide for the psychotherapist.* Washington, DC: American psychological Association.
Wells, G. L. (1995). Scientific study of witness memory: Implications for public and legal policy. *Psychology, Public Policy, and Law, 1*, 726-731.
Wells, G. L., & Seelau, E. P. (1995). Eyewitness identification: Psychological research and legal policy on lineups. *Psychology, Public Policy, and Law, 1*, 765-791.
Wells, M., Glickauf-Hughes, C., & Bruss, K. (1998). The relationship of co-dependency to enduring personality characteristics. *Journal of College Student Psychotherapy, 12*, 25-38.
Ziskin, J., & Faust, D. (1988). *Coping with psychiatric and psychological testimony* (4th ed.). Marina del Rey, CA: Law and Psychology Press.

5章

Acocella, J. (1998, April 6). The politics of hysteria. *New Yorker*, pp. 64-79.
Aldridge-Morris, R. (1989). *Multiple personality: An exercise in deception.* Hillsdale, NJ: Erlbaum.
Allen, J. J. B., & Iacono, W. G. (2001). Assessing the validity of amnesia in dissociative identity disorder: A dilemma for the DSM and the courts. *Psychology, Public Policy, and Law, 7*, 311-344.
Allen, J. J. B., & Movius, H. L. (2000). The objective assessment of amnesia in dissociative identity disorder using event-related potentials. *International Journal of Psychophysiology, 38*, 21-41.
Allison, R. (1974). A new treatment approach for multiple personality. *American Journal of Clinical Hypnosis, 17,* 15-32.
American Psychiatric Association. (1980). *Diagnostic and statistical manual of mental disorders* (3rd ed.). Washington, DC: Author.
American Psychiatric Association. (1987). *Diagnostic and statistical manual of mental disorders* (3rd ed., rev.). Washington, DC: Author.
American Psychiatric Association. (1994). *Diagnostic and statistical manual of mental disorders* (4th ed.). Washington, DC: Author.
Arrigo, J. M., & Pezdek, K. (1998). Textbook models of multiple personality: Source, bias, and social consequences. In S. J. Lynn, & K. M. McConkey (Eds.), *Truth in memory* (pp. 372-393). New York: Guilford Press.
Bahnson, C. B., & Smith, K. (1975). Autonomic changes in a multiple personality. *Psychosomatic Medicine, 37,* 85-86.
Berkson, J. (1946). Limitations of the application of the four-fold table analysis to hospital data. *Biometrics Bulletin, 2*, 47-53.
Bernstein, E. M., & Putnam, F. W. (1986). Development, reliability, and validity of a dissociation scale. *Journal of Nervous and Mental Disease, 174*, 727-735.
Bliss, E. L. (1980). Multiple personalities: A report of 14 cases with implications for schizophrenia and hysteria. *Archives of General Psychiatry, 37*, 1388-1397.
Boon, S., & Draijer, N. (1993). Multiple personality disorder in the Netherlands: A clinical investigation of 71 cases. *American Journal of Psychiatry, 150*, 489-494.
Boor, M. (1982). The multiple personality epidemic: Additional cases and inferences regarding diagnosis, etiology, dynamics, and treatment. *Journal of Nervous and Mental Disease, 170*, 302-304.

Braun, B. G. (1980). Hypnosis for multiple personalities. In H. J. Wain (Ed.), *Clinical hypnosis in medicine* (pp. 209-217). Chicago: Year Book Medical.

Braun, B. G. (1986). Issues in the psychotherapy of multiple personality disorder. In B. G. Braun (Ed.), *Treatment of multiple personality disorder* (pp. 1-28). Washington, DC: American Psychiatric Press.

Bremner, J. D., Narayan, M., Anderson, E. R., Staib, L. H., Miller, H. L., & Charney, D. S. (2000). Hippocampal volume reduction in major depression. *American Journal of Psychiatry, 157*, 115-117.

Bremner, J. D., Randall, P., Scott, T. M., & Bronen, R. (1995). MRI-based measurement of hippocampal volume in patients with combat-related posttraumatic stress disorder. *American Journal of Psychiatry, 152*, 973-981.

Bremner, J. D., Randall, P., Vermetten, E., & Staib, L. (1997). Magnetic resonance imaging-based measurement of hippocampal volume in posttraumatic stress disorder related to childhood physical and sexual abuse: A preliminary report. *Biological Psychiatry, 41*, 23-32.

Brende, J. O. (1984). The psychophysiologic manifestations of dissociation: Electodermal responses in a multiple personality patient. *Psychiatric Clinics of North America, 7*, 41-50.

Brown, D., Frischholtz, E. J., & Scheflin, A. W. (1999). Iatrogenic dissociative identity disorder: An evaluation of the scientific evidence. *Journal of Psychiatry and Law, 27*, 549-637.

Carson, R. C., & Butcher, J. N. (1992). *Abnormal psychology and modern life* (9th ed.). New York: HarperCollins.

Coons, P. M. (1984). The differential diagnosis of multiple personality disorder: A comprehensive review. *Psychiatric Clinics of North America, 7*, 51-67.

Coons, P. M. (1989). Iatrogenic factors in the misdiagnosis of multiple Personality disorder. *Dissociation, 2*, 70-76.

Coons, P. M. (1994). Confirmation of childhood abuse in child and adolescent cases of multiple personality disorder and dissociative identity disorder not otherwise specified. *Journal of Nervous and Mental Disease, 182*, 461-464.

Coons, P. M., Bowman, E. S., & Milstein, V. (1988). Multiple personality disorder: A clinical investigation of 50 cases. *Journal of Nervous and Mental Disease, 176*, 519-527.

Coons, P. M., & Milstein, V. (1986). Psychosexual disturbances in multiple personality: Characteristics, etiology, and treatment. *Journal of Clinical Psychiatry, 47*, 106-111.

Cormier, J. F., & Thelen, M. H. (1998). Professional skepticism of multiple personality disorder. *Professional Psychology: Research and Practice, 29*, 163-167.

Dell, P. F. (1988). Professional skepticism about multiple personality. *Journal of Nervous and Mental Disease, 176*, 528-531.

Dell, P. F. (2001). Why the diagnostic criteria for dissociative identity disorder should be changed. *Journal of Trauma and Dissociation, 2*, 7-37.

Dell, P. F., & Eisenhower, J. W. (1990). Adolescent multiple Personality disorder: A preliminary study of eleven cases. *Journal of the American Academy of Child and Adolescent Psychiatry, 29*, 359-366.

Dennett, D. C. (1991). *Consciousness explained*. Boston: Little, Brown.

Dorahy, M. J. (2001). Dissociative identity disorder and memory dysfunction: The current state of experimental research and its future directions. *Clinical Psychology Review, 21*, 771-795.

Draijer, N., & Boon, S. (1999). The limitations of dissociative identity disorder: Patients at risk, therapists at risk. *Journal of Psychiatry and Law, 27*, 423-458.

du Fort, G. G., Newman, S. C., & Bland, R. C. (1993). Psychiatric comorbidity and treatment seeking: Sources of selection bias in the study of clinical populations. *Journal of Nervous and Mental Disease, 181*, 467-474.

Dunn, G. E., Paolo, A. M., Ryan, J. J., & van Fleet, J. N. (1994). Belief in the existence of multiple personality disorder among psychologists and psychiatrists. *Journal of Clinical Psychology, 50*, 454-457.

Ellason, J. W., Ross, C. A., & Fuchs, D. L. (1996). Lifetime Axis I and Axis II comorbidity and childhood trauma history in dissociative identity disorder. *Psychiatry: Interpersonal and Biological Processes, 59*, 255-266.

Elzinga, B. M., van Dyck, R., & Spinhoven, P. (1998). Three controversies about dissociative identity disorder. *Clinical psychology and Psychotherapy, 5*, 13-23.

Fahy, T. A. (1988). The diagnosis of multiple personality disorder: A critical review. *British Journal of Psychiatry, 153*, 597-606.

Fivush, R., & Hudson, J. A. (Eds.). (1990). *Knowing and remembering in young children*. New York: Cambridge University Press.

Frances, A., & First, M. B. (1998). *Your mental health: A layman's guide to the Psychiatrist's Bible*. New York: Scribner.

Ganaway, G. K. (1989). Historical versus narrative truth: Clarifying the role of exogenous trauma in the etiology of MPD and its variants. *Dissociation*, 2, 205-220.

Ganaway, G. K. (1995). Hypnosis, childhood trauma, and dissociative identity disorder: Toward an integrative theory. *International Journal of Clinical and Experimental Hypnosis*, 43, 127-144.

Gleaves, D. H. (1996). The sociocognitive model of dissociative identity disorder: A reexamination of the evidence. *Psychological Bulletin*, 120, 42-59.

Gleaves, D. H., May, M. C., & Cardena, E. (2001). An examination of the diagnostic validity of dissociative identity disorder. *Clinical Psychology Review*, 21, 577-608.

Hacking, I. (1995). *Rewriting the soul: Multiple personality and the science of memory*. Princeton, NJ: Princeton University Press.

Hochman, J., & Pope, H. G. (1997). Debating dissociative diagnoses. *American Journal of Psychiatry*, 153, 887-888.

Hyman, I. E., Jr., Husband, T. H., & Billings, F. J. (1995). False memories of childhood experiences. *Applied Cognitive Psychology*, 9, 181-197.

Hyman, I. E., Jr., & Pentland, J. (1996). The role of mental imagery in the creation of false childhood memories. *Journal of Memory and Language*, 35, 101-117.

Klein, D. F. (1999). Multiples: No amnesia for child abuse. *American Journal of Psychiatry*, 156, 976-977.

Kluft, R. P. (1988). The phenomenology and treatment of extremely complex multiple personality disorder. *Dissociation*, 1, 47-58.

Kluft, R. P. (1991). Multiple personality disorder. In A. Tasman, & S. M. Goldfinger (Eds.), *American Psychiatric Press Review of Psychiatry* (Vol. 10, pp. 161-188). Washington, DC: American Psychiatric Association Press.

Kluft, R. P. (1993). Multiple personality disorders. In D. Spiegel (Ed.), *Dissociative disorders: A clinical review* (pp. 17-44). Lutherville, MD: Sidran Press.

Lewis, D. O., Yeager, C. A., Swica, Y., Pincus, J. H., & Lewis, M. (1997). Objective documentation of child abuse and dissociation in 12 murderers with dissociative identity disorder. *American Journal of Psychiatry*, 143, 1703-1710.

Lichtenstein Creative Media. (1998). *The infinite mind* [Radio broadcast]. National Public Radio.

Lilienfeld, S. O., Lynn, S. J., Kirsch, I., Chaves, J. F., Sarbin, T. R., Ganaway, G. K., & Powell, R. A. (1999). Dissociative identity disorder and the sociocognitive model: Recalling the lessons of the past. *Psychological Bulletin*, 125, 507-523.

Lindsay, D. (1996). Commentary on informed clinical practice and the standard of care: Proposed guidelines for the treatment of adults who report delayed memories of childhood trauma. In J. D. Read, & D. S. Lindsay (Eds.), *Recollections of trauma: Scientific evidence and clinical practice* (pp. 361-370). New York: Plenum Press.

Lindsay, D. S. (1998). Depolarizing views on recovered memory experiences. In S. J. Lynn, & K. M. McConkey (Eds.), *Truth in memory* (pp. 481-494). New York: Guilford Press.

Loftus, E. F. (1993). The reality of repressed memories. *American Psychologist*, 48, 518-537.

Loftus, E. F. (1997, September). Creating false memories. *Scientific American*, pp. 70-75.

Loftus, E. F., & Pickrell, J. E. (1995). The formation of false memories. *Psychiatric Annals*, 25, 720-725.

Ludwig, A. M., Brandsma, J. M., Wilbur, C. B., Bendefeldt, F., & Jameson, D. H. (1972). The objective study of a multiple personality: Or, are four heads better than one? *Archives of General Psychiatry*, 26, 298-310.

Lynn, S. J., Lock, T. G., Myers, B., & Payne, D. (1997). Recalling the unrecallable: Should hypnosis be used to recover memories in psychotherapy? *Current Directions in Psychological Science*, 6, 79-83.

Lynn, S. J., & Pintar, J. (1997). A social narrative model of dissociative identity disorder. *Australian Journal of Clinical and Experimental Hypnosis*, 25, 1-7.

Lynn, S. J., Rhue, J. W., & Green, J. P. (1988). Multiple personality and fantasy proneness: Is there an association or dissociation? *British Journal of Experimental and Clinical Hypnosis*, 5, 138-142.

Mai, F. M. (1995). Psychiatrists' attitudes to multiple personality disorder: A questionnaire study. *Canadian Journal of Psychiatry*, 40, 154-157.

Malinowski, P., & Lynn, S. J. (1995, August). *The pliability of early memory reports*. Paper presented at the

Annual Convention of the American Psychological Association, Washington, DC.
Marmer, S. S. (1998, December). Should dissociative identity disorder be considered a bona fide psychiatric diagnosis? *Clinical Psychiatry News*.
Mazzoni, G. A., Loftus, E. F., & Kirsch, I. (2001). Changing beliefs about implausible autobiographical memories. *Journal of Experimental Psychology: Applied*, 7, 51-59.
McHugh, P. R. (1993). Multiple personality disorder. *Harvard Mental Health Newsletter*, 10(3), 4-6.
Merckelbach, H., Devilly, G. J., & Rassin, E. (2002). Alters in dissociative identity disorder: Metaphors or genuine entities? *Clinical Psychology Review*, 22, 481-497.
Merckelbach, H., & Muris, P. (2001). The causal link between self-reported trauma and dissociation: A critical review. *Behaviour Research and Therapy*, 39, 245-254.
Merckelbach, H., Muris, P., Horselenberg, R., & Stougie, S. (2000). Dissociative experiences, response bias, and fantasy proneness in college students. *Personality and Individual Differences*, 28, 49-58.
Merskey, H. (1992). The manufacture of personalities: The production of multiple personality disorder. *British Journal of Psychiatry*, 160, 327-340.
Modestin, J. (1992). Multiple personality disorder in Switzerland. *American Journal of Psychiatry*, 149, 88-92.
Mulhern, S. (1991). Satanism and psychotherapy: A rumor in search of an inquisition. In J. T. Richardson, J. Best, & D. G. Bromley (Eds.), *The Satanism scare* (pp. 145-172). New York: Aldine de Gruyter.
Nelson, M. D., Saykin, A. J., Flashman, L. A., & Riordan, H. J. (1998). Hippocampal volume reduction in schizophrenia as assessed by magnetic resonance imaging: A meta-analytic study. *Archives of General Psychiatry*, 55, 433-440.
North, C. S., Ryall, J-E. M., Ricci, D. A., & Wetzel, R. D. (1993). *Multiple personalities, multiple disorders*. New York: Oxford University Press.
Orne, M. T., Dinges, D. F., & Orne, E. C. (1984). On the differential diagnosis of multiple personality in the forensic context. *Interndtional Journal of Clinical and Experimental Hypnosis*, 32, 118-169.
Ost, J., Fellows, B., & Bull, R. (1997). Individual differences and the suggestibility of human memory. *Contemporary Hypnosis*, 14, 132-137.
Pezdek, K., Finger, K., & Hodge, D. (1997). Planting false childhood memories: The role of event plausibility. *Psychological Science*, 8, 437-441.
Piper, A. (1993). "Truth serum" and "recovered memories" of sexual abuse: A review of the evidence. *Journal of Psychiatry and Law*, 21, 447-471.
Piper, A. (1997). *Hoax and reality: The bizarre world of multiple personality disorder*. Northvale, NJ: Aronson.
Pope, H. G., & Hudson, J. I. (1992). Is childhood sexual abuse a risk factor for bulimia nervosa? *American Journal of Psychiatry*, 149, 455-463.
Pope, H. G., Oliva, P. S., Hudson, J. I., Bodkin, J. A., & Gruber, A. J. (1999). Attitudes toward DSM-IV dissociative disorders diagnoses among board-certified American psychiatrists. *American Journal of Psychiatry*, 156, 321-323.
Popper, K. R. (1959). *The logic of scientific discovery*. London: Hutchinson.
Powell, R. A., & Gee, T. L. (1999). The effects of hypnosis on dissociative identity disorder: A reexamination of the evidence. *Canadian Journal of Psychiatry*, 44, 914-916.
Prince, M. (1905). *The dissociation of a personality: A biographical study in abnormal psychology*. New York: Longmans, Green.
Putnam, F. W. (1989). *Diagnosis and treatment of multiple personality disorder*. New York: Guilford Press.
Putnam, F. W., Guroff, J. J., Silberman, E. K., Barban, L., & Post, R. M. (1986). The clinical phenomenology of multiple personality disorder: Review of 100 recent cases. *Journal of Clinical Psychiatry*, 47, 285-293.
Putnam, F. W., & Lowenstein, R. J. (2000). Dissociative identity disorder. In B. J. Sadock, & V. A. Sadock (Eds.), *Kaplan and Sadock's comprehensive textbook of psychiatry* (7th ed., Vol. 1, pp. 1552-1564). Philadelphia: Lippincott Williams, & Wilkins.
Putnam, F. W., Zahn, T. P., & Post, R. M. (1990). Differential autonomic nervous system activity in multiple personality disorder. *Psychiatry Research*, 31, 251-260.
Qin, J. J., Goodman, G. S., Bottoms, B. L., & Shaver, P. R. (1998). Repressed memories of ritualistic and religion-related child abuse. In S. J. Lynn, & K. M. McConkey (Eds.), *Truth in memory* (pp. 284-303). New York: Guilford Press.
Read, J. D., & Lindsay, D. S. (2000). "Amnesia" for summer camps and high school graduation: Memory work

increases reports of prior periods of remembering less. *Journal of Traumatic Stress*, **13**, 129-147.

Rifkin, A., Ghisalbert, D., Dimatou, S., Jin, C., & Sethi, M. (1998). Dissociative identity disorder in psychiatric inpatients. *American Journal of Psychiatry*, **155**, 844-845.

Rind, B., Tromovitch, P., & Bauserman, R. (1998). A meta-analytic examination of assumed properties of child sexual abuse using college samples. *Psychological Bulletin*, **124**, 22-53.

Robins, E., & Guze, S. B. (1970). Establishment of diagnostic validity in psychiatric illness: Its application to schizophrenia. *American Journal of Psychiatry*, **126**, 107-111.

Ross, C. A. (1989). *Multiple Personality disorder: Diagnosis, clinical features, and treatment*. New York: Wiley.

Ross, C. A. (1990). Twelve cognitive errors about multiple personality disorder. *American Journal of Psychotherapy*, **44**, 348-356.

Ross, C. A. (1991). Epidemiology of multiple personality disorder and dissociation. *Psychiatric Clinics of North America*, **14**, 503-517.

Ross, C. A. (1997). *Dissociative identity disorder: Diagnosis, clinical features, and treatment of multiple personality*. New York: Wiley.

Ross, C. A., Anderson, G., Fleisher, W. P., & Norton, G. R. (1991). The frequency of multiple personality disorder among psychiatric inpatients. *American Journal of Psychiatry*, **148**, 1717-1720.

Ross, C. A., Miller, S. D., Reagor, P., Bjornson, L., Frase G. A., & Anderson, G. (1990). Structured interview data on 102 cases of multiple personality disorder from four centers. *American Journal of Psychiatry*, **147**, 596-601.

Ross, C. A., & Norton, G. R. (1989). Effects of hypnosis on the features of multiple personality disorder. *Dissociation*, **3**, 99-106.

Ross, C. A., Norton, G. R., & Wozney, K. (1989). Multiple personality disorder: An analysis of 236 cases. *Canadian Journal of Psychiatry*, **34**, 413-418.

Sapolsky, R. M. (2000). Glucocorticoids and hippocampal atrophy in neuropsychiatric disorders. *Archives of General Psychiatry*, **57**, 925-935.

Sarbin, T. R. (1995). On the belief that one body may be host to two or more personalities. *International Journal of Clinical and Experimental Hypnosis*, **43**, 163-183.

Schreiber, F. R. (1973). *Sybil*. New York: Warner.

Schultz, R., Braun, B. G., & Kluft, R. P. (1989). Multiple personality disorder: Phenomenology of selected variables in comparison to major depression. *Dissociation*, **2**, 45-51.

Scroppo, J. C., Drob, S. L., Weinberge, J. L., & Eagle, P. (1998). Identifying dissociative identity disorder: A self-report and projective study. *Journal of Abnormal Psychology*, **107**, 272-284.

Shermer, M. (1997). *Why people believe weird things: Pseudoscience superstition, and other confusions of our time*. New York: Freeman.

Shermer, M. (2001). *The borderlands of science: Where sense meets nonsense*. New York: Oxford University Press.

Showalter, E. (1997). *Hystories: Hysterical epidemics and modern culture*. New York: Columbia University Press.

Slovenko, F. (1999). The production of multiple personalities. *Journal of Psychiatry and Law*, **27**, 215-253.

Sno, H. N., & Schalken, H. F. (1999). Dissociative identity disorder: Diagnosis and treatment in the Netherlands. *European Psychiatry*, **5**, 270-277.

Southwick, S., Morgan, A. C., Nicolaou, A. L., & Charney, D. S. (1997). Consistency of memory for combat-related traumatic events in veterans of Operation Desert Storm. *American Journal of Psychiatry*, **154**, 173-177.

Spanos, N. P. (1994). Multiple identity enactments and multiple personality disorder: A sociocognitive perspective. *Psychological Bulletin*, **116**, 143-165.

Spanos, N. P. (1996). *Multiple identities and false memories: A sociocognitive perspective*. Washington, DC: American Psychological Association.

Spanos, N. P., & Chaves, J. F. (1989). *Hypnosis: The cognitive-behavioral perspective*. Buffalo, NY: Prometheus.

Spanos, N. P., Menary, E., Gabora, M. J., DuBreuil, S. C., & Dewhirst, B. (1991). Secondary identity enactments during hypnotic past-life regression: A sociocognitive perspective. *Journal of Personality and Social Psychology*, **61**, 308-320.

Spanos, N. P., Weekes, J. R., & Bertrand, L. D. (1985). Multiple personality: A social psychological perspective.

Journal of Abnormal Psychology, **94**, 362-376.

Spanos, N. P., Weekes, J. R., Menary, E., & Bertrand, L. D. (1986). Hypnotic interview and age regression procedures in the elicitation of multiple personality symptoms. *Psychiatry,* **49**, 298-311.

Spiegel, D. (1993, May 20). Letter to the Executive Council, International Study for the Study of Multiple Personality and Dissociation. *News, International Society of the Study of Multiple Personality and Dissociation,* **11**, 15.

Stafford, J., & Lynn, S. J. (1998). *Cultural scripts, childhood abuse, and multiple identities: A study of role-played enactments.* Manuscript submitted for publication.

Stein, M. B., Koverola, C., Hanna, C., & Torchia, M. G. (1997). Hippocampal volume in women victimized by childhood sexual abuse. *Psychological Medicine,* **27**, 951-959.

Takahashi, Y. (1990). Is multiple personality really rare in Japan? *Dissociation,* **3**, 57-59.

Tellegen, A., & Atkinson, G. (1974). Openness to absorbing and self-altering experiences ("absorption"), a trait related to hypnotic susceptibility. *Journal of Abnormal Psychology,* **83**, 268-277.

Thigpen, C. H., & Cleckley, H. M. (1957). *The three faces of Eve.* New York: McGraw Hill.

Tsai, G. E., Condie, D., Wu, M-T., & Chang, I-W. (1999). Functional magnetic resonance imaging of personality switches in a woman with dissociative identity disorder. *Harvard Review of Psychiatry,* **72**, 119-122.

van der Hart, O. (1993). Multiple personality disorder in Europe: Impressions. *Dissociation,* **6**, 102-118.

van der Kolk, B. A., van der Hart, O., & Marmar, C. R. (1996). Dissociation and information processing in posttraumatic stress disorder. In B. A. van der Kolk, A. C. McFarlane, & L. Weisaeth (Eds.), *Traumatic stress: The effects of overwhelming experience on mind, body, and society* (pp. 303-327). New York: Guilford Press.

Widom, C. S. (1988). Does violence beget violence? A critical examination of the literature. *Psychological Bulletin,* **106**, 3-28.

Zohar, J. (1998). Post-traumatic stress disorder: The hidden epidemic of modern times. *CNS Spectrums,* **3**(7, Suppl. 2), 4-51.

6章

American Psychiatric Association. (1994). *Diagnostic and statistical manual for mental disorders* (4th ed.). Washington, DC: Author.

American Psychological Association Task Force. (1995). *Template for developing guidelines: Interventions for mental disorders and psychosocial aspects of physical disorders.* Washington, DC: Author.

Anderson, E. M., & Lambert, M. J. (2001). A survival analysis of clinically significant change in outpatient psychotherapy. *Journal of Clinical Psychology,* **57**, 875-888.

Bein, E., Anderson, T., Strupp, H. H., Henry, W. P., Schacht, T. E., Binder, J. L., & Butler, S. F. (2000). The effects of training in time-limited dynamic psychotherapy: Changes in therapeutic outcomes. *Psychotherapy Research,* **10**, 119-131.

Bergin, A. E. (1963). The effects of psychotherapy: Negative results revisited. *Journal of Counseling Psychology,* **10**, 244-250.

Bergin, A. E. (1971). The evaluation of therapeutic outcomes. In A. E. Bergin & S. L. Garfield (Eds.), *Handbook of psychotherapy and behavior change* (pp. 139-189). New York: Wiley.

Bergin, A. E., & Garfield, S. (1994). *Handbook of psychotherapy and behavior change* (4th ed.). New York: Wiley.

Berman, J. S., & Norton, N. C. (1985). Does professional training make a therapist more effective? *Psychological Bulletin,* **98**, 401-407.

Beutler, L. E. (1997). The psychotherapist as a neglected variable in psychotherapy: An illustration by reference to the role of therapist experience and training. *Clinical Psychology: Science and Practice,* **4**, 44-52.

Beutler, L. E., Machado, P. P., & Neufeldt, S. (1994). Therapist variables. In A. E. Bergin & S. L. Garfield (Eds.), *Handbook of psychotherapy and behavior change* (4th ed., pp. 229-269). New York: Wiley.

Blatt, S. J., Sanislow, C. A., Zuroff, D., & Pilkonis, P. (2000). Characteristics of the effective therapist: Further analysis of data from the National Institute of Mental Health Treatment of Depression Collaborative Research Program. *Journal of Consulting and Clinical Psychology,* **64**, 1276-1284.

Borkevec, T. D., Echemendia, R. J., Ragusea, S. A., & Ruiz, M. (2001). The Pennsylvania Practice Research Network and future possibilities for clinically meaningful and scientifically rigorous psychotherapy effectiveness research. *Clinical Psychology: Science and Practice*, **8**, 155-185.

Chambless, D. L., & Ollendick, T. H. (2001). Empirically supported psychological interventions: Controversies and evidence. *Annual Review of Psychology*, **52**, 685-716.

Christensen, A., & Jacobson, N. S. (1994). Who (or what) can do psychotherapy: The status and challenge of nonprofessional therapies. *Psychological Science*, **5**, 9-13.

Clarke, G. N. (1995). Improving the transition from basic efficacy research to effectiveness studies: Methodological issues and procedures. *Journal of Consulting and Clinical Psychology*, **63**, 718-725.

Crits-Christoph, P., Barnackie, K., Kurcias, J., Beck, A. T., Carroll, K., Perry, K., Luborsky, L., McLeallan, A. T., Woody, G., Thompson, L., Gallagher, D., & Zitrin, C. (1991). Meta-analysis of therapist effects in psychotherapy outcome studies. *Psychotherapy Research*, **1**, 81-91.

Crits-Christoph, P., & Mintz, J. (1991). Implications of therapist effects for the design and analysis of comparative studies of psychotherapies. *Journal of Consulting and Clinical Psychology*, **59**, 20-26.

Dawes, R. M. (1996). *House of cards: Psychology and psychotherapy built on myth*. New York: Free Press.

Elkin, I. (1994). The NIMH Treatment of Depression Collaborative Research Program: Where we began and where we are. In A. E. Gerbin & S. L. Garfield (Eds.), *Handbook of psychotherapy and behavior change* (4th ed., pp. 114-139). New York: Wiley.

Engler, J., & Goleman, D. (1992). *A consumer's guide to psychotherapy*. New York: Simon & Shuster.

Erwin, E. (2000). Is a science of psychotherapy possible? *American Psychologist*, **55**, 1133-1138.

Eysenck, H. J. (1952). The effects of psychotherapy: An evaluation. *Journal of Consulting Psychology*, **16**, 319-324.

Eysenck, H. J. (1961). The effects of psychotherapy. In H. J. Eysenck (Ed.), *Handbook of abnormal psychology* (pp. 697-725). New York: Basic Books.

Eysenck, H. J. (1966). *The effects of psychotherapy*. New York: International Science Press.

Frank, J. D., & Frank, J. B. (1991). *Persuasion and healing: A comparative study of psychotherapy* (3rd ed.). Baltimore: Johns Hopkins University Press.

Friedlander, M. L. (1984). Psychotherapy talk as social control. *Psychotherapy*, **21**, 335-341.

Garfield, S. L. (1996). Some problems associated with "validated" forms of psychotherapy. *Clinical Psychology Science and Practice*, **3**, 218-229.

Giorgi, A. (1992). Toward the articulation of psychology as a coherent discipline. In S. Koch & D. E. Leary (Eds.), *A century of psychology as science* (pp. 46-59). Washington, DC: American Psychological Association. (Original work published 1985)

Goldfried, M. R. (2000). Consensus in psychotherapy research and practice: Where have all the findings gone? *Psychotherapy Research*, **10**, 1-16.

Goldfried, M. R., Raue, P. J., & Castonguay, L. G. (1998). The therapeutic focus in significant sessions of master therapists: A comparison of cognitive-behavioral and psychodynamic-interpersonal interventions. *Journal of Consulting and Clinical Psychology*, **66**, 803-810.

Grissom, R. J. (1996). The magical number .7 + − .2 :Meta-meta-analysis of the probability of superior outcome in comparisons involving therapy, placebo, and control. *Journal of Consulting and Clinical Psychology*, **64**, 973-982.

Harrington, A. (Ed.). (1997). *The placebo effect: An interdisciplinary exploration*. Cambridge, MA: Harvard University Press.

Henry, W. P., Schacht, T. E., Strupp, H. H., Butler, S. F., & Binder, J. L. (1993). Effects of training in time-limited dynamic psychotherapy: Mediators of therapists' responses to training. *Journal of Consulting and Clinical Psychology*, **61**, 441-447.

Horvath, A. O., & Symonds, B. D. (1991). Relation between working alliance and outcome in psychotherapy: A meta-analysis. *Journal of Counseling Psychology*, **38**, 139-149.

Howard, K. L., Krause, M. S., Saunders, S. M., & Kopta, S. M. (1997). Trial and tribulations in the meta-analysis of treatment differences: Comment on Wampold et al. (1997). *Psychological Bulletin*, **122**, 221-225.

Howard, K. I., Moras, K., Brill, L., Martinorich, Z., & Lutz, W. (1996). Evaluation of psychotherapy efficacy, effectiveness, and patient progress. *American Psychologist*, **51**, 1059-1064.

Hsu, L. M. (1989). Random sampling, randomization, and equivalence of contrasted groups in psychotherapy outcome research. *Journal of Consulting and Clinical Psychology*, **57**, 131-137.

Hunsley, J., & Di Giulio, G. (2002). Dodo bird, Phoenix or urban legend? The question of psychotherapy equivalence. *Scientific Review of Mental Health Practice.*

Jacobson, N. S., & Hollon, S. D. (1996). Cognitive-behavior therapy versus pharmacotherapy : Now that the jury's returned its verdict, it's time to present the rest of the evidence. *Journal of Consulting and Clinical Psychology,* **64**, 74-80.

Jacobson, N. S., & Truax, P. (1991). Clinical significance: A statistical approach to defining meaningful change in psychotherapy research. *Journal of Consulting and Clinical Psychology,* **59**, 12-19.

Jennings, L., & Skovholt, T. M. (1999). The cognitive, emotional, and relational characteristics of master therapists. *Journal of Counseling Psychology,* **46**, 3-11.

Kerlinger, F. N., & Lee, H. B. (2000). *Foundations of behavioral research* (4th ed.). Fort Worth, TX: Harcourt College.

Kiesler, D. J. (1966). Some myths of psychotherapy research and the search for a paradigm. *Psychological Bulletin,* **65**, 110-136.

Kirsch, I. (1997). Specifiying nonspecifics: Psychosocial mechanisms of placebo effects. In A. Harrington (Ed.), *The placebo effect: An interdisciplinary exploration* (pp. 166-186). Cambridge, MA: Harvard University Press.

Klein, D. F. (1996). Preventing hung juries about therapy studies. *Journal of Consulting and Clinical Psychology,* **64**, 81-87.

Koch, S. (1985). The nature and limits of psychological knowledge. In S. Koch & D. E. Leary (Eds.), *A century of psychology as science* (pp. 75-97). Washington, DC: American Psychological Association.

Lambert, M. J., & Bergin, A. E. (1994). The effectiveness of psychotherapy. In S. Garfield & A. E. Bergin (Eds.), *Handbook of psychotherapy and behavior change* (pp. 143-189). New York: Wiley.

Luborsky, L. (1954). A note on Eysenck's article, "The effects of psychotherapy: An evaluation." *British Journal of Psychology,* **45**, 129-131.

Luborsky, L., Crits-Christoph, P., McLellan, T., Woody, G., Piper, W., Imber, S., & Liberman, B. (1986). Do therapists vary much in their success? Findings from four outcome studies. *American Journal of Orthopsychiatry,* **56**, 501-512.

Luborsky, L., McLellan, A. T., Diguer L., Woody, G., & Seligman, D. A. (1997). The psychotherapist matters: Comparison of outcomes across twenty-two therapists and seven patient samples. *Clinical Psychology: Science and Practice,* **4**, 53-65.

Lynn, S. J., & Garske, J. P. (1985). *Contemporary psychotherapies: Models and methods* (pp. 3-16). Columbus, OH: Merrill.

Mallinckrodt, B., & Nelson, M. L. (1991). Counselor training level and the formation of the psychotherapeutic working alliance. *Journal of Counseling Psychology,* **38**, 135-138.

Martin, D. J., Garske, J. P., & Davis, M. K. (2000). Relation of the therapeutic alliance with outcome and other variables: A meta-analytic review. *Journal of Consulting and Clinical Psychology,* **63**, 438-450.

Nathan, P. E., & Gorman, J. M. (1998). *A guide to treatments that work.* New York: Oxford University Press.

Ogles, B. M., Lambert, M. J., & Sawyer, J. D. (1995). Clinical significance of the National Institute of Mental Health Treatment of Depression Collaborative Research Program data. *Journal of Consulting and Clinical Psychology,* **63**, 321-326.

Orlinsky, D. E. (1999). The master therapist: Ideal character or clinical fiction? Comments and questions on Jennings and Skovholt's "The cognitive, emotional, and relational characteristics of master therapists." *Journal of Counseling Psychology,* **46**, 12-15.

Paul, G. L. (1966). *Effects of insight, desensitization, and attention placebo on the treatment of anxiety.* Stanford, CA: Stanford University Press.

Ricks, D. F., Thomas, A., & Roff, M. (1974). *Life history research in psychopathology: III.* Minneapolis: University of Minnesota Press.

Rosenzweig, S. (1936). Some implicit common factors in diverse methods of psychotherapy: "At last the Dodo said, 'Everybody has won and all must have prizes.'" *American Journal of Orthopsychiatry,* **6**, 412-415.

Seligman, M. E. P. (1995). The effectiveness of psychotherapy: The Consumer Reports survey. *American Psychologist,* **50**, 965-974.

Seligman, M. E. (1998). Afterword. In P. Nathan & J. Gorman (Eds.), *A guide to treatments that work* (pp. 568-572). New York: Oxford University Press.

Seligman, M. E. P., & Levant, R. F. (1998). Managed care policies rely on inadequate science. *Professional*

Psychology: Research and Practice, 29, 211-212.

Sloane, R. B., Staples, F. R., Cristol, A. H., Yorkston, N. J., & Whipple, K. (1975). *Psychotherapy versus behavior therapy*. Cambridge, MA: Harvard University Press.

Smith, M. L., & Glass, G. V. (1977). Meta-analysis of psychotherapy outcome studies. *American Psychologist*, **132**, 752-760.

Smith, M. L., Glass, G. V., & Miller, T. L. (1980). *The benefits of psychotherapy*. Baltimore: Johns Hopkins University Press.

Soldz, S. (1990). The therapeutic interaction. In R. A. Wells & V. J. Giannetti (Eds.), *Handbook of the brief psychotherapies* (pp. 27-53). New York: Plenum Press.

Stiles, W. B., Shapiro, D. A., & Elliott, R. (1986). Are all psychotherapies equivalent? *American Psychologist*, **41**, 165-180.

Stricker, G. (1995). Failures in psychotherapy. *Journal of Psychotherapy Integration*, **5**, 91-93.

Strupp, H. H., & Anderson, T. (1997). On the limitations of therapy manuals. *Clinical Psychology: Science and Practice*, **4**, 76-82.

Strupp, H. H., & Hadley, S. W. (1979). Specific vs. nonspecific factors in psychotherapy. *Archives in General Psychiatry*, **36**, 1125-1136.

Strupp, H. H., Hadley, S. W., & Gomes-Schwartz, B. (1977). *Psychotherapy for better or worse: An analysis of the problem of negative affects*. New York: Jason Aronson.

Tarrier, N., Kinney, C., McCarthy, E., Humphreys, L., Wittkowski, A., & Morris, J. (2000). Two-year follow-up of cognitive-behavioral therapy and supportive counseling in the treatment of persistent symptoms in chronic schizophrenia. *Journal of Consulting and Clinical Psychology*, **68**, 917-922.

Turner, S. M., & Hersen, M. (1997). *Adult psychopathology and diagnosis* (3rd ed.). New York: Wiley.

Wampold, B. E. (2001). *The great psychotherapy debate: Models, methods, and findings*. Mahwah, NJ: Erlbaum.

Wampold, B. E., Mondin, G. W., Moody, M., Stich, I., Benson, K., & Ahn, H. (1997). A meta-analysis of outcome studies comparing bona fide psychotherapies: Empirically "all must have prizes." *Psychological Bulletin*, **122**, 203-215.

Westerman, M. A., Foote, J. P., & Winston, A. (1995). Change in coordination across phases of psychotherapy and outcome: Two mechanisms for the role played by patients' contribution to the alliance. *Journal of Consulting and Clinical Psychology*, **63**, 672-675.

7장

Acocella, J. (1999). *Creating hysteria*. San Francisco: Jossey-Bass.

Barden, R. C. (1999, May 8). *Law, science and mental health: Protecting liberty and reforming the mental Health System*. Paper presented at the British False Memory Society, London. (Original work presented at the False Memory Syndrome Foundation/Johns Hopkins Medical School meeting, Baltimore, March 23, 1997)

Bloch, S., Chodoff, P., & Green, S. A. (Eds.). (1999). *Psychiatric ethics* (3rd ed.). Oxford: Oxford University Press.

Bloch, S., & Pargiter, R. (1999). Codes of ethics in psychiatry. In S. Bloch, P. Chodoff, & S. A. Green (Eds.), *Psychiatric ethics* (3rd ed., pp. 81-104). Oxford: Oxford University Press.

Bloom, J. D., Nadelson, C. C., & Notman, M. T. (Eds.). (1999). *Physician sexual misconduct*. Washington, DC: American Psychiatric Press.

Bloomberg, D. (2000). Bennett Braun case settled; Two-year loss of license, five years probation. *Skeptical Inquirer*, **1**, 7-8.

Borruso, M. T. (1991). Note: Sexual abuse by psychotherapists: The call for a uniform criminal statute. *American Journal of Law and Medicine*, **17**(3), 289-311.

Boylan, R. J., & Boylan, L. K. (1994). *Close extraterrestrial encounters: Positive experiences with mysterious visitors*. Tigard, OR: Wild Flower Press.

Campbell, T. W. (1992). Therapeutic relationships and iatrogenic outcomes: The blame and change maneuver in psychotherapy. *Psychotherapy*, **29**, 474-480.

Campbell, T. W. (1994). *Beware the talking cure: Psychotherapy may be hazardous to your mental health*. Boca Raton, FL: Upton Books.

Chodoff, P. (1999). Misuse and abuse of psychiatry: An overview. In S. Bloch, P. Chodoff, & S. A. Green (Eds.), *Psychiatric ethics* (3rd ed., pp. 49-66). Oxford: Oxford University Press.

Conte, H. R., & Karasu, T. B. (1990). Malpractice in psychotherapy: An overview. *American Journal of*

Psychotherapy, **44**(1), 232-246.
Crews, F. C. (1995). *The memory wars: Freud's legacy in dispute.* New York: New York Review of Books.
Crews, F. C. (1998). *Unauthorized Freud.* New York: Viking Books.
Dawes, R. M. (1994). *House of cards: Psychology and psychotherapy built on myth.* New York: Free Press.
de Rivera, J., & Sarbin, T. R. (1988). *Believed-in imaginings: The narrative construction of reality.* Washington, DC: American Psychological Association.
Feithous, A. R. (1999). The clinician's duty to protect third parties. *Psychiatric Clinics of North America,* **22**(1), 49-60.
Ferguson, M. (1980). *The Aquarian conspiracy.* Los Angeles, CA: J. P. Tarcher.
Fiore, E. (1989). *A psychologist reveals case studies of abductions by extraterrestrials.* New York: Ballantine Books.
Fredrickson, R. (1992). *Repressed memories: A guide to recovery from sexual abuse.* New York: Simon & Schuster.
Goldberg, B. (1982). *Past lives, future lives.* New York: Ballantine Books.
Hoyt, K., & Yamamoto, J. I. (1987). *The New Age rage.* Old Tappen, NJ: Fleming H. Revell.
Hyams, A. L. (1992). Expert psychiatric evidence in sexual misconduct cases before state medical boards. *American Journal of Law and Medicine,* **18**(3), 171-201.
Klerman, G. L. (1990). The psychiatric patient's right to effective treatment: Implications of Osheroff v. Chestnut Lodge. *American Journal of Psychiatry,* **147**(4), 409-418.
Lilienfeld, S. O., & Lohr, J. M. (2000, March/April). Thought field therapy practitioners and educators sanctioned. *Skeptical Inquirer,* p. 5.
Loftus, E., & Ketcham, K. (1994). *The myth of repressed memory.* New York: St. Martin's Press.
Mack, J. E. (1994). *Abduction: Human encounters with aliens.* New York: Scribner.
MacLaine, S. (1985). *Dancing in the light.* New York: Bantam Books.
McHugh, P. R. (1992). Psychiatric misadventures. *American Scholar,* **61**(4), 497-510.
McHugh, P. R. (1994). Psychotherapy awry. *American Scholar,* **63**(1), 17-30.
Ofshe, R., & Singer, M. T. (1986). Attacks on peripheral versus central elements of self and the impact of thought reform techniques. *Cultic Studies Journal,* **3**(1), 3-24.
Ofshe, R., & Singer, M. T. (1994). Recovered memory therapy and robust repression: Influence and pseudomemories. *International Journal of Clinical and Experimental Hypnosis,* **13**(4), 391-408.
Ofshe, R., & Waters, E. (1993a). Making monsters. *Society,* **30**(3), 4-16.
Ofshe, R., & Waters, E. (1993b). *Making monsters: False memories, psychotherapy and sexual hysteria.* New York: Scribner.
Pendergrast, M. (1996). *Victims of memory: Sex abuse accusations and shattered lives* (2nd ed.). Hinesburg, VT: Upper Access.
Piper, A. (1994). Multiple personality disorders and criminal responsibility: Critique of a paper by Elyn Saks. *Journal of Psychiatry and Law,* **22**, 7-49.
Piper, A. (1997). *Hoax and reality: The bizarre world of multiple personality disorder.* Northvale, NJ: Aronson.
Relman, A. S. (1988). Assessment and accountability: The third revolution in medical care. *New England Journal of Medicine,* **319**, 1220.
Simon, R. I. (1999). Therapist-patient sex: From boundary violations to sexual misconduct. *Psychiatric Clinics of North America,* **22**(1), 31-47.
Singer, M. T. (1997). From rehabilitation to etiology: Progress and pitfalls. In J. K. Zeig (Ed.), *The evolution of psychotherapy* (pp. 349-358). New York: Brunner/Mazel.
Singer, M. T., & Lalich, J. (1995). *Cults in our midst.* San Francisco: Jossey-Bass.
Singer, M. T., & Lalich, J. (1996). *Crazy therapies: What are they? Do they work?* San Francisco: Jossey-Bass.
Slovenko, R. (1999). Malpractice in psychotherapy: An overview. *Psychiatric Clinics of North America,* **22**(1), 1-15.
Spanos, N. P. (1996). *Multiple identities and false memories.* Washington, DC: American Psychological Association.
Stone, A. A. (1990). Law, science, and psychiatric malpractice: A response to Klerman's indictment of psychoanalytic psychiatry. *American Journal of Psychiatry,* **147**(4), 419-427.
Walker-Singleton, P. (Executive Director, Minnesota Board of Psychology). (1999). *In the matter of Renee*

Fredrickson, Ph.D., L.P.: Stipulation and consent order [Stipulation and Consent Order]. Minnesota Board of Psychology.
Watters, E., & Ofshe, R. (1999). *Therapy's delusions: The myth of the unconscious and the exploitation of today's walking worried.* New York: Scribner.
Weiss, B. L. (1988). *Many lives, many masters.* New York: Fireside/Simon & Schuster.
Weiss, B. L. (1992). *Through time into healing.* New York: Simon & Schuster.
West, L. J., & Singer, M. T. (1980). Cults, quacks and the nonprofessional psychotherapies. In H. I. Kaplan, A. M. Freedman, & B. J. Saddock (Eds.), *Comprehensive textbook of psychiatry* (3rd ed., Vol. 3, pp. 3245-3258). Baltimore: Williams & Wilkins.
Wolf, S. M. (1994). Quality assessment of ethics of health care: The accountability revolution. *American Journal of Law and Medicine,* **20**(1 & 2), 105-128.

8장

Adler, A. (1927). *Understanding human nature.* New York: Greenberg.
Adler, A. (1931). *What life should mean to you.* Boston: Little, Brown.
Adshead, G. (1997). Seekers after truth: Ethical issues raised by the discussion of "false" and "recovered" memories. In J. D. Read & D. S. Lindsay (Eds.), *Recollections of trauma: Scientific evidence and clinical practice.* (pp. 435-440). New York: Plenum Press.
American Medical Association, Council on Scientific Affairs. (1994). *Memories of childhood abuse* (CSA Report No. 5-A-94). Washington, DC: American Medical Association.
American Psychological Association, Division 17 Committee on Women, Division 42 Trauma and Gender Issues Committee (1995, July 25). *Psychotherapy guidelines for working with clients who may have an abuse or trauma history.* Washington, DC: American Psychological Association.
Anderson, R. E. (1984). Did I do it or did I only imagine doing it? *Journal of Experimental Psychology: General,* **113**, 594-613.
Austin, S. (1995). *Exploration of a conditioning model in understanding the manifestation of physical symptoms of sexual abuse survivors.* Unpublished doctoral dissertation, University of Denver.
Bass, E., & Davis, L. (1988). *The courage to heal.* New York: Harper & Row.
Beitchman, J. H., Zucker, K. J., Hood, J. E., da Costa, G. A., Akman, D., & Cassavia, E. (1992). A review of the long-term effects of child sexual abuse. *Child Abuse and Neglect,* **16**, 101-118.
Belli, R. F., Winkielman, P., Read, J. D., Schwartz, N., & Lynn, S. J. (1998). Recalling more childhood events leads to judgments of poorer memory: Implications for the recovered/false memory debate. *Psychonomic Bulletin and Review,* **5**, 318-323.
Bernstein, E. M., & Putnam, F. W. (1986). Development, reliability, and validity of a dissociation scale. *Journal of Nervous and Mental Diseases,* **174**, 727-735.
Bikel, O. (Producer). (1995). Divided memories. In *Frontline.* New York: CBS.
Bindler, J. L., & Smokler, I. (1980). Early memories: A technical aid to focusing in time-limited dynamic psychotherapy. *Psychotherapy: Theory, Research and Practice,* **17**, 52-62.
Blume, E. S. (1990). *Secret survivors: Uncovering incest and its aftereffects in women.* New York: Wiley.
Brenneis, C. B. (1997). *Recovered memories of trauma: Transferring the present to the past.* Madison, CT: International Universities Press.
Brewin, C. R. (1997). Commentary on dispatch from the (un)civil memory wars. In D. Read & S. Lindsay (Eds.), *Recollections of trauma: Scientific research and clinical practice* (pp. 194-196). New York: Plenum Press.
Brown, D., Scheflin, A. W., & Hammond, D. C. (1998). *Memory, trauma treatment, and the law.* New York: Norton.
Bruhn, A. R. (1984). The use of earliest memories as a projective technique. In P. McReynolds & C. J. Chelune (Eds.), *Advances in psychological assessment* (Vol. 6, pp. 109-150). San Francisco: Jossey-Bass.
Canadian Psychiatric Association. (1996, March 25). Position statement: Adult recovered memories of childhood sexual abuse. *Canadian Journal of Psychiatry,* **41**, 305-306.
Chambless, D. L., & Ollendick, T. H. (2001). Empirically supported psychological interventions: Controversies and evidence. *Annual Review of Psychology,* **52**, 685-716.
Clancy, S. A., McNally, R. J., & Schacter, D. L. (1999). Effects of guided imagery on memory distortion in women reporting recovered memories of childhood sexual abuse. *Journal of Traumatic Stress,* **12**, 559-569.

Clancy, S. A., McNally, R. J., Schacter, D. L., Lenzenweger, M. F., & Pitman, R. K. (2002). Memory distortion in people reporting abduction by aliens. *Journal of Abnormal Psychology*, **111**, 455-461.

Deese, J. (1959). Influence of inter-item associative strength upon immediate free recall. *Psychological Reports*, **5**, 305-312.

DuBreuil, S. C., Garry, M., & Loftus, E. F. (1998). Tales from the crib: Age-regression and the creation of unlikely memories. In S. J. Lynn & K. M. McConkey (Eds.), *Truth in memory* (pp. 137-160). New York: Guilford Press.

Eisen, M., & Lynn, S. J. (2001). Memory, suggestibility, and dissociation in children and adults. *Applied Cognitive Psychology*, **15**, 49-73.

Erdelyi, M. (1994). Hypnotic hypermnesia: The empty set of hypermnesia. *International Journal of Clinical and Experimental Hypnosis*, **42**, 379-390.

Farmer, S. (1989). *Adult children of abusive parents: A healing program for those who have been physically, sexually, or emotionally abused.* Los Angeles, CA: Lowell House.

Fisher, R. P., & Geiselman, R. E. (1992). *Memory enhancement techniques for investigative interviewing.* Springfield, IL: Charles C Thomas.

Foa, E. B., & Rothbaum, B. O. (1998). *Treating the trauma of rape: Cognitive-behavioral therapy for PTSD.* New York: Guilford Press.

Frederickson, R. (1992). *Repressed memories.* New York: Fireside/Parkside.

Freud, S. (1953). The interpretation of dreams. In J. Strachey (Ed. & Trans.), *The standard edition of the complete psychological works of Sigmund Freud.* London: Hogarth Press. (Original work published 1900)

Freud, S. (1955). From the history of an infantile neurosis. In J. Strachey (Ed. & Trans.), *The standard edition of the complete Psychological works of Sigmund Freud.* London: Hogarth Press. (Original work published 1918)

Freyd, J. J. (1998). Science in the memory debate. *Ethics and Behavior*, **8**, 101-113.

Garry, M., Loftus, E. F., & Brown, S. W. (1994). Memory: A river runs through it [Special issue: The recovered memory/false memory debate]. *Consciousness and Cognition: An International Journal*, **3**, 438-451.

Garry, M., Manning, C., Loftus, E. F., & Sherman, S. J. (1996). Imagination inflation: Imagining a childhood event inflates confidence that it occurred. *Psychonomic Bulletin and Review*, **3**, 208-214.

Goff, L. M., & Roediger, H. L. (1998). Imagination inflation for action events: Repeated imaginings lead to illusory recollections. *Memory and Cognition*, **26**, 20-33.

Gudjonsson, G. H. (1984). A new Scale of Interrogative Suggestibility. *Personality and Individual Differences*, **5**, 303-314.

Hammond, D. C., Garver, R. B., Mutter, C. B., Crasilneck, H. B., Frischholz, E., Gravitz, M. A., Hilber, N. S., Olson, J., Schefljn, A., Spiegel, H., & Wester, W. (1995). *Clinical hypnosis and memory: Guidelines for clinicians and for forensic hypnosis.* Des Plaines, IL: American Society of Clinical Hypnosis Press.

Heaps, C., & Nash, M. R. (1999). Individual differences in imagination inflation. *Psychonomic Bulletin and Review*, **6**, 313-318.

Hirt, E. R., Lynn, S. J., Payne, D. G., Krackow, E., & McCrea, S. M. (1999). Expectancies and memory: Inferring the past from what must have been. In I. Kirsch (Ed.), *How expectancies shape experience* (pp. 93-124). Washington DC: American Psychological Association.

Hyman, I. E., Jr., Husband, T. H., & Billings, F. J. (1995). False memories of childhood experiences. *Applied Cognitive Psychology*, **9**, 181-197.

Hyman, I. E., Jr., & Pentland, J. (1996). The role of mental imagery in the creation of false childhood memories. *Journal of Memory and Language*, **35**, 101-117.

Johnson, M. K., Foley, M. A., Suengas, A. G., & Raye, C. L. (1989). Phenomenal characteristics of memories for perceived and imagined autobiographical events. *Journal of Experimental Psychology: General*, **117**, 371-376.

Johnson, M. K., Hashtroudi, S., & Lindsay, D. S. (1993). Source monitoring. *Psychological Bulletin*, **114**, 3-28.

Johnson, M. K., & Raye, C. L. (1981). Reality monitoring. *Psychological Review*, **88**, 67-85.

Lanning, K. V. (1989). Satanic, occult, and ritualistic crime: A law enforcement perspective. *Police Chief*, **56**, 62-85.

Lawson, A. J. (1984). Perinatal imagery in UFO abduction reports. *Journal of Psychohistory*, **12**, 211-239.

Levis, D. J. (1995). Decoding traumatic memory: Implosive theory of psychopathology. In W. O'Donohue &

L. Krasner (Eds.), *Theories in behavior therapy* (pp. 173-207). Washington DC: American Psychological Association.

Lindsay, D. (1996). Commentary on informed clinical practice and the standard of care: Proposed guidelines for the treatment of adults who report delayed memories of childhood trauma. In J. D. Read & D. S. Lindsay (Eds.), *Recollections of trauma: Scientific evidence and clinical practice* (pp. 361-370). New York: Plenum Press.

Lindsay, D. S., Johnson, M. K., & Kwon, P. (1991). Developmental changes in memory source monitoring. *Journal of Experimental Child Psychology*, **52**, 297-318.

Lindsay, D. S., & Read, D. (1994). Psychotherapy and memories of childhood sexual abuse: A cognitive perspective. *Applied Cognitive Psychology*, **8**, 281-338.

Littrell, J. (1998). Is the experience of painful emotion therapeutic? *Clinical Psychology Review*, **18**, 71-102.

Loftus, E. F. (1993). The reality of repressed memories. *American Psychologist*, **48**, 518-537.

Loftus, E. F., & Guyer, M. (2002). Who abused Jane Doe? The hazards of the single case history. *Skeptical Inquirer*, **26**(3), 24-32.

Loftus, E. F., & Ketcham, K. (1994). *The myth of repressed memories.* New York: Plenum Press.

Loftus, E. F., & Loftus, G. R. (1980). On the permanence of stored information in the brain. *American Psychologist*, **35**, 409-420.

Loftus, E. F., & Mazzoni, G. (1998). Using imagination and personalized suggestion to change behavior. *Behavior Therapy*, **29**, 691-708.

Loftus, E. F., & Pickrell, J. E. (1995). The formation of false memories. *Psychiatric Annals*, **25**, 720-725.

Lynn, S. J., Kirsch, I., Barabasz, A., Cardeña, E., & Patterson, D. (2000). Hypnosis as an empirically supported adjunctive technique: The state of the evidence. *International Journal of Clinical and Experimental Hypnosis*, **48**, 343-361.

Lynn, S. J., Lock, T. G., Myers, B., & Payne, D. G. (1997). Recalling the unrecallable: Should hypnosis be used to recover memories in psychotherapy? *Current Directions in Psychological Science*, **6**, 79-83.

Lynn, S. J., Malinoski, P., & Green, J. (1999). *Early memory reports as a function of high versus low expectancy.* Unpublished manuscript, State University of New York at Binghamton.

Lynn, S. J., Myers, B., & Malinoski, P. (1997). Hypnosis, pseudomemories, and clinical guidelines: A sociocognitive perspective. In D. Read & S. Lindsay (Eds.), *Recollections of trauma: Scientific research and clinical practice* (pp. 305-331). New York: Plenum Press.

Lynn, S. J., Neuschatz, J., Fite, R., & Kirsch, I. (2000). Hypnosis in the forensic arena. *Journal of Forensic Practice*, **1**, 113-122.

Lynn, S. J., Neuschatz, J., Fite, R., & Rhue, J. R. (2002). Hypnosis and memory: Implications for the courtroom and psychotherapy. In M. Eisen & G. Goodman (Eds.), *Memory and suggestibility in the forensic interview* (pp. 287-308). New York: Guilford Press.

Malinoski, P., & Lynn, S. J. (1999). The plasticity of very early memory reports: Social pressure, hypnotizability, compliance, and interrogative suggestibility. *International Journal of Clinical and Experimental Hypnosis*, **47**, 320-345.

Malinoski, P., Lynn, S. J., & Sivec, H. (1998). The assessment, validity, and determinants of early memory reports: A critical review. In S. J. Lynn & K. M. McConkey(Eds.), *Truth in memory* (pp. 109-136). New York: Guilford Press.

Marmelstein, L., & Lynn, S. J. (1999). Expectancies, group, and hypnotic influences on early autobiographical memory reports. *International Journal of Clinical and Experimental Hypnosis*, **47**, 301-319.

Mazzoni, G. A., Loftus, E. F., & Kirsch, I. (2001). Changing beliefs about implausible autobiographical events: A little plausibility goes a long way. *Journal of Experimental Psychology: Applied*, **7**, 51-59.

Mazzoni, G. A., Loftus, E. F., Seitz, A., & Lynn, S. J. (1999). Creating a new childhood: Changing beliefs and memories through dream interpretation. *Applied Cognitive Psychology*, **13**, 125-144.

Mazzoni, G. A., Lombardo, P., Malvagia, S., & Loftus, E. F (1997). *Dream interpretation and false beliefs.* Unpublished manuscript, University of Florence and University of Washington.

Meiselman, K. (1990). *Resolving the trauma of incest: Reintegraton therapy with survivors.* San Francisco: Jossey-Bass.

Mills, A., & Lynn, S. J. (2000). Past-life experiences. In E. Cardena, S. J. Lynn, & S. Krippner (Eds.), *The varieties of anomalous experience: Examining the scientific evidence* (pp. 283-314). Washington, DC:

American Psychological Association.

Mulhern, S. (1992). Ritual abuse: Defining a syndrome versus defending a belief. *Journal of Psychology and Theology,* **20**, 230-232.

Nadel, L., & Jacobs, J. W. (1998). Traumatic memory is special. *Current Directions in Psychological Science,* **7**, 154-157.

Nash, M. R. (1987). What, if anything, is regressed about hypnotic age regression? A review of the empirical literature. *Psychological Bulletin,* **102**, 42-52.

Nash, M. J., Drake, M., Wiley, R., Khalsa, S., & Lynn, S. J. (1986). The accuracy of recall of hypnotically age regressed subjects. *Journal of Abnormal Psychology,* **95**, 298-300.

Olio, K. A. (1994). Truth in memory. *American Psychologist,* **49**, 442-443.

Olson, H. A. (1979). The hypnotic retrieval of early recollections. In H. A. Olson (Ed.), *Early recollections: Their use in diagnosis and psychotherapy* (pp. 163-171). Springfield, IL: Charles C Thomas.

Paddock, R. J., Joseph, A. L., Chan, F. M., Terranova, S., Loftus, E. F., & Manning, C. (1998). When guided visualization procedures may backfire: Imagination inflation and predicting individual differences in suggestibility. *Applied Cognitive Psychology,* **12**, 63-75.

Papanek, H. (1979). The use of early recollections in psychotherapy. In H. A. Olson (Ed.), *Early recollections: Their use in diagnosis and Psychotherapy* (pp. 223-229). Springfield, IL: Charles C Thomas.

Payne, D. G., Neuschatz, J. S., Lampinen, J. M., & Lynn, S. J. (1997). Compelling memory illusions: The qualitative characteristics of false memories. *Current Directions in Psychological Science,* **6**, 56-60.

Pezdek, K., Finger, K., & Hodge, D. (1997). Planting false childhood memories: The role of event plausibility. *Psychological Science,* **8**, 437-441.

Polusny, M. A., & Follette, V. M. (1996). Remembering childhood sexual abuse: A national survey of psychologists' clinical practices, beliefs, and personal experiences. *Professional Psychology: Research and Practice,* **27**, 41-52.

Poole, D. A., Lindsay, D. S., Memon, A., & Bull, R. (1995). Psychotherapists' opinions, practices, and experiences with recovery of memories of incestuous abuse. *Journal of Consulting and Clinical Psychology,* **68**, 426-437.

Pope, K. S. (1996). Memory, abuse, and science: Questioning claims about the false memory syndrome epidemic. *American Psychologist,* **51**, 957-974.

Pope, K. S., & Brown, L. S. (1996). *Recovered memories of abuse: Assessment, therapy, forensics.* Washington, DC: American Psychological Association.

Porter, S., Birt, A. R., Yuille, J. C., & Lehman, D. R. (2000). Negotiating false memories: Interviewer and rememberer characteristics relate to memory distortion. *Psychological Science,* **11**, 507-510.

Porter, S., Yuille, J. C., & Lehman, D. R. (1999). The nature of real, implanted, and fabricated childhood emotional events: Implications for the recovered memory debate. *Law and Human Behavior,* **23**, 517-537.

Rind, B., Tromovitch, P., & Bauserman, R. (1998). A meta-analytic examination of assumed properties of child sexual abuse using college samples. *Psychological Bulletin,* **124**, 22-53.

Roediger, H. L., & McDermott, K. B. (1995). Creating false memories: Remembering words not presented in lists. *Journal of Experimental Psychology: Learning, Memory, and Cognition,* **21**, 803-814.

Roland, C. B. (1993). Exploring childhood memories with adult survivors of sexual abuse: Concrete reconstruction and visualization techniques. *Journal of Mental Health Counseling,* **15**, 363-372.

Schooler, J. W., Ambadar, Z., & Bendiksen, M. (1997). A cognitive corroborative case study approach for investigating discovered memories of sexual abuse. In J. D. Read & D. S. Lindsay (Eds.), *Recollections of trauma: Scientific research and clinical practice* (pp. 379-388). New York: Plenum Press.

Scoboria, A., Mazzoni, G., Kirsch, I., & Milling, L. S. (2002). Immediate and persisting effects of misleading questions and hypnosis on memory reports. *Journal of Experimental Psychology: Applied,* **8**, 26-32.

Shobe, K. K., & Kihlstrom, J. F. (1997). Is traumatic memory special? *Current Directions in Psychological Science,* **6**, 70-74.

Sivec, H. J., Lynn, S. J., & Malinoski, P. T. (1997a). *Early memory reports as a function of hypnotic and nonhypnotic age regression.* Unpublished manuscript, State University of New York at Binghamton.

Sivec, H. J., Lynn, S. J., & Malinoski, P. T. (1997b). *Hypnosis in the cabbage patch: Age regression with verifiable events.* Unpublished manuscript, State University of New York at Binghamton.

Spanos, N. P. (1996). *Multiple identities and false memories: A sociocognitive perspective.* Washington, DC:

American Psychological Association.

Spanos, N. P., Burgess, C. A., & Burgess, M. F. (1994). Past life identities, UFO abductions, and satanic ritual abuse: The social construction of "memories." *International Journal of Experimental and Clinical Hypnosis*, **42**, 433-446.

Spanos, N. P., Burgess, C. A., Burgess, M. F., Samuels, C., & Blois, W. O. (1999). Creating false memories of infancy with hypnotic and nonhypnotic procedures. *Applied Cognitive Psychology*, **13**, 201-218.

Spanos, N. P., Menary, E., Gabora, M. J., DuBreuil, S. C., & Dewhirst, B. (1991). Secondary identity enactments during hypnotic past-life regression: A sociocognitive perspective. *Journal of Personality and Social Psychology*, **61**, 308-320.

Stampfl, T. G., & Levis, D. J. (1967). The essentials of implosive therapy: A learning-theory-based psychodynamic behavioral therapy. *Journal of Abnormal Psychology*, **72**, 496-503.

Steblay, N. M., & Bothwell, R. K. (1994). Evidence for hypnotically refreshed testimony: The view from the laboratory. *Law and Human Behavior*, **18**, 635-651.

Tavris, C. (1993, January 3). Beware the incest survivor machine. *New York Times Book Review*, pp. 1, 16-17.

van der Kolk, B. A. (1994). The body keeps the score: Memory and the evolving psychobiology of posttraumatic stress. *Harvard Review of Psychiatry*, **1**, 253-265.

van der Kolk, B. A., Britz, R., Burr, W., Sherry, S., & Hartmann, E. (1994). Nightmares and trauma: A comparison of nightmares after combat with life-long nightmares in veterans. *American Journal of Psychiatry*, **141**, 187-190.

van Husen, J. E. (1988). The development of fears, phobias, and restrictive patterns of adaptation following attempted abortions. *Pre- and Peri-Natal Psychology Journal*, **2**, 179-185.

Weiland, I. H., & Steisel, I. M. (1958). An analysis of the manifest content of the earliest memories of children. *Journal of Genetic Psychology*, **92**, 41-52.

Weiss, B. L. (1988). *Many lives, many masters*. New York: Simon & Schuster.

Whitehouse, W. G., Dinges, D. F., Orne, E. C., & Orne, M. T. (1988). Hypnotic hypermnesia: Enhanced memory accessibility or report bias? *Journal of Abnormal Psychology*, **97**, 289-295.

Woolger, R. J. (1988). *Other lives, other selves: A Jungian psychotherapist discovers past lives*. New York: Bantam Books.

Yapko, M. D. (1994). Suggestibility and repressed memories of abuse: A survey of psychotherapists' beliefs. *American Journal of Clinical Hypnosis*, **36**, 163-171.

9章

Alexander, D. A., & Wells, A. (1991). Reactions of police officers to body handling after major disaster: A before and after comparison. *British Journal of Psychiatry*, **159**, 547-555.

American Psychiatric Association. (1994). *Diagnostic and statistical manual of mental disorders* (4th ed.). Washington, DC: Author.

American Psychological Association. (1996). There is a cure [Paid advertisement]. *APA Monitor*, **27**, 14.

American Psychological Association. (1999). APA no longer approves CE sponsorship for thought field therapy. *APA Monitor*, **30** [On-line]. Available: www.apa.org. monitor/dec1999nl10.html

Arizona Board of Psychologist Examiners. (1999). Board sanctions a psychologist for use of "thought field therapy." *Newsletter*, **3**, 2.

Avery, A., & Orner, R. (1998). First report of psychological debriefing abandoned — the end of an era? *Traumatic Stress Points*, **12** [On-line], 3. Available: www.istss.org/Pubs/TS/summer98frame.htm

Bandler, R., & Grinder, J. (1979). *Frogs into princes: Neuro-linguistic programming*. Moab, UT: Real People Press.

Bisson, J. I., & Deahl, M. P. (1994). Psychological debriefing and prevention of post traumatic stress: More research is needed. *British Journal of Psychiatry*, **165**, 717-720.

Bisson, J. I., Jenkins, P. L., Alexander, J., & Bannister, C. (1997). A randomized controlled trial of psychological debriefing for victims of acute harm. *British Journal of Psychiatry*, **171**, 78-81.

Borkovec, T. D., & Castonguay, L. G. (1998). What is the meaning of "empirically supported therapy?" *Journal of Consulting and Clinical Psychology*, **66**, 136-142.

Boudewyns, P. A., & Hyer, L. A. (1996). Eye movement desensitization and reprocessing (EMDR) as treatment for post-traumatic stress disorder. *Clinical Psychology and Psychotherapy*, **3**, 185-195.

Boudewyns, P. A., Stwertka, S. A., Hyer, L. A., Albrecht, J. W., & Sperr, E. V. (1993). Eye movement desensitization for PTSD of combat: A treatment outcome pilot study. *Behavior Therapist*, **16**, 29-33.

Breslau, N., Kessler, R.C., Chilcoat, H. D., Schultz, L. R., Davis, G. C., & Andreski, P. (1998). Trauma and posttraumatic stress disorder in the community. *Archives of General Psychiatry*, **55**, 626-632.

Brom, D., Kleber, R. J., & Defares, P. B. (1989). Brief psychotherapy for posttraumatic stress disorders. *Journal of Consulting and Clinical Psychology*, **57**, 607-612.

Cahill, S. P., Carrigan, M. H., & Frueh, B. C. (1999). Does EMDR work? If so, Why?: A critical review of controlled outcome and dismantling research. *Journal of Anxiety Disorders*, **13**, 5-33.

Callahan, J. (1998). *Frequently asked questions* [On-line]. Available: http://homepages.enterprise.net/ig/faqs/html

Callahan, R. (1981). *A rapid treatment for phobias*. The Proceedings of the International College of Applied Kinesiology. Proprietary archive.

Callahan, R. (1987). *Successful psychotherapy by telephone and radio*. The Proceedings of the International College of Applied Kinesiology. Proprietary archive.

Callahan, R. (1994). *The Callahan techniques* [Promotional pamphlet]. Available from Callahan Techniques, Ltd. 45350 Vista Santa Rosa, Indian Wells, CA 92210.

Callahan, R. (1995a). *The successful rapid TFT treatment of "Lynn", a fourteen year old girl victim of a gang drive-by shooting: A video*. Available from Thought Field Therapy Training Center, 45350 Vista Santa Rosa, Indian Wells, CA 92210.

Callahan, R. (1995b, August). *A thought field therapy (TFT) algorithm for trauma: A reproducible experiment in psychotherapy*. Paper presented at the 105th Annual Convention of the American Psychological Association.

Callahan, R., & Callahan, J. (1996). *Thought field therapy (TFT) and trauma: Treatment and theory*. Available from Thought Field Therapy Training Center, 45350 Vista Santa Rosa, Indian Wells, CA 92210.

Carlier, I. V. E., Lamberts, R. G., van Uchlen, A. J., & Gersons, B. P. R. (1998). Disaster related post-traumatic stress in police officers: A field study of the impact of debriefing. *Stress Medicine*, **14**, 143-148.

Carlson, J. G., Chemtob, C. M., Rusnak, K., Hedlund, N. L., & Muraoka, M. Y. (1998). Eye movement desensitization and reprocessing (EMDR) treatment for combat-related posttraumatic stress disorder. *Journal of Traumatic Stress*, **11**, 3-24.

Corsey, G. (1995). *Theory and practice of group counseling* (4th ed.). Pacific Grove, CA: Brooks/Cole.

Craig, G. (Producer). (1997). *Six days at the VA: Using emotional freedom therapy* [Videotape]. (Available from Gary Craig, 1102 Redwood Blvd., Novato, CA 94947)

Cusack, K., & Spates, C. R. (1999). The cognitive dismantling of eye movement desensitization and reprocessing (EMDR) treatment of posttraumatic stress disorder (PTSD). *Journal of Anxiety Disorders*, **13**, 87-99.

Davidson, J., Hughes, D., Blazer, D., & George, L. (1991). Post-traumatic stress disorder in the community: An epidemiological study. *Psychological Medicine*, **21**, 713-722.

Deahl, M. P., & Bisson, J. I. (1995). Dealing with disasters: Does psychological debriefing work? *Journal of Accident and Emergency Medicine*, **12**, 255-258.

Deahl, M. P., Gillham, A. B., Thomas, J., Dearle, M. M., & Strinivasan, M. (1994). Psychological sequelae following the Gulf war: Factors associated with subsequent morbidity and the effectiveness of psychological debriefing. *British Journal of Psychiatry*, **165**, 60-65.

DeBell, C., & Jones, R. D. (1997). As good as it seems? A review of EMDR experimental research. *Professional Psychology: Research and Practice*, **28**, 153-163.

Delmolino, L. M., & Romanczyck, R. G. (1995). Facilitated communication: A critical review. *Behavior Therapist*, **18**, 27-30.

Deitrich, A. M., Baranowsky, A. B., Devich-Navarro, M., Gentry, J. E., Harris, C. J., & Figley, C. R. (2000). A review of alternative approaches to the treatment of post traumatic sequelae. *TRAUMATOLOGYe*, **6** [On-line]. Available: http:// www.fsu.edu/~trauma/v6i4/v6i4a2.htm

Devilly, G. J., & Spence, S. H. (1999). The relative efficacy and treatment distress of EMDR and a cognitive behavioral trauma treatment protocol in the amelioration of Post Traumatic Stress Disorder. *Journal of Anxiety Disorders*, **13**, 131-157.

Devilly, G. J., Spence, S., & Rapee, R. (1998). Statistical and reliable change with eye movement desensitization and reprocessing: Treating trauma within a veteran population. *Behavior Therapy, 26,* 435-455.

Echterling, L., & Wylie, M. L. (1981). Crisis centers: A social movement perspective. *Journal of Community Psychology, 9,* 342-346.

Eysenck, H. J. (1994). The outcome problem in psychotherapy: What have we learned? *Behaviour Research and Therapy, 32,* 477-495.

Figley, C. R. (1997, December). *The active ingredients of the power therapies.* Paper presented at the Conference for the Integrative and Innovative Use of EMDR, TFT, EFT, Advanced NLP, and TIR, Lakewood, CO.

Figley, C., & Carbonell, J. (1999). Promising treatment approaches. *TRAUMATOLOGYe,* **5** [On-line]. Available: http://www.fsu.edu/~trauma/promising.html

Foa, E. B., Dancu, C. V., Hembree, E. A., Jaycox, L. H., Meadows, E. A., & Street, G. P. (1999). A comparison of exposure therapy, stress inoculation training and their combination for reducing PTSD in female assault victims. *Journal of Consulting and Clinical Psychology, 67,* 194-200.

Foa, E. B., Davidson, J. R. T., & Frances, A. (1999). The expert consensus guideline series: Treatment of posttraumatic stress disorder. *Journal of Clinical Psychiatry,* **60**(Suppl.), 2-76.

Foa, E. B., & Meadows, E. A. (1997). Psychosocial treatments for posttraumatic stress disorder: A critical review. *Annual Review of Psychology, 48,* 449-480.

Foa, E. B., Rothbaum, B. O., Riggs, D. S., & Murdock, T. B. (1991). Treatment of posttraumatic stress disorder in rape victims: A comparison between cognitive-behavioral procedures and counseling. *Journal of Consulting and Clinical Psychology, 59,* 715-723.

Foa, E. B., Steketee, G., & Rothbaum, B. O. (1989). Behavioral/cognitive conceptualizations of post-traumatic stress disorder. *Behavior Therapy, 20,* 155-176.

Frank, J. D. (1974). *Persuasion and healing* (Rev. ed.) New York: Schocken Books.

Fullerton, C. S., Wright, K. M., Ursano, R. J., & McCarroll, J. E. (1993). Social support for disaster workers after a mass-casualty disaster: Effects on the support provider. *Nordic Journal of Psychiatry, 47,* 315-324.

Gallo, F. P. (1995). Reflections on active ingredients in efficient treatments of PTSD, Part 1. *TRAUMATOLOGYe,* **1** [On-line]. Available: http://www.fsu.edu/~trauma/traumaj.html

Gallo, F. P. (1998). *Energy Psychology: Explorations at the interface of energy, cognition, behavior, and health.* Boca Raton, FL: CRC Press.

Gaudiano, B. A., & Herbert, J. D. (2000). Can we really tap our problems away? A critical analysis of thought field therapy. *Skeptical Inquirer,* **24,** 29-33, 36.

Gerbode, F. (1995, May). *Presentation on traumatic incident reduction.* Paper presented at the Active Ingredients in Efficient Treatments of PTSD Conference, Florida State University, Tallahassee.

Gist, R. (1996). Is CISD built on a foundation of sand? *Fire Chief,* **48**(8), 38-42.

Gist, R., Lubin, B., & Redburn, B. G. (1998). Psychosocial, ecological, and community perspectives on disaster response. *Journal of Personal and Interpersonal Loss, 3,* 25-51.

Gist, R., & Woodall, S. J. (1995). Occupational stress in contemporary fire service. *Occupational Medicine: State of the Art Reviews,* **10,** 763-787.

Gist, R., & Woodall, S. J. (1999). There are no simple solutions to complex problems: The rise and fall of critical incident stress debriefing as a response to occupational stress in the fire service. In R. Gist & B. Lubin (Eds.), *Response to disaster: Psychosocial, community, and ecological approaches* (pp. 211-235). Philadelphia: Brunner/Mazel.

Gist, R., Woodall, S. J., & Magenheimer, L. K. (1999). And then you do the Hokey-Pokey and you turn yourself around. . . . In R. Gist & B. Lubin (Eds.), *Response to disaster: Psychosocial, community, and ecological approaches* (pp. 269-290). Philadelphia: Brunner/Mazel.

Goldstein, A. J., de Beurs, E., Chambless, D. L., & Wilson, K. A. (2000). EMDR for panic disorder with agoraphobia: Comparison with waiting-list and credible attention-placebo control conditions. *Journal of Consulting and Clinical Psychology,* **68,** 947-956.

Griffiths, J., & Watts, R. (1992). *The Kempsey and Grafton bus crashes: The aftermath.* East Linsmore, Australia: Instructional Design Solutions.

Grünbaum, A. (1985). Explication and implications of the placebo concept. In L. White, B. Tursky, & G. E. Schwartz (Eds.), *Placebo: Theory, research and mechanisms* (pp. 9-36). New York: Guilford Press.

Hazlett-Stevens, H., & Borkovec, T. D. (1998). Experimental design and methodology in between-group intervention research. In R. Schulz, M. P. Lawton, & G. Maddox (Eds.), *Annual review of gerontology and geriatrics: Vol. 18. Intervention research with older adults* (pp. 17-47). New York: Springer.

Herbert, J. D., Lilienfeld, S. O., Lohr, J. M., Montgomery, R. W., O'Donohue, W. T., Rosen, G. M., & Tolin, D. F. (2000). Science and pseudoscience in the development of eye movement desensitization and reprocessing: Implications for clinical psychology. *Clinical Psychology Review*, 20, 945-971.

Hobbs, M., Mayou, R., Harrison, B., & Worlock, P. (1996). A randomized controlled trial of psychological debriefing for victims of road traffic accidents. *British Medical Journal*, 313, 1438-1439.

Hooke, W. (1998). A review of thought field therapy. *Electronic Journal of Traumatology* [On-line], 3. Available: http://www.fsu.edu/~trauma/contv3i2.html

Hytten, K., & Hasle, A. (1989). Firefighters: A study of stress and coping. *Acta Psychiatrica Scandinavia*, 355(Suppl.), 50-55.

Jacobson, J. W., Mulick, J. A., & Schwartz, A. A. (1995). A history of facilitated communication: Science, pseudoscience, and antiscience. *American Psychologist*, 50, 75-765.

Jensen, J. A. (1994). An investigation of eye movement desensitization and reprocessing (EMD/R) as a treatment of Posttraumatic Stress Disorder (PTSD) symptoms of Vietnam combat veterans. *Behavior Therapy*, 25, 311-325.

Keane, T. M. (1998). Psychological and behavioral treatment of posttraumatic stress disorder. In P. Nathan & J. Gorman (Eds.), *A guide to treatments that work* (pp. 398-407). Oxford: Oxford University Press.

Keane, T. M., Fairbank, J. A., Caddell, J. M., & Zimering, R. T. (1989). Implosive (flooding) therapy reduces symptoms of PTSD in Vietnam combat veterans. *Behavior Therapy*, 20, 245-260.

Keane, T. M., Zimering, R. T., & Caddell, J. M. (1985). A behavioral formulation of posttraumatic stress disorder in Vietnam veterans. *Behavior Therapist*, 8, 9-12.

Kenardy, J. A. (1998). Psychological (stress) debriefing: Where are we now? *Australasian Journal of Disaster and Trauma Studies*, 1 [On-line]. Available: http://www.massey.ac.nz/~trauma

Kenardy, J. A., & Carr, V. (1996). Imbalance in the debriefing debate: What we don't know far outweighs what we do. *Bulletin of the Australian Psychological Society*, 18, 4-6.

Kenardy, J. A., Webster, R. A., Lewin, T. J., Carr, V. J., Hazell, P. L., & Carter, G. L. (1996). Stress debriefing and patterns of recovery following a natural disaster. *Journal of Traumatic Stress*, 9, 37-49.

Kessler, R. C., Sonnega, A., Bromet, E., Hughes, M., & Nelson, C. B. (1995). Post-traumatic stress disorder in the national comorbidity survey. *Archives of General Psychiatry*, 52, 1048-1060.

Lee, C., Slade, P., & Lygo, V. (1996). The influence of psychological debriefing on emotional adaptation in women following early miscarriage: A preliminary study. *British Journal of Medical Psychology*, 69, 47-58.

Leonoff, G. (1995). The successful treatment of phobias and anxiety by telephone and radio: A replication of Callahan's 1987 study. *TFT Newsletter*, 1(2), 1, 6.

Lilienfeld, S. O. (1996). Eye movement and desensitization for anxiety: Less than meets the eye? *Skeptical Inquirer*, 20, 25-31.

Lilienfeld, S. O., & Lohr, J. M. (2000). News and comment: Thought field therapy practitioners and educators sanctioned. *Skeptical Inquirer*, 24, 5.

Litz, B. T., & Keane, T. M. (1989). Information processing in anxiety disorders: Application to the understanding of post-traumatic stress disorder. *Clinical Psychology Review*, 9, 243-257.

Lohr, J. M., Kleinknecht, R. A., Tolin, D. F., & Barrett, R. H. (1995). The empirical status of the clinical application of eye movement desensitization and reprocessing. *Behavior Therapy and Experimental Psychiatry*, 26, 285-302.

Lohr, J. M., Lilienfeld, S. O., Tolin, D. F., & Herbert, J. D. (1999). Eye movement desensitization and reprocessing: An analysis of specific versus nonspecific treatment factors. *Journal of Anxiety Disorders*, 13, 185-207.

Lohr, J. M., Tolin, D. F., & Lilienfeld, S. O. (1998). Efficacy of eye movement desensitization and reprocessing. *Behavior Therapy*, 26, 123-156.

Lyons, J. A., & Keane, T. M. (1989). Implosive therapy for the treatment of combat-related PTSD. *Journal of Traumatic Stress*, 2, 137-152.

Macklin, M. L., Metzger, L. J., Lasko, N. B., Berry, N. J., Orr, S. P., & Pitman, R. K. (2000). Five-year follow-up of EMDR treatment for combat-related PTSD. *Comprehensive Psychiatry*, 41, 24-27.

Mahoney, M. J. (1978). Experimental methods and outcome evaluation. *Journal of Consulting and Clinical*

Psychology, **46**, 660-672.

Marcus, S. V., Marquis, P., & Sakai, C. (1997). Controlled study of treatment of PTSD using EMDR in an HMO setting. *Psychotherapy*, **34**, 307-315.

Marks, I., Lovell, K., Noshirvani, H., Livanou, M., & Thrasher, S. (1998). Treatment of posttraumatic stress disorder by exposure, and/or cognitive restructuring: A controlled study. *Archives of General Psychiatry*, **55**, 317-325.

Mayou, R. A., Ehlers, A., & Hobbs, M. (2000). Psychological debriefing for road traffic accident victims. *British Journal of Psychiatry*, **176**, 589-593.

McFall, R. M. (1991). Manifesto for a science of clinical psychology. *Clinical Psychologist*, **44**, 7588.

McFarlane, A. C. (1988). The longitudinal course of posttraumatic morbidity: The range of outcomes and their predictors. *Journal of Nervous and Mental Disease*, **176**, 30-39.

McNally, R. J. (1999). On eye movements and animal magnetism: A reply to Greenwald's defense of EMDR. *Journal of Anxiety Disorders*, **13**, 617-620.

Mitchell, J. T. (1983). When disaster strikes . . . the critical incident stress debriefing process. *Journal of Emergency Medical Services*, **8**, 36-39.

Mitchell, J. T. (1988a). Development and functions of a critical incident stress debriefing team. *Journal of Emergency Medical Services*, **13**, 42-46.

Mitchell, J. T. (1988b). The history, status, and future of critical incident stress debriefing. *Journal of Emergency Medical Services*, **13**, 49-52.

Mitchell, J. T. (1992). Protecting your people from critical incident stress. *Fire Chief*, **36**, 61-67.

Mitchell, J. T. (1998). Development and functions of a critical incident stress debriefing team. *Journal of Emergency Medical Services*, **13**, 42-46.

Mitchell, J. T., & Bray, G. (1990). *Emergency services stress*. Englewood Cliffs, NJ: Brady.

Mitchell, J. T., & Everly, G. S., Jr. (1993). *Critical incident stress debriefing: An operations manual. The prevention of traumatic stress among emergency services and disaster workers*. Ellicott City, MD: Chevron Publishing.

Mitchell, J. T., & Everly, G. S., Jr. (1995). Critical incident stress debriefing and the prevention of work related traumatic stress among high risk occupational groups. In G. S. Everly, Jr., & J. M. Lating (Eds.), *Psychotraumatology: Key papers and core concepts in post traumatic stress* (pp. 267-280). New York: Plenum Press.

Mitchell, J. T., & Everly, G. S., Jr. (1997). The scientific evidence for critical incident stress management. *Journal of Emergency Medical Services*, **22**, 86-93.

Mitchell, J. T., & Everly, G. S., Jr. (1998). Critical incident stress management: A new era in crisis intervention. *Traumatic Stress Points*, **12**, 6-11.

Muris, P., & Merckelbach, H. (1997). Treating spider phobics with eye-movement desensitization and reprocessing: A controlled study. *Behavioural and Cognitive Psychotherapy*, **25**, 39-50.

Muris, P., Merckelbach, H., Holdrinet, I., & Sijsenaar, M. (1998). Treating phobic children: Effects of EMDR versus exposure. *Journal of Consulting and Clinical Psychology*, **66**, 193-198.

Muris, P., Merckelbach, H., van Haaften, H., & Mayer, B. (1997). Eye movement desensitization and reprocessing versus exposure in vivo: A single session cross-over study of spider-phobic children. *British Journal of Psychiatry*, **171**, 82-86.

Nezu, A. (1986). Efficacy of a social problem-solving therapy approach to unipolar depression. *Journal of Consulting and Clinical Psychology*, **54**, 196-202.

Nezu, A., & Perri, M. G. (1989). Social problem-solving therapy for unipolar depression: An initial dismantling investigation. *Journal of Consulting and Clinical Psychology*, **57**, 408-413.

Norris, F. H. (1992). Epidemiology of trauma: Frequency and impact of potentially traumatic events on different demographic groups. *Journal of Consulting and Clinical Psychology*, **60**, 409-418.

Ostrow, L. S. (1996). Critical incident stress management: Is it worth it? *Journal of Emergency Medical Services*, **21**, 28-36.

Pitman, R. K., Orr, S. P., Altman, B., Longpre, R. E., Poire, R. E., & Macklin, M. L. (1996). Emotional reprocessing during eye movement desensitization and reprocessing (EMDR) therapy of Vietnam Veterans with post-traumatic stress disorder. *Comprehensive Psychiatry*, **37**, 419-429.

Raphael, B., Meldrum, L., & McFarlane, A. C. (1995). Does debriefing after psychological trauma work? Time

for randomized controlled trials. *British Journal of Psychiatry, 310,* 1479-1480.
Renfrey, G., & Spates, C. (1994). Eye movement desensitization: A partial dismantling study. *Journal of Behavior Therapy and Experimental Psychiatry, 25,* 231-239.
Resick, P. A., & Schnicke, M. K. (1992). Cognitive processing therapy for sexual assault victims. *Journal of Consulting and Clinical Psychology, 60,* 748-756.
Roberts, A. H., Kewman, D. G., Mercier, L., & Hovell, M. (1993). The power of non-specific effects in healing: Implications for psychosocial and biological treatments. *Clinical Psychology Review, 13,* 375-391.
Rogers, S., Silver, S. M., Goss, J., Obenchain, J., Willis, A., & Whitney, R. L. (1999). A single session, group study of exposure and eye movement desensitization and reprocessing in treating posttraumatic stress disorder among Vietnam veterans: Preliminary study. *Journal of Anxiety Disorders, 13,* 119-130.
Rose, S., & Bisson, J. (1999). Brief early psychological interventions following trauma: A systematic review of the literature. *Journal of Traumatic Stress, 11,* 679-710.
Shapiro, F. (1989). Efficacy of the eye movement desensitization procedure in the treatment of traumatic memories. *Journal of Traumatic Stress, 2,* 199-223.
Shapiro, F. (1991). Eye movement desensitization and reprocessing procedure: From EMD to EMD/R — A new treatment model for anxiety and related trauma. *Behavior Therapist, 14,* 128, 133-135.
Shapiro, F. (1994a). Alternative stimuli in the use of EMD(R). *Journal of Behavior Therapy and Experimental Psychiatry, 25,* 89.
Shapiro, F. (1994b). EMDR: In the eye of a paradigm shift. *Behavior Therapist, 17,* 153-156.
Shapiro, F. (1995). *Eye movement desensitization and reprocessing: Basic principles, protocols, and procedures.* New York: Guilford Press.
Shapiro, F. (1996). Eye movement desensitization and reprocessing (EMDR): Evaluation of controlled PTSD research. *Journal of Behavior Therapy and Experimental Psychiatry, 27,* 209-218.
Shapiro, F. (1998). *From the desk of Francine Shapiro.* (Available from the Eye Movement Desensitization and Reprocessing International Association, P.O. Box 141925, Austin, TX 78714-1925).
Shapiro, F., & Forrest, M. S. (1997). *EMDR: The breakthrough therapy for overcoming anxiety, stress, and trauma.* New York: Basic Books.
Silver, S. M., Brooks, A., & Obenchain, J. (1995). Treatment of Vietnam War veterans with PTSD: A comparison of eye movement desensitization and reprocessing, biofeedback, and relaxation training. *Journal of Traumatic Stress, 8,* 337-342.
Stephens, C. (1997). Debriefing, social support, and PTSD in the New Zealand police: Testing a multidimensional model of organizational traumatic stress. *Australasian Journal of Disaster and Trauma Studies,* 1 [On-line]. Available: http://www.massey.ac.nz/~trauma
Stuhlmiller, C., & Dunning, C. (2000). Challenging the mainstream: From pathogenic to salutogenic models of posttrauma intervention. In J. M. Violanti, D. Paton, & C. Dunning (Eds.), *Posttraumatic stress intervention: Challenges, issues, and perspectives* (pp. 10-42). Springfield, IL: Charles C Thomas.
Stux, G., & Pomeranz, B. (1995). *Basics of acupuncture* (3rd ed.). New York: Springer.
Tarrier, N., Pilgrim, H., Sommerfield, C., Faragher, B., Reynolds, M., Graham, E., & Barrowclough, C. (1999). A randomized trial of cognitive therapy and imaginal exposure in the treatment of chronic posttraumatic stress disorder. *Journal of Consulting and Clinical Psychology, 67,* 13-18.
Tolin, D. F., Montgomery, R. W., Kleinknecht, R. A., & Lohr, J. M. (1995). An evaluation of eye movement desensitization and reprocessing (EMDR). In S. Knapp, L. van de Creek, & T. L. Jackson (Eds.), *Innovations in clinical practice: A source book* (Vol. 14, pp. 423-437). Sarasota, FL: Professional Resource Press.
Vaughan, K., Armstrong, M. S., Gold, R., O'Connor, N., Jenneke, W., & Tarrier, N. (1994). A trial of eye movement desensitization compared to image habituation training and applied muscle relaxation in post-traumatic stress disorder. *Journal of Behavior Therapy and Experimental Psychiatry, 25,* 283-291.
Wade, J. F. (1990). *The effects of the Callahan phobia treatment technique on self concept.* Unpublished doctoral dissertation, The Professional School of Psychological Studies, San Diego, CA.
Wessley, S., Rose, S., & Bisson, J. (2000). Brief psychological interventions ("debriefing") for trauma-related symptoms and the prevention of posttraumatic stress disorder (Cochrane Review). *The Cochrane Library,* 4 [On-line]. Available: http://www.cochranelibrary.com/cochrane/cochrane-frame.html
Wilson, D. L., Silver, S. M., Covi, W. G., & Foster, S. (1996). Eye Movement Desensitization and Reprocessing:

Effectiveness and autonomic correlates. *Journal of Behavior Therapy and Experimental Psychiatry,* **27,** 219-229.

Wylie, M. S. (1996, July/August). Going for the cure. *Family Therapy Networker,* 21-37.

10章

Abrams, D. B., Binkoff, J. A., Zwick, W. R., Liepman, M. R., Nirenberg, T. D., Munroe, S. M., & Monti, P. M. (1991). Alcohol abusers' and social drinkers' responses to alcohol-relevant and general situations. *Journal of Studies on Alcohol,* **52,** 409-414.

Alcoholics Anonymous. (1990). *Alcoholics Anonymous 1989 membership survey.* New York: Alcoholics Anonymous World Services.

Allen, J. P., & Litten, R. Z. (1992). Techniques to enhance compliance with disulfiram. *Alcoholism: Clinical and Experimental Research,* **16,** 1035-1041.

Armor, D. J., Polich, J. M., & Stambul, H. B. (1976). *Alcoholism and treatment.* Santa Monica, CA: Rand Corporation.

Azrin, N. H. (1976). Improvements in the community reinforcement approach to alcoholism. *Behaviour Research and Therapy,* **14,** 339-348.

Azrin, N. H., Sisson, W., Myers, R., & Godley, M. (1982). Alcoholism treatment by disulfiram and community reinforcement therapy. *Journal of Behavior Therapy and Experimental Psychiatry,* **13,** 105-112.

Bandura, A. (1969) *Principles of behavior modifcation.* New York: Holt, Rinehart & Winston.

Bebbington, P. E. (1976). The efficacy of Alcoholics Anonymous: The elusiveness of hard data. *British Journal of Psychiatry,* **128,** 572-580.

Bien, T. H., Miller, W. R., & Tonigan, J. S. (1993). Brief interventions for alcohol problems: A review. *Addiction,* **88,** 315-336.

Brandsma, J. M., Maultsby, M. C., & Welsh, R. J. (1980). Alcoholics Anonymous: An empirical outcome study. *Addictive Behaviors,* **5,** 359-370.

Bunge, M. (1984). What is pseudoscience? *Skeptical Inquirer,* **9,** 36-46.

Carney, M. M., & Kivlahan, D. R. (1995). Motivational subtypes among veterans seeking substance abuse treatment: Profiles based on stages of change. *Psychology of Addictive Behaviors,* **9,** 135-142.

Carroll, K. M. (1996) Relapse prevention as a psychosocial treatment: A review of controlled clinical trials. *Experimental and Clinical Psychopharmacology,* **4,** 46-54.

Carroll, K. M., Rounsaville, B. J., Gordon, L. T., Nich, C., Jatlow, P. M., Bisighini, R. M., & Gatwin, F. H. (1994). Psychotherapy and pharmacotherapy for ambulatory cocaine abusers. *Archives of General Psychiatry,* **51,** 177-187.

Chafetz, M. E. (1961). A procedure for establishing therapeutic contact with the alcoholic. *Quarterly Journal of Studies on Alcohol,* **22,** 325-328.

Chambless, D. L., Baker, M. J., Baucom, D. H., Beutler, L. E., Calhoun, K. S., Crits-Cristoph, P., Daluto, A., Derubeis, R., Detweiller, J., Haaga, D. A. F., Johnson, S. B., McCurry, S., Musser, K. T., Pope, K. S., Sanderson, W. C., Shoham, V., Stickle, T., Williams, D. A., & Woody, S. R. (1998). Update on empirically supported therapies II. *Clinical Psychologist,* **51,** 3-16.

Chaney, E. F., O'Leary, M. R., & Marlatt, G. A. (1978). Skill training with alcoholics. *Journal of Consulting and Clinical Psychology,* **46,** 1092-1104.

Chiauzzi, E. J., & Liljegren, S. (1993). Taboo topics in addiction treatment: An empirical review of folklore. *Journal of Substance Abuse Treatment,* **10,** 303-316.

Chick, J., Gough, K., Falkowski, W., Kershaw, P., Hore, B., Mehta, B., Ritson, B., Popner, R., & Torley, R. (1992). Disulfiram treatment of alcoholism. *British Journal of Psychiatry,* **161,** 84-89.

Clayton, R. R., Leukefeld, C. G., Harrington, N. G., & Cattarello, A. (1996). DARE (Drug Abuse Resistance Education): Very popular but not very effective. In C. B. McCoy, L. R. Metsch & J. A. Inciardi (Eds.), *Intervening with drug-involved youth* (pp. 101-109). Thousand Oaks, CA: Sage.

Conklin, C. A., & Tiffany, S. T. (2002). Applying extinction research and theory to cue exposure addiction treatments. *Addiction,* **97,** 155-167.

Coombs, R. H., & Ziedonis, D. (1995). *Handbook on drug abuse prevention.* Boston: Allyn & Bacon.

Cunningham, C. L. (1998). Drug conditioning and drug seeking behavior. In W. T. O'Donohue (Ed.), *Learning and behavior therapy* (pp. 518-544). Needham Heights, MA: Allyn & Bacon.

Davidson, R. (1998). The Transtheoretical Model: An overview. In W. R. Miller & N. Heather (Eds.), *Treating addictive behaviors* (2nd ed., pp. 25-38). New York: Plenum Press.

Davies, D. L. (1962). Normal drinking in recovered alcohol addicts. *Quarterly Journal of Studies on Alcohol,* **23**, 94-104.

DiClemente, C. C., Carbonari, J. P., & Velasquez, M. M. (1992). Alcoholism treatment from a process of change perspective. In R. R. Watson (Ed.), *Alcohol abuse treatment* (pp. 115-142). Totowa, NJ: Humana Press.

DiClemente, C. C., Carbonari, J., Zweben, A., Morrel, T., & Lee, R. E. (2001). Motivation hypothesis causal chain analysis. In R. Longabaugh & P. W. Wirtz (Eds.), *Project MATCH hypotheses: Results and causal chain analyses* (NIAAA Project MATCH monograph series, Vol. 8, pp. 206-223). Washington, DC: Government Printing Office.

DiClemente, C. C., & Hughes, S. O. (1990). Stages of change profiles in outpatient alcoholism treatment. *Journal of Substance Abuse,* **2**, 217-235.

DiClemente, C. C., & Velasquez, M. M. (2002). Motivation interviewing and the stages of change. In W. R. Miller & S. Rollnick (Eds.), *Motivational interviewing: Preparing people for change* (2nd ed., pp. 201-216). New York: Guilford Press.

Dimeff, L. A., & Marlatt, G. A. (1995). Relapse prevention. In R. K. Hester & W. R. Miller (Eds.), *Handbook of alcoholism treatment approaches: Effective alternatives* (2nd ed., pp. 176-194). Boston: Allyn & Bacon.

Dittman, K. S., Crawford, G. C., Forgy, E. W., Moskowitz, H., & MacAndrew, C. (1967). A controlled experiment on the use of court probation for drunk arrests. *American Journal of Psychiatry,* **124**, 160-163.

Donnermeyer, J. F. (2000). Parents' perceptions of a school-based prevention education program. *Journal of Drug Education,* **30**, 325-342.

Donnermeyer, J. F., & Wurschmidt, T. N. (1997). Educators' perceptions of the D.A.R.E. program. *Journal of Drug Education,* **27**, 259-276.

Drummond, D. C. (1997). Alcohol interventions: Do the best things come in small packages? *Addiction,* **92**, 375-379.

Drummond, D. C. (2002). Is cue exposure cure exposure? *Addiction,* **97**, 357-359.

Drummond, D. C., & Glautier, S. T. (1994). A controlled trial of cue exposure treatment in alcohol dependence. *Journal of Consulting and Clinical Psychology,* **62**, 809-817.

Dukes, R. L., Ullman, J. B., & Stein, J. A. (1996). Three-year follow-up of drug abuse resistance education (D.A.R.E.). *Evaluation Review,* **20**, 49-66.

Edwards, G., Orford, J., Egert, S., Guthrie, S., Hawkver, A., Hensmen, C., Mitcheson, M., Oppenheimer, E., & Taylor, C. (1977). Alcoholism: A controlled trial of "treatment" and "advice." *Journal of Studies on Alcohol,* **38**, 1004-1031.

Ellis, A., & Schoenfeld, E. (1990). Divine intervention and the treatment of chemical dependency. *Journal of Substance Abuse,* **2**, 459-469.

Emrick, C. D. (1987). Alcoholics Anonymous: Affiliation processes and effectiveness as treatment. *Alcoholism: Clinical and Experimental Research,* **11**, 416-423.

Emrick, C. D., Tonigan, S., Montgomery, H., & Little, L. (1993). Alcoholics Anonymous: What is currently known? In B. S. McCrady & W. R. Miller (Eds.), *Research on Alcoholics Anonymous: Opportunities and alternatives* (pp. 41-79). New Brunswick, NJ: Alcohol Research Documentation, Rutgers University.

Ennett, S. T., Tobler, N. S., Ringwalt, C. L., & Flewelling, R. L. (1994). How effective is drug abuse resistance education? A meta-analysis of Project DARE outcome evaluations. *American Journal of Public Health,* **84**, 1394-1401.

Eriksen, L., Bjornstad, S., & Gotestam, K. G. (1986). Social skills training in groups for alcoholics: One year treatment outcome for groups and individuals. *Addictive Behaviors,* **11**, 309-329.

Ewing, J. A. (1982) Disulfiram and other deterrent drugs. In E. M. Pattison & E. Kaufman (Eds.), *Encyclopedic handbook of alcoholism* (pp. 1033-1042). New York: Gardner Press.

Ferrell, W. L., & Galassi, J. P. (1981). Assertion training and human relations training in the treatment of chronic alcoholics. *International Journal of Addictions,* **16**, 959-968.

Fletcher, A. (2001). *Sober for good.* New York: Houghton-Mifflin.

Fuller, R. K., Branchey, L., Brightwell, D. R., Derman, R. M., Iber, F. L., James, K., Lacoursiere, R. B., Lee, K. K., Lowenstam, I., Manny, I., Neiderheiser, D., Nocks, J. J., & Shaw, S. (1986). Disulfiram treatment of alcoholism: A Veterans Administration cooperative study. *Journal of the American Medical Association,*

256, 1449-1455.

Fuller, R. K., & Roth, H. P. (1979). Disulfiram for the treatment of alcoholism: an evaluation in 128 men. *Annals of Internal Medicine*, **90**, 901-904.

Galanter, M. (1993). *Network therapy for alcohol and drug abuse*. New York: Basic Books.

Gallant, D. M., Bishop, M. P., Falkner, M. A., Simpson, L., Cooper, A., Lathrop, D., Brisolara, W. M., & Bossetta, J. B. (1968). A comparative evaluation of compulsory group therapy and/or Antabuse and voluntary treatment of the chronic alcoholic municipal court offender. *Psychosomatics*, **9**, 306-310.

Gerrein, J. R., Rosenberg, C. M., & Manohar, V. (1973). Disulfiram maintenance in outpatient treatment of alcoholism. *Archives of General Psychiatry*, **28**, 798-802.

Hayes, S. C., Barlow, D. H., & Nelson-Gray, R. O. (1999). *The scientist practitioner: Research and accountability in the age of managed care* (2nd ed.). Needham Heights, MA: Allyn & Bacon.

Heather, N. (1989). Disulfiram treatment for alcoholism. *British Medical Journal*, **299**, 471-472.

Heather, N. (1995). Brief intervention strategies. In R. K. Hester & W. R. Miller (Eds.), *Handbook of alcoholism treatment approaches: Effective alternatives* (2nd ed., pp. 105-123). Boston: Allyn & Bacon.

Hedberg, A. G., & Campbell, L. (1974). A comparison of four behavioral treatments of alcoholism. *Journal of Behavior Therapy and Experimental Psychiatry*, **5**, 251-256.

Hunt, G. M., & Azrin, N. H. (1973). A community-reinforcement approach to alcoholism. *Behavior Research and Therapy*, **11**, 91-104.

Hunt, M. L. (1999). *The new know-nothings: The political foes of the scientific study of human nature*. New Brunswick, NJ: Transaction.

Institute of Medicine. (1990). *Broadening the base of treatment for alcohol problems*. Washington, DC: National Academy Press.

Irvin, J. E., Bowers, C. A., Dunn, M. E., & Wang, M. C. (1999). Efficacy of Relapse prevention: A meta-analytic review. *Journal of Consulting and Clinical Psychology*, **67**, 563-570.

Israel, Y., Hollander, O., Sanchez-Craig, M., Booker, S., Miller, V., Gingrich, R., & Rankin, J. G. (1996). Screening for problem drinking and counseling by primary care physician-nurse team. *Alcoholism: Clinical and Experimental Research*, **20**, 1143-1450.

Jacob, T., & Seilhamer, R. A. (1987). Alcoholism and family interaction. In T. Jacob (Ed.), *Family interaction and psychopathology* (pp. 535-580). New York: Plenum Press.

Johnsen, J., & Morland, J. (1991). Disulfiram implant: A double blind placebo controlled follow-up on treatment outcome. *Alcoholism: Clinical and Experimental Research*, **15**, 532-536.

Johnson, V. E. (1986). *Intervention: How to help someone who doesn't want help*. Minneapolis, MN: Johnson Institute Books.

Jones, S. L., & Lanyon, R. I. (1981). Relationship between adaptive skills and outcome of alcoholism treatment. *Journal of Studies on Alcohol*, **42**, 521-525.

Kahan, M., Wilson, L., & Becker, L. (1995). Effectiveness of physician-based interventions with problem drinkers: A review. *Canadian Medical Association Journal*, **152**, 851-859.

Kalb, M., & Propper, M. S. (1976). The future of alcohology: Craft or science? *American Journal of Psychiatry*, **133**, 641-645.

Keane, T. M., Foy, D. W., Nunn, B., & Rychtarik, R. G. (1984). Spouse contracting to increase Antabuse compliance in alcoholic veterans. *Journal of Clinical Psychology*, **40**, 340-344.

Koch, K. A. (1994). The D.A.R.E. (Drug Abuse Resistance Education) Program. In J. A. Lewis (Ed.), *Addictions: Concepts and strategies for treatment* (pp. 359-364). Gaithersburg, MD: Aspen.

Kownacki, R. J., & Shadish, W. R. (1999). Does Alcoholics Anonymous work? The results from a meta-analysis of controlled experiments. *Substance Abuse and Misuse*, **34**, 1987-1916.

Larimer, M. E., Palmer, R. S., & Marlatt, G. A. (1999). Relapse prevention: An overview of Marlatt's cognitive behavioral model. *Alcohol Research and Health*, **23**, 151-160.

Levine, H. (1978). The discovery of addiction. *Journal of Studies on Alcohol*, **40**, 143-173.

Liepman, M. R., Nirenberg, T. D., & Begin, A. M. (1989). Evaluation of a program designed to help family and significant others to motivate resistant alcoholics into recovery. *American Journal of Drug and Alcohol Abuse*, **15**, 209-221.

Littell, J. H., & Girvin, H. (2002). Stages of change: A critique. *Behavior Modification*, **26**, 223-273.

Loneck, B., Garrett, S. A., & Banks, M. (1996a). A comparison of the Johnson intervention with four other

methods of referral to outpatient treatment. *American Journal of Drug and Alcohol Abuse,* **22**, 233-246.
Loneck, B., Garrett, S. A., & Banks, M. (1996b). The Johnson intervention and relapse during outpatient treatment. *American Journal of Drug and Alcohol Abuse,* **22**, 363-365.
Lundwall, L., & Baekeland, F. (1971). Disulfiram treatment of alcoholism. *Journal of Nervous and Mental Disease,* **153**, 381-394.
Lynam, D. R., Milich, R., Zimmerman, R., Novak, S. P., Logan, T. K., Martin, C., Leukefeld, C., & Clayton, R. (1999). Project DARE: No effects at 10-year follow-up. *Journal of Consulting and Clinical Psychology,* **67**, 590-593.
Maisto, S. A., O'Farrell, T. J., Connors, G. J., McKay, J., & Pelcovits, M. A. (1988). Alcoholics' attributions of factors affecting their relapse to drinking and reasons for terminating relapse events. *Addictive Behaviors,* **13**, 79-83.
Marlatt, G. A. (1983). The controlled-drinking controversy: A commentary. *American Psychologist,* **38**, 1097-1110.
Marlatt, G. A., Baer, J. S., Kivlahan, D. R., Dimeff, L. A., Larimer, M. E., Quigly, L. A., Somers, J. M., & Williams, E. (1998). Screening and brief intervention for high risk college student drinkers: Results from a two year follow-up study. *Journal of Consulting and Clinical Psychology,* **66**, 604-615.
Marlatt, G. A., Baer, J. S., & Larimer, M. (1995). Preventing alcohol abuse in college students: A harm-reduction approach. In G. M. Boyd, J. Howard, & R. A. Zucker (Eds.), *Alcohol problems among adolescents: Current directions in preventive research* (pp. 147-172). Hillsdale, NJ: Erlbaum.
Marlatt, G. A., & Gordon, J. R. (Eds.). (1985). *Relapse prevention: Maintenance strategies in the treatment of addictive behaviors.* New York: Guilford Press.
McCrady, B. S. (1995). Alcoholics Anonymous and behavior therapy: Can habits be treated as diseases ? Can diseases be treated as habits ? *Journal of Consulting and Clinical Psychology,* **62**, 1159-1166.
McCrady, B. S., & Delaney, S. A. (1995). Self-help groups. In R. K. Hester & W. R. Miller (Eds.), *Handbook of alcoholism treatment approaches: Effective alternatives* (2nd ed., pp. 160-175). Boston: Allyn & Bacon.
McCrady, B. S., Epstein, E. E., & Hirsch, L. S. (1999). Maintaining change after con-joint behavioral alcohol treatment for men: Outcomes at 6 months. *Addiction,* **94**, 1381-1396.
McCrady, B. S., Noel, N. E., Abrams, N. E., Stout, R., Nelson, H., & Hay, W. (1986). Comparative effectiveness of three types of spouse involvement in outpatient behavioral alcoholism treatment. *Journal of Studies on Alcohol,* **47**, 459-467.
Meyers, R. J., Miller, W. R., Hill, D. E., & Tonigan, J. S. (1999). Community reinforcement and family training (CRAFT): Engaging unmotivated drug users in treatment. *Journal of Substance Abuse,* **10**, 291-308.
Meyers, R. J., & Smith, J. E. (1995). *Clinical guide to alcohol treatment: The community reinforcement approach.* New York: Guilford Press.
Meyers, R. J., & Smith, J. E. (1997). Getting off the fence: Procedures to engage treatment-resistant drinkers. *Journal of Substance Abuse Treatment,* **14**, 467-472.
Miller, W. R. (1986). Haunted by the zeitgeist: Reflections on contrasting treatment goals and concepts of alcoholism in Europe and the United States. In T. F. Babor (Ed.), *Alcohol and culture: Comparative perspectives from Europe and America* (pp. 110-129). New York: New York Academy of Sciences.
Miller, W. R. (1995). Increasing motivation for change. In R. K. Hester & W. R. Miller (Eds.), *Handbook of alcoholism treatment approaches: Effective alternatives* (2nd ed., pp. 89-104). Boston: Allyn & Bacon.
Miller, W. R., Brown, J. M., Simpson, T. L., Handmaker, N. S., Bien, T. H., Luckie, L. F., Montgomery, H. A., Hester, R. K., & Tonigan, J. S. (1995). What works? A methodological analysis of the alcohol treatment outcome literature. In R. K. Hester & W. R. Miller (Eds.), *Handbook of alcoholism treatment approaches: Effective alternatives* (2nd ed., pp. 12-45). Boston: Allyn & Bacon.
Miller, W. R., & Hester, R. K. (1995). Treatment for alcohol problems: Toward an informed eclecticism. In R. K. Hester & W. R. Miller (Eds.), *Handbook of alcoholism treatment approaches: Effective alternatives* (2nd ed., pp. 1-12). Boston: Allyn & Bacon.
Miller, W. R., Meyers, R. J., & Tonigan, J. S. (1999). Engaging the unmotivated in treatment for alcohol problems: A comparison of three strategies for intervention through family members. *Journal of Consulting and Clinical Psychology,* **67**, 688-697.
Miller, W. R., & Rollnick, S. (1991). *Motivational interviewing: Preparing people to change addictive behavior.* New York: Guilford Press.

Miller, W. R., Taylor, C. A., & West, J. C., (1980). Focused versus broad-spectrum treatment for problem drinkers. *Journal of Consulting and Clinical Psychology*, **48**, 590-601.

Miller, W. R., Westerberg, V. S., Harris, R. J., & Tonigan, J. S. (1996). What predicts relapse: Prospective testing of antecedent models. *Addiction*, **91**, S155-S171.

Miller, W. R., Zweben, A., DiClemente, C. C., & Rychtarik, R. G. (1992) *Motivational enhancement therapy manual: A clinical research guide for therapists treating individuals with alcohol abuse and dependence* (NIAAA Project MATCH monograph series, Vol. 2; DHHS Publication No. [ADM] 92-1894). Washington, DC: Government Printing Office.

Monti, P. M., Abrams, D. B., Binkoff, J. A., Zwick, W. R., Liepman, M. R., Nirenberg, T. D., & Rohsenow, D. J. (1990). Communication skills training, communication skills training with family and cognitive behavioral mood management training for alcoholics. *Journal of Studies on Alcohol*, **51**, 263-270.

Monti, P. M., Abrams, D. B., Kadden, R. M., & Rohsenow, D. J. (1989). *Treating alcohol dependence: A coping skills training guide*. New York: Guilford Press.

Monti, P. M., Rohsenow, D. J., Colby, S. M., & Abrams, D. B. (1995). Coping and social skills training. In R. K. Hester & W. R. Miller (Eds.), *Handbook of alcoholism treatment approaches: Effective alternatives* (2nd ed., pp. 221-241). Boston: Allyn & Bacon.

Monti, P. M., Rohsenow, D. J., Rubonis, A., Niaura, R., Sirota, A., Colby, S., Goddard, P., & Abrams, D. B. (1993). Cue exposure with coping skills treatment for male alcoholics: A preliminary investigation. *Journal of Consulting and Clinical Psychology*, **61**, 1011-1019.

Mottin, J. L. (1973). Drug-induced attenuation of alcohol consumption: A review and evaluation of claimed, potential or current therapies. *Quarterly Journal of Studies on Alcohol*, **34**, 444-472.

Moos, R. H., Finney, I. W., & Cronkite, R. C. (1990). *Alcoholism treatment: Context, process and outcome*. New York: Oxford University Press.

Moyer, A., Finney, J. W., Swearingen, C. E., & Vergun, P. (2002). Brief interventions for alcohol problems: A meta-analytic review of controlled investigations in treatment-seeking and non-treatment-seeking populations. *Addiction*, **97**, 279-292.

Noel, N. E., & McCrady, B. S. (1993). Alcohol-focused spouse involvement with behavioral marital therapy. In T. J. O'Farrell (Ed.), *Treating alcohol problems: Marital and family interventions* (pp. 210-235). New York: Guilford Press.

Oei, T. P. S., & Jackson, P. R. (1980). Long-term effects of social skills training with alcoholics. *Addictive Behaviors*, **5**, 129-136.

Oei, T. P. S., & Jackson, P. R. (1982). Social skills and cognitive behavioral approaches to the treatment of problem drinking. *Journal of Studies on Alcohol*, **43**, 532-547.

O'Farrell, T. J. (1995). Marital and family therapy. In R. K. Hester & W. R. Miller (Eds.), *Handbook of alcoholism treatment approaches: Effective alternatives* (2nd ed., pp. 195-221). Boston: Allyn & Bacon.

O'Farrell, T. J., & Birchler, G. R. (1987). Marital relationships of alcoholic, conflicted and nonconflicted couples. *Journal of Marital and Family Therapy*, **13**, 259-274.

O'Farrell, T. J., Choquette, K. A., Cutter, H. S., & Brown, E. D. (1993). Behavioral marital therapy with and without additional couples relapse prevention sessions for alcoholics and their wives. *Journal of Studies on Alcohol*, **54**, 652-666.

O'Farrell, T. J., Choquette, K. A., Cutter, H. S. G., & Henry, S. G. (1998). Couples relapse prevention sessions after behavioral marital therapy for male alcoholics: Outcomes during the three years after starting treatment. *Journal of Studies on Alcohol*, **59**, 357-370.

O'Farrell, T. J., Cutter, H. S., Choquette, K. A., Floyd, F. J., & Bayog, R. D. (1992). Behavioral marital therapy for male alcoholics: Marital and drinking adjustment during the two years after treatment. *Behavior Therapy*, **23**, 529-549.

O'Farrell, T. J., Cutter, H. S., & Floyd, F. J. (1985). Evaluating behavioral marital therapy for male alcoholics: Effects on marital adjustment and communication from before to after treatment. *Behavior Therapy*, **16**, 147-167.

Ogborne, A. C. (1989). Some limitations of Alcoholics Anonymous. In M. Galanter (Ed.), *Recent developments in alcoholism* (Vol. 7, pp. 55-65). New York: Plenum Press.

Orford, J., & Keddie, A. (1986). Abstinence or controlled drinking in clinical practice: A test of the dependence and persuasion hypotheses. *British Journal of Addiction*, **81**, 495-504.

Prochaska, J. O., & DiClemente, C. C. (1982). Transtheoretical therapy: Toward a more integrative model of change. *Psychotherapy: Theory, Research and Practice*, **19**, 276-288.

Prochaska, J. O., DiClemente, C. C., & Norcross, J. C. (1992). In search of how people change: Applications to addictive behaviors. *American Psychologist*, **47**, 1102-1114.

Project MATCH Research Group. (1997). Matching alcoholism treatments to client heterogeneity: Project MATCH posttreatment drinking outcomes. *Journal of Studies*, **58**, 7-29.

Project MATCH Research Group (1998). Matching alcoholism treatments to client heterogeneity: Project MATCH three-year drinking outcomes. *Alcoholism: Clinical and Experimental Research*, **22**, 1300-1311.

Read, J. P., Kahler, C. W., & Stevenson, C. F. (2001). Bridging the gap between alcoholism treatment research and practice: Identifying what works and why. *Professional Psychology: Research and Practice*, **32**, 227-238.

Ringwalt, C. L., & Greene, J. M. (1993, March). Results of school districts' drug prevention coordinators survey. Paper presented at the Alcohol, Tobacco, and Other Drugs Conference on Evaluating School-Linked Prevention Strategies, San Diego, CA.

Roizen, R. (1987). The great controlled-drinking controversy. In M. Galanter (Ed.), *Recent developments in alcoholism* (Vol. 5, pp. 245-279). New York: Plenum Press.

Rosenbaum, D. P., Flewelling, R. L., Bailey, S. L., Ringwalt, C. L., & Wilkinson, D. L. (1994). Cops in the classroom: A longitudinal evaluation of drug abuse resistance education (DARE). *Journal of Research in Crime and Delinquency*, **31**, 3-31.

Rosenbaum, D. P., & Hanson, G. S. (1998). Assessing the effects of school-based drug education: A six-year multilevel analysis of Project D.A.R.E. (1998). *Journal of Research in Crime and Delinquency*, **35**, 381-412.

Rosenberg, H. (1993). Prediction of controlled drinking by alcoholics and problem drinkers. *Psychological Bulletin*, **113**,129-139.

Rosenberg, H., & Davis, L. A. (1994). Acceptance of moderate drinking by alcohol treatment services in the United States. *Journal of Studies on Alcohol*, **55**, 167-172.

Royce, J. E. (1989). *Alcohol problems and alcoholism: A comprehensive survey* (Rev. ed.). New York: Free Press.

Ryan, R. M., Plant, R. W., & O'Malley, S. (1995). Initial motivations for alcohol treatment: relations with patient characteristics, treatment involvement, and dropout. *Addictive Behaviors*, **20**, 279-297.

Sanchez-Craig, M., & Lei, H. (1986). Disadvantages of imposing the goal of abstinence on problem drinkers: An empirical study. *British Journal of Addiction*, **81**, 505-512.

Sisson, R. W., & Azrin, N. H. (1986). Family-member involvement to initiate and promote treatment of problem drinkers. *Journal of Behavior Therapy and Experimental Psychiatry*, **17**, 15-21.

Sitharthan, T., Sitharthan, G., Hough, M. J., & Kavanagh, D. J. (1997). Cue exposure in moderation drinking: A comparison with cognitive-behavior therapy. *Journal of Consulting and Clinical Psychology*, **62**, 620-626.

Skinner, B. F. (1938). *The behavior of organisms*. New York: Appleton-Century-Crofts.

Smith, C. G. (1969). Alcoholics: Their treatment and their wives. *British Journal of Psychiatry*, **115**, 1039-1042.

Smith, D. I. (1985). Evaluation of a residential AA program for women. *Alcohol and Alcoholism*, **20**, 315-327.

Smith, D. I. (1986). Evaluation of a residential AA program. *International Journal of the Addictions*, **21**, 33-49.

Smith, J. E., & Meyers, R. J. (1995). The community reinforcement approach. In R. K. Hester & W. R. Miller (Eds.), *Handbook of alcoholism treatment approaches: Effective alternatives* (2nd ed., pp. 251-266). Boston: Allyn & Bacon.

Sobell, L. (1996). Bridging the gap between scientists and practitioners: The challenge before us. *Behavior Therapy*, **27**, 297-320.

Sobell, L. C., Cunningham, J. A., & Sobell, M. B. (1996). Recovery from alcohol problems with and without treatment: Prevalence in two population surveys. *American Journal of Public Health*, **86**, 966-972.

Sobell, M. B., & Sobell, L. C. (1973). Alcoholics treated by individualized behavior therapy: One year treatment outcome. *Behaviour Research and Therapy*, **11**, 599-618.

Sobell, M. B., & Sobell, L. C. (1976). Second year treatment outcome of alcoholics treated by individualized behavior therapy: Results. *Behaviour Research and Therapy*, **14**, 195-215.

Sobell, M. B., Sobell, L. C., & Gavin, D. R. (1995). Portraying alcohol treatment outcomes: Different yardsticks of success. *Behavior Therapy*, **26**, 643-669.

Steinglass, P. (1981). The alcoholic family at home: Patterns of interaction in wet, dry, and transitional phases of alcoholism. *Archives of General Psychiatry*, **38**, 578-584.

Timko, C., Moos, R. H., Finney, J. W., & Lesar, M. D. (2000). Long-term outcomes of alcohol use disorders: Comparing untreated individuals with those in Alcoholics Anonymous, and formal treatment. *Journal of Studies on Alcohol*, **61**, 529-540.

Tonigan, J. S., Miller, W. R., & Connors, G. J. (2000). Project MATCH client impressions about Alcoholics Anonymous: Measurement issues and relationship to treatment outcome. *Alcoholism Treatment Quarterly*, **18**, 25-41.

Tournier, R. E. (1979). Alcoholics Anonymous as treatment and as ideology. *Journal of Studies on Alcohol*, **40**, 230-239.

Vaillant, G. E. (1996). A long-term follow-up of male alcohol abuse. *Archives of General Psychiatry*, **53**, 243-249.

United States Department of Health and Human Services. (1997). *Ninth special report to the U.S. Congress on alcohol and health*. (NIH Publication No. 97-4017). Washington, DC: Author.

Walsh, D. C., Hingson, R. W., Merrigan, D. M., Levenson, S. M., Cupples, L. A., Heeren, T., Coffman, G. A., Becker, C. A., Barker, T. A., Hamilton, S. K., McGuire, T. G., & Kelly, C. A. (1991). A randomized trial of treatment options for alcohol abusing workers. *New England Journal of Medicine*, **325**, 775-782.

Wilk, A. L., Jensen, N. M., & Havighurst, T. C. (1997). Meta-analysis of randomized controlled trials addressing brief interventions in heavy alcohol drinkers. *Journal of General Internal Medicine*, **12**, 274-283.

Wilson, A., Davidson, W. J., & Blanchard, R. (1980). Disulfiram implantation: A trial using placebo implants and two types of controls. *Journal of Studies on Alcohol*, **41**, 429-436.

Wilson, G. T. (1988). Alcohol use and abuse: A social learning analysis. In C. D. Chaudron & D. A. Wilkinson (Eds.), *Theories on alcoholism* (pp. 239-287). Toronto: Addiction Research Foundation.

World Health Organization (WHO) Brief Intervention Study Group. (1996). A crossnational trial of brief interventions with heavy drinkers. *American Journal of Public Health*, **86**, 948-958.

Wysong, E., Aniskiewicz, R., & Wright, D. (1994). Truth and DARE: Tracking drug education to graduation and as symbolic politics. *Social Problems*, **41**, 448-472.

11章

Anderson, I. M. (2000). Selective serotonin reuptake inhibitorsy versus tricyclic anti-depressants: A meta-analysis of efficacy and tolerability. *Journal of Affective Disorders*, **58**, 19-36.

Antonuccio, D. O., Danton, W. G., DeNelsky, G. Y., Greenberg, R. P., & Gordon, J. S. (1999). Raising questions about antidepressants. *Psychotherapy and Psychosomatics*, **68**, 3-14.

Astin, J. A. (1998). Why patients use alternative medicine: Results of a national study. *Journal of the American Medical Association*, **279**, 1548-1553.

Barnard, J. (Ed.). (1919). *Collected writings of Edward Bach*. Hereford, England: Bach Educational Programme.

Berner, M. (2001). Kommentar zu Shelton, et al. (2001): Hypericum bei Depression [Commentary on Shelton et al. (2001): Hypericum in depression]. *Forschende Komplementärmedizin/Research in Complementary and Classical Natural Medicine* **8**, 307-309.

Blashki, T. G., Mowbray, R., & Davies, B. (1971). Controlled trial of amitryptiline in general practice. *British Medical Journal*, **1**(741), 133-138.

Bundesinstitut für Arzneimittel und Medizinprodukte. (2000). Bekanntmachung über die Registrierung, Zulassung und Nachzulassung von Arzneimitteln: Abwehr von Arzneimittelrisiken, Anhörung, Stufe II: Johanniskrauthaltige (Hypericum) Humanarzneimittel zur innerlichen Anwendung vom 24. März 2000 [Notice on registration, and admission of medicines: Defence of risks from medicines, hearing #2: Hypericum containing drugs for humans as inward applications, March 24, 2000]. *Bundesanzeiger*, **52**, 6009-6010.

Chrubasik, S. (1997). Klinisch geprüfte Wirksamkeit bei nervösen Angst-, Spannungsund Unruhezuständen. *Der Allgemeinarzt*, **18**, 1683-1687.

Chrubasik, S., & Eisenberg, E. (1998). Treatment of rheumatic pain with herbal medicine in Europe. *Pain Digest*, **8**, 231-236.

Chrubasik, S., Junck, H., Breitschwerdt, H., Conradt, C., & Zappe, H. (1999). Effectiveness of harpagophytum extract WS 1531 in the treatment of exacerbation of low back pain: A randomized, placebo-controlled, double-blind study. *European Journal of Anaestesiology*, **16**, 118-129.

Chrubasik, S., Junck, H., Zappe, H., & Stutzke, O. (1998). A survey on pain complaints and health care utilization in a German population sample. *European Journal of Anaestesiology*, **15**, 397-408.

Cohen, J. (1988). *Statistical power analysis for the behavioral sciences*. Hillsdale, NJ: Erlbaum.
Dawes, R. M. (1998). Commentary on Kirsch and Saperstein. *Prevention and Treatment*, 1 [Online], Article 0005c. Available: http://journals.apa.org/prevention/volume1/pre0010005c.html
Easthope, G., Tranter, B., & Gill, G. (2001). General practitioners' attitudes toward complementary therapies. *Social Science and Medicine*, 51, 1555-1561.
Eisenberg, D. M., Davis, R. B., Ettner, S. L., Appel, S., Wilkey, S., Van Rompay, M., & Kessler, R. C. (1998) Trends in alternative medicine use in the United States, 1990-1997. Results of a follow-up national survey. *Journal of the American Medical Association*, 280, 1569-1575.
Ernst, E., & Chrubasik, S. (2000). Phyto-anti-inflammatories: A systematic review of randomized, placebo-controlled, double-blind trials. *Rheumatic Disease Clinics of North America*, 26, 13-27.
Ernst, E., & Stevenson, C. (1999). Ginkgo biloba for tinnitus: A review. *Clinical Otolaryngology*, 24, 164-167.
Escher, M., Desmeules, J., Giostra, E., & Mentha, G. (2001). Hepatitis associated with Kava, a herbal remedy for anxiety. *British Medical Journal*, 322, 139.
Field, H. L., Monti, D. A., Greeson, J. M., & Kunkel, E. J. S. (2000). St. John's wort. *International Journal of Psychiatry in Medicine*, 30, 203-219.
Fisher, S., & Greenberg, R. P. (1993). How sound is the double-blind design for evaluating psychotropic drugs? *Journal of Nervous and Mental Diseases*, 181, 345-350.
Frank, J. D. (1987). Therapeutic components shared by all psychotherapies. In J. H. Harvey & M. M. Parks (Eds.), *Psychotherapy research and behavior change* (pp. 73 -122).Washington, DC: American Psychological Association.
Fugh-Berman, A., & Cott, J. (1999). Dietary supplements and natural products as psychotherapeutic agents. *Psychosomatic Medicine*, 61, 712-728.
Furnham, A., & Kirkcaldy, B. (1996). The health beliefs and behaviours of orthodox and complementary medicine clients. *British Journal of Clinical Psychology*, 35, 49-61.
Gerson, S., Belin, T. R., Kaufman, A., Mintz, J., & Jarvik, L. (1999). Pharmacological and psychological treatments for depressed older patients: A meta-analysis and overview of recent findings. *Harvard Review of Psychiatry*, 7, 1-28.
Gold, P. E., Cahill, L., & Wenk, G. L. (2002). Ginkgo biloba: A cognitive enhancer. *Psychological Science in the Public Interest*, 3, 2-11.
Gorski, T. (1999). Does the Eisenberg data hold up? *Scientific Review of Alternative Medicine*, 3, 62-69.
Greenberg, R. P., Bornstein, R. F., Zborowski, M. J., Fisher, S., & Greenberg, M. D. (1994). A meta-analysis of fluoxetine outcome in treatment of depression. *Journal of Nervous and Mental Diseases*, 182, 547-551.
Greenberg, R. P., & Fisher, S. (1989). Examining anti-depressant effectiveness: Findings, ambiguities, and some vexing puzzles. In S. Fisher & R. P. Greenberg (Eds.), *The limits of biological treatments for psychological distress: Comparisons with psychotherapy and placebo* (pp. 1-37). Hillsdale, NJ: Erlbaum.
Greeson, J. M., Sanford, B., & Monti, D. A. (2001). St. John's wort (hypericum perforatum): A review of the current pharmacological, toxicological, and clinical literature. *Psychopharmacology*, 153, 402-414.
Gundling, K., & Ernst, E. (1999). Complementary and alternative medicine in cardiovascular disease: What is the evidence it works? *Western Journal of Medicine*, 171, 191-194.
Hypericurn Depression Trial Study Group. (2002). Effect of hypericum perforatum (St. John's wort) in major depressive disorder: A randomized controlled trial. *Journal of the American Medical Association*, 287, 1807-1814.
Joffe, R., Sokolov, S., & Streiner, D. (1996). Antidepressant treatment of depression: A meta-analysis. *Canadian Journal of Psychiatry*, 41, 613-616.
Kahn, A., Warner, H. A., & Brown, W. A. (2000). Symptom reduction and suicide risk in patients treated with placebo in antidepressant clinical trials: An analysis of the Food and Drug Administration database. *Archives of General Psychiatry*, 57, 311-317.
Kirsch, I. (1998). Reducing noise and hearing placebo more clearly. *Prevention and Treatment*, 1 [Online], Article 0007r. Available :http://journals.apa.org/prevention/volume1/pre0010007a.html
Kirsch, I. (2000). Are drug and placebo effects in depression additive? *Biological Psychiatry*, 47, 733-735.
Kirsch, I., Moore, T. J., Scoboria, A., & Nicholls, S. S. (2002). The emperor's new drugs: An analysis of antidepressant medication data submitted to the U.S. Food and Drug Administration. *Prevention and Treatment*, 5 [Online], 23. Available: http://journals.apa.org/prevention

Kirsch, I., & Sapirstein, G. (1998). Listening to Prozac but hearing placebo: A meta-analysis of antidepressant medication. *Prevention and Treatment*, **1** [Online] Article 0002a. Available: http://www.journals.apa.org/prevention/volume1/pre0010002a.html

Kirsch, I., & Sapirstein, G. (1999). Listening to Prozac but hearing placebo: A meta-analysis of antidepressant medications. In I. Kirsch (Ed.), *Expectancy, experience, and behavior* (pp. 303-320). Washington, DC: American Psychological Association.

Klein, D. F. (1998). Listening to meta-analysis but hearing bias. *Prevention and Treatment*, **1** [Online], Article 0006c. Available: http://journals.apa.org/prevention/volume1/pre0010006c.html

Kleijnen, J., & Knipschild, P. (1992a). Ginkgo biloba. *Lancet*, **340**, 1136-1139.

Kleijnen, J., & Knipschild, P. (1992b). Ginkgo biloba for cerebral insufficiency. *British Journal of Clinical Pharmacology* **34**, 352-358.

Klibansky, R. (1936). Standing on the shoulders of the giants. *Isis*, **26**, 147-149.

Kraft, M., Spahn, T. W., Menzel, J., Senninger, N., Dietl, K.-H., Herbst, H., Domschke, W., & Lerch, M. M. (2001). Fulminantes Leberversagen nach Einnahme des pflanzlichen Antidepressivums Kava-Kava [Liver failure after ingestion of a phytotherapeuticals antidepressant kava-kava]. *Deutsche Medizinische Wochenschrift*, **126**, 970-972.

Laakmann, G., Schüle, C., Baghai, T., & Kieser, M. (1998). St. John's wort in mild to moderate depression: The relevance of hyperforin for the clinical efficacy. *Pharmacopsychiatry*, **31**, 54-59.

LaFrance, W. C., Lauterbach, E. C., Coffey, C. E., Salloway, S. P., Kaufer, D. I., Reeve, A., Royall, D. R., Aylward, E., Rummans, T. A., & Lovell, M. R. (2000). The use of herbal alternative medicines in neuropsychiatry: A report of the ANPA Committee on Research. *Journal of Neuropsychiatry and Clinical Neurosciences*, **12**, 177-192.

Lazarus, A. A. (1973). "Hypnosis" as a facilitator in behavior therapy. *International Journal of Clinical and Experimental Hypnosis*, **21**, 25-31.

Linde, K., Ramirez, G., Mulrow, C. D., Pauls, A., Weidenhammer, W., & Melchart, D. (1996). St John's wort for depression—an overview and meta-analysis of randomized clinical trials. *British Medical Journal*, **313**, 253-258.

Linde, K., & Mulrow, C. D. (2001). St John's wort for depression (Cochrane Review). In *The Cochrane Library*, Issue 3. Oxford: Update Software.

Maidhof, C., Dehm, C., & Walach, H. (2000). Placebo response rates in clinical trials. A meta-analysis [Abstract]. *International Journal of Psychology*, **35**, 224.

Mills, S. (2002). Herbal medicine. In G. Lewith, W. B. Jonas, & H. Walach (Eds.), *Clinical research for complementary medicine: Principles, problems, solutions* (pp. 211-227). London: Churchill Livingstone.

Mössner, R., & Lesch, K.-P. (1998). Role of serotonin in the immune system and in neuroimmune interactions. *Brain, Behavior, and Immunity*, **12**, 249-271.

Oken, B. S., Storzbach, D. M., & Kaye, J. A. (1998). The efficacy of Ginkgo biloba on cognitive function in Alzheimer disease. *Archives of Neurology*, **55**, 1409-1415.

Ott, B. R., & Owens, N. J. (1998). Complementary and alternative medicines for Alzheimer's disease. *Journal of Geriatric Psychiatry and Neurology*, **11**, 163-173.

Philipp, M., Kohnen, R., & Hiller, K. O. (1999). Hypericum extract versus imipramine or placebo in patients with moderate depression: randomized multicentre study of treatment for eight weeks. *British Medical Journal*, **319**, 1534-1539.

Pirotta, M. V., Cohen, M. M., Kotsirilos, V., & Farish, S. J. (2000). Complementary therapies: Have they become accepted in general practice? *Medical Journal of Australia*, **172**, 105-109.

Pittler, M. H., & Ernst, E. (2000). Efficacy of Kava extract for treating anxiety: Systematic review and meta-analysis. *Journal of Clinical Psychopharmacology*, **20**, 84-89.

Pratkanis, A. R. (1995, July/August). How to sell a pseudoscience. *Skeptical Inquirer*, **19**, 19-25.

Quitkin, F. M., Rabkin, J. G., Gerald, J., Davis, J. M., & Klein, D. F. (2000). Validity of clinical trials of antidepressants. *American Journal of Psychiatry*, **157**, 327-337.

Rabkin, J. G., Markowitz, J. S., Stewart, J. W., McGrath, P. J., Harrison, W., Quitkin, F. M., & Klein, D. F. (1986). How blind is blind? Assessment of patient and doctor medication guesses in a placebo-controlled trial of imipramine and phenelzine. *Psychiatry Research*, **19**, 75-86.

Rosslenbroich, B., & Saller, R. (1992). Phytotherapie im Überblick [A review on phytotherapeutics]. In M.

Bühring & F. H. Kemper (Eds.), *Naturheilverfahren und unkonventionelle medizinische Richtungen [Naturopathic therapies and unconventional medical practices]*. Berlin: SpringerLoseblattSysteme, section 8.01.

Schonauer, K. (1994). *Semiotic foundation of drug therapy: The placebo problem in a new perspective*. Berlin: Mouton de Gruyter.

Schulz, V. (2000). The psychodynamic and pharmacodynamic effects of drugs: A differentiated evaluation of the efficacy of phytotherapy. *Phytomedicine*, **7**, 73-81.

Shelton, R. C., Keller M. B., Gelenberg, A., Dunner, D. L., Hirschfeld, R., Thase, M. E., Russell, J., Lydiard, R. B., Crits-Cristoph, P., Gallop, R., Todd, L., Hellerstein, D., Goodnick, P., Keitner, G., Stahl, S. M., & Halbreich, U. (2001). Effectiveness of St. John's Wort in major depression. A randomized controlled trial. *Journal of the American Medical Association*, **285**, 1978-1986.

Singer, A., Wonnemann, M., & Müller, W. E. (1999). Hyperforin, a major antidepressant constituent of St. John's Wort, inhibits serotonin uptake by elevating free intracelluclar Na+. *Journal of Pharmacology and Experimental Therapeutics*, **290**, 1363-1368.

Sparber, A., Wootton, J. C., Bauer, L., Curt, G., Eisenberg, D., Levin, T., & Steinberg, S. M. (2000). Use of complementary medicine by adult patients participating in HIV/AIDS clinical trials. *Journal of Alternative and Complementary Medicine*, **5**, 415-422.

Stevinson, C., & Ernst, E. (1999). Hypericum for depression. An update of the clinical evidence. *European Neuropsychopharmacology*, **9**, 501-505.

Storosum, J. G., Elferink, A. J. A., van Zwieten, B. J., van den Brink, W., Gersons, B. P. R., van Strik, R., & Broekmans, A. W. (2001). Short-term efficacy of tricyclic antidepressants revisited: A meta-analytic study. *European Neuropsychopharmacology*, **11**, 173-180.

Walach, H., & Güthlin, C. (2000). Effects of acupuncture and homeopathy: A prospective documentation. Intermediate results. *British Homeopathic Journal*, **89**, 31-34.

Walach, H., & Maidhof, C. (1999). Is the placebo effect dependent on time? In I. Kirsch (Ed.), *Expectancy, experience, and behavior* (pp.321-332). Washington, DC: American Psychological Association.

Walach, H., Rilling, C., & Engelke, U. (2001). Efficacy of Bach-flower remedies in test anxiety: A double-blind, placebo-controlled, randomized trial with partial crossover. *Journal of Anxiety Disorders*, **15**, 359-366.

Woelk, H., for the Remotiv/Imipramine Study Group. (2000). Comparison of St. John's wort and imipramine for treating depression: randomized controlled trial. *British Medical Journal*, **321**, 536-539.

12장

Abikoff, H. (1987). An evaluation of cognitive behavior therapy for hyperactive children. In B. B. Lahey & A. E. Kazdin (Eds.), *Advances in clinical child psychology* (Vol. 10, pp. 171-216). New York: Plenum Press.

Abikoff, H. (1991). Cognitive training in ADHD children: Less to it than meets the eye. *Journal of Learning Disabilities*, **24**(4), 205-209.

Abikoff, H., Ganeles, D., Reiter, G., Blum, C., Foley, C., & Klein, R. G. (1988). Cognitive training in academically deficient boys receiving stimulant medication. *Journal of Abnormal Child Psychology*, **16**, 411-432.

Alhambra, M. A., Fowler, T. P., & Alhambra, A. A. (1995). EEG Biofeedback: A new treatment option for ADD/ADHD. *Journal of Neurotherapy*, **1**, 39-43.

American Psychiatric Association. (1994). *Diagnostic and statistical manual of mental disorders* (4th ed.). Washington, DC: Author.

Anderson, J. C., Williams, S., McGee, R., & Silva, P. A. (1987). DSM-III disorders in preadolescent children: Prevalence in a large sample from the general population. *Archives of General Psychiatry*, **44**, 69-76.

Arnold, L. E. (1978). Megavitamins for MBD: A placebo-controlled study. *Journal of the American Medical Association*, **20**, 24.

Arnold, L. E. (1999). Treatment alternatives for attention-deficit/hyperactivity disorder (ADHD). *Journal of Attention Disorders*, **3**(1), 30-48.

Ayers, A. J. (1979). *Sensory integration and the child*. Los Angeles, CA: Western Psychological Services.

Baker, A. M. (1980). The efficacy of the Feingold K-P diet: A review of pertinent empirical investigations. *Behavior Disorders*, **6**, 32-35.

Barkley, R. A. (1991). The ecological validity of laboratory and analogue assessment methods of ADHD symptoms. *Journal of Abnormal Child Psychology*, **19**, 149-178.

Barkley, R. A. (1993). Continuing concerns about EEG biofeedback/neurofeedback. *ADHD Report*, **1**(3), 1-3.
Barkley, R. A. (1997). *ADHD and the nature of self-control*. New York: Guilford Press.
Barkley, R. A., Copeland, A., & Sivage, C. (1980). A self-control classroom for hyperactive children. *Journal of Autism and Developmental Disorders*, **10**, 75-89.
Biederman, J., Baldessarini, R. J., Wright, V., Knee, D., & Harmatz, J. (1989). A double-blind placebo controlled study of desipramine in the treatment of attention deficit disorder: I. Efficacy. *Journal of the American Academy of Child and Adolescent Psychiatry*, **28**, 777-784.
Beiderman, J., Gastfriend, D. R., & Jellinek, M. S. (1986). Desipramine in the treatment of children with attention deficit disorder. *Journal of Clinical Psychopharmacology*, **6**, 359-363.
Bloomquist, M. L., August, G. J., Cohen, C., Doyle, A., & Everhart, K. (1997). Social problem solving in hyperactive-aggressive children: How and what they think in conditions of automatic and controlled processing. *Journal of Clinical Child Psychology*, **26**(2), 172-180.
Boyd, W. D., & Campbell, S. E. (1998). EEG biofeedback in the schools: The use of EEG biofeedback to treat ADHD in a school setting. *Journal of Neurotherapy*, **2**, 65-70.
Braswell, L. (1998). Self-regulation training for children with ADHD: Response to Harris and Schmidt. *ADHD Report*, **1**(6), 1-3.
Braswell, L., & Bloomquist, M. L. (1991). *Cognitive-behavioral therapy with ADHD children: Child, family, and school interventions*. New York: Guilford Press.
Brown, R. T., Borden, K. A., Wynne, M. E., Spunt, A. L., & Clingerman, S. R. (1987). Compliance with pharmacological and cognitive treatment for attention deficit disorder. *Journal of the American Academy of Child and Adolescent Psychiatry*, **26**, 521-526.
Brown, R. T., & Sawyer, M. G. (1998). *Medications for school-age children: Effects on learning and behavior*. New York: Guilford Press.
Cantwell, D. P. (1996). Attention deficit disorder: A review of the past 10 years. *Journal of the American Academy of Child and Adolescent Psychiatry*, **35**, 978-987.
Carper, J. (1998). *Miracle cures: Dramatic new scientific discoveries revealing the healing powers of herbs, vitamins, and other natural remedies* [On-line]. Available: http://lifeplussupplements.securenow.com/link_attention_support.html
Cermak, S. A. (1988). The relationship between attention deficit and sensory integration disorders (Part 1). *Sensory Integration Special Interest Section Newsletter*, **11**, 1-4.
Chambless, D. L., Sanderson, W. C., Shoham, V., Johnson, S. B., Pope, K. S., CritsChristoph, P., Baker, M., Johnson, B., Woods, S. R., Sue, S., Beutler, L., Williams, D. A., & McCurry, S. (1996). An update on empirically validated therapies. *Clinical Psychologist*, **49**, 5-18.
Colvin, G. T., & Sugai, G. M. (1988). Proactive strategies for managing social behavior problems: An instructional approach. *Education and Treatment of Children*, **11**(4), 341-348.
Conners, C. K. (1980). *Food additives and hyperactive children*. London: Plenum Press.
Conners, C. K., Goyette, C. H., Southwick, D. A., Lees, J. M., & Andrulonis, P. A. (1976). Food additives and hyperkinesis: A controlled double-blind experiment. *Pediatrics*, **58**, 154-166.
Cook, P. S., & Woodhill, J. M. (1976). The Feingold dietary treatment of the hyperkinetic syndrome. *Medical Journal of Australia*, **2**, 85-90.
Dujovne, V. F., Barnard, M. U., & Rapoff, M. A. (1995). Pharmacological and cognitive-behavioral approaches in the treatment of childhood depression: A review and critique. *Clinical Psychology Review*, **15**, 589-611.
DuPaul, G. J., & Ervin, R. A. (1996). Functional assessment of behaviors related to attention deficit hyperactivity disorder: Linking assessment to intervention design. *Behavior Therapy*, **27**, 601-622.
DuPaul, G. J., & Henningson, P. N. (1993). Peer tutoring effects on the classroom performance of children with attention deficit hyperactivity disorder. *School Psychology Review*, **22**, 134-143.
DuPaul, G. J., & Stoner, G. (1994). *ADHD in the schools: Assessment and intervention strategies*. New York: Guilford Press.
Dykman, K. D., & Dykman, R. A. (1998). Effect of nutritional supplements on attention-deficit hyperactivity disorder. *Integrative Physiological and Behavioral Science*, **33**(1), 49-60.
Edwards, L., Salant, V., Howard, V. F., Brougher, J., & McLaughlin, T. F. (1995). Effectiveness of self-management on attentional behavior and reading comprehension for children with attention deficit disorder. *Child and Family Behavior Therapy*, **17**(2), 1-17.

Feingold, B. F. (1973). *Introduction to clinical allergy*. Springfield, IL: Charles C Thomas.
Feingold, B. F. (1975a). Hyperkinesis and learning disabilities linked to artificial food flavors and colors. *American Journal of Nursing*, **75**, 797-803.
Feingold, B. F. (1975b). *Why your child is hyperactive*. New York: Random House.
Feingold, B. F. (1976). Hyperkinesis and learning disabilities linked to the ingestion of artificial food colors and flavors. *Journal of Learning Disabilities*, **9**, 19-27.
Fergusson, D. M., Fergusson, I. E., Horwood, L. J., & Kinzett, N. G. (1988). A longitudinal study of dentine lead levels, intelligence, school performance, and behaviour. *Journal of Child Psychology and Psychiatry*, **29**, 811-824.
Gittleman-Klein, R. (1974). Pilot clinical trial of imipramine in hyperkinetic children. In C. K. Conners (Ed.), *Clinical use of stimulant drugs in children* (pp. 192-201). The Hague, Netherlands: Excerpta Medica.
Goldstein, S., & Ingersoll, B. (1993). Controversial treatments for children with ADHD and impulse disorders. In L. F. Koziol & C. E. Stout (Eds.), *Handbook of childhood impulse disorders and ADHD: Theory and practice* (pp. 144-160). Springfield, IL: Charles C Thomas.
Harley, J. P., & Matthews, C. G. (1978). The Feingold hypothesis: Current studies. *Contemporary Nutrition*, **3**, 171-173.
Henggeler, S. W., Melton, G. B., & Smith, L. A. (1992). Family preservation using multisystemic therapy: An effective alternative to incarcerating serious juvenile offenders. *Journal of Consulting and Clinical Psychology*, **60**, 953-961.
Hinshaw, S. P. (1994). *Attention deficits and hyperactivity in children* (Vol. 29). Thousand Oaks, CA: Sage.
Hinshaw, S. P., Buhrmester, D., & Heller, T. (1989). Anger control in response to verbal provocation: Effects of stimulant medication for boys with ADHD. *Journal of Abnormal Child Psychology*, **17**(4), 393-407.
Hinshaw, S. P., Heller, T., & McHale, J. P. (1992). Covert antisocial behavior in boys with attention deficit hyperactivity disorder: External validation and effects of methylphenidate. *Journal of Consulting and Clinical Psychology*, **60**, 274-281.
Hinshaw, S. P., Henker, B., & Whalen, C. K. (1984). Self-control in hyperactive boys in anger-inducing situations: Effects of cognitive-behavioral training and of methylphenidate. *Journal of Abnormal Child Psychology*, **12**(1), 55-77.
Hinshaw, S. P., Henker, B., Whalen, C. K., Erhardt, D., & Dunnington, R. E. (1989). Aggressive, prosocial, and nonsocial behavior in hyperactive boys: Dose effects of methylphenidate in naturalistic settings. *Journal of Consulting and Clinical Psychology*, **57**, 636-643.
Hinshaw, S. P., March, J. S., Abikoff, H., Arnold, L. W., Cantwell, D. P., Conners, G. K., Elliott, G. R., Halperin, J., Greenhill, L. L., Hechtman, L. T., Hoza, B., J ensen, P. S., Newcorn, J. H., McBurnett, K., Pelham, W. E., Richters, J. E., Severe, J. B., Schiller, E., Swanson, J., Vereen, D., Wells, K., & Wigal, T. (1997). Comprehensive assessment of childhood attention-deficit hyperactivity disorder in the context of a multisite, multimodal clinical trial. *Journal of Attention Disorders*, **1**, 217-234.
Holborow, P., Elkins, J., & Berry, P. (1981). The effect of the Feingold diet on "normal" school children. *Journal of Learning Disabilities*, **14**, 143-147.
Hunt, R. D., Minderaa, R. B., & Cohen, D. J. (1985). Clonidine benefits children with attention deficit disorder and hyperactivity: Report of a double-blind placebo-crossover therapeutic trial. *Journal of the American Academy of Child and Adolescent Psychiatry*, **24**, 617-629.
Ingram, S., Hechtman, L., & Morgenstern, G. (1999). Outcome issues in ADHD: Adolescent and adult long-term outcome. *Mental Retardation and Developmental Disabilities Research Reviews*, **5**, 243-250.
Kaduson, H. G. (1997). Play therapy for children with attention-deficit hyperactivity disorder. In H. Kaduson (Ed.), *The playing cure: Individualized play therapy for specific childhood problems* (pp. 197-227). Northvale, NJ: Aronson.
Kavale, K. A., & Forness, S. R. (1983). Hyperactivity and diet treatment: A meta-analysis of the Feingold hypothesis. *Journal of Learning Disabilities*, **16**, 324-330.
Kazdin, A. E. (1999). Current (lack of) status of theory in child and adolescent psychotherapy research. *Journal of Clinical Child Psychology*, **28**, 533-543.
Kazdin, A. E., Esveldt-Dawson, K., French, N. H., & Unis, A. S. (1987). Effects of parent management training and problem-solving skills training combined in the treatment of antisocial child behavior. *Journal of the American Academy of Child and Adolescent Psychiatry*, **26**, 416-424.

Keane, T. M. (1997). Psychological and behavioral treatment of post-traumatic stress disorder (PTSD). In P. Nathan & J. Gorman (Eds.), *Guide to treatments that work* (pp. 398-407). Oxford: Oxford University Press.

Kendall, P. C., & Gosch, E. A. (1994). Cognitive-behavioral interventions. In T. H. Ollendick, N. J. King, & W. Yule (Eds.), *International handbook of phobic and anxiety disorders in children and adolescents* (pp. 415-438). New York: Plenum Press.

Kershner, J., & Hawke, W. (1979). Megavitamins and learning disorders: A controlled double-blind experiment. *Journal of Nutrition*, **159**, 819-826.

Kline, J. P., Brann, C. N., & Loney, B. R. (2002). A cacophony in the brainwaves: A critical appraisal of neurotherapy for attention-deficit disorders. *Scientific Review of Mental Health Practice*, **1**, 44-54.

Lilienfeld, S. O., & Waldman, I. D. (1990). The relation of childhood attention deficit hyperactivity disorder and adult antisocial behavior reexamined: The problem of heterogeneity. *Clinical Psychology Review*, **10**, 699-725.

Lochman, J. E. (1992). Cognitive-behavioral intervention with aggressive boys: Three-year follow up and preventive effects. *Journal of Consulting and Clinical Psychology*, **60**, 426-432.

Lochman, J. E., & Lenhart, L. A. (1993). Anger coping intervention for aggressive children: Conceptual models and outcome effects. *Clinical Psychology Review*, **13**, 785-805.

Lohr, J. M., Tolin, D. F., & Lilienfeld, S. O. (1998). Efficacy of eye movement desensitization and reprocessing: Implications for behavior therapy. *Behavior Therapy*, **29**, 123-156.

Lonigan, C., Elbert, J. C., & Johnson, S. B. (1998). Empirically supported psychosocial interventions for children: An overview. *Journal of Clinical Child Psychology*, **27**(2), 138-145.

Lubar, J. F., & Shouse, M. N. (1977). Use of biofeedback in the treatment of seizure disorders and hyperactivity. In B. B. Lahey & A. E. Kazdin (Eds.), *Advances in clinical child psychology* (Vol. 1, pp. 203-265). New York: Plenum Press.

Mattes, J. A. (1983). The Feingold diet: A current reappraisal. *Journal of Learning Disabilities*, **16**, 319-323.

Mattes, J. A., & Gittleman-Klein, R. (1978). A crossover study of artificial food colorings in a hyperkinetic child. *American Journal of Psychiatry*, **135**, 987-988.

Meichenbaum, D., & Goodman, J. (1971). Training impulsive children to talk to themselves: A means of developing self-control. *Journal of Abnormal Psychology*, **77**, 115-126.

Milich, R., Wolraich, M., & Lindgren, S. (1986). Sugar and hyperactivity: A critical review of empirical findings. *Clinical Psychology Review*, **6**, 493-513.

MTA Cooperative Group. (1999a). A 14-month randomized clinical trial of treatment strategies for attention-deficit/hyperactivity disorder. *Archives of General Psychiatry*, **56**, 1073-1086.

MTA Cooperative Group. (1999b). Moderators and mediators of treatment response for children with attention-deficit/hyperactivity disorder. *Archives of General Psychiatry*, **56**, 1088-1096.

National Institute of Mental Health (1996). *Unpublished findings from conference on Alternative Pharmacology of ADHD*. Washington, DC: Author.

Nemzer, E., Arnold, L. E., Votolato, N. A., & McConnell, H. (1986). Amino acid supplementation as therapy for attention deficit disorder (ADD). *Journal of the American Academy of Child Psychiatry*, **25**, 509-513.

Nichols, S. G., & Waschbusch, D. A. (2002). *Ecological validity of laboratory measures of attention-deficit/hyperactivity disorder: What have we learned in the last decade?* Manuscript submitted for publication.

O'Leary, K. D., Pelham, W. E., Rosenbaum, A., & Price, G. H. (1976). Behavioral treatment of hyperkinetic children: An experimental evaluation of its usefulness. *Clinical Pediatrics*, **15**(6), 510-515.

Pelham, W. E. (1993). Pharmacotherapy for children with attention-deficit hyperactivity disorder. *School Psychology Review*, **22**(2), 199-227.

Pelham, W. E. (1999). The NIMH multimodal treatment study for ADHD: Just say yes to drugs? *Clinical Child Psychology Newsletter*, **14** (Summer), 1-6.

Pelham, W. E. (2000). Implications of the MTA study for behavioral and combined treatments. *ADHD Report*, 9-13, 16.

Pelham, W. E., Carlson, C., Sams, S. E., Vallano, G., Dixon, M. J., & Hoza, B. (1993). Separate and combined effects of methylphenidate and behavior modification on boys with attention-deficit hyperactivity disorder in the classroom. *Journal of Consulting and Clinical Psychology*, **61**, 506-515.

Pelham, W. E., Gnagy, E. M., Greiner, A. R., Hoza, B., Hinshaw, S. P., Swanson, J. M., Simpson, S., Shapiro, C., Buckstein, O., & Baron-Mayak, C. (2000). Behavioral vs. behavioral and pharmacological treatment in

ADHD children attending a summer treatment program. *Journal of Abnormal Child Psychology*, **28**, 507-525.

Pelham, W. E., Greiner, A. R., Gnagy, E. M., Hoza, B., Martin, L., Sams, S. E., & Wilson, T. (1996). Intensive treatment for ADHD: A model summer treatment program. In M. Roberts & A. LaGreca (Eds.), *Model programs for service delivery for child and family mental health* (pp. 193-212). Hillsdale, NJ: Erlbaum.

Pelham, W. E., & Hoza, B. (1996). Intensive treatment: A summer treatment program for children with ADHD. In E. Hibbs & P. Jensen (Eds.), *Psychosocial treatments for child and adolescent disorders: Empirically based strategies for clinical practice* (pp. 311-340). New York: APA Press.

Pelham, W. E., & Milich, R. (1991). Individualized differences in response to ritalin in classwork and social behavior. In L. L. Greenhill & B. B. Osman (Eds.), *Ritalin: Theory and patient management* (pp. 203-221). New York: Mary Ann Liebert.

Pelham, W. E., & Murphy, A. (1986). Attention deficit and conduct disorders. In M. Hersen (Ed.), *Pharmacological and behavioral treatment: An integrative approach* (pp. 108-148). New York: Wiley.

Pelham, W. E., Schnedler, R. W., Bender, M. E., Nilsson, D. E., Miller, J., Budrow, M. S., Ronnei, J., Paluchoswki, C., & Marks, D. A. (1988). The combination of behavior therapy and methylphenidate in the treatment of attention deficit disorders: A therapy outcome study. In L. Bloomingdale (Ed.), *Attention deficit disorders III: New research in attention, treatment, and psychopharmacology* (pp.29-48). London: Pergamon.

Pelham, W. E., & Waschbusch, D. A. (1999). Behavioral intervention in ADHD. In H. C. Quay & A. E. Hogan (Eds.), *Handbook of disruptive behavior disorders* (pp. 255-278). New York: Plenum Press.

Pelham, W. E., Wheeler, T., & Chronis, A. (1998). Empirically supported psychosocial treatment for attention deficit hyperactivity disorder. *Journal of Clinical Child Psychology*, **27**(2), 190-205.

Rapp, D. J. (1978). Does diet affect hyperactivity? *Journal of Learning Disabilities*, **11**, 56-62.

Rapport, M., Carlson, G., Kelly, K., & Pataki, C. (1993). Methylphenidate and desipramine in hospitalized children: Separate and combined effects on cognitive function. *Journal of the American Academy of Child and Adolescent Psychiatry*, **32**, 333-342.

Reichenberg-Ullman, J., & Ullman, R. (1996). *Ritalin free kids: Safe and effective homeopathic medicine for ADD and other learning problems* [On-line]. Available: www.healthy.net/othersites/Rbullman/books.htm

Reuter Media News. (2000). *Supplement marketer made false claims about treating ADHD* [On-line]. Available: www.medscape.com/reuters/prof/2000/08/08.17/ 20000817leg1004.html

Richters, J. E., Arnold, L. E., Jensen, P. S., Abikoff, H., Conners, C. K., Greenhill, L. L., Hechtman, L., Hinshaw, S. P., Pelham, W. E., & Swanson, J. M. (1995). NIMH collaborative multisite multimodal treatment study of children with ADHD: I. Background and rationale. *Journal of the American Academy of Child and Adolescent Psychiatry*, **34**, 987-1000.

Rimland, B. (1983). The Feingold diet: An assessment of the reviews by Mattes, by Kavale and Forness and others. *Journal of Learning Disabilities*, **16**, 331-333.

Robins, J. (1998, May/June). Wired for miracles? *Psychology Today*, **31**, 41-44.

Rossiter, T. R., & LaVaque, T. J. (1995). A comparison of EEG biofeedback and psychostimulants in treating attention deficit/hyperactivity disorders. *Journal of Neurotherapy*, **1**, 48-59.

Rowe, K. S. (1988). Synthetic food colorings and hyperactivity: A double-blind crossover study. *Australian Pediatric Journal*, **24**, 143-147.

Rowe, K. S., & Rowe, K. J. (1994). Synthetic food coloring and behavior: A dose-response effect in a double-blind, placebo-controlled, repeated-measures study. *Journal of Pediatrics*, **125**, 691-698.

Safer, D. J., & Krager, J. M. (1988). A survey of medication treatment for hyperactive/inattentive students. *Journal of the American Medical Association*, **260**, 2256-2258.

Safer, D. J., & Krager, J. M. (1994). The increased rate of stimulant treatment for hyperactive/inattentive students in secondary schools. *Pediatrics*, **94**(4), 462-464.

Seay, B. (1999). *A choreographed campaign of misinformation* [On-line]. Available: http://add.about.com/health/add/library/weekly/aa062299.htm

Shapiro, F. (1989). Eye movement desensitization: A new treatment for post-traumatic stress disorder. *Journal of Behavior Therapy and Experimental Psychiatry*, **20**, 211-217.

Shapiro, F (1995). *Eye movement desensitization and reprocessing: Basic principles, protocols, and procedures*. New York: Guilford Press.

Shaywitz, B. A., Sullivan, C. M., Anderson, G. M., Gillespie, S. M., Sullivan, B., & Shaywitz, S. E. (1994).

Aspartame, behavior, and cognitive function in children with attention deficit disorder. *Pediatrics*, **93**, 70-75.

Smith, L. (1975). *Your child's behavior chemistry*. New York: Random House.

Spencer, T. J., Biederman, J., & Wilens, T. (1998). Pharmacotherapy of ADHD with antidepressants. In R. A. Barkley (Ed.), *Attention-deficit hyperactivity disorder: A handbook for diagnosis and treatment* (2nd ed., pp. 552-563). New York: Guilford Press.

Stein, T. P., & Sammaritano, A. M. (1984). Nitrogen metabolism in normal and hyperkinetic boys. *American Journal of Clinical Nutrition*, **39**, 520-524.

Sternberg, E. M. (1996). Pathogenesis of L-tryptophan eosinophilia-myalgia syndrome. *Advances in Experimental Medicine and Biology*, **398**, 325-330.

Stine, J. J. (1976). Symptom alleviation in the hyperactive child by dietary modification: A report of two cases. *American Journal of Orthopsychiatry*, **46**, 637-647.

Swanson, J. M. (1992). *School based assessments and interventions for ADD students*. Irvine, CA: K. C. Publishing.

Swanson, J. M., McBurnett, K., Christian, D. L., & Wigal, T. (1995). Stimulant medications and the treatment of children with ADHD. In T. H. Ollendick & J. R. Prinz (Eds.), *Advances in clinical child psychology* (Vol. 17, pp. 265-322). New York: Plenum Press.

Tinker, R. H., & Wilson, S. A. (1999). *Through the eyes of a child: EMDR with children*. New York: Norton.

Wadhwani, S., Radvanski, D. C., & Carmody, D. P. (1998). Neurofeedback training in a case of attention deficit hyperactivity disorder. *Journal of Neurotherapy*, **3**, 42-49.

Waschbusch, D. A. (2002). A meta-analytic examination of comorbid hyperactive- impulsive-inattention problems and conduct problems. *Psychological Bulletin*, **128**, 118-150.

Waschbusch, D. A., Kipp, H. L., & Pelham, W. E. (1998). Generalization of behavioral and psychostimulant treatment of attention deficit/hyperactivity disorder (ADHD): Discussion and case study examples. *Behavior Research and Therapy*, **36**, 675-694.

Weiss, B. (1982). Food additives and environmental chemicals as sources of childhood behavior disorders. *Journal of the American Academy of Child Psychiatry*, **21**, 144-152.

Weiss, G., & Hechtman, L. T. (1993). *Hyperactive children grown up: ADHD in children, adolescents, and adults*. New York: Guilford Press.

Weisz, J. R. (2000). Lab-clinic differences and what we can do about them: II. Linking research and practice to enhance public impact. *Clinical Child Psychology Newsletter*, **15**, 1-4, 9.

Werry, J. (1980). Imipramine and methylphenidate in hyperactive children. *Journal of Child Psychology and Psychiatry*, **21**, 27-35.

Wolraich, M. L. (1988). Aspartame and behavior in children. In R. J. Wurtman & E. Ritter-Walker (Eds.), *Dietary phenylalanine and brain function* (pp. 201-206). Boston: Birkhauser.

Wolraich, M. L., Lindgren, S. D., Stumbo, P. J., Stegnik, L. D., Applebaum, M. I., & Kiritsy, M. C. (1994). Effects of diets high in sucrose or aspartame on the behavior and cognitive performance of children. *New England Journal of Medicine*, **330**, 301-307.

Wood, D. R., Reimherr, F. W., & Wender, P. H. (1985). Amino acid precursors for the treatment of attention-deficit disorder, residual type. *Psychopharmacology Bulletin*, **21**, 146-149.

Zametkin, A. J., Karoum, F., & Rapaport, J. (1987). Treatment of hyperactive children with d-phenylalanine. *American Journal of Psychiatry*, **144**, 792-794.

Zentall, S. (1993). Research on the educational implications of attention deficit hyperactivity disorder. *Exceptional Children*, **60**(2), 143-153.

13장

Aman, M. G., & Armstrong, S. A. (2000). Regarding secretin for treating autistic disorder. *Journal of Autism and Developmental Disorders*, **30**, 71-72.

Aman, M. G., Van Bourgondien, M. E., Wolford, P. L., & Sarphare, G. (1995). Psychotropic and anticonvulsant drugs in subjects with autism: Prevalence and patterns of use. *Journal of the American Academy for Child and Adolescent Psychiatry*, **34**(12), 1672-1681.

American Psychiatric Association. (1994). *Diagnostic and statistical manual of mental disorders* (4th ed.). Washington, DC: Author.

Anderson, S., & Romanczyk, R. G. (2000). Early intervention for young children with autism: Continuum based behavioral models. *Journal of the Association for Persons with Severe Handicaps*, **24**(3), 162-173.

Anderson, S. R., Avery, D. L., DiPietro, E. K., Edwards, G. L., & Christian, W. P. (1987). Intensive home-based early intervention with autistic children. *Education and Treatment of Children*, **10**, 352-366.

Anderson, S. R., Campbell, S., & O'Malley Cannon, B. (1994). The May Center for Early Childhood Education. In S. L. Harris & J. S. Handleman (Eds.), *Preschool education programs for children with autism* (pp. 15-36). Austin, TX: Pro-Ed.

Arendt, R. E., MacLean, W. E., & Bandmaster, A. A. (1988). Critique of sensory integration therapy and its application in mental illness. *American Journal on Mental Retardation*, **92**, 401-411.

Ayres, A. J. (1972). *Sensory integration and learning disorders*. Los Angeles, CA: Western Psychological Services.

Ayres, A. J. (1979). *Sensory integration and the child*. Los Angeles, CA: Western Psychological Services.

Ayres, A. J. (1989). *Sensory integration and praxis tests*. Los Angeles, CA: Western Psychological Services.

Ayres, A. J., & Tickle, L. S. (1980). Hyper-responsivity to touch and vestibular stimuli as a predictor of positive response to sensory integration procedures by autistic children. *American Journal of Occupational Therapy*, **34**, 375-381.

Bebko, J. M., Perry, A., & Bryson, S. (1996). Multiple method validation study of facilitated communication: II. Individual differences and subgroup results. *Journal of Autism and Developmental Disorders*, **26**(1), 19-42.

Beck, A. R., & Pirovano, C. M. (1996). Facilitated communicators' performance on a task of receptive language. *Journal of Autism and Developmental Disorders*, **26**(5), 497-512.

Berkell, D., Malgeri, S., & Streit, M. K. (1996). Auditory integration training for individuals with autism. *Education and Training in Mental Retardation and Developmental Disabilities*, **31**(1), 66-70.

Berkell Zager, D. (Ed.). (1999). *Autism: Identification, education, and treatment* (2nd ed.). Hillsdale, NJ: Erlbaum.

Bettison, S. (1996). The long-term effects of auditory integration training on children with autism. *Journal of Autism and Developmental Disorders*, **26**(3), 361-374.

Biklen, D. (1990a). Communication unbound: Autism and praxis. *Harvard Educational Review*, **60**(3), 291-314.

Biklen, D. (1990b). *Information packet on facilitated communication*. Syracuse, NY: Syracuse University.

Birnbrauer, J. S., & Leach, D. J. (1993). The Murdock Early Intervention Program after 2 years. *Behaviour Change*, **10**, 63-74.

California Department of Developmental Services. (1999). *A report to the legislature: Changes in the population of persons with autism and pervasive developmental disorders in California's Developmental Services system: 1987 through 1998*. Sacramento: California Health and Human Services Agency.

Chakrabarti, S., & Fombonne, E. (2001). Pervasive developmental disorders in preschool children. *Journal of the American Medical Association*, **285**, 3093-3099.

Chez, M. G., Buchanan, C. P., Bagan, B. T., Hammer, M. S., McCarthy, K. S., Ovrutskaya, I., Nowinski, C. V., & Cohen, Z. S. (2000). Secretin and autism: A two-part clinical investigation. *Journal of Autism and Developmental Disorders*, **30**, 87-94.

Cochran, M., Esteban, S., & Romanczyk, R. (1998). *Diagnostic and assessment instruments for autism: A review of recent journal publications*. Paper presented at the 24th Annual Convention of the Association for Behavior Analysis, Orlando, FL.

Cohen, D. J., & Volkmar, F. R. (Eds.). (1997). *Handbook of autism and pervasive developmental disorders* (2nd ed.). New York: Wiley.

Cohen, I. R., Schmidt-Lackner, S., Romanczyk, R. G., & Sudhalter, V. (2003). The PDD Behavior Inventory: A rating scale for assessing response to intervention in children with PDD. *Journal of Autism and Developmental Disabilities*.

Cook, D. A. (1990). A sensory approach to the treatment and management of children with autism. *Focus on Autistic Behavior*, **5**, 1-19.

Corbett, B., Khan, K., Czapansky-Beilman, D., Brady, N., Dropik, P., Zelinsky-Goldman, D., Delaney, K., Sharp, H., Mueller, I., Shapiro, E., & Ziegler, R. (2001). A double-blind, placebo-controlled crossover study investigating the effect of porcine secretin in children with autism. *Clinical Pediatrics*, **40**, 327-333.

Cummins, R. A., & Prior, M. P. (1992). Autism and assisted communication: A response to Biklen. *Harvard Educational Review*, **62**(2), 228-241.

Dawson, G., & Osterling, J. (1997). Early intervention in autism: Effectiveness and common elements of current approaches. In M. J. Guralnick (Eds.), *The effectiveness of early intervention: Second generation research* (pp. 307-326). Baltimore: Paul H. Brookes.

Dayan, J., & Minnes, P. (1995). Ethical issues related to the use of facilitated communication techniques with persons with autism. *Canadian Psychology,* **36**, 183-189.

Delmolino, L. M., & Romanczyk, R. G. (1995). Facilitated communication: A critical review. *Behavior Therapist,* **18**(2), 27-30.

Duchan, J. F. (1995). The role of experimental research in validating facilitated communication: A reply. *Journal of Speech and Hearing Research,* **38**, 206-210.

Edelson, S., Arin, D., Bauman, M., Lukas, S., Rudy, J., Sholar, M., & Rimland, B. (1999). Auditory integration training: A double-blind study of behavioral and electrophysiological effects in people with autism. *Focus on Autism and Other Developmental Disabilities,* **14**(2), 73-81.

Edelson, S. M., Rimland, B., Berger, C. L., & Billings, D. (1998). Evaluation of a mechanical hand-support for facilitated communication. *Journal of Autism and Developmental Disorders,* **28**(2), 153-157.

Esteban, S. E., Cochran, M. L., Valluripalli, L., Arnstein, L., & Romanczyk, R. G. (1999, May). *Assessment instruments used with children with autism: Recommendations for research and practice.* Paper presented at the 25th Annual Convention of the Association for Behavior Analysis, Chicago.

Findling, R. L., Maxwell, K., Scotese-Wojtila, L., Huang, J., Yamashita, T., & Wiznitzer, M. (1997). High-dose pyridoxine and magnesium administration in children with autistic disorder: An absence of salutary effects in a double-blind, placebo-controlled study. *Journal of Autism and Developmental Disorders,* **27**(4), 467-478.

Fombonne, E. (1999). The epidemiology of autism: A review. *Psychological Medicine,* **29**, 769-786.

Gillberg, C., Johansson, M., & Steffenberg, S. (1997). Auditory integration training in children with autism: Brief report of an open pilot study. *Autism,* **1**, 97-100.

Green, G. (1996). Evaluating claims about treatments for autism. In C. Maurice, G. Greene, & S. C. Luce (Eds.), *Behavioral intervention for young children with autism* (pp. 15-28). Austin, TX: Pro-Ed.

Greenspan, S., & Wieder, S. (1997). Developmental patterns and outcomes in infants and children with disorders in relating and communicating: A chart review of 200 cases of children with autistic spectrum disorder. *The Journal of Developmental and Learning Disorders,* **1**, 87-141.

Greenspan, S., & Wieder, S. (1998). *The child with special needs: Encouraging intellectual and emotional growth.* Reading, MA: Addison Wesley Longman.

Greenspan, S., & Wieder, S. (1999). A functional developmental approach to autism spectrum disorders. *Journal of the Association for Persons with Severe Handicaps,* **24**(3), 147-161.

Greenspan, S. I. (2001). Children with autistic spectrum disorders: Individual differences, affect, interaction, and outcomes. *Psychoanalytic Inquiry,* **20**, 675-703.

Griffer, M. R. (1999). Is sensory integration effective for children with language-learning disorders? A critical review of the evidence. *Language, Speech, and Hearing Services in Schools,* **20**, 393-400.

Gualtieri, T., Evans, R. W., & Patterson, D. R. (1987). The medical treatment of autistic people: Problems and side effects. In E. Shopler & G. B. Mesibov (Eds.), *Neurobiological issues in autism* (pp. 373-388). New York: Plenum Press.

Handleman, J. S., & Harris, S. L. (2000). The Douglass Developmental Disabilities Center. In S. L. Harris & J. S. Handleman (Eds.), *Preschool education programs for children with autism* (2nd ed., pp. 71-86). Austin, TX: Pro-Ed.

Harris, S. L., & Handleman, J. S. (2000). *Preschool education programs for children with autism* (2nd ed.). Austin, TX: Pro-Ed.

Herbert, J. D., Sharp, I. R., & Gaudiano, B. A. (2002). Separating fact from fiction in the etiology and treatment of autism: A scientific review of the evidence. *Scientific Review of Mental Health Practice,* **1**, 23-43.

Hersen, M., & Barlow, D. (1981). *Single case experimental designs.* New York: Pergamon.

Hoehn, T. P., & Bandmaster, A. A. (1994). A critique of the application of sensory integration therapy to children with learning disabilities. *Journal of Learning Disabilities,* **27**, 338-350.

Horvath, K., Papadimitriou, J. C., Rabsztyn, A., Drachenberg, C., & Tildon, J. T. (1999). Gastrointestinal abnormalities in children with autistic disorder. *Journal of Pediatrics,* **135**, 559-563.

Horvath, K., Stefanatos, G., Sokolski, K. N., Wachtel, R., Nabors, L., & Tildon, J. T. (1998). Improved social and language skills after secretin administration in patients with autistic spectrum disorders. *Journal of the*

Association for Academic Minority Physicians, 9(1), 9-15.

Howlin, P. (1997). When is a significant change not significant? [Letter to the editor]. Journal of Autism and Developmental Disorders, 27(3), 347-348.

Jacobson, J. W., & Mulick, J. A. (1992). Speak for yourself, or . . . I can't quite put my finger on it! Psychology in Mental Retardation and Developmental Disabilities, 17(3), 3-7.

Kaplan, R. (Producer). (1992, February). Free from silence. In Prime time live. New York: ABC News.

Kerrin, R. G., Murdock, J. Y., Sharpton, W. R., & Jones, N. (1998). Who's doing the pointing? Investigating facilitated communication in a classroom setting with students with autism. Focus on Autism and Other Developmental Disabilities, 13(2), 73-79.

Kezuka, E. (1997). The role of touch in facilitated communication. Journal of Autism and Developmental Disorders, 27(5), 571-593.

Kozlowski, B. W. (1992). Megavitamin treatment of mental retardation in children: A review of effects on behavior and cognition. Journal of Child and Adolescent Psychopharmacology, 2(4), 307-320.

Larson, J. (Producer). (1998, October 7). Autism: A new cure? A report on a possible new cure for autism. In Dateline. New York: NBC.

Lelord, G., Muh, J. P., Barthelemy, C., Martineau, J., Garreau, B., & Callaway, E. (1981). Effects of pyridoxine and magnesium on autistic symptoms: Initial observations. Journal of Autism and Developmental Disorders, 11(2), 481-493.

Lovaas, O. I. (1987). Behavioral treatment and normal educational and intellectual functioning in young autistic children. Journal of Consulting and Clinical Psychology, 55, 3-9.

Lucarelli, S., Frediani, T., Singoni, A. M., Ferruzzi, F., Giardi, O., Quintieri, F., Barbat, M., D'eufemia, P., & Cardi, E. (1995). Food allergy and infantile autism. Panminerva Medica, 37, 137-141.

Marino, L., & Lilienfeld, S. O. (1998). Dolphin-assisted therapy: Flawed data, flawed conclusions. Anthrozoos, 11(4), 194-200.

Martineau, J., Barthelemy, C., Callaway, E., Garreau, B., & Lelord, G. (1981). Effects of vitamin B6 on averaged evoked potentials in infantile autism. Biological Psychiatry, 7, 627-641.

Martineau, J., Barthelemy, C., Garreau, B., & Lelord, G. (1985). Vitamin B6, magnesium, and combined B6-Mg: Therapeutic effects in childhood autism. Biological Psychiatry, 20, 467-478.

Martineau, J., Barthelemy, C., Roux, S., Garreau, B., & Lelord, G. (1989). Electrophysiological effects of fenfluramine or combined vitamin B6 and magnesium on children with autistic behavior. Developmental Medicine and Child Neurology, 31, 721-727.

Matson, J. L. (Ed.). (1994). Autism in children and adults. Pacific Grove, CA: Brookes Cole.

Matson, J. L., Benavidez, D. A., Compton, L. S., Paclawskyj, T., & Baglio, C. (1996). Behavioral treatment of autistic persons: A review of research from 1980 to the present. Research in Developmental Disabilities, 17, 433-465.

McClanahan, L., & Krantz, P. (2000). The Princeton Child Development Institute. In S. L. Harris & J. S. Handleman (Eds.), Preschool education programs for children with autism (2nd ed., pp. 191-213). Austin, TX: Pro-Ed.

McEachin, J. J., Smith, T., & Lovaas, O. I. (1993). Long-term outcome for children with autism who received early intensive behavioral treatment. American Journal on Mental Retardation, 97(4), 359-372.

Mostert, M. P. (2001). Facilitated communication since 1995: A review of published studies. Journal of Autism and Developmental Disorders, 31, 287-313.

Mudford, O. C., Cross, B. A., Breen, S., Cullen, C., Reeves, D., Gould, J., & Douglas, J. (2000). Auditory integration training for children with autism: No behavioral benefits detected. American Journal of Mental Retardation, 105, 118-129.

Nathanson, D. E. (1998). Long-term effectiveness of dolphin-assisted therapy for children with severe disabilities. Anthrozoos, 11 (1), 22-32.

National Research Council, Committee on Educational Interventions for Children with Autism, Division of Behavioral and Social Sciences and Education. (2001). Educating children with autism. Washington, DC: National Academies Press.

New York State Department of Health, Early Intervention Program. (1999a). Clinical practice guideline: Report of the recommendations. Autism/PDD, assessment and intervention in young children (age 0-3 years) (No. 4216). Albany, NY: Author.

New York State Department of Health, Early Intervention Program. (1999b). *Clinical practice guideline: Guideline technical report. Autism/pervasive developmental disorders, assessment and intervention for young children (ages 0-3 years)* (No. 4217). Albany, NY: Author.

Olley, G., & Gutentag, S. S. (1999). Autism: Historical overview, definition, and characteristics. In D. Berkell Zager (Ed.), *Autism: Identification, education, and treatment* (2nd ed., pp. 3-22). Hillsdale, NJ: Erlbaum.

Olsen, M. (Producer). (1999, December). A voice within. In *CNN and TIME*. Atlanta, GA: Cable News Network.

Owley, T., McMahon, W., Cook, E. H., Laulhere, T., South, M., Mays, L. Z., Shernoff, E., Lainhart, J., Modahl, C. B., Corsello, C., Ozonoff, S., Risi, S., Lord, C., Leventhal, B. L., & Filipek, P. A. (2001). Multisite, double-blind, placebo-controlled trial of porcine secretin in autism. *Journal of the American Academy of Child and Adolescent Psychiatry*, **40**, 1293-1299.

Palfreman, J. (Producer). (1993, October). Prisoners of silence. In *Frontline*. Alexandria, VA: Public Broadcasting Services.

Pauling, L. (1968). On the orthomolecular environment of the mind: Orthomolecular theory. *American Journal of Psychiatry*, **131**, 1251-1257.

Perry, A., Bryson, S., & Bebko, J. (1998). Brief report: Degree of facilitator influence in facilitated communication as a function of facilitator characteristics, attitudes, and beliefs. *Journal of Autism and Developmental Disorders*, **28**(1), 87-90.

Pfeiffer, S. I., Norton, J., Nelson, L., & Shott, S. (1995). Efficacy of Vitamin B6 and magnesium in the treatment of autism: A methodology review and summary of outcomes. *Journal of Autism and Developmental Disorders*, **25**(5), 481-493.

Powell, J. E., Edwards, A., Edwards, M., Pandit, B. S., Sungum-Paliwal, S. R., & Whitehouse, W. (2000). Changes in the incidence of childhood autism and other autistic spectrum disorders in preschool children from two areas of the West Midlands, UK. *Developmental Medicine and Child Neurology*, **42**, 624-628.

Powers, M. D., & Handleman, J. S. (1984). *Behavioral assessment of severe developmental disabilities*. Rockville, MD: Aspen Systems.

Regal, R. A., Rooney, J. R., & Wandas, T. (1994). Facilitated communication: An experimental evaluation. *Journal of Autism and Developmental Disorders*, **24**(3), 345-355.

Reichelt, K. L., Ekrem, J., & Scott, H. (1990). Gluten, milk proteins and autism: Dietary intervention effects on behavior and peptide secretion. *Journal of Applied Nutrition*, **42**, 1-9.

Rimland, B. (1987). Megavitamin B6 and magnesium in the treatment of autistic children and adults. In E. Shopler & G. B. Mesibov (Eds.), *Neurobiological issues in autism* (pp. 389-405). New York: Plenum Press.

Rimland, B. (1998). The use of vitamin B6, magnesium, and DMG in the treatment of autistic children and adults. In W. Shaw (Ed.), *Biological treatments for autism and PDD: What's going on? What can you do about it?* (pp. 176-195). Manhattan, KS: Sunflower Publications.

Rimland, B. (1999). Secretin update: The safety issue. *Autism Research Review International*, **13**, 1-2.

Rimland, B., Callaway, E., & Dryfus, P. (1978). The effects of high doses of vitamin B6 on autistic children. *American Journal of Psychiatry*, **135**, 472-475.

Rimland, B., & Edelson, S. (1995). Brief report: A pilot study of auditory integration training in autism. *Journal of Autism and Developmental Disorders*, **25**(1), 61-70.

Romanczyk, R. G. (1994). Autism. In V. S. Ramachandran (Ed.), *The encyclopedia of human behavior* (Vol. 1, pp. 327-336). San Diego, CA: Academic Press.

Romanczyk, R. G., Lockshin, S., & Navalta, C. (1994). Differential diagnosis of autism. In J. Matson (Ed.), *Autism in children and adults: Etiology, assessment, and intervention* (pp. 99-126). Pacific Grove, CA: Brookes/Cole.

Romanczyk, R. G., Matey, L., & Lockshin, S. B. (2000). The Children's Unit for Treatment and Evaluation. In S. L. Harris, & J. S. Handleman (Eds.), *Preschool education programs for children with autism* (2nd ed., pp. 49-94). Austin, TX: Pro-Ed.

Sandler, A. D., Sutton, K. A., DeWeese, J. D., Giardi, M. A., Sheppard, V., & Bodfish, J. W. (1999). Lack of benefit of a single dose of synthetic human secretin in the treatment of autism and pervasive developmental disorder. *New England Journal of Medicine*, **341**, 1801-1806.

Satcher, D. (1999). *Mental health: A report of the Surgeon General, 1999* [Online]. Available: http://www.surgeongeneral.gov/library/mentalhealth/chapter3/ sec6.html#autism

Schopler, E., & Mesibov, G. M. (Eds.). (1988). *Diagnosis and assessment in autism*. New York: Plenum Press.

Seroussi, K. (2000, February). We cured our son's autism. *Parents*, pp. 118-125.
Shaw, W. (1998). Abnormalities of the digestive system. In W. Shaw (Ed.), *Biological treatments for autism and PDD: What's going on? What can you do about it?* (pp. 124-138). Manhattan, KS: Sunflower Publications.
Sheinkopf, S. J., & Siegel, B. (1998). Home-based behavioral treatment of young children with autism. *Journal of Autism and Developmental Disorders, 38*, 15-23.
Siegel, B. (1995). Brief report: Assessing allegations of sexual molestation made through facilitated communication. *Journal of Autism and Developmental Disorders, 25*(3), 319-326.
Silliman, E. R. (1995). Issues raised by facilitated communication for theorizing and research on autism: Comments on Duchan's (1993) Tutorial. *Journal of Speech and Hearing Research, 38*, 200-206.
Smith, M. D., Hass, P. J., & Belcher, R. G. (1994). Facilitated communication: The effects of facilitator knowledge and level of assistance on output. *Journal of Autism and Developmental Disorders, 24*(3), 357-367.
Smith, T. (1996). Are other treatments effective? In C. Maurice, G. Greene, & S. C. Luce (Eds.), *Behavioral intervention for young children with autism* (pp. 45-62). Austin, TX: Pro-Ed.
Smith, T., Eikeseth, S., Klevstrand, M., & Lovaas, O. I. (1997). Intensive behavioral treatment for preschoolers with severe mental retardation and pervasive developmental disorder. *American Journal on Mental Retardation, 102*, 238-249.
Stehli, A. (1991). *The sound of a miracle*. New York: Doubleday.
Stokes, T. F., & Osnes, P. G. (1988). The developing applied technology of generalizaion and maintenance. In R. Homer, G. Dunlap, & R. L. Koegel (Eds.), *Generalization and maintenance: Life-style changes in applied settings*. Baltimore: Paul H. Brookes.
Tolbert, L., Haigler, T., Waits, M. M., & Dennis, T. (1993). Brief report: Lack of response in an autistic population to a low dose clinical trial of pyridoxine plus magnesium. *Journal of Autism and Developmental Disorder, 23*(1), 193-199.
Valluripalli, L., & Gillis, J. (2000, May). *Communication and language acquisition*. Paper presented at the meeting of the Association for Behavior Analysis, Washington, DC.
Wheeler, D. L., Jacobson, J. W., Paglieri, R. A., & Schwartz, A. A. (1992). *An experimental assessment of facilitated communication* (TR #92-TA1). Schenectady, NY: OD Heck/ER DDSO.
Woolf, S. H. (1991). *AHCPR interim manual for clinical practice guideline development* (Agency for Health Care Policy and Research, Public Health Service; AHCPR Publication No. 91-00018). Rockville, MD: U.S. Department of Health and Human Services.
Zollweg, W., Vance, V., & Palm, D. (1997). The efficacy of auditory integration training: A double blind study. *American Journal of Audiology, 6*, 39-47.

14장

Abrams, D. B., Mills, S., & Bulger, D. (1999). Challenges and future directions for tailored communications research. *Annals of Behavioral Medicine, 21*, 299-306.
Abrams, D. B., Orleans, C. T., Niaura, R. S., Goldstein, M. G., Prochaska, J. O., & Velicer, W. (1996). Integrating individual and public health perspectives for treatment of tobacco dependence under managed care: A combined stepped care and matching model. *Annals of Behavioral Medicine, 18*, 290-304.
Atkinson, W. W. (1912). *Mind-Power: The secret of mental magic*. Chicago: Yogi Publication Society.
Auday, B. C., Mellett, J. L., & Williams, P. M. (1991, April). *Self-improvement using subliminal self-help audiotapes: Consumer benefit or consumer fraud?* Paper presented at the annual meeting of the Western Psychological Association, San Francisco.
Ayllon, T., & Freed, M. (1989). *Stopping baby's colic*. New York: Putnam.
Azrin, N. H., & Foxx, R. M. (1974). *Toilet training in less than a day*. New York: Simon & Schuster.
Azrin, N. H., & Nunn, R. G. (1977). *Habit control in a day*. New York: Simon & Schuster.
Barrera, M., Jr., & Rosen, G. M. (1977). Detrimental effects of a self-reward contracting program on subjects' involvement in self-administered desensitization. *Journal of Consulting and Clinical Psychology, 45*, 1180-1181.
Best selling books. (2000, January 7). *Wall Street Journal*, p. W4.
British Psychological Society. (1992). *Subliminal messages in recorded auditory tapes, and other "unconscious learning" phenomena*. Leicester, England: Author.
Brownell, K. D. (1980). *The partnership diet program*. New York: Rawson.

Brownell, K. D., & Wadden, T. A. (1992). Etiology and treatment of obesity: Understanding a serious, prevalent, and refractory disorder. *Journal of Consulting and Clinical Psychology*, **60**, 505-517.

Brownson, R. C., Remington, P. L., & Davis, J. R. (1998). *Chronic disease epidemiology and control* (2nd ed.). Washington, DC: American Public Health Association.

Burns, D. D. (1980). *Feeling good: The new mood therapy*. New York: Morrow.

Cheesman, J., & Merikle, P. M. (1986). Distinguishing conscious from unconscious perceptual processes. *Canadian Journal of Psychology*, **40**, 343-367.

Clark, F. (1973). Self-administered desensitization. *Behaviour Research and Therapy*, **11**, 335-338.

Clum, G. A. (1990). *Coping with panic*. Pacific Grove, CA: Brooks/Cole.

Coates, T., & Thoresen, C. E. (1977). *How to sleep better: A drug-free program for overcoming insomnia*. Englewood Cliffs, NJ: Prentice-Hall.

Conrad, P. (1987). Who comes to worksite wellness programs? A preliminary review. *Journal of Occupational Medicine*, **29**, 317-320.

Cowles, E. S. (1941). *Don't be afraid!* New York: McGraw-Hill.

Danaher, B. G., & Lichtenstein, E. (1978). *Become an ex-smoker*. Englewood Cliffs, NJ: Prentice-Hall.

Eich, E., & Hyman, R. (1991). Subliminal self-help. In D. Druckman, & R. Bjork (Eds.), *In the mind's eye: Enhancing human performance* (pp. 107-119). Washington, DC: National Academy Press.

Ellis, A. (1977, August). Rational-emotive therapy and self-help therapy. In G. M. Rosen (Chair), *Non-prescription psychotherapies: A symposium on do-it-your-self treatments*. Symposium conducted at the meeting of the American Psychological Association, San Francisco.

Febbraro, G. A. R., Clum, G. A., Roodman, A. A., & Wright, J. H. (1999). The limits of bibliotherapy: A study of the diffrential effectiveness of self-administered interventions in individuals with panic attacks. *Behavior Therapy*, **30**, 209-222.

Fiore, M. C., Jorenby, D. E., & Bakei, T. B. (1997). Smoking cessation: Principles and practice based upon the AHCPR guidelines, 1996. *Annals of Behavioral Medicine*, **19**, 213-219.

Ganzer, C. (1995). Using literature as an aid to practice. *Families in Society*, **75**, 616-623.

Gartner, A., & Riessman, F. (1977). *Self-help in the human services*. San Francisco: Jossey-Bass.

Glasgow, R. E., Eakin, E. G., & Toobert, D. J. (1996). How generalizable are the results of diabetes self-management research? The impact of participation and attrition. *Diabetes Educator*, **22**, 573-585.

Glasgow, R. E., & Rosen, G. M. (1978). Behavioral bibliotherapy: A review of self-help behavior therapy manuals. *Psychological Bulletin*, **85**, 1-23.

Glasgow, R. E., & Rosen, G. M. (1982). Self-help behavior therapy manuals: Recent development and clinical usage. *Clinical Behavior Therapy Review*, **1**, 1-20.

Glasgow, R. E., Vogt, T. M., & Boles, S. M. (1999). Evaluating the public health impact of health promotion interventions: The RE-AIM framework. *American Journal of Public Health*, **89**, 1322-1327.

Gould, R. A., & Clum, G. A. (1993). A meta-analysis of self-help treatment approaches. *Clinical Psychology Review*, **13**, 169-186.

Gould, R. A., & Clum, G. A. (1995). Self-help plus minimal therapist contact in the treatment of panic disorder: A replication and extension. *Behavior Therapy*, **26**, 533-546.

Gould, R. A., Clum, G. A., & Shapiro, D. (1993). The use of bibliotherapy in the treatment of panic: A preliminary investigation. *Behavior Therapy*, **24**, 241-252.

Greenwald, A. G. (1992). New look 3: Unconscious cognition reclaimed. *American Psychologist*, **47**, 766-779.

Greenwald, A. G., Spangenberg, E. R., Pratkanis, A. R., & Eskenazi, J. (1991). Double-blind tests of subliminal self-help audiotapes. *Psychological Science*, **2**, 119-122.

Hampson, S. E. (1996). Illness representations and self-management of diabetes. In J. Weinman & K. Petrie (Eds.), *Perceptions of illness and treatment: Current psychological research and applications* (pp. 323-347). Chur, Switzerland: Harwood Academic.

Heiman, J., LoPiccolo, L., & LoPiccolo, J. (1976). *Becoming orgasmic: A sexual growth program for women*. Englewood Cliffs, NJ: Prentice-Hall.

Holender, D. (1986). Semantic activation without conscious identification in dichotic listening, parafoveal vision, and visual masking: A survey and appraisal. *Behavioral and Brain Sciences*, **9**, 1-23.

Jacobs, M. K., & Goodman, G. (1989). Psychology and self-help groups: Predictions on a partnership. *American Psychologist*, **44**, 536-545.

Jacobson, E. (1934). *You must relax: A practical method of reducing the strains of modern living.* New York: McGraw-Hill.

Jerome, L. W., & Zaylor, C. (2000). Cyberspace: Creating a therapeutic environment for telehealth applications. *Professional Psychology: Research and Practice,* **31**, 478-483.

Johnson, B. W., & Johnson, W. L. (1998). Self-help books used by religious practitioners. *Journal of Counseling and Development,* **76**, 459-466.

Katz, A. H., & Bender, E. I. (Eds.). (1976). *The strength in us: Self-help groups in the modern world.* New York: New Viewpoints.

Koshland, D. (1991). Credibility in science and the press. *Science,* **254**, 629.

Kurtzweil, P. L., Scogin, F., & Rosen, G. M. (1996). A test of the fail-safe N for self-help programs. *Professional Psychology: Research and Practice,* **27**, 629-630.

Lanza, M. L. (1996). Bibliotherapy and beyond. *Perspective in Psychiatric Care,* **32**, 12-14.

Lazarus, A. (1977). *In the mind's eye.* New York: Rawson.

Leventhal, H., & Diefenbach, M. (1991). The active side of illness cognition. In J. A. Skelton & R. T. Croyle (Eds.), *Mental representation in health and illness* (pp. 246-272). New York: Springer-Verlag.

Lewinsohn, P., Munoz, R. F., Zeiss, A., & Youngren, M. A. (1979). *Control your depression.* Englewood Cliffs, NJ: Prentice-Hall.

Lichtenstein, E., Glasgow, R. E., Lando, H. A., Ossip-Klein, D. J., & Boles, S. M. (1996). Telephone counseling for smoking cessation: Rationales and review of evidence. *Health Education Research,* **11**, 243-257.

Lidran, D. M., Watkins, P. L., Gould, R. A., & Clum, G. A. (1995). A comparison of bibliotherapy and group therapy in the treatment of panic disorder. *Journal of Consulting and Clinical Psychology,* **62**, 865-869.

Lofflin, J. (1988, March 20). Help from the hidden persuaders. *New York Times.*

Lowe, J. C., & Mikulas, W. L. (1975). Use of written material in learning self-control of premature ejaculation. *Psychological Reports,* **37**, 295-298.

Mahoney, M. J., & Mahoney, K. (1976). *Permanent weight control.* New York: Norton.

Mahoney, M. J., & Thoresen, C. E. (1974). *Self-control: Power to the person.* Monterey, CA: Brooks-Cole.

Marrs, R. W. (1995). A meta-analysis of bibliotherapy studies. *American Journal of Community Psychology,* **23**, 843-870.

Marshall, W. L., Presse, L., & Andrews, W. R. (1976). A self-administered program for public speaking anxiety. *Behaviour Research and Therapy,* **14**, 33-40.

Matson, J. L., & Ollendick, T. H. (1977). Issues in toilet training normal children. *Behavior Therapy,* **8**, 549-553.

Merikle, P. M. (1988). Subliminal auditory tapes: An evaluation. *Psychology and Marketing,* **46**, 355-372.

Merikle, P. M., & Skanes, H. (1992). Subliminal self-help audiotapes: A search for placebo effects. *Journal of Applied Psychology,* **77**, 772-776.

Miller, G. A. (1969). Psychology as a means of promoting human welfare. *American Psychologist,* **24**, 1063-1075.

Mind Communications. (1990). *Dr. Paul Tuthill's subliminal success: Subliminal tapes and accessories for effortless self-improvement.* Grand Rapids, MI: Author.

Moore, T. E. (1992). Subliminal perception: Facts and fallacies. *Skeptical Inquirer,* **16**, 273-281.

Moore, T. E. (1995). Subliminal self-help auditory tapes: An empirical test of perceptual consequences. *Canadian Journal of Behavioral Science,* **27**, 9-20.

Newman, M. G., Consoli, A., & Talor, C. B. (1997). Computers in assessment and cognitive behavioral treatment of clinical disorders: Anxiety as a case in point. *Behavior Therapy,* **28**, 211-235.

Norcross, J. C., Santrock, J. W., Campbell, L. F., Smith, T. P., Sommer, R., & Zuckerman, E. L. (2000). *Authoritative guide to self-help resources in mental health.* New York: Guilford Press.

Oldenburg, B., Hardcastle, D. M., & Kok, G. (1997). Diffusion of innovations. In K. Glanz, F. M. Lewis, & B. Rimer (Eds.), *Health behavior and education research: Theory, research and practice* (pp. 270-286). San Francisco: Jossey-Bass.

Olston, A. R. (1903). *Mind power and privileges.* Boston: Rockwell and Churchill Press.

Pardeck, J. T. (1990a). Bibliotherapy with abused children. *Families in Society,* **71**, 229-235.

Pardeck, J. T. (1990b). Children's literature and child abuse. *Child Welfare,* **69**, 83-88.

Pardeck, J. T. (1990c). Using bibliotherapy in clinical practice with children. *Psychological Reports,* **67**, 1043-1049.

Pardeck, J. T. (1991a). Bibliotherapy and clinical social work. *Journal of Independent Social Work,* **5**, 53-63.

Pardeck, J. T. (1991b). Using books to prevent and treat adolescent chemical dependency. *Adolescence*, **26**, 201-208.

Pardeck, J. T. (1992a). Using books in clinical practice. *Psychotherapy in Private Practice*, **9**, 105-119.

Pardeck, J. T. (1992b). Using reading materials with childhood problems. *Psychology: A Journal of Human Behavior*, **28**, 58-65.

Pardeck, J. T. (1993). *Using bibliotherapy in clinical practice: A guide to self-help books*. Westport, CT: Greenwood Press.

Pardeck, J. T. (1994). Using literature to help adolescents cope with problems. *Adolescence*, **29**, 421-427.

Pardeck, J. T. (1996). Bibliotherapy: An innovative approach for helping children. *Early Child Development and Care*, **110**, 83-88.

Pardeck, J. T. (1997). Recommended self-help books for families experiencing divorce: A specialized form of bibliotherapy. *Psychotherapy in Private Practice*, **15**, 45-58.

Pardeck, J. T., & Markward, M. J. (1995). Bibliotherapy: Using books to help children deal with problems. *Early Child Development and Care*, **106**, 75-90.

Pardeck, J. T., & Pardeck, J. A. (1993). *Bibliotherapy: A clinical approach for helping children*. Langhorne, PA: Gordon & Breach Science.

Pardeck, J. T., & Pardeck, J. A. (1999). An exploration of the uses of children's books as an approach for enhancing cultural diversity. *Early Child Development and Care*, **147**, 25-31.

Peale, N. V. (1952). *The power of positive thinking*. Englewood Cliffs, NJ: Prentice-Hall.

Phillips, R. E., Johnson, G. D., & Geyer, A. (1972). Self-administered systematic desensitization. *Behaviour Research and Therapy*, **10**, 93-96.

Pratkanis, A. (1992). The cargo cult science of subliminal persuasion. *Skeptical Inquirer*, **16**, 260-272.

Pratkanis, A. R., Eskanazi, J., & Greenwald, A. G. (1994). What you expect is what you believe (but not necessarily what you get): A test of the effectiveness of subliminal self-help audiotapes. *Basic and Applied Social Psychology*, **15**, 251-276.

Quackenbush, R. L. (1992). The prescription of self-help books by psychologists: A bibliography of selected bibliotherapy resources. *Psychotherapy*, **28**, 671-677.

Robitscher, J. (1980). *The powers of psychiatry*. Boston: Houghton-Mifflin.

Rosen, G. M. (1976a). The development and use of nonprescription behavior therapies. *American Psychologist*, **31**, 139-141.

Rosen, G. M. (1976b). *Don't be afraid*. Englewood Cliffs, NJ: Prentice-Hall.

Rosen, G. M. (1987). Self-help treatment books and the commercialization of psychotherapy. *American Psychologist*, **42**, 46-51.

Rosen, G. M. (1993). Self-help or hype? Comments on psychology's failure to advance self-care. *Professional Psychology: Research and Practice*, **24**, 340-345.

Rosen, G. M. (1994). Self-Help Task Forces revisited: A reply to Dr. Lowman. *Professional Psychology: Research and Practice*, **25**, 100-101.

Rosen, G. M., Glasgow, R. E., & Barrera, M., Jr. (1976). A controlled study to assess the clinical efficacy of totally self-administered systematic desensitization. *Journal of Consulting and Clinical Psychology*, **44**, 208-217.

Russell, T. G., Rowe, W., & Smouse, A. (1991). Subliminal self-help tapes and academic achievement: An evaluation. *Journal of Counseling and Development*, **69**, 359-362.

Scogin, F., Bynum, J., Stephens, G., & Calhoon, S. (1990). Efficacy of self-administered treatment programs: Meta-analytic review. *Professional Psychology: Research and Practice*, **21**, 42-47.

Scogin, F., Jamison, C., & Davis, N. (1990). Two-year follow-up of bibliotherapy for depression in older adults. *Journal of Consulting and Clinical Psychology*, **58**, 665-667.

Scogin, F., Jamison, C., & Gochneaur, K. (1989). Comparative efficacy of cognitive and behavioral bibliotherapy for mildly and moderately depressed older adults. *Journal of Consulting and Clinical Psychology*, **57**, 403-407.

Self-help U. S. A. (2000, January 10). *Newsweek*, pp. 43-47.

Singer, J. L., & Switzer, E. (1980). *Mind play: The creative uses of fantasy*. Englewood Cliffs, NJ: Prentice-Hall.

Smiles, S. (1881). *Self-help: With illustrations of character, conduct, and perseverance*. Chicago: Belford, Clarke.

Smiles, S. (1886). *Happy homes and the hearts that make them*. Chicago: U. S. Publishing House.

Strom, L., Pettersson, R., & Andersson, G. (2000). A controlled trial of self-help treatment of recurrent headache conducted via the Internet. *Journal of Consulting and Clinical Psychology*, **68**, 722-727.
Warner, R. E. (1992). Bibliotherapy: A comparison of the prescription practices of Canadian and American psychologists. *Canadian Psychology*, **32**, 529-530.
Winett, R. A., King, A. C., & Altman, D. G. (1989). *Health psychology and public health: An integrative approach.* New York: Pergamon.
Young, J. H. (1961). *The toadstool millionaires: A social history of patent medicines in America before federal regulation.* Princeton, NJ: Princeton University Press.
Zeiss, R. A. (1977). Self-directed treatment for premature ejaculation: Preliminary case reports. *Journal of Behavior Therapy and Experimental Psychiatry*, **8**, 87-91.
Zeiss, R. A. (1978). Self-directed treatment for premature ejaculation. *Journal of Consulting and clinical Psychology*, **46**, 1234-1241.
Zeiss, R. A., & Zeiss, A. (1978). *Prolong your pleasure.* New York: Pocket Books.
Zilbergeld, B., & Lazarus, A. A. (1987). *Mind power.* Boston: Little, Brown.
Zimbardo, P. G. (1977). *Shyness.* New York: Jove.

15章

Abraham, K. (1955). Psychoanalytic notes on Cove's system of self-mastery. In H. Abraham (Ed.), *Clinical papers and essays on psycho-analysis* (H. Abraham & D. R. Ellison, Trans.) (pp. 306-327). New York: Basic Books. (Original work published 1925)
Adler, J. (1995, October 2). The guru from Mars. *Newsweek*, **126**(14), 96.
Alexander, M., & Waxman, D. (2000). Cimemeducation: Teaching family systems through movies. *Families, Systems and Health*, **18**(4), 455-466.
All about John Gray [Online]. (2001). Retrieved March 10 2001, from http:www.mars venus.com /cgi-bin/link/ johngray/bio.html
Beck, J. S. (1995). *Cognitive therapy: Basics and beyond.* New York: Guilford Press.
Bordo, S. (1993). *Unbearable weight: Feminism, Western culture, and the body.* Berkeley: University of California Press.
Carlson, J., & Nieponski, M. K. (2001). John Gray — A man from earth: *The Family Journal* phone bridge. *The Family Journal: Counseling and Therapy for Couples and Families*, **9**(1), 7-10.
Chin, P., & Cheakalos, C. (1999, December 20). Touched by an Oprah. *People*, p. 112.
Club Med teams with "Men are from Mars, women are from Venus" author to host first-ever Mars-Venus parenting skills workshop. (2000, February 10). *PR Newswire* [Online]. Retrieved March 11, 2001 from Info Trac Onefile database.
Convention Highlights. (2000, Fall). *The Amplifier* [Online]. Retrieved September 2, 2001 from http://www.apa. org/.divisions/div46/NLFall2K.html
Dickson, D. H., & Kelly, I. W. (1985). The "Barnum effect" in personality assessment: A review of the literature. *Psychological Reports*, **57**, 367-382.
Division46-Media psychology [Online]. (n.d.). Retrieved June 26, 2001, from http://www.apa.org/about/division/ div46.html
Dr. John Gray, author of the number-one international bestseller "Men are from Mars, women are from Venus," launches his new personal success book on QVC. (1999, January 13). *PR Newswire* [Online]. Retrieved March 11, 2001, from InfoTrac Onefile database.
Gabler, N. (1998). *Life: The movie, how entertainment conquered reality.* New York: Vintage Books.
Gilovich, T. (1991). *How we know what isn't so: The fallibility of human reason in everyday life.* New York: Free Press.
Gleick, E. (1997, June 16). Tower of psychobable. *Time*, **149**(24), 68-71.
Gonser, S. (2001, February). The incredible, sellable O. *Folio: The Magazine for Magazine Management*, **30**(3), 26-30.
Gray, J. (1992). *Men are from Mars, women are from Venus: A practical guide for improving communication and getting what you want in your relationship.* New York: HarperCollins.
Gray, J. (1995). *Mars and Venus in the bedroom: A guide to lasting romance and passion.* New York: HarperCollins.

Greenberg, D. (1998, April). Tony Robbins live! *Success*, **45**(4), 68-773.
Griffin, N., & Goldsmith, L. (1985, March). The charismatic kid: Tony Robbins, 25, gets rich peddling a hot self-help program. *Life*, **8**, 41-46.
Guardalabene, (2000, Summer). Breaking into TV Production [Online]. *The Amplifier*. Retrieved September 2, 2001, from http://www.apa.org/divisions/div46/NLSum2K.html
Guelzo, A. C. (1995, April 24). Selling God in America. *Christianity Today*, **39**(5), 27-30.
Guest, C. (2000, February 11). Hallmark links Mars, Venus. *The Kansas City Business Journal* [Online]. Retrieved October 30, 2001 from Info Track Onefile database.
Hamill, R., Wilson, T. D., & Nisbett, R. E. (1980). Insensitivity to sample bias: Generalizing from atypical cases. *Journal of Personality and Social Psychology*, **39**, 578-589.
Heaton, J., & Wilson, N. (1995). *Tuning in trouble: Talk TV's destructive impact on mental health*. San Francisco: Jossey-Bass.
Higgins, J. A., & Dermer, S. (2001). The use of film in marriage and family counselor education. *Counselor Education and Supervision*, **40**, 182-192.
Hines, T. M. (1998). *Einstein, history and other passions: The rebellion against science at the end of the Twentieth Century*. Reading, MA: Addison-Wesley.
Hudock, A. M., Jr., & Warden, S. A. G. (2001). Using movies to teach family systems concepts. *Family Journal: Counseling and Therapy for Couples and Families*, **9**(2), 116-121.
Hutchby, I. (1995). Aspects of recipient design in expert advice-giving on call-in radio. *Discourse Processes*, **19**, 219-238.
Hyler, S. E., & Schanzer, B. (1997). Using commercially available films to teach about borderline personality disorder. *Bulletin of the Menninger Clinic*, **61**, 458-468.
Kaminer, W. (1993). *I'm dysfunctional, you're dysfunctional: The recovery movement and other self-help fashions*. New York: Vintage Books.
Kasl, C. D. (1989). *Women, sex, and addiction: A search for love and power*. New York: Ticknor & Fields.
Kelly, I., Rotton, J., & Culver, R. (1985). The moon was full and nothing happened: A review of studies on the moon and human behavior and lunar beliefs. *Skeptical Inquirer*, **10**, 129-143.
Kilbourne, J. (1994). Still killing us softly: Advertising and the obsession with thinness. In P. Fallon, M. A. Katzman, & S. C. Wooley (Eds.), *Feminist perspectives on eating disorders* (pp. 395-418). New York: Guilford Press.
Kilbourne, J. (1999). *Deadly persuasion*. New York: Free Press.
Klinghoffer, D. (1999, February 8). Publishing: Helping yourself. *National Review*, pp. 56-58.
Lang, D. (1999). *The new secrets of charisma: How to discover and unleash your hidden powers*. Chicago: Contemporary Books.
Lang, D. (2000, Fall). How to be a smash hit on TV [Online]. *The Amplifier*. Retrieved September 2, 2001, from http://www.apa.org/divisions/div46/ NLFall2K.html
Lapham, L. H. (1993, November). Yellow brick road [Editorial]. *Harper's Magazine*, **287**(1722), 10-13.
Leach, W. (1993). *Land of desire: Merchants, power, and the rise of new American culture*. New York: Vintage Books.
Lears, J. T. (1994). *Fables of abundance: A cultural history of advertising in America*. New York: Basic Books.
Leikind, B. J., & McCarthy, W. J. (1991). An investigation of firewalking. In K. Frazier (Ed.)., *The hundredth monkey and other paradigms of the paranormal* (pp.182-193). Buffalo, NY: Prometheus.
Levine, A. (1997, February 24). Peak performance is tiring: A reporter reaches for success with Tony Robbins. *U.S. News and World Report*, pp. 53-55.
Lilienfeld, S. O. (1998). Pseudoscience in contemporary clinical psychology: What it is and what we can do about it. *Clinical Psychologist*, **51**(4), 3-9.
Los Angeles Times Syndicate launches John Gray's "Men are from Mars, Women are from Venus" syndicated advice column. (1998, November 2). *PR Newswire* [Online]. Retrieved March 11, 2001 from InfoTrac Onefile database.
Marano, H. E. (1997, May-June). When planets collide. *Psychology Today*, **30**(3), 28-33.
Marchand, R. (1983). *Advertising the American dream: Making way for modernity*, 1920-1940. Berkeley: University of California Press.
Maryles, D. (1997, July 7). Behind the bestsellers [News about John Gray's "Mars and Venus on a Date" and

other books]. *Publishers Weekly*, **244**(27), 16.
Mazur, L. A. (1996, May-June). Marketing madness. *E Magazine*, pp. 36-41.
McCall, R. (1988). Science and the press: Like oil and water? *American Psychologist*, **43**, 87-94.
McGinn, D. (2000, January 10). Self-help U.S.A. *Newsweek*, pp. 43-47.
McGraw, P. C. (1999). *Life strategies, doing what works, doing what matters*. New York: Hyperion Books.
McGraw, P. C. (n.d.). *Claiming responsibility* [Online]. Retrieved April 1, 2001 from http://www.oprah.com/phil/advice/phil_advice_responsibility.html
McGraw, P. C. (n.d.). *Dr. Phil's ten steps to positive communication and rescuing your relationship* [Online]. Retrieved April 1, 2001 from http://www.oprah. com/phil/advice/phil_ advice_poscom.html
McGraw, P. C. (n.d.). *The formula for success* [Online]. Retrieved April 1, 2001 from http://www.oprah.com/tows/pastshows/tows_2000/tows_past_ 2000 0307_e. html
McGraw, P. C. (n.d.). *The life laws — and what they mean* [Online]. Retrieved April 1, 2001 from http://www/oprah.com/phil/advice/phil_advice_lawmeaning.html
McGraw, P. C. (n.d.). *The seven step strategy for reconnecting with your partner* [On- line]. Retrieved April 1, 2001 from http://www.oprah.com/phil/rescue/phhil_ rescue_ 20000404 _c.html
McLuhan, M. (1964). *Understanding media: The extensions of man*. New York: McGraw Hill.
McLuhan, M., & Fiore, Q. (1967). *The medium is the massage*. New York: Random House.
Medawar, P. B. (1967). *The art of the soluble*. London: Methuen.
Meehl, P. E. (1993). Philosophy of science: Help or hindrance? *Psychological Reports*, **72**, 707-733.
Member services [Online]. (n.d.) Retrieved June 26, 2001 from http://www.amhca.org/ member services.html
Miller, F. C. (1999). Using the movie *Ordinary People* to teach psychodynamic psychotherapy with adolescents. *Academic Psychiatry*, **23**(3), 174-179.
Miller, M. C. (1988). *Boxed in: The culture of TV*. Evanston, IL: Northwestern University Press.
Munson, W. (1993). *All Talk: The talkshow in media culture*. Philadelphia: Temple University Press.
Nisbett, R. E., & Ross, L. (1980). *Human interference: Strategies and shortcomings of social judgments*. Englewood Cliffs, NJ: Prentice-Hall.
Ofshe, R., & Walters, E. (1994). *Making monsters: False memories, psychotherapy, and sexual hysteria*. New York: Scribner's.
Oprah begins 13th season with "renewed mission." (1998, September 21). *Jet*, **94**(17) [Online], 65. Retrieved October 30, 2001 from InfoTrac Onefile database.
Oprah on Oprah: Perfectionist. Optimist. Diva. The woman behind the most successful magazine launch ever still cries when she thinks of her failed project "Be- loved." (2001, January 8). *Newsweek* [Online]. Retrieved March 11, 2001 from InfoTrac Onefile database.
Peterson, K. S. (1994, May 4). Advice from outer space. *Detroit News*, p. 3C.
Postman, N. (1985). *Amusing ourselves to death: Public discourse in the age of show business*. New York: Penguin Books.
Rapping, E. (1996). *The culture of recovery: Making sense of the self-help movement in women's lives*. Boston: Beacon Press.
Rebuttal from Uranus, The. (n.d.). *Ph.D.? Where did John Gray get his Ph.D.?* [Online]. Retrieved June 26, 2001 from http://ourworld.compuserve.com/home pages/women_rebuttal_from_uranus
Richardson, L. W. (1985). *The new other woman: Contemporary single women in affairs with married men*. New York: Free Press.
Robbins, A. (1991). *Awaken the giant within: How to take immediate control of your mental, emotional, physical and financial destiny*. New York: Summit Books.
Robbins, A. (1994). *Giant steps: Small changes to make a difference, daily lessons in self-mastery*. New York: Fireside Books.
Robbins, A. (1997). *Unlimited power: The new science of personal achievement*. New York: Simon & Schuster.
Robbins, A. (2002). *The driving force*. New York: Simon & Schuster.
Scannell, P. (Ed.). (1991). *Broadcast talk*. London: Sage.
Schlessinger, L. (1995). *Ten stupid things women do to mess up their lives*. New York: HarperPerennial.
Schlessinger, L. (1996). *How could you do that?!: The abdication of character, courage and conscience*. New York: HarperCollins.
Schlessinger, L. (2000). *Cope with it!* New York: Kensington Books.

Stanovich, K. E. (2001). *How to think straight about psychology* (6th ed.). Boston: Allyn & Bacon.
Stanton, D. (1994, April). Aren't you glad you're Tony Robbins? *Esquire*, **121**(4), 100-107.
Tarrant, D. (1999, April 4). Phillip McGraw: With a book and boost from Oprah, trial psychologist is flying high. *The Dallas Morning News* [Online]. Retrieved March 8, 2001, from http://www.philmcgraw.com/news.asp
Times Book Review plans expanded best seller lists. (1983, December 12). *New York Times*, p. 16.
Timney, M. C. (1991). *The discussion of social and moral issues on daytime talk shows : Who's really doing all the talking?* Unpublished master's thesis, Department of Communications, Ohio University.
Weber, B. (1997, January 27). Taking the stage to help Mars and Venus kiss and make up. *New York Times*, p. B6.
Welcome to John Gray's Universe [Online]. (2001). Retrieved March 10, 2001, from http://www.marsvenus.com
Williams, M. (1993, May 10). Voices of 30-plus exclaim: Can we talk? *Advertising Age*, **64**(10), S-6.

16장

Chambless, D. L., & Ollendick, T. H. (2001). Empirically supported psychological interventions: Controversies and evidence. *Annual Review of Psychology*, **52**, 685-716.
Garb, H. N. (1998). *Studying the clinician: Judgment research and psychological assessment*. Washington, DC: American Psychological Association.
Grove, W. M. (Chair). (2000). *APA Division 12 (Clinical) Presidential Task Force "Assessment for the year 2000" : Report of the task force*. Washington, DC: American Psychological Association, Division 12 (Clinical Psychology).
Lilienfeld, S. O. (1998). Pseudoscience in contemporary clinical psychology: What it is and what we can do about it. *Clinical Psychologist*, **51**, 3-9.
Lilienfeld, S. O. (2001, August 25). Fringe psychotherapies: Scientific and ethical implications for clinical psychology. In S. O. Lilienfeld (Chair), *Fringe psychotherapies: What lessons can we learn?* Presentation at invited symposium conducted at the Annual Meeting of the American Psychological Association, San Francisco.
Lilienfeld, S. O., Lohr, J. M., & Morier, D. (2001). The teaching of courses in the science and pseudoscience of psychology: Useful resources. *Teaching of Psychology*, **28**, 182-191.

事項索引

●あ
「悪魔を探して」 167
アスペルガー症候群 299
後知恵バイアス 25
アドラー派 184
アミタール 96
アメリカ医学会 184
アメリカ職業心理専門家管理局 17
アメリカ心理学会 67, 184
誤った関連づけ 24
アルコール依存 229
アルコール症者自主更生会 231
アルゴリズム 219

●い
EMDR 213
意義後努力 108
医原性 97
イチョウ 266
一般受容性基準 62
「一般受容性」テスト 66
「イブの3つの顔」 89
イマジネーション・インフレーション 179
イメージ誘導 177
医療プラセボ 133
イルカ介在療法 313
陰性症状 17
イミプラミン 128

●う
ヴァンダービルト第2（Vanderbilt II）心理療法研究 130
ウェクスラー成人知能検査（WAIS-R） 39
『失われた私（Sybil）』 90

●え
ABCs 321
APA 倫理規定 383
APA 倫理規定ルール 2.01 383
HFD 46

HTP 46
MINH うつ病治療共同研究プログラム 128
MAO 阻害剤 257, 284

●お
応用行動分析（ABA） 321
オペラント条件づけ 245

●か
開放概念 5
解剖腑分け人形（ADD） 50
乖離 196
解離性 89
解離性同一性障害 88
カウンターカルチャー革命 v
科学者－実践家モデル vi
学際性 341
学習された無気力 76
学習障害 305
確証バイアス 23
確信度 23
過去の人生への退行 189
仮説検証 8
仮説生成 8
家族会 235
「合衆国 対 アマドール＝ガルバン」 74
「合衆国 対 オレウオルト」 76
「合衆国 対 キム」 74
「合衆国 対 スミス」 76
「合衆国 対 ビッグヘッド」 85
「合衆国 対 ホール」 74
「合衆国 対 ロモールディ」 78
過程研究 138
カバ 268
感覚運動統合療法 293
感覚統合（sensory integration; SI）療法 305
眼球運動脱感作再処理 291
環境要因 22
「カンザス州 対 ヘンドリクス」 71

感受性　182
感情素因　311
感情的推論　359
簡略版行動評価尺度　317

●き
記憶回復技法　176
機会費用　4
疑似科学の偽装方略　8
キャラハン技法　218
Q分類　17
共依存　81
共通因子　133
禁酒違反効果　244

●く
空想癖　98
「クモータイヤ株式会社 対 カーマイケル」　65
グルテン・カゼイン除去食　317

●け
KFD　46
経験から学ぶ　16
経験的対話　144
警告サイン　5
掲示板　100
継続的教育（CE）委員会　11
系統的脱感作　210
月経前症候　80
月経前不快気分障害　80
原因論　157
検査安定性　34
現代の臨床心理学　ⅩⅠ

●こ
降圧薬　285
抗うつ薬　255
効果研究　125
効果サイズ　257
効果量　131
交代人格　90
行動検査　210
行動のサンプル　35

行動変容　280
行動療法　280
広汎性発達障害　299
効力研究　125
効力の問題　124
呼吸訓練　211
骨相学　v
子ども精神医学評定尺度　320
コミュニケーション訓練　211
コミュニティ強化アプローチ　245
娯楽フィルム　375
「混合」研究計画　143

●さ
再検査信頼性　34
再発予防　244, 250
裁判心理学者のための専門ガイドライン　68
裁判心理学のための倫理ガイドライン委員会　68
催眠　175
サブリミナル　335
サブリミナル自助テープ　335
サマーキャンプ　286
サリージェシー・ラファエルのショー　375
三環系抗うつ薬　258

●し
「ジェネラルエレクトリック社 対 ジョイナー」　65
『ジキル博士とハイド氏』　89
至高体験　313
思考場　219
思考場療法　218
自己教示　211
自己報酬契約　331
自己モニタリング治療　287
自助　327
自助グループ　229, 327
自助用品　328
実証的に支持できる治療法（EST）　11, 381
実践から学ぶ　16
自伝的記憶の欠落　91
指導の一般化　60
自白薬（催眠薬）　96

449

自閉症　299
自閉症診断観察表　316
社会環境的状況　341
社会的学習理論　242
社会的認知モデル　95
「州 対 エスカミラ」　79
縦断的研究　20
主題統覚検査　43
ジョイナー決定　65
浄化　159
照会バイアス　111
小児の性的虐待適応症候群　83
消費者レポート　140
初期の精神分析家　v
除去食　317
食事療法　317
植物療法　260
助言産業　347
進化論の認識論　10
シングルケース研究法　321
新生児殺し　83
身体記憶　193
心的外傷後ストレス障害（PTSD）　207
心的外傷後モデル　95
信頼性　34
心理学者の倫理綱領と行為規範　67
心理学の贈り物　329
心理検査　33
心理査定　33
心理的デブリーフィング　223
心理療法成果研究　131
心理療法成果の三極モデル　144
心理療法と行動変容ハンドブック　122

●す
スーパーバイザーの訓練　16

●せ
性依存症　78
性格検査の結果の解釈　16
生活史データ　20
精神刺激薬治療　278
精神測定学的　33

精神保健活動における全国消費者保護連合　165
性的倒錯強制障害　81
セクレチン　314
説明責任　150
潜在力開発運動　155
全体論のマントラ　9
選択的セロトニン再取り込み阻害剤　255, 284

●そ
想像曝露法　209
増分妥当性　42
ソースモニタリング　179
ソクラテス式問答法　210

●た
対処／社会技能訓練　242
多重人格障害　88
妥当性　32, 34
多面的治療研究　282
短期介入　250

●ち
チャットグループ　327
注意欠陥／多動性障害（ADHD）　277, 305
聴覚過敏　308
聴覚統合訓練　308
治療効果の広がりと範囲　341

●て
DAP　46
『DSM-IV 精神疾患の診断・統計マニュアル』　68
手がかり曝露法　244
電気痙攣療法　17
テンプル・スタディ　127

●と
「ドゥ・イット・ユアセルフ」治療本　329
投映描画法　47
投映法　37
動機づけ強化療法　247
同性愛パニック　78

投与反応モデル　144
トーク番組　348
ドードー鳥　132
ドードー鳥の評決　132
ドーバート意見　64
ドーバート基準　61
ドーバート決定　64
読書療法　194, 334
読心術　v

●な
内的一貫性　34
内的妥当性　34

●に
二重身　347
ニューエイジ運動　152
ニューエイジ療法　148
認知インタビュー　201
認知訓練プログラム　287
認知行動療法　209
認知的要因　22
認知療法　209-211

●ね
年齢退行　186

●の
脳波（EGG）バイオフィードバック　291

●は
バーナム（Barnum）効果　27, 190, 362
ハーブ療法　260
バイアス　22, 23
ハイブリッドモデル　71
曝露療法　209
発達, 個人差, 関係基盤モデル　311
バタードウーマン症候群　84
ハミルトンうつ病評価尺度（HAM-D）　264
パワー療法　212
反証の原理　32
反応性精神病　83
反応領域シート　19

判別妥当性　34

●ひ
ピアジェ派　187
ピーボディー絵語彙テスト　310
非常事態デブリーフィング　222
ビタミンB_6　318
ビタミンB療法　318
非特異　133
「人々 対 フィリップス」　82
「人々 対 マクドナルド」　74
「人々 対 ワーニック」　83
ヒポクラテスの誓詞　129
ヒューリスティック　22, 25
標準化　33
評定者間信頼性　34
病歴　19
ヒルサイド絞殺魔　95

●ふ
ファシリテイテッド・コミュニケーション　301
不安管理訓練　209, 211
フィードバック　26
フィリズム　367
夫婦・家族療法　249
フェインゴールドダイエット　289
フォルス・ネガティブ　ii
フォルス・ポジティブ　ii
『不思議の国のアリス』　132
フライ決定　62
フライテスト　62
プラセボ効果　362
ブラックレイジ（black rage）　79
フロアタイム　311
フロアタイム技法　312
フロイト派の療法家　v
プロジェクトDARE　240

●へ
併存妥当性　34
ペンシルバニア実践研究ネットワーク　143
「ヘンソン 対 州」　77
変容　153, 159

451

●ほ
包括システム　36, 37
包括的なメタ分析　132
法心理学者　21
法的規範　61
方法論的懐疑主義　32
ポストフロイト派　v
没入傾向　98
ポッパリアン　6
ホメオパシー　261
ホメオパシー治療　294
ホモバニリン酸　319
ポリグラフ検査　62

●ま
マイヤーズ・ブリッグズのタイプ指標　54
マインドコントロール　335
幻のプラセボ効果　336

●み
未確認飛行物体　7
ミス・ビーチャム　89
ミネソタ式多面的人格目録　16
ミネソタ心理学委員会　166
ミュンヒハウゼン　i
民族学誌的（エスノグラフィックな）研究　iii

●む
無作為臨床試験　140, 209
無知による論争　7

●め
メタ認知スキル　288
メタ分析　41, 131
メディア協会のためのガイドライン委員会　371
メディアスキル　375
メディア精神保健の専門家への提案　371

●も
目撃証言　73

●ゆ
誘発電位（EP）　319

夢解釈　192
ユングのパーソナリティ理論　54

●よ
幼児期健忘　184
幼児殺し　83
陽性症状　17
予測妥当性　34

●ら
ラインナップ　73

●り
利用可能性ヒューリスティック　25, 26, 374
リラクセーション訓練　211
臨床経験から学ぶ　29
臨床的選択バイアス　111

●れ
レイター国際パフォーマンス尺度　310
レイプトラウマ症候群　76
レイプ被害者　76
連邦証拠法　62

●ろ
ロードレイジ　79
ロールシャッハスコア　19
ロールシャッハテスト　37
ロールシャッハ反応　37
ロールプレイング研究　105

●わ
『私はイブ―ある多重人格者の自伝』　89

人名索引

●A

Abikoff, H.（アビコフ, H.） 288
Ackerman, M. C.（アッカーマン, M. C.） 47
Ackerman, M. J.（アッカーマン, M. J.） 47
Acocella, J.（アコセラ, J.） 167
Addington, D.（アディントン, D.） 79
Adshead, G.（アズヘッド, G.） 200
Akamatsu, T. J.（アカマツ, T. J.） 20
Alexander, M.（アレクザンダー, M.） 374
Allen, J. J. B.（アレン, J. J. B.） 91, 93
Anderson, R. E.（アンダーソン, R. E.） 178
Anderson, T.（アンダーソン, T.） 381
Archer, R. P.（アーチャー, R. P.） 42
Arendt, R. E.（アレント, R. E.） 306
Arkes, H. R.（アークス, H. R.） 26
Aronson, D. E.（アロンソン, D. E.） 20
Atkinson, W. W.（アトキンソン, W. W.） 332
Austin, S.（オースティン, S.） 193
Ayres, J.（エアーズ, J.） 305, 306
Azrin, N. H.（アズリン, N. H.） 245, 246, 329

●B

Bach, E.（バッハ, E.） 270
Barden, R. C.（バーデン, R. C.） 165
Barnum, P. T.（バーナム, P. T.） 27
Barrera, M., Jr.（バレラ, M., Jr.） 331
Bartley, W. W.（バートレイ, W. W.） 7
Bass, E.（バス, E.） 187
Beamish, P. M.（ビーミッシ, P. M） 81
Beattie, M.（ビーティ, M.） 350
Bebbington, P. E.（ベビントン, P. E.） 232, 233
Beiderman, J.（ビーダマン, J.） 285
Bender, E. I.（ベンダー, E. I.） 327
Berard, G.（ベラルド, G.） 308
Bergin, A. E.（バージン, A. E.） 122
Berkson, J.（バークソン, J.） 111
Beutler, L. E.（バトラー, L. E.） 138
Biklen, D.（ビクレン, D.） 301, 302
Bjerregaard, B.（ベレガード, B.） 75
Blatt, S. J.（ブラット, S. J.） 137

Bliss, E. L.（ブリス, E. L.） 100
Bloom, J. D.（ブルーム, J. D.） 68
Blowers, A. N.（ブラウアー, A. N.） 75
Blume, E. S.（ブルーム, E. S.） 190
Boat, B. W.（ボート, B. W.） 50, 52
Bookwalter, B. E.（ブックウオルター, B. E.） 83
Boudewyns, P. A.（ボードウィン, P. A.） 214, 215
Brammer, R.（ブラマー, R.） 18
Braswell, L.（ブラスウェル, L.） 288
Braun, B. G.（ブラウム, B. G.） 93
Brom, D.（ブロム, D.） 210
Brown, D.（ブラウン, D.） 105, 115, 197
Brownell, K. D.（ブラウネル, K. D.） 329
Bunge, M.（バンジ, M.） 7
Butcher, J. N.（ブッチャー, J. N.） 108

●C

Callahan, R.（キャラハン, R.） 171, 220
Carbonell, J.（カーボネル, J.） 221
Carson, R. C.（カーソン, R. C.） 108
Chafetz, M. E.（チャフェツ, M. E.） 251
Chambless, D. L.（チャンブルス, D. L.） 136
Chapman, J. P.（チャップマン, J. P.） 24
Chapman, L. J.（チャップマン, L. J.） 24
Cheakalos, C.（チーカロス, C.） 376
Chez, M. G.（シェツ, M. G.） 316
Chiauzzi, E. J.（チアウジー, E. J.） 230
Chin, P.（チン, P.） 376
Chodoff, P.（チョドフ, P.） 150
Chrubasik, S.（クルバスク, S.） 269
Chuang, H. T.（チャン, H. T.） 79
Ciccone, J. R.（シッコーネ, J. R.） 60
Clark, F.（クラーク, F.） 331
Clarke, G. N.（クラーク, G. N.） 143
Clum, G. A.（クラム, G. A.） 338
Coates, T.（コーツ, T.） 329
Cole, D.（コール, D.） 314
Cook, D. A.（クック, D. A.） 305
Coons, P. M.（クーンズ, P. M.） 94, 109
Corbett, B.（コルベット, B.） 316

Cott, J.（コット, J.） 267
Covey, S.（コヴィー, S.） 352
Cramer, P.（クラマー, P.） 45
Crits-Christoph, P.（クリッツ=クリストフ, P.） 137
Crossley, R.（クロスリー, R.） 301
Cummins, R. A.（カミンズ, R. A.） 302
Cusack, K.（カサック, K.） 217
Cutler, B.（カットラー, B.） 73

● D

Davies, D. L.（デイヴィス, D. L.） 238
Davis, L.（デービス, L.） 187
Delaney, S. A.（デラニー, S. A.） 234
Dell, P. E.（デル, P. E.） 102, 110
Dennett, D. C.（デネット, D. C.） 96
Dermer, S.（ダーマー, S.） 374
Devilly, G. J.（デヴリー, G. J.） 216, 217
Drummond, D. C.（ドラモンド, D. C.） 244
DuBreuil, S. G.（ディブロイ, S. G.） 191
Duchan, J. F.（デュチェン, J. F.） 304
DuPaul, G. J.（デュポール, G. J.） 287

● E

Edelson, S. M.（エデルソン, S. M.） 303, 309
Edward, G.（エドワード, G.） 251
Eisenhower, J. W.（アイゼンハワー, J. W.） 102, 110
Ellis, A.（エリス, A.） 234, 327, 329, 344
Emrick, C. D.（エムリック, C. D.） 233
Ernst, E.（エルンスト, E.） 268, 269
Eron, L. D.（エロン, L. D.） 44
Erwin, E.（アーウィン, E.） 145
Everson, M. D.（エヴァーソン, M. D.） 50, 52
Exner, J. E.（エクスナー, J. E.） 36
Eysenck, H. J.（アイゼンク, H. J.） 126

● F

Faust, D.（フォウスト, D.） 18
Febbraro, G. A. R.（フェブラロ, G. A. R.） 338
Feingold, B. F.（フェインゴールド, B. F.） 289
Ferguson, M.（ファーガソン, M.） 152
Feynman, R. P.（フェイマン, R. P.） 7

Figley, C.（フィグリー, C.） 221
Findling, R. L.（フィンドリング, R. L.） 320
First, M. B.（ファースト, M. B.） 99
Fischoff, S.（フィッシュオフ, S.） 372
Fisher, S.（フィッシャー, S.） 258
Foa, E. B.（フォー, E. B.） 209
Follette, V. M.（フォレット, V. M.） 176
Frances, A.（フランセス, A.） 99
Frank, J. D.（フランク, J. D.） 123
Freud, S.（フロイト, S.） 89, 192
FughBerman, A.（ファグバーマン, A.） 267
Fuller, K. A.（ファラー, K. A.） 81

● G

Gabler, N.（ガブラー, N.） 358
Galanter, M.（ガランター, M.） 235
Garfield, S.（ガーフィールド, S.） 122
Garry, M.（ギャリー, M.） 195
Garske, J. P.（ガースク, J. P.） 381
Gartner, A.（ガートナー, A.） 327
Gee, T. L.（ギー, T. L.） 101
Gilovich, T.（ギロヴィッチ, T.） 8
Gist, R.（ギスト, R.） 4, 224
Glasgow, R. E.（グラスゴー, R. E.） 330
Glass, G. V.（グラス, G. V.） 131
Glautier, S. T.（フローター, S. T.） 244
Gleaves, D. H.（グリーブス, D. H.） 98, 105, 107, 108
Goff, L. M.（ゴフ, L. M.） 197
Gold, P. E.（ゴールド, P. E.） 267
Gold, S. N.（ゴールド, S. N.） 78
Goldfried, M. R.（ゴールドフリード, M. R.） 146
Gordon, R. A.（ゴードン, R. A.） 42
Granello, D. H.（グラネロ, D. H.） 81
Gray, J.（グレイ, J.） 353, 359, 363, 377
Green, E. D.（グリーン, E. D.） 63
Greenberg, R. P.（グリーンバーグ, R. P.） 258
Greenspan, S.（グリーンスパン, S.） 311, 312
Gross, M.（グロス, M.） v
Grudzinskas, A. J.（グラジンスカス, A. J.） 66
Guardalabene, J.（ガーダラビーン, J.） 373
Guze, S. B.（ガズ, S. B.） 77, 78

●H
Habenicht, D.（ハベニクト, D.）　46
Haekness, A. R.（ハークネス, A. R.）　26
Hamill, R.（ハミル, R.）　375
Hamilton, H. G.（ハミルトン, H. G.）　66
Handler, L.（ハンドラー, L.）　46
Harman, M. J.（ハーマン, M. J.）　39
Hayes, S. C.（ヘイズ, S. C.）　230
Heather, N.（ヘザー, N.）　240
Heaton, J.（ヒートン, J.）　349
Heffner, C. L.（ヘフナー, C. L.）　78
Heilbrun, K.（ハイルブラン, K.）　69, 70, 72
Heiman, J.（ハイマン, J.）　329
Henningson, P. N.（ヘニングソン, P. N.）　287
Hermann, R. C.（ハーマン, R. C.）　17
Higgins, J. A.（ヒギンス, J. A.）　374
Hiller, J. B.（ヒラー, J. B.）　42
Hines, T. M.（ハインズ, T. M.）　9
Hollon, S. D.（ホロン, S. D.）　128
Horvath, K.（ホーバス, K.）　315
Howard, K. I.（ホワード, K. I.）　144
Hsu, L. M.（フス, L. M.）　140
Hubbard, E.（ハバード, E.）　377
Hudock, A. M., Jr.（ハドック, A. M., Jr.）　374
Hunt, G. M.（ハント, G. M.）　245, 246
Hutchby, I.（ハッチビー, I.）　360
Hyer, L. A.（ハイヤー, L. A.）　215
Hyler, S. E.（ハイラー, S. E.）　374
Hyman, I. E., Jr.（ハイマン, I. E. Jr.）　180, 181

●I
Iacono, W. G.（イアコノ, W. G.）　91

●J
Jacobson, E.（ヤコブソン, E.）　328
Jacobson, J. W.（ヤコブソン, J. W.）　302
Jacobson, N. S.（ヤコブソン, N. S.）　128, 129
Janet, P.（ジャネ, P.）　89
Jennings, L.（ジェニング, L.）　139
Johnson, M. K.（ジョンソン, M. K.）　178

●K
Kalb, M.（カルブ, M.）　229

Kasl, C.（カスル, C.）　372
Keane, T. M.（キーン, T. M.）　208, 213
Keiser, R. E.（ケイサー, R. E.）　44
Keminer, W.（ケミナー, W.）　350
Kendell, R. E.（ケンデル, R. E.）　17
Kerrin, R. G.（ケラン, R. G.）　304
Ketz, A. H.（カッツ, A. H.）　327
Kezuka, E.（ケズカ, E.）　303
Kirsch, I.（カーシュ, I.）　256
Klein, D. F.（クライン, D. F.）　128
Klein, J. P.（クライン, J. P.）　292
Kluft, R. P.（クラフト, R. P.）　100, 102
Koch, S.（コッホ, S.）　144
Koshland, D.（コッシランド, D.）　336
Krishnamurthy, R.（クリシュナマーシー, R.）　42

●L
Lang, D.（ラング, D.）　373
Lazarus, A. A.（ラザラス, A. A.）　332
Lelord, G.（ラロード, G.）　319
Leneck, B.（レネック, B.）　235
Levant, R. F.（レヴァント, R. F.）　142
Levis, D. J.（レヴィス, D. J.）　194
Levy, R. J.（レヴィ, R. J.）　84
Lewinsohn, P.（ルウィンソン, P.）　329
Lewis, D. O.（ルイス, D. O.）　102, 109
Lichtenstein, E.（リクテンシュタイン, E.）　329
Liepman, M. R.（リープマン, M. R.）　235
Lilienfeld, S. O.（リリエンフェルド, S. O.）　170, 314
Liljegren, S.（リルジェグレン, S.）　230
Linde, K.（リンデ, K.）　263
Lindsay, D. S.（リンゼイ, D. S.）　98, 177, 192, 200
Loftus, E. F.（ロフタス, E. F.）　180, 193
Logue, M. B.（ローグ, M. B.）　27
Lohr, J. M.（ロー, J. M.）　170
LoPiccolo, L.（ロピッコロ, L.）　329
Lowe, J. C.（ロー, J. C.）　331
Luborsky, L.（ルボルスキー, L.）　137
Lucarelli, S.（ルカーリ, S.）　317
Lynn, S. J.（リン, S. J.）　105, 185

455

● M

Machover, K.（マッコーバー, K.） 47
Macklin, M. L.（マクリン, M. L.） 216
MacLaine, S.（マクレーン, S.） 152
Mahoney, M. J.（マホニー, M. J.） 329
Maidhof, C.（メドホフ, C.） 259
Mallinckrodt, B.（マリンクロット, B.） 138
Marino, L.（マリノ, L.） 314
Marshall, W. L.（マーシャル, W. L.） 331
Mart, E. G.（マート, E. G.） 82
Matson, J. L.（マットソン, J. L.） 330
Mazzoni, G. A.（マゾーニ, G. A.） 192-194
McClelland, D. C.（マクレランド, D. C.） 46
McCrady, B. S.（マックラディ, B. S.） 234
McFall, R. M.（マクフォール, R. M.） 225
McGraw, P.（マグロー, P.） 351, 361
McHugh, P. R.（マヒュー, P. R.） 95, 171
McLuhan, M.（マックルーハン, M.） 358
McNally, R. J.（マクナリー, R. J.） 218
Meadows, E. A.（ミドー, E. A.） 209
Meehl, P. E.（ミール, P. E.） 10
Merikle, P. M.（メリクル, P. M.） 336
Meyers, R. J.（メイヤーズ, R. J.） 246
Mikulas, W. L.（ミコラス, W. L.） 331
Milich, R.（ミリチ, R.） 290
Miller, F. C.（ミラー, F. C.） 374
Miller, G. A.（ミラー, G. A.） 329, 338, 344, 382
Miller, M. C.（ミラー, M. C.） 358
Miller, W. R.（ミラー, W. R.） 231, 242, 247
Milstein, V.（ミルステイン, V.） 109
Mintz, J.（ミンツ, J.） 137
Mitchell, J. T.（ミッチェル, J. T.） 223
Monahan, J.（モナハン, J.） 71
Moore, T. E.（ムーア, T. E.） 337
Movius, H. L.（モヴィアス, H. L.） 93
Mulick, J. A.（ミューリック, J. A.） 302
Mulrow, C. D.（マーロウ, C. D.） 263
Murphy, A.（マーフィ, A.） 281
Murray, H. A.（マレー, H. A.） 43
Murstein, B. L.（マーステイン, B. L.） 44

● N

Naglieri, J. A.（ナグリエリ, J. A.） 47
Nash, M. J.（ナッシ, M. J.） 188
Nash, M. R.（ナッシ, M. R.） 187
Nathanson, D. E.（ネサンソン, D. E.） 314
Nelson, M. L.（ネルソン, M. L.） 138
Nesson, C. R.（ネッソン, C. R.） 63
Norton, G. R.（ノートン, G. R.） 101, 111

● O

O'Farrell, T. J.（オファーレル, T. J.） 237, 249
Ofshe, R.（オフシ, R.） 157, 362
Ollendick, T. H.（オレンディック, T. H.） 136, 330
Olson, H. A.（オールソン, H. A.） 184
Olston, A. R.（オルストン, A. R.） 332
Ott, B. R.（オット, B. R.） 267
Owens, N. J.（オーエンス, N. J.） 267

● P

Pauling, L.（ポーリング, L.） 318
Peknic, C.（ペクニック, C.） 313
Pelham, W. E.（ペルハム, W. E.） 278, 280, 281
Penrod, S.（ペンロッド, S.） 73
Pentland, J.（ペントランド, J.） 181
Perry, A.（ペリー, A.） 304
Peterson, C.（ピーターソン, C.） 46
Pfeiffer, S. I.（ファイファー, S. I.） 47, 319
Phillips, R. E.（フィリップス, R. E.） 331
Pimkerman, J. E.（ピンカーマン, J. E.） 44
Pitman, R. K.（ピットマン, R. K.） 216
Pittler, M. H.（ピットラー, M. H.） 268
Polusny, M. A.（ポラスニー, M. A.） 176
Poole, D. A.（プール, D. A.） vi, 176, 191
Porter, S.（ポーター, S.） 181
Powell, R. A.（パウエル, R. A.） 101
Prather, E. N.（プラサー, E. N.） 44
Pratkanis, A.（プラトカニス, A.） 336
Prince, M.（プリンス, M.） 89
Prior, M. P.（プライアー, M. P.） 302
Propper, M. S.（プロッパ, M. S.） 229
Putnam, F.（パットナム, F.） 93, 100, 102

●Q

Quitkin, F. M.（キトキン, F. M.） 258

●R

Read, D.（リード, D.） 177, 192
Read, J. P.（リード, J. P.） 252
Regal, R. A.（レガール, R. A.） 303
Reichelt, K. L.（ライヘルト, K. L.） 317
Relman, A. S.（レルマン, A. S.） 150
Renfrey, G.（レンフリー, G.） 215
Richardson, L.（リチャードソン, L.） 372, 375
Riessman, F.（リースマン, F.） 327
Rimland, B.（リムランド, B.） 309, 319
Rind, B.（リンド, B.） viii
Robbins, T.（ロビンズ, T.） 352, 354, 356, 359, 365
Robins, E.（ロビンズ, E.） 77, 78
Robins, J.（ロビンズ, J.） 292
Robitscher, J.（ロビトスカー, J.） 339, 340
Roediger, H. L.（ローディガー, H. L.） 197
Rogers, J. L.（ロジャース, J. L.） 68
Rogers, S.（ロジャーズ, S.） 217
Roizen, R.（ロイゼン, R.） 239
Roland, C. B.（ローランド, C. B.） 178
Ronan, G. F.（ロナン, G. F.） 46
Rosen, G. M.（ローゼン, G. M.） 330, 331
Rosenbaum, D. P.（ローゼンバウム, D. P.） 240
Rosenberg, H.（ローゼンバーグ, H.） 239
Rosenzweig, S.（ローゼンツワイク, S.） 132
Ross, C. A.（ロス, C. A.） 96, 101, 110, 111

●S

Sagan, C.（セーガン, C.） 3
Sandler, A. D.（サンドラー, A. D.） 315
Sapirstein, G.（サピアステイン, G.） 256
Schanzer, B.（スチャンザー, B.） 374
Schlessinger, L.（シュレッシンガー, L.） 351
Scogin, F.（スコジン, F.） 337
Seligman, M. E. P.（セリグマン, M. E. P.） 140, 142
Shaffer, T. W.（シェーファー, T. W.） 40
Shapiro, F.（シャピロ, F.） 213, 214, 218
Shaywtiz, B. A.（シェイウィッツ, B. A.） 290

Shelton, R. C.（シェルトン, R. C.） 264
Siegel, B.（シーゲル, B.） 304
Silliman, E. R.（シリマン, E. R.） 303
Singer, J. L.（シンガー, J. L.） 333
Singer, M. T.（シンガー, M. T.） 157
Sisson, R. W.（シッソン, R. W.） 246
Sitharthan, T.（シサーサン, T.） 244
Sivec, H. J.（シベック, H. J.） 186
Skanes, H.（スカネス, H.） 336
Skovholt, T. M.（スコヴホルト, T. M.） 139
Smiles, S.（スマイル, S.） 328
Smith, C. G.（スミス, C. G.） 249
Smith, D. I.（スミス, D. I.） 232
Smith, M. D.（スミス, M. D.） 303
Smith, M. L.（スミス, M. L.） 131, 132
Snyder, C. R.（スナイダー, C. R.） 30
Sobell, L. C.（ソーベル, L. C.） 238, 252
Sobell, M. B.（ソーベル, M. B.） 238
Spangler, W. D.（スパングラー, W. D.） 45
Spanos, N. P.（スパノス, N. P.） 97, 104, 105, 185, 189, 191
Spates, C. R.（スペイト, C. R.） 215, 217
Spence, S. H.（スペンス, S. H.） 217
Spock, B.（スポック, B.） 328
Stafford, J.（スタフォード, J.） 105
Stark, K.（スターク, K.） 49
Steele, D. L.（スティール, D. L.） 84
Steele, N.（スティール, N.） 372
Stefan, S.（ステファン, S.） 77
Stoner, G.（ストーナー, G.） 286
Strupp, H. H.（ストラップ, H. H.） 130, 144
Summit, R. C.（サミット, R. C） 84

●T

Tarrier, N.（タリアー, N.） 129, 210
Tharinger, D. J.（サリンジャー, D. J.） 49
Thoresen, C. E.（トレセン, C. E.） 329
Timko, C.（ティムコ, C.） 233
Tinker, R. H.（ティンカー, R. H.） 291
Tolbert, L.（トルバート, L.） 320
Truax, P.（トルアックス, P.） 129
Tsai, G. E.（サイ, G. E.） 110

457

●U
Ulrey, L. M.（ウルレイ, L. M.） 46

●V
van der Kolk, B. A.（ヴァンデルコーク, B. A.） 192, 193
Vane, J. R.（ヴェイン, J. R.） 43
Vincent, K. R.（ヴィンセント, K. R.） 39
Vollaro, T.（ボラーロ, T.） 82

●W
Wade, J. F.（ウェイド, J. F.） 221
Walach, H.（ワラック, H.） 259
Walker, L. E.（ウオーカー, L. E.） 74
Walsh, D. C.（ウォルシュ, D. C.） 232
Walters, E.（ウォルターズ, E.） 362
Warden, S.（ウォーデン, S.） 374
Watson, J.（ワトソン, J.） v
Waxman, D.（ワックスマン, D.） 374
Weider, S.（ウィーダー, S.） 311, 312
Weiss, B. L.（ウエイス, B. L.） 189
West, M. M.（ウェスト, M. M.） 48
Westen, D.（ウェスタン, D.） 45
Wheeler, D. L.（ウィーラー, D. L.） 303
Wilson, D. L.（ウィルソン, D. L.） 216
Wilson, N.（ウィルソン, N.） 349
Wilson, S. A.（ウィルソン, S. A.） 291
Wolraich, M. L.（ウォルライク, M. L.） 290
Wood, J. M.（ウッド, J. M.） 39, 41

●Y
Yapko, M.（ヤプコ, M.） vi , 195

●Z
Zeiss, R. A.（ツァイス, R. A.） 330
Zentall, S.（ゼントール, S.） 286
Zimbardo, B.（ジンバルド, B.） 332
Zimbardo, P. G.（ジンバルド, P. G.） 329
Zollweg, W.（ゾルウェグ, W.） 309

監訳者あとがき

　本書のあとがきは，3人の監訳者を代表して厳島が執筆している。執筆の場所は，シアトル市北部の University District にあるワシントン大学の近くの，小さな，しかし評判のよい，静かな University Inn というホテルの一室である。いつものことだが，原稿の締め切りに自分の余裕のなさを嘆くばかりである。人に迷惑をかけないという心情も風前のともしびである。こんなことを書くと読者の方にはなんのあとがきか……との感慨をもたれるかもしれないが，こんな書き出しにも意味はある。

　実は，今は，米国東海岸にあるメイン州の Bates College で開催された Society for Applied Research in Memory and Cognition（SARMAC：応用認知記憶学会）の第7回大会での発表を終え，西海岸北部のワシントン州シアトルにあるワシントン大学の共同研究者との打ち合わせの最中である。自分の大学から一か月の海外滞在基金を得て，ワシントン大学の HITLAB（Human Interface Technology Laboratory）の Dr. Hunter Hoffman 研究員との共同研究の打ち合わせで寄ったところである。日本にいるときには大会発表の準備やら，研究の打ち合わせの準備やら，また諸々の用事の処理に追われてしまい，本来なら日本で済ませるべき本書のあとがきの執筆や再校正の仕事をこちらに持ち越してしまった。しかしながらそんななか，ワシントン大学のブックショップに足を伸ばす機会を持った。

　ワシントン大学の本屋は，1つの大学の本屋としてはなかなかしっかりしていて，心理学の棚も大きな棚が2つほど用意されている。その心理学の棚の裏には本書で扱われているいわゆる自助本のコーナーが，心理学の本の数に負けじとばかりに，その勢いを誇っている。「こうすれば自信が持てる」から，「恋愛」「高齢者」「家族」「職場」「健康」「不安」「子ども」「トラウマ」……，ありとあらゆる人間生活におけるトラブル対処の見本市の様相を呈している。本書の自助本の章にもあるような本がズラリと並んでいる。このように多様な本が並んでいるところを見ると，人生にはさまざまな出来事が起こり，そういう出来事から生じたさまざまな問題を解決し，本当に救われたいと思って生きているとの感慨を深くする。そしてこのように容易に援助を求めることができる手段が本棚に並んでいて，それが十数ドルから入手可能であれば，確かにそういう本に手を伸ばしたくなるであろう。しかし，それらの自助本はいったい何をもってその効果を保障してくれるのであろうか。著者1人の経験からの判断なのか，それともどこかのケースの判断によるのか，それとも科学的手法による効果研究の結果からの判断なのか……。本書でも指摘されているように，自助本はメンタルヘルスの商業化とともに，必ずしも効果の期待できない疑わしいものですらあっても，「ヒット商品」になったり，評判になる。しかし自助本に示されるような実践が有効と限

らないばかりか，むしろ逆効果になる場合ですらありえることは本書が指摘しているとおりであろう（もちろん，自助本の中には科学的にその効果が実証された方法を紹介しているものもある。念のため申し述べておく）。すべての人の抱えている問題に有効な万能薬などありようがない。それほど人々の心のありようは千差万別なのである。否，それほど複雑で未だその全容がわからないのが心なのではなかろうか。本書を読みながら，人の心の複雑さを思い知るばかりである。

　かといって，不可知論にとどまっていることはできない。目の前に悩みを持って助けを求めている人が多くいるのである。知識が完全になるまで，そういう人たちへの援助はできませんなどと，嘯いていることはできない。当面，少しでも問題解決の効果のある，また改善の余地のある方法があれば，それを実践することが急務であろう。そしてその実践の効果を科学的に評価していくことは可能なはずである。実際，私たちの先輩の心理学者は科学的心理学者であれ，臨床心理学者であれ，百数十年の歴史のなかで人間理解に役立つ多様な概念や，問題解決の方法を探究してきているのである。そしてそれは臨床心理学だけの世界にとどまらない。先ほどのSARMACなどは，目撃証言を含む多くの科学的研究の成果を応用する研究が最先端の研究領域として位置づけられている。これからの心理学は，そういう意味で，さまざまな問題解決に役立つものになっていくはずである。しかも臨床心理学はその魁としての伝統を有している，心理学の雄でもある。

　今回の翻訳で救われたのは，悲観的な事情ばかりではなさそうだという点である。領域によっては，可能性のある心理療法や，今後のきちんとした評価研究が待たれる領域も多くある。しかしその技法は安全でなくてはならないし，効果を持つものでなくてはならない。人の人生がかけがえのないものであるということが真実ならば，心の問題にかかわる人間は，基礎，応用を問わず，謙虚に確実な知識の蓄積に貢献するように肝に銘ずる必要があろう。そのためには，信念や権威に基づく知識ではなく，事実に基づく検証の重要性が強調されなくてはならない。本書が一貫して主張しているのは，あらゆる臨床心理学の領域で，常に科学的な方法を志向する，知識の確実性を追求する必要性である。

　私は何でも科学によって事がすむなどと主張しているのではない。科学にも限界がある（それは私たちの思考の限界ですらあるかもしれない）。そうではなく，物的科学が成功し，私たちが地球上で安全に住まうことができるようになったように，そして医学が進歩して安心して身体の治療が可能になったように，心の問題解決にも科学的視点を導入することでいつか安心して臨床心理の実践家の戸をたたける時代が訪れてほしいのである（もちろん一部にはそういう部分もあるかもしれない）。そのためには，長い年月がかかるかもしれないが，地道な努力を払っていく以外にどんな道があるというのであろうか。心理学の基礎的研究方法をきちんと学び，測定の意味を

学び，バイアスや疑似科学から逃れる方法を学んで，効果的な本当の意味での心理療法の開発に勤しんでほしいし，そういう成果をふまえた実践家を育成してほしいのである。まさに基礎と応用の架け橋が必要な部分でもあろう。

　最後になったが，この本には臨床心理学が抱えている重要なテーマの科学性の問題が（もちろんすべてではないし代表的なものの欠落もあるが）真摯に扱われている。つまりそれら選ばれた領域における臨床的療法の効果や評価の測定の問題が，その研究領域のレビューとともにきちんと提示されている。しかも，本書はただ批判するだけの本ではない。臨床心理学における基礎的な教育の必要性，科学的思考の重要性，可能性のある方法の評価，今後の研究のありようが見事に示されている。タイトルは少々ショッキングに響くかもしれないが，内容は非常にしっかり書かれていて，私のような門外漢でも（そして実験を主とする仕事をしながらも，応用認知関係で法的世界の仕事も多く引き受け，臨床的仕事もしている人間にとっては），とてもわかりやすいものであった。ただ，あとがきが本文に勝るはずはない。本文を読んでいただければ，本書が何を意図して企画されているかはすみやかにご理解いただけると思う。

　本を作るという作業には多くの方の理解に満ちた助けが必要である。本書の翻訳の段階で何かとお世話になった小川宜子さん，北村麻里さん，芹沢里奈さんに感謝の意を表したい。また本書の完成まで粘り強くがんばっていただいた北大路書房の奥野浩之さんにも深謝したい。

　本書の価値は訳の拙さによって軽減されるものではないと考えているが，拙さではなく，誤りがあればそれは偏に訳者と，その誤訳に気づかない監訳者の能力のなさである。読者からのご指摘，ご批判をいただければ幸いである。

　本書が日本における臨床心理学の科学を考え，議論し，実践する上での一助となれば，訳者一同これにまさる喜びはない。

2007年8月初旬
米国ワシントン州シアトル市，大学外のホテルにて

監訳者　厳島行雄

訳者一覧（執筆順）

横田　正夫（日本大学文理学部・教授）　　　　監訳，01章，16章

岡部　康成（愛媛女子短期大学・講師）　　　　02章，05章

篠竹　利和（日本大学文理学部・准教授）　　　03章，06章，09章

厳島　行雄（日本大学文理学部・教授）　　　　監訳，緒言，04章，08章

齋藤　雅英（愛媛女子短期大学・准教授）　　　監訳，07章，13章

伊藤菜穂子（日本大学文理学部・助教）　　　　10章

室井　みや（群馬大学教育学部・講師）　　　　11章，12章，13章，14章

工藤　多恵（金城学院大学現代文化学部・講師）　15章

監訳者紹介

厳島行雄（いつくしま　ゆきお）
- 1952 年　群馬県に生まれる
- 1981 年　日本大学大学院文学研究科博士後期課程単位取得退学
- 現　在　日本大学文理学部心理学科教授・文学博士
- 主　著　『記憶研究の最前線』（共著）　北大路書房 2000 年
  『目撃証言』（訳）　岩波書店 2000 年
  『目撃証言の研究―法と心理学の架け橋をもとめて』（共編著）北大路書房　2001年
  『取調べの心理学―事実聴取のための捜査面接法』（共訳）　北大路書房　2003 年

横田正夫（よこた　まさお）
- 1954 年　埼玉県に生まれる
- 1982 年　日本大学大学院文学研究科博士後期課程単位取得退学
- 現　在　日本大学文理学部心理学科教授・医学博士・博士（心理学）・臨床心理士
- 主　著　精神分裂病患者の空間認知 心理学モノグラフ NO.22　1994 年
  『講座臨床心理学 4 異常心理学Ⅱ』（分担執筆）　東京大学出版会　2002 年
  『統合失調症の臨床心理学』（編著）　東京大学出版会　2003 年
  『病院臨床心理学』（分担執筆）　誠信書房　2004 年
  『アニメーションの臨床心理学』　誠信書房　2006 年

齋藤雅英（さいとう　まさひで）
- 1966 年　新潟県に生まれる
- 2001 年　日本大学大学院文学研究科博士後期課程単位取得退学
- 現　在　愛媛女子短期大学准教授・修士（心理学）
- 主　著　『生徒指導論 12 講』（分担執筆）　福村出版　1999 年
  『教師をめざす人のための教育カウンセリング』（分担執筆）日本文化科学社　2003 年
  『人間関係論／医療倫理』（分担執筆）　メヂカルフレンド社　2004 年

臨床心理学における科学と疑似科学

| 2007年9月 1日 | 初版第1刷印刷 | 定価はカバーに表示 |
| 2007年9月10日 | 初版第1刷発行 | してあります。 |

編　　者	S.O. リリエンフェルド
	S.J. リン
	J.M. ロー
監訳者	厳　島　行　雄
	横　田　正　夫
	齋　藤　雅　英
発行所	㈱北大路書房

〒 603-8303　京都市北区紫野十二坊町 12-8
　　　　　　　電　話 (075) 431-0361(代)
　　　　　　　Ｆ Ａ Ｘ (075) 431-9393
　　　　　　　振　替 01050-4-2083

ⓒ 2007　　　制作／見聞社　　印刷・製本／㈱太洋社
検印省略　落丁・乱丁本はお取り替えいたします。
ISBN978-4-7628-2575-0　　　Printed in Japan

臨床心理学における
科学と疑似科学

S・O・リリエンフェルド／S・J・リン／J・M・ロー 編
厳島行雄／横田正夫／齋藤雅英 監訳

Science and Pseudoscience in Clinical Psychology

北大路書房